Dazhongxing Qiaoliang Jiagu Xinjishu

大中型桥梁加固新技术

周建庭　张劲泉　刘思孟　著

人民交通出版社

内 容 提 要

本书共分 7 章，阐述了现役常见大中型桥梁加固的新技术，主要内容包括连续刚构桥加固技术、空心板梁桥加固技术、钢筋混凝土 T 形梁桥加固技术、斜拉桥换索技术、坦拱桥加固技术、双曲拱桥加固技术，并列举了大量运用新技术成功加固的工程实例。

本书可供桥梁加固技术人员参考使用，也可供大专院校相关专业师生学习借鉴。

图书在版编目（CIP）数据

大中型桥梁加固新技术 / 周建庭等著. —北京：人民交通出版社，2010. 5

ISBN 978-7-114- 08368-6

Ⅰ. ①大… Ⅱ. ①周… Ⅲ. ①桥—加固 Ⅳ. ①U445. 7

中国版本图书馆 CIP 数据核字（2010）第 066386 号

书　　名：大中型桥梁加固新技术
著 作 者： 周建庭　张劲泉　刘思孟
责任编辑： 岑　瑜
出版发行： 人民交通出版社
地　　址：（100011）北京市朝阳区安定门外外馆斜街 3 号
网　　址： http://www. ccpress. com. cn
销售电话：（010）59757969，59757973
总 经 销： 人民交通出版社发行部
经　　销： 各地新华书店
印　　刷： 北京市密东印刷有限公司
开　　本： 787 × 1092　1/16
印　　张： 23. 75
字　　数： 600 千
版　　次： 2010 年 5 月第 1 版
印　　次： 2010 年 5 月第 1 次印刷
书　　号： ISBN 978-7-114- 08368-6
印　　数： 0001 ~ 2000 册
定　　价： 48. 00 元

前　言

新中国成立以来，我国的公路桥梁事业得到了长足的发展，特别是改革开放以来，更是进入了一个全新的发展时期，公路桥梁总数由改革开放前的5.59万座，跃升到2009年底的62.19万座，计2726.06万延米。随着公路桥梁建设事业的迅猛发展，许多桥梁修建时技术标准偏低，建设质量存在一定问题。自然灾害，桥梁本身的自然老化及超重、超限车辆的破坏作用，致使许多桥梁现在不能满足荷载营运要求，亟待加固增强。现有的大跨径桥型中，斜拉桥和刚构桥是主要的桥型；现有的公路桥梁中，拱桥和钢筋混凝土T型(Π型)梁桥、空心板桥占有很大的比重。因此，开展上述桥梁加固新技术的研发具有较强的针对性和现实意义。

近年来，国内外众多的桥梁科技工作者围绕桥梁加固技术开展了深入的研究和积极的探索。本书在认真总结国内外桥梁加固技术研究现状的基础上，结合本人近年来在大中型桥梁加固技术方面的研究成果，详细介绍了体外预应力加固连续刚构桥：斜拉桥合理换索、截面转换加固钢筋混凝土T(或Π)型梁桥、多点支撑加固坦拱桥术、双曲拱桥加固、体外预应力加固空心板桥等系列新技术和实用技术，以供从事桥梁加固设计、研究及管理的同仁们借鉴与参考。

本书共分七章。全书由周建庭、刘思孟统稿。各章的编写人员分别为：第一章周建庭、张劲泉、刘思孟；第二章周建庭、姚国文、张劲泉；第三章周建庭、张永水、张劲泉；第四章周建庭、刘思孟；第五章周建庭、武电昆；第六章周建庭、刘思孟；第七章周建庭、刘国金。本书得到了教育部新世纪优秀人才计划、交通部西部交通建设科技项目(200731895041、200631822349)的大力支持，得到了所有参编人员的密切配合，同时，借鉴参考了国内外有关专家学者的研究成果。在此，一并致谢！

由于本人水平所致，本书有疏漏之处在所难免，诚望桥梁界同仁们不啬赐教。

周建庭

2010年5月于重庆交通大学

目　录

第一章 绪 论

第一节 桥梁加固技术研究的意义

一、桥梁安全问题已成为社会关注的重大问题

随着我国经济的蓬勃发展，交通事业也飞速发展，交通部门的基础设施建设发展尤为迅速，公路系统面貌日新月异，桥梁作为公路和城市道路交通的重要建筑物，其重要性也与日俱增，在国民经济建设中起着举足重轻的作用。作为线路的咽喉要道和交通枢纽，桥梁的承载力是沟通公路全线的关键，全国的五十余万座公路桥梁是加快我国现代化建设步伐的希望之桥、幸福之桥。

另一方面，桥梁这种跨江、跨海、跨深谷的特殊结构一旦发生安全事故，后果不堪设想。仅2007年一年间就发生了多起震惊世界的桥梁悲剧，留下了沉痛的教训。2007年5月9日中午12时50分许，江西上饶铅山县鹅湖镇十跨片石拱桥——傍罗大桥在一声轰隆声中倒塌，大桥瞬间只留下九个残破不堪的桥墩斜立在河中；2007年6月15日晨，一艘大型运沙船撞向325国道上的九江大桥桥墩，造成九江大桥160m桥跨坍塌(图1-1)，事故造成4辆汽车坠江，肇事船上两人受轻伤，另有8人死亡，1人失踪；2007年8月1日当地时间下午6时左右，美国明尼苏达州明尼阿波利斯市35号州际公路密西西比河上一座公路大桥在交通高峰期间发生坍塌(图1-2)，约50辆汽车坠入河中，造成13人死亡、70多人受伤；2007年8月13日下午4时40分，位于湖南省凤凰县至贵州铜仁地区大兴机场的二级公路堤溪段的沱江大桥发生坍塌事故(图1-3)，64人死亡、22人受伤；2007年9月1日，巴基斯坦南部城市卡拉奇一座刚建成不久的桥梁坍塌，造成至少6人死亡、多人受伤，还有多辆汽车被压在桥底下，扭曲变形；2007年9月10日晚间，印度南部安德拉省首府海得拉巴市区一座正在建设中的高架桥突然崩塌，压毁15～20辆汽车，约30人罹难，另有20多人受伤；2007年9月26日上午8点，越南南部一座正在建设中的大桥突然坍塌，造成至少52人死亡、150人受伤……

图1-1 广东南海九江大桥被船撞断

桥梁倒塌是桥梁损伤破坏的一种极端现象，是桥梁损伤不断累积的结果，要避免此类事件

的发生，必须防患于未然，及早对桥梁进行定期调查、评估和加固处理。沉痛的教训使人们认识到，桥梁的安全性不仅仅是建设期间的质量控制问题，更是全社会关注的重大问题。在交通建设中，既要实现公路桥梁的建设目标——安全、畅通、高效益和低成本，又要对建成的桥梁加强日常管理和养护，预防发生病害，使用期间及时根治缺陷、加固维修保养，保证其持续安全运营，确保桥梁结构在建设、投入使用、最终完成其使命的整个寿命期间，能够保证结构、运行荷载和人员的安全，以合理的经济成本维持自身较高的服务水平和通行能力，并满足持续增长的需要。

图 1-2 美国明尼苏达州明尼阿波利斯市 35 号州际公路密西西比河大桥坍塌事故

图 1-3 湖南省凤凰县堤溪沱江大桥“8·13”特别重大坍塌事故

二、桥梁使用状况令人担忧

尽管在桥梁的设计和建造阶段采用各种措施保证结构工程质量，但和其他建筑物一样，桥梁的生命周期也分为以下三个阶段：建造期、使用期和老化期。随着时间的推移，桥梁在自然环境作用和交通荷载作用下，逐渐发生损伤和缺陷，导致结构承载能力和耐久性降低。造成桥梁结构可靠性降低的主要原因有以下方面：

(1)设计标准的演变。随着桥梁设计规范的不断发展，公路桥梁的设计荷载已由汽—6级、汽—8级、汽—13级发展到汽—15级、汽—20级及汽—超20级，再到今天的公路—I级荷载，公路—II级荷载，并且仍有继续增大的趋势。然而，我国现有的许多公路桥梁是根据20世纪60年代末到80年代初期颁布的设计标准建造的，设计荷载均较低。

(2)交通量不断增大。我国在20世纪60～70年代修建的桥梁大部分仍在服役，由于年久失修、欠缺养护，许多桥梁已经不能适应日益增长的交通量需要。

(3)结构的老化和病害。由于设计及施工的缺陷以及各种不利环境(如碳化、氯离子侵入、酸侵蚀、碱集料反应、冻融、盐害等)，使得桥梁结构的混凝土及钢筋腐蚀严重，承载力下降。

(4)超载、超限等外界不利荷载的影响使得桥梁结构安全性下降。国家统计局2002年2月6日公布的《第二次全国公路普查主要数据公报》数据显示：由于设计、施工及使用过程中各种因素的影响，我国已建成的278 809座桥梁中有9 597座被定性为危桥，更有1/3以上的桥梁存在结构性缺陷或不同程度的功能性失效隐患。原交通部《2006年全国公路养护统计年报》的统计表明，截至2006年年底，全国有6 282座第五类公路危桥，即“技术状况处于危险状态，部分重要构件出现严重缺损，桥梁承载能力明显降低并直接危及桥梁安全”。广东省 2000 年普查结果表明：18 000 多座桥梁中有 4 000 多座承载力不足。河南省则在干线公路就有危桥 181 座，等等。

既有桥梁承载力不足、老化、破损是个世界性范围的问题。2006 年美国联邦公路局的统计报告显示，全美有大约 12％的桥梁被鉴定存在“结构性缺陷”，其中有一些还是 20 世纪 90 年代初才建造的。已经运行了 50 年的美国国家公路系统，难以承担不断增加的交通量。根据美国公路和运输官员协会提供的数据，在 1955 年这个系统承载了 6 500 万辆小汽车和载货汽车。1950～1955 年美国公路桥梁缺陷率见表 1-1 所示。现在，这个系统承载车辆数目增加了近 3 倍，达到 2.46 亿辆。根据美国联邦政府的数据，美国大约 600 000 座重要桥梁中，近 1/4 负担的交通量超过了它们的设计值。美国国内长度超过 20ft（1ft＝0.304 8m）的桥梁，有 24.5％存在着“结构上的缺陷”或“功能过时”的问题。

美国公路桥梁缺陷率（1950～1955 年） 表 1-1

桥 梁 类 别	总量（座）	缺陷桥梁数量（座）	缺陷率（％）
钢筋混凝土桥	91 886	6 027	6.6
预应力混凝土桥	88 304	3 212	3.3
钢桥	118 424	22 928	19.4
木桥	27 817	13 199	47.4
其他	1 309	211	16.3
合计	327 740	45 577	13.9

原联邦德国曾于 20 世纪 70 年代末对某州的 1 500 座钢筋混凝土和预应力混凝土公路桥作了全面检查，结果表明桥梁的损伤情况较为严重，且使用年限越长，问题越严重，其公路桥梁调查缺陷率见表 1-2 所示。

原联邦德国公路桥梁调查缺陷率（20 世纪 70 年代末） 表 1-2

桥 梁 类 型	使用年限（年）	缺陷率（％）		
		一处以上严重损伤	一处以上重要损伤	一处以上中等损伤
钢筋混凝土桥	50～60	27％	64％	77％
	30～35	13％	37％	53％
	20～30	8％	24％	46％
预应力混凝土桥	20～30	—	近 50％	67％

在日本，统计资料显示在 1956 年以前按旧标准设计施工的桥梁，其承载力不足者约有 5 500座，其中普通混凝土桥约有 4 500 座。英国运输部曾经在 1990 年抽样调查过 200 座混凝土桥。调查结果表明约 30％的桥梁运营条件不良，据测算 10 年内这些桥梁的修复费用将超过 6 000 万英镑。

在法国 3 万公里的公路分布中有超过 20 000 座桥梁，其中 50％以上需要修复；在匈牙利，45％的一级公路桥梁和 60％的二级公路桥梁继续维修加固；在波兰，有 29 000 余座桥梁，其中 50％已经服役超过 50 年，其中 20％存在着“结构上的缺陷”或“功能过时”的问题。

三、旧危桥加固改造已成为世界各国的共同选择

面对数量众多、使用范围极广的旧危桥，拆除重建不仅投资巨大，而且在新建期间全社会为之付出的"综合"代价更加高昂。实践证明，采用适当的加固技术和拓宽措施，对恢复和提高旧桥的承载能力及通行能力，延长桥梁的使用寿命，以满足现代化交通运输的需要，是可行的。有关资料表明，既有桥梁加固所需资金是新建桥梁的10%～30%。我国公路部门实践经验表明，梁桥加固费用约为新建桥梁的10%～20%，双曲拱桥的加固费用约为新建桥梁的30%。因此，在进行桥梁维修的同时，迫切要求对旧桥进行技术改造，采用适当的加固设计方法和施工技术，提高其承载能力，改善其行车性能，延长其服务年限，使其继续为现代交通运输服务，可以给国家带来巨大的经济效益，也是交通工程中的重要课题。

美国为了使普通桥梁达到高速公路桥梁的标准，对大量的桥梁进行了加固改造。印度在近20年间，对国道上承载力较低的桥梁也普遍进行了加固，并对能够承受较高等级荷载的桥梁进行了加宽处理，以发挥更大的作用。1981年4月经济合作与发展组织(Organisation for Economic Co-operation and Development，简称为OECD)主持召开的关于道路桥梁维修与管理的会议上，提出了六个方面的议题中就有四个与桥梁加固有关，分别是桥梁损坏与维修加固的实际应用问题、桥梁维修加固技术、桥梁设计与维修管理的关系和桥梁维修加固的未来展望。

由此可见，对旧桥、危桥的加固维修，以及如何提高其承载力的问题研究、试验与推广，延长使用寿命，已经引起了世界性的关注。很多资料还表明，当前有些交通发达的国家，桥梁建设重点已放在既有桥梁的检测、评估、加固与改造方面，而新建桥梁已降为次要地位。

第二节 桥梁加固技术研究现状

桥梁加固改造技术是针对正在使用的旧桥进行检测、评价、维修、加固或改造等技术对策的总称，是当代土木工程最重要的课题之一。当前，总体而言，国内外在桥梁加固理论研究深度与广度都有待加强，与旧桥加固相关的众多基本问题尚待深入研究；开发的加固技术较多，但各自对加固机理的认识亟待提高。以下就目前国内外在桥梁加固理论研究、加固技术开发和加固方案选择等方面的研究现状进行阐述。

一、旧桥加固理论研究现状

目前，国内外对桥梁加固方法与技术研究较多，而对理论基础的研究却相对较少。工程界的有识之士曾指出：当前力学工作者与结构工作者的精力主要集中于研究结构分析、设计和施工的理论和方法(其目的是提高结构设计和施工的质量)，而对于结构系统的方案论证以及服役后的评估和维修理论则研究较少，这是力学界与结构工程界研究的一个薄弱环节。可以预见，从基本理论角度对既有桥梁加固技术进行研究，是今后桥梁研究工作中的一个重要方向。

结构经加固或改造之后，其力学性能发生较大的变化。首先，加固、改造前原有结构已具

有一定的应力和应变，在后期受荷载时构件新加部分的应力、应变一般低于原有结构，它对结构的力学性能有较大影响。其次，结构的新、旧部分不是一次形成的，两者共同受荷时存在着协调变形、协同工作问题，这对加固后的结构力学行为也有很大的影响。第三，不恰当的加固、改造方案可能对原结构产生负面效应，如增大基底应力，改变结构质量或刚度分布等。这些因素决定了结构的加固、改造有着不同的作用机理和结构特征，并不能完全套用现有的新建结构的分析理论和设计方法。

早在国际预应力混凝土协会(FIP)第九次大会上，国际著名桥梁专家莱昂哈特教授就专门做过"防止桥梁损伤事故的报告"。经济合作与发展组织(OECD)各成员国对既有桥梁的检测与评估投入了大量的人力物力，并在以下有关课题中展开了密切合作：① 使用荷载作用下既有桥梁的实际受力行为，包括研究、调查与试验等；② 有关实际荷载的大小、分布和频率等有关的数据；③ 评定既有桥梁工作状态的各种实用技术；④ 交通运输对既有桥梁的影响；⑤ 实用桥梁评定系统；⑥ 既有桥梁的损伤评估；⑦ 既有桥梁的剩余寿命的评估。

OECD认为今后要特别加以研究的内容有如下九大方向：① 实桥的荷载历程，包括：确定荷载、由荷载产生的应力和应力的进一步发展；② 主要工程材料的裂缝发展性能(包括疲劳与破坏性能)，大量的小应力幅对钢、钢筋混凝土和预应力混凝土构件的初裂和裂缝发展的影响；③ 进一步确定环境对结构的影响；④ 确定桥梁承载力的较好方法；⑤评定桥梁状态与性能的理论；⑥ 分析结构破坏原因，促进国际学术交流；⑦ 研究与鉴定良好的桥梁的性能；⑧ 确定下部结构的承载能力；⑨有目的地进行荷载试验及破坏试验。上述世界性课题，虽经工程界的科学工作者经过多年努力，但仍未彻底研究清楚。

就混凝土加固工程实践成果和经验总结而论，日本在混凝土结构裂缝修补技术方面，较为系统全面，编制了《混凝土工程裂缝调查及补强加固技术规程》；前苏联在工业厂房加固设计构造方面积累了较为丰富的经验，出版有结构加固构造图集；英国、德国在混凝土结构缺陷修补、防水及防腐处理技术方面，也取得不少成果；我国近十几年来，进行了大量工程实践，针对各种不同的桥梁形式提出了很多完善的加固与增强综合整治成套技术。

二、加固技术研究现状

在旧桥加固改造工程中，尽管每座旧桥的情况各不相同，具有各自不同的特点，但也存在一定的共性。我们应遵循桥梁加固、改造工作的共性，结合具体桥梁的特殊性，在实践中发挥积极性和创造性，不断进取和探索，采用最先进的技术和材料，在旧桥利用、加固、改造过程中，创造和总结出多种切实可行的方法，使旧桥继续发挥固有的使用功能，以保证公路交通畅通无阻。归纳起来，对有缺陷和病害的桥梁，常用的加固、改造技术和方法有：减轻恒载、加固临界杆件、提供新补充杆件、改善原结构的受力体系等，增大桥梁承受活载的能力。此外，对下部结构，支座和车行道伸缩缝，应适当清洁，改善几何形状，增加安全设施，这对改善服务性能和延长现有结构的使用寿命，都起着重要的作用。就每种方法而言，可细分为以下一些不同的具体内容，如图 1-4 所示。

1. 桥梁上部结构常用的加固方法

1)增大截面和配筋加固法

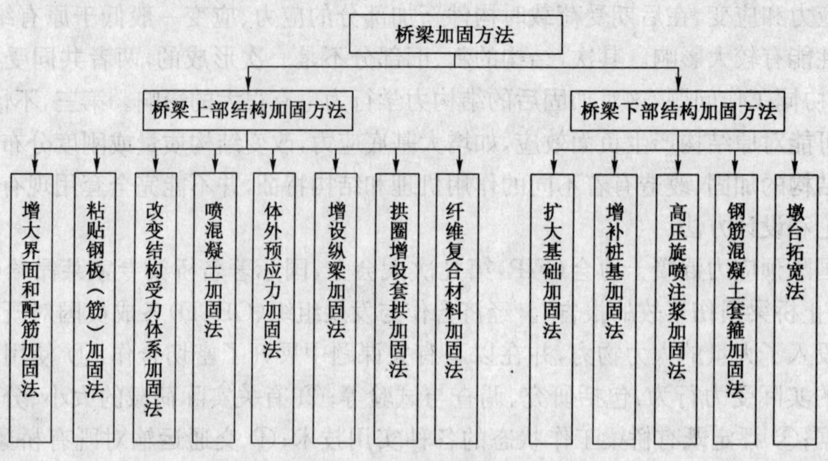

图 1-4 常用桥梁加固方法

增大截面和配筋加固法又称外包混凝土加固法，是采用同种材料即混凝土和钢筋增大结构物的截面面积以提高结构的承载力，当梁的强度、刚度、稳定性和抗裂性能不足时，通常采用此方法。根据荷载大小和净空条件不同，可分为以加大截面面积为主和加配钢筋为主两种加固方案。该法施工工艺简单、适应性强，并具有成熟的设计和施工经验，广泛应用于梁桥及拱桥拱肋的加固。但现场施工的作业时间长，对生产和生活有一定的影响，且加固后的建筑物净空有一定的减小。

2)粘贴钢板(筋)加固法

粘贴钢板(筋)加固法是采用环氧树脂等黏合剂将型钢、钢板、玻璃钢等材料粘贴在结构构件的受拉边缘或薄弱部位，使之与结构物形成整体，从而提高结构承载能力的一种方法。当主梁出现承载力不足或纵向主筋严重腐蚀，导致主梁产生严重的横向裂缝，常采用此方法以钢板代替增设的补强钢筋，达到提高桥梁承载能力的目的。这种加固方法施工工艺简单，施工简便、快速，质量较容易控制，且不影响结构外形、不减小桥梁净空，加固费用低，适用于构件尺寸受到限制但又必须提高结构承载能力的情况。

3)改变结构受力体系加固法

这种加固方法是通过增设附加构件或进行技术改造，改变桥梁结构受力体系，减小承重构件的应力，达到提高桥梁承载能力的目的。改变结构体系加固法的途径主要有增加支点法和简支变连续法。增加支点法是通过减少结构的计算跨径而减小最大弯矩值，如在简支梁下设置永久性支撑或桥墩，或在主梁下设八字撑、加劲梁或叠合梁。简支变连续是将原多跨简支梁的梁端翼缘在支座处连接起来，从而改善结构的受力状况，提高桥梁整体承载力。

4)喷混凝土加固法

该法借助高速喷射机械，原有结构上喷涂高品质的混凝土，提高混凝土的承载面积，增强剥离或变质的混凝土强度，恢复对钢筋的保护，加强结构的整体性。该方法是目前常用的维修加固方法，但只能用于结构破坏非常轻微的桥梁构件中。

5)体外预应力加固法

该方法是应用预加应力原理，采用外加预应力的钢拉杆，在原有构件上施加一定的初始应力,对结构进行加固。对于钢筋混凝土桥、预应力混凝土梁桥或板桥,采用对受拉区施以体外预加力进行加固,可以抵消部分自重应力,起到卸载、减小跨中挠度、减小裂缝宽度或闭合裂缝的作用,从而较大幅度地提高桥梁的承载能力。体外预应力加固法可以在自重增加很少的情况下,大幅度改善和调整原结构的受力状况,同时对墩台及基础受力状况影响很少,且对桥梁营运影响较少,可在不限制通行的条件下进行施工,但加固后对原结构外观有一定影响。该方法主要适用情况有:混凝土梁中预应力筋或普通钢筋严重锈蚀及其他病害造成结构承载力下降;需要提高桥梁的荷载等级;用于控制梁体裂缝及钢筋疲劳应力幅度;高应力状态尤其是大型结构的加固等情况。

6)增设纵梁加固法

在墩台地基安全性能好,并具有足够承载能力的情况下,可采用增设承载力高和刚度大的新纵梁,新梁与旧梁相连接,共同受力。由于荷载在新增主梁后的桥梁结构中重新分布,使原有梁中所受荷载得以减小,由此使加固后的桥梁承载能力和刚度得到提高。

7)拱圈增设套拱加固法

当拱式桥梁的主拱圈为等截面或变截面的砖、石或混凝土等实体板拱,且下部结构无病害,同时桥下净空与泄水面积允许部分缩小时,可在原主拱圈腹面上增设一层新拱圈,即紧贴原拱圈底面浇筑或锚喷混凝土新拱圈,外形上就像在原拱圈下套做了一个新拱圈。

8)纤维复合材料加固法

纤维复合材料(fiber reinforced polymer,简称 FRP)加固桥梁结构技术是 20 世纪 80 年代末 90 年代初在国际上新兴起的一项新型、高效、便捷的结构加固技术,它利用树脂类材料将纤维材料粘贴在混凝土表面,形成复合结构,通过与混凝土之间协同工作,对构件或结构起到加固及改善受力性能的作用。近年来,利用 FRP 对桥梁柱进行修复加固已经在中国、美国、日本和欧洲一些国家得到了较为普遍的应用。加固方法主要有三种:直接粘贴预制好的板壳、现场绕丝后用树脂浸渍以及粘贴 FRP 布。如美国在 Sacramento 西部 Yolo 高架桥中 3 000 多根柱都采用了 GFRP 的预制护套加固,加固时安装了无损监测仪,以监测这种外粘了护套的组合柱体系工作性能,结果证明这种组合柱的工作性能良好。

纤维复合材料的种类主要有碳纤维增强复合材料(carbon fiber reinforced polymer,CFRP)、玻璃纤维增强复合材料(glass fiber reinforced polymer,GFRP)和芳纶纤维增强复合材料(aramid fiber reinforced polymer,AFRP)等。它们的主要特点有:抗拉强度高、抗腐蚀性能好、良好的抗疲劳强度、非磁性和非导电性能、耐磨、易于裁剪、密度小等。正是由于 FRP 材料具有这些优异的性能,使其在土木工程各领域得到了广泛的应用。粘贴 FRP 加固法的原理与粘钢板法类似,且具有更多的优点:施工时无需采用重型施工机械;施工空间不受限制,不影响结构的正常使用;FRP 材料具有较强的耐腐蚀性,维护费用较低;加固结构具有良好的防水效果,可以抑制钢筋锈蚀和混凝土裂化;FRP 现场剪裁比较简单,质量较易保证。采用粘贴 FRP 加固桥梁结构技术在国内外的试验研究和工程应用已相当广泛,但相对于传统的加固方法研究和应用历史较短,在许多方面还需深入研究。

2. 桥梁下部结构常用的加固方法

1)扩大基础加固法

该方法是利用扩大桥梁基础底面积起到加固桥梁下部结构的目的。此方法一般适用于基础承载力不足或基础埋深太浅，而墩台又是刚性实体结构的情况。当构造物基础具有较大的不均匀沉降，且地基土质比较坚实时，可采用扩大基础法进行加固，这种加固方法施工较简单，但由于要求新老基础良好结合以承受上部荷载，故费用较高。

2)增补桩基加固法

当桥梁墩台基础下部承载力不足，墩台发生沉陷，或墩台采用的桩基深度不足，或因水流冲刷等原因使得桩倾斜，直接影响桥梁结构的正常使用和服务年限，采用增补桩基加固法是一种常用而且有效的方法。这种加固法是在原桩基的周围补加钻孔桩或打入钢筋混凝土预制桩扩大原承台，以此提高基础的承载力，增强基础的稳定性。

3)高压旋喷注浆加固法

高压旋喷注浆，是先利用钻机把带有喷嘴的注浆管钻入土层的预定位置，将浆液或水以高压流的形式从喷嘴里射出，冲击破坏土体，使其呈颗粒状分散并与浆液搅拌混合，组成具有一定强度和抗渗能力的固结体，从而对地基进行加固的一种加固方法。这种方法加固地基的质量可靠、效果好、成本较低，目前已逐渐成为我国常用的桥梁墩台基础处理方法之一。

4)钢筋混凝土套箍加固法

当桥梁墩台由于基础埋置深度不够，或因施工质量控制不严等原因，导致墩台开裂破损时，有时会出现贯通裂缝，可采用钢筋混凝土围带或钢箍进行加固。当墩台损坏严重，如有严重裂缝及大面积表面破损、风化和剥落时，可采用围绕整个墩台设置钢筋混凝土护套的方法进行加固。

5)墩台拓宽法

利用旧桥基础，加宽墩台盖梁挑出的悬臂部分，以便安装加宽的上部结构。此种情况只加宽墩台上部的盖梁，墩台身和基础则不需加固。采用此法加宽墩台时，旧桥墩台基础必须完好、稳定，且需经过承载力验算后才能采用。否则，应在老桥的墩台旁重新浇筑拓宽部分的墩台及基础。

上述加固方法与技术各有优点和不足，都已在世界范围内广泛应用并取得了一定的经济、社会效益。在现有加固技术的基础上，经过土木工程界的学者、同仁多年努力，一大批新型加固技术不断涌现。

1. 聚合物浸渍混凝土加固技术

聚合物浸渍混凝土是指以普通混凝土为基材，以有机单体为浸渍液渗入混凝土内部并且聚合而成的一种有机—无机复合材料。聚合物浸渍混凝土与混凝土基材的性能试验对比结果表明:聚合物浸渍混凝土对混凝土基材的性能改善是显著的，强度可提高数倍，抗渗性及耐化学腐蚀性也有大幅度提高。由于有机单体渗入混凝土内部，并且聚合后基本填满了混凝土原有的空隙，极大地改善混凝土的微观力学结构。因此，浸渍混凝土能够显著地提高原混凝土基材的力学性能。

聚合物浸渍混凝土加固技术是一项纯粹的化学加固技术，具有:①施工过程完全不损伤原混凝土构件，不削弱原构件承载力，安全可靠;②加固材料渗入混凝土内部，不存在应力滞后问题;③不影响原构件外形尺寸。由于其主要用于提高混凝土强度及耐久性，因此适用于配筋无误，但混凝土质量达不到要求的混凝土构件。聚合物浸渍混凝土自 1965 年问世以来，世界各主要工业国均对此进行了大量研究。1986 年，冶金工业部建筑研究总院首次将“负压常温聚合物浸渍工艺”成功应用于昆山市陆杨邮电支局营业大楼二层主楼加固。

2. 高性能复合砂浆钢筋网(HPF)加固技术

钢筋网复合砂浆加固法是在混凝土构件表面绑扎钢筋网,用复合砂浆作为保护和锚固材料,使其与原构件共同工作整体受力,以提高结构承载力的一种加固方法。它实质是一种体外配筋,提高原构件的配筋量,从而提高结构构件的刚度、抗拉、抗压、抗弯和抗剪等方面性能的方法。类似于加大截面加固法,但增大的截面不大,因而结构外观及净空影响不大。该方法工艺简单,适用于梁、板、柱、墙等混凝土结构的加固。根据构件的受力特点和加固要求不同,可选用单侧加厚、双侧加厚、三面和四面外包等。

3. 绕丝加固法

根据混凝土三向受压可以提高其单轴抗压强度的原理,对于受压柱用 ϕ4 退火钢丝横向缠绕构件,以提高其强度。根据梁的受剪区斜向箍筋受力优于竖向箍筋的特点,可根据需要在梁外进行斜向绕筋或竖向绕筋,以提高其抗剪强度。一般,采用 ϕ4 冷拔钢丝退火后进行绕丝,中距为 5～40mm。试验证明,这一方法不仅对圆柱、方柱有效,对长方形柱亦有效。为了提高效果可在长方形四个面的中点纵向设置 ϕ25 圆钢,并将四角凿去少许。同济大学加固研究所的试验表明,用绕线加固的梁如果不用钢楔楔紧混凝土,难以与绕丝共同工作,直到加载后期钢丝方才发挥作用,但仍表现出良好的延性。

上述各种常见加固方法可综合运用,优化组合,更能体现出加固效果及经济效益。

三、桥梁加固方案的优选研究现状

桥梁结构体系多种多样,可分为混凝土梁桥、钢桥及索结构桥梁、混凝土及圬工拱桥等,每一种桥型的力学性能是不同的,而且各自的损伤程度、出现位置及发生机理往往并不相同,因而有各自相应的加固形式。最优方案的实施可以合理地节约投资,合理地利用资源,最大限度地满足各方面的需要,取得更好的经济效益和社会效益。如何综合众多因素、尽量客观地确定一个最优加固方案,就成了一个难题。

桥梁加固改造方案是按照具体桥梁状况、改造技术要求和外界条件而选取的一种或多种加固形式的合理搭配,加固方案与诸多因素有关,在选择加固方案时常考虑下列因素:①桥梁结构形式;②桥位地形、水文、自然状况;③桥梁现状分析研究结论;④施工技术水平;⑤能否封闭交通;⑥预期加固效果;⑦资金投入量。

一般而言,由于针对同一具体损伤或病害存在多种可能的加固改造形式,因而桥梁改造方案设计是复杂的一题多解问题。在设计桥梁加固改造方案时,为避免明显不合理的赘余方案,应该遵从以下几点原则:

(1)桥梁加固一般不宜改变原有桥梁结构体系类型;

(2)桥梁的具体加固方案应首先考虑旧桥的承载能力等实际情况以及今后的交通等级要求;

(3)应及时修补桥梁的可视缺陷,如裂缝、混凝土脱落、钢筋锈蚀等;

(4)桥梁加固应注重结构受力分布的合理性,注重新旧结构的变形协调,保持结构的整体性;

(5)桥梁加固方案尽量满足投资少、工效快、不中断交通、技术上可行、有较好的耐久性、安全可靠，且兼顾美观。

加固方案优选采用的主要数学手段有：模糊数学法、层次分析法、系统分析法及专家系统法等。事实上，桥梁加固方案优选具有模糊不确定性，而现有模型还比较粗糙，且其中各因素的取舍、相应权重的分配以及隶属度确定等方面尚缺乏充分合理的依据，主观性较强，因此这些模型尚存在一定的缺陷，离具体工程应用还有一定距离，有待进一步深化研究。

第三节　桥梁加固的准则与程序

桥梁加固是一项严密的系统工程，主要内容有：现场调查与资料收集、桥梁结构检查、加固前承载能力评定、加固增强设计、加固施工及控制、养护和管理，竣工验收，对于某些工程还包括加固后的荷载试验等加固后效果评价。

1. 现场调查与资料收集

调查和掌握桥梁的基本资料与实际状况，是判断桥梁状态、进行后续各项工作的重要前提。资料收集，包括目前桥梁概况、养护与维修记录、设计文件、施工记录及竣工资料；现场调查主要内容有交通量和通行荷载及其发展趋势、环境因素等。

2. 桥梁结构检查

桥梁结构检查，首先应对桥梁的主要构造尺寸进行必要的复核(如果原桥的设计图或竣工图等资料缺失，则应对全桥各部分尺寸进行测量)；其次，应对桥梁的材质状况进行测定，确定材料的实际强度等力学性能及相关参数；最后，应对全桥病害进行全面、细致的调查并深入分析。原桥基本数据与病害数据的收集完备与否，直接影响整个加固工程成败与加固效果。

3. 加固前承载能力评定

在收集到的所有资料的基础上，对桥梁使用状况及承载能力进行综合评价，鉴定桥梁是否具有良好的工作性能和承载能力，是对桥梁做出维修、加固改造计算的重要依据。

桥梁的评定工作方法很多，大致归纳为：

(1)外观检查对照规范进行评定；

(2)以理论计算、分析计算为主进行评定；

(3)荷载试验评定；

(4)专家系统评定；

(5)桥梁的可靠性分析评定。

在上述桥梁评定方法中，对于荷载试验方法在危桥承载能力评定的运用，作者认为应慎重考虑，理由有二：①对于危桥，一方面，由于桥梁本身的状况比较差、病害较多且重，另一方面，众所周知桥梁荷载试验是结构整个寿命中荷载强度最大的时刻之一(甚至是唯一的经历)，在试验荷载作用下原有的病害必然会发展、桥梁的状况必然恶化，这对桥梁的安全性本身就是一种挑战且其对后续加固的影响也巨大。②加固前的试验荷载等级难以确定，对于“病害缠身”的危桥，如以原设计荷载进行加载，结构能否承受需要考虑，如低于原设计荷载等级进行加载，其意义有多大也需要考虑。

4.加固增强设计

在桥梁病害及分析与承载能力评定的基础,有针对性进行加固增强设计,遵循技术先进、安全可靠、适用耐久和经济合理的原则。

5.加固施工及控制

加固施工进行过程中,应对桥梁各项施工内容和项目严格把关,对桥梁控制截面应定期作变形观测。

为加固整治工程施工的顺利进行,施工中应在一岸或两岸设水准基点,以供观测桥梁各控制截面挠度在各分项施工中的变化及高程控制使用,所用水准仪应校正准确并做到专人定时观测和做好记录存案。

6.养护和管理

加固施工完成后,应根据加固技术的具体要求进行全面、有效的养护工作。对于桥梁上的交通采取必要的限载限速措施,对于新浇混凝土应及时、定期进行养生工作,对钢制构件作必要的防锈涂装处理。

7.竣工验收

按加固设计图和相关文件的约定,进行桥梁加固工程竣工后的验收工作,确保各项工作保质保量完成。

第二章 连续刚构桥加固技术

第一节 概 述

体外预应力是后张预应力结构体系的重要分支之一。国际预应力协会(FIP)于 1996 年将体外预应力定义为预应力索布置在混凝土截面之外的预应力。体外预应力桥梁则是指将预应力筋布置在梁体混凝土截面外部,力筋束和混凝土之间的荷载传递是通过端部锚具和转向板进行的一种桥梁结构。

预应力的概念和方法产生于法国,法国杰出工程师弗莱西奈(Freyssinet)是将预应力混凝土结构引入实际应用的鼻祖。他在 1928 年成功研制了预应力混凝土,并指出预应力混凝土必须采用高强钢材和高强混凝土。第二次世界大战以后,预应力混凝土得到蓬勃发展,20 世纪 70 年代后期,预应力混凝土开始在土建结构的各个领域起重要作用。体外预应力体现了人类祖先的智慧,体外预应力混凝土结构是指把无黏结预应力索放在混凝土结构截面以外,通过锚固端与结构连接,再通过转向板使索偏转的一种预应力结构形式。

体外预应力的应用始于 1934 年,并且早于体内预应力的应用。德国工程师 Dischinger 获得体外预应力的专利,并对施加预应力的大小提出了"协调预应力"的概念,即后来广为人知的预应力设计中的"荷载平衡法"。当时,法国工程师 Freyssinet 通过试验,已非常明确地表明了混凝土应变随时间变化的黏弹性效应(混凝土收缩徐变)。而 Dischinger 发现其后果是导致有效预应力的慢慢丧失,他选择体外预应力的主要原因是当时没有可靠的理论去计算这种效应,所以他希望保留预应力筋能够再次被张拉的可能性,以补偿混凝土因收缩徐变导致的预应力损失。

在 20 世纪 30 年代末 40 年代初,Dischinger 和其他一些工程师还设计了一些基于相同概念的公路和铁路体外预应力混凝土桥梁,其最大跨径达 150m。在 20 世纪 40～60 年代,由于体外预应力出现的体外索的防腐问题而造成工程事故,因此,一度被业内排斥,业内人士普遍认为应当尽量减少使用体外预应力。因此,在此后的一段时间内,体外预应力的发展几乎停滞了,只在 20 世纪 50 年代修建了少数几座体外预应力的桥梁,如 Lossier 设计的 Marn 河上的 Binson 桥、Villeneuve-Saint-Georges 桥等。20 世纪 60 年代末,随着无黏结预应力和斜拉桥施工两项技术的产生和应用,初步解决了体外预应力结构耐久性和构造设计的有关问题,为体外预应力的发展创造了有利条件。20 世纪 70 年代以后,随着斜拉桥的兴起,节段施工法的大量应用,以及用体外预应力束加固旧桥获得的经验,使体外预应力技术得到了快速长足的发展,体外预应力束的防腐蚀问题得以解决。自 20 世纪 70 年代末,法国工程师 Jean Muller 在美国佛罗里达建造了体外预应力桥梁 Long-key 桥。由于体外预应力桥梁具有快速施工、体外预应力束可以检测和替换、方便使用、成本低廉、施工期间不中断交通等优点，使其在桥梁维修、补强、加固等方面发挥了不可替代的作用，并且迅速风行全球。

一、连续刚构桥加固技术研究的重要意义和迫切性

1. 连续刚构桥的发展与技术优势

预应力混凝土连续刚构桥是一种新型的桥梁结构形式，在国内外得到了广泛应用。我国从20世纪80年代中期开始修建连续刚构桥，至今方兴未艾。1988年建成的广东洛溪大桥（主跨180m），开创了我国修建大跨径连续刚构桥的先例，该桥是当时国内修建的最大跨度的预应力混凝土连续刚构桥。之后，随着施工技术和计算方法的提高，连续刚构桥的建设达到了一个新水平，桥梁跨度不断增大，仅200m以上跨径的连续刚构桥就接近20座。2006年建成的重庆石板坡长江大桥主跨330m，为当今世界上最大跨径的连续刚构桥。目前，我国大跨径连续刚构桥建设技术已居世界领先水平。

预应力混凝土连续刚构桥在我国之所以得到迅猛发展，主要归因于以下几个方面：

(1)其墩梁固结的特点省去了大跨连续梁的支座，无需进行巨型支座的设计、制造、养护和更换，节省了昂贵的支座费用。

(2)因墩梁固结，桥墩的厚度大大减小，约为梁在支点处高度的20%～40%，比T形刚构的墩厚小得多，减少了桥墩与基础工程的材料用量。

(3)抗震性能好，水平地震力可均摊给各个墩来承受，无需像连续梁那样设置制动墩承受，或采用价格较昂贵的专用抗震支座。

(4)墩梁固结便于采用悬臂施工方法，省去了连续梁施工在体系转换时采用的临时固结措施。

(5)顺桥向的抗弯刚度和横桥向的抗扭刚度很大，能满足特大跨径桥梁的受力要求。

此外，大吨位预应力体系（锚具和相应的张拉设备）的生产，也有力地促进了我国预应力混凝土连续刚构桥的发展。

预应力混凝土连续刚构桥的优势明显，跨径不断突破，理论日益成熟，施工技术逐渐完善，为我国桥梁建设写下了浓墨重彩的一笔。

2. 大跨径连续刚构桥存在的主要问题

最近20多年来，国内外建成的连续刚构桥，普遍出现不同程度的梁体下挠过大、混凝土裂缝过宽的问题。由于设计理念、施工水平受当时条件的限制，桥梁建成后主梁下挠的幅度是相当大的，特别是对于主跨200m以上的混凝土连续刚构桥，后期下挠有的已接近跨径的1%。跨中下挠会进一步加剧箱梁底板开裂，而箱梁梁体裂缝增多将使结构刚度降低，从而进一步加剧了跨中下挠，这两者相互影响，形成了恶性循环。箱梁典型裂缝位于边跨现浇段、支座附近和跨中腹板（斜裂缝），以及顶底板（纵向裂缝及横向裂缝），这些裂缝及下挠的存在严重影响到桥梁的使用性能，致使桥梁结构动力性能降低。若不及时维护，可能造成主体结构的破坏。

1)国外工程实例

(1)科罗·巴岛（Koror-Babeldaob）桥是一座跨中带铰的三跨预应力混凝土连续刚构桥，其跨径组合为(72+241+72)m，是当时世界上同类桥梁中跨度最大者。其1978年建成通车，通车后

不久就产生了较大的挠度，到 1990 年，其挠度达到 1.2m。后来采用体外索施加预应力，使主跨中央挠度减小。1996 年 7 月其加固结束，加固处理后不到 3 个月就发生了倒塌事故。

(2)英国的 Kingston 桥是一座跨径布置为(62.5＋143.3＋62.5)m 的预应力混凝土箱梁桥，主跨中央带铰。1970 年其建成后跨中挠度缓慢加大，至 1998 年已经超过 30cm。

(3)美国 1979 年竣工的鹦鹉渡口桥(ParrottsFerry Bridge)，跨径布置为(99＋195＋99)m，上部结构采用轻质混凝土建造。该桥在使用 12 年后，195m 的主跨跨中下挠了 63.5cm。

2)国内工程实例

(1)黄石长江大桥为一座五跨预应力混凝土连续刚构桥，跨径布置为(62.5＋3×245＋162.5)m，连续长度达 1 060m，于 1995 年建成。该桥通车运营 3 年后，跨中仍然持续下挠。其运营 7 年后，各跨跨中均有明显下挠，与成桥时相比，大桥北岸次边跨 2 号墩和 3 号墩之间主梁跨中下挠累计已达 30.5cm，中跨 3 号墩和 4 号墩之间主梁跨中下挠已达 21.2cm，南岸次边跨 4 号墩和 5 号墩之间主梁跨中下挠累计已达 22.6cm。

(2)虎门大桥辅航道桥为一座三跨预应力混凝土连续刚构桥，跨径布置为(150＋270＋150)m，于 1997 年建成通车，是当时世界上最大跨度预应力混凝土连续刚构桥。根据对其进行连续 7 年的观测表明，承台竖直变位和墩顶角位移很小，但主跨跨中挠度却因混凝土收缩徐变等因素而逐年增加，而且至今尚未停止。据 2003 年 11 月测量数据表明，与成桥时相比，其左幅桥跨中累计下挠达22.2cm，右幅桥跨中累计下挠达 20.7cm。

(3)三门峡黄河公路大桥主桥为一座六跨预应力混凝土连续刚构桥，跨径布置为(105＋4×140＋105)m，于 1992 年建成通车。2002 年 6 月对该桥的检查发现，跨中区域下挠最大达到 22cm；另外，梁体有大量裂缝。

(4)广东南海金沙大桥主桥为一座三跨预应力混凝土连续刚构桥，跨径布置为(66＋120＋66)m，于 1994 年建成通车。2000 年底对该桥检查时发现，主跨跨中挠度达 22cm，主跨箱梁腹板有大量斜裂缝，最大裂缝宽度达 1.15mm。

(5)山东台儿庄大桥，跨径布置为(46＋80＋46)m 的三跨预应力混凝土连续刚构桥。设计荷载为汽车—20 级，挂车—100。单箱单室断面，根部梁高 4.5m，跨中梁高 1.8m，箱顶宽 15m。纵向预应力索为 XM15-19，横向预应力索为 XMBM15-3，竖向预应力钢筋为直径 32mm 的精轧螺纹粗钢筋，混凝土标号为 500 号，施工方案为挂篮平衡悬浇。该桥于 1988 年 12 月开工，1990 年 6 月完工。

裂缝现状：主跨 $L/4$ 处腹板有共 16 条斜裂缝，最大裂缝宽度 0.32mm；箱梁顶板桥面有一条总长 110m 的裂缝；箱内承托附近共有 36 条纵向裂缝，最大缝宽 0.595mm(如图 2-1 所示)。

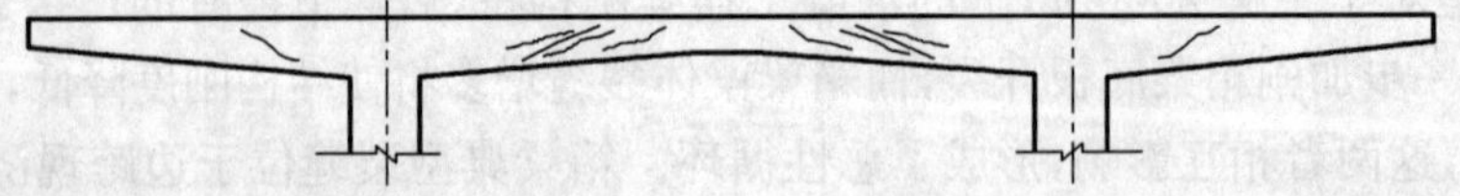

图 2-1 箱梁腹板裂缝分布示意图

3)重庆工程实例

(1)重庆江津长江公路大桥。重庆江津长江公路大桥位于江津城西，是以县级行政机构为主，通过招商引资修建的第一座长江大桥，由江津市政府和马来西亚南发集团合作修建，总投资3亿元。大桥主体长1 362m,其中德感侧引桥为14×50m的简支T梁,江津侧引桥为4×22.5m的连续板桥,主桥结构形式为连续刚构桥,跨径布置为(140+240+140)m。桥梁净宽21.5m,为双向4车道;设计荷载:汽车—超20级,挂车—120,人群3.5 kN/m^2。

主桥箱梁为三向预应力结构,采用单箱单室截面,顶板宽22m,底板宽11.5m,箱梁底板水平,顶板设2.0%双向横坡。箱梁跨中及边跨支架现浇段梁高4.01m,箱梁根部及0号梁段梁高13.5m。梁体采用纵、横、竖三向预应力结构。纵向预应力体系采用高强度低松弛钢绞线,f_{pk}=1 860MPa,E_p=195GPa。

桥墩为钢筋混凝土双肢薄壁墩,厚度为250cm,主墩采用双薄壁墩身,群桩基础。预应力混凝土箱梁采用550号混凝土材料,桥墩采用300号混凝土。

该桥于1994年开工建设,1997年12月建成通车。

该桥目前存在的主要问题是中跨跨中下挠(2006年下挠31.7cm,2008年下挠33.0cm),以及箱梁底板崩裂、顶板和腹板大范围开裂,如图2-2～图2-4所示。从2000年开始,对主桥线形进行了监测,发现主桥跨中下挠持续增加。主跨跨中段箱梁底板底面裂缝横向贯通底板,箱梁顶板底面纵向裂缝较多,上、下游腹板与底板交界处均发现有3mm宽的纵向裂缝。为缓和该桥跨中继续下挠和适当恢复桥面线形,提高主梁压应力储备,该桥采用了体外预应力技术进行加固。

图2-2 江津长江大桥主梁跨中下挠病害

图2-3 江津长江大桥主梁跨中底板混凝土开裂病害

(2)渝黔高速公路河耳沟特大桥。该桥为国道主干线重庆—湛江公路雷神店至崇溪河段上的一座特大桥。主桥跨径布置为(122+210+122)m连续刚构,主桥全长454m,梁体采用单箱单室三向预应力变高度箱梁。主桥下部结构1号和2号主墩均为双薄壁墩,如图2-5所示。

图2-4 江津长江大桥主梁跨中底板混凝土开裂、崩落病害

图2-5 河耳沟特大桥主桥总体布置图

该桥建成后发现存在较严重的病害,经检查发现,桥梁的主要病害有:

①底板混凝土被崩裂。该桥在中跨合龙段张拉底板预应力束施工过程中,曾出现混凝土

崩裂掉落的质量问题，虽经修复补强，但检查中发现跨中区段底面仍存在多处大面积凹陷，如图 2-6 所示。

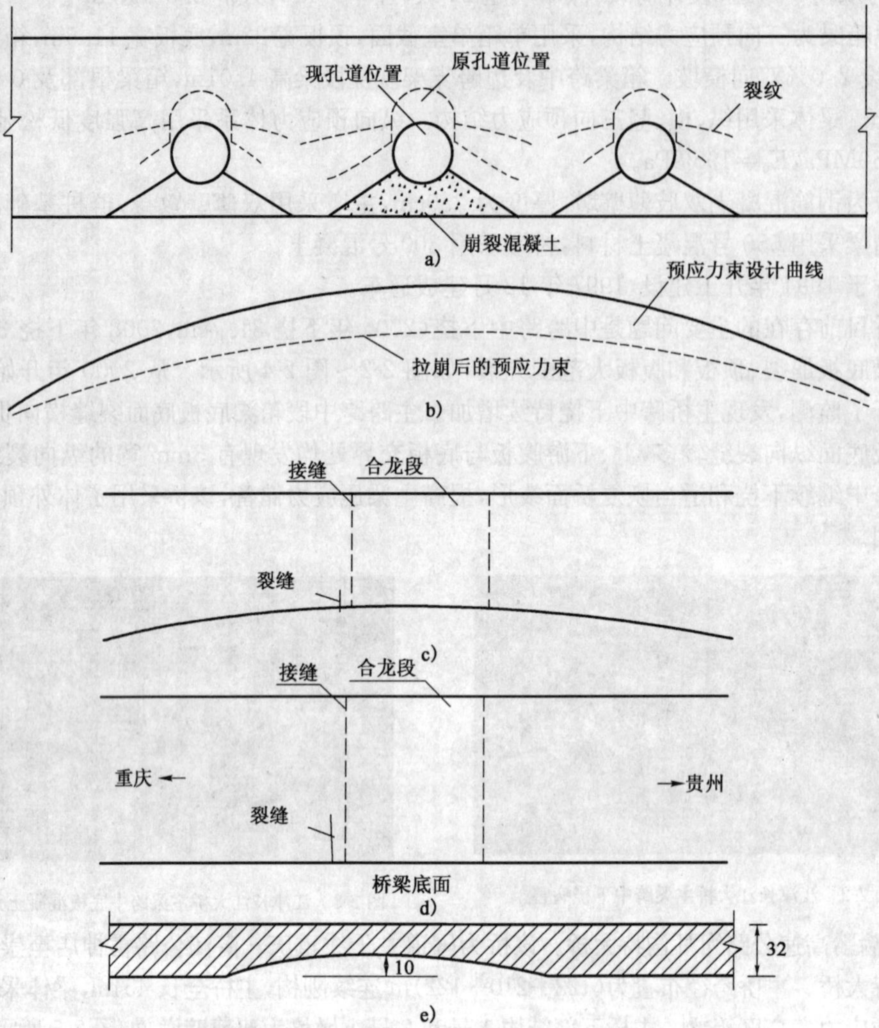

图 2-6 跨中区段横向裂缝及底面凹陷示意图(尺寸单位：cm)

a)崩裂混凝土前后；b)拉崩前后的预应力束；c)桥梁立面；d)桥梁底面多处凹形内陷

②混凝土开裂。中跨跨中箱梁底板与中隔板、边跨腹板存在发展性裂缝，而且中跨跨中底板的裂缝经半年时间又延长了 8cm；其次是在 T 形刚构的根部和远端梁体内发现低速、低强度区和裂缝发育区，主要分布在腹板与底板的结合部和施工块结合部。

图 2-7 重庆黄花园大桥

(3)重庆黄花园大桥。1999 年建成通车的重庆黄花园嘉陵江大桥，如图 2-7 所示，其跨径布置为(137＋3×250＋137)m，该桥平均每年下挠 2cm,建成 4 年后仍在继续。

3. 连续刚构桥加固技术研究的重要意义

由于桥梁这种跨江、跨海、跨深谷的特殊结构,一旦发生安全事故,后果不堪设想。仅 2007 年一年间便发生了多起震惊世界的桥梁悲剧,给人们留下了沉痛的教训。这些沉痛的教训使人们认识到,桥梁的安全性不仅仅是建设期间的质量控制问题,更是全社会关注的重大问题。在交通建设中,既要实现公路桥梁的建设目标——安全、畅通、高效益和低成本,又要对建成的桥梁加强日常管理和养护,预防病害的发生,在桥梁使用期间应及时根治缺陷、加固维修保养,保证其持续安全运营,确保桥梁结构在建设、运营、最终完成其使命的整个寿命期间,能够保证结构、运行荷载和人员的安全,以合理的经济成本维持自身较高的服务水平和通行能力,并满足持续增长的交通需求。

道路和桥梁的诸多问题和缺陷,不仅威胁公共安全,而且给国民经济造成巨大损失。根据"美国国家运输调查组织"TRIP 的资料,由于道路拥挤,美国驾驶员每年浪费的时间达 37 亿个小时,浪费的时间和燃料价值 630 亿美元。可见,在不中断交通的情况下,通过桥梁加固,确保桥梁营运畅通,具有积极的现实意义。

二、体外预应力技术加固连续刚构桥的准则与程序

1. 体外预应力加固技术

体外预应力结构是相对于传统的体内布筋预应力结构而言的,是后张预应力结构体系的重要分支之一。1886 年,美国旧金山的杰克逊(P. H. Jackson)就将其用于圬工结构:他用拉杆拉紧铰接的石块和拱板做成楼板,并取得美国专利,从而使得这一技术在新领域的应用开始发展。之后的应用包括 1910 年瑞士的 Siegwart 用钢丝给混凝土管施加预应力等。这种早期的预应力,由于钢筋应力低,预应力损失得很快。但是对体外预应力的研究很快从体内有黏结预应力的发展中得到启示。1936 年,德国工程师 Franz Dischinger,获取了向结构施加体外预应力的专利,并在 1936~1937 年设计了世界上第一座预应力混凝土桥梁——Aue 桥。

从 20 世纪 30 年代起,体外预应力的发展经历了兴衰交替的几个阶段,在发展早期的主要工程有:1928 年在德国建成的 Sal Ansieben 桥是世界上第一座体外预应力混凝土桥梁,其主跨 68m。1936 年由 Franz Dischinger 设计,建于德国 Aue 的体外预应力桥,预应力钢材采用极限强度为 500MPa 的高强粗钢筋,这座桥在 1962 年和 1983 年进行了两次维修和预应力筋的重新张拉后,使用至今。1939 年开始建设的 Wathe 桥主跨已达到 80.5m,但由于第二次世界大战的爆发而中断。

直到第二次世界大战结束后,整个预应力技术才得到迅猛发展,这与第二次世界大战结束后,各国争相要求恢复战争中造成的破坏有关,尤其是交通桥梁的破坏。体外力筋此时在桥梁加固中占有一席之地并不断发展其他方面的应用。1950 年,在 G. Magnel 教授的主持下,比利时国内设计建造了 Sclayn 等数座体外预应力桥。1950~1952 年,法国的 Henry Lossier 设计了 Villeneuve-Saint Georges 桥;Coignet 设计了 Vaux-Sur-Seine 和 Ponta Binson、Can Bia 桥。1952 年,古巴建造了美洲的第一座体外预应力桥——Canas 河大桥。到 20 世纪 70 年代末,体外预应力混凝土桥梁在法国和美国得到了较大规模的发展,同时,也带动了其他各国的研究和应

用，其中最具有代表性的是在1978～1980年间由Jean Muller设计的长礁桥(Long Key Bridge)。

20世纪80年代，在Jean Muller、法国公路技术设计部(SETRA)及M. P. Virlogeux的影响下，美国和法国均开始大量采用体外预应力技术建桥，但两国采用体外预应力的出发点有所不同：美国是为了获得最大的经济效益，并节省施工时间；而法国是在政府部门的影响下，为提高工程质量、简化预应力施工而采用该技术，经济上的优越性相对减少。目前，法国的多数大跨度桥梁建设均采用体外预应力。

在上述早期体外预应力的工程应用中，由于存在耐腐蚀防护和构造等方面的缺陷，而且体外预应力体系尚未完善，所以并未充分反映其优越性。随着体外力筋防腐措施的改进，以及结构形式和施工工艺的发展，同时，由于其他预应力技术存在的缺点，如后张预应力需要预留灌浆管道，灌浆质量无法保证，要消耗大量的钢管或者波纹管，如果管道安装不严格，浇筑混凝土不仔细，还可能导致预留孔道漏浆，堵塞管道；如果灌浆不密实，还会引起钢筋锈蚀、构件断裂；预应力筋出现损伤无法更换、体内力筋与普通钢筋位置冲突等，都促使了体外预应力更加迅速地发展。1992年9月，英国运输部经过对1986年因灌浆不实预应力筋锈蚀而倒塌的桥梁调查分析后，颁布法令规定：后张预应力混凝土结构不允许再用于新建桥梁。因为检查预应力筋时很难发现其是否锈蚀，同时很难满足建成桥梁中更换预应力筋的要求。由英国权威部门颁布的以上法令震动了整个行业，也促使体外预应力技术开始飞速发展。

20世纪70年代以后，各种防腐措施渐趋完善，对预应力筋的严密防腐已不再是难事，结构的安全性和耐久性得到了保证，这使得体外预应力在早期由于预应力筋防腐措施不完善、腐蚀和氢脆事故时有发生的缺点退居次要地位，而体外预应力易于检查、便于更换、利于施工等优点开始突显，这些成为它后期发展的有利因素。

当今，体外预应力技术已被灵活地运用于各种桥型结构的设计、加固，体外预应力与体内预应力混合使用也是现代预应力混凝土桥梁设计、施工与加固的一种常用方法，在国外，体外预应力技术已被用于加固非简支梁体系的大、中跨径的桥梁结构，所建成的体外预应力结构桥梁数量较国内多，跨度也较国内的大，结构形式也较多。

国内开始体外预应力技术的研究较晚，1995年我国采用体外预应力技术建成汕头海湾大桥，其预应力混凝土加劲梁纵向预应力筋由体外无黏结钢绞线组成。2000年6月建成的吉林八宝栏子河桥是一座真正具有体外预应力概念的桥梁，该桥为3×30m的体外预应力混凝土简支T形梁桥。可见，目前我国应用体外预应力新建桥梁尚处于起步阶段，与国外相比，相应的技术成果不多，其应用也多是对既有结构的加固，这相当于仍停留在体外预应力出现初期的应用阶段，与其他各国的应用很不相称。

2. 加固增强桥梁结构的二次受力特性

加固结构属于二次受力结构。加固前原结构已有荷载作用(即第一次受力)，内部存在一定的应力和形变；而加固一般是在未卸载或未完全卸载的条件下进行，新加的加固(增强)部分(以下简称加固层)在自身强度形成之后，才开始参与承担后来的新增荷载，如活载。因此，加固层的应力和应变均滞后于原结构；在极限状态下，原结构应力早于加固层达到材料的极限强度，因而破坏得更快。

由于加固增强结构的二次受力特性，原结构在加固前应力水平很高、变形很大的情况下，很有可能在加固施工完成后所有荷载的作用下加固层应力和应变始终处于一个较低的水平，材料强度不能充分发挥，加固后既不经济，效果也不好；如加固层自重较大，消耗了桥梁原本已剩不多的承载潜力，则加固后的原结构可能处于一种比加固前更不利的状态，从而威胁加固后桥梁使用的安全。因此，在设计过程中，加固层材料选择、尺寸拟定等基本问题都需系统性思考、通盘考虑，以使桥梁加固增强符合技术先进、安全可靠、耐久适用、经济合理的设计原则。

3.加固后桥梁承载能力计算方法

当前，对于加固后桥梁结构的承载能力的计算方法取用问题，工程界存在分歧。结构设计理论发展至今已经历了若干个阶段，形成并提出了多种设计、计算方法，主要有以力学为基础的容许应力法和以概率理论为基础的极限状态设计方法。伴随着设计理论和方法的发展，我国的桥梁设计规范也一直在逐步发展和完善之中，从以容许应力法为准的《公路桥涵设计规范(试行)》(1975 年版)，至采用极限状态设计的《公路桥涵设计通用规范》(JTJ 021—85)和《公路钢筋混凝土及预应力混凝土桥涵设计规范》(JTJ 023—85)等，到以概率理论为基础的《公路桥涵设计通用规范》(JTG D60—2004)和《公路钢筋混凝土及预应力混凝土桥涵设计规范》(JTG D62—2004)等。

容许应力法是以弹性理论为基础，考虑结构具有一定的安全储备和富余量而提出来的一套包含一定经验性的定值设计方法。容许应力法与后来发展起来的极限状态法相比，具有清晰、明确的物理和力学模型，概念清楚，能够充分反映因结构施工或受力体系地不断变化而产生的应力分布的改变；其通过逐步的应力叠加过程，得到结构上任意一点的应力值及其方向。但是，该设计方法所采用容许应力值是材料的极限强度除以一个指定的安全系数而得到的数据，即一个经验和人为确定的数值，没有牢固的理论支撑和基础；材料容许应力的取值，不能将不同施工人员、施工技术等方面的差异反映出来，显得过于“一刀切”；安全系数的引入虽被赋予了结构安全储备的意义，但实际运用中却又难以达到这一目的。

极限状态法是一种以概率理论为基础的结构设计方法，它将材料性能和参数、结构构件的受力模式等因素运用数理统计方法进行处理，使得它们与实际状态下各种构件状况的随机差异相对应，采用这种方法设计而得的结构具有较高的保证率。极限状态法的优点在于：它考虑了材料特性、施工质量等因素的随机性，对结构的计算图示进行了一定的简化；用它设计的结构具有较高的保证率，同时又较经济，在安全和经济之间找到了较好的平衡点；极限状态设计法弥补了容许应力法的不足。该法的缺点为：对于诸如加固构件等存在应力(应变)分布逐步叠加、截面特性逐渐变化的结构，不能计算结构二次受力条件下的承载力。

当前，加固结构承载力计算有的采用容许应力法，有的则采用极限状态法，针对加固结构构件，两种方法各有优缺点。容许应力法考虑施工过程、二次受力特性十分方便，不足之处在于安全系数、材料容许应力限值的取值不科学、基础不牢固。极限状态法计算过程简单，设计的构件既安全又经济，考虑了结构、材料和人的随机性影响，不足之处在于不能考虑加固后结构的二次受力特性。

4.桥梁加固工作程序

桥梁加固是一项严密的系统工程，主要内容有：现场调查与资料收集、桥梁结构检查、加固前承载能力评定、加固增强设计、加固施工和竣工验收，对于某些工程还包括加固后的荷载试验等加固后效果评价。

三、取得的主要成果

1. 完成了国内外连续刚构桥典型病害的调查与成因分析

针对国内外连续刚构桥主梁下挠过大，箱梁开裂严重等典型病害，从设计、施工等方面分析了混凝土徐变、预应力束布置方式、预应力长期损失值、预应力灌浆不饱满、管道漏浆、荷载长期效应等对连续刚构桥长期结构行为的影响，该成果可为连续刚构桥的设计、加固、管理、养护提供积极和有益的借鉴。

2. 系统地提出了体外预应力加固原理、设计计算方法、施工工艺成套技术

在系统地总结、分析已有研究成果的基础上，依托实体工程，从体外预应力体系构造特性、体外预应力加固技术原理、设计计算方法、施工工艺等方面的研究，提出了体外预应力加固连续刚构桥成套技术，并在全国范围内成功加固旧有连续刚构桥两座，使原桥承载能力提高了5%～10%，创造了上亿元的直接经济效益和巨大的社会效益。

3. 提出了基于位移影响线的体外预应力加固快速设计技术

针对提高体外预应力加固连续刚构桥的承载力、增加主梁压应力安全储备的目标，提出了根据跨中位移影响线对体外预应力进行快速、高效设计的方法，不仅有效缩短了设计周期，而且使得体外预应力钢束发挥了最大的加固作用。

第二节　连续刚构桥病害现状调查及分析

一、连续刚构桥发展状况

1. 预应力混凝土桥梁的发展状况

预应力原理应用于生产已有很悠久的历史，但是预应力技术真正成功地应用在工程上还不到一个世纪。1928 年以前，预应力混凝土技术基本上处在探索阶段，那时由于对混凝土和钢材在应力状态下的性能缺少认识，施加的预应力太小，效果不明显，所以没有得到推广应用。预应力材料及预加应力方法是预应力混凝土的关键。现代预应力混凝土的发展归功于法国的 E. Freyssinet，他在对混凝土和钢材性能进行大量研究和总结的基础上，指出了预应力混凝土必须采用高强钢材和高强混凝土，此论断是预应力混凝土在理论上的重大突破。

1937 年世界上第一座预应力混凝土桥——德国的萨克森州奥厄公路桥建成，它是采用 F. Dischiger 方法的体外预应力混凝土悬臂桥[跨径布置为(25.2+69.0+23.4)m]。这座桥在 1962 年和 1983 年进行了两次维修和预应力筋的重新张拉后，使用至今。1938 年德国的 E. Hoyer成功地研制了不靠专用锚具传力的先张法预应力工艺，并在德国建成了世界上第一座体内有黏结预应力混凝土的桥梁。

预应力混凝土的推广，开始于第二次世界大战结束后的 1945 年，由于当时钢材的紧缺，很多国家采用预应力混凝土结构大量代替钢结构以修复战争破坏的桥梁结构，于是预应力混凝土桥梁经历了一个世界范围的迅速发展期。1950 年在 G. Magnel 教授的主持下，比利时国内

设计建造了 Sclayn 等数座体外预应力桥。1950～1952 年，法国的 Henry Lossier 设计了 Villeneuve-Saint-Georges 桥；Coignet 设计了 Vaux-Sur-Seine、Ponta Binson 和 Can Bia 桥。1952 年古巴建造了美洲的第一座体外预应力桥——Canas 河大桥，该桥采用三跨连续箱梁结构[跨径布置为(15＋76＋15)m]。20 世纪 50 年代初期，美国开始将无黏结预应力筋用到升板建筑中。随着大跨度平板的发展，无黏结预应力筋开始在美国得到较广泛地应用，并逐渐推广到板梁桥。20 世纪 70 年代中期，世界上第一座采用后张法预应力筋的双预应力混凝土简支梁桥——Alm(阿尔姆)桥建成，其跨径达到 76m，高跨比为 1/30.4。之后，日本也对双预应力混凝土桥梁进行了大量研究，其原理与 Hans Rerffenstuhl 相仿，但预应力工艺得到改进，并在较短的时间内建成了数十座双预应力混凝土简支桥梁，高跨比在 1/2～1/33，最小达到 1/37。20 世纪 60～70 年代间，由于早期的体外预应力工程存在耐腐蚀防护和构造等方面的缺陷，影响了正常使用，因此体外预应力技术基本处于停滞阶段，各地修建的预应力混凝土桥梁绝大多数是在混凝土截面内布筋的。20 世纪 70 年代，体外预应力混凝土桥梁在法国和美国得到较大规模的发展。法国的大量桥梁加固工程采用体外预应力技术。1979 年，第一座现代体外预应力桥梁——Long Key 桥在美国佛罗里达州建成，该桥总长约 3 700m，标准跨度 36m，共有 101 跨，各跨均由预制节段拼联而成，包括 6 个 5.5m 标准节段和约 3m 的墩顶段。

20 世纪 80 年代后期，世界上建成的大跨度预应力连续刚构桥有澳大利亚给脱威桥(主跨 260m)、挪威 Stolma 桥(主跨 301m)、拉夫特桥(主跨 298m)。

预应力混凝土的问世，使梁式桥的跨度飞速增长，从 20 世纪 50 年代第一座突破百米跨度的莱茵河沃尔姆斯桥的建成到 20 世纪末，预应力混凝土梁式桥的跨度已超过了 300m。其中西班牙建成的预应力桥面梁板斜拉索桥，跨度达 440m。此外，日本建成的预弯预应力混凝土简支梁与连续桥梁已有 500 余座。

20 世纪下半叶，世界桥梁工程发展最突出的两大成就，可以认为是斜拉桥的复兴和预应力混凝土技术的广泛应用。

新中国成立后不久，就开始研究预应力混凝土在桥梁上的应用。1955 年，我国铁路部门顺利完成了跨度为 12m 的预应力混凝十梁的试制与试验工作。1956 年，在东陇海线跨越新沂河时，成功地修建一座 28 孔，跨径为 23.8m 的预应力混凝土铁路桥。1957 年，在京周公路上，又修建了第一座跨径为 29m 的简支 T 形梁预应力混凝土桥。从此以后，预应力混凝土结构在我国桥梁建筑中的应用，得到了迅速地发展。以公路桥为例，就有预应力混凝土空心板、槽形梁、T 形梁、T 形刚构、连续梁桥、斜拉桥、吊桥等都采用预应力混凝土结构。

1980 年建成的重庆长江大桥，是主跨为 174m 的三向预应力混凝土箱梁结构。1988 年在浙江飞云江修建的预应力混凝土 T 形梁桥，最大跨径达 62m。1990 年建成的云南六库怒江桥，采用预应力混凝土连续梁，最大跨径达 154m。

20 世纪 90 年代，梁桥在全国范围内建成跨径大于 120m 的有 74 座。世界上已建成 17 座跨径大于 240m 的梁桥，中国占 7 座。目前，我国大跨径梁桥正如雨后春笋般建成。

2. 连续刚构桥的发展状况

传统的桥梁施工多用费时、费工的满堂支架法，这种方法对于中、小跨径的桥梁施工尚能适应，但对于大跨径及特大高度、水深较深的桥梁施工显然已不适应。1953 年原联邦德国建成的沃伦姆斯桥(Worms)，主跨 114.2m，施工时引进了现在标志着钢桥传统施工方法的悬臂施工法，这种创造性的引进，基本解决了施工中的难题，而且更重要的是发展了预应力混凝土结构的一种新体系——T形刚构，并对其他体系桥梁产生了深远影响。而T形刚构因其独有的优点一经问世便得到了广泛的应用和长足的发展。1964年，原联邦德国又建成了主跨为208m的本道夫(Bendorf)桥，不仅再一次成功地显示出悬臂施工法的优越性，而且在结构上又有了新的创新，薄型的主墩与上部连续梁固结，形成了带铰的连续刚构体系。20世纪70年代后，日本连续修建了同类型的滨名、浦户大桥，目前T形刚构最大跨径已大于270m。20世纪80年代后，世界各国建造了多座不带铰的连续刚构体系，并发展了刚构体系的另一种形式，即连续刚构—连续体系，其中以1985年澳大利亚建成的主跨为260m的门道桥和挪威1998年底建成的主跨为298m的Raft Sundet桥最为著名。

预应力混凝土连续刚构桥是一种新型的桥梁结构形式，在国内得到广泛应用。我国于20世纪80年代中期开始修建连续刚构桥，至今方兴未艾。1988年建成的广东洛溪大桥(主跨180m)，开创了我国修建大跨径连续刚构桥的先例，是当时国内修建的最大跨度的预应力混凝土连续刚构桥。之后，随着施工技术和计算方法的提高，连续刚构桥的建设达到了一个新水平，桥梁跨度不断增大，仅200m以上跨径的连续刚构桥就接近20座。其中具有代表性的有：虎门大桥辅航道桥，1997年建成，主跨270m；重庆市江津长江大桥，1997年建成，主跨240m；重庆市黄花园大桥，1999年建成，主跨250m；湖北省黄石长江大桥，主桥为(162.5+3×245+162.5)m五跨一联，长时间居世界首位；泸州长江二桥，主跨252m；贵州市六广河大桥，主跨240m；渝合高速马鞍石大桥，2003年建成，主跨250m；广阳岛长江大桥，2006年建成，主跨220m；重庆市石板坡长江大桥，2006年建成，主跨330m，为当今世界最大跨径连续刚构桥。我国近期还将建成一大批大跨径的连续刚构桥。目前，我国大跨径连续刚构桥建设技术已居世界领先水平。

连续刚构桥由于外形尺寸小、桥下净空大、桥下视野开阔、适应性强、施工方便、投资少、效益高，而且跨越能力也较大，具有较好的技术经济性，常用于高墩大跨桥梁。连续刚构桥的受力特点为：桥跨结构(主梁)和墩台整体相连，两者之间是刚性连接，在竖向荷载作用下，将在主梁端部产生负弯矩，因而将减少跨中正弯矩，跨中截面尺寸也相应减小。刚构桥在竖向荷载作用下，支柱除承受压力外，还承受弯矩。支柱一般也用混凝土构件制成，其在竖向荷载作用下，一般都产生水平推力。结构为多次超静定的形式，故混凝土收缩、徐变、温度变化、预应力作用、墩台不均匀沉陷等因素都会在结构中产生附加内力，有时这些附加内力将占整个内力相当大的比例。

预应力混凝土连续刚构桥的优势明显，跨径不断突破，理论日益成熟，施工技术逐渐完善，它的发展趋势可归结为如下几点：

(1)跨径可进一步增大。目前，中国修建连续刚构桥的热潮仍在继续，跨径300m以上的连续刚构桥已经出现。

(2)上部构造不断轻型化。结构的轻型化可以减少上、下部构造的自重和材料用量，可以减轻对挂篮的要求。由于采用大吨位锚具、高强混凝土和轻质混凝土，上部构造不断轻型化，这也是连续刚构桥的发展方向。

(3)简化预应力束类型。中国连续刚构桥设计中，已有相当多桥取消弯起束和连续束，以竖向预应力和纵向预应力来克服主拉应力，极大地方便了施工，受到施工部门的欢迎。

(4)取消边跨合龙的落地支架。采用合适的边、主跨比,在导梁上合龙边跨,或与引桥的悬臂相连接来实现合龙。在高墩的情况下,取消落地支架有一定的经济效益。

(5)上部结构连续长度的增大。由于行车速度的提高,人们将行车的舒适性提高到了重要的位置。国外在桥梁设计中极力增大上部结构的连续长度,因而产生了"少用或不用伸缩缝是最好的伸缩缝"的观点。

二、连续刚构桥跨中下挠调查分析

1. 连续刚构桥跨中下挠调查

三门峡黄河公路大桥全长 1 310.09m,主桥为 6 跨预应力混凝土连续刚构桥,跨径布置为(105+4×140+105)m,于 1993 年 12 月建成通车。1999 年 9 月发现该桥箱梁腹板出现很多斜裂缝,这些斜裂缝虽然发育长度从 20～165cm 不等,但走向大致相同,均为倾向支点,角度也大致相同,为 45°左右,裂缝宽度均小于 0.2mm。2002 年 6 月对该桥的检查发现,跨中区域下挠最大达到 22cm。

广东南海主跨为 120m 的金沙江大桥,跨径布置为(66+120+66)m,于 1994 年建成通车。2000 年年底对该桥检查时发现主梁跨中挠度达 22cm。

1997 年建成通车的重庆江津长江大桥,跨径布置为(140+240+140)m,在通车不到 3 年的时间里,其跨中下挠已经达到 17cm,目前已下挠 33.0cm。

1999 年建成通车的重庆黄花园嘉陵江大桥,跨径布置为(137+3×250+137)m,该桥平均每年下挠 2cm,建成 4 年后仍在继续。

从全国的连续刚构桥建成后出现的情况来看,很多预应力混凝土连续刚构桥相继出现了可能会影响结构正常使用或结构耐久性的跨中下挠问题。但是从结构验算结果来看,桥梁均处于设计理想状态下,根据规范验算在最不利荷载组合效应下,并根据收缩徐变特点设计了一定的预拱度,虽然有一定误差,但也不应该偏离过大。因此,从理论上来说,连续刚构不应该出现很大的挠度值。但是,目前大部分连续刚构桥下挠过大,而且有继续发展的迹象,这一问题令人深思。典型大跨连续刚构桥跨中下挠情况如表 2-1 所示。

典型大跨连续刚构桥跨中下挠情况　　表 2-1

桥　名	跨径(m)	结构类型	跨中下挠(cm)	挠跨比
黄石长江公路大桥	62.5+3×245+62.5	连续刚构	33.5	1/731
广东虎门大桥辅航道桥	150+270+150	连续刚构	26	1/1 038
江津长江大桥	140+240+140	连续刚构	31.7	1/757
三门峡黄河大桥	105+4×160+105	连续刚构	22	1/727
广东南海金沙大桥	66+120+66	连续刚构	22	1/545
广东丫髻沙大桥	86+160+86	连续刚构	23	1/696
台湾圆山大桥	75+150+2×142.5+118+43	连续刚构	63	1/238
挪威 Stovest 桥	100+220+100	连续刚构	20	1/1 100
英国 Kingston	62+143.3+62.5	带铰刚构	30	1/478
帕劳桥	72+241+72	带铰刚构	120	1/201
美国 ParrottsFerry 桥	99+195+99	带铰刚构	63.5	1/307
加拿大 Grand-mere	主跨 181.5	带铰刚构	30	1/605

由表 2-1 可见，大跨径预应力混凝土箱梁跨中下挠问题是一个国内外普遍存在的问题，从另一个侧面也说明大跨径预应力混凝土箱梁跨中下挠是设计、施工技术上确实存在的缺陷。大跨径预应力混凝土连续刚构桥后期挠度过大，不但会使跨中主梁下凹，破坏桥面铺装层，严重的还会产生附加内力，导致桥梁养护费用的大幅度增加，破坏桥梁的美观，影响桥梁的适用寿命和行车舒适性，更严重的是造成桥梁交通运营和结构安全度降低，所以跨中下挠过大已经成为大跨径连续刚构桥发展的一个亟待解决的问题。

2. 连续刚构桥跨中下挠原因

大跨径预应力混凝土连续刚构桥跨中持续下挠问题是一个十分复杂的问题，影响因素很多，涉及计算、施工工艺、养护管理、材料性质、气候环境等各个方面。因此，要细致全面地分析每一个因素对连续刚构桥下挠的影响是很困难的。国内外工程界对此已做过大量的分析研究工作，归结起来大致有以下一些原因：

(1)对混凝土徐变的影响程度及长期性估计不足

大跨度连续刚构桥跨中下挠过大不仅影响其外观及行车，而且对其受力也将产生一定影响，从设计的角度来分析其原因，主要是对混凝土徐变的影响程度及长期性估计不足。

连续刚构桥从设计上为减轻自重而都采用高强的薄壁箱形主梁，加载龄期对混凝土的徐变有较大影响，有关研究表明，加载龄期越短，混凝土的徐变越大，而预应力混凝土连续刚构桥梁受工期控制，一般混凝土在浇筑 3d 左右就开始了预应力张拉加载并确定了梁顶高程，从而因龄期短而使徐变系数大，主梁下挠值加大。传统的设置预拱度的方法只能解决施工中引起的桥面线形问题，而不能有效控制跨中下挠。

另外，过去计算徐变往往限于恒载，随着交通量的剧增，桥梁上不分昼夜都有车辆行驶，因此，有技术人员提出，活载也会引起一定的徐变变形，其计算方法有待于进一步研究探索。

(2)预应力束的布置方式与预应力的大小对混凝土徐变的影响

有研究表明，徐变变形随预应力增大有明显减少的趋势，反之亦然。因此，大跨度预应力混凝土连续刚构桥梁若预应力较小，则徐变变形可能增大，导致主梁下挠变形加大。反之，混凝土徐变变形加大，预应力束的应力损失也相应加大，进一步减小了预应力，从而导致主梁下挠变形值加大。

从已加固的一些连续刚构桥中发现，孔道的压浆有时不饱满，存在着一些孔隙，有的则浆体分离，孔道一经戳破即有水流出，处于这样孔道中的预应力束肯定会发生锈蚀，导致有效预应力的降低，不但会引起梁体下挠，而且有可能出现受弯竖向裂缝，同时也降低了抗主拉应力的能力。

(3)荷载长期效应的影响

已出现跨中严重下挠的桥梁均采用旧规范，即《公路钢筋混凝土及预应力混凝土桥涵设计规范》(JTJ 023—85)，该规范计算钢筋混凝土受弯构件的挠度是不考虑荷载长期效应影响的。但随着时间的推移，构件的刚度要降低，挠度要增大。这是因为：受压区混凝土发生徐变，受拉区裂缝间混凝土与钢筋之间的黏结逐渐退出工作，钢筋平均应变增大，受压区与受拉区混凝土的收缩不一致，构件的曲率增大，混凝土的弹性模量降低。

另外，在预拱度设置上，大跨度连续刚构桥自重所占的比例大，而《公路钢筋混凝土及预应力混凝土桥涵设计规范》(JTJ 023—85)按未考虑自重荷载长期效应的影响设置的预拱度，所计算的预拱度值偏小，这也是导致挠度过大的因素之一。

此外，下挠会导致结构开裂，而开裂又加大了下挠，二者相互影响，形成恶性循环；对预应力长期损失值估计偏低，预应力灌浆不饱满，施工超方等，这些因素对预应力连续刚构桥跨中下挠的影响是长期的，具有随机性和不确定性。

3. 大跨度连续刚构桥病害应对措施

针对大跨度连续刚构桥存在的病害状况，并基于上述的病害成因分析，大跨度连续刚构桥病害的应对措施应分为两个方面，即新建桥梁的设计对策及已有病害桥梁的加固措施。基于对已建成桥梁病害的成因分析，在新的大跨度连续刚构桥设计中将主要采取以下几方面的应对措施：

(1)改善主梁断面设计方式。按零弯矩或少弯矩设计主梁断面，以利于减小连续刚构桥的徐变挠度。

(2)改善纵向预应力束的布置方式。跨内纵向预应力束下弯到箱梁截面中心附近，边梁现浇段配置曲线预应力束以提供较大的预剪力，使得腹板的主拉应力有较大的改善。

(3)改善竖向预应力筋设计方式。竖向预应力筋纵向间距为500～1 000mm，考虑到竖向预应力施工的实际困难，按《公路钢筋混凝土及预应力混凝土桥涵设计规范》(JTG D62—2004)规定对竖向预应力的效应打6折进行计算，使得主拉应力不至于因施工偏差达不到设计值而造成箱梁腹板开裂。

(4)考虑荷载长期效应的影响。在进行挠度计算及预拱度设置时，应考虑荷载长期效应的影响，以避免后期挠度过大。

(5)改善预应力张拉顺序及时间。竖向预应力筋滞后张拉，以保证腹板的抗主拉应力，纵向预应力采取混凝土强度与龄期双控，以避免混凝土后期收缩徐变过大。

(6)充分考虑箱梁非线性温差应力。箱梁受日照、雨雪等的影响，其内外的实际温差往往远大于按经验的±5℃，按英国标准BS 5400，其最大正温差可达到13.5℃。

对已有病害连续刚构桥的加固处治，目前主要采取以下措施：

(1)主梁增设体外预应力钢束，主要目的是缓和梁体继续下挠，适当恢复桥面线形，并提高主梁压应力储备。

(2)腹板、顶板、底板等混凝土开裂部位粘贴钢板条、碳纤维布，以加固补强。

三、连续刚构桥开裂调查分析

1. 大跨径连续刚构桥开裂调查

华南大桥，位于广州市，全长1 369.28m，主桥长410m，跨径布置为(110+190+110)m的预应力混凝土连续刚构桥，1996年12月22日脱模后发现0号块及腹板均出现竖向裂缝，其特点为：腹板处裂缝的位置一般位于板的跨中，或离横隔板相交处50～90cm，距离底板均为40cm以上；门洞处的裂缝处于45°角的位置，裂缝均为垂直方向，而水平方向没有产生裂缝。

虎门大桥辅航道桥于1997年建成通车，是当时世界上最大跨径的预应力混凝土连续刚构桥。分析其裂缝调查资料，发现箱梁出现两种裂缝：①箱梁腹板斜裂缝；②跨中附近弯曲横向受力裂缝。斜裂缝主要出现在箱梁的边孔现浇段、$L/4$ 截面附近或者梁腹板厚度变化区段。箱梁在$(1/4)L$ 截面附近梁腹板表面出现的与顶板大致成 20°～60°夹角的斜向裂缝，方向基本与主拉应力方向垂直。裂缝在结构上呈现一定的对称性，主桥箱梁腹板的斜向裂缝基本上属于主拉应力裂缝；跨中附近弯曲横向部位在距跨中左右约 20m 的范围内的底板上。

2. 箱梁裂缝产生机理及对策研究

桥梁结构中遇到最多的病害损伤就是裂缝，有些裂缝甚至对结构的耐久性及承载力构成很大的威胁，所以，要掌握桥梁的病害，首先就需要对桥梁结构中裂缝的形式及产生机理进行研究。裂缝的分类有多种：

从安全角度考虑可分为安全的工作裂缝和非正常裂缝；按客观成因可分为先天裂缝、原生裂缝、后天裂缝；从力学机理角度可分为弯曲裂缝、剪切裂缝、局部承压裂缝、次裂缝等。还可以从产生根源、产生时序及裂缝尺寸等来分。而所有的这些裂缝分类，都只是就事论事，而没有从混凝土结构的承载力的变化进行考虑，而我们最关心的就是产生的裂缝对结构的承载力和结构的安全有没有影响。所以，在这里我们从结构承载力的影响的角度考虑，把裂缝分为结构裂缝和非结构裂缝两大类。这两类裂缝产生的结果不一样，所以对它们的维护措施也是不一样的。

1)结构性裂缝

结构性裂缝：由外界荷载引起的裂缝，预示结构承载力不足或下降的裂缝，称为结构性裂缝。这类裂缝的产生，究其力学机理，都是因为结构整体或局部构件的强度、刚度、延性不足引起的。

结构性裂缝的产生造成结构中的应力重分配，降低了结构的刚度和强度，直接影响到桥梁结构的承载力，使桥梁的安全运营直接受到了威胁。因此，在桥梁结构的裂缝分析中，我们最关心的也就是结构裂缝，根据裂缝产生的力学机理不同，大致可分为弯曲裂缝、剪切裂缝、扭曲裂缝、局部应力裂缝、拉压裂缝、预应力二次裂缝等。

(1)弯曲裂缝

混凝土构件受弯矩作用产生的弯曲正应力超过混凝土的抗拉强度后会产生垂直裂缝。这些裂缝多发生于正弯矩区的梁底及负弯矩区的梁顶；箱梁正弯矩引起的底板裂缝一般贯穿底板全宽(不一定是通缝)，严重时甚至延伸到腹板；在负弯矩区，由于弯矩重分布而有减小趋势，箱梁弯矩引起的顶板裂缝较少出现。在节段施工的桥梁中，弯曲裂缝一般沿着接缝或靠近接缝，一般很小(裂缝宽度为 0.1～0.2mm)，结构不受损伤，但在外力荷载反复作用下(汽车动力荷载或温度梯度)，裂缝有可能会扩大(可达 0.3mm)。在支座附近区域，剪切作用与弯曲作用叠加，在初始竖向开裂后，主拉应力会使腹板中产生斜向裂缝，如图 2-8 所示。

弯曲裂缝产生的主要原因有设计因素、施工因素和后期荷载因素等。

①设计导致的先天裂缝。设计时，弯起束的摩阻损失过大，预应力筋配置不足，导致一些截面的有效预应力不足；配筋或混凝土截面不足，导致梁体强度降低；温度荷载考虑不足；二期恒载过重等。

②施工导致的原生裂缝。施工时，工艺粗糙，施工荷载过大，浇筑时模板或支架变形，预应力施加不当以及施工程序不当等。

③运营期间的后期裂缝。使用时，交通荷载过大，超过设计荷载等级、结构老化等。

(2)剪切裂缝

混凝土梁体受剪力的作用而产生剪切裂缝，也称斜裂缝，又称为主拉应力裂缝，是因为梁体局部拉应力过大而产生的。这类裂缝多发生在连续刚构桥支点附近剪应力最大的部位，其方向主要由梁体下部开始与梁轴线呈 25°～50°角斜方向展开，见图 2-9。随着荷载的增大，裂缝长度将不断增大，并向受压区发展，裂缝的数量也将越来越多，并开始分叉，裂缝区逐渐向跨中方向扩大，最后陆续出现几条斜裂缝，并最终形成一条临界裂缝。当临界裂缝形成后，若继续加载，临界裂缝则继续发展，直至裂缝深入受压区，导致顶端的剪压区混凝土被压酥破坏；在发生裂缝处还可以发现有错位的情况，剪切裂缝出现后，如果发展缓慢而只在受拉区，还是允许的；但是如裂缝已经接近受压区，则无论其裂缝宽度或梁的挠度是否超出要求，都必须加固。

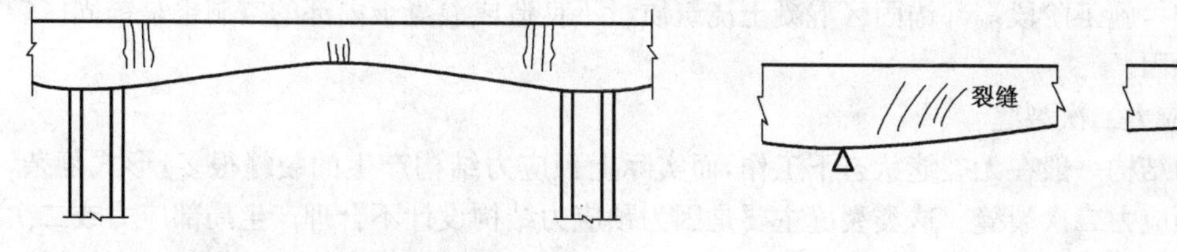

图 2-8　箱梁弯曲裂缝示意图　　图 2-9　箱梁剪切裂缝示意图

剪切斜裂缝出现的原因大致有：

①设计原因。设计中只注意了正截面的强度，而对于斜截面强度或主拉应力却重视不够，或者是遗漏了最不利截面或缺乏最不利组合的工况。如果是预应力现浇段边跨，没有设弯起钢束，由于边跨梁段梁高较小，反力大，如果只是由顺桥向和竖向预应力来控制主拉应力，则往往很难奏效，从而出现裂缝。

②施工原因。由于模板粗糙，浇筑时走动，使腹板变薄，而使原设计的抗剪刚度降低；工地上对竖向预应力张拉不足或压浆时间过于拖延导致力筋受损；有的桥在悬臂平衡挂篮浇筑时，由于未预压重以及预应力筋的张拉顺序不对，出现了垂直裂缝，导致剪应力急剧增大，以上这些都容易产生剪切裂缝。

(3)锚固区的局部裂缝

这类在预应力锚固端附近的裂缝在工程实际中比较常见；因为预应力筋锚固的位置不同，所以产生的裂缝形式也是多种多样的。锚下劈拉裂缝发生在梁端时，裂缝基本上和预应力钢束方向一致，如图 2-10a)所示为劈开型裂缝，锚具会向里缩进，而造成预应力损失；采用悬臂浇注法施工的预应力连续刚构桥，在悬臂浇注过程中，锚头往往布置在接缝里面，从而引起局部的高压应力而导致蠕变，锚头后面将产生拉应力，如果锚后受拉钢筋配置不足时，则在锚固区的接缝面就很容易发生裂缝。

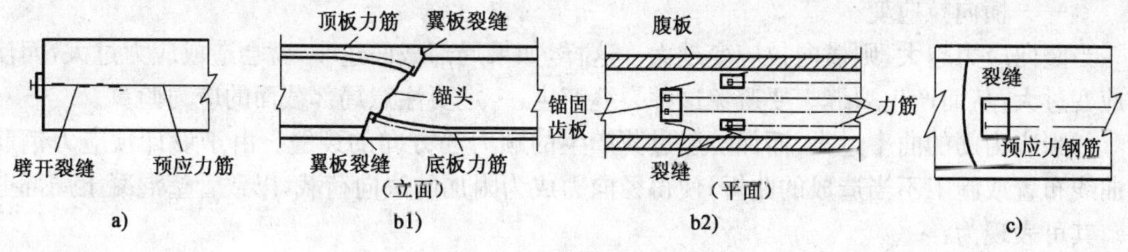

图 2-10　箱梁锚固区裂缝示意图

裂缝发生在锚固区时,一般与梁纵轴成 30°～45°角;外凸楔形锚块常用来锚固弯起筋,一旦产生裂缝,会引起顶板底板开裂,甚至会以 45°角延伸到腹板上;这种裂缝在施工阶段产生,营运初期有一定发展,以后趋于稳定,见图 2-10b1)和图 2-10b2);图 2-10c)为拉裂型裂缝,出现在锚端的反向,并与预应力筋垂直。

锚固区局部裂缝的产生原因:后张法构件的锚头局部承压区由锚具局部压力引起的应力是比较复杂的;在靠近垫板处产生横向压应力,在其他部位则产生横向拉应力。当锚具吨位很大时,这种拉应力可达到很高的数值。早期修建的连续刚构桥,使用的旧规范《公路桥涵设计通用规范》(JTJ 021—89)对局部承压区的应力及构造没有作出明确规定,使得多数桥梁的锚下防裂钢筋不足,应力集中,导致原始裂缝的发生,再加上运营过程中各种综合作用,裂缝便显露出来;同时,施工阶段端部锚固区混凝土浇筑质量不良造成混凝土内部的空洞也是锚固区裂缝产生的原因。

(4)预应力二次裂缝

预应力结构一般在无裂缝状态下工作,而实际上预应力结构产生的裂缝很多,形式复杂,现总结为预应力二次裂缝。这类裂缝主要是因为预应力结构设计不合理产生局部应力或二次应力过大,而局部配筋不满足要求或由于施工原因产生的预应力筋的布局改变而产生的结构性裂缝,应该对它进行及时修补,箱梁预应力二次裂缝示意图见图 2-11。现针对以下几种裂缝进行分析。

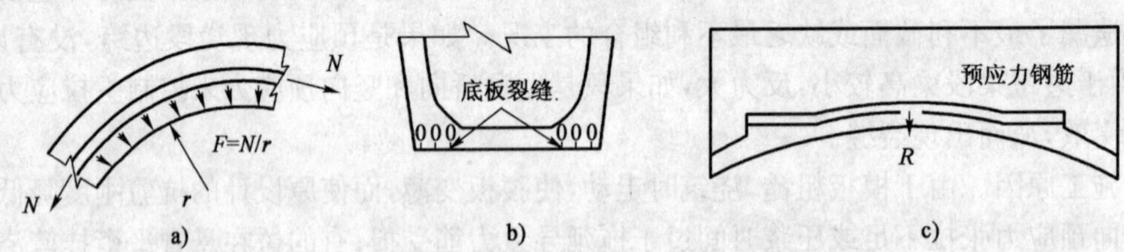

图 2-11 箱梁预应力二次裂缝示意图

a)受力简图;b)截面图;c)立面图

①预应力过大、截面强度不足产生的纵向裂缝。当竖向预应力过大时,构件由于泊松变形而产生横向应变,当应变大于容许值时,就会产生裂缝;这可以用材料力学第二强度理论来解释。

变形公式为:

$$\varepsilon_2 = -\mu\sigma_1 / E$$

式中:μ——泊松比;

E——混凝土弹性模量;

σ_1——竖向应力;

ε_2——横向拉应变。

当竖向应力越大,则横向拉应变越大。这样,如果局部截面过小,就会造成应力过大,而使拉应变过大,从而产生裂缝。要避免这种裂缝产生,一定要注意局部截面的应力验算。

②预应力筋的曲率过大,而保护层过薄产生的顺力筋方向的裂缝。由于设计预应力钢筋的曲线布置或施工不当造成的曲折,使得径向力成为附加的法向荷载,以致管壁混凝土局部劈裂。其可表现为:

a. 曲底箱梁底板束崩裂;

b. 平面弯曲桥梁腹板束崩裂；

c. 弯曲束管壁开裂和体外转向点开裂；

d. 局部突弯处裂缝和崩裂，其原因有设计放崩锚固钢筋不当和施工时管道变形两种。

当预应力筋出现转向曲率时，要适应力方向的转换，混凝土壁与预应力筋之间就会产生相互的法向力，见图 2-11a)；其受力平衡等式为：$F=N/r$。半径 r 越小，则曲率越大，F 也越大。当混凝土壁太薄不能承受时，就会产生沿预应力筋方向的劈裂裂缝；严重时，还会造成预应力筋弹出来。这种裂缝一般产生于箱梁的底板或腹板，见图 2-12。

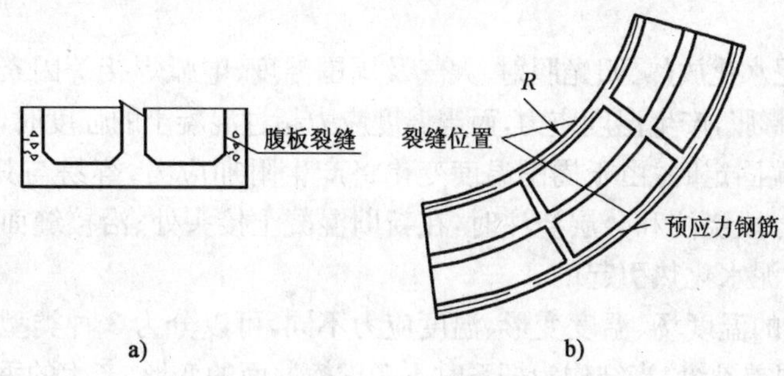

图 2-12　产生于箱梁底板或腹板的二次裂缝

a)截面图；b)立面图

2)非结构裂缝

非结构裂缝，即由于混凝土不能满足自身的变形或因外界环境变化造成结构的非荷载变形等产生的适应性裂缝。这类裂缝暂时不会对结构的承载力造成危害，如果超过一定的限值，则可能对结构的耐久性(钢筋锈蚀和结构防水等)和美观性造成影响，严重时也会削弱结构的承载力；这类裂缝主要表现为混凝土的收缩裂缝、塑性裂缝、温度裂缝、锈蚀裂缝等。

(1)塑性裂缝

混凝土浇筑后开始凝聚，由流态变成塑态，再变成固态，在塑态阶段产生的裂缝称为塑性裂缝，是一种早期裂缝。它主要是由施工不当引起的，具体原因如下：

①混凝土搅拌时间过长，而使混凝土凝固速度加快，从而造成结构上的微裂缝。

②模板移动或鼓出，使混凝土在浇筑后不久产生与模板移动方向平行的裂缝。

③养护不好，造成现浇混凝土表面水分蒸发过快，产生的不规则的裂缝。

④施工时振捣不充分，或混凝土的析水过多，混凝土沉降产生的沿钢筋或导管方向的裂缝，而且极易在钢筋下面产生空洞。

(2)腹板收缩裂缝

混凝土凝固时，混凝土体积变小，发生收缩。收缩裂缝主要发生在混凝土的表面，裂缝细且密，分布比较均匀，多沿梁、板的长边方向。大体积混凝土在平面部位较为多见，侧面也常见，预制构件多发生在箍筋位置上。高度较大的混凝土梁，一般在腰部产生竖向裂缝，集中于构件中部，中间宽两头细，而在底部则没有，这主要与配筋的密度相关，配筋密的地方裂缝少，配筋疏的地方，混凝土无法承受拉应力而开裂。另外，含泥量大的混凝土也容易产生收缩裂缝。

收缩裂缝特征：大多在脱模后 2～3d 内发生；裂缝通常由底板到顶板裂通，宽度一般为 0.2～0.4mm，施加预应力后一般会闭合。

收缩裂缝原因：多为混凝土收缩和温差所致，如在极低的外界温度下，对混凝土混合料进行预热，使应力分布不均；另一方面，若箱梁浇筑后模板保留时间太长，由于两侧模板具有双倍的摩擦表面阻止腹板收缩，而顶底板的模板约束就小得多，因此，引起错动开裂。

(3)箱梁构造裂缝

在箱梁中，如果腹板的厚度比顶板、底板大得多，它们即使同时浇注也会产生错动裂缝，因为，很薄的顶、底板降温很快，收缩也很快；而较厚的腹板降温慢，赶不上顶、底板的收缩速度，加之腹板的刚度远大于顶、底板的刚度，顶、底板的收缩力无法带动腹板同时收缩，只能引起自身开裂，从而产生裂缝。

(4)温度裂缝

混凝土受到水泥水化放热、阳光照射、大气及周围温度、电弧焊接等因素影响而出现冷热变化时，将出现收缩和膨胀，产生温度应力，而当温度应力超过混凝土的强度时，就会产生裂缝。

当连续刚构两端固定时，由于周围温度变化将产生附加应力，容易与其他应力形成合力，造成开裂。在梁体分段浇注和分层浇注时，在新旧混凝土接头处、沿接缝面的垂直方向也易产生裂缝，这是因为水泥水化热引起的。

总之，根据结构的温度场、温度变形、温度应力不同，可以分为 3 种类型：

一是截面均匀温差裂缝，当结构为杆系时不考虑横截面的变形，产生的垂直构件环状裂缝。

二是截面上下温差裂缝，当结构受到太阳曝晒或热源直接辐射时，造成构件上下截面的温差过大而引起的，会产生结构不均匀变形，如果有多余约束存在会引起结构的温度次应力。如果温度次应力达到影响结构承载力的程度，应该视为结构裂缝，这由具体情况决定，如温差大小、结构部位、裂缝宽度和深度等。

三是截面内外温差裂缝，这类裂缝多是由水化热引起的。当混凝土体积较大，产生的大量水化热不能及时散发，而表面温度降低较快，造成内外温差产生截面温度自应力。而应力过大时，则出现裂缝；它们多为结构局部裂缝。

(5)钢筋锈蚀裂缝

钢筋混凝土结构由于环境介质的影响破坏了混凝土对钢筋的保护作用，从而引起了钢筋的锈蚀。锈蚀时，钢筋铁锈体积膨胀，对周围混凝土产生挤压，而导致混凝土开裂，通常称为“先锈后裂”，裂缝走向沿钢筋方向，裂缝周围混凝土呈铁锈色，严重时导致保护层呈片脱落。对于预应力混凝土结构而言，由于预应力过大或管道灌浆受冻、膨胀等原因也可能出现顺筋裂缝。这种裂缝是不可恢复的，会加剧预应力筋的腐蚀(又称为应力腐蚀)，而预应力筋腐蚀又会进一步加剧顺筋裂缝等扩展。如此恶性循环，带有极大的危险性，应对其足够重视，及时处理。

3. 其他常见裂缝形式

1)合龙浇筑段裂缝

合龙浇筑段裂缝形式上可分为早期裂缝和合龙内力裂缝。在合龙段浇注时，相邻混凝土收缩完成尚在 40%以下，而强度在 75%以上，两侧挠度不断变化，温差变化也使得合龙段的早龄期混凝土承受着反复的挠曲及拉压，而且，合龙段是桥梁中承受活载弯矩较大的部位，因此，容易形成早期裂缝；在裂缝成形后再施加的预应力不能使这些裂缝闭合，混凝土的有效截面减小，以至于受压区应力增大。当合龙段混凝土强度达 75%设计强度后，可以张拉合龙段预应力钢筋并撤除模架。撤除模架的反力与合龙预应力弯矩均为负弯矩，如果考虑不周，会造成顶板开裂，形成合龙内力裂缝。

以图 2-13 为例，两个主墩支撑于不同的地层，在右侧主墩下沉而低于左侧主墩后，桥梁各点就产生了相应的附加弯矩。左侧主墩处为负弯矩，梁顶受拉，裂缝由上向下展开；右侧主墩处为正弯矩，梁底受拉，裂缝由下向上展开。

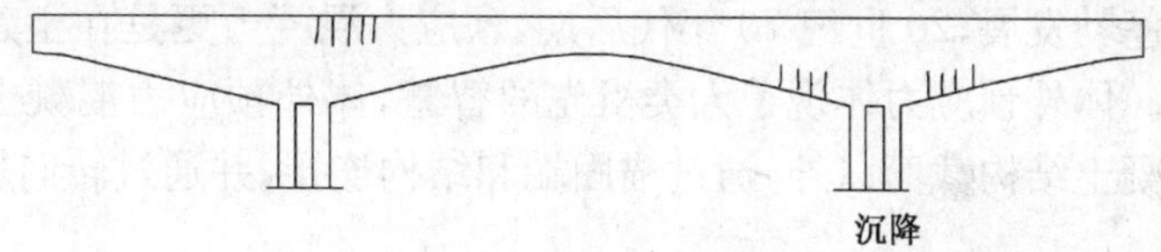

图 2-13　基础不均沉降裂缝

2)混凝土翼缘板的裂缝

特征：翼缘板部分出现间隔 3～5m 的横桥向裂缝。

原因：翼缘板分布钢筋数量不足。

3)其他特殊裂缝

(1)早期裂缝是混凝土终凝之前发生的裂缝，一般在浇筑后第二天才能发现。

混凝土的抗拉强度成长特征表现为：

①混凝土初凝后至 3h 之间，形成抗拉强度；

②10h 至 1d，即终凝后，抗拉强度达到设计抗拉强度的数量级；

③终凝后抗拉强度增长平缓。

抗拉应变的变化特征表现为：

①终凝之前龄期小于 8h 的混凝土还处于流动状态；

②到终凝前后抗拉应变减到最小值，只有 28d 的 4%；

③终凝以后抗拉应变逐渐恢复到最终值。

由混凝土抗拉强度成长和抗拉应变变化的特征决定了早期裂缝的特性，其产生的原因有：

①混凝土沉降过大，沉降时受到钢筋等障碍，构件形状突变，支架沉降等；

②塑性状态下混凝土脱水干裂；

③模板变形；

④混凝土强度成长期的振动及荷载。

(2)微裂缝是指混凝土在低荷载或未加载之前就存在于混凝土内部，由于沉陷、水化、干燥、碳化等因素引起混凝土干缩而产生的肉眼不可见的微小裂缝。它是影响混凝土塑性变形(非线性应力—应变曲线、徐变、滞变曲线)的主要因素。它主要表现为水隙、空隙、气泡、蜂窝、水泥浆凝胶空隙。

第三节　体外预应力技术发展及特点

一、国外体外预应力技术研究现状

纵观预应力结构的历史与发展，自 20 世纪 20 年代进入土木工程领域发展到现在，无论在技术上、理论上，还是在建筑材料、结构体系、设计方法、施工技术和耐久性等方面都得到了不断的创新和发展。预应力混凝土结构是由普通钢筋混凝土结构发展而来的。法国杰出工程师弗莱西奈(Freyssinet)是将预应力混凝土结构引入实际应用的鼻祖。他在1928年成功研制了预应力混凝土,并指出预应力混凝土必须采用高强钢材和高强混凝土。第二次世界大战以后,预应力混凝土得到蓬勃发展,20世纪70年代后期,预应力混凝土更是在土建结构的各个领域发挥了重要的作用。体外预应力体现了人类祖先的智慧,体外预应力混凝土结构是指把无黏结预应力索放在混凝土结构截面以外,通过锚固端和结构连接,并通过转向块使索偏转的一种预应力结构形式。

体外预应力应用始于1934年,它的应用早于体内预应力。德国工程师Dischinger获取了如图2-14所示的向结构施加体外预应力的专利,并对施加预应力的大小提出了"协调预应力"的概念,即后来广为人知的预应力设计中的"荷载平衡法"。当时,法国工程师Freyssinet通过试验,已非常明确地表明了混凝土应变随时间变化的黏弹性效应(混凝土徐变和收缩)。而Dischinger发现其后果是导致有效预应力的逐渐丧失,他选择体外预应力的主要原因是当时没有可靠的理论去计算这种效应,所以他希望保留预应力筋能够被再次张拉的可能性。1936年Dischinger设计了世界上第一座预应力混凝土桥,即位于德国Saxony的Aue桥,跨径布置为(25.20+69.00+23.40)m,如图2-15和图2-16所示。这座桥通过1962年和1983年的两次维修,及对预应力筋的重新张拉,使用至今。在20世纪30年代末40年代初期,Dischinger和其他一些工程师还设计了一些基于相同概念的公路和铁路体外预应力混凝土桥梁,最大跨径达150m。

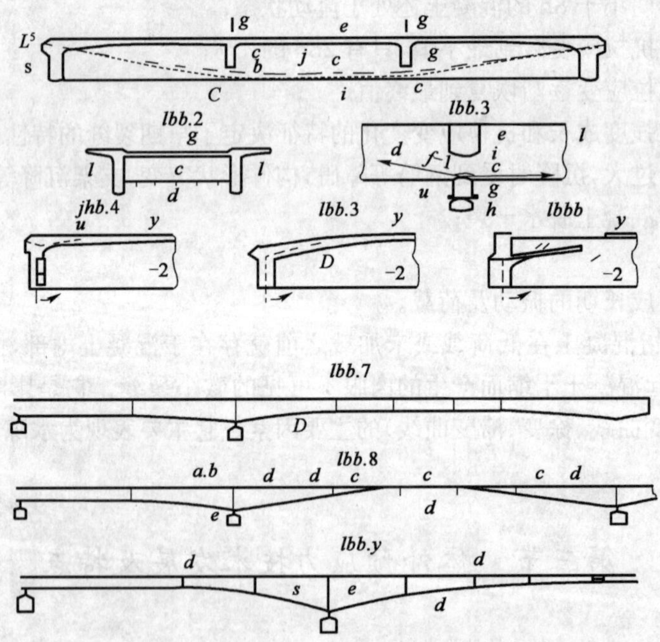

图2-14 Dischinger的体外预应力专利

在Freyssinet的影响下,一家法国公司于1938年设计建造了预应力钢束靠黏结锚固的先张法桥梁,实际上这座由4个33m简支孔组成的桥梁是世界上第一座在预应力钢束和混凝土结构之间完全有黏结的桥梁结构。这座体内预应力混凝土桥梁出现以后,各国工程师均认识

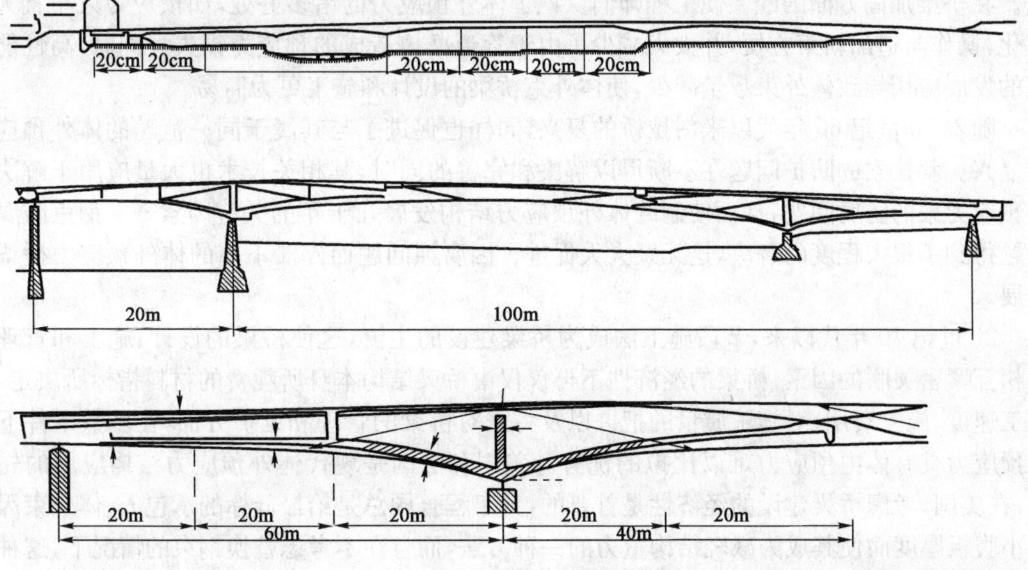

图 2-15　由 Dischinger 设计的世界上首座预应力混凝土桥(Aue 桥)

到了体内有黏结预应力结构形式所具有的优势，即在极限状态下具有更高的使用效率，包括能得到更高的偏心距和钢束极限应力，以及钢束由于受到周围握裹混凝土的自然保护而"免于担心"环境对其的腐蚀。甚至体外预应力结构的创始者 Dischinger 也于 1949 年转变成为体内黏结预应力的倡导者。

图 2-16　Aue 桥的体外预应力钢束

虽然如此，各国工程师们并没有停止对体外预应力结构的尝试，在法国、比利时、英国等国相继建造了一些体外预应力桥梁，但由于体外束的防护与防腐蚀问题在当时未能得到很好的解决，所以这些尝试大多没有取得成功，甚至有些桥梁的预应力钢束在完工后不久便要进行更换。虽然这些桥梁均使用至今，并且在现在看来，钢束的易于观察和更换反而具有好处，但在当时，这些情况的频繁出现使体外预应力非常不被看好，导致的后果便是在其后的 30 年中在实际工程中应用极少。显然，体外预应力钢束的腐蚀是制约其发展的关键因素。

20 世纪 70 年代末期，体外预应力混凝土桥梁在法国和美国得到较大规模的发展，渐渐形成一种发展趋势。促进体外束得以再发展的原因主要有 4 个：一是体外预应力技术在加固和维修体内预应力混凝土和钢筋混凝土桥梁中得到的经验；二是斜拉桥的复兴促进了体外索防腐技术的发展；三是结构形式发展与节段施工法的运用对体外预应力的要求；四是对体内预应力筋防腐问题的再认识和体外预应力索在维护方面的优势。

20 世纪 70 年代，欧洲各国相继发现体内布筋建造的预应力混凝土桥梁由于对摩擦造成的预应力损失及混凝土徐变、温度影响估计不足，破损严重，致使多数需要补强，荷载等级的提高也需要对原有桥梁进行加固。加固的方法通常都不得不在原桥结构外部进行，即必须把预应力束布置在混凝土截面以外，使体外束补强措施成为一种主要的也是最积极的桥梁加固方法。在桥梁加固方面的经验使工程师们认识了体外预应力的诸多好处，如预应力束布置大大简化，操作与追加新束方便，并大大减少了由于管道摩擦造成的预应力损失。同时，高性能钢束的发展应用导致体外束数量减少，使体外束桥梁的设计和施工更为简易。

随着 20 世纪 60 年代以来斜拉桥的复兴，同样也促进了与其属于同一范畴的体外预应力的复兴。斜拉索的防护问题在不断得以解决和完善的同时，其相关技术也大量应用于解决体外预应力束的防腐问题，从而使制约体外预应力结构发展几十年的关键因素——钢束防腐蚀问题得到了很大程度的解决，这无疑大大促进了因腐蚀问题而停滞不前的体外预应力桥梁的发展。

20 世纪 70 年代以来，节段施工法成为桥梁建设的主流，这使桥梁的设计、施工和管理成为相互紧密关联的因素，桥梁的经济性不再仅仅由桥梁结构本身所耗费的材料指标所决定，在施工速度、施工费用、对施工质量的把握以及将来对桥梁的管理和维护方面，在多数条件下体外预应力具有体内预应力难以比拟的优势。美国和法国是现代体外预应力结构应用的先驱者，在美国，考虑桥梁建设的经济性是首要的，其工程合同总是给最低标的承包人，体外束因能减小腹板厚度而使其成为减轻结构重力的一种方法，而且在不考虑替换钢束的情况下，这种预应力技术在多跨长桥中是最简单和最经济的。所以，来自法国的著名工程师 Jean Muller 的体外预应力方案能够成功地战胜通常采用的 AASHTO 标准梁方案，在美国建造了如 Long Key、Channel Five、Seven Miles 等一系列分段施工的桥梁。在法国，在政府的影响下，体外束的发展首先是提高施工质量的一种方法。体外束具有简单的力筋布置，仅有一些非常小的构造偏转块，这样就大大改善了灌浆条件，在腹板中去除了管道又可改善浇筑混凝土的条件。对于政府，最为重要的是，体外束能够方便地进行检测和替换，并能随时对结构进行简便的加固。所以，在近 20 年来，法国所有大桥均使用了体外预应力，包括 Normandie 大桥的引桥等。从体外束在两国的发展历程来看，体外预应力结构具有整体施工费用低、施工方法简易和耐久性好等方面的优势。

近十几年来，体内预应力筋因管道压浆而不会受到腐蚀的观念正日益受到挑战：预应力管道内（特别是曲线段内）由于压浆往往无法彻底填密而致使管道内存在空洞；密集的预应力管道也往往导致混凝土灌注上的困难，使混凝土会产生蜂窝现象。这些问题使工程师们对体内后张预应力桥梁的施工质量难以把握，而深埋在混凝土体内的钢束在现有技术下根本无法进行检测和调换。对许多被更换下来的旧梁的检查和对事故的调查证实了这一点。更严重的事例是，在 1985 年 12 月 4 日早上，英国西格林摩根的英斯瓦斯桥突然倒塌，破坏发生在跨中断面，其崩塌的原因是由于压浆不成功，氯化物渗入了孔道，致使拼装接缝附近预应力筋发生严重的腐蚀。

从 1979 年法国人 Jean Muller 设计的在美国佛罗里达州的 Long Key 桥至今，体外预应力已发展了近 20 多年。以法国和美国为首的各国工程师们对体外预应力进行了各种各样的运用。这些运用可以归纳为以下四种类型：

第一种类型是以 Long Key 桥为代表的采用逐跨预制节段施工的长桥，这种类型的体外预应力结构应用最早、最为广泛，并沿用至今。其突出的优势在于设计和施工的标准化和施工速度的快捷，另外，由于它的体外预应力钢束采用与体内预应力同样的普通多股钢绞线和锚

具，与体内预应力钢束同样采用水泥灌浆，故其预应力钢束成本较低。近20多年来，它是国际上最广泛采用的体外预应力桥梁形式，在国外城市的高架道路和轻轨干线的建设中它也得到大量的应用，如图2-17所示。

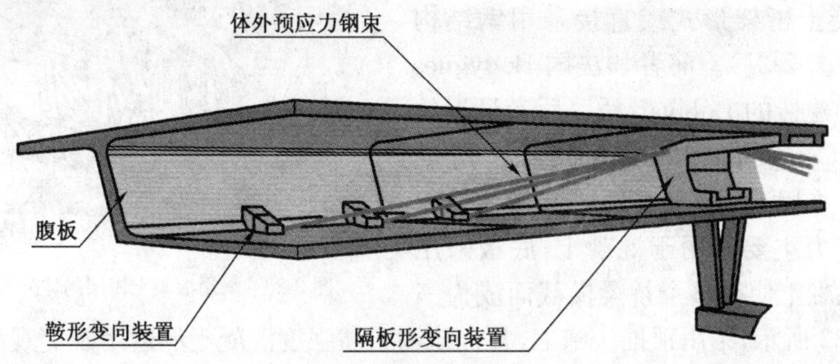

图2-17　Long Key桥的体外预应力布置

第二种类型是采用悬臂施工或顶推施工的预应力混凝土连续梁桥，通常采用体内和体外混合配束，适合于较大的跨径。其突出的优点是用粗大的体外钢束替代了原先配置在腹板内大量的体内钢束，从而大大简化了腹板的构造，也减薄了它的厚度。这种类型的体外预应力钢束通常采用无黏结类型。当采用悬臂施工时，悬臂束为直线的体内钢束，成桥后张拉的连续束采用张拉吨位较大的体外束，从而免除了大量穿束和灌浆的繁杂工艺，易于控制施工质量，如图2-18所示。

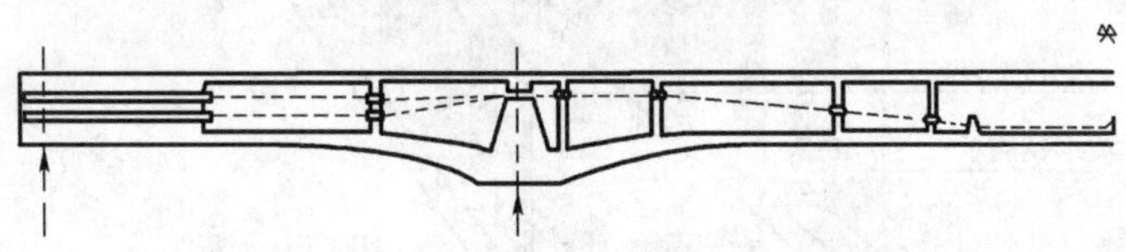

图2-18　法国Loir桥体外预应力布置

当采用顶推施工时，由于各截面在施工过程中均要经历最大的正、负弯矩，需要有较多的施工临时用束，在传统的体内预应力结构中，由于腹板需要留给成桥钢束，故箱梁顶、底板便成了配置这些施工钢束的地方，导致了截面的笨重，也增加了恒载重力。采用体外配束，不但具有与悬臂施工同样的能减薄腹板厚度、简化腹板构造的优点，而且可以把钢束临时反向布置，与部分成桥钢束形成较大的中心预应力，以满足施工需要，临时钢束在施工结束时，放松后可再用作追加的成桥钢束，如图2-19所示。

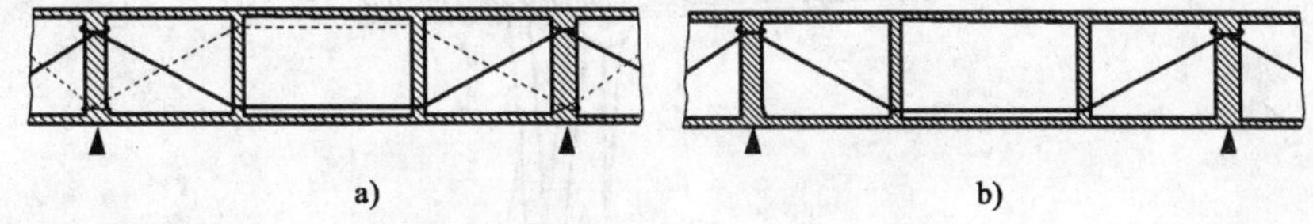

图2-19　顶推法施工中的反向临时钢束
a)施工中力筋布置；b)成桥后力筋布置

第二种类型的体外钢束通常需要放松和替换，所以钢束和管道之间、管道与结构之间没有任何的黏结联系，可以称之为“无黏结”的体外束，它需要特殊的钢束生产工艺、灌浆材料和特殊的锚固装置。其应用主要在法国和日本。

第三种类型的体外预应力结构实际上是第二种类型的延续，特点是把传统的混凝土箱梁腹板改成混凝土桁架形式或直接采用钢结构（见图 2-20 和图 2-21）。前者如法国 Bouygues 集团在科威特建造的 Bubiyan 桥。后者最近的成果是法国 Campenon Bernard 集团建造的 Maupre 桥，它采用波纹钢腹板减小腹板的轴向刚度而使预应力主要作用于混凝土，底板采用钢管高强度混凝土使得整个桥梁横截面成为三角形，如图 2-22 所示，采用顶推法施工，叠合结构和高强度混凝土的运用及美观的外表使其成为体外预应力结构的代表作。这种类型与第二种类型一样，预应力钢束为“无黏结”的体外束。

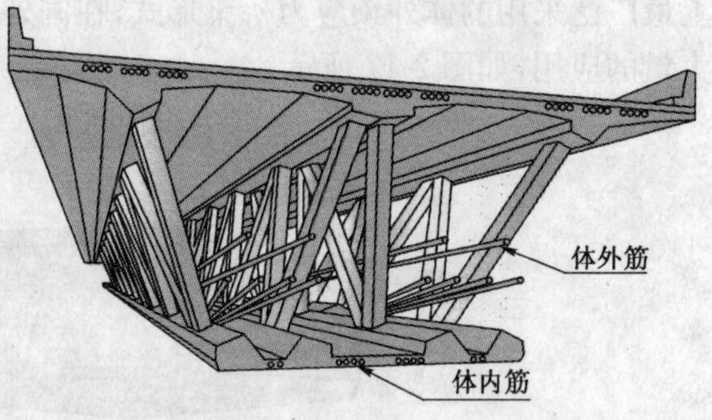

图 2-20　采用混凝土桁架的体外预应力结构

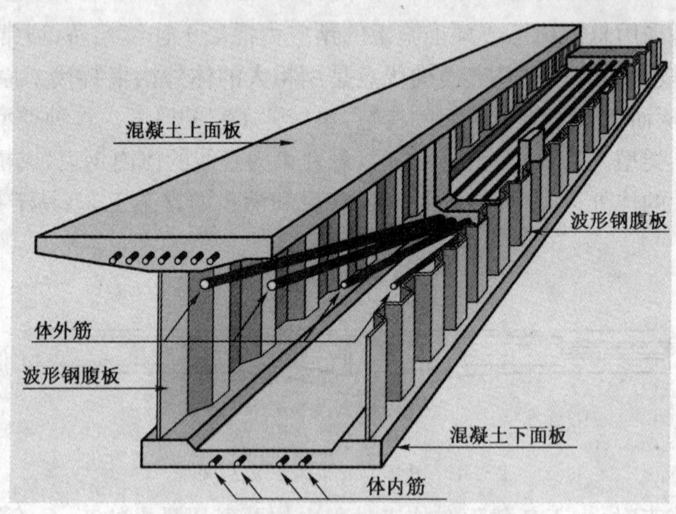

图 2-21　采用钢腹板的体外预应力结构

图 2-22　法国 Maupre 桥

第四种类型为矮塔斜拉桥体外预应力结构（Extradosed Prestressing Structure），是由法国工程师 J. Mathivat 命名的，这种预应力结构概念的第一次出现是法国 Quillery 公司为 Arret-Darre 桥招投标时所出的方案。但真正实现却在日本，至今日本已有若干座该类型的桥，如小田原港桥、冲原桥、蟹泽大桥、屋代南桥、屋代北桥，在日本它们被称作“部分斜拉桥”(见图 2-23)。

a)

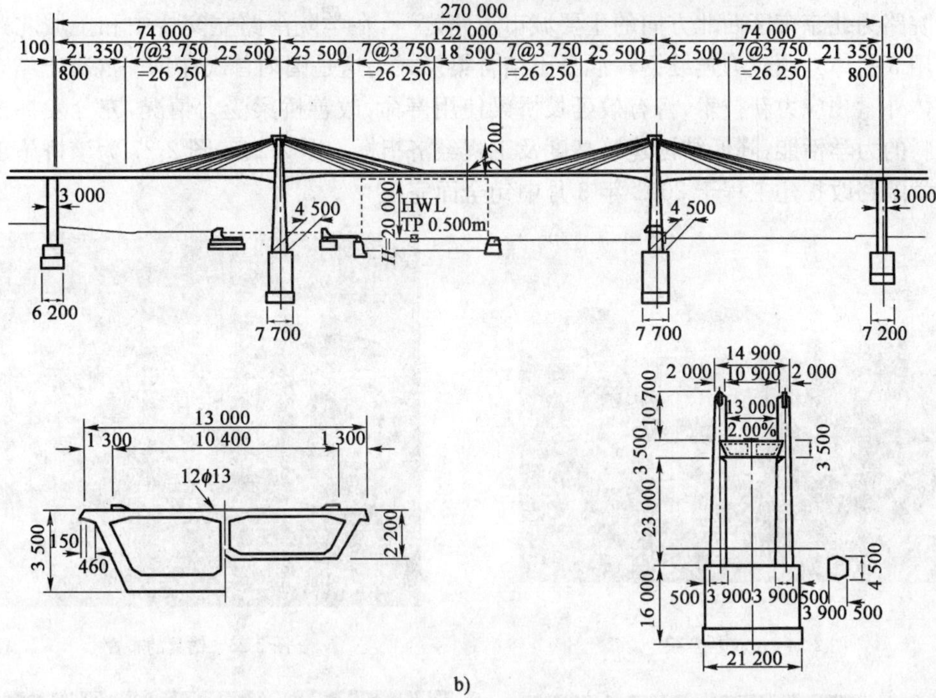

b)

图 2-23　部分斜拉桥(尺寸单位:mm)

综上所述，体外索的运用促进了预应力结构的发展，体外索又是结构的组成部分，与结构紧密相关。因此，体外预应力指的是与设计、施工、管理、维护密切相关的“结构”，而非仅仅指钢束；其次，体外预应力密切结合着新材料、新工艺在桥梁结构中的运用，其潜力巨大，运用方兴未艾。

二、我国体外预应力技术的发展

我国自 20 世纪 50 年代以来，预应力技术发展迅速，特别是改革开放以后，迎来了我国桥梁建设的黄金时期。经过桥梁建设者们几十年的不懈努力，我国预应力混凝土桥梁的发展业已成熟，各建设、设计和施工单位均具有了较高的技术水平和丰富的实践经验。但是，在体外预应力混凝土结构在世界各国广泛运用和不断创新的今天，我国已明显地落后。虽然我国对无黏结预应力的研究开始于20世纪70年代，但体外预应力在桥梁结构中的应用屈指可数。除了旧桥加固以外，在同为系杆拱桥的丹阳云阳大桥、天津彩虹桥的系杆和吊杆、上海卢浦大桥水平索均采用体外预应力筋；1990年通车的福州洪塘大桥的引桥采用了与Long Key桥相类似的第一种类型的体外预应力结构；1995年建成通车的汕头海湾大桥预应力混凝土加劲梁中的底板预应力束采用了无黏结体外钢束。

为了促进体外预应力在国内的应用，同济大学桥梁工程系OVM预应力研究中心作为国内较早开展体外预应力研究的单位，与柳州机械总厂合作开发体外预应力材料与体系，并已在国内多项工程中得到应用。

1. 北京学院路扩建工程

学院路为北京市区西北方向的主要城市道路之一，在学院南路立交桥中和土城北路立交桥中采用3孔体外预应力连续钢—混凝土结合梁形式。这是国内首次在钢—混凝土结合梁中采用了体外索预应力新技术，将有效延长桥梁使用寿命，改善桥梁受力情况，充分发挥桥梁中各种材料的力学性能，降低结构建筑高度及工程经济指标。图2-24～图2-27为该桥施工时的图片。学院路改扩建工程于2001年8月中旬全面完工。

图2-24 立交桥全貌

图2-25 锚具的布置

图2-26 专用张拉用千斤顶

图2-27 中墩墩顶转向器

2. 鞍山五一路立交

五一路立交位于鞍山市中心繁华闹市区，地形地貌条件非常复杂。其紧邻建国路，西侧为铁路线密布的铁路编组站和拟建的有轨电车专用线，东侧为排列整齐的地区街道。立交桥的上部结构采用三种不同类型，即钢箱与钢筋混凝土板组合连续箱梁、预应力混凝土连续箱梁以及预应力混凝土简支T梁。其中2号匝道桥的3孔钢－混凝土联合梁结构，跨径布置为(65.37＋97.20＋73.44)m，处在中线半径203.50m的曲线段，桥梁横断面为单箱单室结构，桥梁全宽8.2m，结构高度为3.07m，钢箱高度为2.7m。采用97.2m跨径钢箱组合梁的结构形式，为同类型桥梁国内之最。此种组合结构可满足较大跨径的要求，施工期间可保证铁路线正常运营，减少对城市道路交通的影响，而且施工简便。箱体内设置了体外纵向弯起预应力钢束，以改善箱梁应力状况，见图2-28～图2-30。五一路立交桥于2001年10月主桥正式通车。

图2-28　五一路立交桥全貌

图2-29　五一路立交桥钢箱梁中的转向器

图2-30　五一路立交桥钢箱梁中的体外索

3. 锦沈高速公路跨线桥工程

锦沈高速公路跨102国道和305国道的两座跨线桥，采用混凝土连续梁结构，主跨分别为250m和300m，工程采用体外预应力体系，索体为环氧喷涂黏结筋。该桥已于2000年9月建成通车，如图2-31所示。

图2-31　锦沈高速公路跨线桥

三、体外预应力结构体系的优缺点

20 世纪 70 年代以来，节段施工法成为桥梁建设的主流，这使桥梁的设计、施工和管理成为相互紧密关联的因素，桥梁的经济性不再仅仅由桥梁结构本身所耗费的材料指标所决定，在施工速度、施工费用、对施工质量的把握以及将来对桥梁的管理和维护方面，体外预应力混凝土具有体内预应力混凝土难以比拟的优势：

(1)施工方便。体外索在转向、锚固块处的预埋管道一般为长度很短的特制钢管，通常情况下无需压浆；体外索套管的布置和调整容易；对梁体截面削弱小，更充实，梁的浇筑简单；节段施工法的应用大大缩短了施工工期。

(2)减轻自重。由于腹板厚度通常由布设孔道的构造要求、施工的方便性决定，而不是由强度的需要而定，因此在体外预应力桥梁中由于预留管道的减少，相应的腹板厚度可大大减小。

(3)索力可检测、补张拉。体外索索力可利用预设传感器或便携仪器进行检测，若预应力损失过大，可再用千斤顶补张拉。

(4)体外索状况可检查、易更换。体外索布置在混凝土截面的外面，在使用期间可随时测试体外索的性能、变形程度及腐蚀状况，并根据其状态决定是否需要更换体外索。

(5)预应力管道摩阻损失小。体外索仅在锚固区和转向块处设置预埋管道，管道摩阻引起的预应力损失很小，而此项损失是体内有黏结预应力最主要的损失之一，故提高了预应力的利用效率。

(6)应力变化幅度小、疲劳影响小。由于体外索与体内无黏结预应力筋相似，与混凝土截面不满足应变协调，索体应力增量均匀、应力幅度小，体外索由轴向应力幅度引起的疲劳影响很小。

当然，体外预应力混凝土结构亦有其自身的缺陷，如：

(1)体外索有一定使用年限，防腐蚀及维护检查要求高，这也是体外预应力混凝土长期以来没有得到充分发展的原因。

(2)对于体外索，锚固失效则意味着预应力的丧失，应对锚头进行严格的防腐处理。

(3)极限状态下体外预应力梁的抗弯能力小于有黏结梁，并且可能因延性不足而产生没有预兆的失效。

四、体外预应力体系的耐久性和可靠性

体外预应力桥梁的出现是在体内预应力桥梁出现之前，1935 年，德国人 Dischinger 的体外预应力专利比 1938 年 Freyssinet 先张法体内预应力的专利还要早，但早期体外预应力钢束由于预应力钢束没有防护，或仅使用沥青简单防护，腐蚀问题严重，在较长一段时间内体外预应力技术没有得到发展。

20 世纪 50 年代末，斜拉桥的复兴使体外预应力钢束的防护问题得到了解决。同时，大量体内预应力结构中预应力钢束严重的腐蚀导致欧洲从 20 世纪 80 年代开始发展具有自身防护能力的体外预应力钢束体系。目前，欧洲逐渐减少了有黏结体内预应力的使用，广泛推动了体

外预应力体系，甚至使之有取代体内预应力的趋势。英国已明文限制体内预应力的应用；德国经过一段时间使用后，决定以体外预应力为主的设计为箱梁的标准设计，并规定所有桥梁施工方法都必须采用体外预应力体系，包括现场支架浇筑、滑模现浇施工及所有的节段施工方法。

采用体外预应力体系是增强结构耐久性的一种简单可靠的方法，体外预应力体系的钢束配置在体外，结构中的一些渗透及开裂问题不会影响到钢束本身，钢束采用无黏结钢绞线，PE套管中的油脂可以有效地阻止外面水和氧气的渗入，防止阴极过程发生；采用环氧涂层无黏结钢绞线的体外预应力体系具有本身的钝化层，其环氧涂层可以阻止阳极过程的发生。采用环氧涂层钢绞线的无黏结体外预应力钢束自身兼具防止阴极过程和阳极过程的能力，由于电化学腐蚀需要两者同时发生，故这种体外预应力体系具有极好的耐久性保证。

特别重要的是，体外预应力可检测、可调整和可更换的特点确保了配索体系在结构耐久性基准期内满足设计要求的可靠性。在结构使用期内由于各种因素造成的应力水平下降都可以检测出来，并可以通过体外预应力钢束的调整进行补足；如果在基准期内体外预应力钢束体系出现腐蚀引起应力水平的明显下降，可以方便地对其进行更换。

耐久性实际上是在长期条件下的经济性问题，初期结构设计的耐久性好，则在设计基准期内需要维护和补强或重建的费用就少。在初期设计时不注重耐久性，可能会在远期付出代价。资料显示，美国目前整个混凝土工程的价值约为 60 000 亿美元，每年用于维修或重建的费用则高达 3 000 亿美元。每年亚洲地区混凝土结构的维修和重建费用更是高达 19 000 亿美元。因此，在项目实施之初对耐久性重视，则可能把在设计基准期内花费的维护费用降到最低，从而真正体现设计的整体经济性。

桥梁的设计基准期是 100 年，其意义是设计状态必须维持至 100 年的使用寿命期。采用具有自身防腐能力的体外预应力体系能满足耐久性要求，避免或减少了后期的大量维护，体现了在整个设计基准期内的经济性。此外，体外预应力钢束可以检测、可以调整、可以更换的特点预留了在设计基准期内的安全措施，保证了结构应力水平和强度的可靠性，从而满足了桥梁设计基准期的要求。

五、体外预应力在旧桥加固中的应用现状

桥梁加固是指通过对构件的补强和结构性能的改善来恢复或提高现有桥梁的承载能力，以延长其使用寿命，适应交通运输的要求。加固桥梁，包括对其承载能力、稳定性、刚度和耐久性等几方面进行加固。桥梁是道路的咽喉和交通的枢纽，桥梁的运营状况直接关系到交通运输的安全。大量已建成的中小跨径公路钢筋混凝土及预应力混凝土桥梁，由于当时的设计车速和荷载等级较低，加上数 10 年的使用过程中造成的结构损伤和设计的缺陷，如对温差、徐变和收缩影响的估计偏低等，因此承载能力不足已成为现役桥梁的一个严重问题。现役桥梁由于病害原因，出现了众多裂缝，并导致钢筋锈蚀，使其承载力不能满足使用要求。这些病害桥梁严重威胁了交通运输的安全，但它们又是一笔极大的社会财富，全部予以更换是不现实的。这是因为一方面受资金和材料的限制，另一方面是由于更换引起的交通运输的中断造成的经济损失。如何利用和挖掘这些桥梁的潜力，并对病害桥梁整治加固以及提高其承载能力，已经成为桥梁工程研究的重要课题之一。人们越来越多地开始重视加固设计方法和加固计算理论的探讨，以期更加精确地描述加固构件的受力性能，更加充分地发挥加固的效果。

当今,体外预应力技术已被灵活地运用于各种桥型结构的设计、加固,并与各种传统的桥梁施工方法相结合,形成了许多新颖而高效的桥梁施工方法。如体外预应力预制节段(或现浇)逐跨施工法、体外预应力悬臂施工法、体外预应力节段顶推施工法等,体外预应力与体内预应力混合使用也是现代预应力混凝土桥梁设计、施工与加固的一种常用方法。在国外,体外预应力技术已被用于加固非简支梁体系的大、中跨径的桥梁结构,所建成的体外预应力结构桥梁数量较国内多,跨度也较国内的大,结构形式也较多。

国内开始体外预应力技术的研究较晚,1995 年我国采用体外预应力技术建成汕头海湾大桥,其预应力混凝土加劲梁纵向预应力筋由体外无黏结钢绞线组成。2000 年 6 月建成的吉林八宝栏子河桥是一座真正具有体外预应力概念的桥梁,该桥为 3×30m 的体外预应力混凝土简支 T 形梁桥。由此可见,目前我国应用体外预应力新建桥梁尚处于起步阶段,与国外相比,相应的技术成果不多,其应用也多是对既有结构的加固,这相当于仍停留在体外预应力出现初期的应用阶段,与其他各国的应用水平很不相称。国内加固工程包括各种桥梁的加固和加宽,且加固的结构均为中、小跨径的钢筋混凝土简支梁体系,对大跨径超静定结构的应用仍是一个崭新的课题。

目前,在连续刚构桥加固方法中,体外预应力加固已成为最积极有效的方法之一,其优点是:

①体外预应力施工简单方便,且不影响桥梁正常运营;

②其施工对桥梁的损伤较小;

③几乎不增加结构的恒载;

④增加了梁体受拉钢筋的面积,提高了抗弯强度;

⑤提高了梁的抗剪与抗扭强度;

⑥施加的预应力能够使梁体部分裂缝闭合。

但是,其也存在以下问题:

①建立与桥梁结构现状相符的结构损伤模型及旧桥结构承载能力准确计算问题;

②确定加固控制目标及布束方案优化问题;

③钢绞线摩阻系数的确定问题。

第四节 体外预应力加固技术

一、体外预应力加固技术的基本概念

体外预应力属于无黏结预应力的一种。体外预应力是指对布置于承载结构梁体混凝土截面的外部或布置于承载结构梁体混凝土截面的内部但与混凝土无黏结的预应力钢筋张拉而产生的预应力。

体外预应力加固技术实质上就是对结构施加体外预应力,以抵消部分外荷载产生的内力。它类似于分阶段后张预应力的施工方法,即在原结构使用时,部分施加预应力或不施加预应力,在荷载增大后,施加相应的预应力,只不过这部分预应力筋铺放在结构体外罢了。从另

一个角度来说，体外预应力加固法就是在原结构上增加中间弹性支座，以减小原结构的内力。

体外预应力起初用于桥梁加固，现常用于新建桥梁，尤其是预制或现浇的混凝土节段桥。

1.体外预应力的分类

(1)体外预应力钢筋集中锚固方式。所有的预应力钢筋采用体外布置或体内布置，并且集中地锚固于主梁的支点断面附近。

(2)体外预应力钢筋分散锚固方式。所有的预应力钢筋采用体外布置或体内布置，并且分散地锚固于主梁的跨间各断面处。

(3)混合预应力钢筋分散锚固方式。预应力钢筋中，一部分布置于截面外部；另一部分布置于截面内部；以分散形式锚固于主梁跨间的各断面处。

2.体外预应力的优点

(1)因截面中只有体外预应力筋，很少或没有体内非预应力钢筋，截面尺寸相应减小，尤其是腹板，从而减轻了恒载。

(2)施工方便快捷，主要的施工工序较为简单，使浇筑混凝土较方便，质量容易得到保证。

(3)由于体外预应力筋采用了各种防腐措施，故能较好地防锈。

(4)体外预应力筋容易设置、强度很高，使用期内容易检查和更换，加固安全可靠。

(5)体外预应力筋仅在锚固区和转向块处与结构相连，摩阻损失明显减少。

(6)在自重增加很少的情况下，能够大幅度改善和调整原结构的受力状况，提高承重结构的刚度和抗裂性能。

(7)由于承重结构自重增加少，故对墩台及基础受力状况影响很小，可节省对墩台及基础的加固。

(8)对桥梁营运影响较小，可在不限制通行的条件下进行施工。

(9)预应力加固法既可作为桥梁通过重车时的临时加固手段，又可作为永久性提高桥梁荷载等级的措施。

3.体外预应力的缺陷

(1)体外预应力筋易损坏和着火，并因为承受着振动，故要限制其自由长度。

(2)转向块和锚固区因承受着巨大的纵、横向力而特别笨重。转向块中马鞍(由金属管或套筒组成)应安装准确，尽可能减小其摩阻损失，并避免损伤预应力筋。

(3)体内预应力筋中，锚头在长期失效后，其后果是有限的，因为预应力还可由黏结传递给结构；但对于体外预应力筋，锚头失效则意味着预应力的丧失，所以锚头应严防被腐蚀。

(4)极限状态下体外预应力筋的抗弯能力小于体内有黏结预应力筋，和体内有黏结预应力筋一样，在开裂荷载和极限荷载作用下，应力不能仅按最不利截面估算。

(5)体外预应力结构在极限状态下可能因延性不足而产生没有预警的失效，所以对新建的预应力节段桥梁应增加部分体内预应力筋，以提高结构延性。

(6)体外预应力筋的实际偏心通常较小，在超静定结构中有效偏心也较小。

二、体外预应力常用加固体系

体外预应力因其施工方便、快速高效、易于检测和更换的特点，现已被越来越广泛地应用于建筑领域和桥梁工程中，在桥梁加固工程中其更具优势。它不仅能改善结构的受力状态，提高结构的刚度和承载力，限制和减少结构的裂缝及变形，同时施工操作对桥梁运营干扰较小，具有良好的经济效益。

目前，我国正在大力推广预应力技术，体外预应力也正逐步应用于道路桥梁加固中。体外预应力加固是以粗钢筋、钢绞线或高强钢丝等对桥梁上部结构施加体外预应力，以此预应力抵消部分外荷载产生的内力，从而改善旧桥使用性能，并提高其极限承载能力。

从我国目前的桥梁实例来看，主要有以下 5 种常用预应力加固体系，并可大致分为 3 类：其一，水平筋和斜筋由两根粗钢筋组成，斜筋与滑块固定，通常张拉水平筋牵动斜筋受力，斜筋的顶端可以锚固在梁顶[图 2-32a)]，也可锚固在腹板上[图 2-32b)]，对于图 2-32a)的情况还可以在梁顶张拉斜筋；其二，水平筋和斜筋由一根钢索组成，一般采用钢丝绳、钢丝束或钢绞线，可用手动葫芦张拉水平筋[图 2-32c)]，也可用千斤顶在梁顶张拉斜筋[图 2-32d)]；其三，斜筋采用刚度较大的槽钢，并与楔形滑块构成一体，水平筋采用粗钢筋、钢丝绳、钢绞线或高强钢丝束，以张拉水平筋的方式对梁体施加预应力[图 2-32e)]。

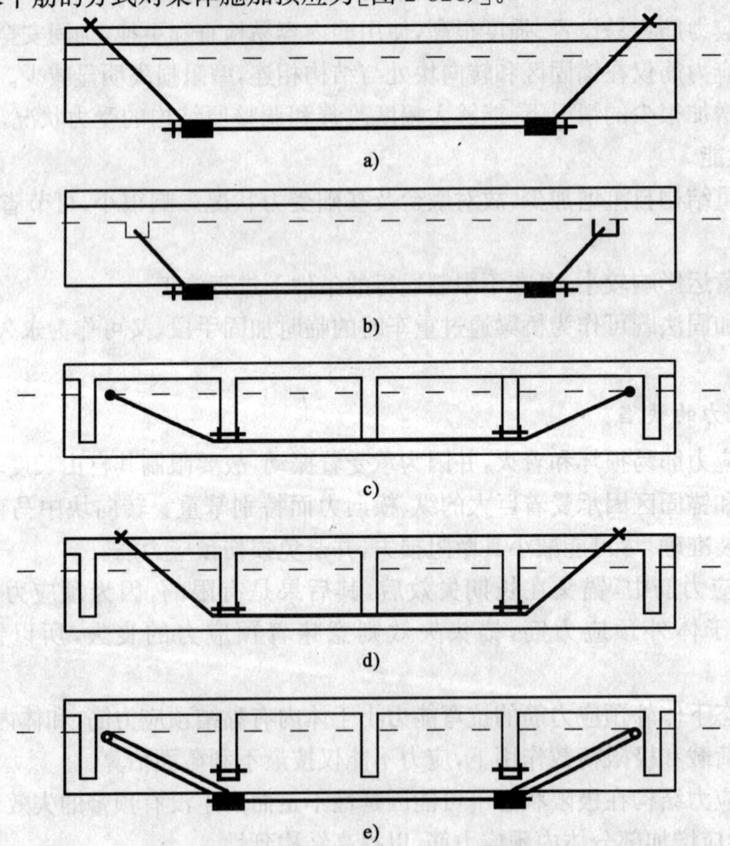

图 2-32 常用的体外预应力加固体系

第五节　体外预应力加固技术原理

一、体外预应力桥梁的计算特点

1. 体外预应力结构的截面计算和体外索的预应力损失计算

(1)体外预应力钢筋与混凝土截面变形不协调，在应力计算中不能将体外索面积计入换算截面的特征。

(2)由于管道在结构体外，直线段体外索的摩阻损失小，曲线段体外索的摩擦系数与采用的体外索类型有关，故其计算方法与体内索的不同。

(3)由于截面变形造成的预应力损失需根据体外预应力体系与结构的黏结关系来计算。这部分包括混凝土弹性压缩损失和混凝土徐变、收缩引起的预应力损失。在黏结位置的钢束与结构共同变形，结构的变形导致相应的预应力损失；若体外预应力钢束为无黏结形式，则这部分损失计算与锚固点有关。

(4)体外预应力钢索在转向结构处是否滑移产生的应力重分布需根据体外预应力体系与结构的黏结关系来判断。若钢束在转向点固定，则体外钢束无滑移发生；若在转向处可以滑移，则需要根据转向结构两端的钢束的受力差和在转向处的摩阻来判断是否发生滑移。

2. 体外预应力钢索的二次效应

体外预应力结构中的钢索与结构变形的差异导致在计算中应计入变形的影响，即产生二次效应，故在计算中需要考虑结构的几何非线性。体外预应力钢索的二次效应如图2-33所示。

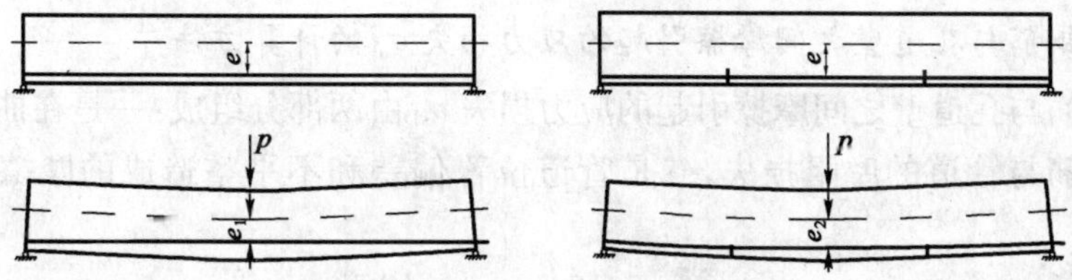

图2-33　体外预应力钢索的二次效应

3. 体外预应力结构极限强度

体外预应力结构随着荷载的增加到承载能力极限状态时，体外预应力结构的力学性能将不同于体内预应力结构。与传统的体内有黏结预应力结构相比，体外预应力钢束的应变与混凝土主梁的应变在相同截面上不协调，体外预应力钢束的应力发展将不同于体内钢束，通常在极限状态下不会到达屈服，从而导致其抗弯曲能力的削弱；与整体施工法的体内无黏结预应力结构相比，体外预应力结构在极限状态下的力学性能既不同于传统的体内预应力结构，也不同于整体施工的无黏结预应力结构的力学性能。

一般情况下，在计算传统的体内有黏结预应力混凝土结构的极限承载能力时，通常认为截面上的钢束达到极限强度。而体内无黏结预应力结构的预应力钢束在极限阶段达不到极限值，现在通常的设计计算方法是取用一个近似的钢束极限应力公式，随后便可以按体内预应力结构一样的方法来计算结构的极限承载能力。这些钢束极限应力公式往往是通过大量的试验获得，这些试验结果反映在各国及各专业协会的规范中，如美国 ACI318 规范、美国 AASHTO 规范等。我国 1985 年出版的《部分预应力混凝土结构设计建议》中便采用了中国建筑科学研究院杜拱辰、陶学康的试验成果。但是，影响结构极限承载能力的因素较多，如结构形式、结构尺寸、材料特性、预应力及非预应力钢筋的配置、加载方式等，这些因素很难在试验中完全模拟，国内外的试验结果也均是考虑了其中少数几个因素所得到的结果。这些因素的综合影响，使问题变得非常复杂，已不能通过简单的计算解决，采用考虑结构的几何非线性、材料的物理非线性进行非线性迭代计算是分析体外预应力结构抗弯极限承载能力较为精确的计算方法。

二、弹性阶段计算理论和计算方法

如图 2-34 中所示的体外预应力结构是后张法预应力结构，其预应力损失计算一般包括下列内容：①预应力钢筋与孔道壁之间摩擦引起的应力损失 σ_{s1}；②锚具内缩量造成的预应力损失 σ_{s2}；③混凝土弹性压缩损失 σ_{s4}；④预应力钢筋松弛引起的预应力损失 σ_{s5}；⑤混凝土徐变和收缩引起的预应力损失 σ_{s6}。

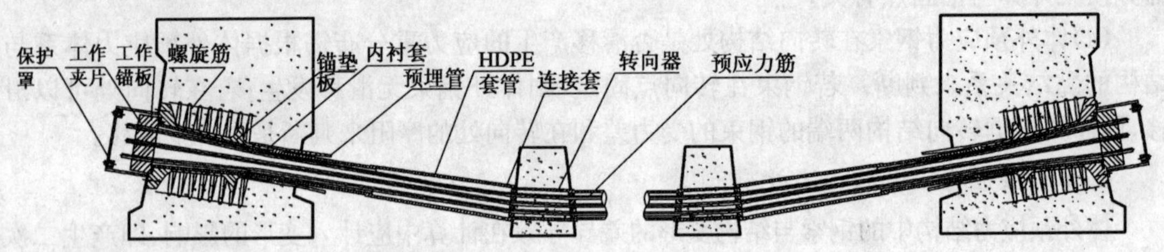

图 2-34　体外预应力钢索体系

1. 预应力钢筋与孔道壁之间摩擦引起的应力损失 σ_{s1} 的计算方法

预应力钢筋与孔道壁之间摩擦引起的应力损失 σ_{s1} 由两部分组成：一是在曲线段的垂直挤压力造成的力筋与管道的摩阻损失，二是管道位置偏差和不平整造成的摩擦损失。其表达式为

$$\sigma_{s1}=\sigma_k\left[1-e^{-(\mu\theta+kx)}\right] \tag{2-1}$$

式中：μ——预应力钢筋与管道壁的摩擦系数；

k——管道每延米局部偏差对摩擦的影响系数。

体外预应力钢索配置在混凝土结构外部，其钢索线形由转向位置或锚固位置的曲线段和它们之间的直线段组成。对于直线段，钢索管道线形和外观尺寸由于不受施工因素的影响，故其基本不受因管道不平整而造成的摩阻影响，这部分预应力损失可以忽略不计；对于曲线段，由于这里的管道长度较短，故沿曲线段长度的管道偏差和不平整造成的摩擦损失亦可忽略不计。

式(2-1)中取 $k=0$，则式(2-1)成为

$$\sigma_{s1}=\sigma_k(1-e^{-\mu\theta}) \tag{2-2}$$

若暂无相关试验资料，预应力钢筋与管道壁的摩擦系数 μ 可以按表 2-2 取用。

μ 值的取用　　表 2-2

钢绞线和管道种类	μ
光面钢绞线，钢管道	0.2～0.3
光面钢绞线，HDPE 管道	0.12～0.15
单根无黏结钢绞线	0.05～0.07

2. 预应力钢筋钢筋松弛引起的应力损失 σ_{s5}

在工民建的混凝土规范中给出了现在常用的低松弛预应力钢丝、钢绞线的松弛终极值，其表达式为

$$\sigma_{s5} = 0.045\sigma_k \tag{2-3}$$

式(2-3)对于体外、体内钢索均适用。

3. 截面变形造成的预应力损失的计算方法

在传统体内预应力结构的预应力损失计算中，与截面共同变形造成的预应力损失有以下两项：

(1)预应力钢索分批张拉引起的混凝土弹性压缩损失 σ_{s4}，其表达式为

$$\sigma_{s4} = n_y \sum \Delta\sigma_h \tag{2-4}$$

(2)混凝土徐变和收缩引起的预应力损失 σ_{s6}，其表达式为

$$\sigma_{s6} = n_y \sigma_h \varphi(t,\tau) \tag{2-5}$$

以上两式中：n_y——预应力钢筋与混凝土的弹性模量比；

σ_h——相应阶段在预应力钢筋形心处混凝土截面的正应力；

$\varphi(t,\tau)$——徐变系数。

体外预应力钢索与结构的变形是不协调的。在体外预应力结构中，这两项预应力损失的发生是由于体外预应力钢索的黏结点之间的混凝土结构产生变形，引起体外预应力钢索缩短，从而引起的预应力损失。该缩短量与采用的体外预应力钢索的形式以及体外预应力钢索与结构的黏结关系有关，预应力损失值可由该缩短量在黏结点之间的预应力钢索长度上平均分配得到。这两项预应力损失的通用计算公式为

$$\sigma_{s4,s6} = E_p \frac{\Delta L_p}{L_p} \tag{2-6}$$

式中：E_p——体外预应力钢筋的弹性模量；

L_p——体外预应力钢筋在与结构黏结或锚固点之间的长度；

ΔL_p——体外预应力钢筋由于分批张拉引起的弹性压缩损失或由于混凝土收缩和徐变引起的在与结构黏结或锚固点之间的长度的缩短量。

三、体外预应力钢索的有效预应力计算

在预施应力阶段(第Ⅰ阶段)和使用荷载阶段(第Ⅱ阶段)的预应力损失组合见表2-3。

预应力损失组合表 表2-3

计算阶段	预应力损失组合
预施应力阶段(第Ⅰ阶段)	$\sigma_s^{I} = \sigma_{s1} + \sigma_{s2} + \sigma_{s4}$
使用荷载阶段(第Ⅱ阶段)	$\sigma_s^{II} = \sigma_{s5} + \sigma_{s6}$

在预施应力阶段(第Ⅰ阶段)和使用荷载阶段(第Ⅱ阶段)，体外预应力钢筋的有效预应力分别为：

$$\begin{cases} \sigma_{pe} = \sigma_k - \sigma_s^{I} \\ \sigma_{pe} = \sigma_k - (\sigma_s^{I} + \sigma_s^{II}) \end{cases} \tag{2-7}$$

四、体外预应力钢索与截面刚度计算

体外预应力钢索配置在混凝土结构体外，与截面的变形不协调，在结构变形计算中不考虑体外预应力钢索对结构刚度的贡献。

五、体外预应力钢索的二次非线性效应

1. 概述

传统的体内预应力混凝土结构由于混凝土梁的刚度较大，在荷载作用下变形小，其受力后主要以弯曲为主，所以计算中一般不考虑几何非线性的影响。

但对于体外预应力混凝土结构，由于体外预应力钢索与结构是脱离的，故当结构在受力变形后，体外预应力钢索不随梁体一起变形。如图 2-35 所示。

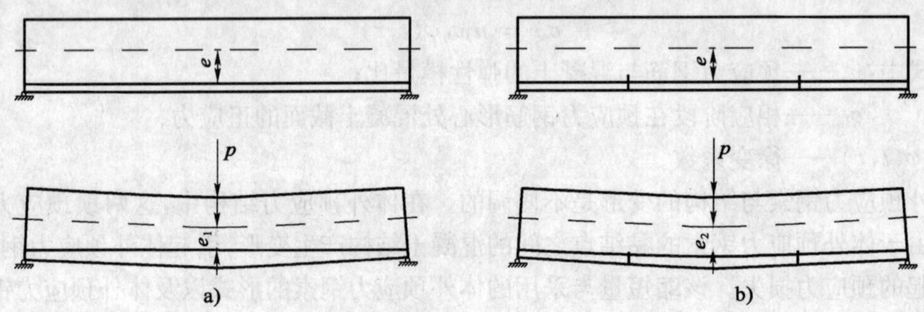

图 2-35 体外预应力钢索与梁体的相对变形

a)无转向装置；b)两个转向装置

体外预应力钢索仅在锚固与转向位置受到与梁体相对位移的约束，只有在这些点处，钢索在构件截面上的位置是不变的，直线段钢索在截面上的相对位置将随构件的变形而变化。这样，体外预应力钢索对截面的偏心距会随着构件的弯曲下挠而减小，从而减小了预应力的作用，这种现象称为体外预应力钢索的二次效应。

图 2-35a)表示在构件的跨中没有转向装置，图 2-35b)表示在构件的跨中有两个转向装置，显然，图 2-35a)中两次效应的影响要比图 2-35b)中的大得多。所以，在体外预应力钢索的布索设计中，钢索转向点或位置固定点的间距密一些，将可以减小体外预应力钢索的二次效应。

2. 体外预应力钢索二次效应的非线性计算方法

体外预应力钢索的二次效应实际上反映了结构的几何非线性，即需要在结构变形后的位置上重新建立平衡关系。非线性刚度矩阵法是建立这种平衡关系的一般方法，它的刚度矩阵包括计算梁柱效应的几何刚度矩阵和计算大变形的初始位移矩阵。拖动坐标法是可以计算大变形结构的非线性分析方法，由于体外预应力结构以弯曲为主，梁柱效应较小，二次效应以大变形为主，所以拖动坐标法也可以直接用来近似计算体外预应力钢索的二次效应的影响。

(1)非线性刚度矩阵法

若以$\{\Psi\}$表示单元内力和外力的总和，由虚功原理

$$\mathrm{d}\{\delta\}^{\mathrm{T}}\{\Psi\}=\int \mathrm{d}\{\varepsilon\}^{\mathrm{T}}\{\sigma\}\ \mathrm{d}V-\mathrm{d}\{\delta\}^{\mathrm{T}}\{R\}=0 \tag{2-8}$$

应变位移增量关系为

$$\mathrm{d}\{\varepsilon\}=[B]\mathrm{d}\{\delta\}=([B_0]+[B_{\mathrm{L}}])\mathrm{d}\{\delta\} \tag{2-9}$$

式中,应变矩阵$[B]$由线性项$[B_0]$和非线性项$[B_{\mathrm{L}}]$组成,则式(2-8)可以写成

$$\{\Psi\}=\int[B]^{\mathrm{T}}\{\sigma\}\ \mathrm{d}V-\{R\}=0 \tag{2-10}$$

此项即为失衡力。对式(2-10)求导数,并由应力应变增量关系

$$\mathrm{d}\{\sigma\}=[E_{\mathrm{t}}]\mathrm{d}\{\varepsilon\} \tag{2-11}$$

则式(2-10)可变化为

$$\begin{aligned}\mathrm{d}\{\Psi\}&=\int \mathrm{d}[B_{\mathrm{L}}]^{\mathrm{T}}\{\sigma\}\ \mathrm{d}V+\int[B]^{\mathrm{T}}\mathrm{d}\{\sigma\}\mathrm{d}V\\&=\int \mathrm{d}[B_{\mathrm{L}}]^{\mathrm{T}}\{\sigma\}\ \mathrm{d}V+\int[B]^{\mathrm{T}}[E_{\mathrm{t}}][B]\mathrm{d}V\mathrm{d}\{\delta\}\\&=[K_\sigma]\mathrm{d}\{\delta\}+([K_0]+[K_{\mathrm{L}}])\mathrm{d}\{\delta\}\end{aligned} \tag{2-12}$$

由此得到切线刚度矩阵

$$[K_{\mathrm{T}}]=\frac{\mathrm{d}\{\Psi\}}{\mathrm{d}\{\delta\}}=[K_\sigma]+[K_0]+[K_{\mathrm{L}}] \tag{2-13}$$

它由几何刚度矩阵$[K_\sigma]$、小位移线性刚度矩阵$[K_0]$和大位移矩阵$[K_{\mathrm{L}}]$组成,其中

$$[K_0]=\int[B_0]^{\mathrm{T}}[E_{\mathrm{t}}][B_0]\mathrm{d}V \tag{2-14}$$

$$[K_{\mathrm{L}}]=\int[B_0]^{\mathrm{T}}[E_{\mathrm{t}}][B_{\mathrm{L}}]\mathrm{d}V+\int[B_{\mathrm{L}}]^{\mathrm{T}}[E_{\mathrm{t}}][B_0]\mathrm{d}V+\int[B_{\mathrm{L}}]^{\mathrm{T}}[E_{\mathrm{t}}][B_{\mathrm{L}}]\mathrm{d}V \tag{2-15}$$

$$[K_\sigma]\mathrm{d}\{\delta\}=\int \mathrm{d}[B_{\mathrm{L}}]^{\mathrm{T}}\{\sigma\}\ \mathrm{d}V \tag{2-16}$$

给出梁单元的位移函数,即可求出梁单元线性刚度矩阵、几何刚度矩阵和初始位移矩阵的显式。这里不再赘述。

Newton-Raphson 法是求解非线性方程常用的迭代算法,其基本方程为

$$\begin{aligned}&[K_{\mathrm{T}}]_n\{\Delta\delta\}_{n+1}=\{R\}-\{F(\delta_n)\}\\&\{\delta\}_{n+1}=\{\delta\}_n+\{\Delta\delta\}_{n+1}\end{aligned} \tag{2-17}$$

式中:$\{R\}$——结点外荷载;

$\{F(\delta_n)\}$——结构抗力。

$\{F(\delta_n)\}$可由式(2-18)决定

$$\{F(\delta_n)\}=\int_{\mathrm{V}}[B]^{\mathrm{T}}\{\sigma_n\}\mathrm{d}V \tag{2-18}$$

式(2-18)的右端项称为节点失衡力列阵。

求解式(2-18)的目的,就是寻求这样的节点位移,使节点失衡力列阵$\{\Delta R\}=\{R\}-\{F(\delta_n)\}=0$。不断迭代并检查位移或失衡力的敛散性,就可以求得非线性方程式(2-18)的解。

(2)拖动坐标法

拖动坐标法可以计算结构的大变形,而体外预应力钢索的二次效应以大变形为主,该法可

近似计算体外预应力结构的几何非线性。

拖动坐标法的基本方程与式(2-17)相似，即

$$[K]_n\{\Delta\delta\}_{n+1}=\{R\}-\sum[k_e]_n\{\delta_e\}_n \tag{2-19}$$

应用 Newton-Raphson 方法作迭代解仍是其计算方法，迭代目标仍然是寻找节点位移位置，使节点失衡力列阵$\{\Delta R\}=\{R\}-\sum[k_e]_n\{\delta_e\}_n=0$。拖动坐标法的计算步骤为：

①利用在整体坐标系下求解的节点位移$\{\delta\}$，建立各单元的局部坐标系；

②计算单元在新建局部坐标系下的杆端位移$\{\delta'_e\}$；

③建立在局部坐标系下的单元刚度矩阵$[k'_e]$和单元杆端力向量$\{F'_e\}=[k'_e]\{\delta'_e\}$，$[k'_e]$就为常用结构矩阵分析的梁单元线性刚度矩阵；

④变换局部坐标系下的$[k'_e]$和$\{F'_e\}$到整体坐标系，形成在整体坐标系下的单元刚度矩阵$[k_e]$和单元杆端力向量$\{F_e\}$；

⑤对所有单元重复步骤①～④，拼装整体坐标系下的结构总刚度矩阵$[K]=\sum[k_e]$，结构总的杆端力列阵$\{F\}=\sum\{F_e\}$；

⑥计算式(2-19)右端的失衡力$\{\Delta R\}=\{R\}-\{F\}$，求解方程(2-19)，得到节点位移增量$\{\Delta\delta\}$；

⑦将节点位移增量累加到结构总位移$\{\delta\}$上，给出新的平衡位置估计值；

⑧不断重复以上步骤①～⑦，直到满足求解收敛标准为止。

六、体外预应力结构体外预应力钢索的应力限值

1.体外预应力钢索在使用阶段的应力限值

决定体外预应力钢索在使用阶段应力限值的因素主要是体外预应力体系的疲劳，包括体外预应力钢索本身的疲劳、体外预应力钢索在转向位置和锚固位置的受力对疲劳的影响。其中，体外预应力钢索在活载作用下的应力幅值是控制其疲劳特征的关键。各种体外预应力体系的体外预应力钢索与结构仅在若干离散位置与结构有黏结。在汽车活载作用下，体外钢索在与结构有黏结的相邻黏结点之间应力增幅是均匀的。所以，对于布置在混凝土结构梁高范围之内的体外索，体外预应力钢索在活载作用下的应力变化幅度一般比体内预应力索的要小，从体外钢索本身的受力特点看，体外预应力钢索的疲劳特性比体内预应力钢索更好一些。

虽然这个结论已为世界各国所公认，但各国对于反映体外预应力疲劳性能的使用阶段钢索应力限制的规定也有较大不同:美国 AASHTO 规范规定对于后张的低松弛钢绞线，使用极限状态的体外预应力钢索应力不超过 $0.72f_{pu}$；日本规范的体外预应力钢索限定值为 $0.70\ f_{pu}$；德国规范原规定体外预应力钢索限定值为 $0.55\ f_{pu}$，现将该值修订成 $0.70\ f_{pu}$，f_{pu}为预应力钢索的极限抗拉强度；法国规定除合同指定外，体外预应力钢索限定值为 0.60 GUTS (Guaranteed Ultimate Tensile Strength ，保证极限抗拉强度)。我国《公路钢筋混凝土及预应力混凝土桥涵设计规范》(JTG D62—2004)尚没有对体外预应力钢索的应力限制作规定，对于体内预应力钢索在使用荷载作用下规定的应力限值为 $0.7R_y^b$。

虽然体外预应力钢索本身的疲劳性能好于体内预应力钢索，但由于体外预应力索的疲劳不光指预应力钢索本身，也受到锚固系统、转向处的受力等因素不同程度的影响。因此，体外预

应力钢索在使用阶段(扣除所有预应力损失)的应力限值应参照法国的研究成果，即σ_{ymax}限定为

$$\sigma_{ymax} \leqslant 0.60R_y^b \tag{2-20}$$

2. 体外预应力钢索的张拉控制应力

我国JTG D62—2004规定的传统体内预应力钢索的张拉控制应力为

$$\sigma_k \leqslant 0.75R_y^b \tag{2-21}$$

这项控制值是材料物理特性的限制。体外预应力钢索使用的高强度钢绞线与体内预应力钢索是一样的，所以对于体外索仍然可以按式(2-21)的规定，即体外预应力钢索的张拉控制应力$\sigma_k \leqslant 0.75R_y^b$。

由于体内预应力钢索的预应力损失较大，故施工用张拉控制应力采用上限值的体内预应力钢索在所有损失完成后，在使用荷载作用下的应力值一般均能满足式(2-20)的限制要求。而对于体外预应力钢索，施工用张拉控制应力更多地受到式(2-20)的控制。在实际设计计算中，施工用的体外预应力钢索张拉控制应力应在满足式(2-20)的基础上反推得到。由于实际结构体外预应力钢索的应力在使用荷载阶段扣除预应力损失后还有一部分应力增量，这部分增量对于不同结构以及不同的体外索比例也有所不同，所以可能需要几步的试算。

桥梁体外配索的计算，在体外预应力钢索的应力满足式(2-20)的基础上，建议体外预应力钢索的张拉控制应力为$0.68R_y^b \sim 0.71R_y^b$。

第六节　体外预应力加固设计计算方法

一、体外预应力加固构造设计

1. 体外预应力体系的组成形式和构造特点

一套完整的体外预应力体系如图2-36所示，它应该包括：

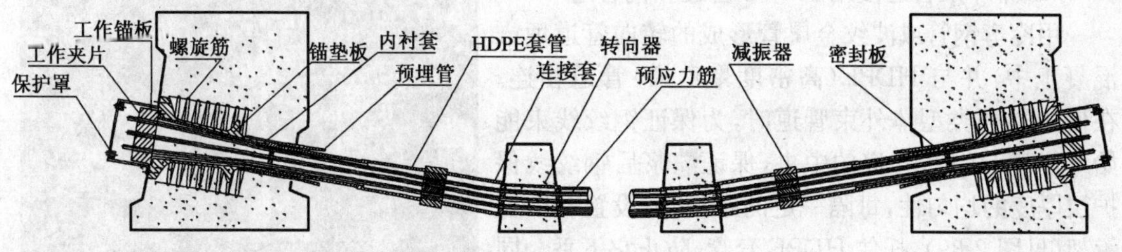

图2-36　体外预应力体系基本组成

①体外预应力钢束、管道和灌浆材料；

②体外预应力钢束的锚固系统；

③体外预应力钢束的转向装置；

④体外预应力钢束的减振器；

⑤体外预应力钢束的防腐系统。

从图2-36中可以看出，体外预应力钢束与混凝土结构可能有黏结联系的地方只是在锚固区域和设转向装置区。

2. 体外预应力钢束、管道和灌浆材料

体外预应力混凝土结构所采用的预应力钢束一般由钢绞线组成，包括与体内预应力混凝土结构完全相同的普通钢绞线以及镀锌钢绞线或外表涂层和外包PE防护的单根无黏结钢绞线。图2-37、图2-38分别为两种典型的体外钢束形式，包括了预应力钢束、管道和灌浆材料。

体外预应力钢束的管道主要起防腐作用，它通常有两种形式：一是全部采用钢管道；二是采用钢管与高密度聚乙烯(High Density Polyethylene，简称HDPE)管道相结合的方式，即除在锚固段及转向弯曲段采用钢管外，在其他直线段均采用HDPE管道。

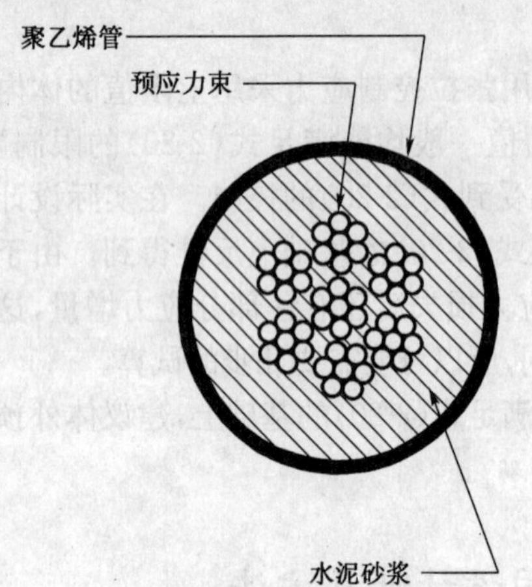

图2-37 普通钢绞线外包HDPE防护的体外钢束

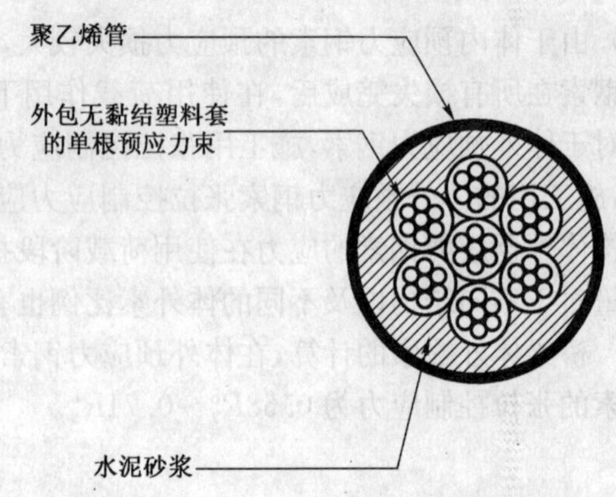

图2-38 单根无黏结钢绞线外包HDPE防护的体外钢束

(1)体外束管道全部使用钢管道

在浇注混凝土时，放入混凝土内的冷弯转向管用套接及焊接的方式与体外束钢管道相联结，钢束放置在管道内并灌注水泥浆；当钢束穿过转向装置时，水泥浆使其与混凝土梁体结构黏结。许多旧桥加固的体外束均用这种方式来实现。

(2)体外束管道使用HDPE管道和钢管道

用冷弯钢管或波纹金属管形成的转向管道埋入混凝土中，并与HDPE(高密度聚乙烯)管道相连。在使用这种类型体外束管道时，为保证钢绞线束能始终位于HDPE管道的中央，保证灌浆后钢绞线保护层厚度的均匀性，每隔一定的距离，需设置一个支承架(见图2-39)，托住HDPE套管，防止它下垂。同时，预应力索的布置与全部使用钢管道的一样，大量的旧桥加固及新桥建造中均采用了此方法，如Long Key等早期的现代体外预应力桥梁。

图2-39 体外索支承架

体外预应力索所采用管道的形式与钢束及灌浆材料的形式密切相关，钢管较贵，且本身有防腐的问题；HDPE管有着大量的应用，但值得注意的是，其与钢管连接，必须保证管道连接的密封性能。同时，HDPE管的材性也必须满足相应规范的要求。

体外预应力索管道的灌浆材料分为刚性灌浆材料和非刚性灌浆材料。刚性灌浆材料通常

是指水泥，非刚性灌浆材料主要是指油脂和石蜡。

水泥灌浆是最简单和最常用的，它可以适用于与结构有离散黏结的体外预应力结构，也适用于与结构完全无黏结的体外预应力结构。在用水泥灌浆保护的无黏结钢束的情况下，在混凝土横梁或偏转鞍座处采用双层管道以保证与结构脱离的无黏结特征及可更换性；同时，灌入的水泥浆由于放松预应力钢绞线时会被破坏，故而钢束的调换常常采用整束割断的方法进行拆卸后，将锚头、管道及钢束整体更换。

油脂和石蜡通常用在由普通钢绞线和钢制管道组成的预应力系统中，所形成的预应力体系为无黏结体系。按照灌注时材料所处的状态，可以分为以下两种方式：

①灌浆时为黏性状态的灌浆形式。这种方式的应用必须在灌浆时具有相当高的压力（大于 1.5MPa）且沿管道有大量灌浆点，而且管道必须为钢制。此外，成管时必须在管道上附有小室，以允许灌浆材料在天气非常炎热时膨胀。

②灌浆时为流性状态的灌浆形式。这是从建造核电站的储油罐发展起来的技术，其应用范围比上一种宽得多。它的管道一般由钢管或 HDPE 管道构成。这种方式带来的困难是在灌浆过程中管道的渗漏及聚乙烯管道的软化，尤其是在灌浆口的位置。石蜡在实际中有较多的应用，因为它的熔点略低于油脂，而且不会产生使用油脂时在管道交接处渗出的吸着油（Occluded oil）。

由上述非刚性材料防护的无黏结钢束一般可以替换，但必须注意的是，在抽拔钢绞线时会产生碎裂的石蜡或油脂，所以在钢束再次穿线之前必须要清洗管道。这种方式形成的无黏结体外预应力体系施工较为繁琐，且环境不够清洁，现在已经不常采用。

3. 体外预应力索的锚固系统

体外预应力结构的锚固横梁承担着体外预应力钢束巨大的锚固力，故锚固横梁一般都比较厚实，在结构中需要专门进行锚固构造设计。

体外预应力索的锚固体系与上述的体外预应力索的系统密切相关，一般可以分成可更换和不可更换两大类。若采用不可更换体外预应力索的锚具，则钢索将不更换、不调整，一般应用于体外预应力索与混凝土结构有离散黏结的桥梁结构。可以更换的体外预应力锚固系统必须保证锚具与混凝土结构之间相互隔断，对于体外预应力混凝土结构而言，关键在于锚固位置及转向结构处。

在可以更换的体外预应力锚具中，包括钢索无法放松和可以放松两种类型。前者在钢索张拉后不预留能够再次张拉的长度，钢索在张拉后是无法放松的。使用这种类型锚具的体外预应力索既可以是普通的钢绞线，也可以是单根无黏结钢绞线。使用普通钢绞线时，在管道中灌注非刚性灌浆材料（油脂或石蜡）；使用无黏结钢绞线时，管道中一般灌注水泥浆。但是，无论采用何种钢索，锚具内均使用防腐材料填实而不使用水泥浆，以满足钢索可更换的要求。后者最大的特点是体外预应力索在张拉锚固后，需要在锚具后预留一段一定长度的钢索，以满足钢索放松的需要。该类型锚具可以用于顶推施工中的临时体外预应力索，也可用于坦拉式体外预应力结构的拉索。显然，使用这种锚具的体外预应力索只能是无黏结钢索。这种锚具通常需要具有直径较大的导管，以及足以穿入锚板和喇叭管的组件，使用旋在锚板上的螺母将锚固力传至锚垫板，与体内预应力索的镦头锚具相似。

体外预应力混凝土结构，特别是钢索可以更换的体外预应力结构，对锚具有巨大的依赖性。所以体外预应力锚具组件本身必须具有比一般体内预应力锚具高得多的可靠性和安全性。传统的体内预应力混凝土结构在张拉后不久必须在预应力筋孔道中压注水泥浆，可以说，只要在灌浆前较短暂的时间里预加力是可靠的，那么在灌浆后则可以认为是完全可靠的。当然，由于灌浆不满而引起结构在耐久性方面的问题除外。与预应力筋黏结的水泥灌浆，即使锚具组件中某部分失效后仍然可提供足够的黏结力，预应力筋不会由于锚具的失效而完全失效。而体外预应力混凝土结构不是这样，尤其是使用无黏结钢索时，钢索完全依靠在锚固点的锚具，一旦锚具组件出现问题，其导致的后果便是灾难性的。同时，体外预应力索要承受比体内预应力筋更不利的动载及由此产生的疲劳问题。所以，用于体外预应力结构的锚具组件及与钢索的适配性均需要进行严格周密的计算和静、动载试验，以保证体外预应力混凝土结构的安全、可靠。

4. 体外预应力索的转向装置

体外预应力混凝土结构中的偏转装置是一种特殊构造，它是除锚固构造外，体外预应力索在跨内唯一与混凝土体有联系的构件，并且负担着钢索转向的重要任务，也是体外预应力混凝土结构中最重要、最关键的结构构造之一。图 2-40 和图 2-41 是体外预应力混凝土结构中最常见的转向装置构造。

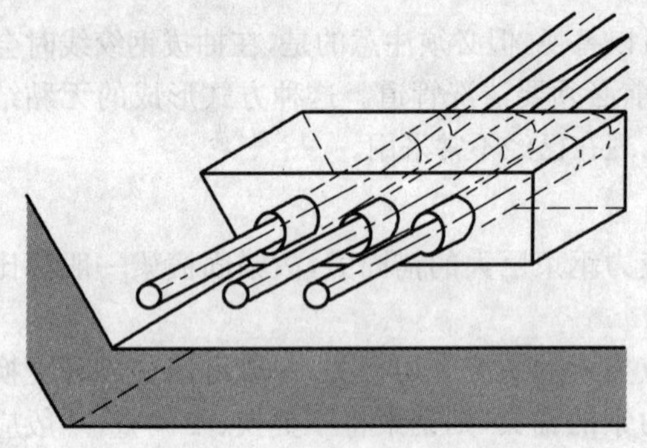

图 2-40 块状式转向器

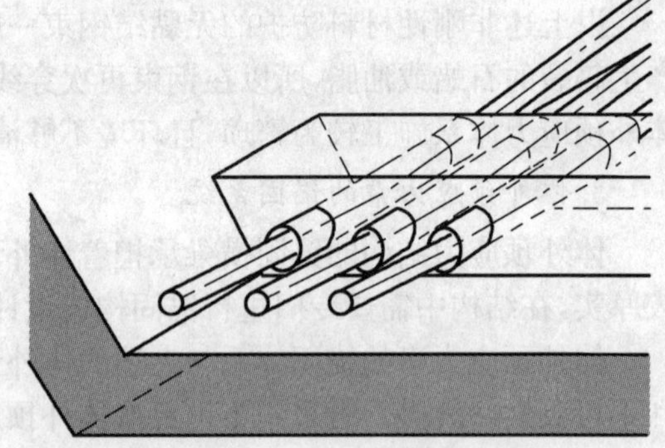

图 2-41 适用于弯桥的底横肋式转向器

图 2-40 为最简单的块状式转向构造，只能承受钢索的竖向分力，它大量应用于跨径较小、采用节段施工的第一种体外预应力混凝土结构。图 2-41 为能够承受钢索横向转向产生的横向水平分力的转向构造，为承受水平力，转向构造混凝土在箱梁底板上是贯通的，该种转向构造常用于斜、弯的体外预应力结构上。图 2-42 所示的转向构造能够承受较大的钢索分力，该种转向构造称为转向横肋，转向横肋把钢索的转向力传至箱梁腹板和上梗腋，具有较好的受力保障。同时，由于箱梁采用斜腹板，故横肋在底板用另一根横梁贯通，以承受该种转向构造产生的水平分力。如竖向及横向的横肋全部加宽，这样的转向构造就成为转向横梁，它往往应用于钢索转向力特别大的结构中。图 2-43 所示的体外预应力转向鞍座由较轻的钢构件组成，其力学模式与图 2-42 中的相同，即钢板用于传力及其定位，斜杆和水平杆的合力用于抵消体外钢索在转向时产生的竖直和水平分力。这种轻型的钢鞍座转向构造使用起来灵活、方便，也可以用于加固结构中。同时，必须注意，在这种类型转向结构中，体外预应力索所使用的转向钢管除与以上其他转向构造中钢管同样具有定位作用以外，还需要承受钢索产生的向上弯折力。

所以一般需要壁厚较大的钢管。

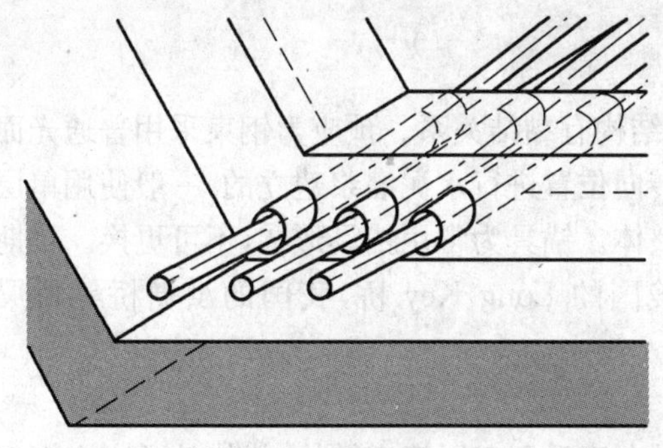

图 2-42　横肋式转向结构

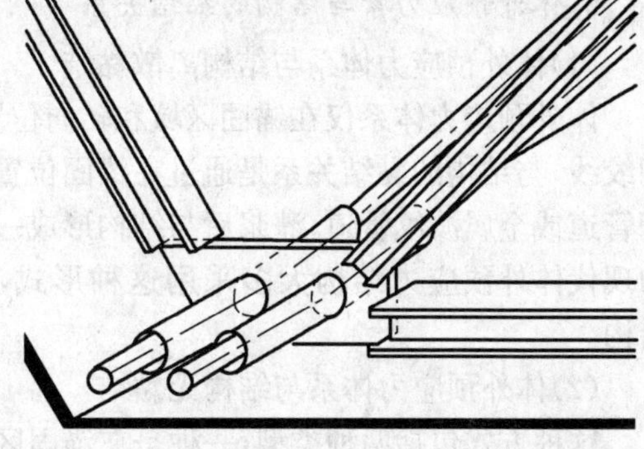

图 2-43　钢鞍座式转向构造

体外预应力结构的转向装置取舍与体外预应力钢束在箱梁结构中的布置有关。采用较小的体外钢束及较多的鞍座式转向结构可以分散体外钢束的转向力，使采用的鞍座式转向结构设计和预制简单，如美国 Long Key 桥等较早设计施工的现代体外预应力结构，这种方法的转向使体外预应力钢束的布置较为繁杂。采用横肋式或横梁式转向结构可以承受较大的转向力，结构中的体外钢束可以集中在一起转向。这种转向装置虽然需要特别设计和预制，但钢束布置统一、简单，可以采用较为粗大的体外预应力钢束。由于粗大的体外预应力钢束及简单统一的布置方式代表着预应力钢束布置的方向，故这种布置方式成为体外预应力结构预应力设计的主流。

5.体外预应力索的防腐系统

体外预应力索的防腐系统主要指以下几个方面。

(1)钢索本身的防腐

对钢索本身，成品的单根无黏结钢绞线是现在最常用且有效的防腐手段。现在，国内外生产的环氧涂层无黏结钢绞线具有很好的防腐性能。这种钢绞线每根均有单独的 PE 护套，并内充油脂，其本身具有防护系统，可以不用管道而单独使用，较多地应用于桥梁体外预应力加固的工程中。

(2)管道与灌浆料

对于应用普通钢绞线的体外预应力混凝土结构，管道与相应的灌浆材料就显得至关重要。HDPE 管道加水泥浆是最经济的，由于钢索在体外，且钢索的几何外型比较简洁，故钢索的灌浆条件相对比体内预应力筋好得多。这样，水泥浆就能比较可靠地充实全部管道。这种防腐措施已被证明是可靠的，世界上大部分体外预应力混凝土结构均采用这种方法。

用油脂或石蜡在钢管或 PE 管内灌浆同样是可靠的防腐手段，转向块处采用单层管、钢索采用普通钢绞线而且可以更换的体外预应力混凝土结构就采用这种方法。

在转向块处采用双层管道的体外预应力混凝土结构，一般采用无黏结钢绞线及水泥灌浆，这里的水泥灌浆起隔离作用。因此，这种防腐形式就有了 3 道措施：一是无黏结钢绞线本身；二是外层的 PE 管；三是水泥灌浆材料。

(3)锚固区段

不管采用何种灌浆材料，锚具的喇叭管内均需要灌浆。如采用无黏结钢索，需要采用油脂或其他材料填充喇叭管及外侧的防护套管。

6. 体外预应力索与结构的黏结关系

(1)体外预应力体系与结构离散黏结

体外预应力体系仅在锚固区域和转向位置与结构有黏结关系。预应力钢束采用普通光面钢绞线,与结构的黏结关系是通过在锚固位置与转向位置进行水泥灌浆建立的,一般使用单层钢管道或金属波纹管道,灌浆后与结构形成一个整体。锚具为常用锚具形式,不可更换。早期的现代体外预应力结构大多采用这种形式,如美国的 Long Key 桥,我国的洪塘桥等桥梁结构。

(2)体外预应力体系与结构无黏结

这种方式包括两种类型,一种是在锚固区和转向区采用双层管道结构,将体外预应力钢束与结构隔离,体外预应力钢索体系采用普通光面钢绞线,水泥灌浆防腐,在锚固位置和转向位置处设置预埋钢管和 HDPE 管双重管道,以隔开体系与结构的黏结联系,可以做到拆卸整束后进行更换,如图 2-44 和图 2-45 所示,目前这种方法应用最为普遍。另一种是体外预应力钢索采用单根无黏结钢绞线,由于钢索本身是无黏结的,不具有与结构的黏结关系。这种体系可以采用水泥灌浆,但目的不是防腐,而是为了固定单根无黏结钢索。通过在转向位置和锚具处的构造处理可以做到整束更换或单根更换。这种方法已大量地应用在强调耐久性的欧洲国家。

图 2-44 转向处的双层管道结构

图 2-45 可以拆卸的体外预应力锚具

7. 体外预应力桥梁结构的特点

体外预应力结构与传统的体内预应力结构相比,其特点表现在许多方面。表 2-4～表 2-7分别归纳了体外预应力结构与体内预应力结构在结构构造、设计施工和后期管理上的区别。

体外、体内预应力结构在结构构造上的区别 表 2-4

内　　容	体外预应力结构	体内预应力结构
钢索位置	混凝土结构外部	混凝土结构内部
与结构关系	仅在锚固及转向处可能建立与结构的黏结关系	与结构完全黏结,在任意截面与结构变形协调
防腐措施	钢束本身、HDPE 管道、灌浆材料	波纹管道、水泥灌浆

体外、体内预应力结构在设计上的区别　表 2-5

内容		体外预应力结构	体内预应力结构
设计	极限承载力	由于体外索变形在锚固点或转向处之间平均分配,故其极限变形小,极限承载力一般较低	钢索变形与截面混凝土协调,体内预应力在结构破坏时局部至屈服,其极限承载力较高
设计	预应力摩擦损失	仅转向弯曲段有摩擦损失,其他部位几乎没有	受管道不平整和摩擦影响,预应力损失较大
设计	其他预应力损失	与截面共同变形引起的预应力损失较小(如分批张拉、混凝土收缩、徐变等)	与截面共同变形引起的预应力损失较大
设计	特殊部位设计	锚固部、转向部因起重要作用,需要进行单独的分析和设计	一般无需其他专门的局部位置设计
施工	预应力索布置	容易许多	管道布置、穿索等工序较多
施工	混凝土构件尺寸	构件在预制场里预制,精度容易控制;钢索布置在外,构件尺寸可以适当减小	需要考虑管道所占面积及为消除施工误差所考虑的构件尺寸储备
施工	混凝土的施工性	混凝土浇筑质量易保证	内部管道干扰多,腹板混凝土浇筑需要特别仔细
管理	钢索的检查	预应力钢索在混凝土结构体外,容易检查	至今尚未具有较好的检查手段
管理	钢索的更换	在锚固部和转向部的设计中可预先设置更换的措施	不可能更换

体外、体内预应力结构在施工上的区别　表 2-6

内容		体外预应力结构	体内预应力结构
施工	预应力索布置	容易许多	管道布置、穿索等工序较多
施工	混凝土构件尺寸	构件在预制场里预制,精度容易控制;钢索布置在外,构件尺寸可以适当减小	需要考虑管道所占面积及为消除施工误差所考虑的构件尺寸储备
施工	混凝土的施工性	混凝土浇筑质量易保证	内部管道干扰多,腹板混凝土浇筑需要特别仔细
管理	钢索的检查	预应力钢索在混凝土结构体外,容易检查	至今尚未具有较好的检查手段
管理	钢索的更换	在锚固部和转向部的设计中可预先设置更换的措施	不可能更换

体外、体内预应力结构在后期管理上的区别　表 2-7

内容		体外预应力结构	体内预应力结构
后期管理	钢索的检查	预应力钢索在混凝土结构体外,容易检查	至今尚未具有较好的检查手段
后期管理	钢索的更换	在锚固和转向的设计中可预先设置更换的措施	不可能更换

二、体外预应力加固结构计算方法

1. 体外预应力结构抗弯极限强度的简化计算方法

1)概述

常用的体内预应力结构截面弯曲强度计算方法基于以下几条重要的基本假定：

①结构变形后混凝土截面仍然保持平面；

②同一位置的钢筋与混凝土在截面上的变形协调；

③在结构达到承载能力极限状态时，受压混凝土达到极限抗压强度、受拉区预应力钢筋和所有非预应力普通钢筋都达到屈服强度。

应用以上假定，就可以在截面上建立体内预应力计算截面抗弯极限强度的公式。由于体外预应力钢索与混凝土截面变形不协调，在混凝土结构构件达到承载能力极限状态时，体外预应力钢索并没有达到屈服，不符合以上基本假定中②和③的内容。

截面计算方法是计算预应力混凝土结构抗弯极限强度的简化计算方法，如果能够得到体外预应力钢索在极限状态下的应力值(后简称极限应力)，就可以借助这种传统的计算方法，在截面上建立计算体外预应力结构抗弯极限强度的计算模型和计算公式。

2)体外预应力钢索的极限应力规定

体外预应力钢索在承载能力极限状态下的极限应力，可以表示为有效预应力与应力增量之和，即

$$f_{ps}=f_{pe}+\Delta f_{ps} \tag{2-22}$$

式中：f_{ps}——体外预应力钢索的极限应力；

f_{pe}——体外预应力钢索的有效预应力；

Δf_{ps}——体外预应力钢索在极限状态下的应力增量。

体外预应力钢索的极限应力增量 Δf_{ps} 与以下因素有关：

①体外预应力体系的形式及其与混凝土结构的黏结关系；

②转向结构的形式、位置和个数；

③体内、体外预应力钢索配置的比例；

④混凝土结构的跨高比。

如前面所述，由于体外预应力钢索的极限应力增量 Δf_{ps} 与许多因素相关，故建立统一的计算公式比较困难。迄今为止，国内外提出的计算公式均是以体内无黏结预应力结构为研究对象的，这其中包括美国 ACI 和 AASHTO 规范、英国 BS 规范、Ceb-fip90 规范以及我国 1985 年出版的《部分预应力混凝土结构设计建议》中的相关规定。目前，各国规范建立的体外预应力极限应力的简化公式都是以某些特定参数为研究对象的，虽然这些公式都是较为近似的计算，但可以作为在设计的初步阶段计算的估算依据。

以下为有关规范对无黏结预应力钢筋极限应力的规定值。

(1)美国 AASHTO 规范规定首次估算时可以为：

$$f_{ps} = f_{pe} + 103 \tag{2-23}$$

(2)欧洲 Ceb-fip90 规范规定无黏结预应力钢筋在极限状态下的应力增量为 0，即

$$f_{ps} = f_{pe} \tag{2-24}$$

(3)美国 ACI 规范规定，跨高比≤35 的构件，其极限应力为

$$f_{ps} = f_{pe} + 70 + \frac{f'_c}{100\rho_p} \tag{2-25}$$

限制条件为

$$f_{ps} \leqslant f_{pe} + 420$$

跨高比>35 的构件，其极限应力为

$$f_{ps} = f_{pe} + 70 + \frac{f'_c}{300\rho_p} \tag{2-26}$$

限制条件为

$$f_{ps} \leqslant f_{pe} + 210$$

上两式中：f'_c——混凝土的圆柱体强度；

ρ_p——无黏结钢筋的配筋率，见表 2-8。

(4)德国 DIN4227 针对不同结构形式，规定为

单跨梁

$$f_{ps} = f_{pe} + 110 \tag{2-27}$$

悬臂梁

$$f_{ps} = f_{pe} + 50 \tag{2-28}$$

连续梁

$$f_{ps} = f_{pe} \tag{2-29}$$

(5)英国 BS 规范规定为

$$f_{ps} = f_{pe} + \frac{7\,000}{L/h_p}(1 - 1.7 f_{pu}A_p / f_{cu}bh_p) \tag{2-30}$$

限制条件为

$$f_{ps} \leqslant 0.7 f_{pu}$$

式中：f_{cu}——混凝土的立方体强度；

f_{pu}——无黏结钢筋的特征强度；

L/h_p——跨高比；

h_p——预应力钢筋重心至混凝土受压区顶面的距离；

A_p——预应力钢筋的面积。

(6)1985 年中国土木工程学会等编的《部分预应力混凝土结构设计建议》中的公式为

$$f_{ps} = f_{pe} + \Delta f_{ps} \tag{2-31}$$

当 $f_{ps} \geqslant R_y$ 时，取 $f_{ps} = R_y$；Δf_{ps} 为无黏结预应力钢索在极限状态下的应力增量。

无黏结钢筋的配筋量 表 2-8

配筋指标 $\rho_p+\rho_s$②	L/h_p①		配筋指标 $\rho_p+\rho_s$②	L/h_p①	
	10	20		10	20
0.05	500	500	0.20	350	300
0.10	500	500	0.25	250	200
0.15	450	400			

注：①L/h_p为跨高比，h_p为预应力钢筋重心至混凝土受压区顶面的距离。

②$\rho_p=f_{pe}A_p/(f_cbh_p)$；$\rho_s=f_sA_s/(f_cbh_p)$；$f_c$为混凝土强度。

3)体外预应力结构受弯构件截面强度的简化计算方法

这种计算方法是传统的截面计算方法，如图 2-46 所示。

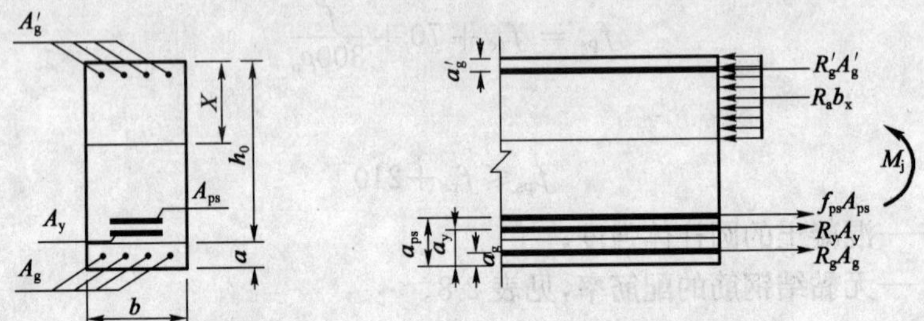

图 2-46 体外预应力混凝土梁正截面强度截面法计算模式

构件的承载能力可由静力平衡条件求得，计算步骤可参考结构设计原理中的相似计算方法。主要步骤为：

(1)求中性轴高度 x 的平衡式。由水平力平衡条件，可以求得中性轴高度 x 的计算公式，即

$$R_g'A_g'+R_abx=R_gA_g+R_yA_y+f_{ps}A_{ps} \tag{2-32}$$

(2)截面强度平衡式。由弯矩平衡条件，可得正截面强度计算公式，即

$$M_j\leqslant\gamma_b\left[\frac{1}{\gamma_c}R_abx(h_0-x/2)+\frac{1}{\gamma_s}R_g'A_g'(h_0-a_g')\right] \tag{2-33}$$

其中：

$$h_0=h-a$$

$$a=\frac{R_gA_ga_g+R_yA_ya_y+f_{ps}A_{ps}a_{ps}}{R_gA_g+R_yA_y+f_{ps}A_{ps}} \tag{2-34}$$

式中，γ_c和γ_s分别为混凝土和预应力钢筋、非预应力钢筋的安全系数，均取为 1.25；γ_b为强度计算的工作条件系数，根据不同的结构取用不同的系数。

2.考虑几何、材料非线性的体外预应力结构抗弯极限强度计算方法

1)概述

体外预应力钢索的极限应力与许多因素有关，如体外预应力体系的形式及其与混凝土结构的黏结关系，转向结构的形式、位置和个数，混凝土结构的跨高比，以及体内、体外预应力钢索配置的比例等。所以，得到一个统一的计算公式是较为困难的，目前，国内外尚未建立这样的统一公式。另一种方法是借助有限元的方法对结构进行全过程受力分析。

采用考虑结构的几何非线性和材料的物理非线性，进行结构的非线性迭代分析是计算体外预应力结构抗弯极限承载能力较精确的计算方法，该方法能够考虑以上的各种因素。建立这样的计算模型，对分析体外预应力结构的力学性能是非常重要的。体外预应力结构到达极限阶段时的变形更大，结构的几何非线性也更为明显。体外预应力结构几何非线性的计算理论和计算方法与体外预应力结构在弹性阶段两次非线性效应的计算方法一样，具体算法如前所述，这里不再赘述。

与弹性阶段不同的是，至极限阶段后材料已经进入塑性状态，故在计算中必须考虑材料的物理非线性。体外预应力结构的材料包括混凝土、普通钢筋和预应力钢筋，在计算中必须首先建立它们的应力—应变本构关系。

2)材料的本构关系

(1)混凝土的应力—应变本构关系

受压区混凝土应力—应变曲线由上升段和水平段组成，上升段采用广为应用的 Saenz 公式，即

上升段($0<\varepsilon\leqslant\varepsilon_0$)

$$\begin{cases}\sigma=\dfrac{E_0\varepsilon}{1+\left(\dfrac{E_0}{E_s}-2\right)\left(\dfrac{\varepsilon}{\varepsilon_0}\right)+\left(\dfrac{\varepsilon}{\varepsilon_0}\right)^2},E_s=\dfrac{\sigma_0}{\varepsilon_0}\\[2ex] E_t=\dfrac{d\sigma}{d\varepsilon}=\dfrac{E_0\left[1-\left(\dfrac{\varepsilon}{\varepsilon_0}\right)^2\right]}{\left[1+\left(\dfrac{E_0}{E_s}-2\right)\left(\dfrac{\varepsilon}{\varepsilon_0}\right)+\left(\dfrac{\varepsilon}{\varepsilon_0}\right)^2\right]^2}\end{cases}\tag{2-35}$$

水平段($\varepsilon_0<\varepsilon\leqslant\varepsilon_u$)

$$\begin{cases}\sigma=\sigma_0\\ E_t=0\end{cases}\tag{2-36}$$

以上两式中：σ_0——混凝土抗压强度；

E_0——初始弹性模量；

ε_u——混凝土极限压应变；

E_t——对应于任意应变的切线弹性模量。

当混凝土压应变 $\varepsilon\geqslant\varepsilon_u$ 时，混凝土将被破坏。

受拉区混凝土的应力—应变关系取直线，即 $\sigma=E_0\varepsilon$，当混凝土拉应力超过混凝土抗拉极限强度 σ_1时，混凝土开裂。

(2)普通钢筋的应力—应变本构关系

普通钢筋应力—应变本构关系由斜率为弹性模量 E_g和水平的双直线组成。其中，R_g为钢筋的受拉和受压的极限强度。

(3)预应力钢筋的应力—应变本构关系

预应力钢筋的应力应变本构关系采用 Skogman 公式，即

$$f_{ps}=\varepsilon_{ps}E\left\{Q+\frac{1-Q}{\left[1+\left(\dfrac{E\varepsilon_{ps}}{Kf_{py}}\right)^R\right]^{1/R}}\right\}\tag{2-37}$$

$$Q=\frac{f_{\mathrm{pu}}-Kf_{\mathrm{py}}}{E\varepsilon_{\mathrm{pu}}-Kf_{\mathrm{py}}}$$

式中：f_{pu}——预应力钢束的极限强度；

$\varepsilon_{\mathrm{pu}}$——其极限拉应变；

f_{py}——预应力钢束 1%应变时的应力(屈服强度)；

K——取为 1.04。

3)考虑普通钢筋的钢筋混凝土梁单元的刚度矩阵分析

在钢筋混凝土和预应力混凝土结构的非线性有限元分析中，分层组合式模型是应用较广泛的分析模型。该模型假设钢筋混凝土梁单元的截面是由垂直均匀分布的条带层组合而成，钢筋或预应力钢筋与周围混凝土黏结较好，在两者之间没有滑移，截面满足平截面假定，根据材料的实际应力应变关系和平衡条件可以导出单元的刚度矩阵和固端力列阵，用单元层的不断退出工作来模拟混凝土裂缝的开展。下式中的弹性模量矩阵反映了材料的特征，将材料的应力—应变本构关系代入，则可以得到考虑材料物理非线性的单元刚度矩阵和右端节点失衡力列阵。

设

$$E_{\mathrm{t}}A=\int_{\mathrm{A}}E_{\mathrm{t}}\mathrm{d}A=\sum_{i=1}^{n_{\mathrm{c}}}E_{ci}A_{ci}+\sum_{i=1}^{n_{\mathrm{s}}}E_{si}A_{si} \tag{2-38}$$

$$E_{\mathrm{t}}I=\int_{\mathrm{A}}E_{\mathrm{t}}y^{2}\mathrm{d}A=\sum_{i=1}^{n_{\mathrm{c}}}E_{ci}A_{ci}y_{ci}^{2}+\sum_{i=1}^{n_{\mathrm{s}}}E_{si}A_{si}y_{si}^{2} \tag{2-39}$$

$$[D_0]=\begin{bmatrix}E_{\mathrm{t}}A & 0\\ 0 & E_{\mathrm{t}}I\end{bmatrix} \tag{2-40}$$

$$[D_1]=\begin{bmatrix}E_{\mathrm{t}}A & 0\\ 0 & 0\end{bmatrix} \tag{2-41}$$

$$[D_2]=\begin{bmatrix}E_{\mathrm{t}}A & 0\\ 0 & E_{\mathrm{t}}A\end{bmatrix} \tag{2-42}$$

可得考虑材料物理非线性的小位移刚度矩阵

$$[K_0^{\mathrm{e}}]=\frac{l}{2}\sum_{i=1}^{3}\omega_k[\overline{B_0}(x_k)]^{\mathrm{T}}[D_0(x_k)][\overline{B_0}(x_k)] \tag{2-43}$$

考虑材料物理非线性的大位移刚度矩阵

$$[K_{\mathrm{L}}^{\mathrm{e}}]=\frac{l}{2}\sum_{i=1}^{3}\omega_k[\overline{B_0}(x_k)]^{\mathrm{T}}[D_1(x_k)][B_{\mathrm{L}}(x_k)]+\frac{l}{2}\sum_{i=1}^{3}\omega_k[B_{\mathrm{L}}(x_k)]^{\mathrm{T}}[D_1(x_k)][\overline{B_0}(x_k)]+\frac{l}{2}\sum_{i=1}^{3}\omega_k[B_{\mathrm{L}}(x_k)]^{\mathrm{T}}[D_2(x_k)][B_{\mathrm{L}}(x_k)] \tag{2-44}$$

以及几何刚度矩阵

$$[K_\sigma^{\mathrm{e}}]=\frac{\overline{N}^{\mathrm{e}}}{30l}\begin{bmatrix}0 & 0 & 0 & 0 & 0 & 0\\ 0 & 36 & 3l & 0 & -36 & 3l\\ 0 & 3l & 4l^2 & 0 & -3l & -l^2\\ 0 & 0 & 0 & 0 & 0 & 0\\ 0 & -36 & -3l & 0 & 36 & -3l\\ 0 & 3l & -l^2 & 0 & -3l & 4l^2\end{bmatrix} \tag{2-45}$$

将以上公式带入式(2-19)即可得到单元在局部坐标系下的切线刚度矩阵$[K_{T}^{e}]$。在高斯点的物理刚度矩阵$[D_0(x_k)]$,$[D_1(x_k)]$,$[D_2(x_k)]$和单元轴向力$\overline{N}^e$由截面上各条带材料的应力—应变关系和受力状态决定。

4)钢筋混凝土梁单元的失衡力向量

$$\begin{aligned}\{F^e\}&=\int[B]^{T}\{\sigma\}dV=\int([B_0]+[B_L])^{T}\begin{bmatrix}\sigma & 0\\0 & \sigma\end{bmatrix}dV\\&=\int_0^l[\overline{B_0}]^{T}\begin{Bmatrix}N^e\\M^e\end{Bmatrix}dx+\int_0^l[B_L]^{T}\begin{Bmatrix}N^e\\N^e\end{Bmatrix}dx\\&=\frac{l}{2}\sum_{i=1}^{3}\omega_k\left\{[\overline{B_0}(x_k)]^{T}\begin{Bmatrix}N^e(x_k)\\M^e(x_k)\end{Bmatrix}+[B_L(x_k)]^{T}\begin{Bmatrix}N^e(x_k)\\N^e(x_k)\end{Bmatrix}\right\}\end{aligned}\tag{2-46}$$

式中:N^e——单元任意截面上的轴向力;

M^e——单元任意截面上的弯矩。

其表达式分别为

$$N^e=\int_A\sigma dA=\sum_{i=1}^{n_c}\sigma_{ci}A_{ci}+\sum_{i=1}^{n_s}\sigma_{si}A_{si}\tag{2-47}$$

$$M^e=\int_A\sigma y dA=\sum_{i=1}^{n_c}\sigma_{ci}A_{ci}y_{ci}+\sum_{i=1}^{n_s}\sigma_{si}A_{si}y_{si}\tag{2-48}$$

各条带在高斯点的应力由截面上各条带材料的应力—应变关系和受力状态决定。

5)预应力钢束单元矩阵分析

预应力钢束单元设为两结点杆件单元,其与主梁在相应结点上以垂直刚臂相连接。设钢束单元的长度为L_p,由虚功原理可得钢束单元的线性刚度矩阵$[K_{0p}^{e}]$、大位移矩阵$[K_{Lp}^{e}]$和几何刚度矩阵$[K_{\sigma p}^{e}]$分别为

$$[K_{0p}^{e}]=\frac{E_pA_p}{L_p}\begin{bmatrix}1 & 0 & -1 & 0\\0 & 0 & 0 & 0\\-1 & 0 & 1 & 0\\0 & 0 & 0 & 0\end{bmatrix}\tag{2-49}$$

$$[K_{Lp}^{e}]=\frac{E_pA_p}{L_p}\begin{bmatrix}0 & \beta & 0 & -\beta\\\beta & \beta^2 & -\beta & -\beta^2\\0 & -\beta & 0 & \beta\\-\beta & -\beta^2 & \beta & \beta^2\end{bmatrix}\tag{2-50}$$

$$[K_{\sigma p}^{e}]=\frac{N_p}{L_p}\begin{bmatrix}0 & 0 & 0 & 0\\0 & 1 & 0 & -1\\0 & 0 & 0 & 0\\0 & -1 & 0 & 1\end{bmatrix}\tag{2-51}$$

式中:A_p——钢束的截面面积;

E_p——钢束的弹性模量,由钢束应力应变关系和受力状态决定;

N_p——钢束单元中的轴向力。

$$\begin{bmatrix}0 & -\dfrac{1}{L_p} & 0 & \dfrac{1}{L_p}\end{bmatrix}\{\delta_p^e\}=\frac{1}{L_p}(v_b^e-v_a^e)=\beta \tag{2-52}$$

于是，预应力钢束单元的切线刚度矩阵为

$$[K_{Tp}^e]=[K_{0p}^e]+[K_{Lp}^e]+[K_{\sigma p}^e] \tag{2-53}$$

6)预应力钢束单元的失衡力向量

$$\{F_p^e\}=\int[B_p]^T\{\sigma_p\}dV=\int([B_{0p}]+[B_{Lp}])^T\{\sigma_p\}dV$$

$$=A_p\sigma_p\int_0^{L_p}\left(\begin{bmatrix}-\dfrac{1}{L_p}\\0\\\dfrac{1}{L_p}\\0\end{bmatrix}+\beta\begin{bmatrix}0\\-\dfrac{1}{L_p}\\0\\\dfrac{1}{L_p}\end{bmatrix}\right)dx$$

$$=A_p\sigma_p\begin{bmatrix}-1\\-\beta\\1\\\beta\end{bmatrix} \tag{2-54}$$

式中：σ_p——钢束中包含初始预应力的应力值，由钢束的应力—应变关系和钢束的受力状态决定。

从材料的本构关系出发，就可以建立对预应力混凝土结构抗弯力学性能全过程计算分析的方法，该方法将同时考虑结构的几何非线性和材料的物理非线性，从而能够较精确地计算体外预应力结构的抗弯极限承载能力。

3.体外预应力结构抗剪极限强度计算方法

对于钢筋混凝土构件的斜截面抗剪强度计算，国内外都进行了大量的研究，但是由于其受力复杂、影响因素多，至今没有全面、完善的计算公式，国内外各设计规范对抗剪强度的计算差异也较大。

本项目组查阅了一些国内外抗剪强度计算的资料，对比了美国 AASHTO、英国 BS、中华人民共和国原建设部《混凝土结构设计规范》(GBJ 10—89)、中华人民共和国原交通部《公路钢筋混凝土及预应力混凝土桥涵设计规范》(JTJ 023—85)及交通运输部新规范的送审稿中的抗剪能力计算部分的内容。由于防止构件截面在极限状态的斜压破坏是通过规定混凝土腹板的最小厚度来保证的，各国规范最小腹板厚度的公式均只与混凝土材料和截面高度有关，而该公式是在“极限状态”下作的规定，故对各国的活荷载和极限状态下的荷载取值作了对比。

计算的结论是对于同一个结构，由于恒载所占的比例是主要的，所以，这部分的荷载效应基本相同，活载虽然各不相同，但乘以系数后没有很大的区别。反过来看弹性阶段的计算，由于美国 AASHTO 的活载最小，所以其计算出的应力肯定比其他规范要小。我们现在常用的跨高比、宽跨比等基本的概念均来自于欧洲，包含着欧洲的活载成分，AASHTO 可能考虑到美国的活载小，故采用了较小的跨高比，其相应极限荷载下的剪力就要小一些，从而导致了较小的抗剪最小腹板厚度。我国原建设部工业与民用建筑结构规范直接参考这个公式的依据可能也是房屋建筑中的活载成分较小。所以，我国桥梁设计计算中的抗剪强度上限值不能直接套用 AASHTO 的相应公式。另外，计算结果显示，JTJ 023—85 在极限状态下的剪力效应值与英国 BS5400 非常相近，但按 BS5400 规定计算的最小腹板厚度要比 JTJ 023—85 小 20%～25%，说明 JTJ 023—85 规定的抗剪强度上限值应具有研究和优化的空间。

项目组认为在极限状态下的抗剪计算采用 AASHTO 或我国原建设部的规范是不合适的，应该仍然采用 JTJ 023—85 的各项规定。配置体外预应力钢索的混凝土结构在极限状态下的抗剪计算并没有特殊的地方，可采用与普通的钢筋混凝土或预应力混凝土结构同样的计算方法，即通过强度计算、构造措施和截面限制条件予以解决；用最小配箍率防止斜拉破坏的发生；控制梁的截面尺寸不至过小，防止斜压破坏的发生；对于常见的剪压破坏则通过强度计算予以保证。

三、基于位移影响线的体外预应力快速设计技术

体外预应力加固技术因其具有施工方便、快速高效、易于检测和更换等特点，被认为是预应力混凝土连续刚构桥最主要的加固方法，并广泛应用于实际加固工程中。众多的工程实践证明，体外预应力技术不仅能够改善结构恒载内力状态，减少一部分跨中挠度，提高结构承载力和抗裂度，同时，施工操作对桥梁运营干扰较小，具有良好的经济效益。

由于体外预应力加固法是一种主动加固补强法，对原有结构可主动施加有效预应力，从而提高结构原有的承载能力，改善结构由于徐变和长期超负荷营运所造成的桥梁挠度过大问题。体外预应力加固法还可以适当恢复桥梁的正常挠度，可以很好地弥补其他加固法的不足，并且能够更加有效地提高结构的安全储备，改善桥梁挠度过大、裂缝开展过快的情况。因此，体外预应力加固技术能达到以下效果：

①提高连续刚构桥的承载力；

②改善箱梁底板、腹板的受力状况，避免开裂现象进一步发展；

③适当改善主桥的桥面线形，缓和主梁明显的下挠现象；

④增加主梁压应力，适当增大安全储备。

根据上述加固目标，结合连续刚构桥病害和桥梁跨径，以桥梁需要提高的承载力作为控制目标，根据有关的设计计算方法确定体外预应力钢束的数量，然后结合底板压应力增量的储备要求进行验算。确定了体外预应力钢束的数量后就可以通过下文的位移影响线法对体外预应力进行快速、高效的优化设计。下面以跨中设置 4 个转向板的体外预应力加固技术为研究对象(见图 2-47)，分析基于位移影响线的体外预应力快速设计技术。

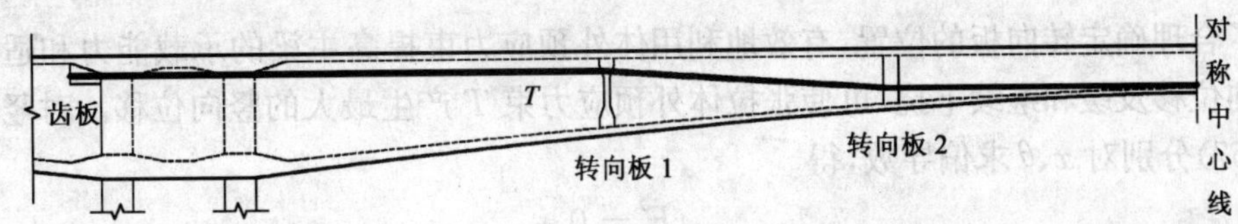

图 2-47　体外预应力加固技术转向板布置示意图

转向板是体外预应力混凝土结构的一种特殊构造，它是除锚固构造外，体外预应力索在跨内唯一与混凝土体有联系的构件，并且负担着钢索转向的重要任务，也是体外预应力

混凝土结构中最重要、最关键的结构构造之一。确定转向板位置就是体外预应力加固的关键因素之一，因为它不但关系到自身的应力集中问题，还关系钢束预应力的损失、竖直分力和应力增量等问题，因此，研究转向板位置的计算方法将为此类桥梁结构的维修加固设计提供参考。

以桥面0号块中心为原点建立坐标，桥梁结构跨中位移影响线方程为 $f(x)$（见图2-48），设钢束T的张拉控制应力为 σ_{con} 时，摩阻力引起的预应力损失值为

$$\sigma_{l1} = \sigma_{con}\left[1 - e^{-(\theta+\gamma)\mu}\right] \tag{2-55}$$

式中：μ——管道的摩阻系数；

θ——钢束的弯起角度；

γ——偏转块处体外束偏角误差。

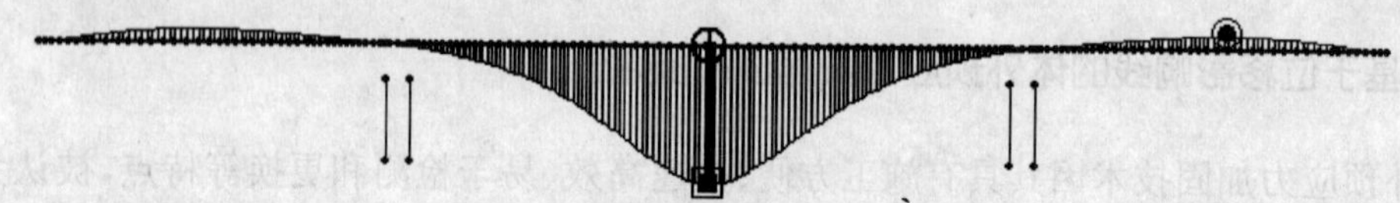

图2-48　连续刚构桥跨中位移影响线

国外已有相关方面的研究，并提出了一定的关于 γ 的计算公式。当相关已知资料不足时，可近似取 γ=0.04rad。在确定转向板合理位置的推导过程中，只需考虑与钢束弯起角度 θ 有关的摩阻损失 σ_{l1}，则钢束的有效预应力为

$$\sigma_{pe} = \sigma_{con} - \sigma_{con}\left[1 - e^{-u(\theta+\gamma)}\right] \tag{2-56}$$

张拉体外预应力钢束时，主梁的受力情况见图2-49，因此，主梁在体外预应力作用下产生竖直向上的位移为

$$F = \left[f(x) - f(x - h\cot\theta)\right]\sigma_{pe}A_p\sin\theta \tag{2-57}$$

式中：A_p——钢束面积；

θ——钢束的弯起角；

h——转向板1与转向板2处钢束中心之间的距离。

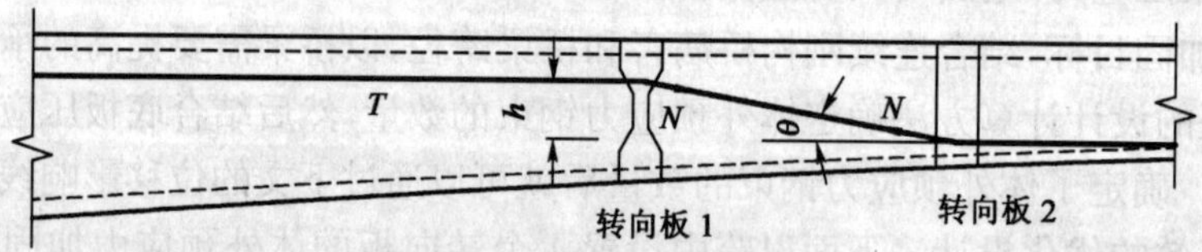

图2-49　主梁的受力示意图

为了合理确定转向板的位置，有效地利用体外预应力束提高主梁的承载能力和适当恢复主梁竖向位移及缓和继续下挠，可使张拉体外预应力束 T 产生最大的竖向位移。对竖向位移方程(2-57)分别对 x、θ 求偏导数，得

$$\begin{cases} F'_x = 0 \\ F'_\theta = 0 \end{cases} \tag{2-58}$$

由式(2-58)可解得 x、θ，使竖向位移 F 取最大值，从而达到合理确定转向板位置，使得体外预应力束发挥最大加固效果的目的。

下面以重庆市江津长江公路大桥加固设计为例，介绍基于位移影响线的体外预应力快速设计技术。该桥建成于1997年，主桥跨径组合为(140+240+140)m的连续刚构桥，桥梁净宽21.5m；设计荷载：汽车—超20级，挂车—120，人群—3.5kN/m²。箱梁为三向预应力结构，采用单箱单室截面，顶板宽22m，底板宽11.5m。箱梁跨中及边跨支架现浇段梁高4.01m，箱梁根部及0号梁段梁高13.5m。主墩采用双薄壁墩身，群桩基础，见图2-50。

图2-50 重庆市江津长江公路大桥总体布置图

由于设计、施工等原因，该桥运营10多年后出现了大量病害：

(1)中跨跨中下挠。从2000年开始，对主桥线形进行了监测，发现主桥跨中下挠持续增加。2006年下挠31.7cm，2008年下挠33.0cm，并且仍然在继续发展。

(2)箱梁开裂。箱梁开裂主要表现为3个方面：其一是箱梁腹板大范围内纵向开裂，且无规律；其二是跨中合龙段箱梁底板裂缝横向贯通，顶板纵向裂缝较多；其三是两边跨端部箱梁顶板裂缝较多，短横隔板裂缝较多。

(3)混凝土表观缺损，箱梁内部分区域钢筋外露、并锈蚀。由于该桥跨中下挠过大，并仍然在持续发展；主跨跨中段箱梁底板底面裂缝横向贯通底板，箱梁顶板底面纵向裂缝较多，上、下游腹板与底板交界处均发现有3mm宽的纵向裂缝。为延缓该桥跨中继续下挠和适当恢复桥面线形，提高箱梁顶板横向抗弯能力，加强腹板截面抗剪能力，抑制裂缝的扩展，对该桥采用“主梁增设体外预应力钢束、腹板和顶板粘贴钢板条、底板粘贴碳纤维布”的措施进行了加固整治。

根据《江津长江公路大桥桥梁检验报告》(2006年4月)、《江津长江公路大桥特殊检测检验报告》(2008年1月)，该桥在加固设计时充分考虑了纵向、竖向有效预应力折减的影响，底板纵向有效预应力折减20%，竖向预应力折减30%。计算结果表明，在最不利荷载组合作用下，大桥承载能力不足，正常使用极限状态下，跨中下缘及支点上缘均出现拉应力，跨中下缘最大拉应力为−1.46MPa，支点上缘最大拉应力为−2.52MPa，最大主应力达−5.3MPa，不满足规范要求。

针对该桥病害情况，以提高桥梁的承载力作为控制目标，根据式(2-32)和式(2-33)，计算得到体外预应力钢束的截面积$A_{ps}=0.031\text{m}^2$，据此初步确定选择12束19ϕ15.2mm的环氧涂层体外预应力钢束。然后根据位移影响线法对体外预应力进行快速、高效的优化布置。图2-51为该桥跨中截面位移影响线曲线，用数学处理软件Origin V7.0对中跨位移影响线进行数值拟合，得到位移影响线方程

$$f(x)=0.0026-1.59\left[\frac{111.9}{4(x-121.9)^2}+12521.61\right] \tag{2-59}$$

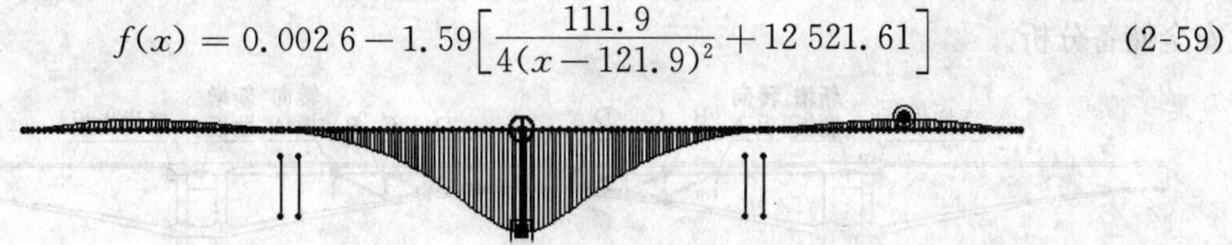

图2-51 重庆江津长江公路大桥跨中截面位移影响线

将方程(2-59)代入方程(2-57)，得到主梁跨中在体外预应力作用下产生竖直向上的位移方程，然后分别对x、θ求导后代入方程(2-58)，联立求解得

$$\begin{cases} x = 52.16(\text{m}) \\ \theta = 7.58(°) \end{cases} \tag{2-60}$$

根据求得的转向板位置 x、钢束下弯角度 θ，初步确定该桥体外预应力钢束布置方案如图 2-52～图 2-54 所示。

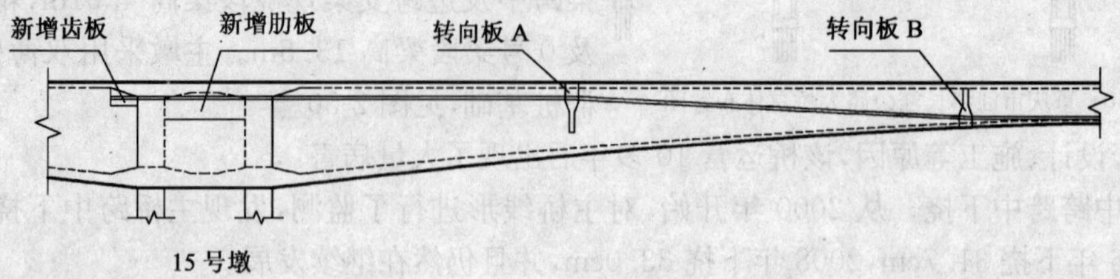

图 2-52 体外预应力钢束布置方案一

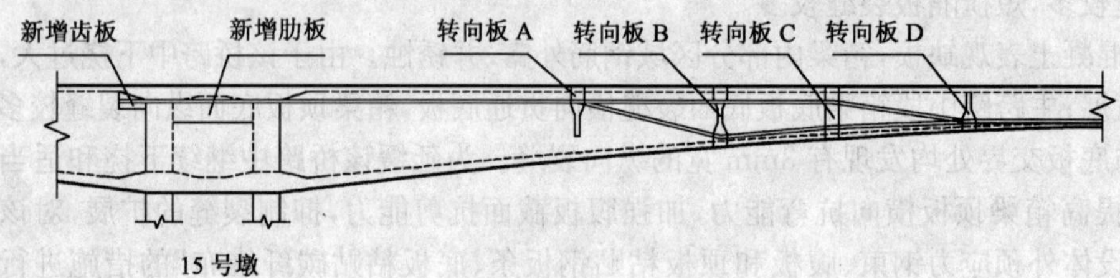

图 2-53 体外预应力钢束布置方案二

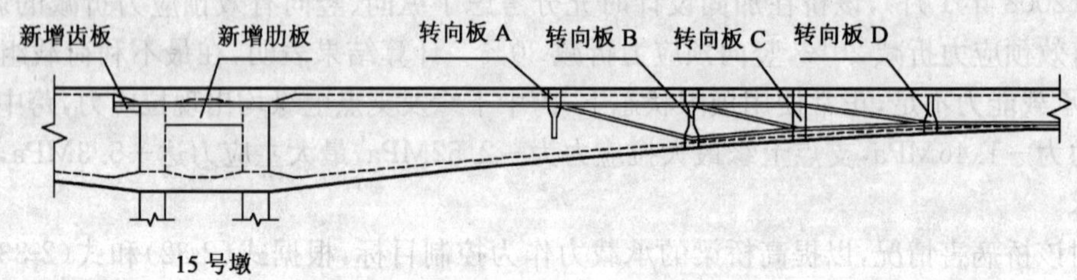

图 2-54 体外预应力钢束布置方案三

根据转向板处应力集中程度，决定采用方案三进行设计（见图 2-55），以避免在转向板处产生过大的应力集中现象。最后，根据最优方案对该桥加固后进行结构强度验算、底板压应力安全储备分析。

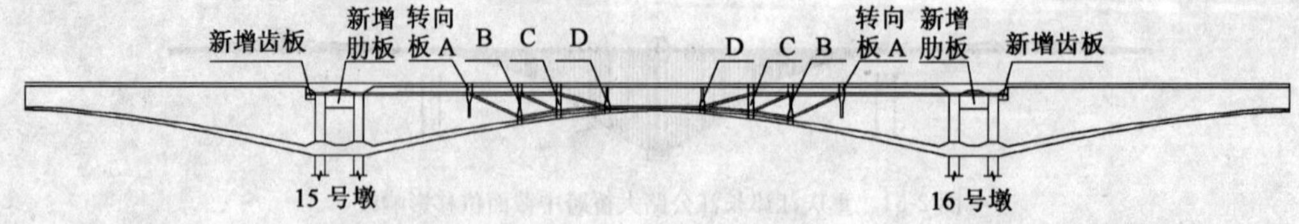

图 2-55 体外预应力钢束布置

第七节　体外预应力加固施工技术

一、施工流程

施工流程：①测定箱梁原钢束位置；②新增齿板及转向块、加劲肋板放样；③在箱梁顶板开孔；④开凿新增齿板及转向块、加劲肋板位置处的箱梁；⑤钻孔及孔内处理；⑥植入门式锚筋；⑦焊接及绑扎齿板、转向块、加劲肋板构造钢筋；⑧立模浇筑新增齿板、转向块、加劲肋板混凝土；⑨养护；⑩穿布体外预应力钢束；⑪张拉体外预应力钢束；⑫封锚及防护处理，设置钢束减振装置；⑬恢复箱梁顶板施工孔洞。

二、工艺要点

(1)测定箱梁原顶板、腹板钢筋、钢束位置。根据加固施工图设计图纸所表明的新增齿板及转向块、加劲肋板在箱梁中的纵向位置，先用钢筋保护层仪测定顶板原预应力束在该处的位置(同时对照原设计竣工图的标注)，用红漆标明。

(2)新增齿板、转向块、加劲肋板的放样。根据实际探明的原钢筋、预应力束在新增齿板及转向块、加劲肋板的位置，按加固施工图纸所给出齿板的位置及尺寸进行平面放样(如有冲突，可适当调整)，具体位置用绿漆标明。

(3)顶板开孔。根据加固施工图设计图纸所示的开孔位置，在桥面开孔。开孔前，应先探明箱梁纵向、横向预应力钢束位置，开孔应避过预应力钢束，不得在有预应力束通过处开孔。

(4)凿毛处理。凿掉新增齿板及转向块、加劲肋板范围内丁、地板肌肤板混凝土保护层，将凿掉的混凝土块(即碎屑)清除干净，露出新鲜混凝土表面，用钢刷对露出的纵向、横向钢筋进行除锈，并用高压水冲洗干净。

(5)钻孔及孔内处理。根据加固设计施工图布置，在做新增齿板的位置用电锤钻深度不小于20cm，直径约为22mm的盲孔(不漏出板外)，用压缩空气的方法清除孔内浮尘。注意孔内浮尘的清理必须由孔底向孔口清理(硬质排气管插入孔底，再后拔1～2cm)。种植钢筋孔深必须达到设计要求，一般为10d(d为钢筋直径)。孔径必须满足设计要求，一般比钢筋直径长4～6mm。

(6)种植齿板钢筋。用种植锚固件胶黏剂植锚筋，将搅拌好的胶黏剂装入注射器中，从盲孔底部开始，将药剂注入孔中，除去锚筋上的油漆及锈斑，将齿板锚固钢筋缓缓插入盲孔底，使其在盲孔内长度不小于20cm，其他锚筋的植入方法同上。植筋要保证注胶密实，特别是顶板向上植筋，多余的胶应及时清除。钢筋表面应清洗干净，不能有油污，清洗前应采用物理方法清除表面锈迹。

(7)焊接齿板块构造钢筋。等胶黏剂固化后(固化时间和施工环境的温度有关，一般需20～60min)，绑扎其余钢筋，形成钢筋骨架。

(8)浇筑新增齿板。骨架形成后，按照齿板、转向块、肋板的形状立模，注意锚具、预埋钢管的正确位置，然后浇筑混凝土，形成构造块件。浇筑时注意混凝土配合比，加强振捣使混凝土密实，避免孔洞及蜂窝麻面的产生。新增齿板、肋板需要用自流平混凝土浇筑。

(9)养护。浇筑好新增构件后应加强养护，使其立方体强度达到85%以上后，方可进行张拉工作。

(10)穿布新增预应力束。穿束前需在墩顶横隔板上凿出可通过钢束的孔洞，以利于顺利穿束，穿束时注意不要损坏钢绞线外的PE护套。

(11)张拉预应力束。预应力束穿束就位后，即可进行张拉，对同一齿板预应力束进行张拉时，为了消除由于张拉次序的先后引起预应力束的弹性压缩损失，宜采用超张拉式重复张拉的方法，调整各束的预应力，使得各根钢束的有效预应力基本相等。预应力束的张拉应严格按《公路桥涵施工技术规范》(JTJ 041—2000)中的有关技术要求进行，张拉机具应到有资质的单位进行标定，张拉严格以吨位和引申量双控，张拉过程中应对新增锚固端、转向块区域进行观测，以防止意外发生，并检验加固效果，如有异常情况发生，应立即停止张拉。

(12)体外预应力束防护。体外预应力束张拉完成后，应给张拉端套上保护膜套，以利于二次张拉和换索。

第八节　体外预应力加固连续刚构桥的施工控制技术

一、施工控制内容

1. 施工控制要求

(1)加固过程中结构应满足安全性要求，防止梁体异常甚至破坏；

(2)加固过程中及加固后的结构内力状况应满足设计和规范要求；

(3)加固后结构线形应逼近设计状态；

(4)精度控制和设计误差调整的措施不应对施工工期产生实质性的负面影响。

2. 施工控制工作内容

(1)控制目标。确定加固施工阶段的线形要求和关键构件或截面的内力或应力指标，保证加固施工过程中结构的安全和加固后结构的线形及内力状态符合设计要求。

(2)结构计算分析：①桥梁加固设计的验算复核；②反馈控制分析，根据加固过程中的现场测试参数进行仿真计算，提出施工阶段的控制参数值(主梁高程、主梁应力状态、预应力束张拉应力等)，并通过实际施工过程中的实时测量数据对这些参数进行分析、修正，用以指导下阶段施工。

3. 控制检测项目

(1)现场需测定的参数：①增设构件的位置、尺寸检查；②加固施工中的荷载参数，即施工荷载、临时荷载等；③实际环境参数，即施工环境的温度、湿度等。

(2)实时参数检测：①物理测量，即时间、温度；②力学监测，即关键截面和构件的内力或应力变化检测(包括预应力束、转向板、新增齿板、新增肋板等)；③线形监测，即挠度或变形观测(包括主梁线形、主梁轴线偏位等)。

二、控制体系与技术路线

1. 施工控制体系

桥梁加固监控与设计和施工有密切的关系，为了按照设计要求，安全优质地完成桥梁加固，需要从监控、监测、施工等方面建立控制体系，主要由以下几方面组成。

(1)现场的实时测量体系。测量的内容包括物理测量(温度、时间)、线形测量(轴线、高程等)、力学测量(应力、应变变化等)。测量的周期(或时间)需根据施工现场的状况确定。

(2)分析判断系统。根据现场测量与测试资料，用结构分析程序对结构的状态进行分析，与加固设计资料对比，分析结构各个阶段的应力、应变、强度稳定状态及结构线形，对后续施工状态进行预测，提出施工控制建议。

2. 施工控制技术路线

桥梁加固施工控制具体的工作内容与技术路线如下所述。

1)主梁加固施工监测

连续刚构桥采用体外预应力索加固是施工、监测、识别、调整、预告、施工的循环过程，其实质是使施工按照预订的理想状态，顺利推进。而实际上，不论是理论分析得到的理想状态，还是实际施工，都存在误差，所以，施工监测的过程中必须对各种误差进行分析、识别、调整，对结构未来作出预测。

(1)监测测点的布设

①挠度测点。挠度观测资料是控制加固后桥梁线形最主要的依据，在各桥跨的墩顶、$L/8$、$L/4$、$3L/8$、$L/2$ 断面上各布置 3 个高程观测点，分别位于桥顶面上游侧和下游侧及桥中线处，这样不仅可以测量箱梁的挠度，同时可以观察箱梁是否发生扭转变形。

②应力测点。局部混凝土应力的测量：包括体外预应力束锚固区(新增齿板处)、转向位置局部应力测试(转向板)、加劲肋板处的应力测试，同时观察关键截面的应变变化，得出应力变化，掌握桥梁在加固施工过程中的受力状态。

选择有代表性的预应力钢束，采用压力传感器测量张拉力，实时掌握预应力钢束的应力变化及预应力损失规律。

另外，在主桥主梁结构的控制截面布置应变测点，以观察在施工过程中这些截面的应力变化与应力分布情况，应变测点纵向布置见图 2-56。

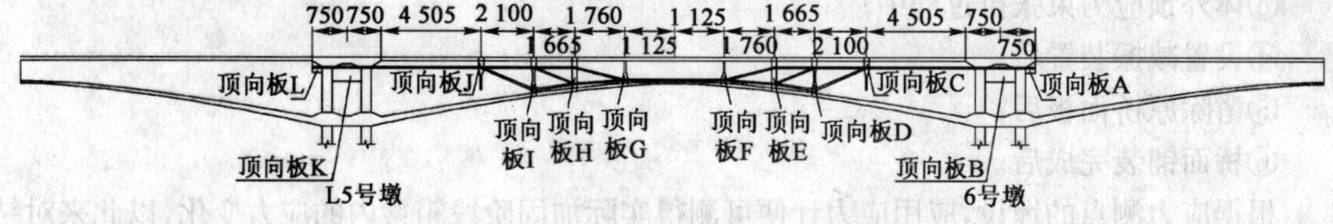

图 2-56　应变测点纵向布置(尺寸单位：mm)

(2)预应力束张拉力的控制

采用应力与位移双控的原则，以张拉力为主，伸长率为校核，应确保伸长率≤±6%，且每次张拉应有完整的记录。在体外预应力束张拉过程中，观察主梁反弯控制截面开裂情况。

体外预应力张拉过程中的安全监测：在预应力张拉前，检查有关区段有无典型裂缝，若发现有，应及时设置标志，采取专项跟踪监测。在张拉过程中，如果控制截面的混凝土实测应力大于理论计算值，或水准监测变形值大于理论计算值，以及相关控制截面附近产生新的裂缝时，应暂停张拉，查明原因，并妥善处治后决定是否继续张拉。全部体外预应力张拉完毕后对箱梁内外进行全面检查。

(3)变形监测方法

为配合加固施工，有效地反映箱梁在不同施工阶段中的挠度变形情况，故以各施工阶段作为挠度观测的周期。

①全桥挠度观测基准网。根据桥位处现场考察，变形监测的基准点宜建立在江津大桥岸侧，采用全站仪周期性地对桥面监测点进行监测。不同工况下，同一监测点高程的变化(差值)代表了该箱梁在这一施工阶段的挠度变形。

②变形协调。体外预应力束张拉引起的箱梁挠度，有一个时间上的滞后效应，亦即张拉后上挠度变形不会立即发生，而是在张拉后的4～6h内逐渐完成，因此，张拉阶段的挠度观测，安排在张拉完成6h后的清晨进行，以真实地反映张拉所引起的箱梁挠度变形。

③消除日照温差的方法。挠度观测尽量安排在清晨6:00～8:00时间段内观测并完成。在该时间段内，箱梁正好处于夜晚温度降低上挠变形停止和白天温度上升下挠变形开始之前，是箱梁温度—挠度变形的相对稳定时段，因此，在此时进行挠度观测，可减少温度对观测结果的影响和施工对观测的干扰。

(4)应力监测方法

结构截面的应力监测是施工监测的主要内容之一，它是施工过程的安全预警系统，在预应力束张拉过程中断面应力值是不断变化的。在某一时刻的应力值是否与分析值一致，是否处于安全范围是施工控制所关心的问题。

根据对多种应力测试仪器性能的比较，考虑到要适合长期观察并能保证足够的精度，故选用性能稳定、在国内桥梁监控中应用广泛的长沙金码生产的JM2X型智能应变钢弦式传感器。

原始数据采集分为以下6个阶段：

①体外预应力束张拉前；

②体外预应力束预紧后；

③体外预应力束张拉过程中；

④设置减振装置后；

⑤凿除原桥面板后；

⑥桥面铺装完成后。

根据应力测点的埋设，应用应力计便可测得实际加固阶段箱梁内的应力变化，以此来对结构的安全进行监测。将各施工阶段的理论应力和实测应力绘制成曲线，以利于控制。

2)桥面铺装施工监控

在凿除原桥面板的施工过程中注意保护原箱梁顶板和观察主梁挠度的变化、预应力束的应力变化以及关键截面的应力变化，并将实测值与理论值进行比较分析，为新桥面铺装施工过程提供依据。

在新桥面铺装更换过程中，控制桥面高程与设计高程逼近、观察桥面高程变化，以控制新桥面铺装的厚度；观察钢绞线的应力变化以及关键截面的应力变化。

3.加固施工过程的结构分析

结构分析是结构施工控制的主要工作内容之一，该项工作根据加固施工过程来完成各施工状态的内力与位移计算，进而确定出结构各施工阶段的内力与位移理论值。计算可考虑施工的进程、时间、相应状态临时荷载、环境温度、体外预应力束张拉应力等因素，确定出主梁在各加固阶段的应力变化与变形，预测下一施工状态的内力变化与位移。

加固施工过程结构行为分析包括如下几项内容：

(1)对结构设计主要计算数据进行复核；

(2)复核结构最终状态的变形；

(3)确定各施工理想状态的内力与位移；

(4)通过比较确定出结构最大内力变化与位移的相应状态；

(5)给出有关施工的建议。

4.施工监测误差分析

对于采用分阶段逐步完成的体外预应力束张拉加固施工，结构的加固状态最终形成必然经历一系列的施工过程，对施工过程中每个阶段进行详细的变形计算和受力分析，是桥梁施工控制最基本的内容之一。为了达到施工控制的目的，必须首先通过计算来确定桥梁结构加固施工过程中每个阶段在受力和变形的理想状态，以此为依据来控制施工过程中每个阶段的结构行为，结合施工监测的成果对桥梁加固施工中的最不利状况进行重点考虑，以确保结构安全。

关于变形和内力方面，对于采用体外预应力法加固的预应力混凝土连续刚构桥来说，就是根据施工监测所得的结构效应值(应力、变形等)与设计计算值进行对比，通过误差分析确定下阶段预应力施工是否能够满足设计要求及是否需要调整。对加固施工而言，误差来源于3方面：一是原设计参数取值，二是施工误差，三是测量误差。因此，一方面可以根据上一施工阶段表现出的结构效应确定计算模型参数的再调整，另一方面可以通过指导下一阶段的施工来消除误差。测量误差可通过采取相应措施减小，在此不予讨论。

在进行加固监测中，应采用单项指标调整法，即只调整设计或施工两个因素中的一个。当加固结构施工中表现出应力或挠度效应在结构受力规律上的整体的偏高或偏低时，即表现为“大范围误差”，有可能是设计或施工两方面原因造成的，而施工原因通过对具体施工情况进一步细致调查，一般可以查明，若是，则进行施工调整，若不是则进行参数调整；当加固结构施工中应力或挠度效应在结构受力规律上表现出局部的偏高或偏低时，即表现为“小范围误差”，则必然是施工原因所致，查明规律，进行施工调整即可。因此，施工监测具有重要的意义。

对于设计参数误差的调整就是要通过在典型施工状态下对状态变量实测值与理论值的比较，用误差分析理论来确定或识别引起这种偏差的主要设计参数，使结构的最终状态与实际相一致。在同一座桥梁的施工控制中并不是每一个设计参数对桥梁结构状态的影响都是一样的,因此要对设计参数进行辨别,一方面要确定设计参数的实际值,另一方面要辨别对结构状态影响较大的设计参数,即主要参数。为了达到这个目的,可以采用两种方法:一是通过现场测量来确定设计参数的值,这主要是指结构几何形态参数、截面特征参数和材料特征参数,它们可以通过现场测量方法或试验测量手段来确定,在桥梁加固前的计算中应已经充分考虑这一方面。二是通过结构计算分析来确定主要设计参数,也就是设计参数敏感性分析方法。

结构参数敏感性分析的任务就是要确定对结构行为影响较大的设计参数。其分析步骤如下:

(1)将参数变化幅度控制在10%左右。

(2)选定控制目标,如桥梁结构跨中挠度,利用结构分析系统修改设计参数,计算成桥状态跨中挠度变化幅度,并建立各参数敏感性方程。

(3)根据影响程度确定出主要设计参数和次要设计参数,在桥梁结构的施工控制中,着重考虑对主要设计参数的估计和修正。常用的参数估计准则有最小二乘法等。

然而,在旧桥加固过程中,由于原桥加固前状态的复杂性,设计参数调整必然伴随着成桥目标值的变化,参数调整的结果是对加固前及施工中桥梁实际状态的回归,通过对施工过程的现场监测,观测旧桥损伤模型理论计算值与实际值之间的差异,可以为以后同类桥梁的加固设计积累经验。

5. 结合控制的实时跟踪分析

通过每一阶段施工前的仿真预测计算,得到结构理想状态(设计理想状态);通过该阶段施工后实际的观测结果,得到结构实际状态(本阶段实际状态)后,对两种状态进行比较,然后进行误差识别和分析,用实测的反馈信息仿真预测下一阶段理想状态(随后理想状态),并给出其参数预告报告,其工作流程为"预告—施工—量测—判断—修正—预告"的循环过程。

6. 施工控制实施工作流程(图2-57)

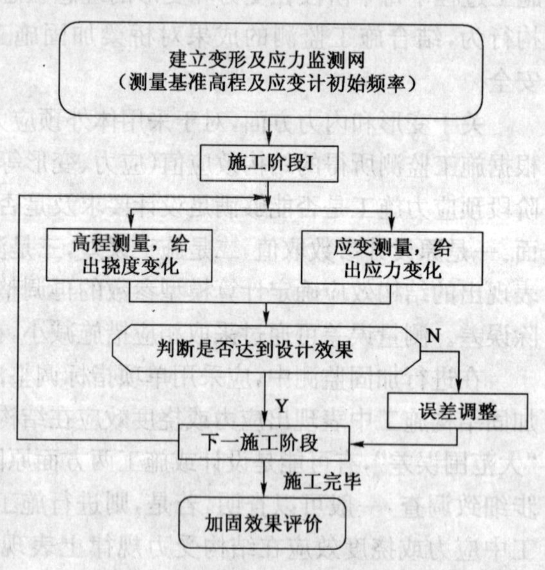

图2-57 施工控制实施工作流程

三、施工控制组织形式

成立以业主、监理、施工控制、设计和施工等多方参加的施工控制领导小组,统一领导、指挥和协调施工控制工作。

1. 各方分工及职责

(1)建设方(业主):组织成立施工控制领导小组,协调各方关系,组织重大技术问题讨论,提供项目所必需的资料和为项目监控人员提供生活方便,按合同支付费用。

(2)监控方:成立施工监控组,按合同规定内容对主桥进行现场监测与控制,及时采集数据,整理分析反馈给施工方,及时通报控制点应力、变形情况。通过对主梁及齿板、转向板的应

力和变形监测分析，以及依据施工工艺进行的结构分析，对施工工艺、设计方案以及主梁应力、变形状态提出合理的建议。对于施工中可能出现的问题和意外事故，会同有关部门积极提供处理参考意见。

(3)监理方：对监控方提出的控制数据进行审查、签认，并下发给施工方，以此数据作为监理依据之一。

(4)施工方：负责施工过程中体外预应力束张拉的变形测量，具体实施监控方提出的和监理方审核的控制要求，协助监控方埋设测点，配合施工控制单位进行挠度、应变检测。施工单位有义务协助施工监控组保护好监控埋件。

(5)设计方：提供监控所需的有关设计参数，对监控方提出的分析方法和控制数据，审核并认可。

在测量数据的传递中，各方面有义务密切配合，保证数据的准确性和数据传递速度。

2. 数据、指令处理程序

施工控制文件及施工实测数据传递关系示意如图 2-58 所示。

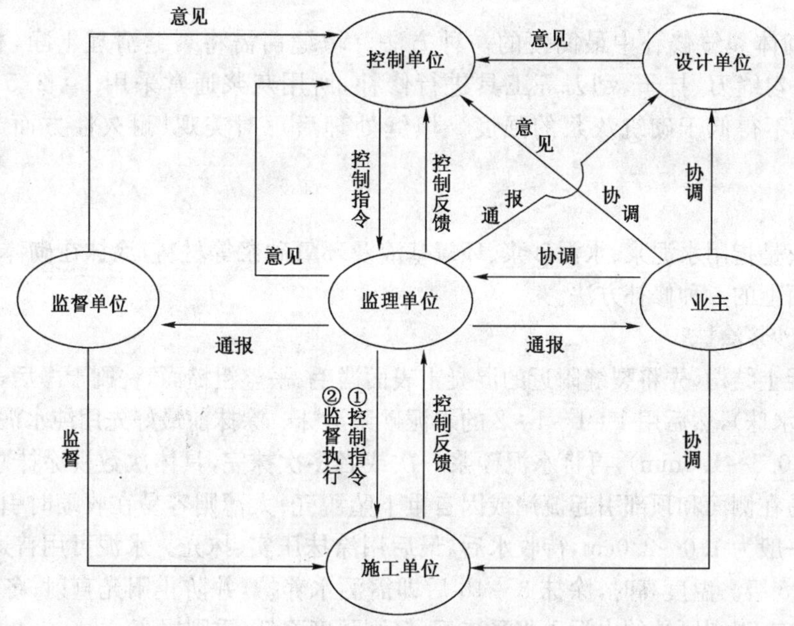

图 2-58　数据、指令传递程序

四、施工监控的实现流程

下面以 1 号预应力束张拉过程来说明整个施工监控的实现流程及各方的主要职责：

(1)监控小组提供 1 号预应力束张拉力、桥面高程、截面应变变化。

(2)1 号预应力束张拉。

(3)进行高程及截面应力测量，经监理检查签认后提供给监控小组。

(4)监控小组提供 2 号预应力束张拉力、桥面高程。

其他预应力束张拉过程重复上述过程。应力测试按照前述要求进行。

第九节 连续刚构桥的其他病害处治技术

一、裂缝处治技术

裂缝是桥梁工程中常见的病害，对桥梁结构中对受力影响不大的裂缝，为防止钢筋锈蚀、减少渗漏、提高构件的耐久性、满足美观和使用的要求，需要修补裂缝，以恢复构件原来的性能。裂缝的修补方法很多，归结起来有表面封闭法、自动低压渗注法和压力灌注法3种。

1.表面封闭法

表面处理法主要是封闭桥梁结构的表面裂缝，常用方法有填缝、表面抹灰、凿槽嵌补、表面粘贴和表面喷浆等，适用于宽度小于0.15mm的裂缝处理。

1)填缝

填缝是砌体裂缝修补中最简便的一种方法。填缝前需将裂缝清理干净，根据裂缝宽度的不同，用勾缝刀、抹子、刮刀等工具进行修补，所用灰浆通常采用1：2.5或1：3水泥砂浆，一般不得低于砌筑灰浆的强度。填缝处理后可对美观、耐久性方面起到一定的作用。

2)表面抹灰

表面抹灰是指用水泥浆、水泥砂浆、环氧基液及环氧砂浆等材料，涂抹在砌体的裂缝部位或混凝土表面上的一种修补方法。

(1)水泥砂浆涂抹

对于混凝土结构，先将裂缝附近的混凝土表面凿毛、平整粗糙面，洗刷干净后，洒水使之保持湿润(不留水珠)，然后用1：1～1：2的水泥砂浆涂抹。涂抹前最好先用纯水泥浆涂刷一层底浆(厚度约0.5～1.0mm)，再将水泥砂浆一次或者多次抹完，具体次数视涂抹总厚度而定，一次过厚容易在侧面和顶部引起流淌或因自重下坠脱壳；太薄则容易在收缩时引起开裂。涂抹的总厚度一般为1.0～2.0cm，待收水后，最后用涂抹压实、抹光。水泥可用普通水泥，其强度不低于32.5级。温度高时，涂抹3～4h后即需洒水养护，并防止阳光直射；冬季应注意保温，切不可受冻，否则所抹的水泥砂浆受冻后，轻则强度降低，重则报废。

(2)改性环氧砂浆涂抹

改性环氧砂浆(混凝土)的使用温度不宜超过60℃，若环境条件不能满足要求，应采用其他修补材料。

①涂改环氧砂浆基液的施工工艺要求如下：

a.涂刷时应薄而均匀，涂刷基液厚度不应超过1mm。

b.应注意保护已涂刷基液的混凝土表面，防止杂物、灰尘洒落。

c.涂刷基液后，应间隔30～60min，待基液中的气泡排出后，再涂抹环氧砂浆或浇筑环氧混凝土。

②采用改性环氧砂浆修补时的工艺要求如下：

a. 平面涂抹时应均匀，每层厚度不应超过 10～15mm，底层厚度应在 5～10mm。

b. 斜、立面涂抹时，每层涂抹厚度 5～10mm，如厚度过大应分层涂抹。

c. 仰面涂抹时应采用黏度较大的基液涂刷底层，涂刷应均匀，防止基液往下脱落；每层厚度应控制在 3～5mm，当厚度超过 5mm 时，应分层涂抹。

2. 压力灌浆法

压力灌浆系指施加一定的应力，将某种浆灌入结构内部裂缝中去，以到达封闭裂缝，恢复并提高结构强度、耐久性和抗渗性能的一种修补方法。此法一般用于裂缝多且深入结构内部或结构有空隙的修补场合。

压力灌浆法包括自动低压渗注法和压力灌注法，其中自动低压渗注法适用于数量较多、宽度在 0.1～1.5mm 的裂缝处理，压力灌注法适用于较深、宽度≥0.15mm 的裂缝处理，如图 2-59 和图 2-60 所示。

自动低压渗注法、压力灌注法的施工工艺流程图如图 2-61 所示，其性能指标见表 2-9。

图 2-59　自动低压渗注法

图 2-60　压力灌注法

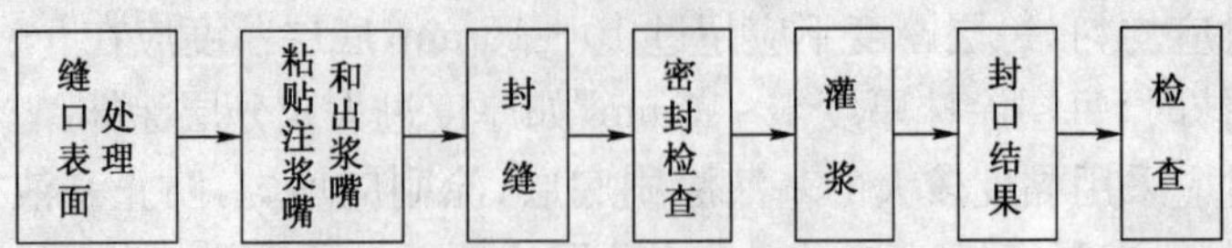

图 2-61　施工工艺流程图

自动低压渗注、压力灌注用修补胶性能指标　　表 2-9

胶体抗拉强度	≥20MPa	GB/T 2568
胶体抗拉弹性模量	≥1 500MPa	GB/T 2568
胶体抗压强度	≥50MPa	GB/T 2569
胶体抗弯强度	≥30MPa,不得呈脆性(碎裂状)破坏	GB/T 2570
钢—钢拉伸抗剪强度	≥10MPa	GB/T 7124
不挥发物含量	≥99%	GB/T 2793
可灌注性	产品说明书规定压力下,注入宽度为 0.1mm 的裂缝	现场试灌注,固化后钻芯取样检验

本节仅对应用较多化学灌浆作重点叙述。在化学灌浆中,采用环氧树脂灌浆材料及甲基丙烯酸酯类(即甲凝)材料,进行裂缝修补,其效果最佳,应用也最广。

采用化学材料灌浆,修补结构裂缝,可以大大改善灌浆材料,可灌入 0.3mm 或更细小些的裂缝,施工机械简单,操作简便,其应用日趋广泛。

1)灌浆材料

用于修补混凝土裂缝的化学灌浆材料,常用的主要有两种,即环氧树脂灌浆材料和丙烯酸酯类灌浆材料。

环氧树脂灌浆材料是一种补强固结灌浆材料,对处理混凝土建筑物的开裂等缺陷,具有较好的作用。近年来,利用环氧树脂灌浆材料处理桥梁结构上的缺陷已很普遍,用它处理地震后混凝土建筑物的缺陷,也收到了良好的效果。

环氧树脂灌浆材料,按稀释剂的种类,可分为 3 类:

(1)非活性稀释剂体系环氧树脂灌浆材料。这是由丙酮等非活性稀释剂和环氧树脂组合而成的材料。此类浆液配置简单,黏度较低,使用方便,在建筑工程方面应用较多,也可用来处理地震后混凝土梁的裂缝。

(2)活性稀释剂体系的环氧树脂灌浆材料。这是用活性稀释剂代替非活性稀释剂配制而成的环氧树脂浆液。由于现在有的活性稀释剂本身的黏度一般都比非活性稀释剂大,稀释效果不太理想,故浆液的可灌性受到一定的限制。

(3)糠醛—丙酮稀释剂体系的环氧树脂灌浆材料。用糠醛—丙酮作为混合稀释剂的环氧树脂浆液,在我国应用较广。目前,常用的稀释剂有糠醛丙酮、半醛亚胺和糠醛丙酮 3 种形式,而其中以糠醛—丙酮稀释剂应用最广。

甲基丙烯酸酯类灌浆材料亦称甲凝，是一种固结性能良好的高分子化学灌浆材料。材料的抗压、抗拉强度较高，黏度小，可灌入0.3mm及更细小的裂缝中，并与混凝土有较好的黏结能力，其收缩性、吸水性均较小，且耐化学性好，聚合凝固时间可控制在几分钟至几小时。

2)灌浆工艺

(1)灌浆施工工艺流程

利用化学灌浆材料修补桥梁结构裂缝，其工艺流程和施工要求与水泥灌浆基本相同，但具体做法上有差异。如图2-62所示。

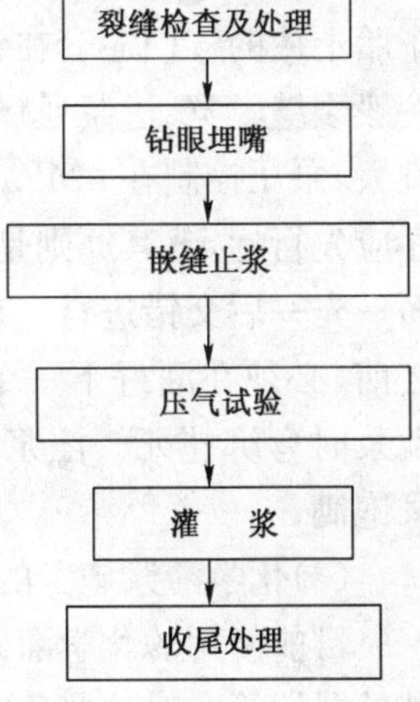

图2-62 灌浆施工工艺流程

(2)施工要求

①裂缝的检查及清理。修补前，同样要对修补部位的裂缝进行详细的检查和清理记录，以便对裂缝作出定量和定性分析。据此，进行有关化学灌浆材料配量、埋嘴、灌浆注射等方面的具体计划和安排。裂缝清理工作是指在裂缝两侧画线之内，用小锤、小铲、钢丝刷把构件表面整平，凿除突出部分，然后用丙酮擦洗，清除时应注意不要将裂缝堵塞。

②钻眼埋嘴。嘴子是化学灌浆材料的喷入口，也是裂缝的排气口。嘴子大小要适当，施工时要尽可能地轻，以防因不易粘牢而坠落。嘴子布置的原则是：宽缝稀，窄缝密，断缝交接处应单独设嘴，贯通缝的嘴子宜在构件的两面交接处布置。埋嘴前，先把嘴自底盘用丙酮擦洗干净，然后用灰刀将环氧浆液抹在底盘周围，骑缝埋贴到构件裂缝处。操作中切勿堵死嘴子和裂缝灌浆的通道。

③嵌缝止浆。嵌缝止浆的目的是防止浆液流失，确保浆液在灌浆压力下将裂缝填充密实。如嵌缝质量不好，则灌浆压力不能升高，即使是降压，浆液也不会大量外漏，以致缝内不能得到有效的灌注，从而影响灌浆质量。因此，当嘴子埋贴后，必须把其余裂缝全部封闭，进行嵌缝或堵漏处理。封闭严实程度是压浆补强成败的关键，必须认真对待。

④封闭的办法。对于裂缝较大的混凝土构件，可沿用人工或风凿成“N”形槽，宽度约5～10cm，深3～5cm，并清除槽内松动的混凝土碎屑、粉尘，然后向槽内嵌塞水泥砂浆；对于裂缝较小的混凝土构件，可沿裂缝走向均匀刷一层环氧浆液，宽约7～8cm，然后在上面分段紧密贴上一层玻璃布，宽约5～7cm。各嘴子底盘周围5～10cm范围内不贴玻璃布，而用灰刀沿嘴子周围抹成鱼脊形状，再刷一层环氧浆液。

⑤压气试验。上述封闭工作完成后相隔一天，即可进行压气试验，以便检查封闭及嘴子的通畅情况。

⑥灌浆。经压气试验检查，认为嵌缝质量良好，无渗漏现象后，即可配制浆液、准备灌浆。往裂缝里灌注浆液，根据裂缝病态状况段施工条件的不同，分别可采用手压泵灌注或灌浆注射器灌注两种方法。当裂缝较大时可用手压泵，当裂缝细微，灌浆量不大时，多采用灌浆注射器的方法。

⑦收尾处理。灌浆完毕待浆液聚合固化后，即可将灌浆嘴一一拆除，并用环氧浆液抹平。最后对每一道裂缝表面再刷一层环氧树脂水泥浆，确保封闭严实，并使其颜色与混凝土结构尽量保持一致。固化后的浆液混合物很难清除，因此施工结束后，须用丙酮或甲苯

清洗工具。

无论采用哪一种方法，首先应保证泵或注射器针头与灌浆嘴子联结严密，不能漏气。一般情况下，泵与灌浆嘴可用聚氯乙烯透明塑料管相联。采用灌浆注射管时比较方便，只要将自行车胎上用的气门芯套在针头上，再将针头插入灌浆嘴内即可。灌注浆液时应注意压力的控制，一般裂缝较宽、进浆通畅时，压力宜小，泵压控制 1～2MPa 左右；裂缝细微、进浆困难时，压力宜大，泵压控制在 4MPa 左右。用灌浆注射器注射主要靠手的推力，以灌得进浆为度。灌注次序应先行标定，其原则是：竖向裂缝先下后上；水平裂缝由低端逐渐灌向高端；贯通裂缝宜在两面一先一后交错进行。在整个灌注过程中应随时注意排气。当灌好一个嘴子往下一个嘴子之前，必须在灌好下一个嘴子之前，先在已灌好的嘴子上绑扎一段透明塑料软管，以备嘴子溢浆时弯绑扎死。灌浆结束后最好稳压几分钟，不要急于转移，以使被处理的裂缝尽量吃浆饱满。

(3)化学灌浆施工的防护措施

目前使用的化学灌浆材料一般都具有不同程度的毒性，包括刺激性、腐蚀性、致敏性及易燃易爆性等。对这些危害健康的副作用，除应有正确的认识外，施工时必须采取以下有效的防护措施：

①防护措施。有效通风，采用的化学灌浆材料，如具有毒性或刺激性臭味，应采用通风设施。现场施工时，工作人员应尽量避免在浆液的下风位置操作，以减少吸入有毒气体的机会。施工人员一般应戴防护口罩，必要时应戴防护眼镜，以防毒气刺激眼睛。

②密封措施。有毒性和刺激性臭味的挥发化学灌浆材料，应密封储存，防止气体溢出，污染环境。

③皮肤防护。施工人员应穿防护服，戴橡胶或乳胶手套及专用袖套，尽量避免浆液玷污衣物、皮肤。如有玷污，应立即洗净。操作时，不允许直接接触化学灌浆材料。现场配制浆液人员应戴防护口罩，灌浆人员必须戴防护眼镜，以防止浆液溅入眼部。

④环境保护。施工结束后，剩余的废浆液材料以及冲洗设备、管路中的废液，如不能再用，都应集中妥善处理，以防止环境污染。

⑤防火防爆。对易燃易爆材料，如丙酮、甲苯等，储存处必须远离施工现场，隔绝火源。使用时，严禁在现场吸烟，严禁明火加热易燃物品，禁止明火取暖。使用强光灯泡、碘钨灯照明时，应采取灯管加罩保护的安全措施，以防止灯管爆炸而引起火灾。

⑥个人卫生。在化学灌浆施工现场，不进食、不吸烟。离开现场前应洗手，皮肤沾有浆液的，可用热水、肥皂或酒精溶剂擦干净。黏着性材料，如环氧树脂等贴着皮肤时，可先用锯木面、砂或去污粉擦去后，再用热水冲洗干净，不得用丙酮等渗透性较强的溶剂洗涤，防止有毒物质渗入皮肤。

二、粘贴加固技术

1. 基本原理

粘贴法加固桥梁是一种采用环氧树脂或建筑结构胶将钢板、钢筋或 FRP 等抗拉强度高的材料粘贴在钢筋混凝土受弯构件表面，使之与结构物形成整体，从而取得提高构件的抗

弯、抗剪能力，以及减少裂缝扩展的效果。该加固方法具有施工简便，粘贴材料所占的空间小，不减少桥梁净空，加固施工周期短，消耗材料少，粘贴加固部位、范围与强度可视构造需要灵活设置，并可在不影响或少影响交通的情况下施工等优点。所以，粘贴法是常用的旧桥加固技术。

近十几年来，国内外在用化学黏结剂从结构外部粘贴补强材料（钢板、钢筋、玻璃钢、碳纤维布、芳纶纤维布等）加固混凝土桥梁方面进行了大量的研究开发工作。目前常用的粘贴剂是环氧树脂。用环氧树脂粘贴钢板、钢筋、玻璃钢板、碳纤维布、芳纶纤维布等，可以取得提高构件的抗弯、抗剪能力，以及减少裂缝扩展的效果。这是一种施工简便，不减小桥梁净空，并可在不影响或少影响交通的情况下施工的加固技术。20 世纪 60 年代末至 70 年代初，法国和南非首先采用环氧树脂粘贴钢板法对混凝土结构进行外部补强，后来在瑞典、日本、英国等国家也逐渐得到广泛的应用。1975 年，日本曾用粘贴技术对 200 多座由于重型交通量剧增而强度不足的桥梁进行了加固。

2. 粘贴钢板加固法

采用环氧树脂系列黏结剂将钢板粘贴在钢筋混凝土结构物的受拉或薄弱部位，使之与原结构物形成整体共同受力，以提高其刚度，改善原结构的钢筋及混凝土的应力状态，限制裂缝的进一步发展，从而可加固补强、提高桥梁的承载能力，是粘贴钢板加固法的目的。粘贴钢板加固法如图 2-63 所示。

图 2-63　粘贴钢板加固法

构件外部粘贴钢板加固法是用黏结剂（建筑结构胶）将钢板粘贴到构件需要加固的部位上，以提高结构承载力的一种方法。该方法的应用研究始于 20 世纪 60 年代。在国际上，它是一种适用面较广的加固方法，不仅用于建筑，还可用于公路桥梁的加固补强。这项技术简称粘钢加固技术。与传统加固方法比较，它有以下特点：

①工艺简便，只需对被加固构件的表面进行处理，用建筑结构胶将钢板与之牢固地黏结成一个整体，使钢板和原构件很好地共同工作。

②加固施工所需的场地、空间都不大，且钢板粘贴到构件上后一般 3d 即可受力使用，对生产和生活影响很小，特别适用于应急的加固工程。

③粘钢加固所用的钢板厚度，一般为 2～6mm，所以，加固后不影响结构外观，质量增加也不多。

④加固效果比较明显。因为粘钢加固不仅补充了原构件的钢筋不足，而且还通过大面积的钢板粘贴，有效地保护了原构件的混凝土不再产生裂缝或使已有的裂缝得到控制而不继续扩展，加强了结构的整体性，提高了原构件的承载能力。但在耐高温和潮湿环境中胶的强度会有所下降，特别是胶液固化后呈脆性，与钢材良好的延性性能不相匹配，不能充分发挥钢材的全部优点。

目前，粘钢加固法一般适用于承受静力的受弯及受剪构件，要求环境温度不超过 60℃，相对湿度不大于 70％的使用条件，否则应采用防护措施；该法不适用于低于 C15 混凝土构件的加固。

采用粘贴钢板加固桥梁时，应对桥梁的缺陷和病害进行具体分析，并进行结构计算，根据缺陷和病害发生的部位，设计钢板粘贴的部位。

(1)当用来提高构件的抗弯能力时，应把钢板粘贴在梁(板)受拉翼缘的表面上，使钢板与混凝土作为整体受力，以钢板与混凝土接缝处混凝土局部剪切强度控制设计。用于粘贴的钢板尺寸应尽可能薄而宽，厚度一般为 4～6mm，薄钢板还可有足够的弹性适应构件的表面状况。合理的设计应控制在钢板发生屈服变形前，混凝土不出现剪切破坏。为避免钢板在自由端脱胶，端部可用夹紧螺栓固定，或在钢板上按一定的距离用螺栓固定，则效果更好。粘贴工艺如下：

①表面处理。为了得到良好的粘贴效果，必须事先对钢板和混凝土的粘贴面进行认真的处理。首先应将混凝土表面的破碎部分清除，然后凿平凿毛，使其骨料裸露出来，并用钢丝刷或压缩空气清除浮尘，粘贴钢板前还需用丙酮擦一遍。钢板表面也应先用汽油洗去油污，用喷砂法或砂轮打磨除锈，使表面露出光泽，然后也用丙酮擦洗干净，最后在钢板表面涂一层环氧树脂薄浆将其保护起来。

②粘贴钢板。在混凝土结构上粘贴钢板的方法通常有涂抹法和灌浆法两种。涂抹法是先在混凝土表面刷一层环氧树脂胶浆，然后在钢板上涂一层环氧树脂胶浆，间隔片刻再在钢板上均匀地铺一层环氧树脂砂浆，一般厚度在 2mm 左右。随即将钢板贴到混凝土表面上，旋紧螺钉进行加压，使多余的胶浆沿板边挤压出来，达到密贴的程度。固化后再卸除螺母，截去外露的螺钉杆，并留出 2～3mm 进行冷铆。

③加压方式。钢板粘贴到混凝土结构上后，为了使板与混凝土表面密贴，必须对钢板加压。加压的方式通常有 3 种，一种是上述的用螺栓进行加压，即在混凝土粘贴面上每隔一定距离埋设一根 ϕ12mm 的螺栓，钢板上设有相应的孔，把钢板粘贴到混凝土表面后立即旋紧螺母进行加压。另一种方法是用木楔来加压，即在构件下方设支承梁(从桥下搭设或从桥上悬挂)，距构件底面 1m，然后，待钢板粘贴后楔紧木楔施加压力。第三种方法是利用重物进行加压，当在混凝土构件的上缘粘贴钢板时，可以采取在钢板上面放置重物(铅块或铁块等)进行加压。

④检查粘贴质量。一般是采用肉眼观察，如发现钢板与混凝土表面之间有空隙的地方，及时填入胶结剂补贴。

⑤防护处理。目前国内外对钢板补强采取的防护措施，一般都是采取清除钢板表面污染，

用钢刷除去螺栓的锈斑，先涂一层环氧树脂薄浆罩面，然后再涂两层防锈漆在上面进行保护。以后每隔 1～2 年检查一次防护层的情况，如发现有脱漆的地方及时采取措施进行修补。该方法虽然简易可行，施工简单，但需要经常维修保养，每次重新涂漆都需要搭架、拆架，维修工作量较大，而且繁琐。近年来，有的省市利用喷射混凝土，在钢板上面喷射一层混凝土保护层，既减少了刷漆工序，又大大减少了常年养护的工作量。同时，喷射混凝土还与原结构组成喷层—梁体组合工作体系，二者共同工作，在一定程度上提高了原梁的承载能力，克服了以往钢板补强易于生锈的毛病，是一种较好的防护钢板污染和锈蚀的方法。

(2)当粘贴钢板用以加固和增加梁的剪切强度时，钢板应粘贴在梁的侧面，跨缝粘贴。用于粘贴的钢板可以是块状的，也可以是带状的。带状钢板沿垂直于裂缝的方向粘贴，斜度一般为 45°～60°。梁的上下端应设水平锚固板，以提高端部的锚固强度。钢板厚度依设计而定，一般为 10～15mm。粘贴钢板加固材料指标特性见表 2-10。

粘贴钢板加固材料指标特性 表 2-10

项 目	A级胶	B级胶	检验标准
胶体抗拉强度	≥30MPa	≥25MPa	GB/T 2568
胶体抗拉弹性模量	≥3 500(3 000)MPa		GB/T 2570
胶体抗弯强度	≥45MPa	≥35MPa	GB/T 2570
	不得呈脆性(碎裂状)破坏		
胶体抗压强度	65MPa		GB/T 2569
胶体伸长率	≥1.3%	≥1.0%	GB/T 2568
钢—钢拉伸抗剪强度标准值	≥15MPa	≥12MPa	GB/T 7124
钢—钢不均匀扯离强度	≥16kN/m	≥12kN/m	GJB 94
钢—钢黏结抗拉强度	≥33MPa	≥25MPa	GB/T 6329
与混凝土正拉黏结强度	≥2.5MPa，混凝土内聚破坏		GB 50367
不挥发物含量	≥99%		GB/T 2793

3. 粘贴 FRP 加固法

使用纤维增强聚合物(FRP)修复加固混凝土结构始于 20 世纪 80 年代中期，在加固工程中使用最多的纤维增强聚合物为碳纤维增强聚合物。目前，该项技术在国外发达国家应用相当广泛，而我国近年来已有众多的科研院校对其进行了大量的研究，取得了一定的成果，并在许多工程中得到应用。FRP 粘贴加固混凝土结构如图 2-64 所示。

加固混凝土结构用的纤维材料目前主要有 3 种：玻璃纤维(GFRP)、碳纤维(CFRP)和芳纶纤维(AFRP)。纤维复合材料的力学特点是其应力应变量完全线弹性，不存在屈服点和塑性区。

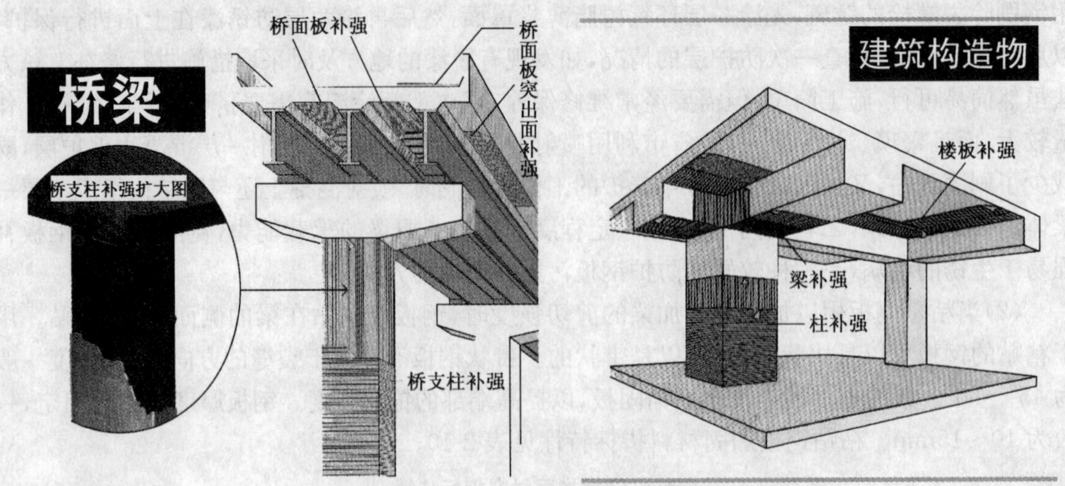

图 2-64 FRP 粘贴加固混凝土结构

碳纤维材料的出现和成功应用于土木工程的加固和补强上，使土木工程加固技术研究进入了一个全新的阶段。碳纤维是一种新型建材，其因材质轻、耐腐蚀、片材很薄、抗拉强度高而被广泛应用。碳纤维布(板)加固法亦被视为梁式桥加固补强、提高承载能力，尤其是当高度受限制时的首选加固方法，其施工工艺也很简单。

碳素纤维加固机理是将高强度类或高弹模类的碳素纤维布，利用高性能的胶体粘贴于混凝土结构构件的表面，使其高品质能得到充分的发挥，以达到提高结构构件的承载能力和改善延性的目的。

加固混凝土构件所用的碳纤维布，是由碳纤维长丝经编织而制成的柔软片材。碳纤维布在编织时，将大量的碳纤维长丝沿一个主方向均匀平铺，用极少的非主方向碳纤维丝将主方向碳纤维丝编织连接在一起，形成很薄的以主纤维方向受力的碳纤维布。

黏结材料的性能是保证碳纤维布与混凝土共同工作的关键，也是两者之间传力途径中的薄弱环节。因此，黏结材料应有足够的刚度和强度保证碳纤维与混凝土间剪力的传递，同时应有足够的韧性，不会因混凝土开裂导致脆性黏结破坏。此外，由于旧桥加固均在野外，所以，黏结材料还应能在一般气候条件下固化，且固化时间合适(一般保证在 3h 左右)，对组分含量不敏感，具有适宜的流动性和黏度，固化收缩率小。

(1)碳纤维布加固修补结构技术适用于各种结构类型、各种结构部位的加固修补，如梁、板、柱、屋架、桥墩、桥梁、筒体、壳体等结构。该技术有以下几个特点：

①高强高效，适用面广，质量易保证。

②施工便捷，工效高，没有湿作业，不需现场固定设施，施工占用场地少。

③耐腐蚀及耐久性能极佳。

④加固修补后，基本不增加原结构自重及原构件尺寸。

(2)碳纤维布加固修补结构技术的工艺流程及操作要求如下：

工艺流程：卸荷—基底处理—涂底胶—找平—粘贴—保护。

①卸荷。加固前应对所加固的构件尽可能卸荷。

②基底处理。混凝土表层出现剥落、空鼓、蜂窝、腐蚀等劣化现象的部位应予以凿除，对于较大面积的劣质层在凿除后应用环氧砂浆进行修复。裂缝部位应首先进行封闭处理。用混凝土角磨机、砂纸等机具除去混凝土表面的浮浆、油污等杂质，构件基面的混凝土要打磨平整，尤其是表面的凸起部位要磨平，转角粘贴处要进行倒角处理，并打磨成圆弧状($R \geqslant 10$mm)。最后，用吹风机将混凝土表面清理干净，并保持干燥。

③涂底胶(FP 胶)。按主剂：固化剂＝2：1 的比例将主剂与固化剂先后置于容器中，用弹簧秤计量，电动搅拌器均匀搅拌，根据现场实际气温决定用量，并严格控制使用时间。一般情况下应在 1h 内用完。用滚筒刷将底胶均匀涂刷于混凝土表面，待胶固化后(固化时间视现场气温而定，以指触干燥为准)再进行下一工序施工。一般固化时间为 2～3d。

④找平。混凝土表面凹陷部位应用 FE 胶填平，模板接头等出现高度差的部位应用 FE 胶填补，尽量减小高度差。转角处也应用 FE 胶修补成光滑的圆弧，半径不小于 10mm。

⑤粘贴。按设计要求的尺寸及层数裁剪碳纤维布，除非有特殊要求，碳纤维布长度一般应在 3m 之内。调配、搅拌粘贴材料 ER 胶(使用方法与底胶 FP 相同)，然后均匀涂抹于待粘贴的部位，在搭接、混凝土拐角等部位要多涂刷一些。粘贴碳纤维布，在确定所粘贴部位无误后剥去离型纸，用特制滚子反复沿纤维方向滚压，去除气泡，并使 FR 胶充分浸透碳纤维布。多层粘贴应重复上述步骤，待碳纤维布表面指触干燥方可进行下一层的粘贴。在最后一层碳纤维布的表面均匀涂抹 FR 胶。碳纤维布沿纤维方向的搭接长度不得小于 100mm，碳纤维端部固定用横向碳纤维或粘钢固定。

⑥保护加固后的碳纤维布。表面应采取抹灰或喷防火涂料进行保护。

碳纤维材料(FRP)加固修补混凝土结构所用材料主要为碳纤维材料与粘贴用树脂。其材料及性能指标见表 2-11 和表 2-12。

FRP 力学强度指标　　表 2-11

类别 \ 项目		抗拉强度(MPa)	弹性模量(GPa)	伸长量(%)	弯曲强度(MPa)	与混凝土正拉黏结强度	层间剪切强度(MPa)
布材	Ⅰ级	≥3 400	≥240	≥1.7	—	≥2.5MPa，混凝土内聚破坏	≥45
	Ⅱ级	≥3 000	≥210	≥1.5	—		≥35
板材	Ⅰ级	≥2 400	≥160	≥1.7	≥700		≥50
	Ⅱ级	≥2 000	≥140	≥1.5	≥600		≥40

浸渍胶、粘贴胶性能指标　　表 2-12

项　目	A 级胶	B 级胶	检验标准
胶体抗拉强度	≥40MPa	≥30MPa	GB/T 2568
胶体抗拉弹性模量	≥2 500MPa	≥1 500MPa	
胶体抗弯强度	≥50MPa	≥40MPa	GB/T 2570
	不得呈脆性(碎裂状)破坏		
胶体抗压强度	≥70MPa		GB/T 2569
胶体伸长率	≥1.5%		GB/T 2568
钢—钢拉伸抗剪强度标准值	≥14MPa	≥10MPa	GB/T 7124

续上表

项目	A级胶	B级胶	检验标准
钢—钢不均匀扯离强度	≥20kN/m	≥15kN/m	GJB 94
钢—钢黏结抗拉强度	≥33MPa	≥25MPa	GB/T 6329
与混凝土正拉黏结强度	≥2.5MPa,混凝土内聚破坏		GB 50367
不挥发物含量	≥99%		GB/T 2793

粘贴碳纤维布的安全规定如下：

①裁剪及使用碳纤维布时应尽量远离电源,尤其是高压电线及输电线路。

②碳纤维布的配套用胶要远离火源,避免阳光直接照射。

③现场施工人员应穿工作服,同时还需佩戴口罩和手套,施工人员严禁在现场吸烟。

④配制及使用胶的场所必须保持良好的通风。

⑤与施工配套的脚手架要有足够的安全性,高空作业需佩戴安全带。

⑥质量要求:一些国家已有了较完善的标准规程,但不适合中国,目前国内尚无标准规范,检查验收以企业标准为依据。

粘贴碳纤维布的施工要求：

①工程验收时必须有碳纤维布及其配套胶生产厂家所提供的材料检验证明。

②每一道工序结束后均应按工艺要求进行检查,并做好相关的验收记录,如出现质量问题,应立即返工。

③施工结束后的现场验收以评定碳纤维布与混凝土之间的黏结质量为主,用小锤等工具轻轻敲击碳纤维布表面,以回音判断黏结效果。如出现空鼓等粘贴不密实的现象,应采用针管注胶的方法进行补救,黏结面积若少于90%则判定黏结无效,需重新施工。

④碳纤维布粘贴面积在1 000m²以上的工程,为检验其加固效果,应与甲方协商进行荷载试验,其结构的变形等各项指标均应满足国家规范规定的设计及使用要求。

⑤大面积粘贴前需做样板,待有关方面验证后,再大面积施工。为确保碳纤维布与混凝土间的黏结质量,基底处理必须严格按下列要求执行,即先检查要加固的部位本身是否有空鼓现象,再进行表面检查,最后对不符合要求的部位采取相应的措施。

⑥严格控制施工现场的温度和湿度,施工温度宜在5～35℃范围内,雨天或空气潮湿条件下不宜施工。

第十节 工程示范

一、东明黄河大桥体外预应力加固实例

1.原设计概况

东明黄河大桥主桥为(75+7×120+75)m连续刚构组合结构体系。

(1)上部构造

该桥主桥为单箱单室箱形梁,采用三向预应力体系,即顶板纵向预应力筋采用XM15-25

的钢绞线，张拉控制力为 4 500kN，顶板横向预应力筋采用美国标准 ASTMA416-87a250 级钢绞线，每束张拉控制力为 720kN，采用 BM15-4 的新型扁平锚具。底板纵向预应力筋采用 XM15-15 的钢绞线，张拉控制力为 2 700kN。腹板 ϕ32mm 为 531kN，ϕ25mm 为 324kN，采用 YGM 型锚具。为方便悬臂施工，全桥未设置连续预应力钢束、下弯束或起弯束。箱梁混凝土设计强度等级为 C50（实际为 C60），箱梁截面主要尺寸如下：

①主墩墩顶梁高 6.432m，跨中梁高 2.59m；

②箱梁顶板全宽 18.34m，底板宽 9.0m；

③底板厚 0.25～0.80m（跨中—墩顶）；

④直腹板厚 0.40～0.80m（跨中—墩顶）。

上部结构施工方法为挂篮悬臂浇筑，先边跨和次边跨合龙，然后再中间五孔一次合龙。

(2)下部构造

中间 4 个墩 60 号～63 号为双墙薄壁墩身，墩梁固结，两侧 4 个墩，即 58 号、59 号、64 号、65 号为薄壁空心墩身，墩顶设盆式支座，墩基为高桩承台，双排共计 6 根直径 2m 的钻孔桩。

设计荷载：汽—超 20 级、挂—120、人群荷载 3.5kN/m^2；

桥面布置：净 12.1m 车行道＋2×0.5m 防撞护栏＋2×0.4m 栏杆柱；

通航标准：按四级航道通航净宽 44m；通航净高 8m 加预留河床淤高 3.5m；

地震设防：按 7 级设防。

该桥于 1993 年 10 月建成，大桥位于山东省菏泽地区和河南省濮阳市之间的黄河河道上，接 106 国道，该桥对中原油田的开发建设，晋煤东运，完善中原地区黄河南北两岸的公路网，促进晋、冀、鲁、豫四省地区经济发展，发挥着重大作用。

大桥南岸为菏泽地区的东明县（相距约 11km），桥位距菏泽市约 45km；北岸为河南省濮阳市（相距约 34km）。东明黄河公路大桥为连接两地市直接经济腹地的交通枢纽，是晋煤东运车辆最便捷的运输路线。

该桥是晋、冀、鲁、豫四省联系的纽带，对促进四省之间的经济协作和物资交流发挥着重大作用。其对豫北与豫东之间横向经济联系尤其有利，对鲁西南能源基地的开发建设也提供了方便的运输条件。

2. 存在的主要问题

东明黄河公路大桥存在的主要问题是箱梁腹板开裂和跨中的下挠，从 1997 年开始，对主桥箱梁的裂缝和结构的线形进行了监测。经过近 6 年的观测，发现目前主桥箱梁腹板的开裂和跨中下挠已基本趋于稳定。根据东明黄河大桥主桥质量检测与评价报告，存在以下问题：

(1)桥面高程及纵向线形

各跨跨中相对桥梁竣工时发生下挠，总体上看，东明侧半联的下挠量大于濮阳侧半联，两侧次边跨的下挠量又明显大于其他各跨。东明侧次边跨（58 号～59 号墩间跨）实测的跨中最大下挠量上游侧为 14.3cm、下游侧为 14.7cm，濮阳侧次边跨（64 号～65 号墩间跨）实测的跨中最大下挠量上游侧为 13.9cm、下游侧为 12.6cm。两次边跨的下挠量均明显大于由于徐变引起的跨中计算下挠变形 3.9cm。

综合比较、分析 2001 年到 2002 年这三次测量结果可见，箱梁的下挠变形速度趋缓，且基本趋于稳定。

(2)箱梁开裂

箱梁开裂主要表现为3个方面:其一是箱梁腹板大范围的斜向开裂;其二是合龙段附近箱梁顶板在一定范围内的纵向开裂;第三是箱梁底板和横隔板轻微的无规律开裂。

根据检测的箱梁表观情况,混凝土表面无孔洞、严重的蜂窝、麻面等质量缺陷,主要表现为箱梁腹板大范围的斜向开裂、合龙段附近顶板一定范围内的纵向开裂和底板、横隔板轻微的无规律开裂。其中箱梁腹板共发现裂缝2 330条,裂缝宽度大多在0.2mm以上,个别裂缝宽度达到0.65mm,约60%的裂缝长度大于1m,并有相当一部分在2m以上,部分斜裂缝斜向连通顶、底板。这些裂缝主要发生在各跨腹板减薄(由55cm突变至40cm)的梁段至合龙段这一范围,具有明显的结构受力裂缝特征;箱梁顶板裂缝主要分布在跨中附近节段,走向大多沿箱梁纵向分布在顶板中部,缝宽大多在0.15mm以下,为非结构受力裂缝。如图2-65~图2-67所示。

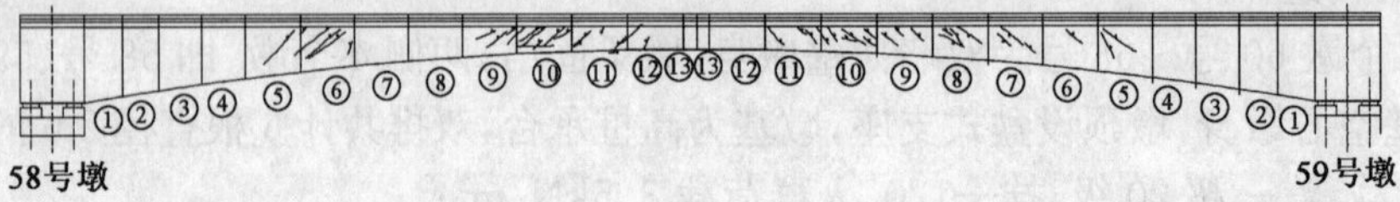

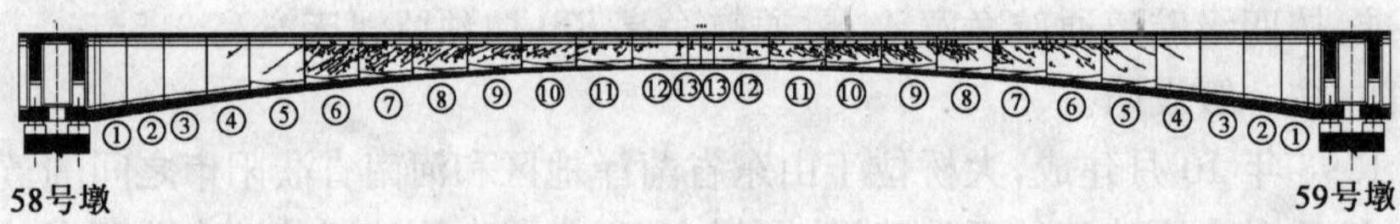

图2-65 东明黄河大桥侧次边跨箱内上游腹板第1跨(58号~59号墩)腹板裂缝分布图

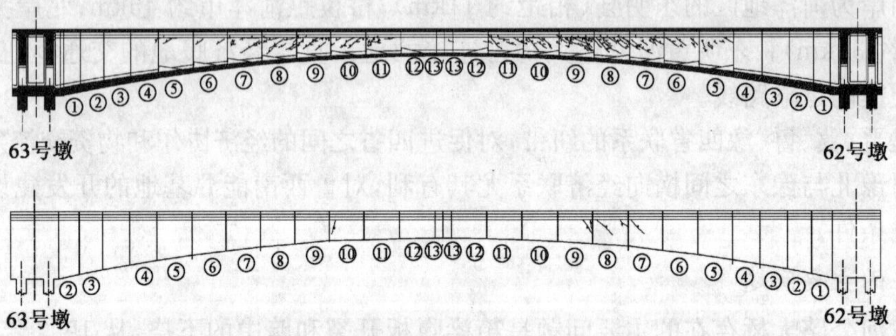

图2-66 62~63箱外下游腹板第6跨(62号~63号墩)腹板裂缝分布图

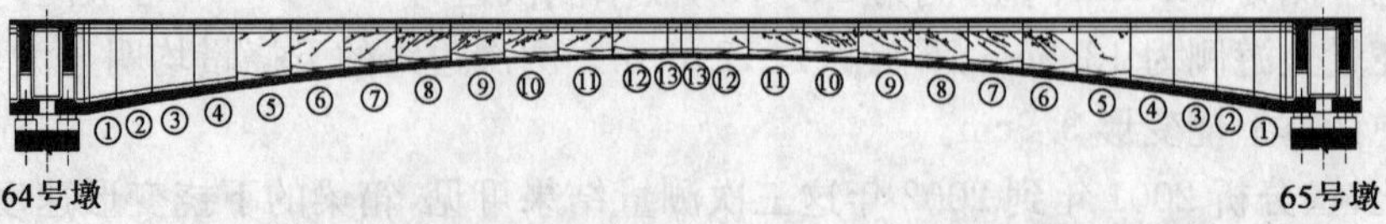

图2-67 64~65箱内上游腹板第8跨(64号~65号墩)腹板裂缝分布图

3. 箱梁施工节段接缝和混凝土表观缺损

濮阳侧边跨部分区段顶板的挂篮孔和梗腋处箱梁顶板局部渗水，部分区段箱梁局部混凝土表面有砂浆修补过的痕迹，并在个别区段发现有少量钢筋外露现象。

根据以上表观缺损情况，结合评定标准，确定东明黄河大桥评定标度值为5(危险状态)。

根据现场检查情况分别对影响箱梁质量状况的指标给出评定标度值，详见表2-13。最后得到箱梁承载能力恶化系数 ξ_e 为0.028 4。

箱梁质量状况影响权重及其恶化状况评定　　表2-13

检测指标	评定标度值 E_j	权重 α_j
箱梁表观状况	5(危险状态)	0.32
箱梁混凝土强度	1(良好)	0.11
钢筋锈蚀电位	1(无锈蚀活动性)	0.05
混凝土电阻率	1(很慢)	0.20
混凝土中氯离子含量	1(很小)	0.12
混凝土碳化深度	1(碳化深度<保护层厚)	0.15
钢筋保护层厚度	1(影响不显著)	0.05
计算得恶化状况评定值=5×0.32+1×0.11+1×0.05+1×0.2+1×0.12+1×0.15+1×0.05=2.28		
环境条件为干湿交替、不冻、无侵蚀介质		

4. 加固前计算结果分析

(1)检算参数

根据该桥《质量检测与评价报告》检算分析，考虑到加固的需要，不考虑竖向预应力的作用，检算参数及荷载组合见表2-14。

东明黄河大桥主桥主要检算参数一览表　　表2-14

序号	参 数 名 称	按规范取用值	结构检算实际取用值
1	材料重度(kN/m³)	2.5～2.6	2.6
2	徐变特征终极值	2.1～2.5	2.5
3	弹性继效系数	0.3	0.3
4	徐变速度系数	0.021	0.021
5	收缩变形终极值	0.000 15	0.000 15
6	收缩速度系数	0.021	0.021
7	汽车荷载 (1)汽车—超20级 (2)车道数×折减系数① (3)冲击系数 (4)计算增大系数	 汽车—超20级 4×0.7 1.0 未规定	 汽车—超20级 4×0.7 1.0 1.2
8	挂车荷载 (1)挂车—120 (2)计算增大系数	 挂车—120 未规定	 挂车—120 1.5

续上表

序号	参数名称	按规范取用值	结构检算实际取用值
9	人群荷载(kN/m^2)	3～3.5	3.5
10	体系温度变化(℃)② (1)合龙温度 (2)均匀升温 (3)均匀降温	未规定,由设计考虑 20 20	9～16.2 20 20
11	日照温差(℃) (1)升温 (2)降温	未规定,必要时考虑 未规定,必要时考虑	按照英国 BS5400 规范取用 上 13.5℃,下 2.5℃,非线性分布 上−8.4℃,下−6.5℃,非线性分布
12	预加应力及程序 (1)管道摩阻系数 (2)管道局部偏差的摩阻系数 (3)预加应力及程序	0.25 0.001 5 未专门规定,由设计考虑	0.25 0.001 5 按施工图资料计算,竖向预应力的作用不考虑
13	施工荷载及程序	未专门规定,由设计考虑	按施工图资料计算,未计施工临时荷载的影响
控制检算受力阶段与荷载组合			
1	成桥状态	结构重力+预加应力+收缩徐变影响力	结构重力+预加应力+收缩徐变影响力
2	组合 1	成桥状态+汽车+人行道人群荷载	成桥状态+汽车+人行道人群荷载
3	组合 2	成桥状态+挂车	成桥状态+挂车
4	组合 3	组合 1+日照降温(上−8.4℃,下−6.5℃,非线性分布)	组合 1+日照降温(上−8.4℃,下−6.5℃,非线性分布)
5	组合 4	组合 1+日照升温(上 13.5℃,下 2.5℃,非线性分布)	组合 1+日照升温(上 13.5℃,下 2.5℃,非线性分布)
6	组合 5	组合 1+体系和日照降温	组合 1+体系和日照降温
7	组合 6	组合 1+体系和日照升温	组合 1+体系和日照升温

注:①按照 JTJ 01—88(1995 年版),车道横向折减系数为 0.67,纵向折减系数为 1.0,即总折减系数为 0.67×1.0=0.67。

②按照 JTJ 021—89 规定,温度变化范围,应根据建桥地区的气温条件而定,预应力混凝土结构,一般按当地月平均最高和最低气温以及结构合龙温度计算温度变化值。东明黄河大桥月平均最高气温为 29℃,月平均最低气温为−3.8℃。

(2)正应力检算结果

图 2-68 为成桥状态箱梁截面正应力分布图,其最大正应力为 12.40MPa(截面上缘),最小正应力为 3.43MPa(截面下缘),表明成桥状态箱梁截面下缘压应力储备偏小。根据表 2-14 中的 6 种荷载组合,对于箱梁控制截面的最大法向压应力,在荷载组合 I 的情况下(对应于荷载组合 1),为 12.2MPa,详见图 2-69。在荷载组合 II 和荷载组合 III 的情况下(以组合 6 为最大),为 18.45MPa,详见图 2-70。能够满足 JTJ 023—85 规范第 5.2.21 条要求的使用荷载下

预应力混凝土构件的法向压应力 σ_{ha}：荷载组合 I$\sigma_{ha} \leqslant 0.5R_a^b = 17.5$MPa，荷载组合 II 或组合 III$\sigma_{ha} \leqslant 0.6R_a^b = 21$MPa 的规定。

对于箱梁控制截面的最小法向应力，在荷载组合 I 的情况下（对应于荷载组合 1），为 −0.70MPa，表明箱梁已不是全预应力结构，详见图 2-71、图 2-72；在荷载组合 II 或组合 III 的情况下（以组合 5 为最小），为 −3.29MPa，详见图 2-73、图 2-74，在不满足 JTJ 023—85 规范第 5.2.23条规定的荷载组合 II 或组合 III 的情况下，$\sigma_{hl} \leqslant 0.9R_l^b = 0.9 \times 3.0$（C50 混凝土，$R_l^b = 3.0$MPa）= 2.7MPa 的要求。

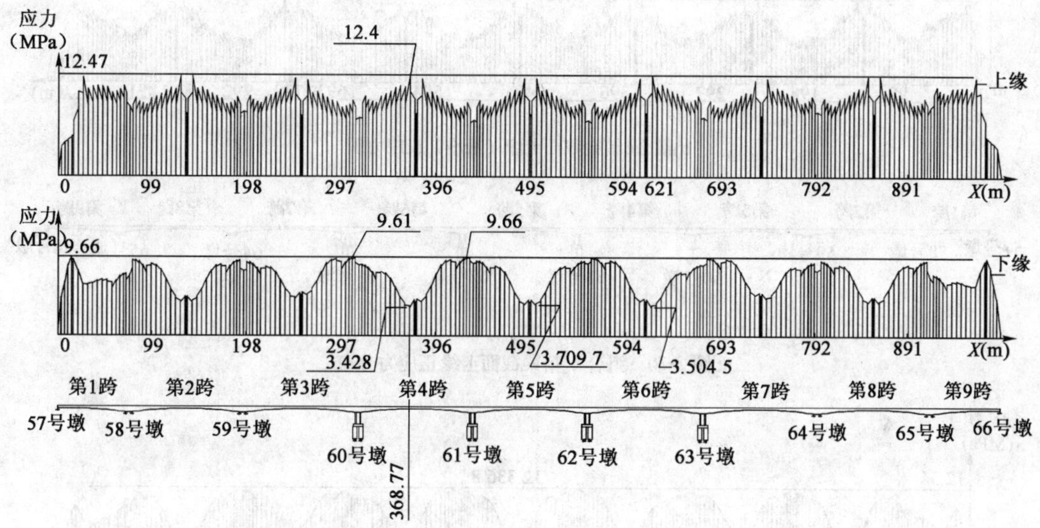

图 2-68　成桥箱梁截面正应力分布

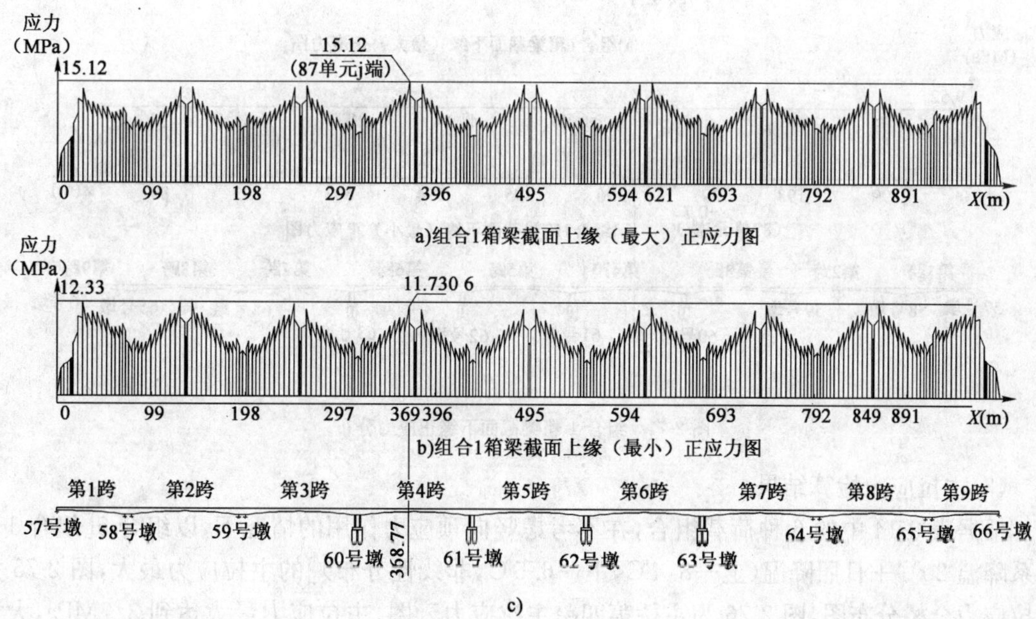

图 2-69　组合 1 箱梁截面上缘正应力分布

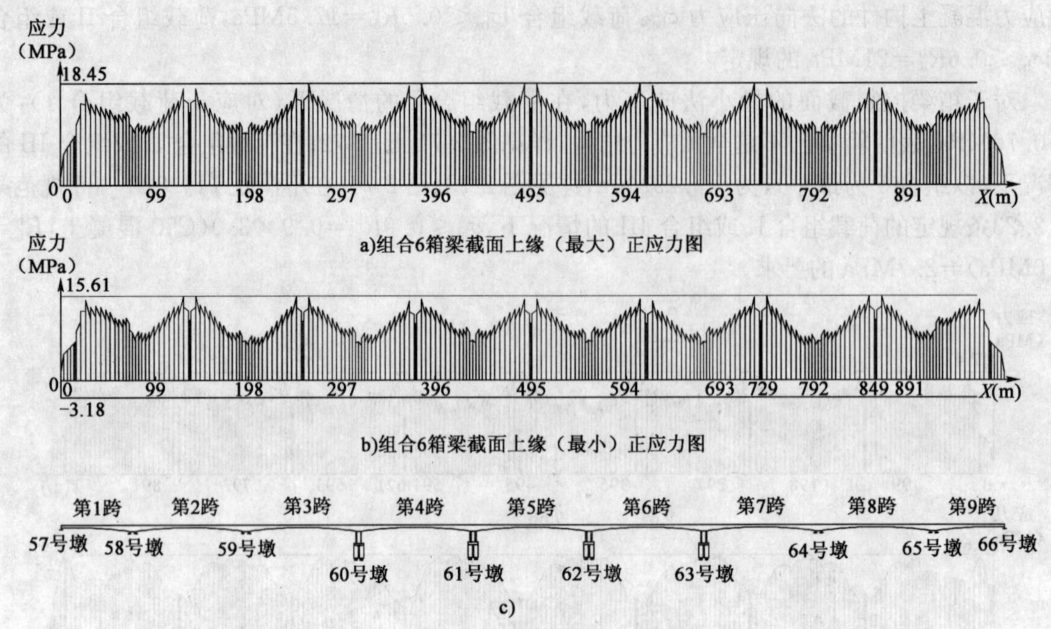

图 2-70 组合 6 箱梁截面上缘正应力分布

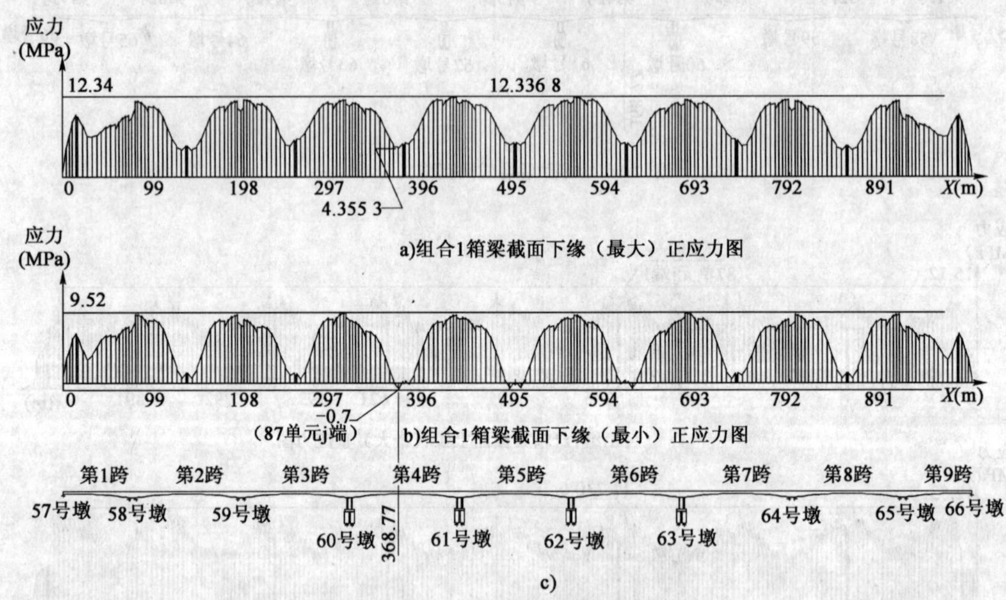

图 2-71 组合 1 箱梁截面下缘正应力分布

(3)主拉应力检算结果

根据表 2-14 中的 6 种荷载组合，在不考虑竖向预应力作用的情况下，以组合 5[组合 1＋体系降温 20℃＋日照降温(上－8.4℃，下－6.5℃，非线性分布)]的主拉应力最大，图 2-75 为主拉应力全桥分布图，图 2-76 为主桥第四跨主拉应力云图，主拉应力最大达到 3.7MPa，大于 JTJ 023—85 规范第 5.2.24 条所规定的 $0.9R_l^b=2.7$MPa。

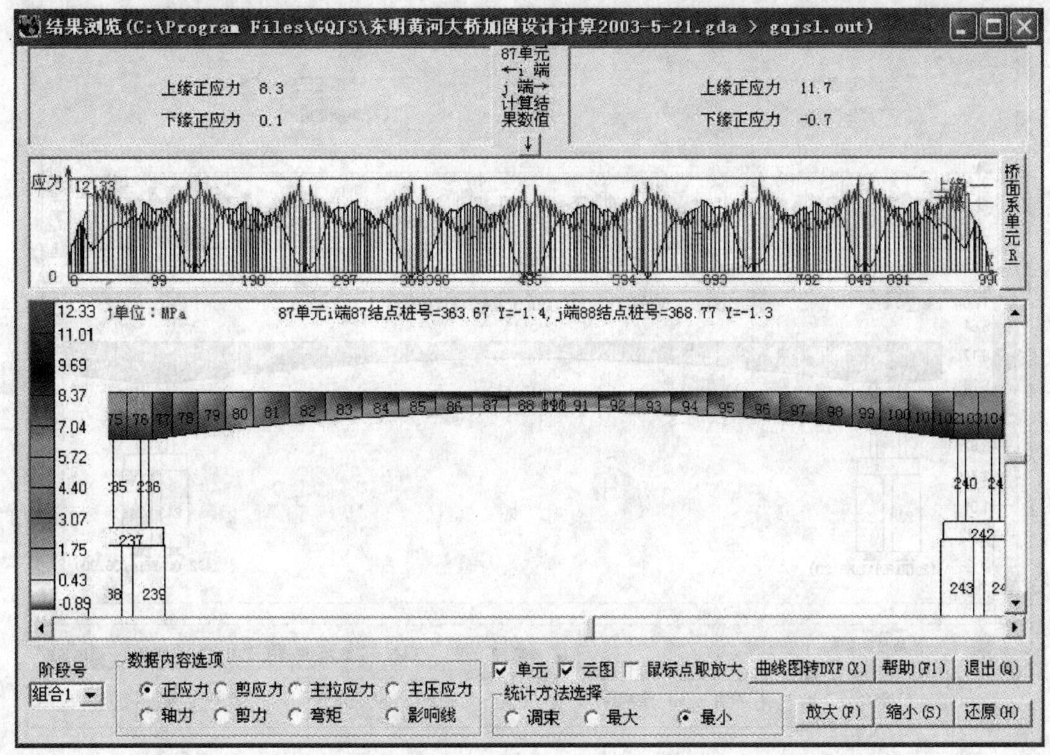

图 2-72　组合 1 第四跨正应力云图

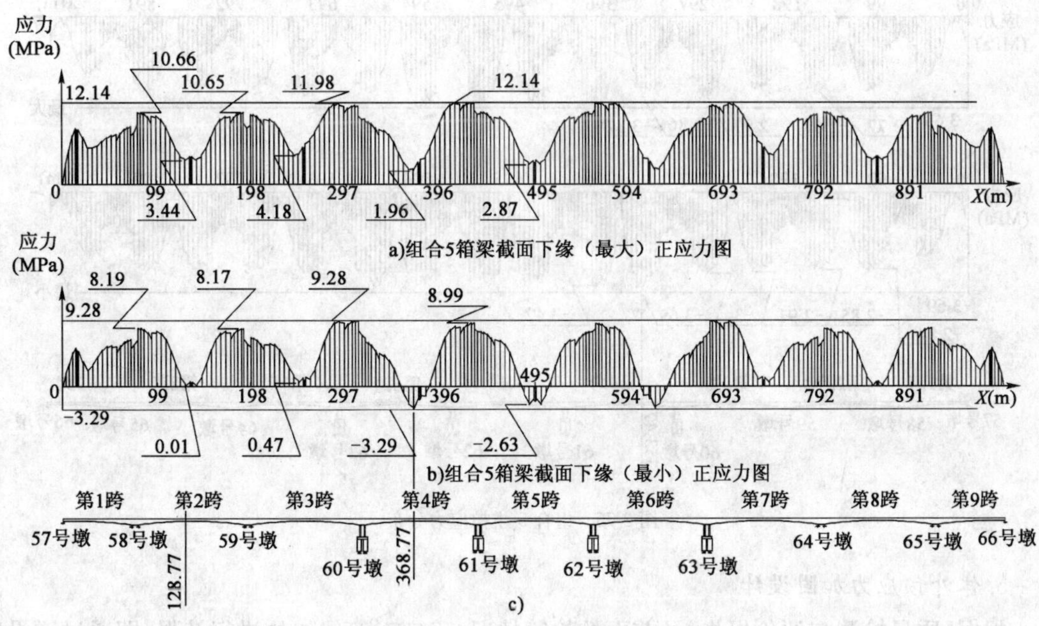

图 2-73　组合 5 箱梁截面下缘正应力分布

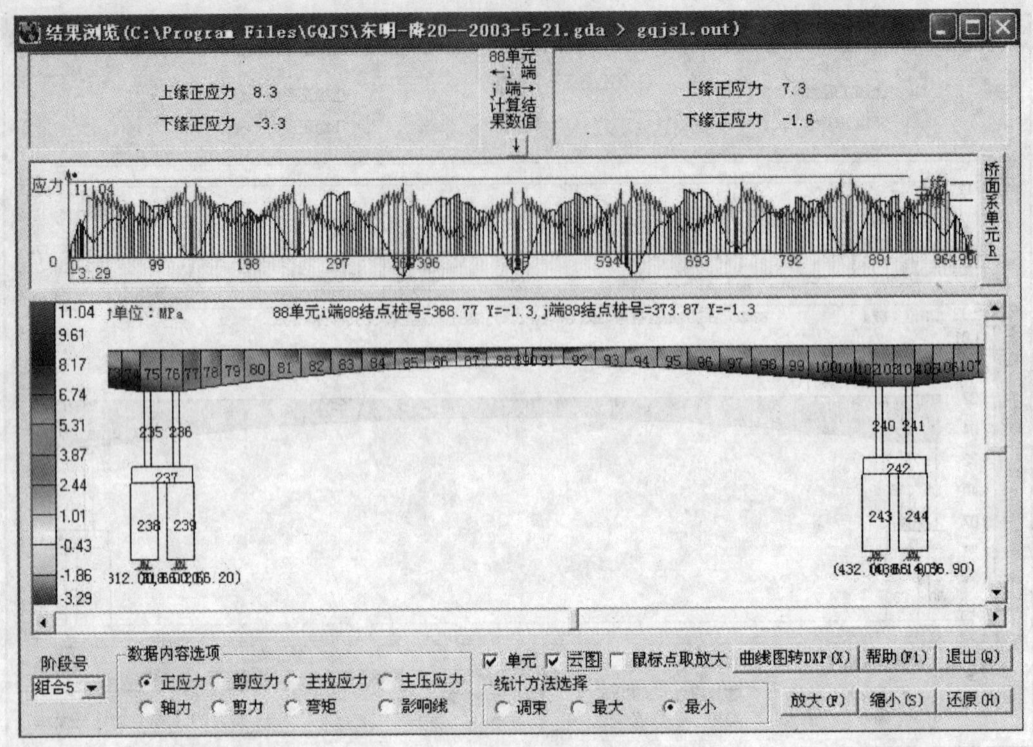

图 2-74　组合 5 第四跨正应力云图

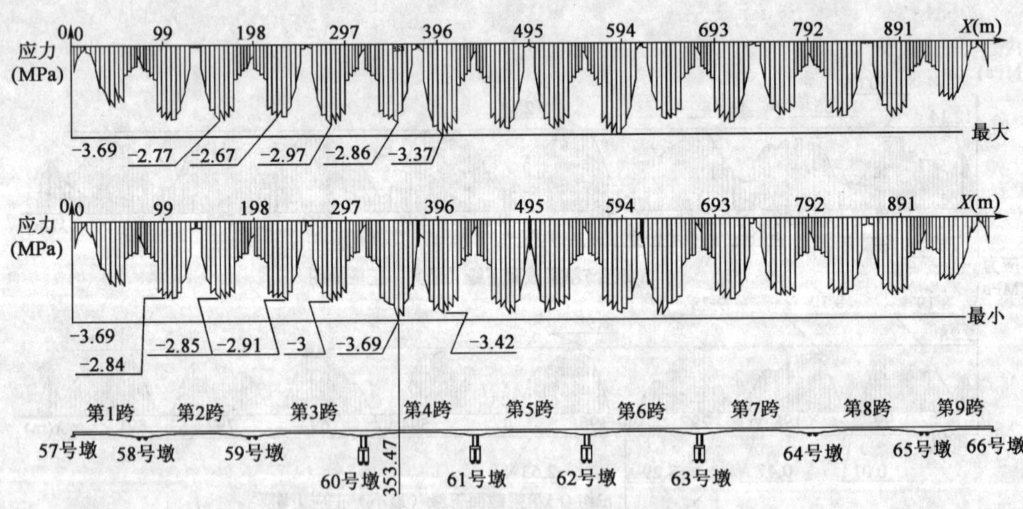

图 2-75　组合 5 主拉应力分布

5. 体外预应力加固设计

根据《质量检测与评价报告》及前面的检算情况，确定对箱梁结构进行补强，即通过增设底板体外束，来增加箱梁跨中附近截面下缘压应力储备；通过加厚腹板和粘贴钢板条，来抵抗活载和温度变化引起的主拉应力，以使加固后的桥梁达到原来的设计荷载标准。

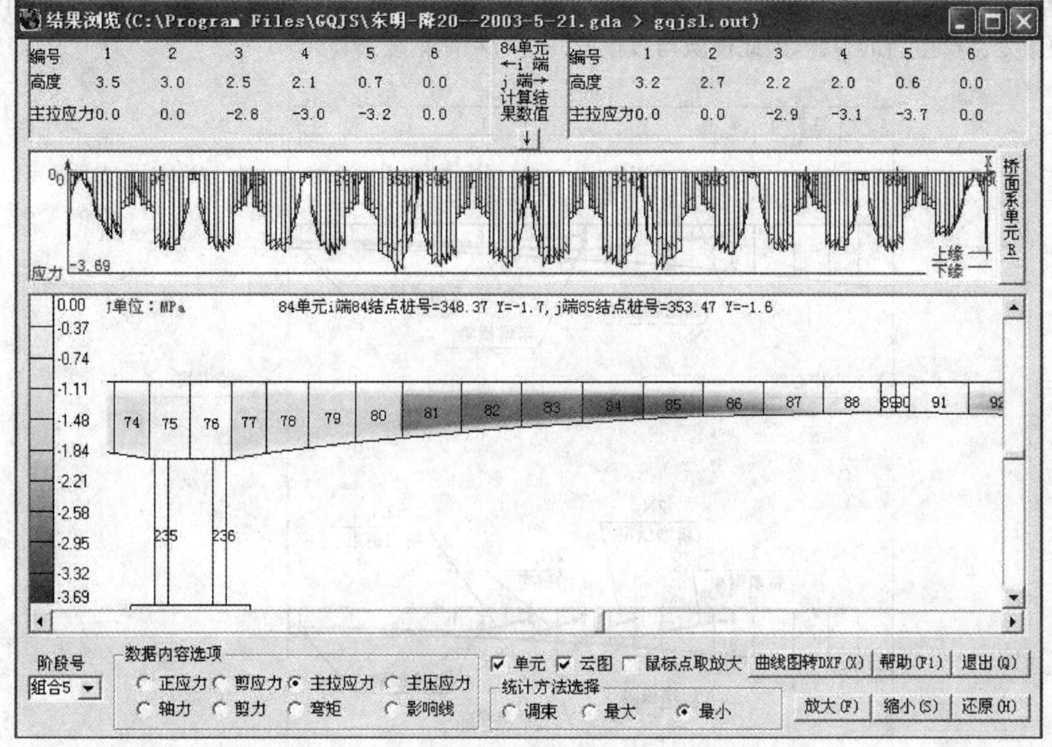

图 2-76　组合 5 第四跨主拉应力云图

(1)体外预应力的布置

结合各跨跨中截面下缘正应力补强，考虑了三种钢束布置形式及相应的横隔布置，见图 2-77。钢束布置一：在四分点附近设置 3 道横隔，在 2 道横隔处弯起并锚固 15-15 型、1 860MPa的无黏结预应力钢绞线；钢束布置二：与钢束布置一束数相同，区别是在四分点附近设置 5 道横隔，分散在 4 道横隔处弯起并锚固；钢束布置三：在四分点附近设置 3 道横隔，不弯起锚固 15-7 型、1 860MPa 的无黏结预应力钢绞线。对这 3 种钢束布置方式进行计算分析，由表 2-15 可知，钢束布置方式一、钢束布置方式二与钢束布置方式三对减少梁腹主拉应力的作用不明显，其原因是为了保证千斤顶的张拉工作空间，相对于梁高 3.63m 的位置，其锚固位置距箱梁顶面 1.12m，使得弯起钢束的锚固位置较低，影响了弯起钢束限制主拉应力的作用。而当腹板加厚 15cm，其对主拉应力的影响较大。考虑到施工的方便，不设置弯起钢束，采用第三种钢束布置方式，以增加跨中附近截面下缘压应力为主。由于温度梯度模式较为复杂，根据以往的经验，控制荷载组合Ⅰ下的压应力储备，考虑到箱梁混凝土的收缩徐变已基本完成，结合腹板加厚及新增横隔板的情况，采用 20 束 15-7 型的无黏结预应力钢绞线，控制组合Ⅰ下，箱梁跨中截面下缘有 1.5MPa 压应力。

(2)腹板加厚、粘贴钢板条

采用加厚腹板、粘贴钢板条来增加箱梁斜截面抗剪强度，是目前箱梁腹板补强常用的、也是实践证明较为有效的方法。

腹板箱内表面粘贴钢板条的分布间距、数量、宽度和厚度，按其与加厚部分混凝土共同承受活载和温度产生的主拉应力来确定。根据以往的加固经验,箱梁腹板粘贴钢板条后,在箱内梗腋处会产生新的裂缝,因此梗腋与腹板一并进行粘贴钢板条补强。

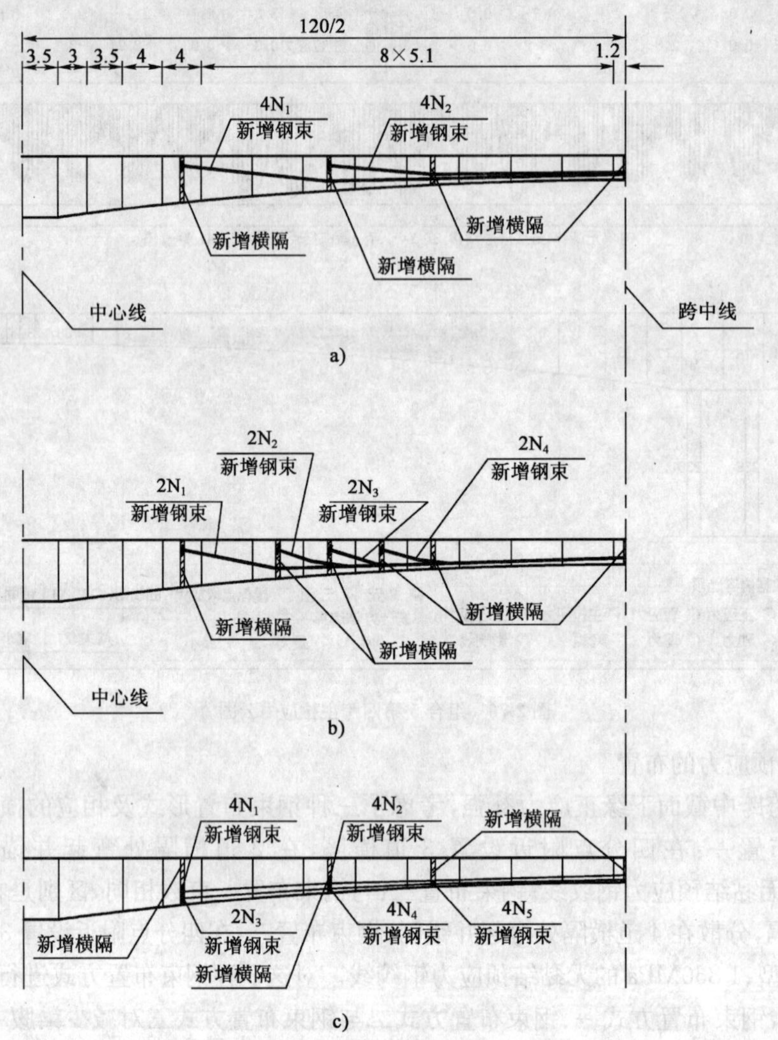

图 2-77 体外预应力钢束和新增横隔板布置

a)钢束布置一;b)钢束布置二;c)钢束布置三

注:1. 本图尺寸以 m 计。

2. 新增预应力钢束布置一和布置二采用 15ϕ15.2,布置三采用 7ϕ15.2,强度 1 860MPa。

(3)粘贴碳纤维布

在箱梁主拉应力区粘贴碳纤维片,来抑制斜裂缝的开展,加固实例较少,结合黄石大桥的箱梁腹板粘贴碳纤维片的情况,按照其承受活载和温度引起的主拉应力来确定碳纤维片的厚度。

根据计算结果,在腹板加厚 15cm 和增加底板正弯矩钢束的情况下(钢束布置三),在活载和温度作用下产生的最大主拉应力为 1.0 MPa,比原结构在活载和温度作用下的最大主拉应力减少 0.9MPa,作用明显。

不同加固方式下(第四跨)箱梁截面应力计算　　表 2-15

应力(MPa)	位置		成桥阶段				
				加体外预应力			
	单元	节点	原结构	钢束布置一 (15ϕ15.24)	钢束布置二 (15ϕ15.24)	钢束布置三 (7ϕ15.24)	腹板加厚 15cm
主拉应力 L/4 附近	81	i(5)	−1.8	−1.6	−1.7	−1.8	−1.1
		j(5)	−1.7	−1.5	−1.6	−1.8	−1.1
	82	i(5)	−1.8	−1.6	−1.7	−1.9	−1.1
		j(5)	−1.8	−1.4	−1.5	−1.9	−1.1
	83	i(5)	−1.8	−1.5	−1.5	−2.0	−1.1
		j(5)	−1.7	−1.4	−1.3	−1.6	−1.0
	84	i(5)	−1.8	−1.4	−1.4	−1.7	−1.1
		j(5)	−2.0	−1.5	−1.5	−1.8	−1.2
	85	i(5)	−1.7	−1.2	−1.2	−1.6	−1.0
		j(5)	−1.7	−1.5	−1.5	−1.5	−1.0
正应力 跨中附近	86	上(j)	11.0	12.5	12.3	12.7	11.0
		下(j)	4.0	6.1	6.1	6.6	4.1
	87	上(j)	12.4	14.0	14.0	14.3	12.4
		下(j)	3.6	5.5	5.4	5.5	3.7
	88	上(j)	9.6	11.2	11.3	11.4	9.5
		下(j)	4.4	5.6	5.4	5.6	4.4
	89	上(j)	7.8	9.5	9.6	9.7	7.8
		下(j)	4.1	5.1	4.9	5.1	4.2

6. 施工工艺要点和要求

1)腹板内侧局部区域加铺钢筋网,浇筑新增腹板混凝土

(1)布设钢筋网

在箱梁内侧,在粘贴的薄钢板条外加铺一层钢筋网(间距 10cm×10cm、ϕ12mmII 级钢筋),两岸及上下游对称布置。

①首先将加厚部分原箱梁表面凿毛凿平,剔除表面浮石,并用高压射流技术清洗开凿表面(结合面)。

②在开凿表面钻眼埋设锚固钢筋,以 40～60cm 的间距,在箱梁腹板及承托范围以梅花状布置锚于箱梁的锚固钢筋。锚固钢筋采用 ϕ16mmII 级钢筋,长度 16cm,埋入箱梁内的锚固长

度不小于 6cm。采用和植埋螺杆相同的步骤与方法进行锚固。

③在箱梁内侧布设钢筋网，并注意钢筋网与预埋锚筋焊接形成整体，钢筋网采用焊接连接。

(2)浇筑混凝土

①用高压射流技术再次清洗结合面，在其表面保持湿润但无自由水的情况下，模浇筑 C55 用细骨料并掺早强剂和微量膨胀剂的高强、早强水泥混凝土。

②应采取妥善措施保持湿度并进行养护，待新浇混凝土终凝且达到拆模强度后再行拆模。

2)浇筑新增隔板混凝土、增设体外预应力

(1)浇筑新增横隔板混凝土

①采用与腹板植筋相同的办法，植埋 ϕ16mmII 级钢筋，在顶板、底板处植筋，应格外小心，避免损伤预应力管道。

②按图纸要求布置预应力筋通过横隔板的钢管及锚具。

③按照与浇筑腹板加厚混凝土相同的方法，浇筑横隔板混凝土(与顶板相连部位，需在桥面适当位置开口浇筑混凝土)。

(2)张拉体外预应力

①按图纸要求张拉预应力钢束。

②按图纸要求进行封锚处理。

7. 加固效果评价

图 2-78 裂缝灌浆取芯检验

图 2-78 是裂缝灌浆情况的检验，从取芯来看，裂缝内充满浆液，说明灌浆效果良好，达到了设计的要求；图 2-79 是粘贴钢板情况；图 2-80 是钢板粘贴情况的检验，从检验结果来看，钢板与腹板之间的黏结强度大于混凝土本身的抗拉强度；图 2-81 是碳纤维拉拔试验，从试验结果来看，碳纤维布与混凝土之间的黏结强度大于混凝土本身的抗拉强度；图 2-82 是张拉完预应力的情况。加固通车运营一段时间后，对箱梁进行了检查，未发现新的裂缝，说明加固达到了预期的效果。

图 2-79 粘贴钢板情况

图 2-80 粘贴钢板试件

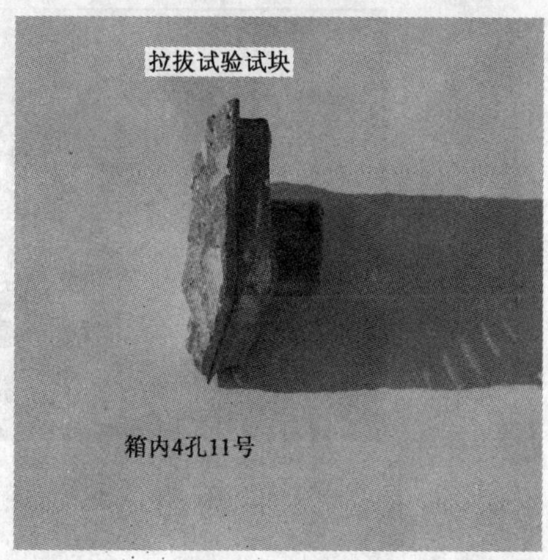

图 2-81　碳纤维拉拔试验

图 2-82　张拉完毕的体外预应力束

二、江津长江公路大桥体外预应力加固实例

1. 原设计概况

江津长江公路大桥于江津城西，是以县级行政机构为主通过招商引资修建的第一座长江大桥，由江津市政府和马来西亚南发集团合作修建，总投资 3 亿元。江津长江公路大桥主体长 1 362m，其中德感侧引桥为 14×50m 的简支 T 形梁，江津侧引桥为 4×22.5m 的连续板桥，主桥结构形式为(140+240+140)m 连续刚构桥，桥跨布置见图 2-83、图 2-84。桥梁净宽 21.5m，为 4 车道；设计荷载：汽车－超 20 级，挂车－120，人群荷载为 3.5kN/m^2。

2. 存在的主要问题

(1)中跨跨中下挠

从 2000 年开始，对江津长江大桥主桥线形进行了监测，发现主桥跨中下挠持续增加。2006 年下挠 31.7cm，2008 年下挠 33.0cm，且仍然在继续发展。

图 2-83 重庆江津长江公路大桥

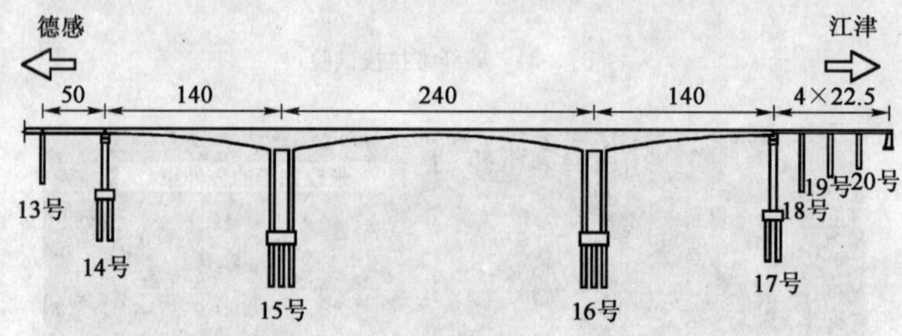

图 2-84 桥跨布置示意图(尺寸单位:m)

(2)箱梁开裂

箱梁开裂主要表现在 3 个方面:其一是箱梁腹板大范围内纵向开裂,且无规律;其二是跨中合龙段箱梁底板裂缝横向贯通,顶板纵向裂缝较多;其三是两边跨端部箱梁顶板裂缝较多,短横隔板裂缝较多。

(3)混凝土表观缺损

箱梁内部分区域钢筋外露、并锈蚀。

3. 加固前结构计算分析

根据《江津长江公路大桥桥梁检验报告》(2006 年 4 月)、《江津长江公路大桥特殊检测检验报告》(2008 年 1 月),该桥在加固设计时充分考虑了纵向、竖向有效预应力折减的影响:底板纵向有效预应力折减 20%,竖向预应力折减按 30%计。根据上述原则加固前主梁应力见图 2-85～图 2-88。

计算结果表明,在最不利荷载组合作用下,大桥承载能力不足,在正常使用极限状态下,跨中下缘及支点上缘均出现拉应力,跨中下缘最大拉应力为－1. 46MPa,支点上缘最大拉应力为－2. 52MPa,主拉应力高达－5. 3MPa,不满足规范要求。

4. 体外预应力加固设计

由于该桥跨中下挠过大,并仍然在持续发展;主跨跨中段箱梁底板底面裂缝横向贯通底板,箱梁顶板底面纵向裂缝较多,上、下游腹板与底板交界处均发现有 3mm 宽的纵向裂缝。为延缓该桥跨中继续下挠和适当恢复桥面线形,提高箱梁顶板横向抗弯能力,抑制裂缝的扩展，加强腹板截面抗剪能力，抑制裂缝的扩展，对该桥采用“主梁增设体外预应力钢束、腹板和顶板粘贴钢板条、底板粘贴碳纤维布”的措施进行加固整治。

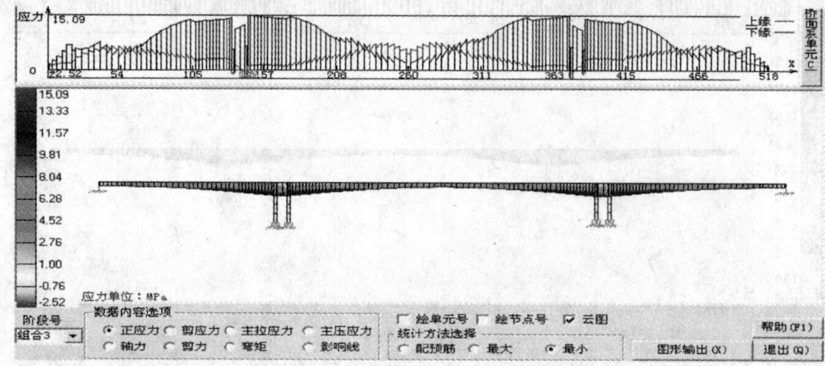

图 2-85　加固前主梁的最小正应力

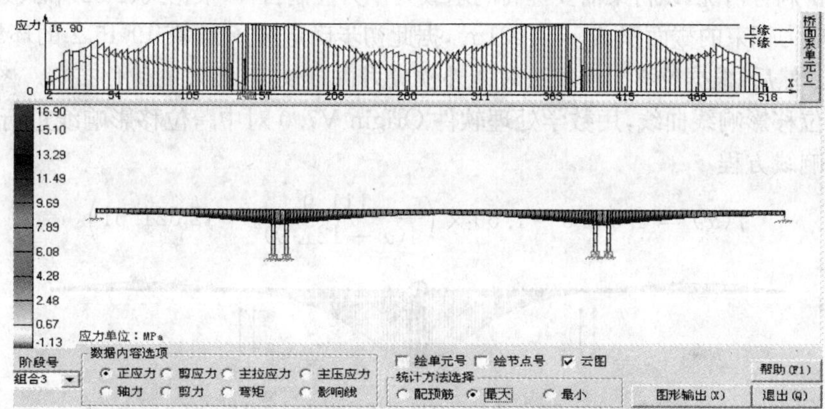

图 2-86　加固前主梁的最大正应力

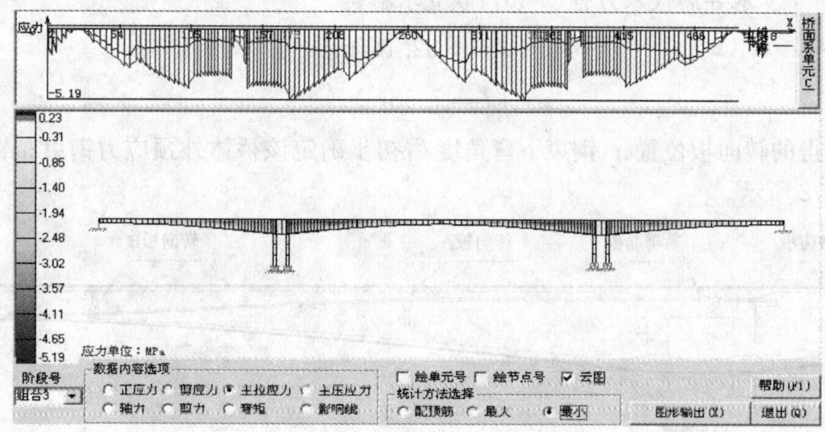

图 2-87　加固前主梁的最大主拉应力

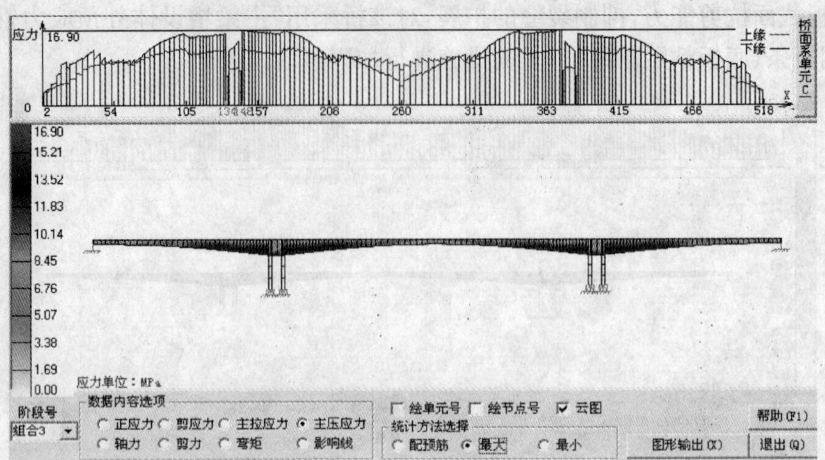

图 2-88 加固前主梁的最大压应力

针对该桥病害情况，以桥梁需要提高的承载力作为控制目标，根据式(2-32)和式(2-33)，计算得到体外预应力钢束的截面积 $A_{ps}=0.031\text{m}^2$，据此初步确定选择 12 束 19ϕ15.2 的环氧涂层体外预应力钢束。然后，根据位移影响线法对体外预应力进行快速、高效的优化布置。图 2-89 为该桥跨中截面位移影响线曲线，用数学处理软件 Origin V7.0 对中跨位移影响线进行数值拟合，得到位移影响线方程

$$f(x)=0.0026-1.59\times\left(\frac{111.9}{4(x-121.9)^2}+12\,521.61\right) \tag{2-61}$$

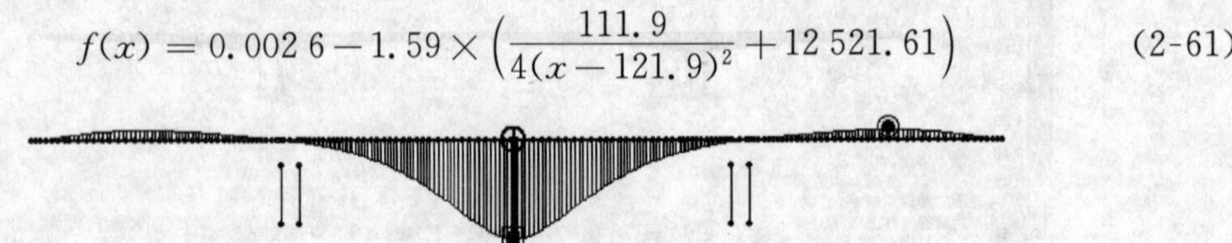

图 2-89 重庆江津长江公路大桥跨中截面位移影响线

将方程(2-61)代入方程(2-57)，得到主梁跨中在体外预应力作用下产生竖直向上的位移方程，分别对 x、θ 求导后代入方程(2-58)，联立求解得

$$\begin{cases}x=52.16(\text{m})\\\theta=7.58(°)\end{cases} \tag{2-62}$$

根据求得的转向板位置 x、钢束下弯角度 θ，初步确定该桥体外预应力钢束布置方案如图 2-90～图 2-92 所示。

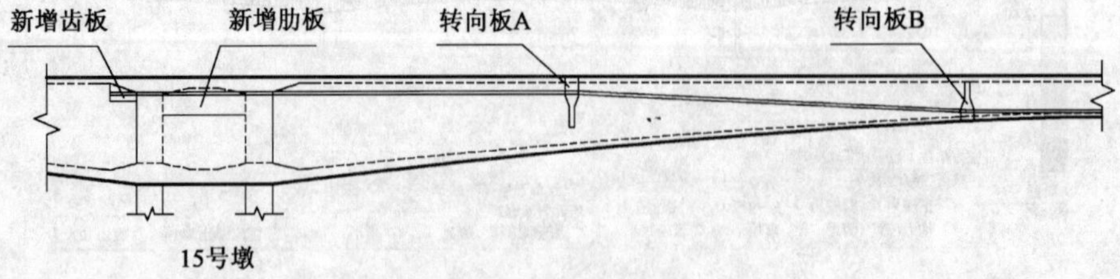

图 2-90 体外预应力钢束布置方案一

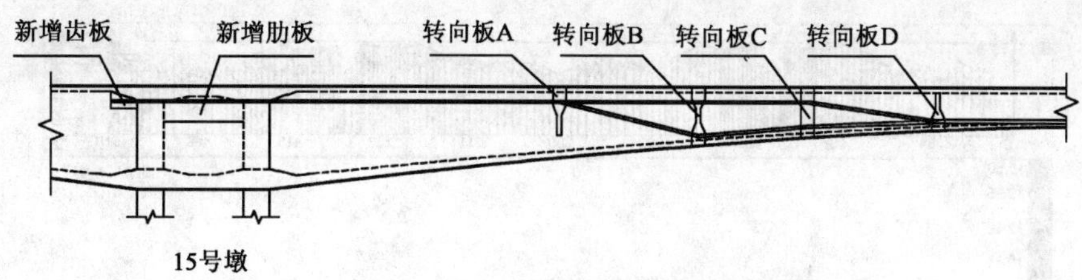

图 2-91 体外预应力钢束布置方案二

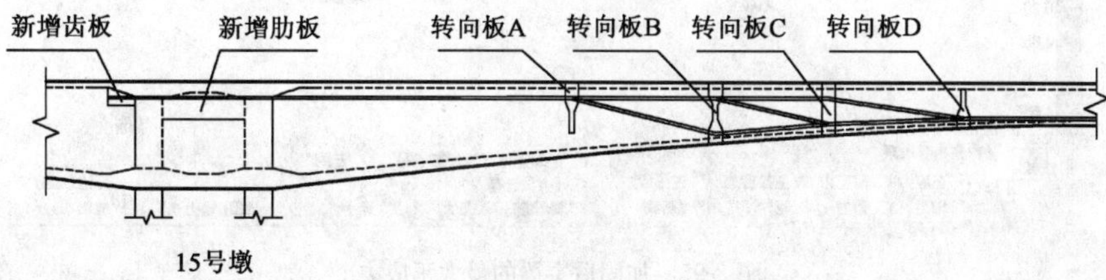

图 2-92 体外预应力钢束布置方案三

根据转向板处应力集中程度，决定采用方案三进行设计（见图 2-92），以避免在转向板处产生过大的应力集中现象。最后根据最优方案对该桥加固后进行结构强度验算及底板压应力安全储备分析。

体外预应力束设置在主桥中跨，两端分别锚固于两个 0 号块横隔板的边跨侧，整个中跨共设置 12 束 19ϕ15.2mm 的体外预应力束，每个腹板对应 6 束，通过 4 个转向板分三批进行下弯，锚下控制应力为 1 116MPa，如图 2-93 所示。

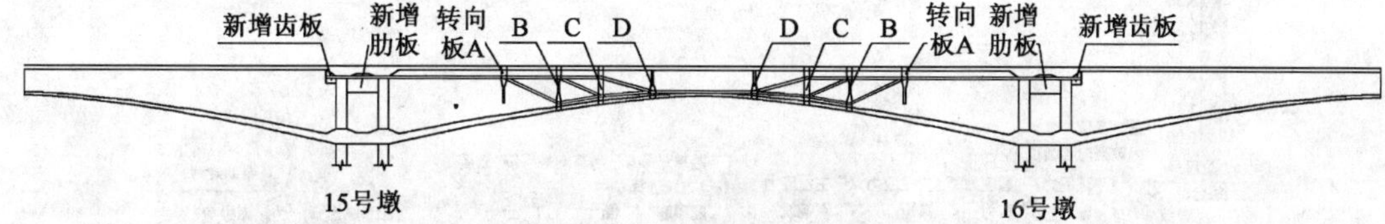

图 2-93 体外预应力钢束布置

采用体外预应力加固技术加固后主梁应力见图 2-94～图 2-97。

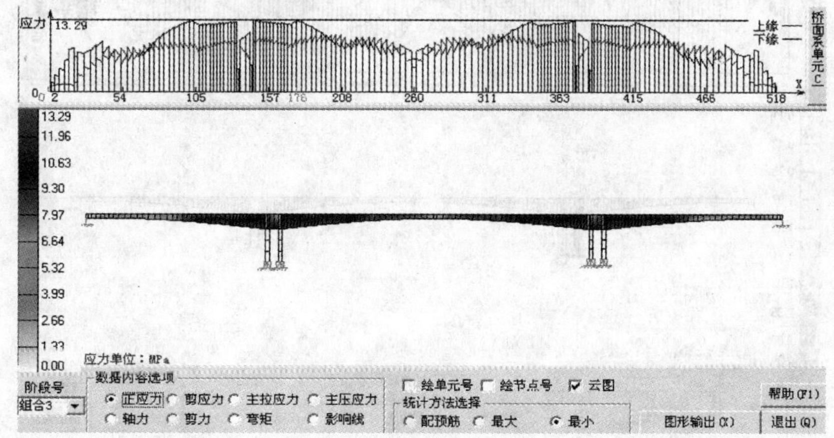

图 2-94 加固后主梁的最小正应力

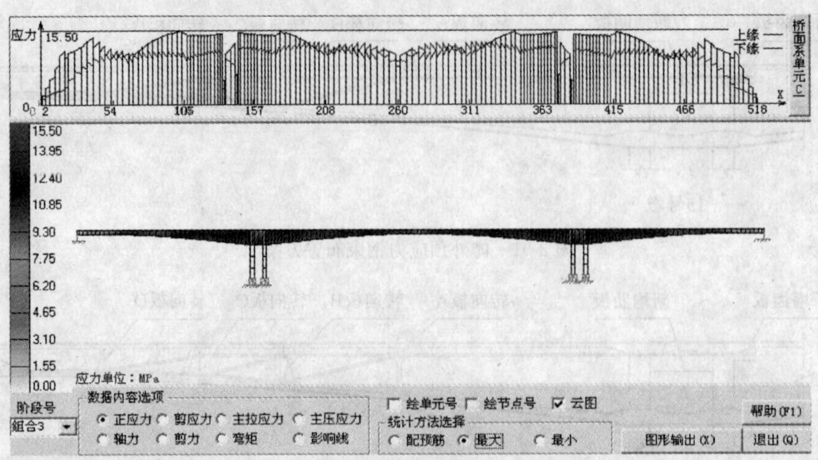

图 2-95　加固后主梁的最大正应力

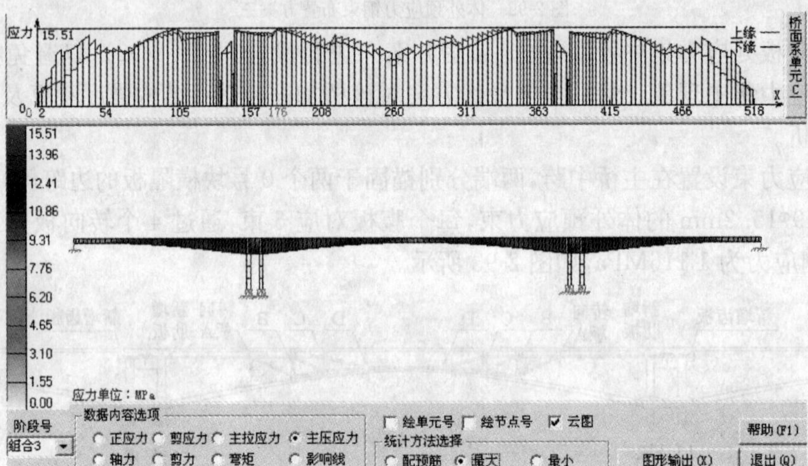

图 2-96　加固后主梁的最大主压应力

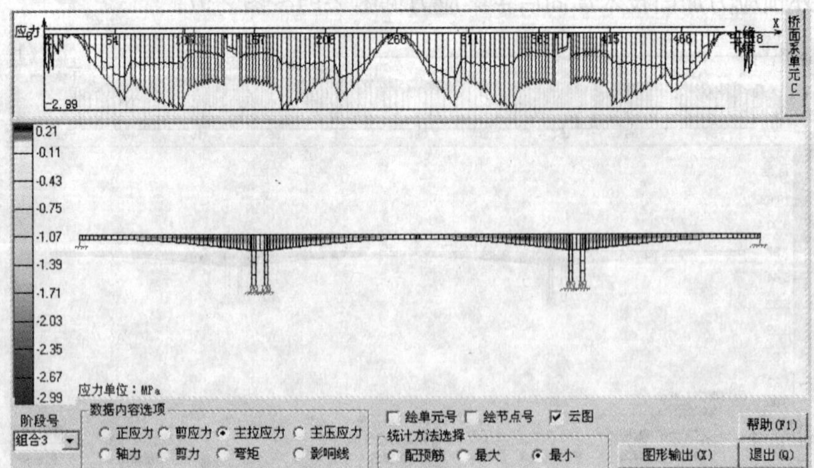

图 2-97　加固后主梁的最大主拉应力

为了便于对主桥加固前后的应力、受力、变形情况进行比较，现将最不利荷载组合工况下的主要计算结果列于表 2-16。

主桥加固前后结构计算比较　　表 2-16

项　　目	加 固 前	加 固 后	规范允许值 (MPa)	结构抗力 (kN・m)
跨中下缘最小正应力(MPa)	−0.35	3.41	—	—
跨中上缘最小正应力(MPa)	5.34	6.21	—	—
L/4 附近最大主拉应力(MPa)	−3.65	−3.16	−2.7	—
最大主压应力(MPa)	16.2	15.9	21.0	—
跨中最大弯矩(kN・m)	178 911.7	143 808.7	—	385 056.9
支点最小弯矩(kN・m)	−5 203 242.4	−4 979 867.8	—	−4 901 100.0
结构后跨中位移(cm)	—	2.6	—	—

由表 2-16 可知，加固后结构受力得到了明显改善，具体体现在以下几个方面：

①加固前支点截面抗弯承载力不足，加固后可满足要求；

②跨中截面的极限抗弯承载能力安全储备提高；

③跨中截面下缘的压应力储备提高了约 4.1MPa；

④主梁的最大拉应力降低了约 0.6 MPa；

⑤加固后，理论上主梁跨中将向上产生约 2.6cm 的位移，对封闭部分裂缝及改善结构的受力和抑制主梁下挠有利。

5. 施工流程与工艺要点

1)施工流程

①测定箱梁原钢束位置；②新增齿板及转向块、加劲肋板放样；③在箱梁顶板开孔；④开凿新增齿板及转向块、加劲肋板位置处的箱梁；⑤钻孔及孔内处理；⑥植入门式锚筋；⑦焊接及绑扎齿板、转向块、加劲肋板构造钢筋；⑧立模浇筑新增齿板、转向块、加劲肋板混凝土；⑨养护；⑩穿布体外预应力钢束；⑪张拉体外预应力钢束；⑫封锚及防护处理，设置钢束减振装置；⑬恢复箱梁顶板施工孔洞。

2)工艺要点

(1)测定箱梁原顶板、腹板钢筋、钢束位置。根据加固施工图、设计图纸所表明的新增齿板及转向块、加劲肋板在箱梁中的纵向位置，先用钢筋保护层仪测定顶板原预应力束在该处的位置(同时对照原设计竣工图的标注)，用红漆标明。

(2)新增齿板、转向块、加劲肋板的放样。根据实际探明的原钢筋、预应力束在新增齿板及转向块、加劲肋板的位置，按加固施工图纸所给出齿板的位置及尺寸进行平面放样(如有冲突，可适当调整)，具体位置用绿漆标明。

(3)顶板开孔。根据加固施工图设计图纸所表明的开孔位置，在桥面开孔。开孔前，应先探明箱梁纵向.横向预应力钢束位置，开孔应避过预应力钢束，不得在有预应力束通过处开孔。

(4)凿毛处理。凿掉新增齿板及转向块、加劲肋板范围内丁、地板肌肤板混凝土保护层，将凿掉的混凝土块(即碎屑)清除干净，露出新鲜混凝土表面，用钢刷对露出的纵向、横向钢筋进行除锈，并用高压水冲洗干净。

(5)钻孔及孔内处理。根据加固设计施工图布置,在做新增齿板的位置用电锤钻深度不小于 20cm,直径约为 22mm 的盲孔(不漏出板外),用压缩空气清除孔内浮尘。注意孔内浮尘的清理必须由孔底向孔口清理(硬质排气管插入孔底,再后拔 1～2cm)。种植钢筋孔深必须达到设计要求,一般为 $10d$(d 为钢筋直径)。孔径必须满足设计要求,一般比钢筋直径大 4～6mm。

(6)种植齿板钢筋。用种植锚固件胶黏剂植锚筋,将搅拌好的胶黏剂装入注射器中,从盲孔底部开始,将药剂注入孔中,除去锚筋上的油漆及锈斑,将齿板锚固钢筋缓缓插入盲孔底,使其在盲孔内长度不小于 20cm,其他锚筋的植入方法同上。植筋要保证注胶密实,特别是顶板向上植筋,多余的胶应及时清除。钢筋表面应清洗干净,不能有油污,清洗前应采用物理方法清除表面锈迹。

(7)焊接齿板块构造钢筋。等胶黏剂固化后(固化时间和施工环境的温度有关,一般需 20～60min),绑扎其余钢筋,形成钢筋骨架。

(8)浇筑新增齿板:骨架形成后,按照齿板、转向块、肋板的形状立模,注意锚具、预埋钢管的正确位置,然后浇筑混凝土,形成构造块件。浇筑时注意混凝土配合比,加强振捣使混凝土密实,避免孔洞及蜂窝麻面的产生。新增齿板、肋板需要用自流平混凝土浇筑。

(9)养护:浇筑好新增构件后应加强养护,使其立方体强度达到 85%以上后,方可进行张拉工作。

(10)穿布新增预应力束。穿束前需在墩顶横隔板上凿出可通过钢束的孔洞,以利于顺利穿束,穿束时注意不要损坏钢绞线外的 PE 护套。

(11)张拉预应力束。预应力束穿束就位后,即可进行张拉,对同一齿板预应力束进行张拉时,为了消除由于张拉次序的先后引起预应力束的弹性压缩损失,宜采用超张拉式重复张拉的方法,调整各束的预应力,使得各根钢束的有效预应力基本相等。预应力束的张拉应严格按《公路桥涵施工技术规范》(JTJ 041—2000)中的有关技术要求进行,张拉机具应到有资质的单位进行标定,张拉严格以吨位和引申量双控,张拉过程中应对新增锚固端、转向块区域进行观测,以防止意外发生并检验加固效果,如有异常情况发生,应立即停止张拉。

(12)体外预应力束防护。体外预应力束张拉完成后,应给张拉端套上保护膜套,以利于二次张拉和换索。

6.加固效果评价

综合比较加固施工监控测量数据与理论分析结果,江津长江公路大桥采用体外预应力技术加固后主梁跨中极限抗弯承载能力安全储备提高,底板压应力储备提高,主梁最大拉应力降低,主梁跨中向上产生约 2.0cm 的位移,对桥梁线形有所改善,对封闭部分裂缝、改善结构的受力和抑制主梁下挠有利。该桥体外预应力加固施工达到了加固设计要求。如图 2-98～图 2-100 所示。

图 2-98 新增齿板及体外预应力束锚固系统

图 2-99　新增转向板及体外预应力束布置

图 2-100　顶板、腹板粘贴钢板条加固处治

第三章 空心板梁桥加固技术

第一节 概 述

随着我国经济实力的不断增强，交通运输事业发展迅猛，公路交通在国民经济中的作用和地位，也愈来愈受到人们的重视。为了确保公路正常营运，必须加强对公路、桥梁的维修养护，为汽车提供安全、快速的行驶条件。特别是近20年来，公路交通量不断增加，公路桥梁负荷日趋加重。由于推行拖挂运输和集装箱运输，故普遍存在桥梁承载力不足的情况，加之旧桥部分老化、破损以及设计荷载标准的提高，使矛盾更加突出。目前，迫切要求对旧桥进行可靠性评估和技术改造，尤其是采用加固补强方法来恢复、提高现有桥梁的承载能力，因此，对旧桥的承载力进行评定和加固研究具有重大的意义。

梁式桥是我国应用最为广泛的桥型之一，在全国范围内占有较大的比重。早期修建的梁式桥，特别是20世纪50～70年代修建的梁式桥，由于当时交通量小，修建时技术标准普遍偏低；但随着交通量的不断增大，特别是目前一般干线公路荷载均要求达到公路—II级标准，使得原有修建的桥梁大多数发生承载力不足现象，迫切需要加固增强。因此，梁式桥加固在我国市场前景广阔。

体外预应力加固法最早是由前苏联努利霍夫在20世纪50年代提出的，其首先运用在工业建筑的改造扩建上。我国从20世纪60年代开始使用这种方法加固桥梁，效果很好。加固的预应力钢筋以前是采用普通I级或II级钢筋，自20世纪90年代以来，多采用无黏结预应力筋和碳素钢丝。

体外预应力加固工艺的改进是与预应力技术的飞速发展分不开的。近年来，高性能混凝土、高强度钢筋和高强度预应力钢丝的使用，为预应力技术的普遍推广奠定了基础。特别是20世纪80年代中期以后，随着大吨位预应力锚固体系的研制开发和无黏结预应力成套技术的开发，我国在预应力锚固体系、预应力筋制作设备、穿束设备、张拉设备和灌浆设备等方面取得了很大的进步。预应力技术的成熟使预应力加固的广泛应用成为可能。

当各种工程结构的补强加固越来越多的摆在结构工程师的面前的时候，传统的非预应力加固方法作为一种被动加固法，加固的受力构件只能在原构件受力发展到一定阶段后，才能起作用，因而有一定的局限性。预应力加固法则不同，它是一种主动加固法，它能通过适当的预应力值来改善原结构的应力应变状态，增加结构构件的承载能力，同时可以减小结构的裂缝宽度和挠度，预应力加固还能改善结构的使用性能。对于钢筋混凝土桥、预应力混凝土梁桥或板桥，采用对受拉区施以体外预加力进行加固的方法，可以抵消部分自重应力，起到卸载的作用，从而较大幅度地提高梁的承载能力。

在桥梁加固领域中，体外预应力加固法已愈来愈受到人们的关注，它克服了采用其他方法加固时加固材料中普遍存在的应力滞后的弱点，保证了新旧材料和结构的整体性与协同工作。工程实践表明，采用体外预应力法加固桥梁结构，不仅能提高承载力，还可以减小挠度和裂缝宽度，提高结构的弹性恢复能力，而且具有施工简便、不占用空间等特点。并且其加固效果显著可靠，具有明显的经济效益和社会效益。

一、体外预应力加固技术在国外的发展

1993 年，K. H. Tan 和 A. E. Naaman 采用压杆和拉杆模型分析计算了受跨中集中荷载作用，且在跨中设置用来固定预应力筋位置的鞍座的体外预应力混凝土简支梁的极限强度。

1993 年，Mohamed H. Harajli 进行了 16 片梁的疲劳试验。他将这些普通混凝土梁加循环荷载直至破坏，然后施加体外预应力，单调加载至破坏。试验结果表明：体外预应力能够增加梁的抗弯强度，且并不降低梁的延性和极限变形；它可用来有效地控制裂缝和改善梁在使用荷载下的挠度；它可以增加梁的使用寿命等。体外预应力是加固和改善混凝土构件的一种很有效的技术。

1995 年，Gonzalo Ramos 和 Angel C. Aparicio 采用数值模型分析了体外预应力混凝土桥。这种方法可以计算分析简支、连续、整体或节段式体外预应力混凝土梁桥，并可分析在任何荷载水平下的预应力钢筋的真实应力。

1997 年，Kiang-Hwee Tan 和 Chee-Kloon Ng 通过试验分析了 6 片 T 形钢筋混凝土梁用体外预应力技术加固后的抗弯强度。试验结果表明：没有设置转向块的加固试验梁，由于偏心距的改变而引起的二次效应，产生了满意的受力行为和极限荷载行为；对于截面尺寸和配筋指标相同的试验梁，施加相同的有效预应力，如果增加预应力筋的面积，虽受力行为相似，但是强度提高，破坏时延性降低。

1998 年，Kiang-Hwee Tan 和 Chee-Kloon Ng 试验分析了 7 片预应力筋沿梁长直线布置的 T 形梁，每片梁在跨中设置转向块，并采用压、拉杆模型来分析加固构件的破坏形式和极限强度，试验表明，此计算模型能够准确地预测体外预应力混凝土梁的极限强度和破坏形式。

1999 年，M. Harajli，N. Khairallah，和 H. Nassif 编制了计算机程序，研究了体外预应力混凝土梁的非线性力学行为。通过参数化研究方法，评估了几种对体外预应力混凝土梁的强度和变形有影响的重要设计参数。这些参数包括：体外筋的预拉力、转向器的设置、体外筋的纵向设计、外荷载的种类等。

二、体外预应力加固技术在国内的发展

1985 年，张晓漪等通过试验分析了 17 根体外预应力加固混凝土梁，其中 9 根甲类构件，主要研究正截面工作效果；另外的 4 根乙类构件，用于观察斜截面工作效果；其次的丁类构件和丙类构件各两根，用于观察体外预应力对 T 形梁截面的工作效果的影响。试验研究了其工作特性及计算方法，即将预应力筋的作用视为内力，通过理论分析和试验，论证了不同荷载阶段这种无黏结力的预应力混凝土梁的设计原则，推导出了设计需要的各种计算公式。

1992年，铁道部科学研究院的牛斌等人通过10片体外预应力混凝土梁的试验，建立了体外预应力混凝土梁受弯条件下全过程非线性分析的计算方法和计算机程序。计算结果表明，该计算方法可以较好地反映此类构件受弯条件下的规律，为进一步深入研究体外预应力混凝土结构提供了理论分析的依据。

1993年，杜世生、叶见曙、赖国麟等提出了体外预应力加固钢筋混凝土简支梁的抗弯极限强度的计算方法。该方法假设破坏阶段时，在最大弯矩截面附近形成一个塑性区，将这个塑性区理想化为一个铰，并以破坏截面中性轴位置为铰的中心，把结构的变形看作是由以此点为铰所联结的相邻两部分沿相反方向的转动而产生的。从而可决定预应力筋的极限应力，计算结构的极限强度。

1995年，单成林利用无黏结预应力结构原理，提出体外预应力结构预应力筋的应力增量的计算公式，以及截面应力的计算方法。

1997年，黄侨、张树仁等通过试验分析了12片钢筋混凝土梁。其中7片甲类配筋指标和截面尺寸完全相同的梁，用于抗弯试验；另外5片乙类配筋指标和截面尺寸完全相同的梁，用于抗剪试验。验证了体外索加固体系在正常使用阶段的应力、裂缝以及挠度计算方法的正确性；探讨了体外索斜钢筋极限力的合理取值及体外索水平钢筋极限应力的合理取值；分析了体外索加固体系的极限破坏机理，并建立了极限强度计算方法。

1999年，同济大学的徐栋、项海帆等人建立了能够对各种预应力混凝土结构进行全过程受力分析的通用计算模型，对影响体外预应力结构力学性能的主要因素进行了参数分析，包括整体施工或节段施工、体内配束或体外配束、钢束与结构有黏结或无黏结对结构力学性能的影响，并讨论了改善其极限荷载阶段力学性能的方法。

1999年，同济大学预应力研究所的孙海、黄鼎业、王增春等人根据4根体外预应力简支梁的试验，得出体外预应力简支梁在非线性状态下的反应，并利用大变形条件下的杆件结构变形推导了包括几何非线性和材料非线性的单元刚度矩阵，同时编制了非线性有限元程序进行验证。

三、本章主要研究内容

本章对于以钢筋混凝土梁桥为代表的梁桥的加固技术研究、实践开展了以下科研活动。

1. 钢筋混凝土空心板梁桥的常见病害特点及机理分析

阐述了普通钢筋混凝土空心板梁桥的常见病害，并通过设计、施工和使用3个方面对病害的产生进行了详尽的分析，并对各种病害的相互关系以及对普通钢筋混凝土空心板梁桥的危害进行了总结。

2. 体外预应力加固普通钢筋混凝土空心板梁桥的理论分析

通过对普通钢筋混凝土空心板的破坏全过程进行分析，对比了体外预应力加固普通钢筋混凝土空心板前后的优缺点，并总结出了体外预应力加固普通钢筋混凝土空心板的计算公式。

3. 体外预应力加固普通钢筋混凝土空心板梁式桥的试验

详细介绍了体外预应力加固空心板试验的全过程，包括以下内容：试验目的、试验板加固前后的制作过程、试验板的测点布置、加载制度等，并根据试验结果绘制了混凝土的荷载—应

变曲线、非预应力钢筋的荷载—应变曲线、荷载—挠度曲线、预应力筋的荷载—应变曲线。通过对试验结果的分析，阐述了影响体外预应力加固空心板的各种因素。

4.设计方法、施工工艺

5.体外预应力加固技术应用实践

第二节　体外预应力加固空心板梁桥理论分析

本节将从空心板梁桥的裂缝发生发展、结构破坏的全过程出发，提出体外预应力加固空心板梁桥的加固方法，这种方法是充分利用空心板的两个孔洞空间，进行体外预应力的施加，能够显著地改善空心板梁桥的一些缺陷，从而进一步提高空心板梁桥的承载力。

一、空心板梁桥的破坏过程

钢筋混凝土空心板在一次荷载作用下的破坏过程根据其荷载—挠度曲线大致可分为不开裂弹性、开裂弹性和塑性三个阶段：第一阶段，梁体没有出现裂纹；第一阶段进入第二阶段梁出现开裂；第二阶段，梁体出现宏观裂纹，梁带裂纹工作；第二阶段进入第三阶段是由于普通钢筋屈服引起的；第三阶段，裂纹急剧开展，纵向受力钢筋的应力维持在屈服强度不变(见图 3-1)。

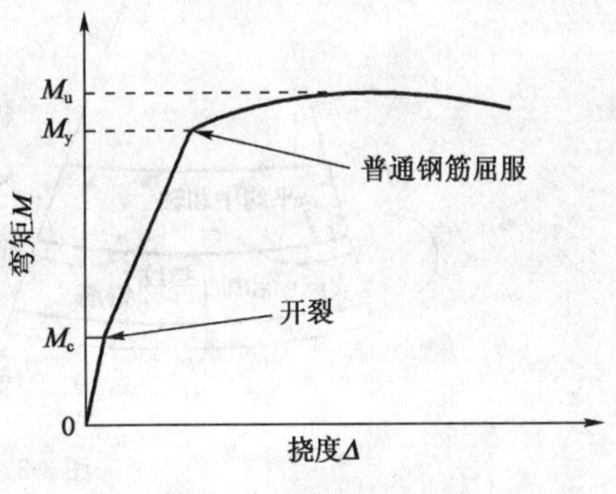

图 3-1　荷载—位移曲线

实践表明：在不大的荷载作用下，结构受拉区开裂，裂纹出现后，钢筋混凝土结构仍能承受较大的荷载。一般情况下，钢筋混凝土结构都是带裂纹工作的。

裂纹出现后，特别是宏观的裂纹出现后，结构的受力情况将产生很大的变化，这主要表现在以下几个方面：

(1)钢筋受力和所处状态的变化

裂纹出现后，裂纹截面处的混凝土不再承受拉应力，在裂纹处截面内力矩的拉力完全由钢筋承受。而在没有裂纹的地方，拉力则由钢筋和混凝土共同承受，这样在裂纹处钢筋应力有一个由较大到突然变大的过程，钢筋的应变也随之增大。由于裂纹处混凝土不再参与受拉，混凝土的应变为零，结构中裂纹处钢筋和混凝土将不再协调变形，这就预示着钢筋和混凝土的黏结在裂纹附近遭到破坏。黏结破坏的结果：一方面使裂纹处的混凝土由原来的一个整体变为破碎的联系不强的部分；另一方面，使钢筋在局部范围拉长很多，钢筋应力的增长较大。事实上，钢筋混凝土结构破坏时，钢筋往往是在混凝土开裂处等局部位置屈服，其他位置的钢筋并未充分地发挥强度。

(2)受拉区混凝土作用的变化

钢筋混凝土结构出现裂纹后，裂纹处的混凝土不再承受拉应力，并且在裂纹处混凝土对钢筋的保护作用也随着裂纹宽度的增加而逐渐降低。虽然在无裂纹处钢筋和混凝土仍然协调变形，但结构的承载能力主要取决于裂纹处钢筋的抗拉性能。实际上，此时受拉区的混凝土仅起保证钢筋位置、维系结构整体性的作用。裂纹发展，暴露了受拉区的混凝土的副作用——增加了结构自重，相应地减小了结构的相对承载能力。所以现在的结构中，一般都尽量减少受拉区的面积，以减轻自重。

(3)结构刚度的变化

裂纹出现后，在裂纹处，由于混凝土退出受拉工作，截面的中性轴上移，在该截面处截面的抗弯惯性矩大大降低。随着裂纹的发展和其他裂纹的出现，在结构的很多截面上，都会出现中性轴上移的情况[见图 3-2a)]。

由于结构的变形在很大程度上取决于薄弱截面，因此当裂纹出现后，结构的总体刚度将迅速下降[见图 3-2b)]，并随着裂纹的发展而继续下降。

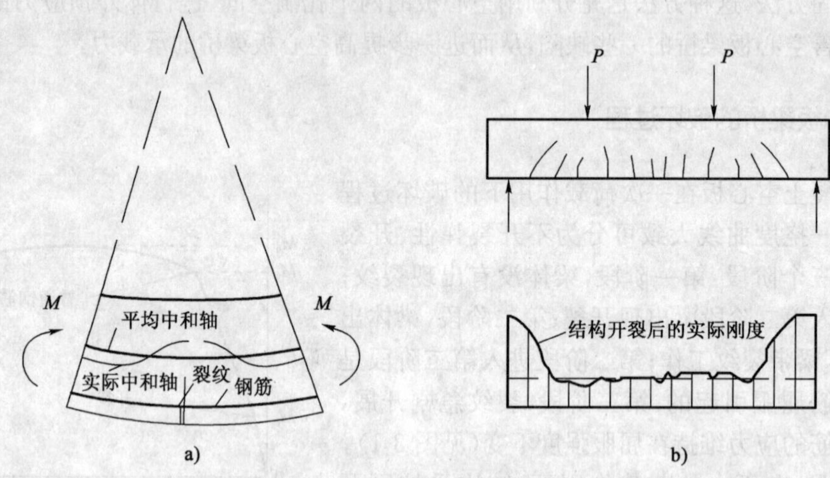

图 3-2 裂纹扩展后结构刚度的变化

(4)结构的使用性能下降

刚度的降低使结构在荷载作用下挠度变大，增大了动荷载的冲击作用；抗剪能力降低使结构的安全系数降低；大量裂纹的出现和挠度的变大使车辆驾驶员和行人产生不安全感；另外，梁体的变形又影响梁体以上部分(如桥面、桥面铺装)的工作状态，产生新的病害。总之，一旦结构中出现裂纹，结构的使用性能将大大降低，并随着裂纹的发展进一步地恶化。

1.普通钢筋混凝土梁桥的力学特点

钢筋混凝土结构是由两种力学性能完全不相同的材料——钢筋和混凝土结合的整体，二者共同发挥作用的一种建筑结构。混凝土硬结后如同石料，抗压强度很高，抗拉强度很低，而钢筋的抗压和抗拉强度都较高。

当混凝土梁(无钢筋加强)承受荷载时，中和轴(中性轴)以上部分受压，中和轴以下部分受拉。随着荷载的增大，梁中的压应力和拉应力都随之增大，当荷载增到某一数值时，梁的下截面边缘的拉应力达到临界值，等于混凝土的抗拉强度，此时混凝土梁的底部将出现裂纹，尽管此时受压区混凝土的压应力还远远小于其抗压强度，裂纹仍然迅速向上发展，梁随即破坏。

钢筋混凝土结构充分利用了混凝土优良的抗压性能和钢筋优良的抗拉性能。在钢筋混凝土结构中,钢筋和混凝土之间存在着机械咬合力、握裹力和化学黏结力。另外,钢筋和混凝土的温度膨胀系数相近,因此,钢筋和混凝土能够共同工作,承载力较纯粹的混凝土结构大为提高,是比较优异的受力结构,因此被广泛地应用于土建工程中。

2.普通钢筋混凝土结构的主要缺点

(1)抗裂性能差。混凝土容易开裂是一个重要的缺点,配置钢筋可以大幅度地提高钢筋混凝土结构的承载能力,但开裂荷载提高不多,往往会带裂纹工作,使其很多方面的性能大为降低。混凝土是一种非匀质、各向异性的非线弹性材料,它的抗压强度高,但抗拉强度很低,仅为抗压强度的约 1/10,所以其抗裂性能较差。结构在外荷载作用下,常常不可避免地在一些部位产生拉应力,同时,由于混凝土的干缩特性,其本身也常常在混凝土构件内产生一定的拉应力,这使混凝土结构在施工及使用阶段较易出现裂缝,影响结构的正常使用及其美观和耐久性。

(2)自重大。钢筋混凝土结构的截面尺寸很大,因此自重较大,这大大影响了其跨越能力和抗震性能。混凝土结构自重大,混凝土的开裂将导致构件刚度进一步下降,并因裂缝开展导致其变形增大,而结构的正常使用要求又限制了结构的容许变形,因而常常由于构件在使用中可能出现的过大变形,限制了结构承载力的提高。

3.普通钢筋混凝土结构的主要优点

(1)就地取材。砂石材料在钢筋混凝土结构中所占的比例很大,砂石材料到处都是,易于就地取材;另外,许多工业废渣(如粉煤灰、矿渣)可以加入混凝土中,一方面可以解决环境污染问题,另一方面可以减轻结构自重。目前我国水泥产地比较多,钢铁工业发展迅速,钢筋用量相对较少,易于运输。

(2)耐久性。钢筋混凝土结构中的混凝土强度随时间的推移不断增长,钢筋处于混凝土的保护之中,一般不会锈蚀,因此正常情况下钢筋混凝土结构的耐久性是很好的。但对于处于侵蚀质条件下的钢筋混凝土结构,需要采取措施以保证其耐久性。

(3)耐火性。因为混凝土不易传热,钢筋处于混凝土内部,因此在火灾情况下,钢筋不至于很快达到软化温度而失去承载力,耐火性较钢结构性能好。

(4)整体性强。钢筋混凝土结构一般情况下具有较好的整体性,抗振动性能较好。

(5)可塑性。新拌的混凝土具有可塑性,可以根据需要将钢筋置于设计好的模板中,浇筑成任何形状和尺寸的钢筋混凝土结构。

二、体外预应力加固空心板梁桥的力学分析

由于受体外预应力的作用,在同样荷载作用下,梁的变形减小了。既体外预应力加固混凝土结构在承受了相当大的荷载后仍然可以不产生裂缝,或推迟裂缝的出现,并减小裂缝宽度。这样,也就大大提高了结构构件的抗裂性能,同时,也使结构构件中混凝土和钢筋各自的特性得到发挥。

与普通钢筋混凝土结构相比,体外预应力加固混凝土结构有许多优越性,主要包括:

①改善结构使用阶段的受力性能。在受弯构件中,可采用预应力延缓结构裂缝开展,并降低较高荷载水平时的裂缝宽度;也可采用预应力降低甚至消除使用荷载下构件的挠度,即可通

过适当的预应力有效地控制混凝土构件在使用阶段的性能。

②减少构件变形，增强结构抗裂及抗渗性能，提高结构耐久性。由于在结构的受拉区施加了预压应力，在同样的荷载作用下结构的变形大大减小，因而增强了结构的抗裂强度。同时，由于结构变形的减小，相应的裂缝宽度也得到减小，进而增强了结构的抗渗性能。

③节约建筑材料、减轻结构自重、降低工程造价。有时在普通钢筋混凝土结构中，钢材的强度远未达到时，构件就已经出现裂缝过宽、挠度过大等问题了，所以，在这种情况下，具有很高屈服强度的钢材几乎不能被充分利用。而使用高预应力结构可有效控制构件使用阶段的特性，同时在整个荷载范围内可获得设计要求的性能。

④提高结构的刚度及抗扭、抗剪性能。当梁体在外荷载的作用下受拉开裂后，混凝土对其承载力($N_u=f_yA_s$)已经不起作用。但是，混凝土的存在使裂缝间的钢筋应力(变)减小，平均应变小于裂缝截面的应变($\bar{\varepsilon}_s<\varepsilon_s$)，减小了梁体的伸长变形($\Delta=\bar{\varepsilon}_s l<\varepsilon_s l$)，亦即提高了梁体的刚度，这一现象称为混凝土的受拉刚化效应。通过在梁体内张拉体外预应力筋后，对于提高梁体本身的刚度和减小裂缝宽度都有重要作用。混凝土开裂后，构件的刚度下降很大，而配置预应力筋后，预应力筋对裂缝的产生和发展均有约束作用，使结构的弹性范围增大，变形减小，相应地增强了结构的刚度，提高了构件的抗扭及抗剪性能。

⑤提高结构的抗疲劳性能。由于预应力筋对裂缝产生和发展有约束作用，同时，由于预应力筋经过张拉后，初始应力已达到了其抗拉强度的70%～80%，故在使用荷载下预应力筋的应力增加很小，变化一般小于10%，也即结构施加预应力后，疲劳应力变化幅度变小，从而提高了结构的抗疲劳性能。

⑥改善结构卸载后的恢复能力。施加体外预应力后，能够改善混凝土恢复变形的滞后现象。从混凝土的受压应力—应变全曲线或包络线上的任一点卸载至应力为零，得完全卸载曲线。每次卸载刚开始时，应力下降较快，而应变恢复很少；随着应力值的减小，变形的恢复才逐渐加快。当应力降至卸载时应力的20%～30%以下时，变形恢复最快。这就是混凝土恢复变形的滞后现象，通过在梁体内张拉体外预应力筋能够降低梁底非预应力钢筋的应力水平，改善混凝土恢复变形的滞后现象。体外预应力加固混凝土构件上的荷载一旦卸去，预加应力就会使结构裂缝完全闭合，也就是说，预应力大大改善了构件的弹性恢复能力。

⑦采用体外预应力对梁体进行加固，能有效地改善梁的受力性能，尤其是当预应力筋的布置与弯矩图相似，采用折线预应力筋时，既可大幅度提高原梁的受弯承载力，又可明显提高原梁的抗剪能力，同时，原梁在体外预应力的作用下，整体性加强，刚度得到提高，能有效地减小裂缝宽度和挠度。

⑧在配筋适量的情况下，一般都是受拉区非预应力筋首先屈服，在非预应力筋屈服之前，梁的变形较小、预应力筋应力增量增加也较小。当载荷继续增大时，预应力筋和受压区混凝土将承担主要外部载荷，这时，预应力筋应力增量增加较大，受压区混凝土应变急剧增大，使梁的变形增大，直到受压区混凝土破碎，梁达到极限承载力。

1. 梁内非预应力筋与体外预应力变化的比较

采用体外预应力加固后，在外荷裁的作用下，梁体内非预应力钢筋的应力经历了加载—卸载—再加载的过程，随着体外预应力的加载，非预应力筋部分或者全部卸载，使用阶段外荷载继续增加，体外预应力和体内非预应力筋的应力共同增长。

施加预应力后，如图 3-3 所示，体外预应力筋替原梁钢筋承担掉一部分应力，使其应力从 C 点退至 D 点，而体外预应力筋应力则从 O'点增至 D'点。当继续加载时，体外预应力筋应力增长速度小于原梁钢筋应力的增长速度，这是因为体外预应力筋应变沿自由长度均匀分布，与同截面混凝土及原钢筋应变不同步。

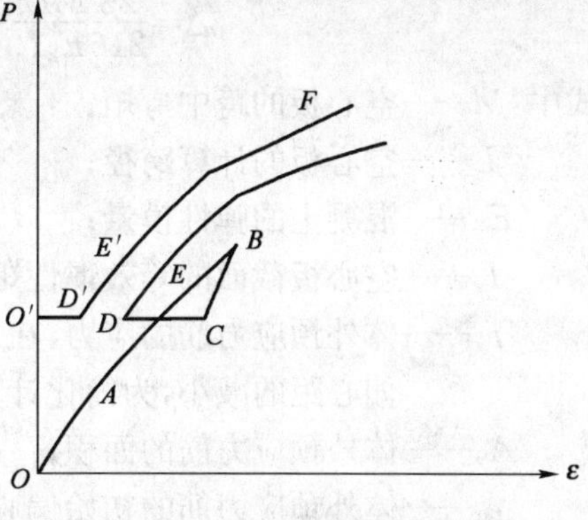

图 3-3　两种钢筋的变化比较图

2. 体外预应力钢筋的二阶效应

(1)二阶效应的概念。在体外预应力混凝土构件中，预应力钢筋布置在混凝土截面之外，只是在转向和锚固区与混凝土截面连接在一起。在直线布筋情况下[见图 3-4a)]，预应力通过两端锚固区传给混凝土截面。在荷载作用下，锚固区之间或锚固区与转向块间钢筋相对于混凝土截面可自由移动，结果导致钢筋偏心距的变化[见图 3-4b)]，这一变化将直接导致体外预应力钢筋应力及梁的抗弯承载力降低，这就是所谓的二阶效应。

(2)二阶效应对体外预应力钢筋的影响

由于体外预应力构件仅在锚固点和转向块处，预应力束在构件截面上的位置相对不变，而在其他位置，体外预应力筋对截面的偏心距随构件的变形而发生变化，因此产生体外预应力的二次影响。由于二次影响的存在，在加载阶段预应力的偏心距会减小 Δ，如图 3-4 所示。这样会降低预应力的作用，从而使梁的刚度降低，挠度增加。因此，计算体外预应力梁的挠度时需考虑二次影响的作用。

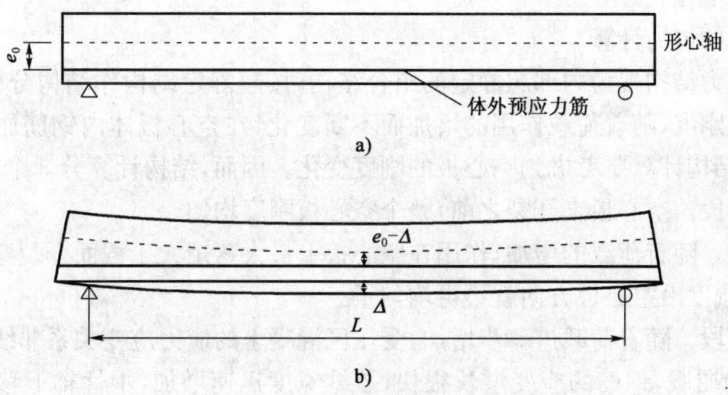

图 3-4　体外预应力加固空心板二次影响示意图

a)未加载阶段；b)加载阶段

(3)二阶效应 Δ 的计算

体外预应力筋偏心距减小的数量，等于对应截面处体外预应力筋的相对向上位移 Δ。由于对配置了适量非预应力筋的混凝土截面，荷载—挠度曲线在钢筋屈服之前表现出线性关系，为简化计算，忽略混凝土拉应力，并假设混凝土消压后为弹性状态。这样就可以利用弹性理论由跨中弯矩来计算 Δ，根据体外预应力加固空心板在两点加载的受力情况，Δ 可由式(3-1)来计算

$$\Delta=\frac{23}{216}\frac{ML^2}{E_k I_e}-\frac{1}{8}\frac{f_y A_y e_0 L^2}{E_k I_e} \qquad (0\leqslant M\leqslant M_y) \tag{3-1}$$

式中：M——空心板的跨中弯矩；

L——空心板的计算跨径；

E_k——混凝土的弹性模量；

I_e——空心板截面的等效惯性矩；

f_y——体外预应力筋的应力，在加载过程中，f_y随着弯矩的增大而增大，考虑二次影响对偏心距的减小，为简化计算，在计算中 f_y的值取体外预应力筋的初始张拉值；

A_y——体外预应力筋的面积；

e_0——体外预应力筋的初始偏心距。

3.加固体系的受力分析

体外预应力加固普通钢筋混凝土空心板可以简化为一个带柔性拉杆的一次内部超静定结构。混凝土空心板各截面上的内力取决于体外力筋的作用与外加荷载的作用。外加荷载作用产生的内力可以通过静定分析求出，所以体外预应力空心板的力学分析关键在于确定体外预应力筋的应力情况。只要确定了预应力筋的应力，混凝土空心板截面应力分析问题就成了一般钢筋混凝土空心板的应力分析问题。由于体外预应力筋初始有效应力是已知的，故只要确定作用在体系上荷载变化时预应力筋应力的变化量，就可以计算出体外预应力筋的应力。在体外预应力加固空心板中，体外预应力筋设置在空心板截面的两个孔洞内，只在锚固端与空心板相联结。在荷载作用下，预应力筋相对空心板截面是自由滑动的，平截面假定对于预应力筋就不成立了。因而，体外预应力筋在荷载作用下的应力变化取决于整个结构的变形以及它的作用力偏心距的变化。

1)加固体系的内力计算

将体外预应力结构视为内部超静定的组合结构，按超静定结构作结构分析。但这种组合结构中空心板的刚度，随着荷载作用的增加而不断变化，在空心板体内钢筋屈服时，空心板表现为塑性，所以结构计算要考虑到空心板的刚度变化。因而，结构计算分 3 个阶段进行：

①线弹性阶段。空心板未开裂之前，整个空心板刚度均匀。

②开裂阶段。随着荷载的增加，作用在空心板上最大弯矩大于截面开裂弯矩，这时空心板出现裂缝，截面刚度沿空心板方向就不再均匀了。

③非线性阶段。随着荷载进一步增加，受压区混凝土的应力应变关系非线性更加明显，体内受拉钢筋开始屈服，钢筋的应变增长很快，裂缝宽度迅速增加，中性轴上移，受压区高度变小，受压区混凝土被压屈，这时空心板截面的刚度几乎为零，不能再抵抗荷载增量。

一般来说，在设计使用荷载作用下，第三阶段不会出现，故在此只针对体外预应力空心板上述前两阶段，分析体外预应力筋应力变化情况。

组合体系在线弹性阶段，梁体应力应变表现为线性变化，预应力钢筋的应力与荷载也呈线性变化，体系可以视为一次超静定的组合体系，这种组合体系中空心板的刚度可以采用 EI_0。因而可以采用力法来求解此一次超静定结构。

以荷载引起的水平筋拉力增量为变量，切断水平筋而获得基本结构。力法计算图示见图 3-5。

图 3-5 中：

a)图为力法基本结构；

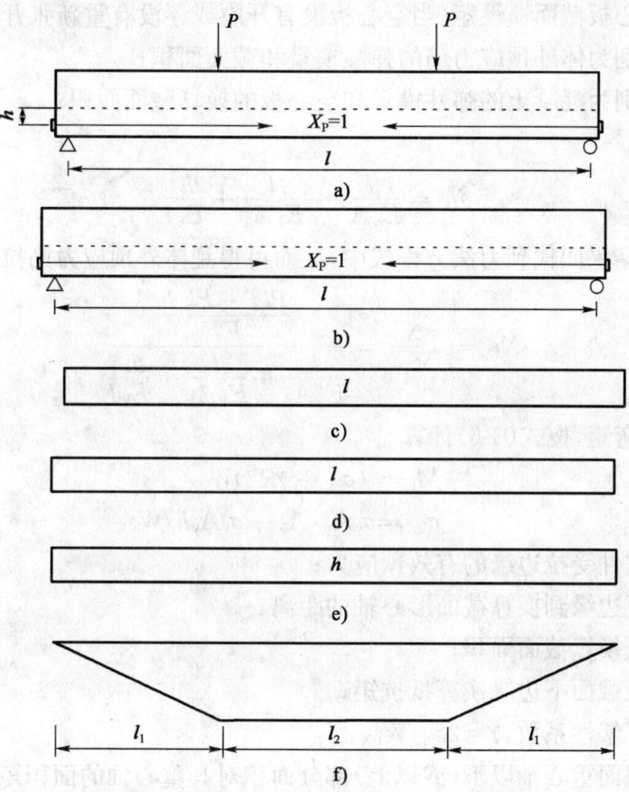

图 3-5　力法计算体外预应力加固空心板的计算图示

a)力法基本结构；b)单位力图；c)体外力筋 N_1 图；d)空心板 N_1 图；e)空心板 M_1 图；f)空心板 M_P 图

b)图为体外预应力筋作用 $X_P=1$ 时，对空心板产生的各项内力；

c)图为单位力对预应力筋产生的拉力；

d)图为单位力对空心板产生的轴力；

e)图为单位力对空心板产生的弯矩；

f)图为仅有两加载点对称的集中荷载作用时，对空心板产生的弯矩。

由力法基本结构图，则得到力法方程

$$\delta_{11}X_1+\Delta_{1P}=0 \tag{3-2}$$

若忽略梁体轴向变形和剪切变形，则荷载变位按式(3-3)计算

$$\Delta_{1P}=\sum\int\frac{M_1M_P}{EI}\,dx=-\frac{\omega h}{EI} \tag{3-3}$$

式中：

$$\omega=Pl_1^2+Pl_1h$$

主变位系数为

$$\delta_{11}=\sum\int\frac{N_1^2}{EA}dx+\sum\int\frac{M_1^2}{EI}dx$$

$$\sum\int\frac{N_1^2}{EA}dx=\frac{l}{E_yA_y}+\frac{l}{E_kA_k} \tag{3-4}$$

$$\sum\int\frac{M_1^2}{EI}\mathrm{d}x=\frac{lh^2}{E_\mathrm{k}I}$$

上述式中：I——空心板截面惯性矩(当空心板没有开裂或还没有重新张开时 $I=I_0$)；

E_y、A_y——分别为体外预应力筋的弹性模量和截面面积；

E_k、A_k——分别为混凝土的弹性模量和空心板的换算截面面积；

由此得

$$\delta_{11}=\frac{l}{E_\mathrm{y}A_\mathrm{y}}+\frac{l}{E_\mathrm{k}A_\mathrm{k}}+\frac{lh^2}{E_\mathrm{k}I}$$

将上述推导的结果回代到力法方程式中，从而可得到体外预应力筋拉力增量的表达式

$$X_\mathrm{P}=-\frac{\Delta_{1\mathrm{P}}}{\delta_{11}}=\frac{\dfrac{Pl_1^2+Pl_1h}{EI}}{\dfrac{l}{E_\mathrm{y}A_\mathrm{y}}+\dfrac{l}{E_\mathrm{k}A_\mathrm{k}}+\dfrac{lh^2}{E_\mathrm{k}I}} \tag{3-5}$$

构件截面开裂弯矩，按式(3-6)计算

$$M_\mathrm{f}=(\sigma_\mathrm{hy}+\gamma R_\mathrm{l}^\mathrm{b})W_{0\mathrm{X}} \tag{3-6}$$

$$\sigma_\mathrm{hy}=\sigma_\mathrm{y}A_\mathrm{y}/A_0+\sigma_\mathrm{y}A_\mathrm{y}h/W_{0\mathrm{X}} \tag{3-7}$$

式中：σ_hy——受弯构件受拉边缘的有效预应力；

h——梁体下边缘到换算截面形心轴的距离；

A_0——空心板换算截面面积；

$W_{0\mathrm{X}}$——空心板截面下边缘换算抵抗矩；

γ——受拉区塑性系数，$\gamma=2S_0/W_{0\mathrm{X}}$；

S_0——换算截面重心轴以下(或以上)部分面积对其重心轴的面积矩；

R_l^b——混凝土的抗拉强度；

σ_y——预应力筋的应力(如果忽略预应力筋的应力增量，则 $\sigma_\mathrm{y}=\sigma_\mathrm{ye}$)。

当外加荷载引起的截面弯矩 $M_0>M_\mathrm{f}$ 时，由于梁体开裂，沿梁长方向，各截面上的刚度就不均等了，沿梁长方向上存在开裂截面和不开裂截面，而且开裂截面的换算截面惯性矩 I_a，由于其中性轴的位置随外荷载和预加应力的大小等的不同而沿截面变动，开裂截面的形心轴也随之变动，导致 I_a 也随之变动。梁体处在开裂工作状态下，鉴于上述沿梁长的截面惯性矩不均等原因，当外加荷载引起梁体跨中截面的弯矩 $M_0>M_\mathrm{f}$ 时，刚度采用 $E_\mathrm{k}I_\mathrm{e}$，I_e(为截面有效惯性矩)按式(3-8)计算

$$I_\mathrm{e}=I_\mathrm{cr}+(I_0-I_\mathrm{cr})\left[\frac{M_\mathrm{cr}}{M}\right]^3\leqslant I_0 \tag{3-8}$$

式中：M_cr——空心板未加固时的开裂弯矩；

M——混凝土跨中截面承受的弯矩，其值为 $M_0\sim M_\mathrm{f}$。

2)预应力损失分析

通过以上对空心板的分析，现对体外预应力加固钢筋混凝土空心板的预应力损失进行详细的分析，参考现行《公路钢筋混凝土及预应力混凝土桥涵设计规范》(JTG D62—2004)(下面简称《公路桥规》)，应考虑下列因素引起的预应力损失：

①预应力钢筋与结构体之间的摩擦引起的预应力损失 σ_s1；

②锚具变形引起的预应力损失 σ_{s2}；

③外界环境温度升高引起的预应力损失 σ_{s3}；

④分批张拉预应力钢筋引起的预应力损失 σ_{s4}；

⑤预应力钢筋的松弛引起的预应力损失 σ_{s5}；

⑥混凝土的收缩和徐变引起的预应力损失 σ_{s6}。

体外预应力钢筋的各项应力损失可根据试验数据确定。如无可靠的试验资料，可按下列方法计算。

(1)摩阻力引起的预应力损失 σ_{s1}

摩阻力引起的损失因体外预应力钢筋的构造形式不同而异。针对本书的加固方式，由于采用的是直线配筋，并且考虑到空心板的孔洞比较光滑，所以认为这时摩阻力引起的预应力损失 $\sigma_{s1}=0$。

(2)锚具变形引起的预应力损失 σ_{s2}

由锚具变形引起的预应力损失可按《公路桥规》(JTG D62—2004)中的公式计算，即

$$\sigma_{s2}=\frac{\sum\Delta l}{l}E_y \tag{3-9}$$

式中：l——体外预应力钢筋的有效长度；

Δl——一个锚具的变形值，如无实测资料可按《公路桥规》(JTG D62—2004)中表 6.2.3 取值；

E_y——预应力钢筋的弹性模量。

对于体外预应力钢筋的有效长度取值，考虑到为直线配筋，并且中间无任何附属设施，因此取两端锚固点之间的长度。

(3)温度引起的损失 σ_{s3}

桥梁体外预应力加固体系中，当外界环境温度高于施工张拉温度时，由于钢筋与混凝土的线膨胀系数不同，将引起预应力钢筋中的应力损失。此项损失可按式(3-10)计算。

$$\sigma_{s3}=(a_y-a_h)\Delta t E_y \tag{3-10}$$

式中：Δt——年最高温度与施工时的温度差；

a_y,a_h——分别为预应力钢筋和混凝土的线膨胀系数，如无实测资料时，可取 $a_y=1.2\times10^{-5}$，$a_h=1.0\times10^{-5}$。

由于预应力钢筋与混凝土的线膨胀系数相差较小，且春、夏季施工时与年最高温度的温差较小，又由于钢筋被放在空心板的孔洞内，且与梁体混凝土无黏结，因而该项损失的计算结果也较小。

(4)分批张拉引起的预应力损失 σ_{s4}

在桥梁体外预应力加固施工中，由于张拉力的读值是在梁体已发生弹性压缩的情况下测取的，因此，由预加力引起的梁体混凝土弹性压缩不再引起预应力损失。

在活载作用下，荷载将引起体外预应力钢筋中的拉力增量 X_p。但无论采用力法还是虚功法计算 X_p时，均已考虑了梁体的变形协调及体系的内力平衡。因此，活载拉力增量 X_p亦不会引起体外预应力钢筋中的混凝土弹性压缩损失。

体外预应力钢筋张拉时所产生的混凝土弹性压缩量，是在张拉过程中完成的，故对于一次

张拉完成的加固结构,混凝土弹性压缩不会引起应力损失。但是,对于加固体系中预应力钢筋较多的情况,一般是采用分批张拉锚固,并且多数情况是采用逐束进行张拉锚固的。这样,当张拉后批筋束时所产生的混凝土弹性压缩变形,将使先批已张拉并锚固的筋束产生应力损失。通常称此为分批张拉应力损失,以 σ_{s4} 表示。《公路桥规》(JTG D62—2004)规定,σ_{s4} 可按式(3-11)计算:

$$\sigma_{s4}=n_y\sum\Delta\sigma_{k1} \tag{3-11}$$

式中:n_y——预应力筋束与混凝土的弹性模量之比;

$\Delta\sigma_{k1}$——在计算截面先批张拉筋束重心处,由于随后张拉各批筋束产生的混凝土正应力之和。

由于本书的加固体系为直线配筋,筋束在各截面的相对位置始终保持不变,因此各截面的"$\Delta\sigma_{k1}$"也保持不变。

(5)钢筋松弛引起的预应力损失 σ_{s5}

体外预应力钢筋张拉后将发生松弛损失,按《公路桥规》(JTG D62—2004)中的公式计算,得

$$\sigma_{s5}=\mu\sigma_k \tag{3-12}$$

式中:μ——钢材松弛系数。

σ_{s5} 取值方法如下:

①对于冷拉粗钢筋

一次张拉 $\sigma_{s5}=0.05\sigma_k$

超张拉 $\sigma_{s5}=0.035\sigma_k$

②对于钢丝、钢绞线

一次张拉 $\sigma_{s5}=0.07\sigma_k$

超张拉 $\sigma_{s5}=0.045\sigma_k$

(6)混凝土收缩与徐变引起的应力损失 σ_{s6}

因旧桥混凝土的收缩在长期使用过程中已基本完成,在长期恒载作用下的混凝土徐变也已基本完成,体外预应力加固体系并不会使桥梁恒载增加许多,且使原梁受压区的应力明显减小。因此,混凝土徐变也基本停止,即可近似取混凝土收缩、徐变损失 $\sigma_{s6}=0$。

于是,体外预应力加固钢筋混凝土空心板中预应力钢筋总的应力损失为

$$\sigma_s=\sigma_{s1}+\sigma_{s2}+\sigma_{s3}+\sigma_{s5} \tag{3-13}$$

上述各项按其发生的时间的先后亦可分为两组:

①预加应力阶段发生的第一组损失

$$\sigma_s^{\mathrm{I}}=\sigma_{s1}+\sigma_{s2}$$

②使用荷载作用阶段发生的第二组损失

$$\sigma_s^{\mathrm{II}}=\sigma_{s3}+\sigma_{s5}$$

体外预应力加固钢筋混凝土空心板中的有效预应力为

$$\sigma_y=\sigma_k-\sigma_s \tag{3-14}$$

式中:σ_k——张拉控制应力;

σ_y——有效预应力;

σ_s——预应力损失总量，亦可分阶段表示为σ_s^{I}和σ_s^{II}。

3)加固体系正常使用阶段计算

用体外预应力加固的钢筋混凝土梁，由于原梁在使用过程已经出现了裂缝，并且用体外预应力加固之后，只能延缓或推迟裂缝的出现。所以在设计荷载作用下结构会出现裂缝，这时，按部分预应力混凝土B类构件进行应力验算。

对于加固体系，除应控制混凝土的压、拉应力之外，还应对原梁中的钢筋应力以及预应力筋的应力进行计算与控制，以确保加固体系中各控制点的应力状态满足设计要求。

(1)混凝土应力验算

体外预应力加固普通钢筋混凝土空心板梁桥，混凝土开裂后的中性轴位置不仅与截面尺寸、材料性质有关，还与预加力和荷载的大小有关。利用开裂后部分预应力混凝土构件的应力分析方法，将仅由有效预加力N_y作用下混凝土变形为①，为达到混凝土全截面消压状态②，须在体外预应力钢筋重心处对梁体施加拉力N_y+N_{y0}，其中N_{y0}是为消除由N_y引起的混凝土弹性压缩，在体外预应力筋中人为施加的虚拟拉力，如图3-6所示。

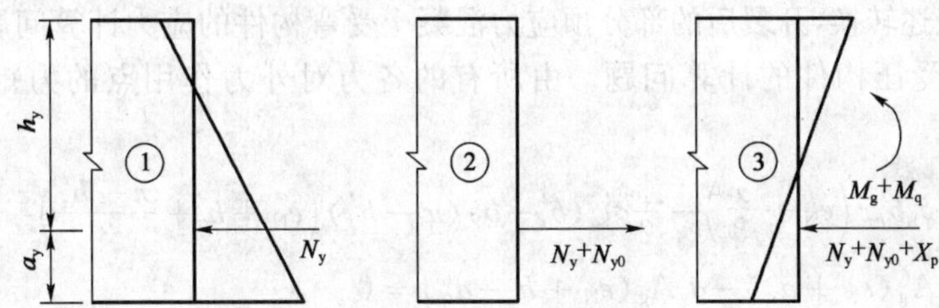

图3-6　混凝土全截面消压计算式

考虑到体外预应力加固梁与体内预应力混凝土梁的差异，虚拟力N_{y0}可采用虚功方程求出。在有效预加力N_y的作用下，梁体混凝土将产生弹性压缩，即在板两端中心间产生相对压缩变形Δ_k。为求得此变形，在两端中心施加相向单位力$X=1$，由此引起的梁中段内力为：轴力$\overline{N}_1=1$；弯矩$\overline{M}_1=h_2$。

由有效预加力N_y引起的梁中段内力为：轴力$N_p=N_y$；弯矩$M_p=N_y h_2$。

由虚功方程可得

$$\Delta_k=\int_0^l \frac{N_1 N_p}{EA}dx+\int_0^l \frac{M_1 M_p}{EI}dx$$

代入各项内力并积分得

$$\Delta_k=\frac{N_y l}{EA}+\frac{N_y l h_2^2}{EI}=\frac{N_y l}{E_k A_0}\left(1+\frac{A_0}{0.85 I_0}h_2^2\right) \tag{3-15}$$

与该变形相应的预应力筋中虚拟压力N_{y0}为

$$N_{y0}=\frac{\Delta_k}{l}E_y A_y \tag{3-16}$$

在消压状态下，体外预应力筋中总拉力为N_y+N_{y0}。在此基础上，再考虑恒载弯矩M_g、活载弯矩M_q及拉力增量X_p的影响。在M_g、M_q、X_p、N_y+N_{y0}共同作用下，混凝土截面产生变形状态③(见图3-6)。

为简化计算，可以用一个至梁顶面距离为e_N，合力大小为R_N的集中力来代替原有力系的

作用，如图 3-7 所示。根据力的等效原则可求得

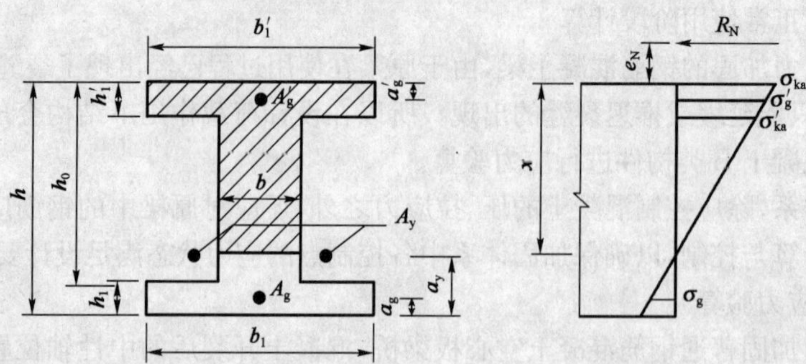

图 3-7 开裂截面的应力计算图示

$$\left.\begin{aligned}R_N &= N_y + N_{y0} + X_p \\ e_N &= \frac{M}{R_N} - h_y\end{aligned}\right\} \tag{3-17}$$

于是，经过上述转换，开裂后的部分预应力混凝土受弯构件的应力计算问题，就转变为钢筋混凝土大偏心受压构件的计算问题。由所有的各力对外力作用点的力矩平衡条件，即$\sum M_{R_N}=0$，可得

$$\begin{aligned}&\frac{1}{2}\sigma_k b'_i x\left(e_N + \frac{x}{3}\right) - \frac{1}{2}\sigma'_{ka}(b'_i - b)(x - h'_i)\left(e_N + h'_i + \frac{x - h'_i}{3}\right) + \\ &\sigma'_g A'_g(e_N + a'_g) - \sigma_g A_g(e_N + h - a_g) = 0\end{aligned} \tag{3-18}$$

根据平截面假设有

$$\sigma'_g = \frac{x - h'_i}{x}\sigma_{ka} \tag{3-19}$$

$$\sigma'_g = n'_g \frac{x - a'_g}{x}\sigma_{ka} \tag{3-20}$$

$$\sigma_g = n_g \frac{h - x - a_g}{x}\sigma_{ka} \tag{3-21}$$

将式(3-19)、式(3-20)、式(3-21)代入式(3-18)，消去 σ_{ka} 即得一个以 x 为未知数的一元三次方程

$$Ax^3 + Bx^2 + Cx + D = 0 \tag{3-22}$$

其中系数 A、B、C 和 D 按式(3-23)确定

$$\left.\begin{aligned}&A = b \\ &B = 3b\,e_N \\ &C = 6(b'_i - b)e_N h'_i + 3(b'_i - b)h'^2_i + 6n_g A_g(e_N + h - a_g) + 6n'_g A'_g(e_N + a'_g) \\ &D_1 = -(b'_i - b)(3e_N + 2h'_i)h'^2_i - 6n_g A_g(h - a_g)(e_N + h - a_g) - 6n'_g a'_g A'_g(e_N + a'_g)\end{aligned}\right\} \tag{3-23}$$

求解上述方程得到中性轴位置 x 之后，即可由所有力的水平投影之和为零($\sum x=0$)的平衡条件，求出混凝土受压边缘的应力 σ_{ka}

$$\sigma_{ka} = R_N x / S_{01} \tag{3-24}$$

式中：S_{01}——原梁开裂后换算截面对其中性轴 x 的静矩，可按下式计算：

$$S_{01}=\frac{1}{2}b'_ix^2-\frac{1}{2}(b'_i-b)(x-h'_i)^2+(n'_g-1)\times A'_g(x-a'_g)-n_gA_g(h-x-a_g) \tag{3-25}$$

(2)钢筋应力计算

当中性轴位置 x 及混凝土受压边缘的应力 σ_{ka} 确定之后，原梁中非预应力钢筋的应力可由式(3-21)确定，即

$$\sigma_g=n_g\frac{h-x-a_g}{x}\sigma_{ka}$$

式中：n_g——原梁中非预应力受拉钢筋与混凝土的弹性模量比；

h——原空心板的高度。

预应力钢筋中的应力可由下式求出

$$\sigma_{y0}=\sigma_k-\sum\sigma_{si}+\frac{X_p}{A_y} \tag{3-26}$$

(3)应力控制条件

参照现行《公路桥规》(JTG D62—2004)，按上述方法求出的混凝土应力及钢筋应力均应满足规范要求。

4)加固体系的裂缝验算

目前，国内外针对体外预应力加固梁的裂缝研究尚未见报道。考虑到加固体系开裂后其受力状态属于部分预应力混凝土 B 类构件，因此，加固体系开裂后的裂缝宽度计算方法，建议参照部分预应力混凝土构件进行。

体外预应力加固梁的受力性能与采用无黏结预应力筋的部分预应力混凝土梁相似。有黏结普通钢筋的存在改变了纯无黏结预应力梁破坏时只出现一条或几条裂缝的破坏特征。有黏结普通钢筋通过与混凝土的黏结约束，使裂缝间距减小，条数增多，无黏结的预应力筋对混凝土的预压力使裂缝宽度减小，二者各自起着有利于裂缝分布的作用。

5)加固体系的挠度计算

通过以上对体外预应力筋应力增量的分析可见，在外荷载作用下，空心板的挠度取决于外荷载与预应力筋的拉力作用，计算空心板的挠度关键在于计算荷载作用下的预应力筋的拉力及预应力筋的拉力增量。将预应力筋的应力作用视为作用在梁体上的外力，则在荷载作用下，梁体的挠度主要由以下几部分构成：预应力筋的作用 N_y 产生的反拱 f_y，荷载弯矩 M_P 产生的挠度 f_P，预应力筋的拉力增量作用 X_P 产生的反拱 f_{X_P}。上述各项挠度均可按弹性理论计算，其关键是刚度 EI 的取值。如果空心板处在未开裂的线弹性阶段，沿空心板长度方向上截面刚度是均匀的，可取为 EI_0。如果空心板处在开裂工作状态下，刚度的取值为 E_kI_e，I_e 为截面有效惯性矩。

(1)预应力筋的拉力作用引起的反拱 f_y

普通钢筋混凝土空心板受弯构件的向上反拱，是由预加力 N_y 作用引起的。它与外荷载引起的挠度方向相反，故又称为反挠度向反拱度。普通钢筋混凝土空心板由预加力引起的跨中最大的向上挠度，可采用材料力学的方法计算，其具体计算为：

$$f_{\mathrm{y}} = -\int_{0}^{l} \frac{M_{\mathrm{y}} \overline{M}_{\mathrm{x}}}{0.85 E_{\mathrm{k}}' I_{0}} \mathrm{d}x \tag{3-27}$$

式中：M_y——由永存预加力（永存预应力的合力）在任意截面 x 处所引起的弯矩值；

$\overline{M}_x$——跨中作用单位力时在任意截面 x 处所产生的弯矩值；

E_k'——施加预应力时的混凝土弹性模量，可由试验确定；

I_0——构件全截面的换算截面惯性矩。

(2)外加荷载引起的挠度

由图 3-6f)中外加荷载弯矩图和梁在单位力 $P=1$ 作用下的弯矩[见图 3-5e)]可得到跨中挠度

$$f_{\mathrm{p}} = \frac{P}{\gamma_{\mathrm{b}} E_{\mathrm{k}} I_{\mathrm{e}}} \left(\frac{3 l_1^2 l_2}{4} + \frac{l_1 l_2^2}{8} \right) \tag{3-28}$$

式中：γ_b——刚度折减系数。

其他符号意义同前。

体外预应力筋拉力增量作用产生的反拱

$$f_{X_{\mathrm{P}}} = \frac{X_{\mathrm{P}} h}{\gamma_{\mathrm{b}} E_{\mathrm{k}} I_{\mathrm{e}}} \tag{3-29}$$

式中：X_P——体外预应力筋拉力增量作用；

其他符号意义同前。

三、加固体系极限强度计算

1.体外预应力筋极限应力分析

体外预应力筋配置在混凝土梁的体外与配置在体内的有很大的不同，由于梁体受弯变形后产生的挠度会使体外预应力筋的有效偏心距减小，降低体外预应力筋的作用，产生二次影响，对于体外预应力筋自由长度较大的梁，在极限状态下挠度大，二次影响的程度加大，不能忽略。

体外加固体系极限破坏时，只有同时破坏截面的应力状态和结构变形，才能确定体外预应力筋的极限应力。构件破坏时无黏结预应力筋总伸长量一般认为是梁中混凝土变形的积累，而在弯曲变形下混凝土的变形又是集中在塑性区域附近。对于简支梁两点加载，沿梁长的曲率 φ 分布见图 3-8。全梁长由曲率引起的变形，等效成一段曲率为极限曲率 φ_u 引起的变形，所得的这个长度为 L_0 的区域，称为等效塑性区，这个区域的长度，称为等效塑性区长度 L_0。

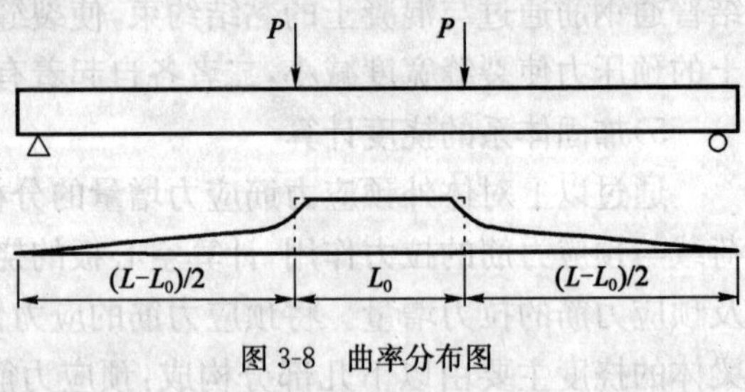

图 3-8 曲率分布图

体外预应力加固普通钢筋混凝土空心板，预应力筋与混凝土是无黏结的，预应力筋的应力作用仅通过两端的锚固点作用在空心板上，所以，预应力筋的应力作用可以视为作用在空心板上的外力。

体外预应力增量的大小取决于梁的整体变形，为了推导体外预应力筋极限应力，采用如下假定：

①体外筋的应力在每一直线段内各处相同；

②体外筋的应力始终在弹性范围内；

③混凝土梁的轴向变形忽略不计。

设梁端的极限转角为 θ_u，锚固点至梁截面形心的距离为 k。由图 3-9 可见，忽略了梁的轴向变形，体外预应筋的伸长量 $\Delta L=\overline{a'b'}-\overline{ab}=2k\theta_u$。则体外预应力筋的应力增量可按式(3-30)计算

$$\Delta\sigma_y=E_p\Delta\varepsilon_y=E_p\frac{\Delta L}{L_p}=\frac{2k\theta_u E_p}{L_p} \tag{3-30}$$

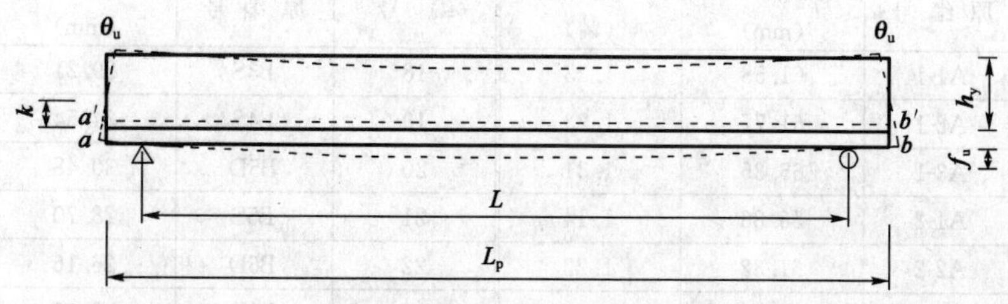

图 3-9　体外预应力增量计算图示

如果体外预应力筋的锚固点在梁的截面形心上面，则式(3-30)中的 k 取负数值。根据塑性铰长度理论，体外预应力混凝土梁在极限状态下的转角和跨中挠度的关系为

$$f_u=\frac{\theta_u(L-Z_p)}{2} \tag{3-31}$$

由式(3-31)可以推出极限转角的表达式

$$\theta_u=\frac{2f_u}{L-Z_p} \tag{3-32}$$

式(3-32)中，Z_p 为塑性铰长度的一半，可以由式(3-33)计算，并取小值。

$$Z_p=\begin{cases}0.5d_e+0.05Z\\0.5(L_0+d_e)\end{cases} \tag{3-33}$$

式中：L_0——梁等矩区的长度；

Z——剪跨长度；

d_e——体外预应力筋和体内受拉钢筋形心到梁顶的距离。

d_e 可由式(3-34)计算

$$d_e=\frac{A_s f_y ds+A_p\sigma_y h_p}{A_s f_y+A_p\sigma_y} \tag{3-34}$$

式中：ds——体内受拉区钢筋形心至截面上边缘的距离；

其他符号意义同前。

2. 关于挠度的计算

由公式计算应力增量时只有一个未知数 f_u，这里 f_u 是体外加固混凝土简支梁在跨中的极限挠度，是个离散性较大的参数，但大量的试验数据研究表明，f_u/L 的比值基本保持为一个常数，从而可以运用公式计算体外预应力筋的应力增量，进而计算体外预应力混凝土简支梁的正截面极限承载力。

作者收集了来自 M. H. Harajli，K. H. Tan 和 Chee－Khoon Ng 及牛斌等国内外学者有关体

外预应力混凝土简支梁的试验数据。表 3-1 中，f_u/L 的平均值是 1.127，标准差是 0.204。如果取 f_u/L 等于平均值减去一倍标准差，则具有 85%的保证率，f_u/L=0.923%。为了计算上的方便，建议采用 1%，即把结构极限破坏时的挠度控制在 1%L 的范围内，得出公式。表 3-1 中，中国的牛斌和新加坡学者的试验采用的是 T 形梁，美国和本书作者的试验采用的是矩形梁，这说明 f_u/L 对于不同的截面形式的体外预应力混凝土梁基本上保持为一个常数，即 f_u=1%L。

关于极限挠度的试验数据　　表 3-1

编　号	原 编 号	f_u (mm)	f_u/L (%)	编　号	原 编 号	f_u (mm)	f_u/L (%)
1	A1-1	61.58	1.23	18	B3S	29.21	0.97
2	A2-1	61.77	1.23	19	B4S	34.54	1.15
3	A3-1	65.35	1.31	20	B5D	30.48	1.02
4	A1-2	56.86	1.14	21	B5S	28.70	0.96
5	A2-2	61.32	1.22	22	B6D	26.16	0.87
6	A3-2	63.83	1.28	23	B7D	32.00	1.07
7	B3-2	69.14	1.58	24	B7S	29.46	0.98
8	T-0	40.00	1.30	25	B8D	30.23	1.00
9	T-1	42.50	1.42	26	B8S	24.89	0.83
10	T-1A	50.00	1.67	27	PB-1	47.09	1.05
11	T-1B	35.50	1.18	28	PB-2	42.13	0.90
12	T-2	40.50	1.35	29	PB-3	44.37	0.99
13	B1D	36.07	1.20	30	PB-4	44.88	1.00
14	B1S	41.06	1.37	31	PB-5	40.00	0.89
15	B2D	31.24	1.04	32	PB-7	47.00	1.04
16	B2S	31.50	1.05	33	PB-7	18.00	0.86
17	B3D	31.24	1.05				

四、加固体系正截面极限承载力计算

用体外预应力筋加固的普通钢筋混凝土空心板梁桥的正截面承载力计算方法可参照现行《公路桥规》(JTG D62—2004)中对钢筋混凝土和预应力混凝土受弯构件的强度计算方法。

1. 基本假定

①原梁经过体外预应力筋加固之后，平截面应变仍保持平面。

②在极限状态下，原梁受拉区混凝土退出工作，全部拉力由原梁内非预应力钢筋和体外预应力筋共同承担，不考虑混凝土的抗拉强度。

③混凝土极限压应变按 ε_0=0.002，相应的最大压应力取混凝土轴向抗压强度设计值 f_c；当压应变 $\varepsilon_0 \leqslant 0.002$ 时，应力与应变关系曲线为抛物线；当压应变 $\varepsilon_0 > 0.002$ 时，应力与应变曲线呈水平线，其极限压应变 ε_{cu} 取 0.003 5，相应的最大压应力取混凝土弯曲抗压强度设计值 f_{cm}，如图 3-10 所示。

④原梁中受拉及受压钢筋的应力分别达到其设计强度 R_g、R'_g。

⑤体外预应力筋在极限状态下的应力达到 σ_y，可以通过上面的公式求出，如图 3-11 所示。

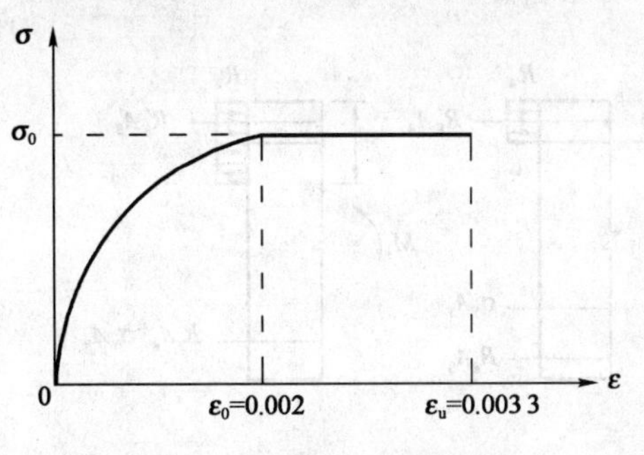

图 3-10　混凝土应力—应变曲线

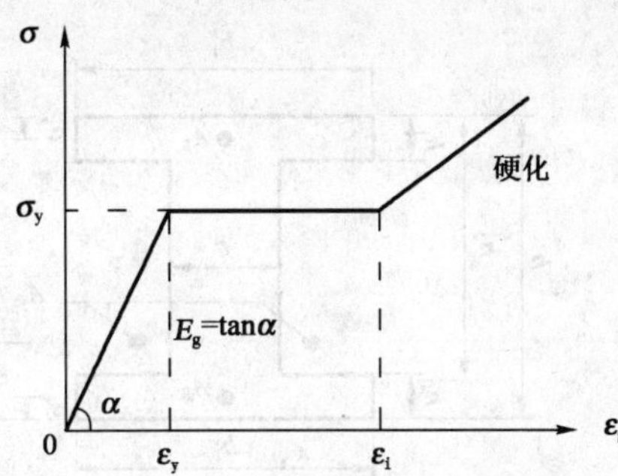

图 3-11　钢筋应力—应变曲线

2. 混凝土和钢材的本构关系

对于混凝土单调加载情况下单向受压的应力—应变关系，国内外学者作了大量研究，提出了许多不同的表达式，如多项式、抛物线加直线、有理分式等。在本书的研究中，采用了 Rusch 方程来描述混凝土材料的本构关系

$$\sigma=\begin{cases}\sigma_0\left[2(\varepsilon/\varepsilon_0)-(\varepsilon/\varepsilon_0)^2\right], & 0<\varepsilon\leqslant\varepsilon_0 \text{ 时(上升段)}\\ \sigma_0, & \varepsilon_0<\varepsilon\leqslant\varepsilon_u \text{ 时(下降段)}\end{cases}\tag{3-35}$$

式中，$\varepsilon_0=0.002$，$\sigma_0=0.85R$，$\varepsilon_u=0.003\,3$，R 为标准立方体(20cm×20cm×20cm)强度。

Rusch 方程在下降段采用水平直线，尽管与实际混凝土和一般配箍筋混凝土的应力—应变关系有些差别，但形式简单，已被 CEB-FIP 采用。

将普通钢筋看作理想的弹塑性材料，忽略强化段的影响，其应力—应变关系为：

$$\sigma_s=\begin{cases}f_{sd} & (\varepsilon\geqslant f_{sd}/E_s)\\ E_s\varepsilon_s & (-f_{sd}/E_s\leqslant\varepsilon_s\leqslant f_{sd}/E_s)\\ -f_{sd} & (\varepsilon_s\leqslant-f_{sd}/E_s)\end{cases}\tag{3-36}$$

式中：σ_s——普通钢筋的应力；

ε_s——普通钢筋的应变；

f_{sd}——普通钢筋的设计强度；

E_s——普通钢筋的弹性模量。

目前在体外预应力加固结构中，均采用高强度钢丝或钢绞线作为预应力筋，这种钢材属于硬钢型，强度较高，但塑性较差，极限变形量较小，无屈服平台。典型的应力—应变曲线如图 3-12 所示。

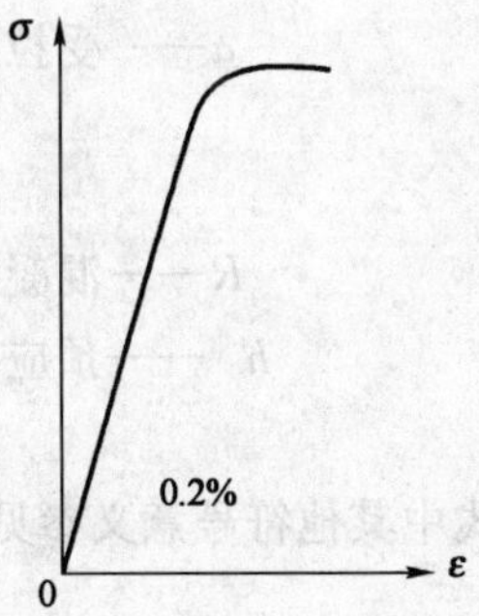

图 3-12　预应力钢筋应力—应变曲线

在进行实际桥梁的截面设计时，常常控制预应力钢筋的数量，使截面不致因预应力筋的失效而破坏，预应力筋基本工作在弹性状态。因此，可将预应力筋视为理想的弹性材料，其应力为：

$$\sigma_p=E_p\cdot\varepsilon_p\tag{3-37}$$

式中：E_p——预应力筋弹性模量。

根据上述假设建立的空心板截面梁的抗弯计算图示如图 3-13 所示。

按上述假设及图 3-13，由平衡方程可得如下两组方程：

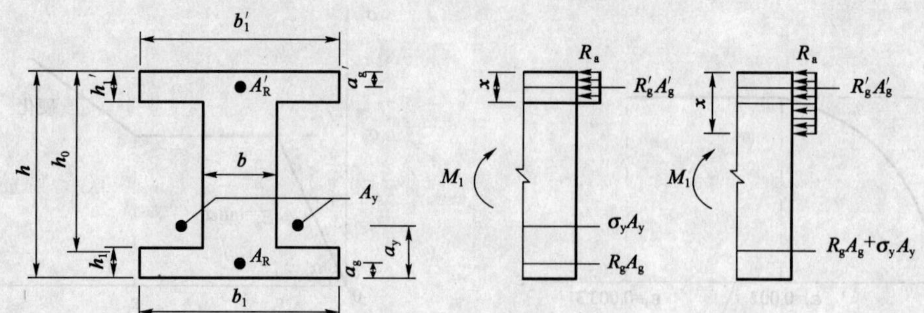

图 3-13　空心板截面梁的抗弯计算图

①当 $x\leqslant h_i'$时为第一类 T 形：

$\sum x=0$，则

$$R_a b_i' x+R_g' A_g'=R_g A_g+\sigma_y A_y \tag{3-38}$$

$\sum M_a=0$，则

$$M_j\leqslant\frac{1}{\gamma_c}R_a b_i' x\left(h_0-\frac{x}{2}\right)+\frac{1}{\gamma_s}R_g' A_g'(h_0-a_g') \tag{3-39}$$

②当 $x>h_i$时为第二类 T 形：

$\sum x=0$，则

$$R_a b_i' x+R_a(b_i'-b)h_i'+R_g' A_g'=R_g A_g+\sigma_y A_y \tag{3-40}$$

$\sum M_a=0$，则

$$M_j\leqslant\frac{1}{\gamma_c}R_a b_i' x\left(h_0-\frac{x}{2}\right)+\frac{1}{\gamma_c}R_a(b_i'-b)h_i'\left(h_0-\frac{h_i'}{2}\right)+\frac{1}{\gamma_s}R_g' A_g'(h_0-a_g') \tag{3-41}$$

上述式中：M_j——按现行《公路桥规》(JTG D62—2004)求出的计算弯矩；

γ_c,γ_s——混凝土及钢材的材料安全系数，按现行桥规取 $\gamma_c=\gamma_s=1.25$；

h_0——原板的有效高度；

a——受拉钢筋 A_g 和 A_y 合力作用点到体外预应力筋重心的距离，按下式计算：

$$a=\frac{\sigma_y A_y(a_g+a_y)}{R_g A_g+\sigma_y A_y} \tag{3-42}$$

R——混凝土柱体抗压设计强度；

h_0——预应力筋和原板非预应力钢筋合力作用点到原板底面的距离

$$h_0=h-a \tag{3-43}$$

式中其他符号意义参见图 3-13。上述公式计算时，可由下面条件判断中性轴位置：

$$R_g A_g+\sigma_y A_y\leqslant R_a b'_i h'_i+R'_g A'_g \tag{3-44}$$

当式(3-44)成立时，为第一类 T 形，即按宽度为 b_i'的矩形截面计算。当式(3-44)不成立时为第二类 T 形，计算时应考虑梁肋混凝土的抗压作用。

式(3-38)～式(3-41)的计算中应满足下列条件：

$$x\geqslant 2a_g' \tag{3-45}$$

$$x\leqslant\xi_{jg}h_0 \tag{3-46}$$

式中：a'_g——受压钢筋合力重心到板顶面的距离；

ξ_{jg}——混凝土受压区高度界限系数，近似按原板非预应力钢筋确定：I 级钢筋，$\xi_{jg}=0.65$（5 号钢钢筋，$\xi_{jg}=0.60$）；II、III 级钢筋，$\xi_{jg}=0.55$（5 号钢钢筋，$\xi_{jg}=0.60$）。

式(3-45)不成立时，说明受压区钢筋应力达不到其抗压设计强度 R_g^i，此时可忽略 A'_g的影响，按单筋截面计算。

式(3-46)不成立时，说明受拉区钢筋应力达不到其抗拉设计强度 R_g，可能出现超筋板的脆性破坏。在此情况下应减少体外预应力筋的截面面积。

第三节　体外预应力加固空心板试验

在理论分析的基础上，课题组进行了体外预应力技术加固普通钢筋混凝土空心板的试验。

一、试验目的

(1)通过体外预应力技术加固普通钢筋混凝土空心板的试验，检验该加固技术在实践中的可行性。

(2)验证该空心板加固后其在正常使用状态下的强度、刚度、裂缝指标改善情况及极限承载力提高幅度。

二、试验概况

本次试验制作了试验空心板两片，分别命名为 A 板和 B 板。试验内容为：

①A 板和 B 板制作完成后，进行静载试验加载至开裂；

②用体外预应力技术对开裂后的空心板进行加固，命名为 A′和 B′；

③A′和 B′加固完成后，再次进行静载试验至结构破坏。

测试两片试验板在两次加载工况下的应变、挠度、裂缝指标，通过比较、分析试验数据即可得出采用体外预应力技术加固空心板的实际效果。

(1)空心板的制作

为了使模型更具有针对性、更好地与实际工程比较，课题组制作的试验空心板结构尺寸与泽错公路上的空心板完全一致，但混凝土强度等级取为 C20。空心板的跨中截面配筋图如图 3-14所示。

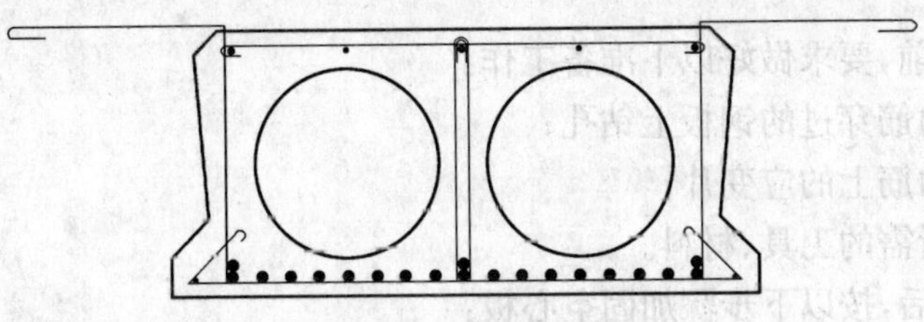

图 3-14　空心板横截面配筋图

(2)预应力筋估算

体外预应力加固的预应力筋按式(3-47)进行估算

$$A_y = \frac{M_y}{f_y e_y} \tag{3-47}$$

式中：M_y ——补充体外预应力筋产生的弯矩，$M_y = M_j - M_u$ ；

M_j ——承载力设计值；

M_u ——原构件仍具有的承载力；

f_y ——体外预应力筋的应力；

e_y ——体外预应力筋的偏心距。

根据上面空心板的截面图，计算荷载由挂车控制，补充体外预应力筋的弯矩为跨中截面挂车产生的最不利荷载与截面承载力之差

$$M_y = M_j - M_u = 695.038 - 517.283 \tag{3-48}$$

$$= 177.755\text{kN} \cdot \text{m}$$

试验采用的预应力筋为 ϕ15.24 钢绞线，抗拉强度 $f_y = 1\,860\text{MPa}$ ，面积 $A_y = 140\text{mm}^2$ ，根据空心板孔洞空间的大小，假定偏心距 $e_y = 200\text{m}$ ，预应力筋的面积计算为

$$A_y = \frac{177.755 \times 10^6}{1\,860 \times 200} = 478\text{mm}^2$$

为了使预应力筋受力均匀，预应力筋分别布置在空心板两个空心孔中，每孔布置预应力筋三束，每块板布置共计 6 束。

(3)锚具

本次试验采用 BM13 型扁锚。

(4)端部锚固的设计

通过凿开端部的混凝土，使底部的纵向钢筋露出，将三角形钢板焊在纵向主筋上，要求采用双面焊，再将横向钢板焊在三角形钢板的端部，具体的做法见下面的加固设计过程。

试件的制作、预应力筋张拉等工作均由课题组采用专门的设备，组织具有经验丰富的操作和试验人员完成。模型制作过程中为了缩短模型达到强度的时间，要求在混凝土搅拌过程中掺入适量的早强剂。试件制作完成后，根据现场条件必须制作不得少于一组 10cm×10cm×10cm 立方体强度试块；为使试件尽快达到强度要求在其终凝后用热水养护。

三、加固过程

1)试件加固之前，要求做好以下准备工作：

(1)在被预应力筋穿过的钢板上钻孔；

(2)粘贴预应力筋上的应变片；

(3)准备加固所需的工具、材料。

2)完成准备之后，按以下步骤加固空心板：

(1)凿开端头底部混凝土，使纵向主筋完全暴露。开凿长度为 50cm，位置如图 3-15 所示。

(2)将三角形钢板焊到纵向主筋上,要求采用双面焊以确保和纵向主筋的连接强度。三角形钢板焊接位置如图 3-16 所示。

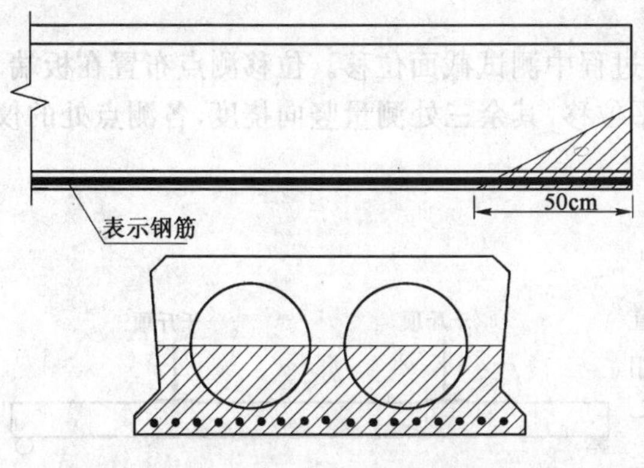

图 3-15　空心板凿开端部示意图

图 3-16　焊接三角形钢板示意图

(3)焊接横向钢板,与三角形钢板端头焊接牢固,要求保证所有接口连接强度。安装完成后,穿入预应力筋。穿入过程中注意不要损伤应变片。具体如图 3-17 所示。

(4)安装模板,现浇端部混凝土,要求混凝土强度等级达到 C40,并且要预留安装扁锚具的孔槽,在浇注过程中应注意混凝土要振捣密实,并制作立方体强度试件 3 组。加固完成后,模型如图 3-18 所示。

图 3-17　焊接横向钢板图示

图 3-18　加固完成后端部图

(5)混凝土养护。

3)张拉预应力筋

张拉过程中 A′板每束预应力筋平均张拉力为 1.2kN,共计 7.2kN;B′板每束预应力筋平均张拉力为 1.5kN,共计 9kN。张拉预应力筋严格按照有关规范、要求进行。在张拉过程中,密切监测各测点应变、反拱度等;张拉现场要求采取有效的安全保护措施。

四、加载试验

加载试验在重庆交通大学结构实验室进行。

1)应变测量

应变测量采用表面应变片，各片试验板在加载过程中要求测试两四分点及跨中三处钢筋、混凝土表面应变；相应每一截面上在截面上缘和下缘粘贴应变片。

2)位移测量

位移测量采用电子百分表进行。试验加载过程中测试截面位移。位移测点布置在板端、两四分点及跨中五个位置，其中板端处测量水平位移，其余三处测量竖向挠度，各测点处的仪器均置于板中线上。

3)裂缝观测

裂缝观测采用读数显微镜。

模型试验加载方式采用两点加载，加载位置与泽错公路空心板质量检测采用的完全相同，如图 3-19 所示。加载之前对各模型用 100～200kN 的荷载进行预压。各级荷载之间的级差根据试验进程适当调整，原则上要求在构件出现可见裂缝以前荷载级差为 100kN，构件开裂后适当加大级差。每级荷载作用之后再经过 3～5min，待构件变形稳定后方可记录位移、应变数据。

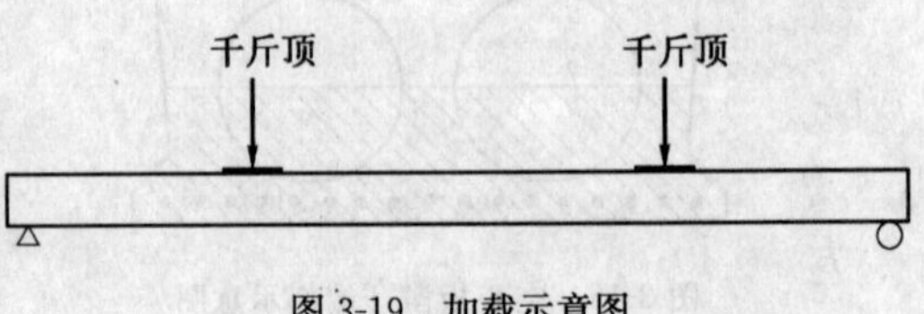

图 3-19 加载示意图

五、试验结果

1. 钢筋混凝土空心板加固模型试验结果

为了验证模型加固前后其在正常使用状态下的强度、刚度、裂缝指标改善情况及极限承载力提高幅度，针对各模型的试验数据分析了其在荷载作用下的应变、挠度及裂缝指标。见表 3-2～表 3-12。

A 板加固前应变测量结果 表 3-2

荷载(kN) \ 应变(με)	跨中下缘		跨中上缘		四分点下缘		四分点上缘
	钢筋	混凝土	钢筋	混凝土	钢筋	混凝土	混凝土
23.64	25	11	−44	−44	17	32	−28
35.46	38	17	−65	−65	25	53	−41
47.28	53	25	−91	−87	34	75	−55
59.10	66	30	−115	−107	42	95	−69
70.92	80	34	−136	−129	51	119	−81
82.74	108	43	−165	−160	61	157	−99
94.56	141	42	−197	−196	73	195	−119
106.38	196	35	−235	−241	92	253	−143
118.20	232	35	−266	−274	109	293	−161
残余值	67	−6	−43	−53	19	78	−23

A 板加固后应变测量结果　　表 3-3

荷载(kN) \ 应变(με)	跨中下缘		跨中上缘		四分点下缘		四分点上缘
	钢筋	混凝土	钢筋	混凝土	钢筋	混凝土	混凝土
23.64	23	10	−40	−38	15	31	−26
35.46	36	15	−62	−57	23	49	−39
47.28	53	19	−89	−82	34	74	−56
59.1	66	25	−105	−97	41	91	−67
70.92	78	26	−133	−123	48	114	−85
82.74	94	31	−161	−146	57	138	−100
94.56	110	35	−188	−170	65	162	−119
106.38	124	42	−220	−195	72	187	−137
118.2	139	45	−255	−223	80	214	−159
276.4	487	48	−682	−661	294	726	−408
316.4	582	72	−802	−748	362	886	−468
356.4	682	66	−917	−885	439	1081	−551
396.4	796	48	−1 095	−1 007	532	1 167	−633
残余值	60	−28	−259	−230	42	115	−140

B 板加固前应变测量结果　　表 3-4

荷载(kN) \ 应变(με)	跨中下缘		跨中上缘		四分点下缘		四分点上缘
	钢筋	混凝土	钢筋	混凝土	钢筋	混凝土	混凝土
23.64	29	61	−35	−23	19	10	−19
35.46	52	77	−52	−41	31	19	−34
47.28	76	96	−68	−57	39	22	−43
59.1	121	130	−87	−82	53	35	−60
70.92	155	186	−108	−101	63	38	−74
82.74	199	229	−128	−125	81	42	−89
94.56	236	273	−147	−145	102	49	−104
106.38	273	345	−169	−162	127	57	−121
118.2	313	410	−197	−213	155	89	−165
残余值	100	134	−44	−56	43	116	−50

B 板加固后应变测量结果　　表 3-5

荷载(kN) \ 应变(με)	跨中下缘		跨中上缘		四分点下缘		四分点上缘
	钢筋	混凝土	钢筋	混凝土	钢筋	混凝土	混凝土
47.28	57	73	−61	−57	37	12	−42
70.92	90	115	−91	−88	57	17	−64
94.56	124	161	−127	−122	78	16	−90

续上表

荷载(kN) \ 应变(με)	跨中下缘		跨中上缘		四分点下缘		四分点上缘
	钢筋	混凝土	钢筋	混凝土	钢筋	混凝土	混凝土
118.2	167	214	−162	−157	101	23	−116
141.84	213	272	−192	−191	126	31	−141
165.48	253	328	−243	−228	148	35	−166
189.12	298	393	−290	−267	171	40	−195
212.76	349	463	−360	−306	197	44	−221
236.4	402	547	−388	−348	225	47	−248
283.68	520	749	−467	−435	287	50	−308
330.96	661	1 003	−588	−539	385	74	−379
378.24	787	1 195	−640	−627	506	187	−447
425.52	922	1 396	−727	−730	634	372	−520
残余值	53	57	−112	−110	49	59	−59

A板加固前挠度测量结果 表3-6

荷载(kN) \ 挠度(mm)	$L/4$	跨中	$3L/4$
23.64	1.153	1.732	1.247
35.46	1.753	2.618	1.882
47.28	2.441	3.641	2.606
59.10	3.094	4.547	3.259
70.92	3.776	5.444	3.924
82.74	4.682	6.676	4.782
94.56	5.771	8.253	5.882
106.38	6.771	10.574	7.435
118.20	8.459	12.488	8.747
残余值	1.812	2.691	1.800

A板加固后挠度测量结果 表3-7

荷载(kN) \ 挠度(mm)	$L/4$	跨中	$3L/4$
23.64	1.318	1.626	1.182
35.46	2.018	2.526	1.859
47.28	2.900	3.674	2.706
59.1	3.529	4.482	3.306
70.92	4.194	5.541	4.059
82.74	5.029	6.656	4.847

续上表

荷载(kN) \ 挠度(mm)	L/4	跨中	3L/4
94.56	5.882	7.809	5.671
106.38	6.694	8.903	6.447
118.2	7.565	10.071	7.276
276.4	—	—	—
31.64	—	—	—
356.4	—	—	—
396.4	—	—	—
残余值	—	—	—

B 板加固前挠度测量结果　　表 3-8

荷载(kN) \ 挠度(mm)	L/4	跨中	3L/4
23.64	1.329	1.894	1.294
35.46	2.171	3.071	2.112
47.28	2.976	4.218	2.900
59.1	4.059	5.847	4.012
70.92	5.165	7.453	5.118
82.74	6.529	9.412	6.459
94.56	7.741	11.153	7.676
106.38	8.941	12.971	8.935
118.2	10.394	14.924	10.312
残余值	3.018	4.294	2.947

B 板加固后挠度测量结果　　表 3-9

荷载(mm) \ 挠度(mm)	L/4	跨中	3L/4
23.64	0.141	0.206	0.135
35.46	0.218	0.312	0.212
47.28	0.294	0.421	0.288
59.1	0.382	0.538	0.376
70.92	0.476	0.671	0.465
82.74	0.565	0.794	0.559
94.56	0.659	0.929	0.647
106.38	0.759	1.068	0.747
118.2	0.871	1.221	0.853

续上表

荷载(kN) \ 挠度(mm)	L/4	跨中	3L/4
141.84	1.100	1.550	1.088
165.48	1.400	1.965	1.371
189.12	1.665	2.332	1.629
212.76	1.982	2.768	1.941
残余值	0.200	0.285	0.194

A板加固前后裂缝比较表 表3-10

序号	荷载(kN)	裂缝数目		裂缝宽度(mm)		裂缝长度(cm)	
		加固前	加固后	加固前	加固后	加固前	加固后
1	初读	0	0	—	—	—	—
2	23.64	0	0	—	—	—	—
3	35.46	0	0	—	—	—	—
4	47.28	0	0	—	—	—	—
5	59.1	0	0	—	—	—	—
6	70.92	0	0	—	—	—	—
7	82.74	1	1	0.01	—	4	4
8	94.56	1	1	0.02	—	4.5	4.5
9	106.38	2	2	0.03	—	6	6
10	118.2	4	4	0.06	0.035	11	7
11	158.2	—	6	—	0.035	—	9
12	198.2	—	6	—	0.13	—	17
13	238.2	—	9	—	0.13	—	23
14	278.2	—	13	—	0.13	—	27
15	卸载	1	3	0.01	0.04	5	13

B板加固前后裂缝比较表 表3-11

序号	荷载(kN)	裂缝数目		裂缝宽度(mm)		裂缝长度(cm)	
		加固前	加固后	加固前	加固后	加固前	加固后
1	初读	0	0	—	—	—	—
2	23.6	0	0	—	—	—	—
3	35.5	0	0	—	—	—	—
4	47.3	0	0	—	—	—	—

续上表

序号	荷载(kN)	裂缝数目		裂缝宽度(mm)		裂缝长度(cm)	
		加固前	加固后	加固前	加固后	加固前	加固后
5	59.1	0	0	—	—	—	—
6	70.9	0	0	—	—	—	—
7	82.7	0	1	—	—	—	4
8	94.6	1	1	0.01	—	3	4.5
9	106.4	2	2	0.03	0.03	4	6
10	118.2	3	4	0.05	0.05	9	7
11	141.8	—	5	—	0.07	—	9
12	165.5	—	6	—	0.1	—	1
13	189.1	—	6	—	—	—	17
14	212.8	—	9	—	0.13	—	23
15	卸载	1	3	0.01	0.04	5	13

B板预应力钢筋应变测试结果　　表3-12

序　号	荷载(kN)	应　变(με)			
1	调零	0	0	0	0
2	23.64	16	18	5	10
3	35.46	22	28	5	14
4	47.28	31	35	9	13
5	59.1	40	45	11	16
6	70.92	53	58	14	23
7	82.74	57	71	14	25
8	94.56	67	82	17	31
9	106.38	77	96	19	25
10	118.2	91	111	20	35
11	141.84	121	145	32	48
12	165.48	161	188	44	51
13	189.12	197	228	48	62
14	212.76	237	274	47	75
15	212.76	235	275	45	75
16	卸载	−33	−1	−59	−83
17	卸载	−36	0	−61	−81

2. 试验结果曲线图(图 3-20～图 3-39)

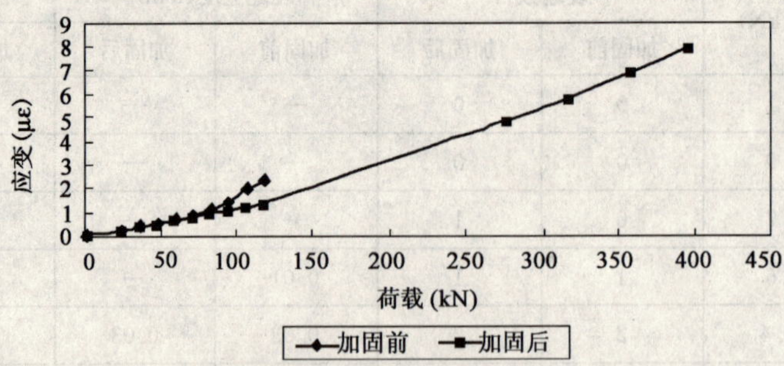

图 3-20 A 板加固前后跨中下缘钢筋荷载—应变关系曲线图

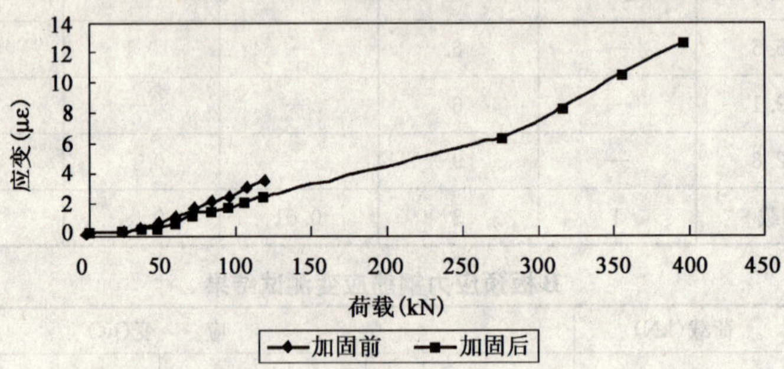

图 3-21 A 板加固前后跨中下缘混凝土荷载—应变关系曲线图

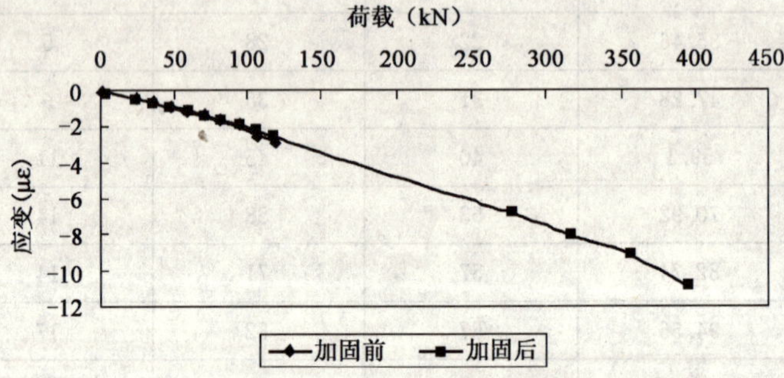

图 3-22 A 板加固前后跨中上缘钢筋荷载—应变关系曲线图

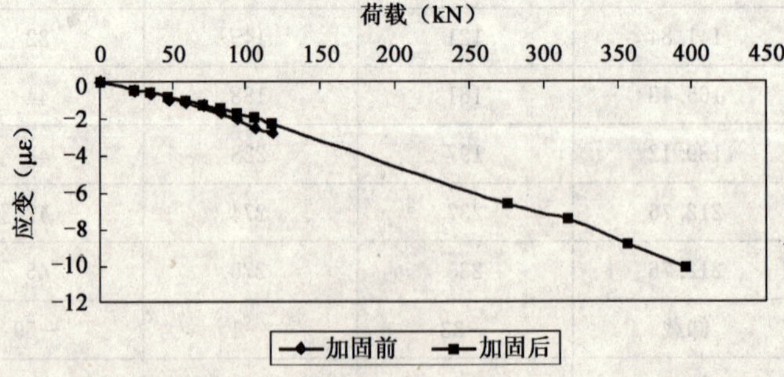

图 3-23 A 板加固前后跨中上缘混凝土荷载—应变关系曲线图

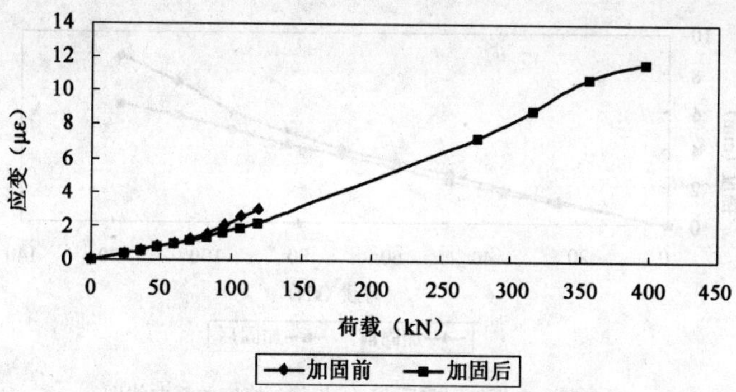

图 3-24 A 板加固前后四分点下缘混凝土荷载—应变关系曲线图

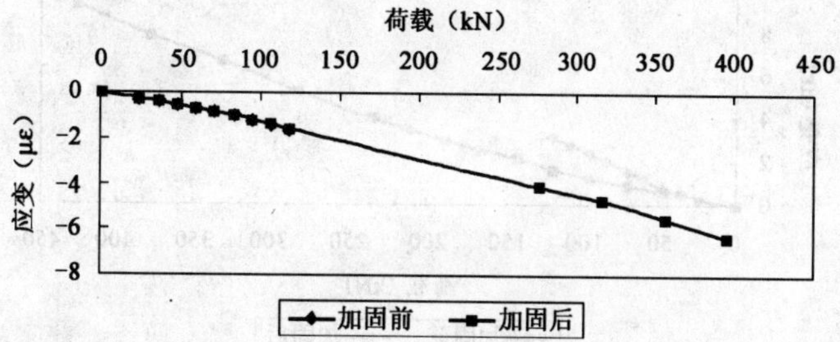

图 3-25 A 板加固前后四分点上缘混凝土荷载—应变关系曲线图

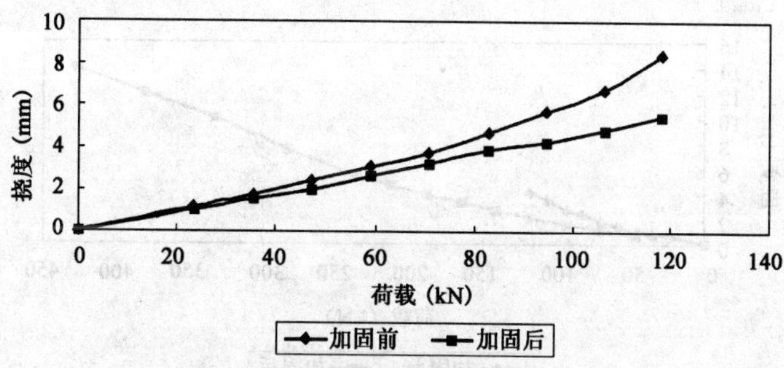

图 3-26 A 板加固前后 $L/4$ 荷载—挠度关系曲线图

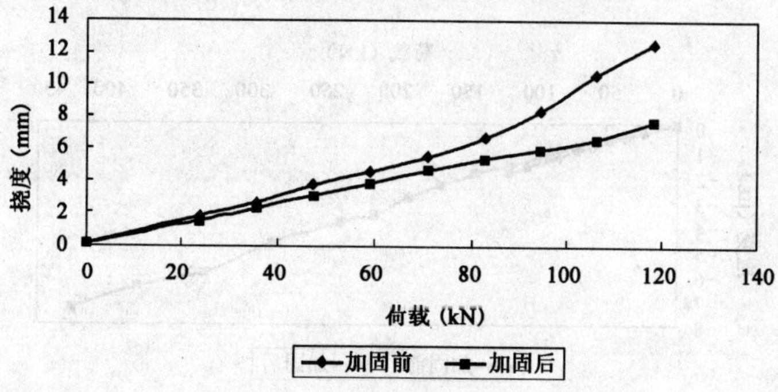

图 3-27 A 板加固前后跨中荷载—挠度关系曲线图

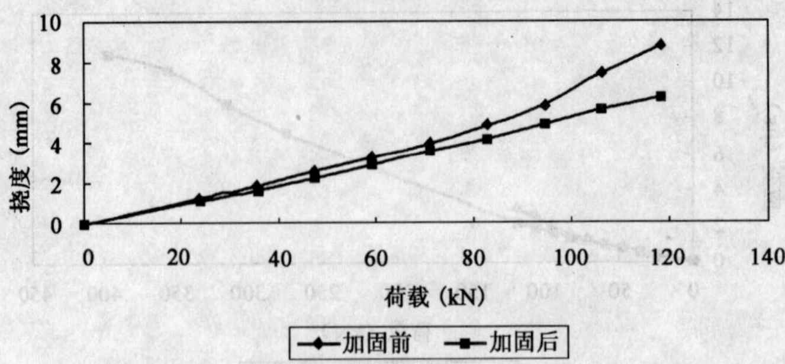

图 3-28　A 板加固前后 3L/4 荷载—挠度关系曲线图

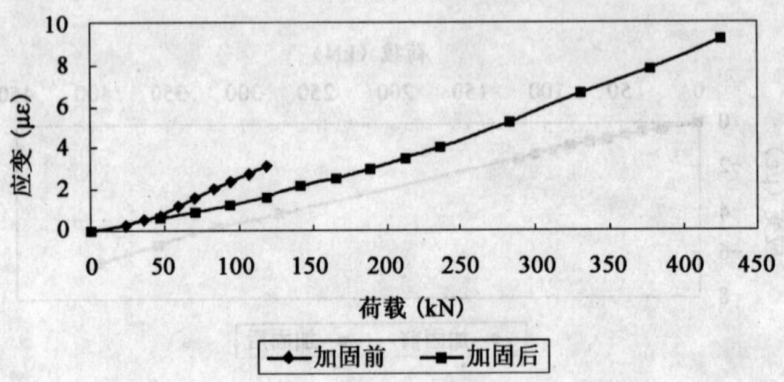

图 3-29　B 板加固前后跨中下缘钢筋荷载—应变关系曲线图

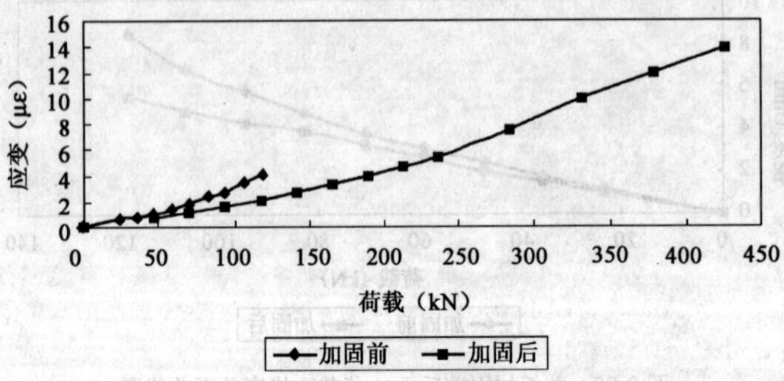

图 3-30　B 板加固前后跨中下缘混凝土荷载—应变关系曲线图

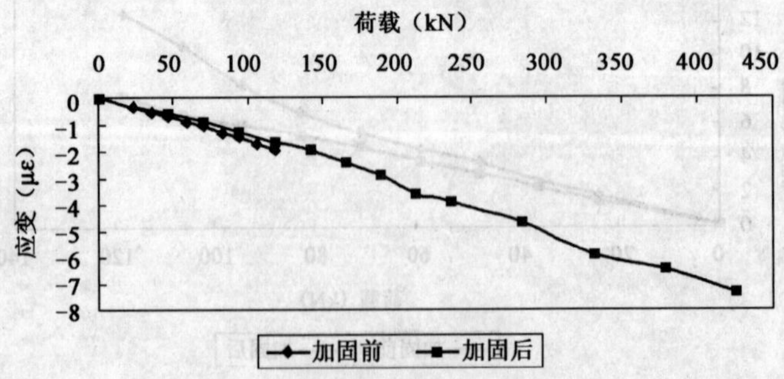

图 3-31　B 板加固前后跨中上缘钢筋荷载—应变关系曲线图

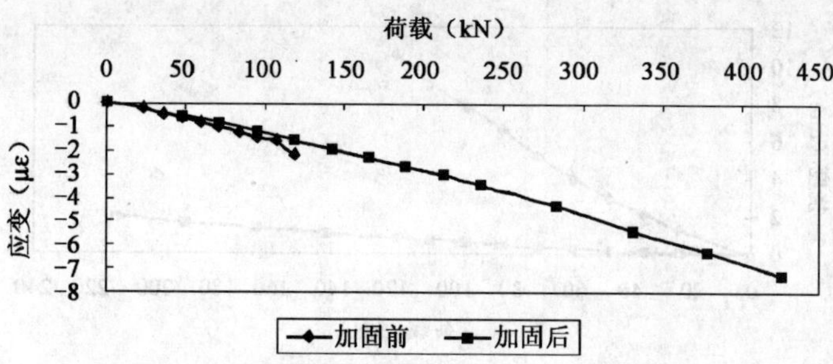

图 3-32　B 板加固前后跨中上缘混凝土荷载—应变关系曲线图

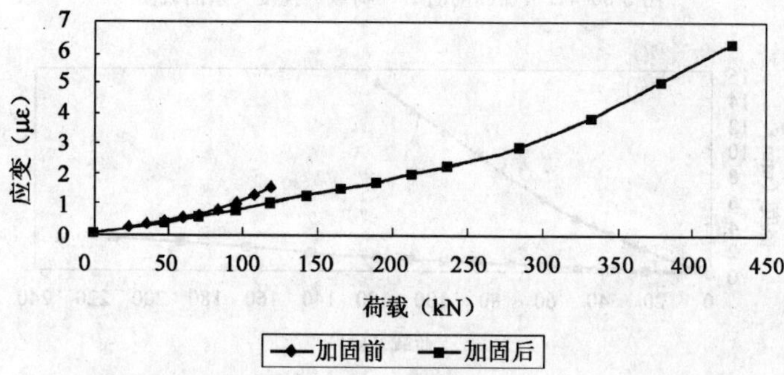

图 3-33　B 板加固前后四分点下缘钢筋荷载—应变关系曲线图

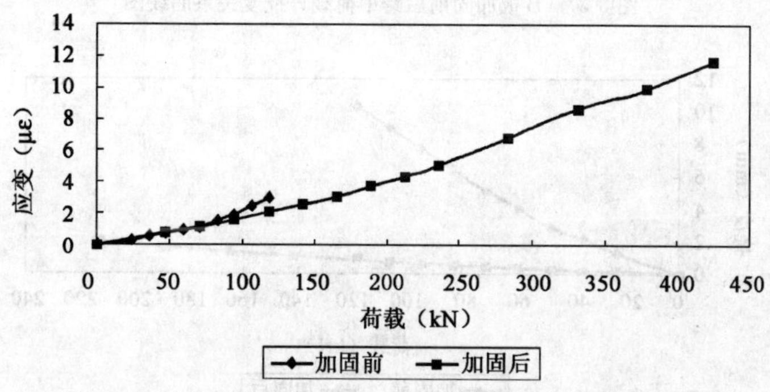

图 3-34　B 板加固前后四分点下缘混凝土荷载—应变关系曲线图

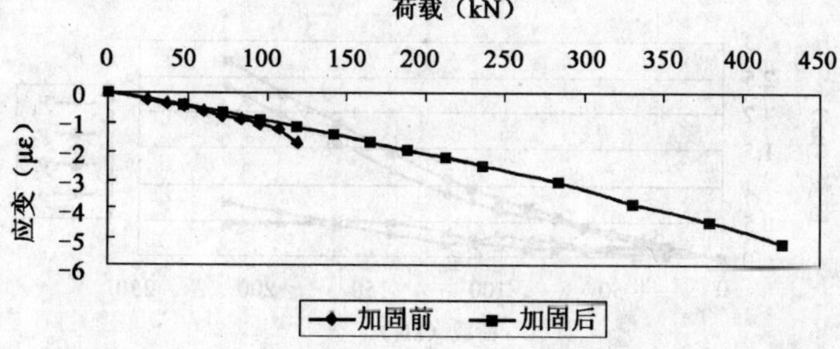

图 3-35　B 板加固前后四分点上缘混凝土荷载—应变关系曲线图

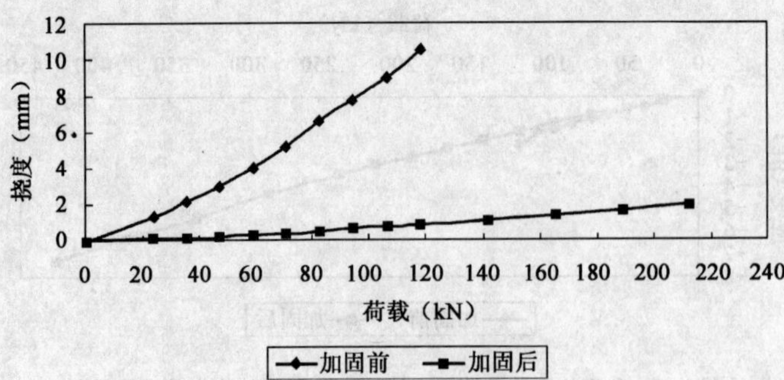

图 3-36　B 板加固前后 $L/4$ 荷载—挠度关系曲线图

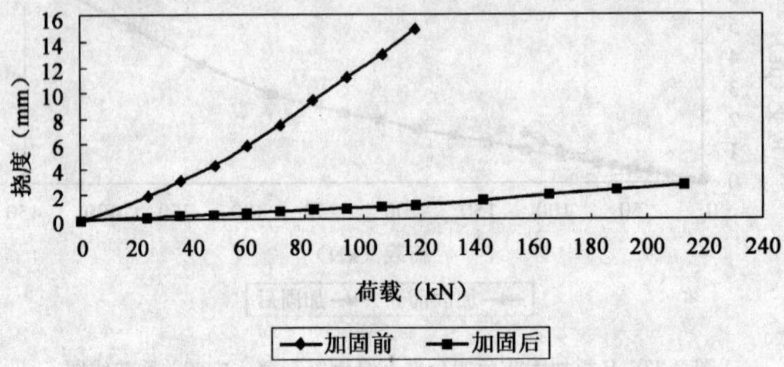

图 3-37　B 板加固前后跨中荷载—挠度关系曲线图

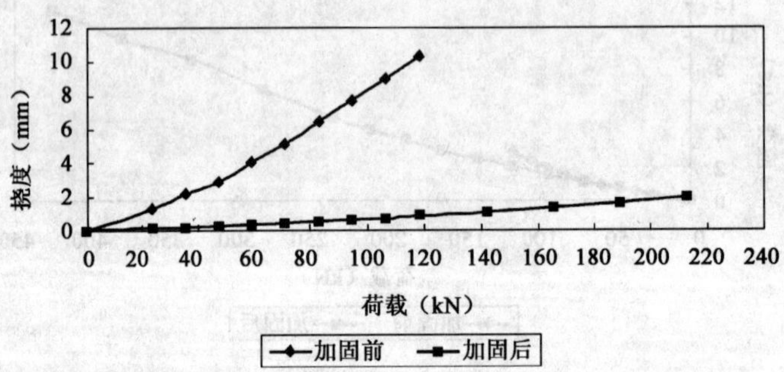

图 3-38　B 板加固前后 $3L/4$ 荷载—挠度关系曲线图

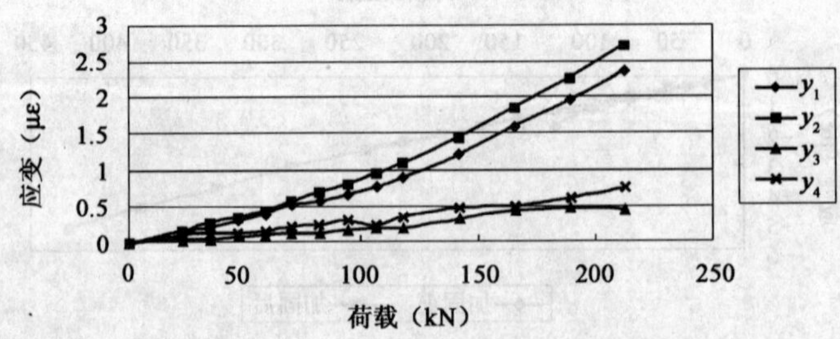

图 3-39　B 板预应力筋荷载—应变关系曲线图

六、体外预应力加固空心板的试验分析

本试验在结构试验室内进行。由于试验在室内进行，受外界环境干扰小，试验时采用了先进的计算机即时数据采集系统，因此试验数据能比较真实地反映结构的实际性能。从试验结果来看，基本上是令人满意的：一方面试验量大，收集数据多；另一方面，试验结果基本与试验前的理论分析相吻合。以下就试验结果进行分析。

1.体外预应力加固空心板的受力性能

体外预应力加固空心板的受力性能可以分为三个阶段，空心板加固后重新加载初期为第一阶段，这时候随荷载的增加，空心板的挠度增加很小；随着空心板的裂缝重新张开，空心板的挠度增加变快，这时候空心板的变形进入了第二阶段；加固空心板进入第三阶段的特征是荷载增加缓慢，而应变和挠度急速增加。

体外预应力加固后空心板的 $P\text{-}\Delta$（荷载—挠度）曲线，反映了不开裂弹性、开裂弹性和塑性3个不同的工作阶段。第二阶段进入第三阶段是由普通钢筋屈服引起的。

2.混凝土应变

从前面所绘制的A、B空心板的跨中、$L/4$ 荷载—混凝土应变曲线图中可以看到，在加载初期、荷载较小时，加固梁各测点的混凝土应变呈直线分布，说明梁的变形是符合平截面假定的。空心板开裂后，随着裂缝不断向上发展，空心板的中性轴逐渐上移，直至破坏时达到或超过梁高的3/4位置。加固空心板混凝土的应变变化发展规律与普通钢筋混凝土空心板是一致的。

3.体外预应力筋和非预应力筋

在加固后初期，体外预应力筋的应力增长比率比非预应力筋缓慢，但当非预应力筋屈服，导致加固空心板截面进入塑性、挠度及裂缝快速增长后，体外预应力筋的应力开始快速增长，从体外预应力筋荷载—应变曲线可以看出体外预应力筋的应力发展和挠度增长的相关关系。从体外预应力筋的荷载—应变曲线图中可以看到，加固后初期，随荷载的增加，体外预应力筋的应变增加很小，每级荷载小于5%，但当非预应力筋进入流塑状态后，体外预应力筋的应力增量很大。

4.体外预应力加固空心板的破坏模式

体外预应力加固空心板的裂缝形态和分布与普通钢筋混凝土空心板类似，体外预应力筋的主要作用体现在推迟或减小裂缝出现上。空心板中的非预应力筋，改变了无黏结预应力混凝土梁在破坏时只出现一条或几条裂缝的特点，裂缝数量较多，分布很均匀。

试验结果表明，体外预应力加固空心板的破坏特征为：首先是非预应力筋达到屈服，随后随着空心板的裂缝和挠度的急剧增大，裂缝上移，最终造成加固空心板顶部受压区混凝土压碎破坏，空心板破坏形态具有“塑性破坏”的特征，即破坏前有明显的预兆——裂缝和变形的急剧发展。试验表明，在承载力幅度提高的情况下，通过适当设计能够保证体外预应力加固空心板具有很好的延性。通过对体外预应力筋应变的观察，发现在临近破坏时，尽管体外预应力筋的应变有突然增大的情况发生，但是仍没有达到屈服强度。

七、影响体外预应力加固空心板承载力的因素分析

1.非预应力筋

非预应力筋的存在，不仅对提高结构的延性有很大的作用，同时还对加固的效果有直接的影响作用。当非预应力筋的配筋率达到最大配筋率 2.5%时，则采用体外预应力加固对提高承载力没有多大的作用，这时增设的预应力筋仅仅是改变了构件或结构的破坏形态，即从弯曲破坏的形态变为上部混凝土受压区压碎的脆性破坏形态，结构的极限承载力没有多大提高。当然，当体外预应力筋布置在梁底时，体外预应力筋的存在会使截面中性轴下降、截面刚度增大，这时承载力会有所提高，但该增量相当有限。

2.预应力筋

体外预应力筋提高结构承载力是通过以下几个方面实现的：①预应力的施加，使混凝土受压，在截面上产生了轴向力，降低了梁底面的应力水平；②体外预应力筋布置在靠近梁底时，体外预应力筋的存在会使截面中性轴下降、截面刚度有所增大；③体外预应力筋布置在非预应力筋的附近，增加了受力钢筋的截面。

但对于一给定截面、配筋的空心板而言，体外预应力筋加固提高结构承载力是有一定限度的。空心板体外预应力筋的数量增加到一定程度后，加固空心板的破坏形态将从弯曲破坏的形态变为上部混凝土受压区压碎的脆性破坏形态，该临界点后再增加体外预应力筋的数量不会提高结构的极限承载力。

3.偏心距

对于体外预应力筋处于混凝土内部的有黏结或无黏结预应力混凝土结构来说，埋设在孔道内的体外预应力筋在截面上的相对位置是固定的，并且体外预应力筋与空心板的变形能够始终保持协调。而对体外预应力加固普通钢筋混凝土空心板梁桥来说，体外预应力筋只在两端部和混凝土截面的位置保持一致，当结构发生变形时，体外预应力筋与混凝土截面的位置往往会发生变化，跨中范围内体外预应力筋的偏心距会随着结构挠度的增加而减小。

体外预应力筋偏心距的变化很难用统一的公式来表达。因为偏心距的变化与多种因素有关，如体外预应力筋的线形，结构的刚度、挠度等。同时，由于体外预应力加固空心板在加固前截面往往已经进入了塑性变形阶段，加固后要分析其在各个时刻的截面参数则更为复杂，这时候很难找到一个令人满意的公式来表达偏心距的变化。

混凝土空心板加固初期，体外预应力筋的偏心距变化很小，这时可不考虑其影响。随着荷载的增加、裂缝的发展和挠度的增大，偏心距逐渐加大。特别是空心板的跨度较大时，在临近破坏时跨中位置体外预应力筋位置明显上移，偏心距变化对空心板的最终破坏产生了显著的影响：偏心距的增大导致体外预应力筋的力臂减小，截面刚度下降，一定程度上降低了截面的承载力、加速了空心板的破坏。目前，在国内外对体外预应力加固的研究中，忽略了偏心距对体外预应力加固空心板承载力的影响。在极限状态下，忽略了体外预应力筋偏心距的影响，结果是不合理的，甚至会带来危险。

第四节　体外预应力加固空心板梁桥施工工艺

一、体外预应力加固梁桥施工包括的内容

(1)预应力筋的下料长度。

(2)预应力筋的张拉锚固。预应力筋张拉一般采用千斤顶和液压油泵，根据所有的预应力筋的种类及其张拉锚固工艺情况，选定张拉设备的型号。预应力筋的张拉力在设备额定张拉力的50%～80%为宜。

张拉设备在张拉前应配套标定，可用测力计或用试验机两种方法进行标定。标定完成后按标定值用内插法计算出张拉各级控制应力。

经验算局部承压合格后，即可进行张拉。对夹片锚具等不可卸载锚具，张拉工艺可为$0 \rightarrow 1.03\sigma_{con}$。

预应力张拉的控制因素除张拉荷载外，另一重要参数是预应力筋的伸长量。预应力筋的伸长量，可按下式计算

$$\Delta L=\frac{PL_T}{A_P E_S}$$

式中：P——预应力筋的平均张拉力；

L_T——预应力筋的实际长度；

A_P——预应力筋的截面面积；

E_S——预应力筋的实测弹性模量。

理论伸长值与实际伸长值的误差应不超过+10%、-5%，否则应检查原因，必要时进行专门处理。

(3)预应力筋的端部保护。预应力筋张拉完毕后，应根据选用的预应力筋的锚具类型，及时对锚固区进行保护。此部分内容可参考有关的预应力施工文献。

(4)预应力筋的防护。采用高强预应力钢筋进行加固时，预应力筋的防护有以下3种方式：

①钢绞线外套钢管或塑料管，在张拉完成后内灌水泥浆保护，需要时在套管外刷防火涂料。

②体外预应力筋采用单根无黏结预应力筋，穿入钢套管或塑料套管内，张拉之前完成灌浆工艺，由水泥浆将单根无黏结筋定位。

③采用PE挤塑缆索多层保护(详见上海浦江缆索厂有关技术资料)。采用热挤塑工艺包裹预应力筋是近几年新发展起来的先进技术，目前仅在个别桥梁工程中得到应用。该工艺采用的PE料需进口，施工时首先经过注塑机使PE成半流体状态，再利用热注塑设备在预应力钢筋外包裹保护层。

二、施工建议

(1)预应力加固时，原混凝土梁的裂缝宽度较大时，张拉预应力后由于裂缝闭合会造成预应力损失，对张拉量有重大影响，预应力钢丝下料时应考虑这一因素的影响。

(2)预应力筋一般锚固在梁端部，由于锚固较密集，施工前应根据以往的图纸资料准确放样定位，方可进行钻孔。盲目作业，只能延误工程进度。

由于预应力张拉工艺本身已非常完善，因此预应力加固施工进度的控制环节在于端部锚固区的施工，所以锚固区的施工应十分小心，在充分调查、掌握已有图纸资料的基础上方可进行施工作业。

随着社会的发展，国民经济工农业生产的不断增长，公路交通量也随之增长，许多桥梁的荷载等级已不能满足现在形势的需要，除了翻旧造新以外，采用经济快捷的加固补强技术，提高原桥的承载能力，也是方法之一，而体外预应力筋的加固是加固方法中较为经济合理的一种。理论研究、设计经验、施工技术和设备的进展已为我国体外预应力的应用作了充分的准备，体外预应力钢束最为关键的防腐措施及相应锚固技术在国内预应力厂家的大力研发下也得到快速发展，随着市场竞争的日趋激烈，体外预应力结构已越来越被桥梁工程界所重视，体外预应力技术在我国的大量应用仅仅是时间问题。

第四章　钢筋混凝土 T(或 π)形梁桥加固技术

第一节　概　　述

一、截面转换加固钢筋混凝土 T 形梁和 π 形梁桥的研究目的和意义

桥梁是公路的咽喉,安全、便捷、快速的公路交通运输系统是国民经济发展的命脉。自从20世纪70年代末以来,我国的交通建设一直面临新建任务繁重,旧桥加固改造任务紧迫的局面。在现已投入使用的众多桥梁中由于各种原因,其使用状况令人担忧。纵观当今世界,主要发达国家公路交通建设都以现有桥梁的改造和重新利用为主,我国在今后的公路桥梁建设中,旧桥加固将占据越来越重要的地位。在我国现有桥梁中,以简支 T 形梁桥为代表的梁式桥无论在绝对数量上还是在比例上均排在前列,因此针对简支 T 形梁桥提出新的加固理论与技术具有重大的意义。

二、主要研究内容

本书针对钢筋混凝土 T 形或 π 形梁桥提出科学、安全、客观、经济、快速、美观的加固增强技术,一方面可避免废弃旧有桥梁和重建新桥而节约大笔建设资金,另一方面可大大缩短工期,保证路线的早日通车。本课题的研究,为我国现有桥梁中占绝大多数的相同类型桥梁的加固整治开辟了一条新路,可为国家的交通运输基础建设节省大笔建设资金,并可消除公路桥梁的安全隐患。

本章主要内容包括以下几个方面:

(1)截面转换加固钢筋混凝土 T 形或 π 形梁桥的加固机理研究。本书的核心内容在于通过理论研究和分析,明确截面转换加固钢筋混凝土 T 形或 π 形梁桥作用机理。

(2)截面转换加固钢筋混凝土 T 形或 π 形梁桥模型试验研究。在截面转换加固钢筋混凝土 T 形和 π 形梁桥机理分析和研究成果的基础上,通过室内模型试验检验理论研究成果。

(3)截面转换加固钢筋混凝土 T 形或 π 形梁桥设计技术研究。在研究加固机理和模型试验的基础上,提出了截面转换加固钢筋混凝土 T 形和 π 形梁桥的计算、分析和设计方法。

(4)截面转换加固钢筋混凝土 T 形或 π 形梁桥施工技术研究。为了将截面转换加固钢筋混凝土 T 形或 π 形梁桥技术运用于桥梁改造、整治的工程实践,对该技术的关键施工技术进行了研究。

(5)在桥梁加固增强的工程实践中完善截面转换加固钢筋混凝土 T 形或 π 形梁桥的应用关键技术。将截面转换加固钢筋混凝土 T 形或 π 形梁桥技术运用于近 10 座桥梁加固的工程实践，一方面将科技成果转化为生产力，为经济、社会的发展创造效益；另一方面，在实践中进一步完善本项加固技术。

三、取得的主要成果

(1)针对钢筋混凝土 T 形或 π 形梁桥的特点，首次提出了截面转换加固钢筋混凝土 T 形和 π 形梁桥作用机理。

(2)首次完成了截面转换加固钢筋混凝土 T 形或 π 形梁桥技术室内模型试验，验证了理论研究成果的正确性。

(3)首次提出了截面转换加固钢筋混凝土 T 形或 π 形梁桥技术的设计和施工关键技术，为大规模推广本项技术打下了坚实的基础。

第二节　国内外研究现状

梁桥是我国应用最为广泛的桥型之一，在全国范围内占有较大的比重。早期修建的梁桥，特别是 20 世纪 50～70 年代修建的梁桥，由于当时交通量小，修建时技术标准普遍偏低，所以一般承载能力较小；但随着交通量的不断增大，特别是近期一般干线公路均要求达到汽－20 级，挂－100 荷载标准，使得原来修建的桥梁大多数发生承载力不足现象，亟待加固增强。相应地，实践中也出现了各种各样的梁桥加固技术。

一、增大截面法

对于受力主钢筋面积不足或截面尺寸偏小的梁桥上部结构，可采用增大构件截面的方法进行加固。增大截面法的主要途径有：

(1)增焊主筋法。当结构主筋应力超限，而桥下净空受到限制时，可采用增加受力主筋截面的方法加固，具体做法为先将混凝土保护层凿开，增补纵向钢筋或箍筋，然后重作保护层。

(2)加大主梁截面法。当桥梁上部构造截面面积过小或高度不够而导致承载力不足时，可采用将梁截面加宽、加高的方法来扩大截面，并在新混凝土截面中增设受力钢筋。

(3)桥面加厚法。将原有桥面铺装拆除，在桥面板上浇筑一层新的钢筋混凝土补强层，以提高桥梁的抗弯刚度。

(4)锚喷混凝土法。当结构下缘的主拉应力超过容许值而出现裂缝时，可在结构外缘锚挂钢筋网，然后喷射混凝土，锚喷混凝土可采用早强普通混凝土，如采用钢纤维增强混凝土则加固效果更好。

增大截面法如图 4-1 所示。增大截面法在小跨径梁板桥、拱桥及少量构件的补强应用中获得了良好的加固效果，目前国内外在中小跨径桥梁中应用此法较多。该技术优点是施工操作方便，不需搭设桥下支架，对水上交通没有影响。不足之处是桥面恒载的增大和新浇补强层的收缩使 T 形梁底增加了拉应力(即收缩引起的内力重分布)。如技术应用不当，有可能产生

相反的效果；增加了上部结构的自重，从而要求桥梁的墩台、基础较好，承载力较大；而且该法施工难度较大，施工质量不易保证。因此，该技术对梁桥，特别是受拉区混凝土裂缝宽度宽、钢筋用量少的梁桥具有一定的局限性。

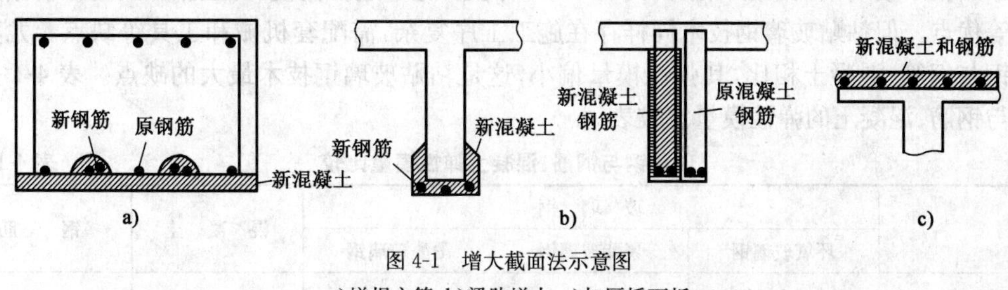

图 4-1　增大截面法示意图

a）增焊主筋；b）梁肋增大；c）加厚桥面板

二、粘贴加固技术

粘贴加固法是采用环氧树脂等化学黏结剂或锚栓将补强材料直接粘贴锚固于结构受拉或薄弱部位的混凝土表面，使之与结构形成受力整体，用以代替增设的补强钢筋，来提高结构的承载力和刚度。该方法基本不破坏原结构物，也几乎不增大原结构的尺寸，而且施工快捷方便，对环境的干扰少，在国内应用较为广泛。

目前该技术在实践中常用的有粘贴钢板、粘贴玻璃钢和粘贴碳纤维技术，用于粘贴加固法的补强材料有钢板、复合增强塑料 GFRP（玻璃钢）、CFRP 碳纤维（板、布）和钢丝网水泥浆片材等。

粘贴钢板加固技术能有效提高构件的抗弯、抗剪和抗裂性；但钢板易遭受大气污染的腐蚀，且在长期动载作用下钢板会产生剥离脱空，抗疲劳性能不理想。粘贴复合增强材料 FRP（玻璃钢、碳纤维）比粘贴钢板更为高效，FRP 材料强度高、质量轻，可设计性强，易于加工存储、运输，而且耐久性、耐腐蚀性较强，能适应各种形状的结构，且抗疲劳性能较强；但 FRP 材料各向异性，抗剪强度低，对施工要求较为严格。钢丝网水泥是一种钢丝网增强的水泥复合砂浆，属于无机复合胶凝材料，加固时只需用螺栓或钢筋将钢丝网锚固于原结构上，然后涂抹或喷涂一层水泥砂浆即可，钢丝网水泥具有较强的抗拉强度重量比和较高的抗裂性、韧性、延展性和耐久性，其施工工艺简单，施工质量易于保证，加固层中的砂浆既是胶结材料也是保护层材料，适于各种外形轮廓的构件加固。

1. 粘贴钢板技术

粘钢加固是用建筑结构胶将钢板粘贴到构件需要加固的部位上，以提高构件承载力的一种加固方法。它一般用于钢筋混凝土梁的受拉区加固，钢板和混凝土之间通过粘胶层传递剪应力和正应力，以达到共同工作的目的。当前，粘钢加固已被广泛用于结构加固。

粘贴钢板法加固桥梁具有以下优点：

①不破坏被加固原结构的外形；

②施工工艺简单，质量易于控制；

③工期短，是一种简便加固方法。

该方法的缺点是需配套机械和工具，粘贴工序要求高，尤其是钢板的耐久性问题至今仍未完全解决。另外，在主梁受拉区混凝土开裂、剥落，钢筋和混凝土间握裹力大大削落的情况下，采用粘贴钢板技术加固桥梁其承载力提高幅度更小。

2. 粘贴玻璃钢技术

采用粘贴玻璃钢技术加固梁桥具有不中断交通，施工过程简便，并且粘贴后对原桥增加重量小等优点。但粘贴玻璃钢技术同样存在施工工序复杂，需配套机械和工具等缺点。尤其是玻璃钢与钢筋、混凝土相比，其弹性模量偏小，这是粘贴玻璃钢技术最大的缺点。表 4-1 是玻璃钢与钢筋、混凝土的弹性模量比较表。

玻璃钢与钢筋、混凝土弹性模量比较　　表 4-1

材　料	玻　璃　钢			混　凝　土	钢　筋
	环氧玻璃钢	聚酯玻璃钢	酚醛玻璃钢		
弹性模量($\times 10^4$MPa)	1～2	1～2	0.7～0.9	2～4	18～21

从表中数据可看出，由于玻璃钢与钢筋、混凝土相比，其弹性模量较小，只有发生大变形后方能产生较大的力。因此，作者认为，可采用玻璃钢封闭裂缝，以防止水汽、有害气体侵入导致锈蚀钢筋，从而增加桥梁的耐久性；然而，把玻璃钢作为承重结构的加固技术则非较佳的加固途径。

3. 粘贴碳纤维技术

(1)碳纤维材料的基本特性

碳纤维是一种高强、轻质的新型加固材料。碳纤维增强复合材料补强加固所采用的基本材料是高强度或高弹性模量的连续碳纤维，单向排列成束，用环氧树脂浸渍固化的碳纤维板或未经树脂浸渍固化的碳纤维布，统称碳纤维片材。将片材用专门配制的粘贴树脂或浸渍树脂粘贴在桥梁混凝土构件需补强加固部位表面，树脂固化后与原构件形成新的受力复合体，共同工作。

片材碳纤维材料的拉伸强度在 2 400～3 400MPa 之间，与普通碳素钢板拉伸强度 240MPa 相比，片材的拉伸强度是建筑钢材料的十几倍。片材碳纤维材料的弹性模量依片材力学性能而不同，碳纤维片材依力学性能分成高模量、高强度和中等模量三类。高模量碳纤维片材的弹性模量较高，但伸长率较低。相比之下，碳纤维片材的单位重量比钢材低许多，说明碳纤维片材比强度极高。碳纤维的化学结构稳定，本身不会受酸碱盐及各类化学介质的腐蚀，有良好的耐寒性和耐热性。

(2)配套树脂类黏结材料

混凝土结构加固修补配套树脂系统包括底层涂料，底层涂料用于渗透过混凝土表面，促进黏结并形成长期持久界面的基础；腻子用于填充整个表面空隙并形成平整表面，以便使用碳纤维片材；浸渍树脂或黏结树脂，前者用于碳纤维布粘贴，后者用于碳纤维板粘贴。浸渍树脂或粘贴树脂是将碳纤维片黏附于混凝土构件表面并与之紧密地结合在一起而形成整体共同工作的关键，因此树脂同混凝土的粘贴强度大于混凝土的拉伸强度和剪切强度。就公路混凝土桥梁用碳纤维片材加固技术而言，环氧树脂在不同施工环境温度下固化性能有十分重要的意义，因为这涉及到粘贴工作质量与如何尽量减少桥上正常交通中断时间紧密相关。采用专配的环氧树脂材料，混凝土施工表面温度在 10～40℃ 时，粘贴环氧树脂固化时间约 15h 以上，但粘贴后就可以使用的时间为 45min 以上，专配的环氧树脂材料的这一性能完全适合于混凝土桥梁的加固工作。

(3)粘贴碳纤维片材加固施工技术

①面层处理。混凝土表面的劣化层(如风化、游离石灰、脱模剂、剥离的砂浆、粉刷层、污物等)必须用砂轮机去除并研磨。用空气喷嘴、砂轮机与毛刷将待补强区的粉尘及松动物质去除，用水洗净后，必须使其充分干燥。

②断面修复。将混凝土面层的不良部分(如剥落、孔隙、蜂窝、腐蚀等)清除。若有钢筋外露情形，必须先做好防蚀处理，再以强度相等或大于混凝土的环氧树脂砂浆材料修补。裂缝以环氧树脂灌注。裂缝或打除部分若有漏水情形时，应先做好止水、导水处理。

③修正表面平整度凸出部分(小突起等)。以切割机或砂轮机将其铲除并使其平滑。凹陷部分(打除部分)以环氧树脂或树脂砂浆填补。转角处需研磨至凸角 $R=20\text{mm}$(R 为曲率半径)以上，凹角则以树脂砂浆填补。

④底层涂料。气温在 5℃以下、雨天或相对湿度 RH 大于 95%时，不可施工。施工范围的温度、湿度确认后，选用适当的底层涂料。施工现场空气应流通，严禁烟火。施工时必须要穿戴保护装备(口罩、护目镜及橡皮手套)。

⑤碳纤维片材的粘贴。纤维贴片预先以剪刀、刀子依所设计的尺寸大小裁好。依使用量剪裁尺寸，长度在 2m 以内最适当。为防止保管期间的破损，裁剪只裁所需使用的数量。施工面底漆的干燥程度可以指触确认。底漆施工超过 1 星期以上时，应以砂轮机磨平。

将环氧树脂的主剂(A 剂)和硬化剂(B 剂)依所规定的配比放置于拌和桶中，使用电动搅拌机，使其均匀的混合(约 2min)。一次的拌和量为在可使用时间的施工量，超过可使用时间的材料，不可使用。

环氧树脂用毛刷滚轮平均涂布(涂布底漆上)。涂布量随施工面的表面粗糙程度会有所变化，转角部分要多涂。碳纤维粘贴于树脂涂布面后，以毛刷滚轮和橡皮刮刀顺着纤维方向用力推平，使树脂浸透并去除气泡，纤维(长向)方向的搭接长度至少要留 10cm。粘贴后放置 30min，若纤维有浮出或脱线情况发生时，以滚轮或橡皮刮刀压平修正。

两层以上的碳纤维相叠贴时，重复上述步骤。

4. 粘贴碳纤维片材加固桥梁的应用

粘贴碳纤维片材加固混凝土桥梁技术在欧洲、美国、加拿大和日本已经广泛应用，并且已进行了深入的研究。我国在这方面的工程实践是从 20 世纪 90 年代中期才开始，公路混凝土桥梁采用粘贴碳纤维片材加固技术也取得了一定的成果。

采用粘贴碳纤维片材加固技术的优势在于：

①高强效，能灵活用于桥梁抗弯、抗剪加固；

②施工简捷、工序少；

③具有极佳的耐腐蚀性能；

④质量轻，不会给原桥增加较多的恒载；

⑤施工周期短。

然而，碳纤维加固桥梁同样也存在不足之处，具体表现在：

①施工工艺要求高，要求专门施工队伍；

②工程造价高，达1 800～2 300元/m^2，对于一般梁桥而言，加固费用接近重修费用；

③尽管碳纤维属高强结构，但由于其弹性模量与混凝土之间存在较大差异，实际工作中其仅能发挥出较小的作用；

④采用补强材料粘贴加固时，应考虑加固工程的二次受力特性，同时应对加固片（布）材进行必要的锚固和防护处理。

因此，虽然碳纤维加固梁桥技术已在各地应用，但其缺点制约了其广泛使用。

三、增加辅助构件加固技术

桥梁上部结构的病害如果是由结构设计、施工不合理或设计承载能力不能满足现有荷载水平造成的，可在现有结构中增加辅助构件来提高承载能力或使荷载分布更加均匀，常用的补强方式为增设纵梁加固法和加强横向联系加固法。在墩台基础有足够承载力的情况下，可增设承载力高和刚度大的新纵梁、与旧梁连接在一起共同受力，由于荷载在新增纵梁的桥梁结构中重新分布，使原有梁体所受荷载减小，从而使加固后的桥梁承载力和刚度得到提高；另外当新增纵梁位于原有梁体一侧或两侧时，兼有加宽的作用，如图4-2a）所示。当桥梁上部结构横向联系较弱时，荷载横向传递能力较差，会使单片梁（拱）的荷载横向分布系数过大，通过增设横向联系构件的方式，能加强结构的整体性，提高横向刚度，使荷载在结构上的分布更加均匀，改善上部结构的荷载横向分布规律，从而使结构整体承载能力提高。对于少横梁的T形梁或工字梁，可在相邻主梁间增设横隔板（梁）；对于分离式肋拱桥，可在拱上立柱间增设横向斜撑，以提高结构横向刚度，其示意如图4-2b）所示。

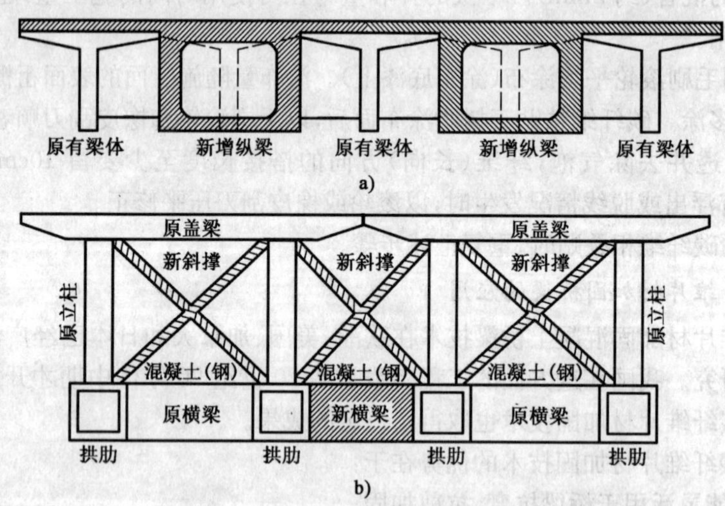

图4-2 增加辅助构件加固方法示意图

a）增设纵梁加固；b）增强横向联系

在桥梁上部结构中增加辅助构件会对原结构造成一定程度的损伤，对于配筋较为复杂的构件或区域，不宜采用该方法进行加固，以免增加安全隐患。该技术的优点是受力合理，加固效果显著；缺点是施工条件较差，起吊安装困难，否则就必须封锁交通进行施工，尤其是在地基情况差的地区，该法具有较大的局限性。

四、体系转换技术

结构的体系转换，即通过改变桥梁的上部结构体系来达到减小梁内应力的目的，从而提高梁体的承载力，是一种变被动为主动的加固方法。该方法必须对原结构现状进行仔细的现场调查和分析，对其承载潜能进行正确评估，并对转换后的桥梁结构体系进行可靠、细致的受力分析，最终确定体系转换后桥梁结构的承载能力是否满足规定交通荷载等级的需要。

改变桥梁结构体系的方法很多，须根据结构的实际情况而定。如：①在简支梁下增设支撑，或把相邻简支梁连接，从而将简支结构变为连续体系，如图 4-3a)所示；②在梁下增设钢桁架等加劲梁或叠合梁，以提高其承载力，如图 4-3b)所示。

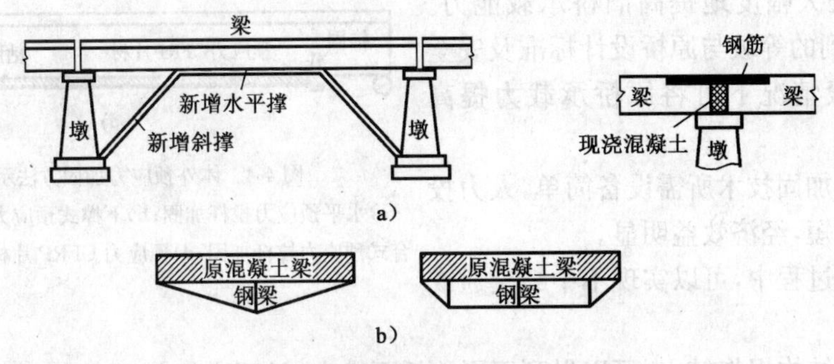

图 4-3　体系转换法示意图

a)简支转换为连续；b)加劲梁或叠合梁

体系转换法的技术关键是如何有效降低桥梁上部结构各控制截面的计算内力。体系转换有时需在桥下设置永久设施，进而影响桥下通航净空和桥下泄洪能力，这一点在设计时需注意。另外，体系转换法也是解决临时通行超重车过桥的常见加固措施，重车通过后拆除临时支撑即可。

五、体外预应力加固技术

早在 1934 年，德国工程师 Dischinger 发明了体外预应力技术，其宗旨是利用预应力原理在原构件中施加一定的初始应力，使结构在正常使用状态下受力的最不利位置仍有一定的压应力储备，结构基本处于弹性状态。体外预应力加固为主动的加固方式。钢筋混凝土桥梁上部结构的体外预应力加固法是加固效果最明显而施工工艺最复杂的加固方法，其优点是：较为经济，加固效果可靠，在结构自重未增加的前提下，能有效增加梁体的抗弯刚度，并大幅提高梁体的极限承载力，从而减少了墩台基础的加固量；该方法可最大限度地减少对桥上交通的影响，甚至不中断交通；体外预应力束易于更换，预应力摩擦损失较小。其缺点是：体外预应力束容易腐蚀破坏，振动较大，锚固区和转向块处存在巨大的应力集中现象，且加固后结构延性稍显不足。

用于体外预应力加固的预应力束一般采用钢杆、粗钢筋或高强钢绞线，利用螺杆、花篮螺丝及千斤顶进行张拉，由于钢质体外预应力束容易腐蚀损坏，近年来国内已经开始研究采用碳纤维筋(CFRP)来代替钢绞线进行体外预应力加固，或粘贴预应力碳纤维片材(板、布)来施加体外预应力，这样就可以较好地解决体外预应力加固的耐久性问题，但其加固机理、施工工艺和构造还需进一步研究。桥梁上部结构的体外预应力加固方式可分为水平预应力拉杆加固、下撑式预应力拉杆加固、组合式预应力拉杆加固以及预应力碳纤维片材加固等。体外预应力加固法示意如图 4-4 所示。

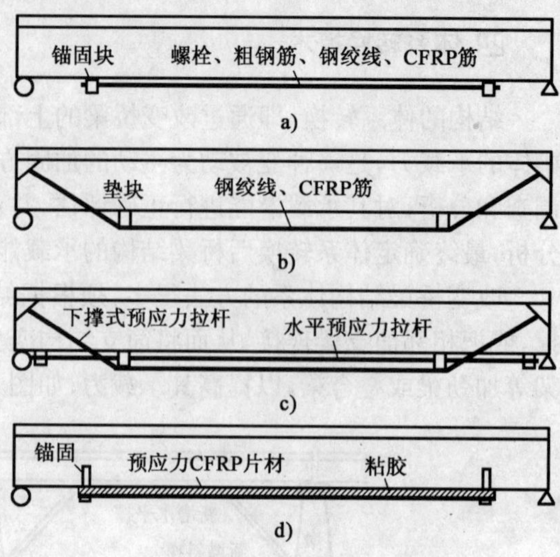

图 4-4 体外预应力加固方法示意图

a)水平预应力拉杆加固；b)下撑式预应力拉杆加固；c)组合式预应力拉杆加固；d)预应力 CFRP 片材加固

工程实践表明，桥梁体外索加固技术具有如下优点：

(1)能够较大幅度地提高旧桥承载能力。加固后所能达到的等级与原桥设计标准及安全储备有关，一般情况下可将原桥承载力提高 30%～40%。

(2)体外索加固技术所需设备简单，人力投入少，施工工期短，经济效益明显。

(3)在加固过程中，可以实现不中断交通或短时限制交通。

(4)对原桥结构损伤较小，可以做到不影响桥下净空，且不增加路面高程。

然而，由于目前预应力工艺在国内许多县、乡和地区尚未普遍推广，限制了体外预应力加固法的广泛应用。

本课题提出的截面转换加固钢筋混凝土 T(或 π)形梁桥技术是课题组近年来开发的一种新型梁桥加固技术。经理论计算分析、模型试验和对近 10 座桥梁进行加固的实践表明，截面转换加固钢筋混凝土 T(或 π)形梁桥技术具有安全、经济、施工快速简便、便于推广应用等优点，是钢筋混凝土桥梁理想的加固技术。

第三节 截面转换加固钢筋混凝土 T(或 π)形梁桥技术原理

钢筋混凝土简支梁桥是梁式桥中应用最广的一种桥型之一。它构造简单，最易设计为各种标准跨径的装配式结构；施工工序少，架设方便。即使是多孔简支梁，因属静定结构，相邻桥孔各自单独受力，结构受力不受地基变形等的影响，从而能适用于地基较差的桥位。

正因上述原因，钢筋混凝土梁桥特别是 T 梁桥和 π 形梁桥在我国应用极为广泛。

然而，随着交通的迅猛发展，荷载等级的不断提高，现有的钢筋混凝土简支梁桥中除按 1982 年原交通部颁发的《公路工程技术标准》(JTJ 01—81)设计的桥梁尚能满足近期交通量外，在此以前的桥梁大多已发生承载力不足、受拉区裂缝宽度过大等不良现象。譬如，我国 20 世纪 50～60 年代普遍采用的前苏联装配式简支 T 形梁桥，其最高设计荷载等级为汽—18、拖—80，而现在城市干道及国道荷载等级要求为公路—II 级甚至公路—I 级，显然旧有的桥梁承载力已达不到现代交通的营运要求，探求一项简单、快速、经济的简支梁桥加固增强技术具有深远的意义。

截面转换加固钢筋混凝土 T(或 π)形梁桥技术是加固增强 T 形梁桥的理想加固技术。

一、截面转换加固钢筋混凝土 T(或 π)形梁桥技术

简支 T 形或 π 形梁桥由多片 T 形或 π 形梁片构成,相邻两片主梁间形成了开口的 π 型,截面转换加固钢筋混凝土 T(或 π)形梁桥技术是通过在相邻两片主梁下缘间增设钢筋混凝土底板,使原来的开口截面转换成封闭的箱形截面。采用本项技术加固后,在活载作用下,桥跨结构将由原 T 形梁受力形态转变为箱梁受力形态。

在原 T 形梁下缘增设钢筋混凝土底板,通过底板与 T 形梁下缘主筋的刚性联结,截面转换成箱形截面,达到活载作用下桥梁全截面受力的目的,如图 4-5 所示。其实施工艺如下:剥开原梁下缘混凝土露出主筋→增焊横筋"⊓"于两相邻原梁下缘主筋上→增设纵向主筋,并与"⊓"横筋相交处一律采用点焊→清除烧伤、松散混凝土→架模板现浇梁间混凝土,形成封闭箱型梁结构→混凝土养生。

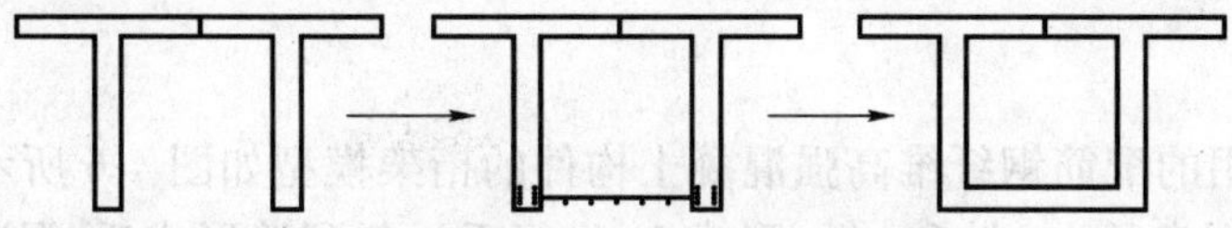

图 4-5 T 形梁截面转换成箱形截面加固示意图

箱型截面梁同 T 形梁相比,具有以下 3 个优点:

(1)具有较大的抗弯和抗扭性能,在偏心荷载作用下,较多片主梁的 T 形梁大为有利;

(2)具有良好的动力特性;

(3)具有较大面积底板,便于布筋。

因而,简支梁桥截面转换成箱梁的加固增强途径具有广阔的应用前景。

二、截面转换加固钢筋混凝土 T(或 π)形梁桥技术加固机理

采用截面转换加固钢筋混凝土 T(或 π)形梁桥技术加固后,桥梁上部结构在活载作用下将由 T 形梁受力形态转变为箱梁受力形态。众所周知,与 T 形梁相比箱梁的抗扭性能大大增强。以下重点研究钢纤维高强混凝土薄壁箱梁纯扭的受力性能并与工字型梁的抗扭性能进行对比。

混凝土箱形构件具有良好的空间整体受力性能,抗扭刚度大是混凝土箱梁的一个主要特点,因而在实际工程中常被用于抵抗扭矩的作用。随着高强、高性能混凝土结构的发展,薄壁、大跨度结构的广泛采用,尤其是曲梁等扭曲结构的应用,使得混凝土薄壁箱形构件受扭极限承载力计算显得比以往更为突出,使其在土木工程中的应用日益广泛。

在混凝土纯扭受力性能研究方面,国内外许多学者做过大量的研究工作,取得了一系列研究成果,并反映到各国的混凝土规范之中。同时,在软化桁架理论研究方面,国内外学者也取得了丰硕的研究成果,特别是近年对剪切斜裂缝形成后的混凝土软化性质的研究有了突破,以致目前欧美各国对抗扭机理的分析有统一采用空间桁架理论解释的趋势。这是因为:第一,它对构件开裂后的抗剪、抗扭机理给出了清晰的概念;第二,它不仅作为强度而且可以作为变形

的统一计算模型，并有可能使抗剪、抗扭计算方法得到统一；第三，它有可能更合理地解决轴向力、弯矩、剪力和扭矩共同作用复合受力构件的设计计算方法；第四，它能够较合理地考虑预应力的作用和影响，使得非预应力和预应力构件的设计计算方法也能获得统一并协调；第五，它可以适用于任意形状的截面，甚至是开口薄壁截面的钢筋混凝土构件。因此，本节将在钢纤维高强混凝土薄壁箱梁纯扭的受力性能试验研究的基础上，结合钢纤维高强混凝土本构关系及软化方程，采用空间软化桁架分析模型进行全过程分析，以期能得到配筋钢纤维高强混凝土薄壁箱形纯扭构件开裂扭矩和极限扭矩等计算公式，为钢纤维高强混凝土薄壁箱梁应用提供理论依据。本节采用空间软化桁架模型对配筋钢纤维高强混凝土纯扭构件进行全过程分析，分析中采用如下基本假定：①钢纤维高强混凝土斜压杆承受轴向压力，并考虑其沿斜裂缝的抗拉作用；②纵筋和箍筋只承受轴向力，忽略其销栓作用。

1. 空间软化桁架理论

空间软化桁架理论，主要包括力的平衡条件、变形协调条件和材料的软化应力—应变关系3大部分内容。

(1)平衡方程

承受纯扭作用的配筋钢纤维高强混凝土构件的桁架模型如图4-6所示。纵向钢筋和横向钢筋的方向分别表示为l轴和t轴，形成l-t坐标系。斜裂缝形成后，混凝土斜压杆既承受压应力又沿斜裂缝承受拉应力，钢筋仅起拉杆作用。与纵筋成α角的斜压杆指向d轴，该方向亦是主压应力和主压应变的方向；取与d轴垂直的方向为r轴，从而构成d-r坐标系，详见图4-6。

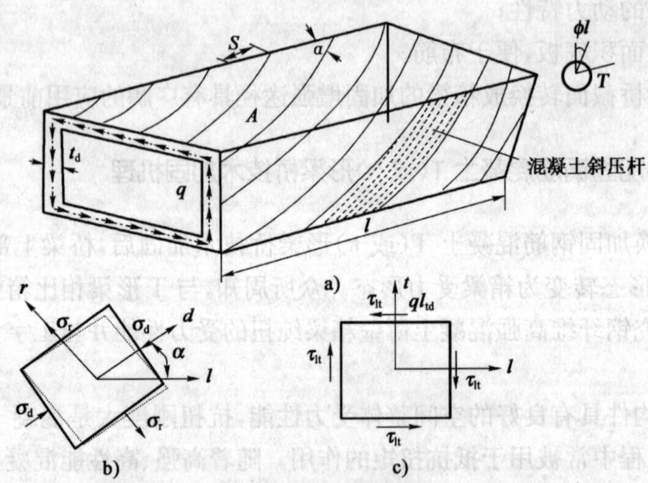

图4-6 扭转构件桁架模型

a)透视图；b)A单元体d-r坐标；c)A单元体l-t坐标

根据微元体的平衡条件，有

$$\left.\begin{aligned}\sigma_l&=\sigma_d\cdot\cos^2\alpha+\sigma_r\sin^2\alpha+\rho_l\cdot f_{sl}\\ \sigma_t&=\sigma_d\cdot\sin^2\alpha+\sigma_r\cos^2\alpha+\rho_t\cdot f_{st}\\ \tau_{lt}&=(-\sigma_d+\sigma_r)\sin\alpha\cdot\cos\alpha\end{aligned}\right\}\tag{4-1}$$

式中：σ_d, σ_r——坐标中的正应力(拉为正)；

σ_l, σ_t——$l-t$ 坐标中的正应力(拉为正)；

τ_{lt}——$l-t$ 坐标中的剪应力(方向如图 4-6 所示)；

f_{sl}, f_{st}——l 和 t 方向钢筋应力；

α——d 轴与 r 轴的倾角；

ρ_l, ρ_t——l 和 t 方向配筋率；

A_l, A_t——纵向钢筋和箍筋的截面面积，mm^2；

S——箍筋间距，mm；

t_d——截面有效厚度，mm；

U_0——核心截面周长，mm；

A_0——核心截面面积，mm^2；

A——为构件的截面面积，mm^2；

U——为构件的周长，mm。

对于扭转问题，根据 Bredt 薄壁杆件理论，可得出箱形截面有效壁厚 t_d 上的剪应力为：

$$\tau_{tl} = \frac{T}{2A_0 t_d}$$

式中：T——外扭矩，kN · m；

其他符号意义同前。

(2)变形协调方程

由空间桁架模型的变形协调条件可知，平均应变也满足 Mohr 圆，于是有

$$\varepsilon_l = \varepsilon_d \cos^2\alpha + \varepsilon_r \sin^2\alpha$$

$$\varepsilon_t = \varepsilon_d \sin^2\alpha + \varepsilon_r \cos^2\alpha \tag{4-2}$$

$$\gamma_{lt} = 2(-\varepsilon_d + \varepsilon_r)\sin\alpha \cdot \cos\alpha$$

式中：ε_l、ε_t——l-t 坐标中的平均应变(拉为正)；

γ_{lt}——l-t 坐标中的平均剪应变(方向同 τ_{lt})；

$\varepsilon_d, \varepsilon_r$——$d$-$r$ 坐标中的平均主应变(拉为正)。

构件受扭变形后，薄壁翘曲成双曲抛物面，利用几何关系可导出斜压方向曲率与箱形截面扭转角 θ 之间的关系

$$\varphi = \theta \sin 2\alpha$$

由薄壁杆件理论可知，扭转角与剪切应变之间的关系为

$$\theta = U_0 \cdot \gamma_{lt} / 2A_0$$

有效壁厚 t_d 与表面最大应变、曲率的关系为

$$t_d = \varepsilon_{ds} / \varphi$$

平均应变 ε_d 与最大应变 ε_{ds} 的关系为

$$\varepsilon_d = \varepsilon_{ds} / 2$$

(3)本构方程

①钢筋的本构关系。根据试件所用钢筋的拉伸试验结果，钢筋有明显屈服台阶，属于软钢。因此，钢筋采用理想弹塑性的应力—应变本构关系，即

$$\begin{cases} f_{sl}=E_s\cdot\varepsilon_l & (\varepsilon_l\leqslant\varepsilon_{ly}) \\ f_{sl}=f_{ly} & (\varepsilon_t>\varepsilon_{ty}) \end{cases} \tag{4-3}$$

$$\begin{cases} f_{st}=E_s\cdot\varepsilon_t & (\varepsilon_l\leqslant\varepsilon_{ly}) \\ f_{st}=f_{ty} & (\varepsilon_t>\varepsilon_{ty}) \end{cases}$$

式中：f_{ly}、f_{ty}——l、t 方向钢筋(纵筋和箍筋)的屈服强度，文中试件根据实测结果，取 $f_{ly}=f_{ty}=441.6\text{MPa}$；

ε_{ly}，ε_{ty}——l、t 方向钢筋(纵筋和箍筋)的屈服应变，文中试件根据实测结果，取 $\varepsilon_{ly}=\varepsilon_{ty}=2\,100\mu\varepsilon$；

E_s——钢筋(纵筋和箍筋)的弹性模量，文中试件根据实测结果，取为 2.1×10^5 MPa。

②钢纤维高强混凝土轴压本构关系。采用 F. Vecch 和 M. P. Collins 提出的软化混凝土本构关系表达式形式，结合我国唐兴荣等针对钢纤维高强混凝土的研究成果，斜向钢纤维高强混凝土压杆采用钢纤维高强混凝土软化本构关系，如图 4-7 所示，表达式如下

$$\begin{cases} \sigma_d=\zeta\cdot f_{fc}\left[2\left(\dfrac{\varepsilon_d}{\varepsilon_p}\right)-\left(\dfrac{\varepsilon_d}{\varepsilon_p}\right)^2\right] & (\varepsilon_d/\varepsilon_p\leqslant1) \\ \sigma_d=\zeta\cdot f_{fc}\left[1-\beta_f\left(\dfrac{\dfrac{\varepsilon_d}{\varepsilon_p}-1}{\dfrac{2}{\zeta}-1}\right)^2\right] & (\varepsilon_d/\varepsilon_p>1) \end{cases} \tag{4-4}$$

式中：ζ——钢纤维高强混凝土软化系数；

f_{fc}，ε_{f0}——钢纤维高强混凝土轴心抗压强度及所对应的峰值应变；取实测钢纤维棱柱体抗压强度，ε_{f0} 按下式计算

$$\varepsilon_{f0}=(0.037f_{fc}+0.658\lambda_f)\times10^{-3}=2.222\times10^{-3}$$

式中：ε_p——取软化后的钢纤维高强混凝土峰值应变；

f_{fp}，ε_{fp}——钢纤维高强混凝土本构关系下降段的名义反弯点应力及所对应的应变，分别按下式计算

$$f_{fp}=0.762f_c+6.42\lambda_f=41.77\text{MPa}$$

$$\varepsilon_{f0}=(3.515+1.826\lambda_f f_c/f_{fc})\times10^{-3}=4.004\times10^{-3}$$

λ_f——钢纤维高强混凝土应力—应变关系曲线下降段系数，取

$$\lambda_f=\frac{1-f_{fp}/f_{fc}}{(\varepsilon_{fp}/\varepsilon_{f0}-1)^2}=0.375$$

式(4-4)应用于空间桁架模型时，尚需考虑 σ_d 沿薄壁厚度不均匀分布和随其表面混凝土应变 ε_d 变化而变化的特点，如图 4-8 所示，取

$$\sigma_d = k_1 \zeta f_{fc}$$

式中:k_1——应力分布图的丰满度系数。

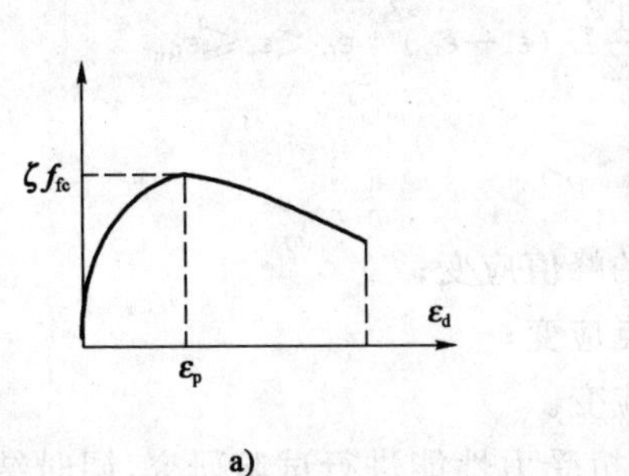

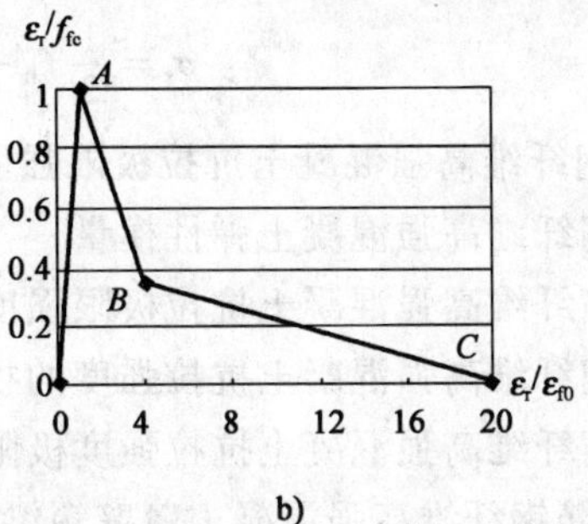

图 4-7 钢筋纤维高强混凝土本构关系

a)受压软化本构关系;b)轴拉软化本构关系

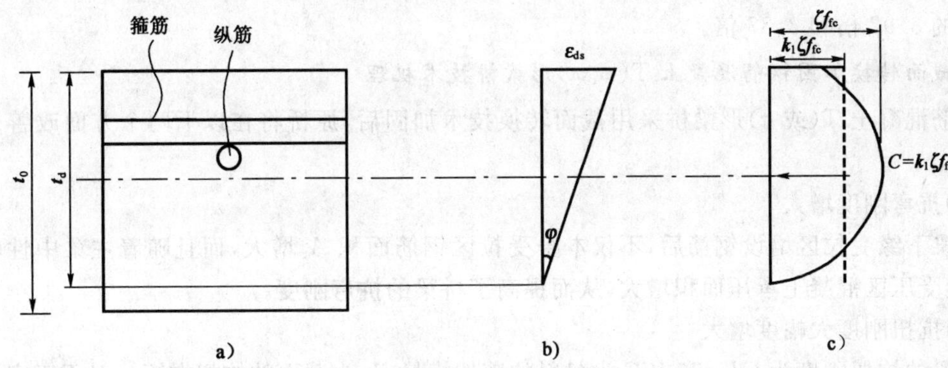

图 4-8 斜压杆应变—应力分布及等效图

a)斜压杆单元体;b)应变图;c)应力分布及等效图

根据钢纤维高强混凝土本构方程积分,可得

$$\begin{cases} k_1 = \dfrac{\varepsilon_{ds}}{\varepsilon_p}\left(1-\dfrac{\varepsilon_{ds}}{3\varepsilon_p}\right) & (\varepsilon_{ds}/\varepsilon_p \leqslant 1) \\ k_1 = \left[1-\dfrac{\beta\zeta^2}{(2-\zeta)^2}\right]\left(1-\dfrac{\varepsilon_{ds}}{3\varepsilon_p}\right)+\dfrac{\beta\zeta^2}{(2-\zeta)^2}\cdot\dfrac{\varepsilon_{ds}}{\varepsilon_p}\left(1-\dfrac{\varepsilon_{ds}}{3\varepsilon_p}\right) & (\varepsilon_{ds}/\varepsilon_p > 1) \end{cases} \tag{4-5}$$

关于软化系数 ζ,采用 F. Vecchо 和 M. P. Collins 建议的软化系数表达式,根据对本次试验结果的分析,建议钢纤维高强混凝土软化系数为

$$\zeta = 1.0/\sqrt{1+600\varepsilon_r}$$

上式的最大特点是:当 $\varepsilon_r = 0$ 时,软化系数 $\zeta = 1.0$,回到了非软化的本构关系,从而统一了混凝土本构关系中的软化与非软化问题。

③钢纤维高强混凝土轴拉本构关系。根据钢纤维高强混凝土实测的轴向拉伸应力—应变全曲线和钱春香等建议的数学模型,钢纤维高强混凝土轴拉本构关系采用三折线简化模型,分上升段、开裂段和平缓段,如图4-7b)所示。

上升段：　$\sigma_r = E_c \varepsilon_r \quad \varepsilon_r \leqslant \varepsilon_{f0}$

开裂段：　$\sigma_r = f_{ft} - \dfrac{2}{9}E_c(\varepsilon_r - \varepsilon_{f0}) \quad \varepsilon_{f0} < \varepsilon_r \leqslant \varepsilon_{fz}$

平缓段：　$\sigma_r = \dfrac{1}{3}f_{ft} - \dfrac{1}{42}E_c(\varepsilon_r - \varepsilon_{fz}) \quad \varepsilon_{fz} < \varepsilon_r \leqslant \varepsilon_{fcu}$

式中：f_{ft}——钢纤维高强混凝土抗拉极限强度；

E_c——钢纤维高强混凝土弹性模量；

ε_{f0}——钢纤维高强混凝土抗拉极限强度的峰值应变；

ε_{fz}——钢纤维高强混凝土抗拉强度的拐点应变；

ε_{fcu}——钢纤维高强混凝土抗拉强度极限应变。

通过对配筋钢纤维高强混凝土薄壁箱梁纯扭受力性能进行试验研究，同时结合钢纤维高强混凝土本构关系及软化方程的全过程分析，对配筋钢纤维混凝土箱形截面纯扭构件进行了大量的参数分析，得出了一些有益的结论：试验和理论分析证明，配筋钢纤维高强混凝土薄壁箱形构件具有良好的抗扭性能，相关试验构件箱形截面开裂扭矩和极限扭矩分别是其等效工字截面的3.92倍和3.37倍。

2.截面转换加固钢筋混凝土T(或π)形梁桥技术机理

钢筋混凝土T(或π)形梁桥采用截面转换技术加固后，原桥将在以下两个方面改善受力特性。

(1)抗弯刚度增大

主梁下缘受拉区增设钢筋后，不仅本身受拉区钢筋面积A_g增大，而且随着主梁中性轴的下移，使受压区混凝土承压面积增大，从而提高了桥梁的抗弯刚度。

(2)抗扭刚度大幅度增大

桥梁的抗扭刚度为GI_T，其中G为材料的剪切模量，I_T为截面的抗扭惯矩。对于工字形梁桥，主梁的抗扭惯矩I_T按开口狭长矩形截面抗扭惯矩计算

$$I_T = \sum_{i=1}^{N} \alpha_i b_i t_i^3 \tag{4-6}$$

式中：α_i——系数；

b_i——矩形宽度；

t_i——矩形高度。

然而，工字形梁下缘增设底板封闭后，则主梁的抗扭惯矩I_T计算公式为

$$I_T = (S_1 + S_2)^2 h^2 \frac{1}{2\dfrac{S}{t} + \dfrac{S_1}{t_1} + \dfrac{S_2}{t_2}} \tag{4-7}$$

式中：S_1, t_1——箱梁上底板宽度和厚度；

S_2, t_2——箱梁下底板宽度和厚度；

S, t——箱梁侧板高度和厚度；

h——箱梁高度。

比较式(4-6)和式(4-7)可知，箱梁的抗扭刚度显然高于开口的工字形梁，因此，封闭成箱形梁后，桥梁将调整原横向分布系数，改善桥梁受力特性，提高桥梁的极限承载力。

第四节　截面转换加固钢筋混凝土 T(或 π)形梁桥技术模型试验

一、试验目的

验证 T 形梁截面转换成箱形截面在工程实践上的可行性和加固效果的显著性，并以客观的测试数据检验 T 形梁桥转换成箱形技术在施工工艺上的可行性。

二、试验梁设计

本试验同批制作槽型梁 4 片，分别定名为 E_1、E_2、E_3、E_4。E_3作直接加载试验至破坏；E_1和E_2加载至开裂后卸载，分别转换为箱梁 E'_1和 E'_2。其中，为考察底板受拉区混凝土浇筑质量对主梁承载力的影响，E'_1箱底板混凝土浇筑质量较差，E'_2箱底板混凝土浇筑质量较好；E_4则直接转化为箱梁 E'_4。上述槽型梁和箱梁梁长 2.2m，计算跨径 2.0m，梁高 0.45m，梁宽0.48m，并在两梁端和两 $L/4$ 位置设置横隔梁 4 道，主梁断面尺寸和配筋见图 4-9。

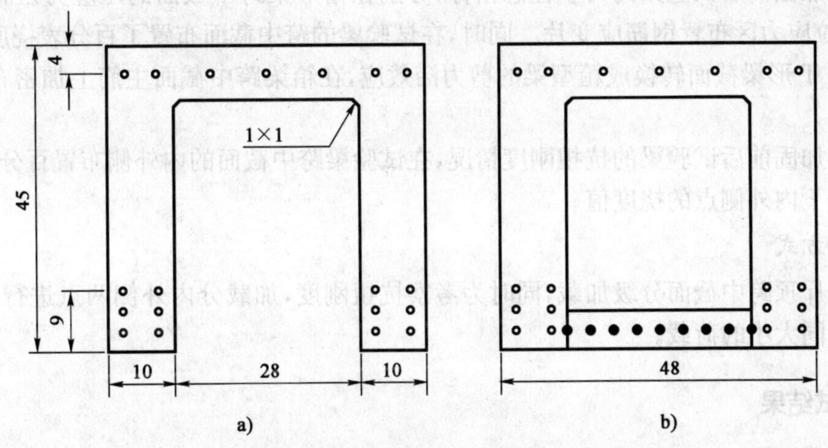

图 4-9　槽型梁加固前后断面尺寸及配筋(尺寸单位：cm)
a)加固前；b)加固后

三、试验梁制作

1. 材料

主筋为 ϕ12mm，架立筋 ϕ10mm，箍筋 ϕ8mm。混凝土采用粗骨料粒径为 0.5～2.0cm 的石灰石碎石，中砂为简阳砂，细砂为半湿性河砂，水泥为强度 32.5 普通酸盐水泥。其配合比为水泥：水：细砂：粗砂：粗骨料＝1：0.329：0.756：0.252：3.015。

2. 制作

先将模板就位，在内侧面涂上隔离剂，接着将事先编扎好的钢筋笼放入木模内，然后沿梁模板横向扣紧五道铅丝，以防止梁在浇注过程中发生变形，最后浇筑混凝土。在浇注混凝土的过程中，采用直径为 5cm 的振捣棒进行密实性振捣，直至混凝土密实、侧模底缘冒浆为止。

四、测试简介

本次试验在重庆交通大学结构实验室进行，测试内容及仪器如下。

1. 应变

采用 YJ—22 多功能微机测控系统。该系统测试精度高，测试速度快(3 点/s)，具有较强的测试功能和自动化程度。

2. 挠度

采用 WJH 系列位移传感器。该仪器测试精度高，分辨率达 0. 02mm，与 UCAM-70A-10 多功能数据采集器配合实现挠度和其他变形的测量。

3. 裂缝

采用 10 倍显微镜进行观测。在有关加载工况下测读最大裂缝宽度，并描绘裂缝现状图。

4. 测点布置

为比较加固前后试验梁的力学性态指标，分别在槽形梁跨中截面的压应力区布置混凝土应变片，在拉应力区布置钢筋应变片。同时，在试验梁的跨中截面布置了百分表挠度测点。

为考察 T 形梁截面转换成箱型梁的剪力滞效应，在箱梁跨中截面主筋上加密布置钢筋应变片测点。

为考察加固前后试验梁的抗扭刚度情况，在试验梁跨中截面的内外侧布置百分表，以比较在偏载作用下内外侧点的挠度值。

5. 加载方式

采用千斤顶跨中截面分级加载，同时为考察抗扭刚度，加载分内外侧两点进行，以便于内外侧加载不同大小的荷载。

五、测试结果

桥梁在营运过程中，其强度通常以承重结构的应力予以体现，控制其在容许范围内，可避免桥梁因强度不足而破坏；刚度则是桥梁强度和整体受力性能的反映，其常用挠度予以体现；对于钢筋混凝土梁桥而言，裂缝的出现将显著减小桥梁的刚度，裂缝宽度过宽，则会因水汽、有害气体的侵入而锈蚀钢筋，影响桥梁的耐久性。

因此，强度、刚度、耐久性是确保桥梁能安全营运的 3 大指标。相应地，在本次试验中，主梁加固前后钢筋应变、混凝土应变、挠度、裂缝宽度的测定和分析，则构成了桥梁加固增强试验的重要内容。

在此试验中，E_3代表加固前的槽形梁，E'_1、E'_2、E'_4则代表加固后的箱梁。现从应变、挠度、裂缝宽度、抗扭刚度等方面予以评定梁截面转换成箱梁后的加固增强效果。

测试结果见表 4-2～表 4-7。需说明的是，表 4-7 中的扭转角采用内、外侧测点的挠度差与测点水平距离相比而得，表 4-6 的剪力滞后效应为 46t 荷载作用下各箱梁跨中底层钢筋应变的考察结果。

E_3和E_1'、E_2'、E_4'跨中混凝土压应变比较 表4-2

荷载(kN)		2×20	2×40	2×60	2×80	内100 外80	内120 外80	内140 外80	内160 外80	2×180	2×190	2×210	2×230	2×250	2×270	2×290
εE_3 ($\mu\varepsilon$)	内	39	80	131	162	249	293	331	379	1 891	2 499					
	外	36	79	131	154	228	238	246	265	1 055	1 320					
$\varepsilon E_1'$ ($\mu\varepsilon$)	内	31	61	91	126	149	173	200	232	417	448	523	631	706	835	
	外	34	68	101	138	159	175	194	212	423	463	532	618	725	917	
$\varepsilon E_2'$ ($\mu\varepsilon$)	内	29	60	90	126	147	172	196	223	398	430	503	565	645	812	1 268
	外	31	64	98	137	156	183	206	230	422	455	509	595	675	882	1 535
$\varepsilon E_4'$ ($\mu\varepsilon$)	内	28	60	91	125	156	178	201	226	403	441	510	595	704	1094	
	外	28	60	92	126	158	173	181	219	402	440	505	574	661	806	
$\frac{\varepsilon E_3-\varepsilon E_1'}{E_3}$ (%)	内	21	24	31	22	40	41	40	39	78	82					
	外	6	14	23	10	30	26	21	20	60	65					
$\frac{\varepsilon E_3-\varepsilon E_2'}{E_3}$ (%)	内	26	25	31	22	41	41	41	41	79	83					
	外	14	19	25	11	32	23	16	13	60	66					
$\frac{\varepsilon E_3-\varepsilon E_4'}{E_3}$ (%)	内	28	25	31	23	37	39	39	40	79	82					
	外	22	24	30	18	35	27	26	17	62	67					

E_3和E_1'、E_2'、E_4'跨中钢筋应变比较

表 4-3

荷载(kN)		2×20	2×40	2×60	2×80	内 100 外 80	内 120 外 80	内 140 外 80	内 160 外 80	2×180	2×190	2×210	2×230	
εE_3 ($\mu\varepsilon$)	内	73	154	319	429	668	821	968	1 084					
	外	79	177	407	450	763	862	909	985	2 308	2 352			
$\varepsilon E_1'$ ($\mu\varepsilon$)	内	57	114	173	234	328	383	442	501	923	1 006	1 185	1 406	
	外	61	122	185	253	289	322	358	396	945	1 028	1 180	1 369	
$\varepsilon E_2'$ ($\mu\varepsilon$)	内	53	108	175	254	320	395	474	557	1 043	1 125	1 297	1 433	1 606
	外	53	111	178	265	311	364	420	565	867	1 110	1 254	1 469	
$\varepsilon E_4'$ ($\mu\varepsilon$)	内	50	109	166	233	312	386	461	529	945	1 018	1 130	1 463	
	外	52	103	153	217	311	364	425	478	888	948	1 134	1 397	1 696

E_3和E_1'、E_2'、E_4'跨中挠度比较

表 4-4

荷载(kN)		2×20	2×40	2×60	2×80	内 100 外 80	内 120 外 80	内 140 外 80	内 160 外 80	2×180	2×190	2×210	2×230	2×250	2×270
fE_3 ($\mu\varepsilon$)	内	0.63	1.26	1.92	2.54	3.32	4.15	5.60	6.06	14.78	17.86				
	外	0.52	1.04	1.46	1.98	2.30	2.44	2.64	2.77	12.85	1 694				
fE_1' (mm)	内	0.38	0.65	0.86	1.07	1.45	1.63	1.82	1.96	2.86	3.13	3.67	4.90	5.73	7.27
	外	0.41	0.84	1.10	1.27	1.33	1.45	1.58	1.70	3.65	3.96	4.63	6.38	7.15	8.63
fE_2' (mm)	内	0.43	0.72	0.97	1.26	1.47	1.69	1.92	2.15	3.16	3.39	4.00	4.67	5.36	6.64
	外	0.35	0.73	1.08	1.28	1.36	1.55	1.68	1.76	3.10	3.30	3.86	4.41	5.06	6.47
fE_4' (mm)	内	0.42	0.84	1.30	1.74	2.12	2.38	2.58	2.80	3.87	4.10	4.77	5.14	6.13	8.53
	外	0.48	0.96	1.42	1.88	2.08	2.19	2.30	2.46	4.27	4.58	5.54	6.34	7.08	9.26
$\frac{fE_3-fE_1'}{fE_3}$ (%)	内	39.7	48.4	55.2	57.9	56.3	60.7	67.5	67.7	80.6	82.5				
	外	21.2	19.2	24.7	35.9	42.4	40.6	40.2	38.6	71.6	76.6				

续上表

荷载(kN)		2×20	2×40	2×60	2×80	内 100 外 80	内 120 外 80	内 140 外 80	内 160 外 80	2×180	2×190	2×210	2×230	2×250	2×270
$\frac{fE_3 - fE_2'}{fE_3}$ (%)	内	31.7	42.9	49.5	50.4	55.7	59.3	65.7	64.5	78.6	81.0				
	外	32.7	29.8	26.0	35.4	40.9	36.5	36.7	36.5	75.9	80.5				
$\frac{fE_3 - fE_4'}{fE_3}$ (%)	内	33.3	33.3	32.3	315	361	42.7	53.9	53.8	73.8	77.0				
	外	7.7	7.7	2.7	5.1	9.6	10.2	12.9	11.2	66.8	73.0				

E_3 和 E_1'、E_2'、E_4' 裂缝宽度比较

表 4-5

荷载(kN)	内	80	130	140		160		170		180		190	230
	外	80	130	80	130	80	130	130	170	130	180	190	230
E_3(mm)		内 $\frac{0.139}{0.052}$ (外)	—	$\frac{0.170}{0.067}$	—	$\frac{0.320}{0.190}$	—		$\frac{1.780}{未测}$	—	—	—	
E_1'(mm)		0	0	0	0	$\frac{0.045}{0}$	—	—	—	—	$\frac{0.205}{0.105}$	—	$\frac{0.325}{0.235}$
E_2'(mm)		0	$\frac{0.070}{0.020}$	—	$\frac{0.090}{0.040}$	—	$\frac{0.135}{0.080}$	—	—	$\frac{0.155}{0.145}$	—	$\frac{0.300}{0.165}$	$\frac{0.350}{0.285}$
E_4'(mm)		0	$\frac{0.025}{0.023}$	—	$\frac{0.085}{0.075}$	—	$\frac{0.096}{0.090}$	$\frac{0.145}{0.105}$	—	$\frac{0.155}{0.125}$	—	$\frac{0.263}{0.220}$	(内) $\frac{0.270}{0.250}$ (外)

E_1'、E_2'、E_4'剪力滞后效应考察 表 4-6

测点距起点横向水平距离(cm)		0	6.5	11	19	23	27	31	35.5	42
钢筋应变值(με)	E_1'	1 406	1 406	1 053		1 025	1 096		1 389	1 389
	E_2'	1 433	1 433	1 113	1 054		1 160	1 368	1 469	1 469
	E_4'	1 463	1 463	1 244	1 239		1 241		1 397	1 397

E_3和E_1'、E_2'、E_4'扭矩—扭转角关系 表 4-7

扭矩(kN·m)		3.8	7.6	11.4	15.2
扭转角(°/m)	E_3	0.405	0.680	1.174	1.305
	E_1'	0.048	0.071	0.095	0.103
	E_2'	0.044	0.056	0.099	0.155
	E_4'	0.056	0.075	0.111	0.135

图 4-10 和图 4-11 表明由于加固后主梁整体强度的提高，使得同级荷载作用下试验梁的混凝土压应变和钢筋拉应变均较加固前减小了 30%～50%；E_1'、E_2'、E_4'相比较，所测应变无明显差别，表明本加固技术对原梁下缘是否开裂情况均适用。

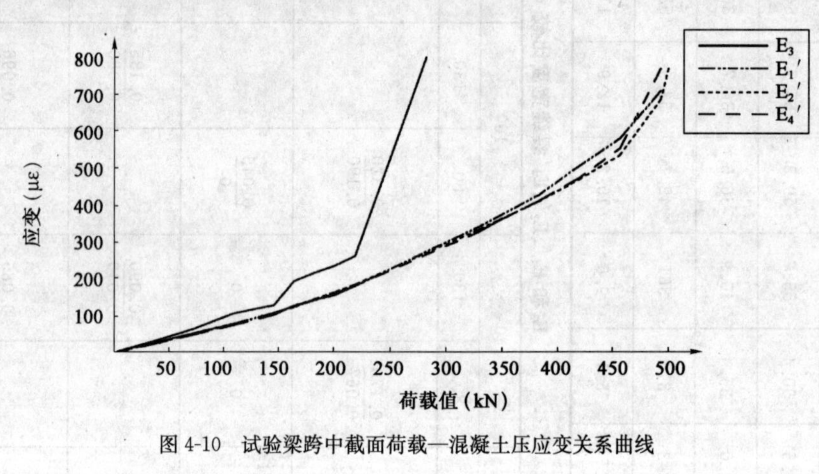

图 4-10 试验梁跨中截面荷载—混凝土压应变关系曲线

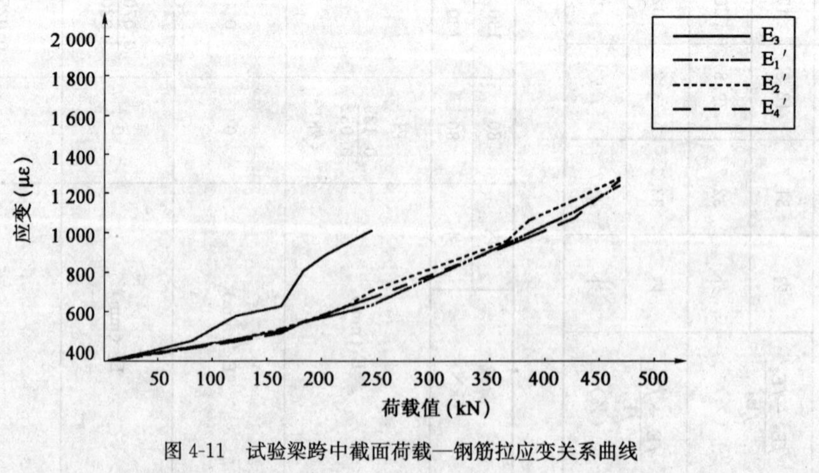

图 4-11 试验梁跨中截面荷载—钢筋拉应变关系曲线

图 4-12 表明，由于加固后主梁整体刚度的提高，使得在同级荷载作用下，试验梁跨中截面挠度较加固前减小了 30%～60%；E_1'、E_2'、E_4' 相比较，所测挠度无明显差别，表明加固前主梁是否开裂对加固效果无明显影响。

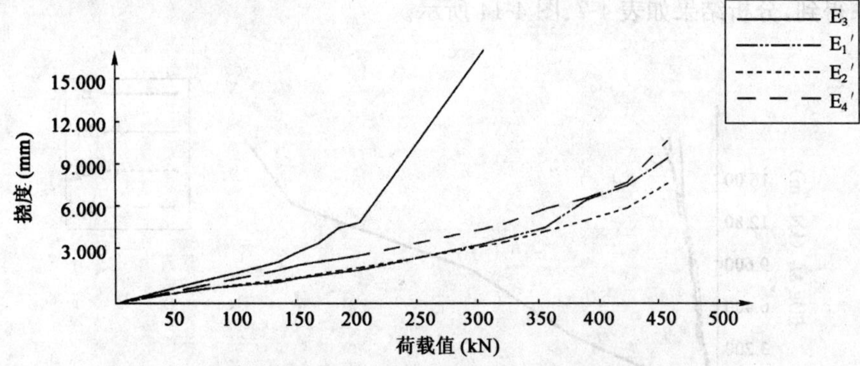

图 4-12　试验梁跨中截面荷载—挠度关系曲线

为考察加固后箱梁的剪力滞效应，现将加载工况中 460kN 荷载作用下跨中截面钢筋应变值列于表 4-3，相应绘出该工况下的试验梁的剪力滞后效应考察图如图 4-13 所示。

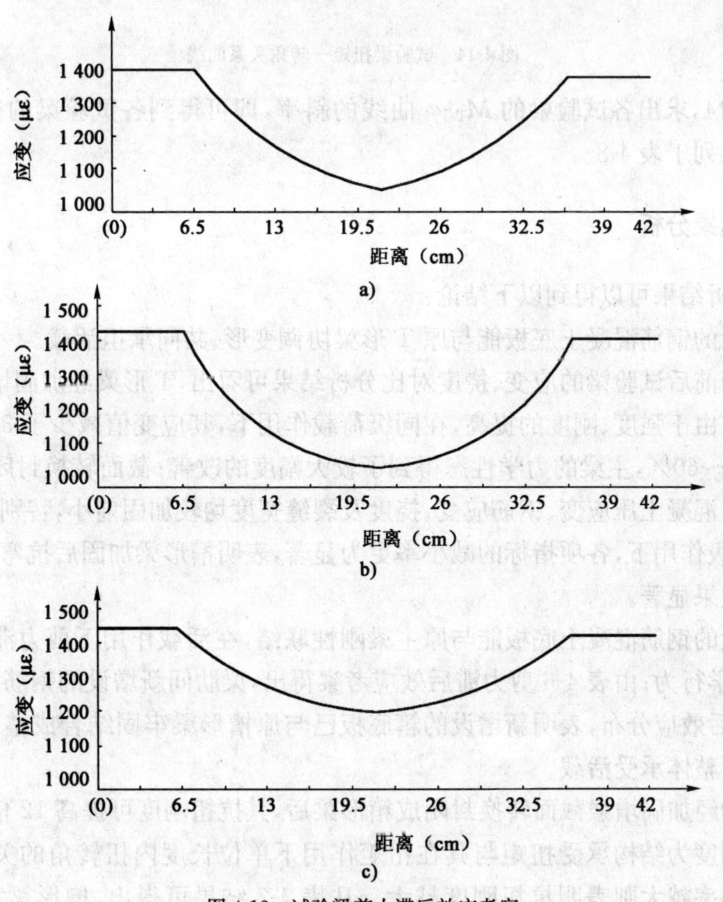

图 4-13　试验梁剪力滞后效应考察

a)E_1'；b)E_2'；c)E_4'

由图 4-13 结果可看出,新增设的钢筋混凝土底板与原主梁刚性联结,在活载作用下剪力滞效应明显,构成箱型结构的力学行为,大大改善了原桥的受力性态。

工字形梁转换成箱型梁后其抗扭刚度的提高幅度通过考察试验梁在偏载作用下的扭矩—扭转角关系得到,分析结果如表 4-7、图 4-14 所示。

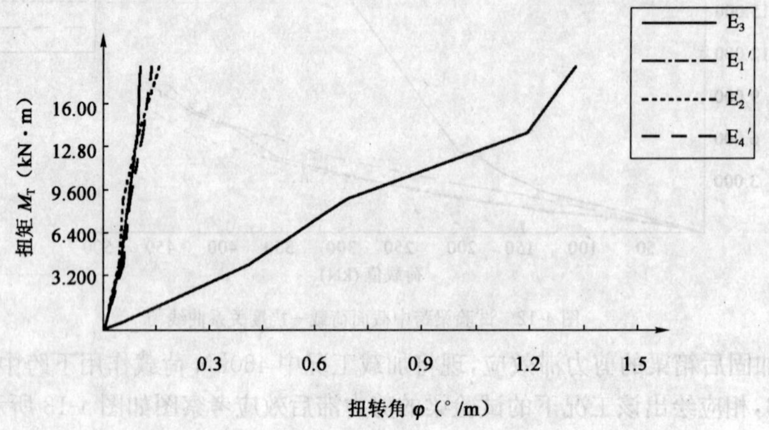

图 4-14 试验梁扭矩—转角关系曲线

根据图 4-14,求出各试验梁的 M_T-φ 曲线的斜率,即可得到各试验梁的抗扭刚度提高幅度,其比较结果列于表 4-8。

六、测试结果分析

从上述分析结果可以得到以下结论:

(1)新增设的钢筋混凝土底板能与原 T 形梁协调变形、共同承担活载。

(2)从加固前后试验梁的应变、挠度对比分析结果可看出,T 形梁经加固增强处治、截面转换成箱型梁后,由于强度、刚度的提高,在同级荷载作用下,其应变值减少了 30%～50%,挠度值减少了 30%～60%,主梁的力学性态得到了较大幅度的改善;截面转换封闭成箱梁后,在同级荷载作用下,混凝土压应变、钢筋应变、挠度及裂缝宽度均较加固前小,特别是在槽形梁和箱梁均开裂的等级作用下,各项指标的减小率更为显著,表明槽形梁加固后抗弯刚度明显得以提高,加固增强效果显著。

(3)新增设的钢筋混凝土底板能与原主梁刚性联结,在活载作用下剪力滞效应明显,构成箱型结构的力学行为;由表 4-6 剪力滞后效应考察得出,梁肋间新增设的钢筋应变横向分布呈符合客观的滞后效应分布,表明新增设的箱底板已与原槽形梁牢固结合成整体,新、旧钢筋混凝土协调变形,整体承受活载。

(4)T 形梁经加固增强截面转换封闭成箱形梁后,其抗扭刚度可提高 12 倍。

(5)抗扭刚度为结构承受扭矩与其在扭矩作用下单位长度内扭转角的关系曲线即 M_T-φ 曲线的斜率,斜率越大则表明抗扭刚度越大。从表 4-7 结果可得出,槽形梁截面转换为箱梁后,抗扭刚度明显得以提高,槽形梁的抗扭刚度如表 4-8 所示。

槽形梁转换为箱形梁后抗扭刚度提高幅度　表 4-8

加固前 GI_T(kN·m²)		加固后 $GI_{T后}$(kN·m²)		$GI_{T后}/GI_{T前}$
E_3	537.9	E_1'	6 879.0	12.8
		E_2'	6601.0	12.3
		E_4'	6 454.4	12.0

(6)T 形梁转换成箱梁加固后，其极限承载力提高幅度值达到 40%～50%。

综上所述，T 形梁截面转换封闭成箱梁加固技术行之有效，可应用于我国的 T 形梁、π 形梁加固。

表 4-8 的数据充分表明，槽形梁转换为箱梁后其抗扭刚度有显著的提高。

最后，可得出槽型梁加固前后承载力的提高幅度，其结果如表 4-9 所示。

槽形梁加固后外承载力提高幅度　表 4-9

梁　号	M_P(kN·m)	外荷载承载力提高幅度	梁　号	M_P(kN·m)	外荷载承载力提高幅度
E_3	173.6	—	E_2'	263.2	51.6%
E_1'	247.2	42.4%	E_4'	268.8	54.8%

表 4-9 的数据充分表明，槽形梁截面转化为箱梁后，其承载力具有较大幅度的提高，加固增强效果显著。

第五节　截面转换加固钢筋混凝土 T(或 π)形梁桥技术设计方法与施工工艺

一、截面转换加固钢筋混凝土 T(或 π)形梁桥技术设计方法

1. 加固后桥梁承载能力计算方法

当前，对于加固后桥梁结构的承载能力的计算方法取用问题，工程界存在分歧。结构设计理论发展至今已经历了若干个阶段，形成并提出了多种设计方法与计算方法，主要有以力学为基础的容许应力法和以概率理论为基础的极限状态设计方法。伴随着设计理论和方法的发展，我国的桥梁设计规范也一直在逐步发展和完善之中，从以容许应力法为准的《公路桥涵设计规范(试行)》(1975 年版)，至采用极限状态设计的《公路桥涵设计通用规范》(JTJ 021—85)和《公路钢筋混凝土及预应力混凝土桥涵设计规范》(JTJ 023—85)等，到以概率理论为基础的《公路桥涵设计通用规范》(JTG D60—2004)和《公路钢筋混凝土及预应力混凝土桥涵设计规范》(JTG D62—2004)等。

容许应力法是以弹性理论为基础，考虑结构具有一定的安全储备和富余量而提出来的一套包含一定经验性的定值设计方法。容许应力法与后来发展起来的极限状态法相比，具有清晰、明确的物理和力学模型，概念清楚，能够充分反映因结构施工或受力体系的不断变化而产生的应力分布的改变；通过逐步的应力叠加过程，得到结构上任一点的应力值及其方向。但

是，该设计方法所采用容许应力值是材料的极限强度除以一个指定的安全系数而得的数据，即一个经验和人为确定的数值，没有牢固的理论支撑和基础；材料容许应力的取值，不能将不同施工人员、施工技术等方面的差异反映出来，显得过于“一刀切”；安全系数的引入虽被赋予了结构安全储备的意义，但实际运用中却又难以达到这一目的。

极限状态法是一种以概率理论为基础的结构设计方法，它将材料性能和参数、结构构件的受力模式等因素运用数理统计方法进行处理，使得它们与实际状态下各种构件状况的随机差异相对应，采用这种方法设计而得的结构具有较高的保证率。极限状态法的优点在于：它考虑了材料特性、施工质量等的随机性，对结构的计算图式进行了一定的简化；用它设计的结构具有较高的保证率，同时又较经济，在安全和经济之间找到了较好的平衡；极限状态设计法弥补了容许应力法的不足。该法的缺点为：对于诸如加固构件等存在应力(应变)分布逐步叠加、截面特性逐渐变化的结构，不能计算结构二次受力条件下的承载力。

当前，加固结构承载力计算有的采用容许应力法，有的则采用极限状态法，针对加固结构构件两种方法各有优缺点。容许应力法考虑施工过程、二次受力特性十分方便，不足之处在于安全系数、材料容许应力限值等不科学、基础不牢固。极限状态法计算过程简单，设计的构件既安全又经济，考虑了结构、材料和人的随机性影响，不足之处在于不能考虑加固后结构的二次受力特性。

2. 桥梁加固设计的准则

加固结构属于二次受力结构。加固前原结构已有荷载作用(即第一次受力)，内部存在一定的应力和形变；而加固一般是在未卸载或未完全卸载的条件下进行，新加的加固(增强)部分(以下简称加固层)在自身强度形成之后，才开始参与承担后来的新增荷载如活载。因此，加固层的应力和应变均滞后于原结构；在极限状态下，原结构应力早于加固层达到材料的极限强度，也将更快地破坏。

由于加固增强结构的二次受力特性，原结构在加固前应力水平很高、变形很大的情况下，很有可能在加固施工完成后所有荷载作用下加固层应力和应变始终处于一个较低的水平，材料强度不能充分发挥，加固后既不经济效果也不好；如加固层自重较大，消耗了桥梁原本已剩不多的承载潜力，则加固后的原结构可能处于一种比加固前更不利的状态，从而威胁加固后桥梁使用的安全。因此在设计过程中，加固层材料选择、尺寸拟定等基本问题都需系统性思考、通盘考虑，以使桥梁加固增强符合技术先进、安全可靠、耐久适用、经济合理的设计原则。

以下从应力和极限承载力的角度阐述桥梁加固的三项准则。

(1)恒载应力准则

桥梁加固前，在自身恒载作用下主梁边缘的恒载应力应该满足强度要求，否则桥梁属于危桥，只能废弃，无法通过加固措施使之重新被利用，即

$$\sigma_{恒} < \sigma_{L} \tag{4-8}$$

式中：$\sigma_{恒}$——加固前桥梁在恒载作用下主梁边缘应力；

σ_{L}——主梁边缘应力限值。

恒载应力准则是桥梁加固的首要基本准则，只有在满足该准则的前提下，方可进行后续加固工作。

(2)组合应力准则

在各种最不利荷载组合作用下,原主梁边缘应力必须满足强度要求。桥梁加固的精髓在于使复合梁能够协调变形,共同承担活载作用。一般而言,新增的加固层往往采用强度和弹性模量较高的材料,而原主梁由于已营运多年,材料强度有不同程度的削减、桥梁的整体性降低。因此,桥梁加固中控制应力通常出现在复合梁中的原梁上下边缘。具体地说,桥梁加固后在最不利荷载作用下,原主梁边缘应力必须满足强度要求,即

$$\sigma_{组} < \sigma_L \tag{4-9}$$

式中:$\sigma_{组}$——组合荷载作用下原主梁边缘应力;

σ_L——原主梁应力限值。

组合应力准则是桥梁加固中尺寸拟定的控制准则,只有在满足该准则的前提下方可进行后续工作。

(3)性能准则

在最不利荷载组合作用下,加固后桥梁强度、刚度和稳定性均要满足现行规范要求。桥梁加固在满足前两准则的前提下,性能准则体现了桥梁各项技术参数和使用性能的提高幅度;桥梁加固效果是否显著,以该准则为依据。

桥梁加固是一项严密的系统工程,整个桥梁加固准则执行程序如图 4-15 所示。

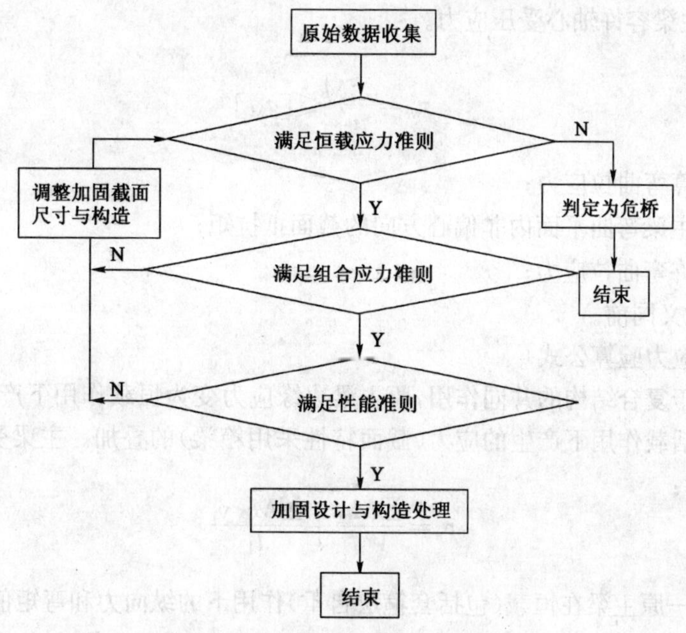

图 4-15　桥梁加固准则执行程序框图

3. 截面转换加固钢筋混凝土 T(或 π)形梁桥技术强度计算

在结构设计理论的发展历史中,最早的钢筋混凝土结构及圬工结构设计理论是采用以弹性理论为基础的容许应力法,当前的结构设计则考虑了钢筋混凝土材料及圬工材料的塑性性能,采用以概率理论为基础的极限状态设计法。鉴于此,以下采用两种设计理论进行论述。

1)极限状态法设计方法

按照现行规范《公路钢筋混凝土及预应力混凝土桥涵设计规范》(JTG D62—2004)相关

条文和规定进行，以加固后的主梁截面与配筋作为桥梁承载力的理论基础，通过复合主梁的共同承担活载，达到加固旧桥的目的。

强度计算公式如下：

$$f_{sd}A_s + f_{pd}A_p \leqslant f_{cd}b'_f h'_f + f'_{sd}A'_s + (f'_{pd} - \sigma'_{po})A'_p \tag{4-10}$$

式(4-10)中各项符号的含义见JTG D62—2004的相关条文。

2)容许应力设计方法

由于钢筋混凝土加固层与原主梁形成复合结构协调变形，共同承担活载作用，增大了截面抵抗矩，从而达到加固旧桥的目的。

(1)加固前应力验算公式

加固前，桥梁的压应力验算公式如下

$$\sigma_a = \frac{\sum M}{w_0} \leqslant [\sigma_a] \tag{4-11}$$

式中：σ_a——计算压应力；

$\sum M$——弯矩总和；

w_0——原主梁的弯曲平面内偏心方向的截面抵抗矩；

$[\sigma_a]$——原主梁容许轴心受压应力。

拉应力

$$\sigma_{wl} = \frac{\sum M}{w'_0} \leqslant [\sigma_{wl}] \tag{4-12}$$

式中：σ_{wl}——计算弯曲拉应力；

w'_0——原主梁弯曲平面内非偏心方向的截面抵抗矩；

$[\sigma_{wl}]$——容许弯曲拉应力；

其他符号意义同前。

(2)加固后应力验算公式

加固后，由于复合结构的共同作用，原主梁边缘应力变为恒载作用下产生的应力(截面特性采用原梁)和活载作用下产生的应力(截面特性采用箱梁)的叠加。主梁受压边缘的压应力验算公式则变为：

$$\sigma_a = \frac{\sum M_{恒}}{W_0} + \frac{\sum M_{活}\, y_1}{I_1} \tag{4-13}$$

式中：σ_a——原主梁在恒载(包括套箍层自重)作用下的纵向力和弯矩值总和；

$\sum M_{恒}$，$\sum M_{活}$——原主梁在恒载(包括加固层自重)作用下的弯矩值总和、复合主梁在活载作用下的纵向力和弯矩值总和；

I_1——复合主梁在弯曲平面内的截面惯性矩；

y_1——截面重心至偏心方向原主梁边缘的距离；

其他符号意义同前。

拉应力

$$\sigma_{wl} = \frac{\sum M_{恒}}{w_0} + \frac{\sum M_{活} \cdot y'_1}{I_1} \tag{4-14}$$

式中：y_1'——截面重心至非偏心方向原主梁边缘的距离；

其他符号意义同前。

4.截面转换加固钢筋混凝土 T(或 π)形梁桥设计方法

1)截面转换加固钢筋混凝土 T(或 π)形梁桥的加固增强区段的确定

在采用截面转换加固钢筋混凝土 T(或 π)形梁桥技术时，出于以下考虑应确定合理的加固增强区段：

(1)为了节省钢筋等物资和材料，取得最佳的经济效益；

(2)为了缩短施工工期，将加固施工对桥上正常交通的影响降低到最小；

(3)为了减小施工难度，简化施工过程。

确定合理的加固增强区段，应根据主梁的现有承载能力与目标承载能力之间的差距来确定。在设计中应计算出主梁的内力(弯矩、剪力)包络图和各截面最不利的荷载效应，以荷载效应大于主梁现有内力包络图的梁段部分作为加固增强段为原则。这样，加固后的结构上所有截面(包括加固区段和未加固区段)的抗力效应要求大于加固后的所有荷载内力的组合效应。

对于主梁的弯矩和剪力，从简支梁的内力分析可知，在梁上的不同区段起控制作用的内力是不同的，在主梁跨中区段通常以弯矩控制设计，而在支点附近以剪力占主导，因此对跨中截面的加固可以采用截面转换加固钢筋混凝土 T(或 π)形梁桥技术，而对支点截面如存在抗剪承载力不足的问题则可以采用在梁肋外侧表面粘贴竖向钢板(条)来给予加固增强(如图 4-16 所示)。

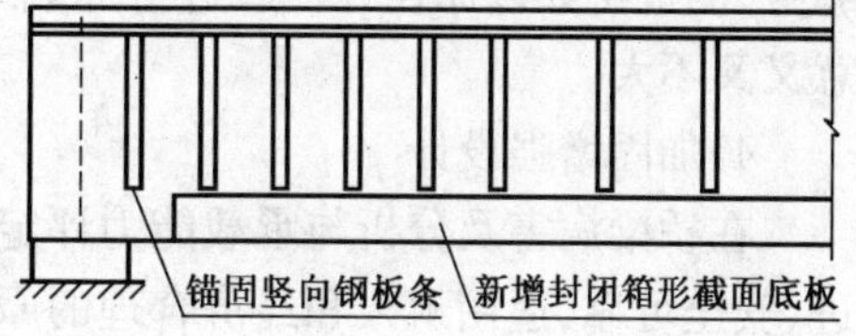

图 4-16　主梁支点附近粘贴竖向钢板条加固增强图

2)加固后的荷载横向分布系数计算

关于采用截面转换加固钢筋混凝土 T(或 π)形梁桥技术整治后桥梁的荷载横向分布，考虑到加固后全截面的整体性大大提高、荷载的横向分布趋于均匀(这一点已为现场荷载试验和室内模型试验所证实)，因此按全截面均匀受力处理。

5.桥梁加固工作程序

桥梁加固是一项严密的系统工程，主要内容有：现场调查与资料收集、桥梁结构检查、加固前承载能力评定、加固增强设计、加固施工和竣工验收，对于某些工程还包括加固后的荷载试验等加固后效果评价。

1)现场调查与资料收集

调查和掌握桥梁的基本资料与实际状况，是判断桥梁状态、进行后续各项工作的重要前提。资料收集，包括目前桥梁概况、养护与维修记录、设计文件、施工记录及竣工资料；现场调查主要内容有交通量和通行荷载及其发展趋势、环境因素等。

2)桥梁结构检查

桥梁结构检查，首先应对桥梁的主要构造尺寸进行必要的复核(如果原桥的设计图或竣工图等资料缺失，则应对全桥各部分尺寸进行测量)；其次，应对桥梁的材质状况进行测定，确定材料的实际强度等力学性能及相关参数；最后，应对全桥病害进行全面、细致的调查并深入分析。原桥基本数据与病害数据的收集完备与否直接影响整个加固工程成败与加固效果。

3)加固前承载能力评定

在收集到的所有资料的基础上,对桥梁使用状况及承载能力进行综合评价,鉴定桥梁是否具有良好的工作性能和承载能力,是对桥梁做出维修、加固改造计算的重要依据。

桥梁的评定工作方法很多,大致可归纳为:

①外观检查对照规范进行评定;

②以理论计算、分析计算为主进行评定;

③荷载试验评定;

④专家系统的评定;

⑤桥梁的可靠性分析评定。

在上述桥梁评定方法中,对于荷载试验方法在危桥承载能力评定的运用,笔者认为应慎重考虑,理由有二:①一方面,对于危桥,由于桥梁本身的状况比较差、病害较多且重;另一方面,众所周知桥梁荷载试验是结构整个寿命中荷载强度最大的时刻之一(甚至是唯一的经历),在试验荷载作用下原有的病害必然会发展、桥梁的状况必然恶化,这对桥梁的安全性本身就是一种挑战,且其对后续加固的影响也是巨大的。②加固前的试验荷载等级难以确定,对于"病害缠身"的危桥如以原设计荷载进行加载结构其可能无法承受;如低于原设计荷载等级进行加载意义又不大。

4)加固增强设计

在桥梁病害及分析与承载能力评定的基础上,有针对性地进行加固增强设计,遵循技术先进、安全可靠、适用耐久和经济合理的原则。

5)加固施工及控制

加固施工进行过程中,应对桥梁各项施工内容和项目严格把关,对桥梁控制截面应定期做变形观测。

为加固整治工程施工的顺利进行,施工中应在一岸或两岸设 BM 水准基点,以供观测桥梁各控制截面挠度在各分项施工中的变化及高程控制使用,所用水准仪应校正准确,并做到专人定时观测和作好记录存案。

6)养护和管理

加固施工完成后,应根据加固技术的具体要求进行全面、有效的养护工作。对于桥梁上的交通可采取必要的限载限速措施,对于新浇混凝土应及时、定期进行养生工作,对钢制构件做必要的防锈涂装处理。

7)竣工验收

按加固设计图和相关文件的约定,进行桥梁加固工程竣工后的验收工作,确保各项工作保质保量完成。

二、截面转换加固钢筋混凝土 T(或 π)形梁桥技术施工工艺

1.施工顺序

(1)按计算高度凿除梁下缘侧面主筋的混凝土保护层。在清凿下缘侧面及底面部分混凝土之前,应在梁肋凿打范围内弹线以利后施工队,整齐凿除侧面和底面混凝土至裸露原纵筋直

径一半为止。

(2)增焊钢纤维底板内横筋。要求焊缝长度满足规范要求且焊缝饱满,凡附着焊壳应彻底敲除;在电焊操作过程中,应尽量避免对未凿除的混凝土部分产生过大灼伤,对于已烧伤部分应急时清除。

(3)在底板挂筋上布设增加主筋,待主筋位置调整到位后,封闭挂筋缺口。

(4)增焊垂直于主筋方向的横筋,横筋与主筋交接处每隔一定位置进行点焊,形成钢筋网格。

(5)喷射混凝土直到形成与原梁下缘齐平的箱底。喷射混凝土中使用的碎石,其最大粒径不超过 2cm,并有良好的级配,喷射过程中回弹损耗的混凝土严禁在下一次喷射施工中使用;混凝土养生尤应注意,期限不应少于 7d。

2. 操作要求

(1)施工期间,为确保质量,应作限速、限载、半幅通车处理;

(2)焊接期间,为确保质量,应用湿布裹住焊接部位附近,作降温处理;

(3)喷射混凝土前应将烧伤及凿伤混凝土除掉;

(4)喷射混凝土应掺入适当的早强剂与膨胀剂。

三、壁可法封闭裂缝

裂缝是桥梁结构中最常见的病害。裂缝一般分为两大类:一种是由于结构本身的强度或刚度不足,荷载作用或位移引起的应力超过材料自身的强度而导致的开裂;另一种是由于施工、后期养护等原因而造成的构件开裂。这两类裂缝的出现都将削减桥梁的承载力,对结构的安全性和耐久性等构成威胁,严重时将导致桥梁成为病桥甚至危桥。所以,对桥梁结构上出现的各种裂缝应尽快采取适当的措施进行处理。

在采用截面转换加固钢筋混凝土 T(或 π)形梁桥技术加固法增强主梁前,应对梁体已有裂缝先进行封闭处理,可采用"壁可法"进行裂缝处理。所谓"壁可法",是利用注入器橡胶管的压力(约 300kPa),保持低压持续灌注,通过橡胶管的收缩自动完成注浆,缓慢均匀的灌浆压力可将缝隙中的空气压入混凝土毛细管中,并通过混凝土的自然呼吸作用排出,有效避免了气阻现象,从而保证了灌浆质量。在无人值守的情况下,利用注浆管内部压力长时间持续注浆,节省了大量人力和时间。该方法可灌注的最小缝宽为 0.02mm,其最突出的优点就是能将灌注材料可靠地注入裂缝最细小的末端中,以实现结构完美的恢复。

"壁可"法的优点:

(1)对裂缝中的任何凹槽和角落都能进行可靠的注入,借助注入器的内部压力注入,不需要把裂缝扩大为 V 形缝及预埋管,注入过程可持续很长时间,而无需人力,注入材料可以完美地渗入到裂缝的最末端,甚至包括钢筋与混凝土间的缝隙。

(2)均匀而可靠的压力控制。当注入器外径膨胀至 28mm,即充满注入量限制套时,BL 注入器通过橡胶管的均匀收缩可自动注入,这就实现了简单而可靠的压力控制。

(3)注入材料的硬化容易确认。检查留在注入器中的材料即可知道缝中材料的硬化状态。采用灌浆技术修补桥梁结构上出现的各种裂缝,能恢复其整体性和使用功能,已成为国内外桥梁维修、加固中广泛应用的技术。应指出的是,对病桥或危桥等结构(或其中的构件)因承载能力不足引起的裂缝除采用灌浆加固技术处理外，还应采取其他的加固补强措施，从根本上提高或恢复桥梁的承载力，最终确保桥梁结构的安全、可靠。因此，一般而言，灌浆加固技术是一种专门针对裂缝处理的技术，它能够有效地封闭裂缝、增强结构的整体性和耐久性，与其他加固技术等结合在一起使用才能达到加固或增强桥梁、恢复或提高结构承载能力的目的。

1."壁可法"材料

通常采用日本 KONISHI 公司 E207DS 灌注材料和 E390 密封材料，对内外主梁裂缝进行封闭处理，以恢复结构原有有效截面面积。E207DS 灌注材料抗压屈服强度大于 50MPa，抗拉剪强度大于 20MPa；E390 密封材料抗弯拉强度大于 40MPa，抗压屈服强度大于 60MPa，抗拉强度大于 20MPa，抗剪强度大于 11MPa。

"壁可"法注入材料的特点：

(1)极强的渗透力。黏度仅约 500MPa·s，有极强的渗透能力，可保证注入效果。

(2)良好的柔韧性。固化后仍保持良好的韧性，裂缝受冲击和振动时不会脱开。

(3)最佳的抗收缩性。不含溶剂，以化学反应实现固化，因此不发生收缩。

(4)瞬间固化。材料的固化为突变过程，注入效果不受结构振动的影响，因而能在完全开放交通的情况下施工。

(5)出众的耐久性。材料固化后具有极强的耐水性和化学稳定性。不会受雨水、海水、酸、碱、二氧化碳等的破坏，可认为是永久性修复。

(6)强大的黏结力。由于材料具有高黏结强度等优异的机械性能，保证对开裂的混凝土结构实现完美的一体化修补。

(7)配比精确，不必现场称量。材料的主剂和硬化剂已经准确称量并分别包装，在现场可直接取用混合。

(8)施工温度范围宽。可适用于 5～45℃的施工环境。

2."壁可法"施工工艺

(1)裂纹表面处理

用砂轮机、钢丝刷沿裂纹走向宽约 3～5cm 范围打磨混凝土表面，清除水泥浮尘、砂粒及疏松的混凝土块，如有油污要用丙酮擦净，潮湿缝段用喷灯吹干。

(2)黏结注入座

将 E390 胶涂抹少许在注入底座面四周，将注入孔正对裂纹中心稍加按压，使其从底面的 4 个小孔中挤出，注意不要堵塞注入孔。根据裂纹的宽度和深度，沿裂纹走向按 30～40cm 间距布置注入座，裂缝分岔处也应布置。

(3)裂纹封闭

采用 E390 胶沿裂纹走向密封 3～5cm 宽的范围，要求涂抹层厚度大于 1.5mm，应尽量一次完成，避免反复涂抹。

(4)封闭材料 E390 胶的固化

封闭材料经 10～24h 自行硬化。

(5)注入 E207DS 混合黏结剂

将注入器底盘安装在注入座上，用 KONY 圆筒注射器注入 E207DS 混合剂。当橡胶管膨胀

充满限制套时停止注入。如注入器膨胀后很快收缩,说明缝内空间大,需灌补注入材料 E207DS 混合剂;当材料充满注入器的限制套(外径增加至 28mm)时停止注入,转至下一注入位置。

(6)用丙酮清洗注入工具

(7)注入材料 E207DS 的固化

一般经 10~24h 可自行硬化。硬化后敲掉注入器和注入座。

通常的旧、危桥梁,很可能有较多裂缝,因此在采用截面转换技术加固之前应该采用灌浆技术先行处理裂缝。

四、钢板粘贴技术

对于主梁支点截面如存在抗剪承载力不足的问题则可以采用在梁肋外侧表面粘贴竖向钢板(条)来给予加固增强。

粘贴钢板法就是采用环氧树脂或建筑结构胶将钢板粘贴在钢筋混凝土结构物的受拉边缘或薄弱部位,使钢板与原结构物形成一个整体而共同受力,以提高刚度,限制裂缝的进一步扩展,从而达到提高桥梁承载力的目的。

粘贴钢板法加固桥梁具有以下特点:

(1)不破坏被加固原结构的外形;

(2)施工工艺简单,施工质量易于控制;

(3)施工工期短,投资小,是一种简便加固方法。

粘贴钢板法加固桥梁施工工艺:

(1)对粘贴表面进行清理,凿除贴合面上已疏松的混凝土,用角向砂轮打磨贴合面,除去灰尘、油污,用压缩空气彻底喷吹一遍,清除浮尘,表面要保持干燥。缺损处用 101 号胶修补,如缺损大,可在悬挂钢板时充填粒径 5~10mm 干燥、洁净的石子,使其与 GROUT 胶结合为一体。暴露或锈蚀的钢筋要除锈并刷防护涂料。

(2)在钢板上钻膨胀螺栓孔和注入孔(直径 10mm),注入孔数量一般按 4~5 个/m^2 确定。

(3)采用放样法确定拱肋底表面上悬挂钢板螺栓的钻孔位置。

(4)对钢板的两面进行喷砂除锈,用丙酮擦拭,除去灰尘、油污。

(5)在钢板贴合面上每个螺栓孔周围用 101 号胶粘贴上厚 4mm 小螺母,用于控制灌注胶层厚度和保证螺栓时钢板不变形。

(6)在支架上将钢板托起悬挂在各螺栓上,拧紧螺母。

(7)在钢板的两长边每隔约 50cm 插入一根长约 12cm,内径 7mm 的软塑料管作为排气管,插入钢板内约 8cm,钢板的四角处也应设排气管。

(8)在注入座、钢板周边、螺栓与钢板间间隙处,用抹刀抹 101 号胶,密封要认真仔细,杜绝气泡、砂眼等缺陷。

(9)密封材料固化后,采用脚踏泵或其他注入工具,由位置低处到高处逐一注入 GROUT,注入压力要求大于 10kg/cm^2。一边注入一边用橡皮锤敲击钢板,由声音判断是否注满。最后一个排气管要在维持注入压力的情况下封堵,以防胶层出现空洞。

(10)GROUT 胶自然养生约 24h 后,切断排气管,铲除注入座。

(11)在钢板表面作钢板防护防水面层。

第六节　工 程 示 范

一、罗布江孜桥加固增强工程

1. 大桥概况及病害

罗布江孜大桥位于西藏自治区日（喀则）江（孜）公路，原桥系一座 6×17m 装配式钢筋混凝土简支工字形梁桥，全桥长 103.95m，桥面宽为 7m＋2×0.5m（安全带），如图 4-17 和图 4-18 所示，原设计荷载等级为汽—15、挂—80。该桥于 1978 年建成通车。

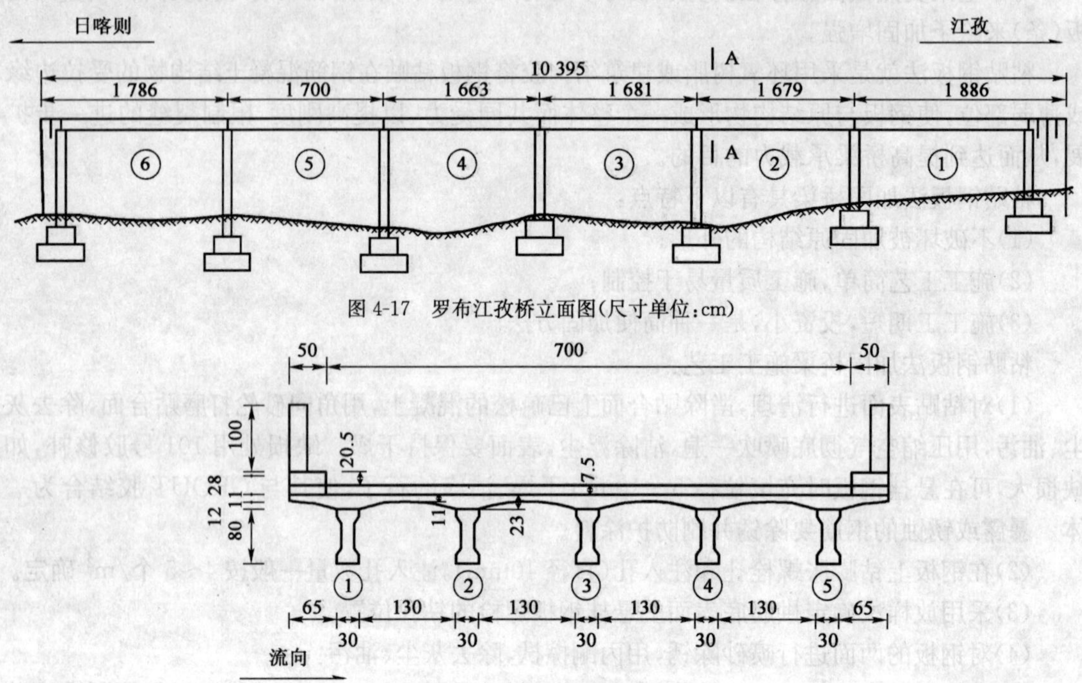

图 4-17　罗布江孜桥立面图（尺寸单位：cm）

图 4-18　罗布江孜桥桥面构造图（尺寸单位：cm）

大桥建成已来，由于受荷载的长期作用及外界因素的影响，该桥已产生了严重的病害。其主要表现：桥梁已产生永久性变形；裂缝多而且较大一部分裂缝宽度超过桥梁养护规范的有关规定；钢筋锈蚀；构件破损等方面。随着桥梁刚度的削减，桥梁的振动也在加剧。因此，罗布江孜大桥的承载力已成为了管理部门的隐忧。然而，日江公路工期要求紧，如作废弃重修方案，势必影响整条公路建设的工期。因此，本着缩短工期、节约工程造价的原则，西藏自治区交通厅重点公路建设项目管理中心特委托重庆交通学院工程设计所针对该桥作加固整治设计。

2. 大桥加固设计

1）主梁截面转换成箱形截面

利用箱梁截面抗弯、抗扭刚度大，箱形梁整体受力性能明显高于工字形梁的特点进行加固整治。该项技术的关键在于新增设的钢筋混凝土箱形底板能否与原主梁共同受力、协调变形，

因此要求施工时严格按有关规范执行:

(1)增焊主筋时,焊接时作好降温处理,以免烧伤原桥主梁混凝土;

(2)钢筋焊接方式及焊接长度严格按有关规范执行;

(3)封闭混凝土强度等级采用C35,施工中,封闭混凝土的密实性至关重要,因此应把好混凝土振捣密实关;

(4)封闭混凝土按每立方米掺入 FGW 早强剂 3.5～3.8kg、钢纤维 90kg。

2)粘贴钢板技术

为了加强主梁梁端的抗剪能力,在梁端区段 4.6m 范围内作粘贴钢板处理,要求专业施工队伍严格按图中说明施工。

3)"壁可法"灌缝处理

由于该桥裂缝普遍存在,故采用"壁可法"做好灌缝处理。该项技术属新技术,对保证梁体的整体受力性,弥补因裂缝出现而削弱桥梁承载力的不足有显著效果。

罗布江孜主梁加固增强构造配筋图见图 4-19。

3. 大桥荷载试验

2002 年 5 月～6 月,大桥加固增强工程顺利完成。

受西藏自治区交通厅重点公路建设项目管理中心委托,西藏天鹰公路技术开发有限公司于 2002 年 9 月对罗布江孜桥进行了静载试验。

罗布江孜桥加固工程应用了新型的加固技术——通过截面转换由开口工字形梁转换为封闭箱形梁技术。采用该项技术加固梁桥一方面增大了主梁的刚度、强度,另一方面提高了主梁的抗弯、抗扭刚度,从而达到提高原桥承载力的目的。罗布江孜大桥是国内外第一座采用该技术加固的桥梁。为检验加固效果,对加固后的罗布江孜桥进行了实桥的荷载试验。旨在通过试验,达到以下 3 个目的:其一,检验该桥的加固质量和效果,为竣工验收提供可靠依据;其二,实桥检验工字型梁转换成箱形梁后的实际使用效果,并通过测试信息反馈,及时改进有关工艺和参数,以便将该技术推向更广阔的应用市场;其三,通过加固方案比选、加固方案确定、加固实施及荷载试验与总结等系列工作的开展,为今后梁式桥这一我国的主要桥型的加固利用建立理论化、规程化的模式,以促进我国交通建设的科技进步。因此,该桥的荷载试验具有重要的科研价值和积极的现实意义。图 4-19 所示为罗布江孜桥主梁加固增强构造配筋图。

1)检测内容

(1)测试对象:选取施工质量相对较差的江孜岸第一跨、第三跨作为测试跨;

(2)桥梁实际挠度、应变影响线的测试;

(3)桥梁静载试验:测试主梁在各加载工况下的跨中的应变、挠度、主梁梁端截面加固钢板及混凝土的主拉应变。

2)测点布置

为检验桥梁结构的承载力和工作状况,结合试验桥梁的结构形式、特点、规模,依据有关标准和规范,经检测方和委托单位共同商定,确定对江孜岸第一、三跨进行静载试验。

(1)应变

在测试跨跨中截面,沿横向在原桥主梁梁底及加固增设底板内的纵向主筋上布设应变(应力)测点;在测试跨日喀则岸支点截面上下游主梁支点处穿过中性轴的钢板及其紧邻混凝土上

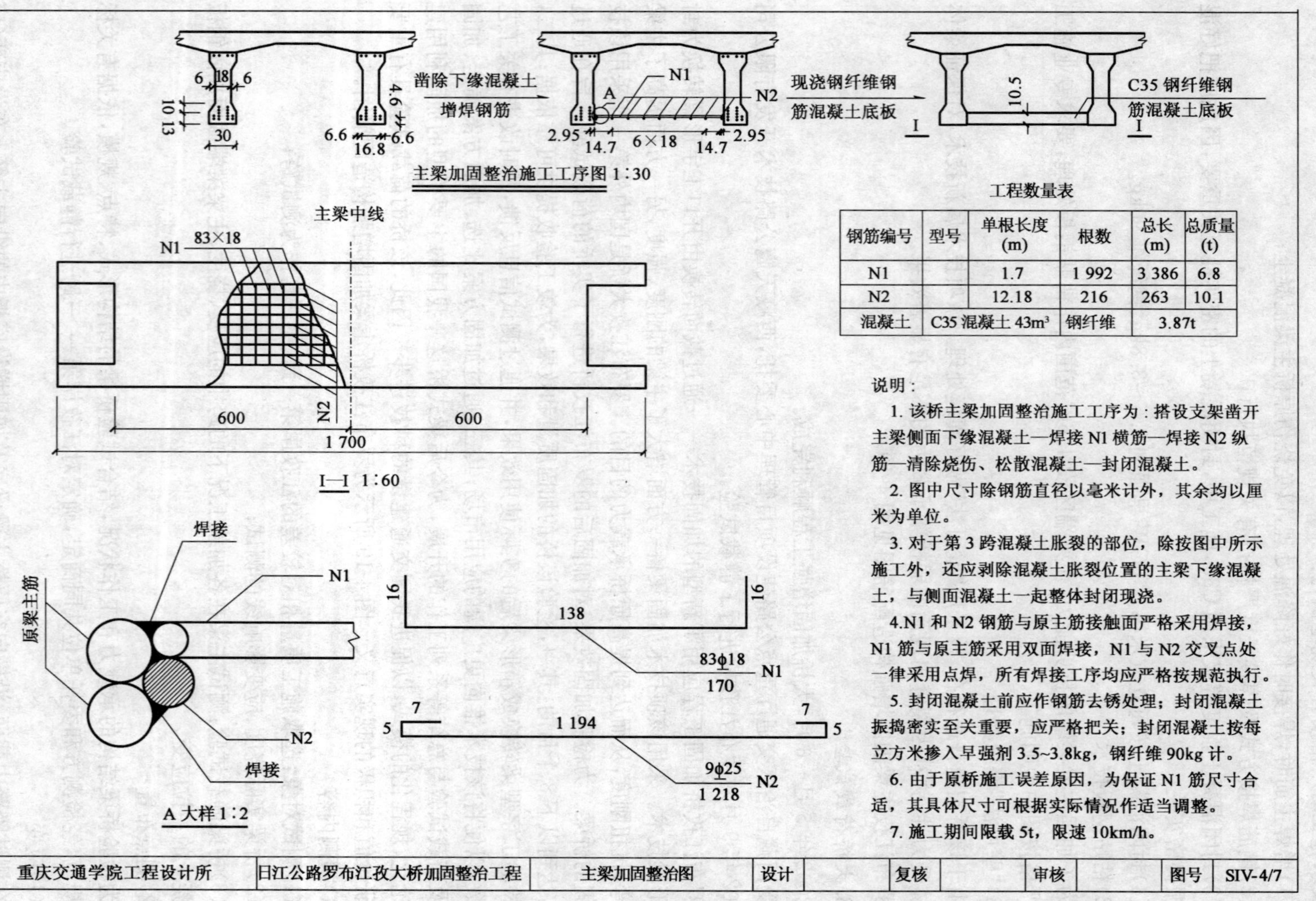

工程数量表

钢筋编号	型号	单根长度 (m)	根数	总长 (m)	总质量 (t)
N1		1.7	1 992	3 386	6.8
N2		12.18	216	263	10.1
混凝土	C35 混凝土 43m³		钢纤维	3.87t	

图 4-19 罗布江孜桥主梁加固增强构造配筋图

布置应变。

(2)挠度

在测试跨跨中截面原桥各主梁梁底布置测点。

3)静力试验加载工况

荷载试验按挂—80 荷载等级进行,共采用 4 辆重型车等效加载。车辆按控制截面弯矩影响线最不利位置进行布载,并使各工况的试验荷载效率达到检测规程的规定值。所有加载车辆均通过江孜水泥厂过磅。表 4-10 为加载车辆参数表。

加载车辆参数表 表 4-10

车辆编号	车型	车号	前轴重 (kN)	中(后)轴重 (kN)	总重 (kN)	前—中轴距 (m)	中—后轴距 (m)
1	东风	藏 DA3020	55.6	283.9	339.5	5.3	1.3
2		藏 DA2706	59.1	259.1	318.2	5.3	1.3
3		藏 DA5214	56.4	242.7	299.1	5.3	1.3
4		藏 DA3087	54.5	177.5	232	5.3	1.3

本次荷载试验分 A、B 两种工况进行测试。

A——4 辆车静载于跨中截面最不利布载位置,测试主梁跨中载面的挠度、应变,A 又分为 A_1、A_2,具体测试方法附后。

B——两辆车沿桥轴线倒退行驶,测试桥梁在两辆重车作用下控制截面的实际应变(力)和挠度影响线,B 又分为 $B_{1\text{-}1}$、$B_{1\text{-}2}$、$B_{1\text{-}3}$、$B_{1\text{-}4}$、$B_{2\text{-}1}$、$B_{2\text{-}2}$、$B_{2\text{-}3}$、$B_{2\text{-}4}$。

上述加载工况按汽—15 级、挂—80 荷载等级的有关车辆进行加载测试。江孜岸第一跨静载试验加载工况见表 4-11,江孜岸第三跨试验工况与第一跨相同。

江孜岸第一跨静力试验加载工况 表 4-11

序号	工况编号	工况内容	试验荷载内力值 S_S(kN·m)	控制荷载内力值 S (kN·m)	荷载效率 η
1	A_1	1 号、2 号车静载布置于跨中弯矩最不利位置	—	—	—
2	A_2	1 号~4 号车静载布置于跨中弯矩最不利位置	2 183.158	2 260	0.966
3	$B_{1\text{-}1}$	1 号、2 号车倒退行驶向日喀则岸(x=13.55)	—	—	—
4	$B_{1\text{-}2}$	1 号、2 号车倒退行驶向日喀则岸(x=7.6)	—	—	—
5	$B_{1\text{-}3}$	1 号、2 号车倒退行驶向日喀则岸(x=1.65)	—	—	—
6	$B_{1\text{-}4}$	1 号、2 号车倒退行驶向日喀则岸(x=−4.3)	—	—	—
7	$B_{2\text{-}1}$	1 号、2 号车倒退行驶向日喀则岸(x=10.9)	—	—	—
8	$B_{2\text{-}2}$	1 号、2 号车倒退行驶向日喀则岸(x=4.95)	—	—	—
9	$B_{2\text{-}3}$	1 号、2 号车倒退行驶向日喀则岸(x=−1)	—	—	—
10	$B_{2\text{-}4}$	1 号、2 号车倒退行驶向日喀则岸(x=−6.3)	—	—	—

注:表中 x 为加载车辆后轴与日喀则侧桥跨支点的距离,x 为正则表明后轴在桥跨内。

4)检测结果

(1)结构外观检查

加载前发现梁体加固现浇板下缘有少数养护、收缩引起的微裂纹，最大微裂纹宽度为0.08mm，加载过程中微裂纹有所扩展，但卸载之后又恢复原来的宽度。其他未见对桥梁承载力有影响的缺陷和病害。

(2)挠度检测结果

挠度检测结果见表4-12。

测试跨挠度检测结果(A工况)(单位:mm) 表4-12

桥跨	梁号	实测值	理论值	规范容许值	校验系数 η (实测值/理论值)
江孜岸第一跨	1号	2.83	3.81	27.5	0.74
	2号	2.97	3.81	27.5	0.77
	3号	3.03	3.81	27.5	0.80
	4号	2.97	3.81	27.5	0.78
	5号	2.91	3.81	27.5	0.76
江孜岸第三跨	1号	2.51	3.81	27.5	0.66
	2号	2.74	3.81	27.5	0.72
	3号	2.82	3.81	27.5	0.74
	4号	2.8	3.81	27.5	0.73
	5号	2.77	3.81	27.5	0.73

(3)实测影响线

测试出桥梁的实际挠度、应变影响线对判断桥梁能否通过重型车具有积极的意义。本次荷载试验在常规检测内容的基础上，增加了实测影响线内容，测试结果见表4-13～表4-16。

江孜岸第一跨挠度影响线测试数据 表4-13

桥跨	测点编号	工况:B_1～B_4									
		初读	B_1	$\overline{f_1}$	B_2	$\overline{f_2}$	B_3	$\overline{f_3}$	B_4	$\overline{f_4}$	末读
江孜岸第一跨	W1	0.01	1.07	0.021 3	2.64	0.047 9	1.67	0.022 5	0.07	0.006 9	0.01
	W2	0	1.08	0.021 5	2.73	0.049 5	1.69	0.022 3	0.11	0.009 5	0.04
	W3	0	1.05	0.020 9	2.8	0.051 0	1.72	0.022 5	0.1	0.008 7	0.01
	W4	0	0.98	0.019 5	2.77	0.050 7	1.74	0.023 0	0.12	0.010 4	0.06
	W5	0	0.95	0.018 9	2.71	0.049 6	1.66	0.021 7	0.07	0.006 1	0.01
	测点编号	工况:B_5～B_8									
		初读	B_5	$\overline{f_5}$	B_6	$\overline{f_6}$	B_7	$\overline{f_7}$	B_8	$\overline{f_8}$	末读
	W1	−0.01	1.95	0.038 9	2.61	0.043 1	0.68	0.003 6	−0.15	−0.003 8	−0.03
	W2	−0.01	2.00	0.039 9	2.61	0.042 8	0.7	0.004 1	−0.11	−0.003 1	0.02
	W3	0	2.00	0.039 9	2.67	0.044 0	0.7	0.003 8	−0.14	−0.003 7	−0.02
	W4	0	1.93	0.038 5	2.61	0.043 2	0.71	0.004 2	−0.11	−0.003 2	0.01
	W5	−0.01	1.90	0.037 9	2.55	0.042 1	0.65	0.003 3	−0.18	−0.004 3	−0.09

注：表中影响线竖标$\overline{f_i}$的单位为mm/t，$\overline{f_i}$采用递推迭代法求得。

江孜岸第三跨挠度影响线测试数据　表4-14

桥跨	测点编号	工况：B_1～B_4									
		初读	B_1	$\overline{f_1}$	B_2	$\overline{f_2}$	B_3	$\overline{f_3}$	B_4	$\overline{f_4}$	末读
江孜岸第三跨	W1	0.01	0.89	0.017 7	2.51	0.045 9	1.61	0.021 5	0.34	0.029 4	0.01
	W2	0	0.95	0.018 9	2.62	0.047 9	1.72	0.023 3	0.4	0.034 6	0.04
	W3	0	0.95	0.018 9	2.6	0.047 5	1.74	0.023 8	0.38	0.032 9	0.01
	W4	0	0.94	0.018 7	2.56	0.046 7	1.72	0.023 5	0.35	0.030 3	0.06
	W5	0	0.93	0.018 5	2.48	0.045 2	1.66	0.022 7	0.31	0.026 8	0.01
	测点编号	工况：B_5～B_8									
		初读	B_5	$\overline{f_5}$	B_6	$\overline{f_6}$	B_7	$\overline{f_7}$	B_8	$\overline{f_8}$	末读
	W1	0.00	1.78	0.035 5	2.48	0.041 3	0.83	0.014 1	0.10	0.008 7	0.19
	W2	0.00	1.83	0.036 5	2.55	0.042 4	0.86	0.014 7	0.10	0.008 7	0.20
	W3	−0.01	1.81	0.036 1	2.53	0.042 1	0.84	0.014 1	0.06	0.005 2	0.17
	W4	−0.01	1.78	0.035 5	2.48	0.041 3	0.83	0.014 1	0.02	0.001 7	0.14
	W5	0.00	1.74	0.034 7	2.39	0.039 6	0.80	0.013 6	0.00	0.000 0	0.11

注：表中影响线竖标$\overline{f_i}$的单位为mm/t，$\overline{f_i}$采用递推迭代法求得。

江孜岸第一跨应变影响线测试数据　表4-15

桥跨	测点编号	工况：B_1～B_4							
		B_1	$\overline{\varepsilon_1}$	B_2	$\overline{\varepsilon_2}$	B_3	$\overline{\varepsilon_3}$	B_4	$\overline{\varepsilon_4}$
江孜岸第一跨	G1	18	0.358 7	74	1.392 1	37	0.416 9	−2	−0.173 2
	G4	21	0.418 5	83	1.557 7	39	0.418 7	−1	−0.086 6
	G7	18	0.358 7	79	1.491 8	37	0.394 0	−2	−0.173 2
	G10	19	0.378 6	85	1.606 8	43	0.487 1	2	0.173 2
	G13	18	0.358 7	88	1.671 1	43	0.472 3	0	0.000 0
	测点编号	B_5	$\overline{\varepsilon_5}$	B_6	$\overline{\varepsilon_6}$	B_7	$\overline{\varepsilon_7}$	B_8	$\overline{\varepsilon_8}$
	G1	38	0.757 3	57	0.961 6	10	−0.022 1	8	0.692 6
	G4	46	0.916 7	64	1.064 4	12	−0.005 9	6	0.519 5
	G7	45	0.896 8	62	1.029 1	12	0.002 3	6	0.519 5
	G10	44	0.876 8	65	1.093 5	13	0.007 4	6	0.519 5
	G13	49	0.976 5	68	1.130 4	14	0.018 8	6	0.519 5

注：表中影响线竖标$\overline{\varepsilon_i}$的单位为με/t，采用递推迭代法求得。

江孜岸第三跨应变影响线测试数据 表 4-16

桥跨	测点编号	工况：B_1～B_4							
		B_1	$\overline{\varepsilon_1}$	B_2	$\overline{\varepsilon_2}$	B_3	$\overline{\varepsilon_3}$	B_4	$\overline{\varepsilon_4}$
江孜岸第三跨	G1	18	0.358 7	80	1.511 7	38	0.409 3	3	0.259 7
	G4	26	0.518 1	115	2.172 5	57	0.635 9	8	0.692 6
	G7	17	0.338 8	69	1.297 1	34	0.379 0	4	0.346 3
	G10	19	0.378 6	83	1.566 9	42	0.476 3	4	0.346 3
	G13	18	0.358 7	74	1.392 1	40	0.476 7	7	0.606 1
	测点编号	B_5	$\overline{\varepsilon_5}$	B_6	$\overline{\varepsilon_6}$	B_7	$\overline{\varepsilon_7}$	B_8	$\overline{\varepsilon_8}$
	G1	44	0.876 8	65	1.093 5	19	0.126 9	1	0.086 6
	G4	64	1.275 4	94	1.579 7	27	0.174 5	1	0.086 6
	G7	41	0.817 1	56	0.927 9	15	0.085 3	0	0.000 0
	G10	46	0.916 7	67	1.124 2	19	0.119 9	0	0.000 0
	G13	39	0.777 2	57	0.957 0	15	0.078 6	−2	−0.173 2

注：表中影响线竖标$\overline{\varepsilon_i}$的单位为$\mu\varepsilon$/t，采用递推迭代法求得。

(4)挂车—100 等级作用下测试跨应变与挠度推算

在已经得到的应变及挠度实测影响线的基础上，将挂车—100 荷载作用于实测影响线可以推算出该荷载等级下各片主梁的应变、挠度，其结果见表 4-17。

挂车—100 作用下测试跨主梁应变及挠度推算值 表 4-17

江孜岸第一跨						
梁号	应变(με)			挠度(mm)		
	加载值	理论值	校验系数 μ	加载值	理论值	校验系数 μ
1号	96	145	0.66	3.860	4.89	0.79
2号	106	145	0.73	3.899	4.89	0.80
3号	104	145	0.72	3.890	4.89	0.80
4号	110	145	0.76	3.890	4.89	0.80
5号	114	145	0.79	3.880	4.89	0.79
江孜岸第三跨						
梁号	应变(με)			挠度(mm)		
	加载值	理论值	校验系数 μ	加载值	理论值	校验系数 μ
1号	104	145	0.72	3.680	4.89	0.75
2号	112	145	0.77	3.779	4.89	0.77
3号	99	145	0.68	3.836	4.89	0.78
4号	109	145	0.75	3.770	4.89	0.77
5号	97	145	0.67	3.790	4.89	0.78

(5)加固前后荷载试验测试结果对比

罗布江孜桥在加固以前，重庆公路工程检测中心受西藏自治区交通厅重点公路建设项目管理中心委托于 2001 年 9 月 19 日～2001 年 9 月 22 日对大桥进行了静载试验。

现将加固前后静载试验控制截面应力及挠度测试值对比，结果如表 4-18 所示。

加固前后荷载试验结果对比表　　表 4-18

桥跨	测试点	应力值(MPa)			挠度值(mm)		
		加固前	加固后	加固前—加固后 加固前	加固前	加固后	加固前—加固后 加固前
江孜岸第一跨	1号	28.32	15.2	46.33%	5.5	2.83	48.55%
	2号	38.92	16.8	56.83%	—	2.97	
	3号	39.07	16.4	58.02%	7.7	3.03	60.65%
	4号	39.68	17.6	55.65%	—	2.97	
	5号	42.64	18.4	56.85%	6.7	2.91	56.57%
江孜岸第三跨	1号	30.44	14.6	52.04%	6.1	2.51	58.85%
	2号	39.83	20.2	49.28%	—	2.74	
	3号	40.13	13.6	66.11%	6.6	2.82	57.27%
	4号	36.8	17.2	53.26%	—	2.8	
	5号	31.65	14.8	53.24%	5.7	2.77	51.40%

5)检测结果分析

加载工况下，对主梁承载力没有明显影响的表观缺陷存在。

加载工况下，罗布江孜大桥代表性测试跨主梁跨中截面的挠度校验系数处于 0.66～0.80，其在《公路旧桥承载能力鉴定方法》校验系数常值范围内，实测挠度更远小于规范容许值；应变校验系数处于 0.52～0.79，其也在《公路旧桥承载能力鉴定方法》校验系数常值范围内，表明罗布江孜大桥能满足汽—15 级、挂—80 荷载营运要求。

利用实测出的桥梁应变、挠度影响线推算出主梁在挂—100 荷载作用下跨中截面的实际应变、挠度，然后与理论计算值进行比较，其挠度、应变校验系数也在《公路旧桥承载能力鉴定方法》规定的校验系数常值范围内，表明罗布江孜大桥也能满足汽—20 级、挂—100 荷载等级营运要求。

与加固前罗布江孜大桥荷载试验测试结果比较，在同样加载工况下加固后主梁下缘钢筋应力值比加固前减少了 46.33%～66.11%，主梁挠度值比加固前减少了 48.55%～60.65%，可见罗布江孜大桥加固工程是相当成功的，该项加固技术完全可行。

6)结论

(1)在按汽—15 级、挂—80 等级试验荷载工况下，罗布江孜大桥无对主梁承载力有明显影响的表观缺陷存在；代表性测试跨主梁跨中截面的挠度校验系数、应变校验系数在《公路旧桥承载能力鉴定方法》校验系数常值范围内，实测挠度更远小于规范容许值，由此表明，罗布江孜大桥能满足汽—15 级、挂—80 荷载营运要求。

(2)利用实测出的桥梁实际应变、挠度影响线推算出主梁在挂—100 荷载作用下跨中截面的实际应变、挠度值，然后与理论计算值进行比较，其挠度、应变校验系数也在《公路旧桥承载能力鉴定方法》规定的校验系数常值范围内，由此表明，罗布江孜大桥也能满足汽—20 级，挂—100荷载等级营运要求。

(3)与加固前罗布江孜大桥荷载试验测试结果比较,在同样加载工况下加固后主梁下缘钢筋应力值比加固前减少 46.33%～66.11%,主梁挠度值比加固前减少 48.55%～60.65%,可见罗布江孜大桥加固工程是相当成功的,该项加固技术完全可行。

二、雪卡中桥加固增强工程

雪卡中桥位于八一至米林公路 K65+977 处,是连接八一至米林的交通要道,该桥由 4 跨 20m 简支 T 形桥梁梁构成,全桥长 84m,每跨主梁由 5 道横隔板组成。如图 4-20 所示。

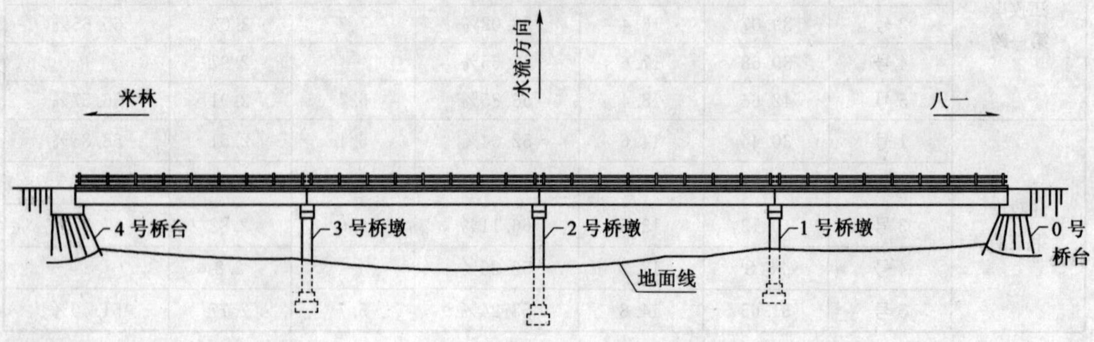

图 4-20 雪卡中桥现状图

1. 病害情况

原桥建成时荷载等级为汽—15 级、挂—80,随着交通量的不断增长,桥梁荷载等级需提高至汽—20 级、挂—100 荷载等级。另外,桥梁还存在主梁开裂严重,3 号中墩偏斜、2 号墩轴线偏移、4 号桥台受水冲刷等病害,需作加固增强处理,以满足日后汽—20 级、挂—100 荷载等级营运要求。

在上述背景下,本着节约工程造价、缩短工期、不中断交通的原则,八一至米林公路工程建设项目管理办公室特委托重庆交通学院工程设计所针对雪卡中桥作加固增强设计。

2. 加固技术比较

在确保加固增强效果和质量的前提下,为科学、经济地整治雪卡中桥,按主梁、中墩、桥台、桥面的加固增强进行分析和经济性比较。

针对雪卡中桥的实际情况,提出 4 种加固方案予以比较,即增设纵梁法、中间增墩法、碳纤维粘贴技术和截面转换封闭主梁技术。现从技术性、经济性、工期等方面进行比较。

(1)方案比较

①技术性比较

a. 增设新纵梁法(以下称方案 I)。在各跨的 5 片主梁间增设 4 片新主梁,采用千斤顶调整主梁的支座高度,通过新主梁分担活载,改善桥梁横向分布系数的原理达到加固桥梁的目的。该方案的优点是桥梁加固效果显著,基本不中断交通;缺点是施工工序复杂,施工难度大,且存在一定风险性。

b. 中间增设中墩(以下称方案 II)。在每跨主梁中部增设 1 个桥墩,则将原梁桥计算跨径减小一半,大大减少了荷载在主梁截面上产生的应力,从而达到加固桥梁的目的,该方案的优点是加固效果显著,基本无需中断交通,缺点是施工难度较大,施工要求高。

c. 碳纤维粘贴技术(以下称方案III)。根据雪卡中桥主梁提高强度、刚度的要求,拟采用粘贴碳纤维技术予以加固增强。其中,碳纤维采用U形方式粘贴于主梁中下部。该技术的优点是碳纤维高强轻质,无需中断交通,施工快速。缺点是造价高,要求专业队伍施工,且具有"被动滞后"受力的特点。

d. 截面转换封闭成箱梁技术(以下称方案IV)。该技术利用T形桥梁梁转换为箱梁后抗弯、抗扭刚度增大的原理予以加固主梁,通过在原主梁下缘增设钢筋混凝土底板,改造为箱形梁结构,达到改善原桥横向分布系数,提高原桥承载力的目的。该技术的优点在于加固效果好,基本不中断交通,耐久性好,安全可靠。缺点在于需增设一定的辅助设施。

②经济性比较

a. 方案I。按增设每根新主梁分制作、安装、就位3道工序,共计3.2万元计,则全桥16片新主梁的费用为51.2万元。

b. 方案II。现按每个桥墩增设费用为5.5万元计,全桥共有8个桥墩双柱式,则桥墩增设费用为8×5.5=44万元;盖梁、支座费用按每跨4.8万元计,则4×4.8=19.2万元。因此,全桥加固费用为63.2万元。

c. 方案III。按西藏地区碳纤维加固2 200元/m^{2}计,则全桥主梁加固费用为(0.2+0.6×2)×20×5×4×2 200=123.2万元。

d. 方案IV。经预算,该加固方案主梁工程费用为29.16万元。

③工期比较

a. 方案I。按主梁制作、安装、就位3个阶段计,预期工期为75d。

b. 方案II。按桥墩开挖、浇筑、盖梁就位几个环节计算,所需工期为85d。

c. 方案III。按碳纤维工序执行,全桥四跨预期工期为45d。

d. 方案IV。根据已建罗布江孜大桥的实践经验,全桥4跨在42d内足可完成加固工作。

将4种加固方案进行综合比较,得到表4-19之结果。

雪卡中桥主梁加固方案比较表 表4-19

比较内容加固技术	技术性	经济性(万元)	工期(d)
方案I	加固效果显著,基本不中断交通,施工工序复杂,施工难度大且存在一定风险性	51.2	75
方案II	加固效果显著,基本不中断交通,施工难度较大,施工要求高	63.2	85
方案III	轻质高强,不中断交通,施工快速,要求专业施工队伍,"被动滞后"受力	123.2	45
方案IV	大大提高原桥的抗弯、抗扭刚度,改善原桥横向分布系数,安全可靠,需增设一定的辅助设施	29.16	42

由表4-19所示的结果,确定T形桥梁梁转换为箱梁加固技术作为加固雪卡中桥的加固技术。

(2)雪卡中桥加固设计

①T形桥梁梁转换为箱梁加固层长度。经验算，加固层长取为15.28m，两端距梁端2.36m。

②钢筋。分为横筋和纵筋。其中横筋采用ϕ14"U"筋，两端与原主梁下缘主筋焊接，纵筋为ϕ25筋。纵横钢筋相交处一律采用点焊，构成牢固钢筋网格。

③现浇混凝土底板层。底板层厚10.5cm，采用C35钢纤维混凝土。施工方式采用现浇。

(3)雪卡中桥主梁加固施工工艺及要求

施工工艺如下：放样，剥开主梁下缘混凝土，露出纵向主筋→焊接横向钢筋于主梁下缘主筋→纵向主筋就位，并与横向"U"筋相交处点焊处理→搭支架，架模板→现浇钢纤维底板混凝土→混凝土养生。

施工要求：①纵横钢筋放样位置应准确；②纵横钢筋交接处一律采用点焊；③确保混凝土振捣密实。

另外，由于横隔板的存在，底板浇筑可通过预留施工孔方式进行，即在每道横隔板位置纵向主筋预留一施工孔，其位置为以横隔板中线往两侧60cm，待相邻横隔板之间混凝土浇筑完毕后，焊接连通该隔板位置处的纵向主筋，再浇筑另一横隔板单元混凝土，直至全跨底板混凝土浇筑完毕。

(4)中墩

针对雪卡中桥中墩在施工期间存在2号中墩偏斜、加固后上部构造恒载增加的客观情况，该桥中墩需作加固整治处理。

方案I：沿中墩周围粘贴两层碳纤维。

方案II：沿中墩周围增设10cm厚的钢筋混凝土套箍层。

现将上述两方案的加固技术进行比较，结果列于表4-20。

雪卡中桥中墩加固方案比较表 表4-20

比较内容 / 加固方案	技术性	经济性(万元)	工期(d)	美观性
方案I	达到提高桥墩刚度的目的，工艺要求高，要求专业队伍施工	6.8	16	对原桥美观有一定影响
方案II	达到提高桥墩刚度的目的，可永久性使用，可适当放宽施工队伍选择	1.23	15	不影响美观

由表4-20的结果，推荐中墩周围增设10cm厚的钢筋混凝土套箍层。

(5)防水害加固

为增加桥梁防水害能力，在米林岸桥台上、下游增设防水害八字墙。

(6)桥面增强

为确保提高桥梁荷载等级至汽—20级、挂—100荷载标准的目的，在主梁下缘增设钢纤维钢筋混凝土底板的同时，桥面通过增设钢筋混凝土层予以加强。

加固完成并重新投入使用多年后，实际状况表明，雪卡中桥采用上述方案综合整治、增强后完全达到了设计要求，该桥所采用的加固方法和技术是高效、经济和可行的。

三、红卫二号小桥加固增强工程

红卫二号小桥是一座主跨 17m、行车道宽 7m 的 T 形桥梁梁桥。由于建桥时间已久,桥梁存在桥台冲刷较为严重、桥面积水、栏杆破损等病害,急需整治,另外,该桥存在修建时无横隔板的缺陷。为满足日后汽—20 级、挂—100 荷载等级营运要求,需作加固增强处治。

红卫二号小桥是一座单跨 17m 的普通钢筋混凝土简支 T 形桥梁梁桥,现就其主梁、桥台、桥面的加固增强技术予以分析。

1. 主梁

同雪卡中桥,按方案 I~方案 IV,从技术性、经济性、工期几个方面对红卫二号小桥作加固方案比较,得到表 4-21 之结果。

红卫二号小桥主梁加固方案比较表　　表 4-21

加固技术 \ 比较内容	技术性	经济性(万元)	工期(d)
方案 I	同雪卡中桥	12	35
方案 II		15.8	38
方案 III		26.18	25
方案 IV		5.3	22

由表 4-21 结果,确定 T 梁转换为箱梁加固技术作为加固红卫二号小桥的加固技术(该桥无横隔板,采用方案 IV 更有助于提高主梁之间的整体受力性能)。

2. 红卫小桥加固设计

(1)加固层长度

经验算,加固层长取为 12m,两端距梁端 2.5m。

(2)钢筋

分为横筋和纵筋。其中横筋采用 ϕ14mm"U"筋,两端与原主梁下缘主筋焊接,纵筋为 ϕ25 筋。纵横钢筋相交处一律采用点焊,构成牢固钢筋网格。

(3)现浇混凝土底板层

底板层厚 10.5cm,采用 C35 钢纤维混凝土。施工方式采用现浇。

3. 加固增强施工工艺及要求

施工工艺如下:放样,剥开主梁下缘混凝土,露出纵向主筋→焊接横向钢筋于主梁下缘主筋→纵向主筋就位,并与横向"U"筋相交处点焊处理→搭支架,架模板→现浇钢纤维底板混凝土→混凝土养生。

施工要求:①纵横钢筋放样位置应准确;②纵横钢筋交接处一律采用点焊;③确保混凝土振捣密实。

4. 防水害加固处治

红卫二号小桥桥台受水冲刷情况较为严重,为此,课题组特在桥梁上、下游增设八字墙或进行锥坡处治,而在桥台前墙作钢筋混凝土挡板加固处理。

5.桥面增强

改原桥面为钢筋混凝土桥面，同时作了排水系统处理。

该桥在加固完成并重新投入使用多年后，实际状况表明，红卫小桥采用上述方案综合整治、增强后完全达到了设计要求，该桥所采用的加固方法和技术是高效、经济和可行的。

四、大塘口桥加固增强工程

1.大塘口桥概况及病害

大塘口桥位于重庆市江北区，桥长 61m，净宽 5m，为五跨钢筋混凝土 T 形桥梁梁微弯板组合梁桥，桥跨布置 5×净 11m，每跨有 5 片主梁，主梁间距为 1.21m。近年来，发现大塘口桥出现了不同程度的病害，所以需要对该桥进行加固处治。图 4-21 所示为大塘口桥。

图 4-21 大塘口桥

由于该桥未留下任何设计、竣工资料，故设计人员到现场对该桥进行了勘察。通过调查，大塘口桥存在以下病害：①该桥车流量较大且重型车较多；②桥面铺装层磨损严重；③桥面附加恒载对桥梁的影响较大。

上述桥梁经结构受力检算，由于桥梁病害削减承载力的影响以及附加恒载的增加，桥梁已不能满足公路—II 级荷载营运要求。为了改善该桥的运营状况、满足交通量逐年增长、荷载等级提高的要求，本着节约工程投资、缩短工期的原则对该桥作了加固整治设计。

2.承载力检算与加固施工全过程内力分析

大塘口桥采用手算，桥梁计算跨径 $l_0=11$m，桥面净宽 5m，主梁混凝土强度等级为 C30，钢筋型号为 HRBϕ28，桥面板为预制微弯板。通过桥梁内力分析与承载力检算，达到科学、安全、经济加固设计的目的。加固前采用刚性横梁法取最不利主梁计算(计算时按 13m 简支 T 形桥梁梁标准图的钢筋布置形式)，加固后采用整体截面进行计算，表 4-22～表 4-25 列出了大塘口桥在公路—II 级荷载作用下，控制截面在加固前和加固后的内力分析以及计算结果。

加固前公路—II 级截面强度验算 表 4-22

截面	Q_j(kN)	Q_u(kN)	M_j(kN·m)	M_u(kN·m)	弯矩富余量
梁端	282.47	413.2	—	—	—
跨中	—	—	685.5	500.85	−36.9%

注：斜截面抗剪承载力富余量为(1−282.5/413.2)×100%=31.6%。

加固后公路—II 级截面强度验算 表 4-23

截面	Q_j(kN)	Q_u(kN)	M_j(kN·m)	M_u(kN·m)	弯矩富余量
梁端	178.2	413.2	—	—	—
跨中	—	—	510.6	999.5	48.9%

注：斜截面抗剪承载力富余量为(1−178.2/413.2)×100%=56.9%。

加固前后跨中挠度验算　　　　表 4-24

加固前挠度计算		加固后挠度计算	
计算值(mm)	容许值(mm)	计算值(mm)	容许值(mm)
13.2	18.33	4.5	18.33

加固前后跨中裂缝验算　　　　表 4-25

加固前裂缝计算		加固后裂缝计算	
计算值(mm)	容许值(mm)	计算值(mm)	容许值(mm)
0.173	0.2	0.09	0.2

计算分析表明:加固前,大塘口桥跨中截面极限承载能力达不到公路—II 级荷载通行的要求,且有很大的差距;加固后,大塘口桥各项技术参数均能够满足公路—II 级荷载的使用要求,而且均有较大的富余量。如图 4-22 和图 4-23 所示。

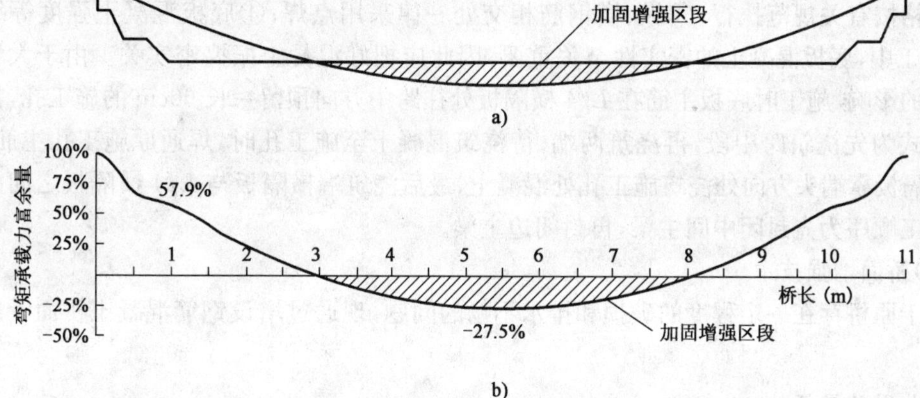

图 4-22　加固前后全梁弯矩分析

a)加固前主梁弯矩包络图;b)主梁抗弯增强区段图

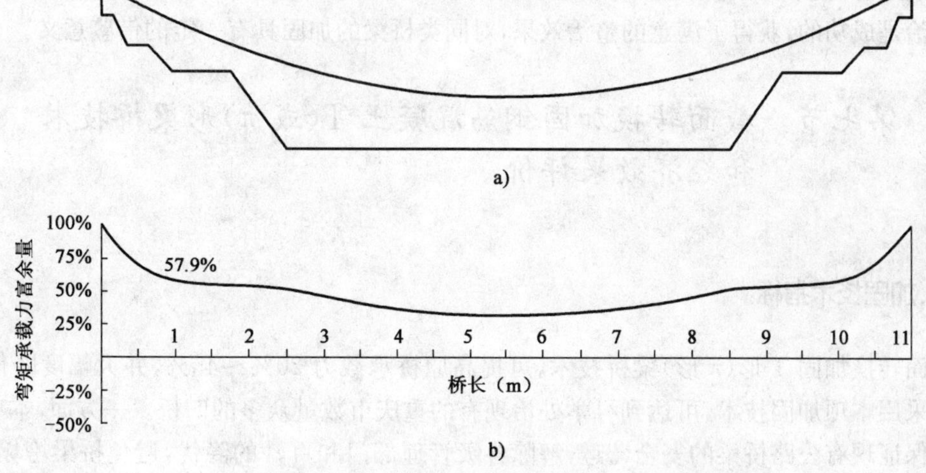

图 4-23　加固后全梁弯矩包络图及富余量图

a)加固后主梁弯矩包络图;b)加固后主梁弯矩富余量示意图

3. 加固设计要点

该简支T形桥梁梁桥由多片T形梁构成，相邻T形梁间形成了开口的π形梁的下缘通过增设钢筋混凝土底板加以封闭，则简支T形梁桥在活载作用下将由原T形梁受力特性转变为箱梁受力特性。这样，原桥的抗弯刚度和抗扭刚度将大幅度增大。为了提高结构的承载力和增强结构的耐久性能，为进一步改善原桥各主梁的受力性能和桥面泄水不畅的问题，采用桥面增强技术改造原桥面系。

(1)主梁截面转换成箱型截面

为了提高原桥的抗弯刚度和抗扭刚度，采用主梁截面转换成箱梁截面的加固技术。加固底板厚11cm；为提高钢筋混凝土强度、刚度及耐久性能，按水泥重量的1%掺入减水率大于25%的高效减水剂，并在每立方米混凝土中掺入80kg的钢纤维。该项技术的关键在于新增设的钢筋混凝土箱型底板能否与原主梁共同受力、协调变形，因此要求施工时严格按有关规范执行：①增焊主筋时，焊接时作好降温处理，以免烧伤原桥主梁混凝土；②钢筋焊接方式及焊接长度严格按有关规范执行；③纵、横钢筋相交处一律采用点焊；④底板混凝土强度等级采用C40，施工中，底板混凝土的密实性至关重要，因此应把好混凝土振捣密实关。由于大塘口桥横隔板的影响，施工时底板主筋在$L/4$横隔板处往跨中方向预留一长60cm的施工孔，混凝土浇筑方式为先浇筑跨中段，再浇筑两端；待浇筑混凝土至施工孔时，焊通原施工孔主筋，再从$L/4$横隔板靠端头方向处浇筑施工孔处混凝土，最后浇筑端横隔板与$L/4$横隔板之间的混凝土。施工顺序为先封闭中间主梁，再封闭边主梁。

(2)桥面增强技术

由于原桥存在一定程度的破损和排水不畅的问题，现通过增设钢筋混凝土桥面予以加固增强。

4. 加固效果评估

大塘口桥采用截面转换T形梁为箱梁技术后，各项性能指标均已达到建设方要求，取得了良好的经济、技术和社会效益。实践证明，大塘口桥采用截面转换T形梁为箱梁技术进行加固处治是成功的，获得了满意的整治效果，对同类桥梁的加固具有一定的借鉴意义。

第七节　截面转换加固钢筋混凝土T(或π)形梁桥技术和经济效果评价

一、加固技术指标

截面转换加固T形(π形)梁桥技术，可提高原桥承载力20%～45%，并大幅度降低施工难度。采用本项加固技术，可达到科学处治现有的重庆市数量众多的旧桥。一方面，本项加固技术可保证现有公路桥梁的安全营运，解除各级管理部门和百姓的隐忧，避免桥梁垮塌事故，带来较大的间接经济效益；另一方面，由于采取了科学的加固处治技术，每年可较重建新桥方案节约大笔建设资金。

二、经济指标

截面转换加固 T 形(π 形)梁桥技术可较常规加固技术节约工程造价 10%～30%,节省工期 10%～15%。至目前为止,利用截面转换加固 T 形(π 形)梁桥技术已经成功加固增强完成 5 座桥梁的示范工程,并产生逾千万元的直接经济效益和巨大的社会效益。

三、耐久性

由于该技术采取的材料都为桥梁建设中的常用的混凝土和钢筋等,故其与钢筋混凝土结构一样,都具有很好的耐久性。

四、适用范围

截面转换加固 T 形(π 形)梁桥技术对于工期紧,特别是要求承载力提高幅度较大的桥梁十分适用。

五、施工特点

该技术加固施工快速,工艺简便。

六、各项梁桥加固技术比较

为了更好地分析、评价梁桥常见加固技术的各项特点,现将各项加固技术进行列表比较分析,如表 4-26 所示。从表中可知,截面转换加固钢筋混凝土 T(或π)形梁桥技术相比于其他各项技术有较大的优势,适宜在我国梁式桥的加固增强实践中大力推广。

表 4-26

加固技术 比较项目	截面转换加固钢筋混凝土 T(或π)形梁桥技术	体外预应力加固技术	粘贴加固技术	增大截面(配筋) 技术
加固机理	通过在钢筋混凝土 T(或π)形梁桥的两片相邻主梁下缘增设一道钢筋混凝土底板,从而将原来开口的 T(或π)形梁变为箱形封闭截面,最终大大提高了结构的承载能力	以粗钢筋、钢绞线或高强钢丝等钢材作为施力工具,对桥梁结构施加预应力,以预加力产生的弯矩和拉力部分抵消外荷载产生的内力,从而达到改善旧桥使用性能并提高其极限承载能力的目的	采用环氧树脂或建筑结构胶将钢板、钢筋、玻璃钢、碳纤维等抗拉强度高的材料粘贴在主梁表面,使之与结构物形成整体,从而达到提高主梁的抗弯、抗剪能力,以及减少裂缝扩展的目的	通过在截面受压增大混凝土面积或在受拉区增加钢筋的方法达到提高梁桥的承载能力的目的
技术优点	承载能力提高幅度很大,施工期间对桥梁上的正常交通影响小	属于主动加固法,加固材料的应力滞后效应部分甚至完全消除;施工快速、工期短	对原结构损伤较小,加固层增加的恒载不多;对桥下通航净空几乎无影响	采用常见材料;施工方式也为操作人员所熟知

续上表

加固技术 比较项目	截面转换加固钢筋混凝土T(或π)形梁桥技术	体外预应力加固技术	粘贴加固技术	增大截面(配筋)技术
不足之处	操作略显复杂,施工空间狭窄,增加自重较多	锚固装置构造复杂、要求很高;存在预应力松弛问题;防锈防腐问题也难以解决;日常养护工作量大,后期维护成本较高;可能对桥下的通航有较大影响	钢板的防腐防锈尚无很好的解决办法;施工中打磨、平整的工作量很大;粘贴钢板后,灌注填充浆液的密实度不易保证	施工空间狭窄;对桥上的正常交通有一定的影响;通常要增加一定量的恒载
经济性	加固工程费用较少,后期养护费用也很小	加固增强的费用约占新建桥梁投资的10%~15%,养护费用较其他加固技术高	加固工程费用较小,在桥梁整个使用寿命内的综合投入不低	加固工程费用较少,后期养护费用也很小
耐久性	如施工合理,耐久性较好	钢材防锈防腐难以保证,耐久性较差	钢材防锈防腐难以保证,耐久性较差	如施工合理,耐久性较好
适用范围	中、小跨径的T(或π)形梁	普通钢筋混凝土梁桥的加固	工期紧、临时加固工程的小跨径板拱桥和拱肋较适用	各种类型的梁式桥
施工特点	简便,技术难度小	锚固部位的难度大、构造复杂,不易控制	施工快速,专业性强	操作复杂、空间受限

第五章 斜拉桥换索技术

第一节 概 述

一、斜拉桥换索的背景、目的和意义

斜拉桥是一种自锚结构体系,它不需要拉索两端巨大昂贵的锚墩结构,它的索应力基本上是沿索长不变的,能充分利用材料。斜拉索在跨内成直线布置,并具有相当好的抗拉刚度。斜拉索对桥跨结构的主梁产生有利的压力,改善了主梁的受力状态。另外,由于斜拉桥设计理论、电子计算机技术的应用和发展,结构风动稳定验证和减振控制,以及有限元分析和施工质量的控制、监测技术等的发展和进步,使斜拉桥结构轻巧、美观、经济,跨径可与悬索桥一争高低。

但另一方面,由于无法克服拉索腐蚀和疲劳问题,斜拉桥换索是必然的。另外,营运多年的斜拉桥,其实际工作状态往往与理想的设计状态存在很大的偏差,如何利用换索来改善斜拉桥的营运状态,是桥梁工程师们需要考虑的另一个问题。

1. 斜拉桥发展和使用现状

在理论上,20 世纪中叶,随着电子计算机的出现,产生了有限元法,它将许多弹性力学、塑性力学、结构力学中一系列困难问题几乎解决到完美的程度;在实践上,20 世纪 60 年代前后桥梁施工工艺中已出现悬臂施工法,以及高强钢丝与锚具构成的预应力工艺。

1956 年瑞典建成世界上第一座现代化斜拉桥 Stromsund 桥(74.7m+182m+74.7m),随后 1957 年前联邦德国杜塞尔多夫(Dsseldorf)建成 Theodor Heuss 桥(108m+260m+108m)。1959 年前联邦德国 Clogne 建成 Seveoin 桥,主孔跨径 302m,“A”型塔,桥面“悬浮”,为桥的抗震提出了有效措施。以上均为钢斜拉桥。1962 年委内瑞拉建成 Maracaibo 桥,跨度 135m,为第一座混凝土斜拉桥,A 型塔,采用预应力刚性索,加劲梁用混凝土材料构成。1967 年波恩建成 Friedrich-Ebert 桥,主跨 280m,采用了密索体系结构。1969 年前联邦德国 Desseldorf 建成 Kine 桥,主跨 320m,采用竖琴式密索体系。1971 年前联邦德国建成 Kurtochmacher 桥,主跨为 287m,首次采用 295ϕ7mm 的平行钢丝束、HAIM 锚。1977 年法国建成 Brotonne 桥,主跨 320m,混凝土结构,单索面密索布置,柔性墩。1978 年美国建成了 P-K 桥,主跨 299m,双索面密索体系,门型塔,预制拼装混凝土桥面体系。1984 年西班牙建成 Luna 桥,主跨 440m,为双塔双索面扇形布置拉索的混凝土斜拉桥。1986 年加拿大温哥华建成 Annacis 桥,主跨 465m,为双塔双索面扇形布置的叠合梁斜拉桥,加劲梁用钢纵横梁及混凝土桥面板构成。1988 年美国建成 DamePoint 桥，主跨 396m，为双塔双索面竖琴式混凝土斜拉桥。1991 年挪威建成 Skarnsundet桥，其主跨为 530m，采用混凝土结构，是当时跨径最大的混凝土斜拉桥。1995 年 1 月竣工的法国 Normandy 桥(跨度 856m)和日本 Tatara 桥(跨度 890m)是 20 世纪末斜拉桥的里程碑式的桥梁建筑。

我国斜拉桥发展和建设的情况，大体可分为 3 个阶段。

(1)从 1975 年建设第一座斜拉桥至 1982 年，是我国斜拉桥发展的起步阶段，也是我国斜拉桥发展的第一次高潮。1975 年我国四川省云阳县建造了云阳桥，跨径 76m，开始了我国建造斜拉桥的历史。这一阶段，以 1982 年建成的主跨 220m 的山东济南黄河斜拉桥为代表。从 1995～1982 年的 7 年间，我国斜拉桥跨径从 76m 增加到 220m，增加了近 3 倍，共建成 11 座斜拉桥，这标志着我国已基本掌握大跨径斜拉桥设计与施工技术。

(2)1983～1986 年为我国斜拉桥发展的第二阶段。由于第一阶段已建斜拉桥的拉索防护层次多、成本高，并且过于简单，有的因处理不当而失败，有的大桥建成 3～4 年拉索防护就损坏，以至危及桥梁安全。第二阶段建成的斜拉桥数量不多，该阶段是桥梁工作者进一步探索、研究、总结经验的阶段。

(3)20 世纪 80 年代中后期至今，是我国斜拉桥技术发展的鼎盛时期。这一阶段修建的斜拉桥近 40 座，跨径从 200m 到 600m 以上，已达到世界先进水平。我国 400m 以上的长大斜拉桥均是在这一时期设计，并于 20 世纪 90 年代初开始建设的，说明我国斜拉桥的发展和技术开发已逐渐完善和成熟。

值得一提的是，2008 年 5 月建成通车的苏通大桥，它拥有 4 个世界之最：一是“最大主跨”，主跨 1 088m，成为世界最大跨径斜拉桥；二是“最深基础”，主墩基础由 131 根长约 120m、直径 2. 5m/2. 8m 的钻孔灌注桩组成，承台长 114m、宽 48m，是世界规模最大、入土最深的桥梁桩基础；三是“最高桥塔”，苏通大桥桥塔为高 300. 4m 的混凝土塔，为世界最高桥塔；四是“最长拉索”，苏通大桥最长拉索为 577m，最大质量为 59t，为世界最长斜拉索。苏通大桥不仅是我国桥梁发展史上，也是世界桥梁发展史上的又一座里程碑。

表 5-1 为跨径排名世界前 10 位的钢斜拉桥，表 5-2 为跨径排名世界前 10 位的 PC 斜拉桥，可见我国的斜拉桥设计和施工均居世界前列。

世界钢斜拉桥排名

表 5-1

序号	桥　名	跨径(m)	所在国家	建成时间	备　注
1	苏通大桥	1 088	中国	2008	钢箱梁
2	多多罗大桥	890	日本	1999	混合梁
3	诺曼底大桥	856	法国	1995	混合梁
4	南京长江二桥	628	中国	2001	钢箱梁
5	武汉白沙洲长江大桥	618	中国	2000	混合梁
6	福州市青州闽江大桥	605	中国	2000	叠合梁
7	上海杨浦大桥	602	中国	1993	叠合梁
8	上海徐浦大桥	590	中国	1997	叠合梁
9	名港中央大桥	590	日本	1996	钢箱梁
10	桃天门大桥	580	中国	2003	钢箱梁

世界 PC 斜拉桥排名　　表 5-2

序号	桥　名	跨径(m)	所在国家	建成时间	备　注
1	Skarnsundet 桥	530	挪威	1991	
2	荆沙长江大桥	500	中国	2002	
3	鄂陵长江大桥	480	中国	2001	
4	重庆大佛寺大桥	450	中国	2000	
5	重庆长江二桥	444	中国	1996	
6	Barrios de luna 桥	440	西班牙	1983	
7	安徽铜陵长江大桥	432	中国	1995	
8	Heigeland 桥	425	日本	1991	
9	郧阳长江大桥	414	中国	1994	
10	Elorn 桥	400	法国	1994	

2. 斜拉桥换索的目的和意义

尽管许多防腐方法、工艺、材料、使用维护技术等已经应用于桥梁设计,但这些方法在某种程度上都是不成功的。斜拉桥虽有跨越能力大、结构形式简洁、受力明确、空气动力稳定性好、结构轻巧美观等优点,但拉索腐蚀退化已成为制约其结构使用寿命的主要因素。索塔锚固点的构造在反复荷载的作用下还存在着疲劳问题,这是制约其结构使用寿命的又一重要因素。以上两个因素导致换索成为必然。另外,营运多年的斜拉桥,其实际工作状态往往与理想的设计状态存在很大的偏差,如何利用换索来改善斜拉桥的营运状态,是桥梁工程师们需要考虑的另一个问题。

在过去的几十年全世界修建的 300 余座斜拉桥中,索腐蚀退化和震动疲劳衰减已经使得部分斜拉桥过早地退出了工作。

3. 斜拉桥换索现状

(1)国外斜拉桥换索现状

1987 年,美国人 Stafford 和 Watson 走访了世界各地的近百座斜拉桥,并对斜拉索进行了外观调查。随后他们在 ASCE 的刊物《Civil Engineering》(1988)上发表文章,称"全球范围内过去几十年建造的近 200 座斜拉桥因拉索腐蚀正面临危险"。下面是国外最具有代表性的斜拉桥换索案例。

德国 Kohlbrand Estuary Bridge 建于 1974 年,跨径组合为(97.5+325+97.5)m,结构体系采用悬浮体系,主梁断面为钢箱梁,拉索及防腐装置为镀锌钢丝加树脂涂层。在 1976 年的一次拉索检查过程中,发现 25 根断丝(22 根发生在下锚固区)。其拉索为封闭索,曾作 4 层涂料防锈,仍有水从索上端侵入到拉索内部,导致拉索腐蚀,加之车辆行驶而溅起的掺杂着盐分的污水,使索膨胀,致使拉索下部锚固端严重腐蚀。1979 年将 88 根索全部更换,花费 600 万美元,为原造价的 4 倍。

委内瑞拉的马拉开波湖(Maracaibo)桥,建于 1962 年,由于桥址附近高温、潮湿,以及海水流入湖中,拉索锚固部分被腐蚀,于 1979～1981 年间对 384 根拉索进行更换,花费约 5 000 万美元。

美国 Pasco-Kennewick 桥，建于 1978 年，其拉索置于聚乙烯管中，并往管内注入水泥浆。设计中考虑到黑色聚乙烯管的热膨胀系数比水泥浆和钢索大两倍，为控制温度作用并照顾美观，在聚乙烯管外再缠绕了聚乙烯条带。原估计使用寿命为 25 年，由于受紫外线的作用，仅 3～5年时间就全部失效，不得不进行换索。

英国 Wye Bridge 桥梁，建成于 1966 年，跨径组合为(87＋235＋87)m，主梁断面为梯形钢箱梁，拉索及防腐装置为单三角形锁合式螺管索；拉索采用双塔单索面布置；1985 年，因车辆荷载的增加及拉索腐蚀而更换了拉索。

(2)国内斜拉桥换索现状

表 5-3 详细统计了国内 19 座斜拉桥的换索资料，列出了桥梁名称、桥梁竣工时间、桥梁换索时间、桥梁原拉索钢丝形式、桥梁原拉索防护形式及换索原因。

从表 5-3 看出，拉索最短寿命的是广州海印大桥，因拉索腐蚀掉落，拉索仅使用 7 年后便全部更换。所有已换拉索平均使用寿命为 15.37 年，其中采用水泥压浆工艺防护的拉索平均使用寿命为 16.28 年，采用水泥压浆工艺防护拉索占全部更换拉索桥梁的 36.8％。

二、人工神经网络研究现状及其应用

神经网络(Artificial Neural Networks)是由多个简单的处理单元彼此按某种方式相互连接而形成的计算机系统，该系统通过对连续或断续式的输入作状态响应而进行信息处理。虽然每个神经元的结构和功能十分简单，但由大量神经元构成的网络系统的行为确实丰富多彩也十分复杂。

1.人工神经网络发展及研究现状

人工神经网络的研究已有半个多世纪的历史，但它的发展并不是一帆风顺的，而是经过两起一落的过程，它的研究大体上可分为 4 个阶段。

(1)早期阶段

人工神经网络的研究可以追溯到 1800 年 Frued 的前精神分析学阶段，他已经做了一些初步工作。1913 年人工神经系统的第一个实践是由 Russel 描述的水利装置。1943 年美国心理学家 Warrcn. McCulloch 与数学家 Waltcr. HPitts 合作，用逻辑的数学工具研究客观事件在形式神经网络中的表述，从此开创了对神经元的理论研究。他们在分析、总结神经元基本特性的基础上，首先提出了神经元的数学模型，简称 MP 模型。从脑科学研究来看，MP 模型不愧为第一个用数理语言描述脑的信息处理过程的模型。后来，MP 模型经过数学家的精心整理和抽象，最终发展成一种有限自动机理论，再一次展现了 MP 模型的价值。此模型沿用至今，直接影响着这一领域研究的进展。

1949 年心理学家 D. O. Hebb 提出了关于神经网络学习机理的"突触修正假设"，现在多数学习机仍遵守这一规律。1957 年 F. Rosenblatt 首次提出并设计了著名的感知器(Perceptorn)感知器有能力通过调整权值的学习达到正确分类的结果。这使神经网络第一次从理论研究转入工程实施阶段，掀起了研究人工神经元网络的热潮。1962 年 Bernard Widrow 和 Marcian Hoff 提出了自适应线形元件网络，它实质上是一个两层前馈感知机型网络，它成功地应用于自适应信号处理和雷达天线控制等连续可调过程。

表 5-3

国内斜拉桥拉索腐蚀失效调查表

序号	名　称	用途	建成年份	换索年份	拉索结构	防护形式	备　注	换索原因
1	安徽蚌埠淮河桥	城市	1989	2005	121ϕ5	热挤 PE 套	钢丝日本进口	2004 年，发现大桥斜拉索的 PE 塑料（斜拉索外表层）大部分出现老化，个别部位已经开裂，造成一些拉索外露，这些很容易导致拉索腐蚀；此外，斜拉索桥的上锚箱和下锚箱内有积水；在被抽查的钢护筒中，1/3 筒内有积水，不同程度地出现腐蚀现象
2	广东广州海印大桥	城市	1988	1995	258ϕ5mm 镀锌钢丝	镀锌层，水泥压浆层，聚乙烯含炭黑防老化，多道树脂玻璃	更换全部拉索	但斜拉索灌浆后部分轻质离析物和有害物质向管顶聚集，在密闭条件下，顶部含 FDN 高效减水剂的较大水灰比浆体长时间不凝固，导致对拉索产生以电化学腐蚀为主的多种强腐蚀，从而使拉索腐蚀、15 号拉索断落和其他拉索松弛
3	广东南海九江大桥	公路	1988	1998	85ϕ7，97ϕ7	普通预应力钢丝，热挤 PE 保护层，材料为低密度聚乙烯	设计老化寿命为 30 年	采用现场制索，质量不能保证，施工时保护措施不力，导致拉索护套损伤，PE 护套材料性能较差，抗老化能力弱，钢丝未作防护，锚头未作防锈处理等；经过 1997 年对大桥进行了详细的检测，发现部分索腐蚀严重；1998 年第一次对其中 11 根腐蚀严重的拉索实施了更换，2000 年第二次更换了其中 87 根腐蚀严重的拉索
4	广东南海西樵大桥	城市	1987	2007	180ϕ5	PE 套管压水泥浆、包裹玻璃钢，低密度聚乙烯材料，加入了碳黑	更换全部拉索	南海西樵大桥经过 20 年的运行，其斜拉索的保护层已出现老化现象，拉索护套也有一定程度的损坏，出现大量开裂
5	广西来宾红河水铁路桥	城市、铁路	1981	1993	10-7ϕ5 钢绞线	单根钢绞线涂环氧底漆，环氧树脂包玻璃丝布再用环氧树脂缠裹玻璃丝布进行整束防护，拉索涂环氧铝粉面漆	更换全部拉索	1988～1989 年，常规检查发现斜拉索保护层破损，拉索进水，拉索防护套有深度裂纹，某些拉索下锚套内积有大量锈水，56.9%拉索存在漏油

续上表

序号	名称	用途	建成年份	换索年份	拉索结构	防护形式	备注	换索原因
6	广西柳州壶西大桥	城市	1994	2006	19-7ϕ7钢绞线	双层热挤PE套	更换全部拉索	拉索腐蚀严重
7	广西南宁白沙大桥	城市	1995	2006			更换全部拉索	拉索腐蚀严重
8	黑龙江密山富密渠首桥	公路	1992	2002			更换全部拉索	拉索腐蚀严重
9	山东济南黄河大桥	城市	1982	1995	121ϕ5	镀锌丝、铝套压水泥浆	已换PE+PU	竣工3年后铝管即有胀裂，1986年3～4月将桥面的拉索下端打开发现有水，钢丝有锈斑，1990年铝皮损坏严重，钢丝束腐蚀呈月牙状，深度最大达2.42mm，整束断面削弱估测约有11%～15%，另外钢丝有松动不受力的情况，部分锚箱锚头也有不同程度的腐蚀
10	上海恒丰路立交桥	城市	1987	2003	320ϕ5	防护体系采用外包PE护套，内部灌注水泥浆	恒丰北路桥设计拉索寿命20年	由于灌浆不饱满造成索内存在空洞，2003年检查发现拉索的腐蚀非常普遍
11	上海新五桥	城市	1975	1991	$65Si_2Ti\phi12$钢筋	沥青玛蹄脂、钢丝网水泥浆	增加了新索，旧索仍然保留	新五桥经过16年运营，发现梁体出现病害，斜拉索保护层多处开裂，开裂严重处内部钢筋有部分腐蚀；车辆活载过桥时桥体振动幅度较大
12	四川犍为岷江大桥	城市	1990	2000	127ϕ5	部分5mm直径碳素钢丝和5 mm直径镀锌碳素钢丝组成的平行钢丝束，热挤PE套	用于该桥斜拉索PE护套材料的老化试验结果：使用寿命为12年	1999年和2000年两次检测，发现10%的斜拉索PE护套断裂或严重破损。在桥面以上10m高度范围内对斜拉索开窗检测，发现拉索钢丝腐蚀断丝比例为17.2%，钢丝生锈出现坑蚀为19.3%，钢丝轻微坑蚀或锈斑为56.2%，钢丝完好为7.3%

续上表

序号	名称	用途	建成年份	换索年份	拉索结构	防护形式	备注	换索原因
13	四川省三台涪江大桥	城市	1980	2002	36ϕ5 钢丝束	3层环氧树脂间绕3层玻璃丝布，外缠ϕ3.2螺旋钢筋，压注水泥浆并刷漆防护	已拆除	拉索严重腐蚀且不可更换
14	四川云阳大桥	城市	1975	2006	ϕ42-7×19 钢绞线	苯乙稀玻璃丝布、钢丝网水泥浆	已拆除	三峡工程三期自蓄水以来，江水开始漫进云安镇，斜拉桥也渐入江中；为了保证蓄水后的航道通行，于2006年10月爆破拆除此桥
15	天津永和桥	公路	1987	2006	199ϕ5	PE套管压水泥浆	更换全部拉索	拉索腐蚀
16	云南三达地怒江大桥	公路	1994	2004	ϕ5	高强普通钢丝和高强镀锌钢丝、聚乙烯热挤PE索套	更换全部拉索	斜拉索PE防护套老化严重，PE表面有深度裂纹、渗水现象；随机剥离斜拉索PE护套，发现高强钢丝腐蚀严重、部分钢丝截面已削弱；检查中还发现下锚头钢护筒内长期积水，造成锚头腐蚀严重
17	浙江省上虞市章镇大桥	城市	1983	2007	高强粗钢筋 ϕ12编组	外包沥青玛蹄脂，用玻璃纤维涂环氧树脂缠绕，形成一层玻璃钢保护	更换全部拉索	玻璃钢裂缝破碎、沥青马蹄脂老化渗水，导致拉索严重腐蚀
18	重庆交通学院桥	城市	1986	2001	GRP/CM 玻璃钢		更换全部拉索	转成梁桥，拉索拆除
19	重庆石门大桥	城市	1988	2005	302ϕ5	氧硫化聚乙烯硫化胶套，镀锌钢丝	钢丝日本进口	采用现场制索，质量不能保证；拉索表面有79处破损、裂口（最长裂口达500mm），内部钢丝腐蚀严重

1951 年，Marvin Minsky 和 Dean Edmonds 合作创建了学习机，并成功设计了一个有 40 个神经元以及突触的机器，它成功地模拟了老鼠走迷宫方式搜寻事物的行为。

20 世纪 60 年代是神经网络发展低潮阶段。其原因是当时的社会、技术和物质条件等客观限制和学术上的悲观态度。

(2)过渡阶段(20 世纪 70 年代)

进入 20 世纪 70 年代后，虽然神经网络研究相对仍处于低潮时期，但是仍有不少科学家在极其困难的条件下坚持不懈地努力奋斗，主要是提出了各种不同的网络模型，开展了人工神经网络的理论、增加网络的功能以及各种学习算法等的研究。从美国麻省理工学院 AI(人工智能)实验室的 Dave Marr 到 1979 年日本东京大学的中野馨提出了有名的联想机等，为今后在研究神经网络理论、数学和体系结构等方面打下了坚实的基础。

(3)高潮阶段(20 世纪 80 年代)

这次高潮的到来有科学背景的支撑，也是被社会生产力及科技竞争的迫切要求所推动。其标志是美国加利福尼亚州工学院物理学家 John Hopfield 于 1982 年和 1984 年在美国科学学院院刊发表的两篇文章，提出了著名的 Hopfield 模型，并将能量函数引进对称 Hopfield 网络中，使网络稳定性的研究有了明确的判断依据等。

1986 年 McClelland 和 Rumelhart 提出了多层网络的误差反向传播算法(Baok Propagation)，它是这段时间中最突出的成果之一。反向传播算法从实践上证明了神经网络有很强的运算能力，可以解决许多具体问题。

(4)新阶段(20 世纪 80 年代后期到现在)

1987 年 6 月 21 日在美国圣地亚哥召开了第一届国际神经网络学术会议，宣告了国际神经网络协会正式成立。会上不但宣告了神经网络计算机学科的诞生，而且还展示了有关公司、大学开发的神经网络计算机方面的产品和芯片，掀起了人类向生物学习、研究、开发及应用神经网络的新热潮。1991 年 IJCNN(国际联合神经网络会议)主席 D. Rumelhart 在开幕词中讲到“神经网络的发展已进入转折点，它的范围正在不断扩大，领域几乎包括各个方面”。

我国学术界大约在 20 世纪 80 年代中期开始关注神经网络领域，有一些科学家起到了先导的作用，如中国科学院生物物理所科学家汪云九、姚国正和齐翔林等；北京大学非线性研究中心在 1988 年 9 月发起举办了 Beijing International Workshop on Neural Networks: Learning and Recognition, a Modern Approach. INNS 秘书长斯华龄博士在会议期间作了神经网络的一系列讲座。从这时起，我国有些数学家和计算机科学家开始对这一领域产生兴趣，并开展了相关的研究工作，取得了一定的成就。

现阶段人工神经网络理论研究和应用有以下特点：

①应用领域比过去要广泛得多，并且在一些新的领域不断增长。

②神经网络与专家系统相结合已成为重要的发展趋势，两者的结合能更好地发挥各自的专长，这方面成功的例子有：美国 FrontierFinancial 公司利用神经网络来对股票进行预测，再由专家系统给出相应的建议等。

③IBM 公司进入神经网络的市场。

④理论上的研究进展。一方面是神经生物学对人脑机制及思维本质的深入研究；另一方

面是对人工神经网络各个层面及环节的研究。

⑤学习和训练。研究人员在寻找更好的训练算法，以解决目前训练代价昂贵和费时的问题。

⑥人工神经网络技术与当前技术相结合。现在人工神经网络技术正进入 AI(人工智能)、视觉与语言识别系统、专家系统、机器人以及化学和医学的结合等领域。

2. 人工神经网络在土木工程中的应用

工程界对人工神经及其应用也表示了极大的关注和热情，希望它能用在传统理论和方法难以解决的问题方面。实际中，它发挥了很大的作用，取得比较显著的进展。现在它的应用领域比过去要广泛得多。

土木工程中有很多问题可以归结为反分析问题，如结构损伤识别和荷载识别问题等，无论是损伤识别还是荷载识别，它们都是在自身损伤或外界荷载的作用下，通过结构某种动力或静力特性的改变来反演自身的损伤状态或者作用在其上的荷载。但由于工程结构的复杂性，使得结构动力或静力特性的改变与结构损伤或者外界作用之间的关系很难用严格的数学表达式表达出来，而强大的非线性映射能力和自适应学习的特点使得人工神经网络非常适合于解决反分析问题。另外，人工神经网络具有的多样性、容错性和记忆联想的能力也使得它非常适合于解决材料的本构模型预测、结构的智能控制等土木工程难题。

自 Adeli 和 Yeh 于 1989 年将没有隐含层的感知机第一次用于简支梁的设计以来，越来越多的土木工程专家、学者将研究方向转移到该领域上来。现在已经有许多神经网络模型用于结构分析及优化设计、结构的损伤检测与评估、多目标综合决策与预报、施工管理与规划等方面。

(1)结构分析与优化设计

由神经网络理论可知，神经网络能量函数的极小点对应于系统的稳定平衡点，这样能量函数极小点的求解将转化为求解系统的稳定平衡点。可见，系统的稳定平衡点正好是工程结构最优化问题的极小点。人们研究运用快速、全局性计算的神经网络方法来进行结构分析和初步设计，其主要原理是利用神经网络的抽取、归纳和非线性建模的能力，建立输入输出之间的映射函数关系，然后进行模式匹配、分类、识别和计算，得到合理的分析结果和设计方案。对此，一般采用结构近似分析方法，利用结构的位移、应力应变的一阶或二阶导数对结构进行近似分析，以降低结构分析的次数。胡广良、李思明利用人工神经网络技术对三杆平面桁架受力体系进行了优化设计，王庆利、康清梁等将人工神经网络技术应用于劲性混凝土柱的截面设计，分别以柱长 L、混凝土强度 f_c、型钢材料强度 f_y、极限承载力 P 和偏心距 e 为神经网络的输入参数，而输出层有 3 个节点，分别为纵向含钢率 ρ、柱截面高度 h 和柱截面宽度 b。

(2)结构损伤检测

运用神经网络进行结构损伤检测实际上是一种模式匹配，它包括训练阶段和检验阶段，训练阶段就是建立损伤模式数据库的过程，检验阶段就是损伤模式匹配的过程。神经网络具有自适应的能力，它能够通过训练(学习)阶段，获得健康结构和损伤结构所具有的有关知识和信息；神经网络还具有联想、记忆及模式匹配能力，能够存储学习过程中的损伤知识，然后将此信息与实测数据进行模式匹配与比较；神经网络具有抽取、归纳的能力，它能够滤除噪声及在由噪声的情况下抽取事物内在的特征，得出正确的结论。因此，它比较适合对具有大量噪声和测量误差的结构进行在线健康检测与状态评估。

(3)结构荷载识别

结构荷载识别是利用结构在荷载作用下的响应(位移或应变)去反演作用在结构上荷载的一种反分析问题。由于结构的复杂性和荷载在空间和时间上分布的不确定性,使得直接利用数学的方法去反演荷载的方法出现一定的困难。而神经网络的非线性映射能力和模式识别能力则非常适合于解决此类问题。X. Cao 和 Y. Sugiyang 等用 BP 神经网络对机翼荷载分布进行了识别,他们将机翼简化为悬臂梁模型,并把悬臂梁分化为有限单元,将每个单元上的应变作为输入参数送入网络进行荷载识别,除此之外,他们还特别强调了神经网络中隐含层的作用和使用原则:隐含层个数并不是越多越好,主要依据问题类型、计算速度和精度要求而确定。吴大宏、赵人达等进行了基于神经网络的混凝土桥梁荷载识别方法的研究,他们利用神经网络较强的非线性映射能力和联想、记忆功能,对混凝土桥梁的荷载—挠度曲线进行模拟,最终建立较为详尽的混凝土桥梁数据库用于混凝土桥梁的荷载识别。

(4)结构控制

结构工程中许多结构都是高度非线性的,其随时间而变化的结构参数,如期望的稳定状态、强度(耐久性)及动力学性能等都很难描述,因而建立的动力学模型不得不依靠许多的假定,而这又与实际情况存在较大的差距。最早将神经网络用于结构控制的是 Yen,他于 1994 年分别利用 BP 网络、径向基网络(RBF)和神经网络对大跨空间结构和高级空间技术研究试验进行了结构控制和识别模拟;1995 年 Ghaboussi 开发了基于神经网络的控制器,对 3 层框架结构在地震作用下的响应进行了计算机加载模拟结构。

(5)结构材料的本构关系

人们尝试用神经网络的多样性、容错性和自学性的能力,通过对大量的实测试验数据的学习,以及各单元之间的连接权值来构造材料的应力应变函数映射关系,然后用建立的函数关系对新的输入模式进行推理匹配而得到新的应力应变模型,运用神经网络模型来代替传统材料本构关系的数学建模方法。目前,神经网络已被应用于岩土材料、素混凝土、钢筋混凝土和复合材料中,其中网络模型应用最广泛的仍是 BP 网络。

三、遗传算法研究现状及其应用

遗传算法(Genetic Algorithm,简称 GA)是 20 世纪 60 年代由 Holland 首次提出的,并逐渐发展成一种迭代自适应启发式概率性搜索算法,用以求解不同的非线性问题:对不可微甚至不连续的函数优化,GA 能以较大概率求得全局解;具有较强的鲁棒性、全局收敛性、隐含并行性及广泛的适应性;并且能处理不同类型的优化变量(离散的、连续的和混合型的);不需要任何的辅助信息,对目标函数和约束函数没有任何要求。研究遗传算法在结构优化中的应用显得尤为重要。

1. 遗传算法的发展

遗传算法起源于对生物系统所进行的计算机模拟研究。从 20 世纪 40 年代,生物模拟就成为了计算科学的一个组成部分。自从生物变化的进化理论得到人们的接受之后,进化机制引起了人们极大的兴趣。大多数生物体通过自然选择和有性生殖这两种基本过程进行演化。

自然选择决定了群体中哪些个体能够存活并繁殖;有性生殖保证了后代基因中的混合和重组。这种由基因重组产生的后代进化要快得多。自然选择的原则是适应者生存,不适应者淘汰。

20世纪50年代中期创立了仿生学,许多科学家从生物中寻求新的用于人造系统的灵感。一些科学家分别独立地从生物进化的机理中,发展出适合于现实世界复杂问题优化的模拟进化算法(Simulated Evolutionary Optimization)。主要有Holland,Bremermann等创立的遗传算法,Rechenbeg和Schwefel等创立的进化策略以及Fogel,Owens和Walsh等创立的进化规划。同时期有一些生物学家,如Fraser,Barricelli等做了生物系统进化的计算机仿真,很遗憾的是,他们没有引入到人工系统。遗传算法、进化策略、进化规划均来源于达尔文的进化论,其中遗传算法的研究最为深入、持久,应用面也最广。

遗传算法(GA),是模拟达尔文的遗传选择和自然淘汰的生物进化过程的计算模型。遗传算法研究的兴起是在20世纪80年代末和90年代初期,但它的历史起源可追溯到20世纪60年代初期。生物进化的特征早在20世纪60年代就引起美国密切根大学教授John Holland的极大兴趣,他从那时起开始研究自然和人工系统的自适应行为,在这些研究中,他试图发展一种用于创造通用程序和机器的理论。通用程序和机器具有适应任意环境的能力,他意识到用群体方法搜索以及选择、交换等操作策略的重要性。早期的研究侧重于对一些复杂操作的研究,但这是一个不明确目标的发展时期,缺乏带有指导性的理论和计算工具的开拓。直到20世纪70年代中期,由于Holland和Dejong的创造性研究成果的发表才得到改观。

1967年,Bagley发明"遗传算法"一词,并发表了第一篇有关遗传算法应用的论文,讨论了遗传算法在自动博弈中的应用。在他开创性的博士论文中采用双倍体编码,发展了与目前类似的复制、交换、突变、显性、倒位等基因操作,尤其是他对选择操作做了十分有意义的研究。他认识到,在遗传进化过程的前期和后期,选择概率应适当地变动,为此,他引入了适应度标定(Scaling)概念,这是目前遗传算法中常用的技术。他还觉察到防止早熟收敛的机理,并发展了自组织遗传算法的概念,即把交叉和变异的概率融于染色体本身的编码中,从而实现算法的自我调整优化。

同一时期,Rosenberg对遗传算法也进行了研究。在他的博士论文中进行单细胞生物群体的计算机仿真研究,在遗传操作方面提出了不少独特的设想,对以后函数优化的研究颇有启发,并发展了自适应交换策略。1970年Cavicchi把遗传算法应用于模式识别中,对于遗传操作以及遗传算法的自我调整也做了不少有特色的研究。

Weinberg于1971年发表了题为"活细胞的计算机模拟"的论文。他和Rosenberg一样关注于生物遗传的模拟。他提出的多层次或多级遗传算法至今仍给人以深刻的印象。

1971年,Hollstien完成了关于遗传算法在纯数学优化应用方面的第一篇学术论文,他主要研究了5种不同的选择方法和8种交配策略。在计算机试验结果中,他是采用16位二元串,其中两个8位参数是用无符号二进制整数或Gray码整数来编码的,群体规模为16个串。他指出了由于群体规模太小所引起的问题,并指出将来的研究要采用更大规模的群体。

1975年树立了遗传算法发展史上的两块里程碑:一是Holland出版了经典著作《自然系统和人工系统的自适应性》(Adaptation in Nature and Artificial System),该书是系统论述遗传算法和人工自适应系统的专著。该著作详细阐述了遗传算法的基本理论和方法,并提出了对遗传算法的理论研究和发展极为重要的模式定理(Schemata Theory)。该理论首次确认了结构重组遗传操作对于获得隐并行性的重要性，这对于以后陆续开发出来的遗传操作具有不可估量的指导作用；并为其奠定了数学基础，发展了一整套模拟生物自适应系统的理论。二是DeJong完成了具有指导意义的博士学位论文《遗传自适应系统的行为分析》(An Analysis of the Behavior of a Class of Genetic Adaptive System)。他深入领会了模式定理并把Holland的模式理论与计算试验结合起来。将选择、交叉和变异操作进一步完善和系统化，同时又提出了诸如代沟(Generation Gap)等新的遗传操作技术。他还建立了著名的五函数测试平台，定义了评价遗传算法性能的在线性能和离线性能，并以函数优化为例，对遗传算法的六种方案的性能及机理进行了详细地试验和分析。他的研究工作为遗传算法及其应用打下了坚实的基础，得出的结论迄今仍具有普遍的指导意义，研究成果成为遗传算法发展史上的里程碑。

进入20世纪80年代，随着以符号系统模仿人类智能的传统智能暂时陷入困境，神经网络机器学习和遗传算法等从生物系统底层模拟智能的研究重新复活并获得繁荣。Goldberg在遗传算法研究中起着继往开来的作用，他在1983年将遗传算法应用于实际的工程系统——煤气管道的优化。1989年，他出版了专著《搜索、优化和机器学习中的遗传算法》(Genetic Algorithms in Search, Optimization and Machine Learning)，该书系统总结了遗传算法的主要研究成果，全面而完整地论述了遗传算法的基本原理及其应用。可以说，这本书奠定了现代遗传算法的科学基础，为众多研究和发展遗传算法的学者所瞩目。

1991年，Davis编辑出版了《遗传算法手册》(Handbook of Genetic Algorithm)一书，书中包括了遗传算法在科学计算、工程技术和社会经济中的大量应用实例。这本书为推广和普及遗传算法的应用起到了重要的指导作用。

1992年，Koza将遗传算法应用于计算机程序的优化设计及自动生成，提出了遗传编程(Genetic Programming，简称GP)的概念。他成功地把他提出的遗传编程的方法应用于人工智能、机器学习、符号处理等方面。

从此，遗传算法迎来了兴盛发展时期，无论是理论研究还是应用研究都成了十分热门的课题，尤其是遗传算法的应用研究显得格外活跃。不但它的应用领域开始扩大，而且利用遗传算法进行优化和规则学习的能力也得到显著提高；同时，在产业应用方面的研究也在摸索之中。此外，一些新的理论和方法在应用研究中得到了迅速的发展。

由于遗传算法能有效地求解属于NPC类型的组合优化问题及非线性多模型、多目标的函数优化问题，从而得到了多学科的广泛重视。一些学者也认识到求解复杂问题最优解是不现实的，故而寻求满意解，而遗传算法是最佳工具之一。生物进化的历史比任何数学证明都更加有力，问题是遗传算法在吸收遗传学进化论及分子生物学最新成果和在实验得到证明和证伪的同时，其本身也在进化。

2. 遗传算法的特点

遗传算法是具有“生成＋检测”(Generate-and-Test)的迭代过程的搜索方法。生物的进化过程主要是通过染色体之间的交叉和变异来完成的。与此相应，遗传算法中最优解的搜索过程也模仿生物的这种进化过程，使用所谓的遗传算子(Genetic Operators)作用于群体中，进行下述遗传操作，从而得到新一代群体。

选择(Selection)：根据各个个体的适应度，按照一定的规则，从第t代群体$P(t)$中选择出一些优良的个体遗传到下一代群体 $P(t+l)$中。

交叉(Crossover):将群体 $P(t)$内的各个个体随机搭配成对,对每一对个体,以某个概率(称为交叉概率,Crossover Rate)交换它们之间的部分染色体。

变异(Mutation):对群体 $P(t)$中的每一个个体,以某一概率(称为变异概率,Mutation Rate)改变某一个或某一些基因座上的基因值为其他的等位基因。

遗传算法的特点可以从它和传统的搜索方法的对比,以及分析它和若干搜索方法与自律分布系统的亲近关系充分体现出来。

(1)遗传算法和其他传统搜索方法的对比

解析法是常用的搜索方法之一。它通常是通过求解使目标函数梯度为零的一组非线性方程来进行搜索的。一般而言,若目标函数连续可微,解的空间方程比较简单,解析法还是可以用的。但是,若方程的变量有几十或几百时,它就无能为力了。爬山法也是常用的搜索方法,它和解析法一样都是属于寻找局部最优解的方法。对于爬山法,只有在更好的解位于当前解附近的前提下,才能继续向最优解搜索。显然这种方法对于具有单峰分布性质的解空间才能进行行之有效的搜索,并得到最优解。

另一种典型的搜索方法是穷举法。该方法简单易行,即在一个连续有限搜索空间或离散无限搜索空间中,计算空间中每个点的目标函数,且每次计算一次。显然,这种方法效率太低而鲁棒性不强。许多实际问题所对应的搜索空间都很大,不允许一点一点地慢慢求解。

随机搜索方法比起上述搜索方法有所改进,是一种常用的方法,但它的搜索效率依然不高。一般而言,只有解在搜索空间中形成紧致分布时,它的搜索才有效。但这一条件在实际应用中难以满足。这里必须把随机搜索(Random Search)方法和随机化技术(Randomized Technique)区分开来。遗传算法就是一个利用随机化技术来指导对一个被编码的参数空间进行高效搜索的方法。而另一个搜索方法——模拟退火(Simulated Annealing)方法也是利用随机化技术来指导对于最小能量状态的搜索。因此,随机化搜索技术并不意味着无方向搜索,这一点与随机搜索是有所不同的。

前述的几种传统的搜索方法虽然鲁棒性不强,但这些方法在一定的条件下,尤其是将它们混合使用时效果较好。当面临更为复杂的问题时,必须采用像遗传算法这样更好的方法。

遗传算法具有十分顽强的鲁棒性,这是因为比起普通的优化搜索方法,它采用许多独特的方法和技术。主要有以下几个方面:

①对问题的编码(染色体)群进行进化。传统的优化算法往往直接利用决策变量的实际值本身来进行优化计算,但遗传算法需要将优化问题的参数编码成长度有限、代码集有限(一般为{0, 1})的串。遗传算法在求解问题的决定因素和控制参数的编码串上进行操作,从中找出高适应值的串,而不是对函数和它们的控制参数直接操作。使得在优化计算过程中可以借鉴生物学中染色体和基因等概念,模仿自然界中生物的遗传和进化等机理,可以方便地应用遗传操作算子。特别是对一些无数值概念或很难有数值概念,而只有代码概念的优化问题,编码方式更显示出了其独特的优越性。另外,遗传算法在处理离散变量也显示出了非凡的能力。所以用传统方法很难求解的问题,遗传算法都能处理。

②从问题解的码串集开始搜索。在最优化问题中，传统的方法往往是从解空间一个初始点开始向最优解的迭代搜索过程。如登山法，若一个细微变动能改善质量，则沿该方向前进，否则取相反方向。然而，复杂问题会使解空间中出现若干局部最优解，传统的方法很容易限于局部最优解而停滞不前，而遗传算法同时从由很多个体所组成的一个初始群体开始搜索，对这个群体进行选择、交叉、变异等运算，以产生出新一代的群体，其中包括了很多群体信息。更形象地说，遗传算法是并行地爬多个峰。这一点使遗传算法具有较好的全局搜索性能，大大减少了陷入局部解的风险。

③使用对象函数值(即适应值)进行搜索。传统搜索算法不仅需要利用目标函数值，而且往往需要目标函数的导数值等其他一些辅助信息才能确定搜索方向，当这些信息不存在时，算法就无效了。而遗传算法仅使用由目标函数变换来的适应度函数值，就可确定进一步的搜索方向和搜索范围，无需其他一些辅助信息。需要着重提出的是，遗传算法的适应度函数不仅不受连续可微的约束，而且其定义域可以任意设定。对适应度函数唯一的要求是，对于输入可计算出加以比较的正的输出。这个特性对很多无法或很难求导数的函数，或导数不存在的函数的优化问题，以及组合优化问题等，应用遗传算法就显得比较方便。另外，直接利用目标函数值或个体适应度，也可以把搜索范围集中到适应度较高的部分搜索空间中，从而提高了搜索效率。

④复制、交叉、变异算子都是概率操作，利用了概率搜索技术。很多传统的优化算法往往是确定性的。从一个搜索点到另一个搜索点的转移有确定的转移方法和转移关系，这种确定性往往可能使得搜索永远达不到最优点，因而限制了算法的应用范围。而遗传算法属于一种自适应概率搜索技术，其复制、交叉、变异等运算都是以一种概率的方式来进行的，从而增加了其搜索过程的灵活性。

⑤隐含并行性。串 11011001 是 11＊＊＊＊＊＊(＊代表 0 或 1)区域的成员，它同时属于 1＊＊＊＊＊＊1 和＊＊0＊＊00＊等区域。对于那些较大的区域，也就是含有许多不确定位的区域，群体中属于该区域的码串较多。所以遗传算法在搜索空间里使用相对少的串，就可以检验表示数量极大的区域，即隐含并行性(Implicit Parallelism)。它是遗传算法优于其他求解过程的关键所在。另外，遗传算法的隐含并行性还有助于处理非线性问题。

⑥搜索复杂区域。遗传算法最善于搜索复杂地区，从中找出期望值高的区域。但在求解简单问题时效率并不高。正如遗传算法创始人 John Holland 所指出的：如果只对几个变量做微小的改动就能进一步改进解，则最好使用一些更普通的方法，来为遗传算法“助一臂之力”。

上述具有特色的技术和方法使得遗传算法使用简单，鲁棒性强，易于并行化，从而应用范围甚广。

(2)遗传算法和若干搜索方法的亲近关系

从更高的层次来观察遗传算法，不难发现它和若干搜索方法有着明显的亲近关系。分析这些关系可以从另一个侧面更深入地了解遗传算法的特点。

①遗传算法和射束搜索(Beam Search)方法。射束搜速方法是为了抑制搜索空间计算量的组合爆炸而提出的一种搜索方法。该方法预先把射束幅度定义为一个长度为 N 的开放表，在搜索过程中仅维持 N 个最优节点，其他节点一律舍去。通过搜索，若发现有新的更好的节点，则用开放表中最差的节点替换掉。该搜索过程和遗传算法有一定的相似性。遗传算法中

的“群体大小”相当于射束搜索中的“射束幅度”。

②遗传算法和单纯方法(Simplex Method)。单纯方法是一种直接搜索方法。它把目标函数值排序加以利用。这样,由多个端点形成的单路就可对应山的形状,然后进行爬山搜索。它的基本操作是反射操作,且反复进行。这十分类似于遗传算法中的“交叉”操作。同时单纯方法中形成单路的端点数相当于遗传算法中的群体大小。显然,单纯方法和遗传算法在利用多点信息的全局处理上是有共同点的。

③遗传算法和模拟退火法。模拟退火的最大特点是搜索中可以摆脱局部解,这是传统爬山法所不具备的。遗传算法中的“选择”操作是根据各个体的适应度有关的概率来进行的。因此,即使是适应度低的个体也会有被选择的机会,在这一点上它同模拟退火法十分相似。显然,通过在搜索过程中动态地控制选择概率,遗传算法可以实现模拟退火中的温度控制功能。

(3)遗传算法和自律分布系统的亲近关系

所谓自律分布系统是指众多的自主分布的个体或要素,通过个体间或个体与环境间的相互作用,在群体内形成一定的秩序,并由此实现全局目标且能灵活适应环境变化。作为自律分布系统应满足如下基本条件:①个体的自律性;②个体间相互作用的非确定性;③秩序的形成;④对环境变化的适应性。在遗传算法中,个体是由具有自律性的染色体来定义特征的。遗传算法中的本质操作——交叉操作,具有非确定性的相互作用。遗传算法淘汰不适应环境的个体,保留或生成能很好适应环境的个体,这种基于适应度最优的评价规范可在群体内形成秩序。同时,遗传算法通过维持群体内个体的多样性使其具有潜在的适应环境变化的能力。因此,遗传算法具备作为自律分布系统的基本条件和特征。

第二节　斜拉桥拉索病害

为了解国内及重庆地区斜拉桥拉索腐蚀现状、腐蚀规律及腐蚀环境,以开展拉索腐蚀行为和使用寿命预测研究,共对188座斜拉桥拉索的腐蚀现状进行了调查。

一、斜拉桥拉索腐蚀现状调查研究

1.国内斜拉桥拉索腐蚀现状调查

在19座更换拉索桥梁中,有两座是20世纪70年代建的,占换索桥梁的10.5%;有12座是20世纪80年代建的,占换索桥梁的63.2%;有5座是20世纪90年代建的,占换索桥梁的26.3%。

调查发现,国内采用现场制索的斜拉桥不多,但有两座现场制索桥梁分别在竣工后10年及20年后换索,表明现场制索难以保证拉索防护质量。

从表5-3中可以看出,PE护套失效及灌注水泥浆不密实导致腐蚀介质与钢丝接触是钢丝腐蚀的主要原因。

从地域上看,斜拉桥拉索更换拉索主要集中在广东广州市周边地区、广西南宁市周边地区及重庆周边地区,占全部换索桥梁的63.2%。其主要原因是,这些地区大气及降水含有较强的腐蚀成分。如广州周边地区受海洋性气候影响明显,空气中含腐蚀性 Cl^- 离子等成分较多;

而重庆地区气候湿热，是中国酸雨重点控制地区。

2. 重庆地区斜拉桥拉索使用状况调查

1)重庆地区斜拉桥现状

重庆地区已建和在建斜拉桥共16座，为全国单个城市中斜拉桥数量之最，表5-4详细列出了桥梁名称、用途、桥梁主跨跨径、主梁结构、桥梁竣工时间、桥梁拉索钢丝形式及拉索防护形式。

重庆地区斜拉桥一览表　　表5-4

项目	名　称	主跨(m)	用途	主梁	建成年份	拉索结构	锚头类型	防护形式	备　注
1	重庆交通学院桥	27	人行	玻璃钢	1986	GRP/CM		PU	已改为梁桥，拆除拉索
2	重庆石门大桥	230	城市	PC	1988	302ϕ5	冷铸墩头锚	氯硫化聚乙烯硫化胶套，镀锌钢丝(日本进口)	2005年换索，ϕ7镀锌丝、热挤PE套
3	重庆长江二桥	444	城市	PC	1996	ϕ7	LM7冷铸锚	镀锌丝、热挤PE套	双塔双索面
4	重庆涪陵长江大桥	330	公路	PC	1997	ϕ7	冷铸墩头锚	镀锌丝、热挤PE套	双索面双塔、悬浮体系
5	重庆马桑溪长江大桥	360	公路	PC	2001	平行钢绞线体系	夹片锚	单根钢绞线防护，拉索整束防护	三跨双塔、飘浮体系
6	重庆大佛寺长江大桥	450	公路	PC	2002	ϕ7	冷铸墩头锚	镀锌丝、热挤PE套	双塔双索面飘浮体系
7	重庆地维长江大桥	345	公路	PC	2004	ϕ7	冷铸墩头锚	镀锌丝、热挤PE套	双塔双索面
8	重庆奉节长江大桥	460	公路	PC	2005	ϕ7	冷铸墩头锚	镀锌丝、外挤双层PE	双塔双索面、半飘浮体系
9	重庆市云阳长江大桥	318	公路	PC	2006	ϕ7	冷铸墩头锚	镀锌丝、热挤PE套	子母斜拉桥型
10	重庆涪陵长江三桥	320	公路	PC	2007	ϕ7	冷铸墩头锚	镀锌丝、热挤PE套	双塔飘浮体系、异型斜拉桥
11	重庆李渡长江大桥	398	城市	混凝土	2007	ϕ7	冷铸墩头锚	镀锌丝，设双层PE护套防护	三跨双塔双索面飘浮体系斜拉桥
12	重庆彭溪河大桥	316	公路	PC	2007	ϕ7	冷铸墩头锚	镀锌丝、热挤PE套	双塔斜拉桥
13	重庆涪陵乌江二桥	340	公路	PC	2008	ϕ7	冷铸墩头锚	镀锌丝、热挤PE套	高低塔不对称单索面斜拉桥
14	重庆忠县长江大桥	450	公路	PC	2008	ϕ7	冷铸墩头锚	镀锌丝、热挤PE套	双塔斜拉桥

续上表

项目	名　称	主跨(m)	用途	主梁	建成年份	拉索结构	锚头类型	防护形式	备　注
15	重庆长寿长江大桥	450	公路	PC	2008	$\phi 7$	冷铸墩头锚	镀锌丝、热挤PE套	混凝土双塔斜拉桥
16	重庆江津观音岩长江大桥	436	公路	叠合梁	2009	$\phi 7$	冷铸墩头锚	镀锌丝、热挤PE套	双塔钢筋混凝土叠合梁斜拉桥

重庆市云阳长江大桥是拆除原1975年竣工的四川云阳斜拉桥后建造的；1988年竣工的重庆石门大桥在2005年换了部分拉索；1986年竣工的重庆交通大学人行桥，拉索结构为GRP，已经转成梁桥，拉索已被拆除。其余13座中有两座是20世纪90年代建造的，占全部的12.5%；11座为进入21世纪后建造的，占全部的68.8%。

重庆石门大桥在2005年换了部分拉索后，现在拉索防护体系为热挤PE镀锌钢丝；15座在役或在建斜拉桥中有14座拉索防护体系为热挤PE镀锌钢丝，占93.3%。因此，研究防护体系为热挤PE+镀锌钢丝的斜拉桥拉索腐蚀行为，就能掌握重庆大部分斜拉桥拉索的腐蚀状况。

石门大桥是国内首座采用平行镀锌高强钢丝索的斜拉桥，防护体系为钢丝镀锌层+环氧树脂填充+氯硫化聚乙烯硫化胶套，其腐蚀规律具有普遍性，对其他斜拉桥的拉索检测、防护及寿命预测具有一定借鉴意义。

原四川云阳斜拉桥因拉索腐蚀不能更换已被爆破拆除，重庆石门大桥仅用17年也已换索，拉索远没有达到原设计的使用寿命，这对于近几年大量兴建的斜拉桥来说不能不说是一个严峻的挑战，因此，研究重庆地区斜拉桥拉索腐蚀行为是极其紧迫的课题。

2)重庆地区斜拉桥腐蚀环境调查研究

(1)酸雨

“酸雨”一词最早是由英国化学家史密斯于1872年提出的。现在酸雨通常是指pH值小于5.6的降水，包括雨、雾、露、雪等各种降水。酸雨的成分很复杂，其中酸的主要成分是硫酸(包括亚硫酸)和硝酸，它们是由污染气体二氧化硫和氮氧化物等转化而来的。大气中的SO_2和NO_x经氧化后溶于水形成硫酸、硝酸和亚硝酸，是造成降水pH值降低的主要原因。

重庆是我国的一个重要老工业城市，由于其能源消耗巨大，工艺技术陈旧，而能源消耗中又以高硫高灰煤为主(煤的含硫量平均为4.0%～4.5%)，因此空气污染严重。

重庆地处四川盆地东部，东及东北临大巴山，南及东南靠贵州高原，三面闭合，其特殊的地形和气象条件对大气污染物的扩散十分不利。重庆的山地面积占总面积的60%，丘陵占30%，常年平均风速0.9～2.1m/s，且静风和微风频率全年大于50%，逆温天气多达80%。该地区的大气稳定度主要以中性为主，全年频率为67%，冬季达75%。如此稳定的大气结构使重庆的大气环境容量先天不足，排放的污染物在区内起伏跌宕，重庆市独特的气象地理条件，使得排出的SO_2，难以扩散，从而使重庆成为我国西南地区的酸雨中心地带，是国家双控(控制

SO_2)和酸雨重点区。

表5-5为1990～2002年重庆市降水监测结果。1990～2002年间酸雨pH平均值为4.42，酸雨平均出现频率为59.7%，即两场降水就有一次为酸雨。

1990～2002年重庆市降水监测结果 表5-5

年份	降水pH均值	酸雨pH值	酸雨频率(%)
1990	4.29	4.18	75.9
1991	4.45	4.35	78.9
1992	4.43	4.31	71.2
1993	4.47	4.38	79.5
1994	4.70	4.55	70.5
1995	4.75	4.30	62.4
1996	4.61	4.50	60.5
1997	4.81	4.45	60.1
1998	4.88	4.59	45.9
1999	4.88	4.45	43.8
2000	4.66	4.40	42.6
2001	4.81	4.38	41.2
2002	4.89	4.67	43.6
均值	4.66	4.42	59.70

进一步研究表明，硫酸和硝酸是重庆市降水化学中酸性的主要提供者。1996～2002年的监测数据显示，降水中阴离子主要成分是SO_4^{2-}，占阴离子总量的80%，其次为NO_3^-；阳离子主要成分是Ca^{2+}和NH_4^+，占阳离子总数的86%。降水酸度主要是由SO_4^{2-}和以上两种离子及H^+综合作用的结果，SO_4^{2-}所占比例最大，属典型的硫酸型酸雨。

表5-6为重庆市降水离子组成及其浓度平均值，表5-7为重庆市降水及酸雨年均pH值。

重庆市降水离子组成及其浓度 表5-6

浓度 年份	离子浓度(mg/L)								
	SO_4^{2-}	NO_3^-	NH_4^+	Ca^{2+}	Mg^{2+}	Cl^-	K^+	Na^+	F^-
2001	23.840	3.470	3.690	8.740	0.690	2.980	1.050	0.520	0.370
2002	15.630	2.860	3.440	4.720	0.250	1.610	0.670	0.340	0.280
2003	16.760	3.040	2.450	4.130	0.190	1.340	0.700	0.370	0.320
2004	18.310	2.670	2.490	4.200	0.240	1.360	0.950	0.460	0.250
2005	18.790	3.600	2.780	4.490	0.330	1.160	0.840	0.560	0.390

重庆市降水及酸雨年均pH值 表5-7

年份	降水年均pH值	酸雨年均pH值	年份	降水年均pH值	酸雨年均pH值
2001	5.06	4.60	2004	4.84	4.43
2002	5.10	4.75	2005	4.83	4.53
2003	5.27	4.68			

(2)酸雾

重庆是我国有名的雾都,每年大雾日数居各大中城市之冠。统计表明,从1951～2001年,重庆共有2 916个雾日,平均每6.25d就出现一次雾。20世纪80年代的监测表明,全市酸雾pH平均值为4.39;市区最低值达到2.98。2003年外场观测期间主城区雾水pH值变化范围为4.05～5.20,呈酸性;近郊区雾水pH值变化范围为3.81～6.29,呈弱酸性。重庆市雾水的酸化类型以硫酸型为主,其次是盐酸型和硝酸型。

酸雾雾滴的酸性比酸雨强得多,因此它对城市建筑物、金属、文物古迹等的腐蚀也强得多。而且,酸雾比酸雨更难防,因为酸雨还可以遮挡,但酸雾却“无孔不入”。

酸雨及酸雾对建筑材料的腐蚀影响严重,南京长江大桥维修周期为5年,重庆嘉陵江大桥,每年均需涂漆;南京电视塔10年维修一次,重庆电视塔每年维修一次;南京公共汽车车厢铁外壳3年有锈痕,重庆市的车厢铁外壳一年就蚀穿。

(3)温度

大气温度及其变化是影响大气腐蚀的重要因素,因为它影响金属表面水蒸气的凝聚、水膜中各种腐蚀气体和盐类的溶解度、水膜中的电阻以及腐蚀电化学反应速度。按一般化学反应,温度每升高10℃,反应速度增高一倍;所以在湿热带或雨季,大气腐蚀严重。

表5-8为重庆市年大气温度值。重庆市年平均气温在16～19℃,长江河谷的巴南、綦江、云阳等地可达18.5℃以上,东南部的黔江、酉阳等地在14～16℃,东北部海拔较高的城口仅13.7℃,最热月份平均气温在26～29℃,最冷月平均气温为4～8℃,采用候温法可以明显地划分四季。

重庆市大气温度　　表5-8

年　份	年平均气温(℃)	全年极端最低气温(℃)	全年极端最高气温(℃)
2001	18.2	−2.1	42.6
2002	19.0	−5.1	41.2
2003	18.0	−4.3	42.8
2004	16.4	−7.1	42.3
2005	17.6	−6.5	40.8

重庆市地处四川盆地东南部,由于特殊的地理地形条件,形成了夏季“高温、高湿、少风”的特点,使其高温酷暑尤为突出,对斜拉桥拉索导致的腐蚀是致命的。

(4)湿度

大气腐蚀是一种发生在液膜下的电化学反应,空气中水分在金属表面凝聚而生成水膜和空气中的氧气通过水膜抵达金属表面,是发生大气腐蚀的基本条件。水膜的形成与大气的相对湿度有关,故空气中相对湿度是影响大气腐蚀的主要因素之一。不同物质或同一物质的同表面状态,对于大气中水分的吸附能力不同,形成水膜所需相对湿度条件也不同。金属表面形成水膜所需相对湿度的最低值称为腐蚀临界湿度值。大气中相对湿度超过该金属的腐蚀临界相对湿度值后,大气腐蚀随相对湿度值增大而明显加速。铁、锌的腐蚀临界相对湿度值大致为65%、70%。

表 5-9 为重庆市年大气湿度值。重庆市气候属亚热带季风性湿润气候，在全国属高湿区，年平均相对湿度多在 70％～80％，其湿度高于铁、锌的腐蚀临界相对湿度值。

重庆市大气湿度 表 5-9

年 份	全年平均相对湿度(％)	最低月平均相对湿度(％)	最高月平均相对湿度(％)
2001	79.0	72.5	84.2
2002	82.4	70.8	88.7
2003	81.0	73.6	85.2
2004	78.9	71.2	86.6
2005	80.0	70.0	84.5

(5)大气污染物

污染物质中的硫化物在材料表面与水分作用，产生硫酸、亚硫酸这些酸性物质，降低了薄液膜的 pH 值，从而加速材料的腐蚀；氮化物会形成硝酸、亚硝酸等腐蚀性很强的成分，也会降低薄液膜的 pH 值，而加速材料的腐蚀；大气悬浮微粒物(TSD)溶解在薄液膜中而成为腐蚀性介质或形成局部腐蚀通道，也会加速材料的腐蚀。

表 5-10 为重庆市从 2001～2005 年大气污染物组成及浓度表。重庆市特定的腐蚀环境，将使重庆地区斜拉桥拉索面临严峻的耐久性考验。重庆地区斜拉桥数量多，拉索的耐久性直接影响到斜拉桥的使用寿命，但重庆地区拉索腐蚀形式和速率与其他地区有较大的区别，因此，针对重庆地区特定的腐蚀环境研究斜拉桥拉索腐蚀耐久性是迫切的。

重庆市大气污染物组成及浓度 表 5-10

年 份	SO_2年日均浓度(mg/m^3)	NO_x年日均浓度(mg/m^3)	TSD(mg/m^3)
2001	0.108	0.044	0.149
2002	0.091	0.038	0.152
2003	0.115	0.046	0.147
2004	0.113	0.067	0.142
2005	0.073	0.048	0.120

3.斜拉桥拉索现有的防腐蚀机理及技术特点分析

在斜拉桥拉索防腐体系的发展历程中，采用涂黄油后缠包玻璃布然后加三层环氧树脂缠绕玻璃丝布防护方案的四川三台涪江桥，由于拉索腐蚀且不能更换，已爆破拆除，而采用同样防护体系的上海柳港桥的拉索至今仍在正常使用。采用现场铝皮套管或 PE 压注水泥浆的防腐工艺方案的斜拉索受到灌浆工艺的限制，由于水泥浆的收缩和活载应力将使水泥浆断层而失效，同时由于拉索上段水泥浆体长时间的不凝结、不饱满及灌浆过程中产生气泡，从而产生微电池原理的电化学腐蚀，也是导致该防护体系拉索钢丝腐蚀的关键所在。采用该防腐体系的桥梁有山东济南黄河桥、南海西樵山桥、南海九江桥、重庆石门桥和广州的海印桥。大多建于 20 世纪 80～90 年代的采用热挤 PE 防腐体系斜拉桥的桥梁在使用不久后就出现不同程度的 PE 护套开裂和 PE 老化问题，严重地影响了桥梁的承载力和安全性，从而不得不以换索的形式来保证大桥的安全使用，换索最早的桥使用至今仅 6 年左右。拉索防护技术发展过程如图 5-1所示。

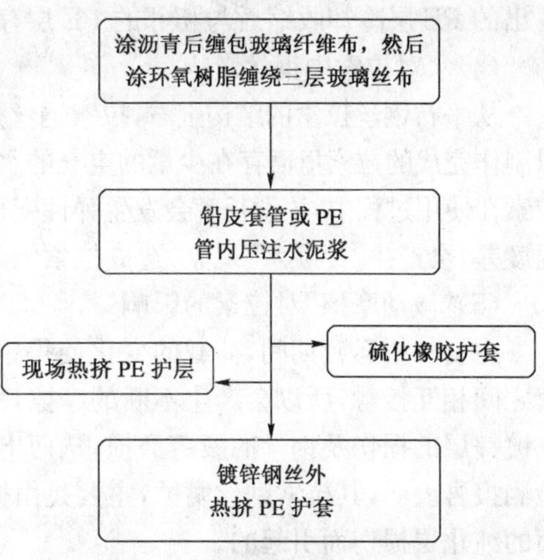

图 5-1　拉索防护技术发展过程

目前采用的工厂化热挤高密度聚乙烯(HDPE)防护套为核心的斜拉索防腐体系，其组成结构及实物照片见图 5-2 及图 5-3。该防腐体系较之以前各种类型的防腐体系有了根本性的改进，但由于目前的拉索本身防腐体系是依靠镀锌钢丝的镀锌层和 PE 护层来共同保证的，故此防护体系还存在若干问题。

(1)钢丝镀锌层

据有关资料介绍，以 400g/m^2 计镀锌层的估计寿命为 21 年，目前拉索所用钢丝镀锌层以 300g/m^2 为控制的，其估计寿命要少于 20 年。对镀锌防护这个寿命的前提是镀锌层是完好的，但实际从镀锌钢丝从厂家出库到完成成品索制作，中间有多道工序，难免造成部分镀锌钢丝镀锌层的损伤，一旦斜拉索 PE 受损造成水气进入，靠钢丝的镀锌层是无法保障的。

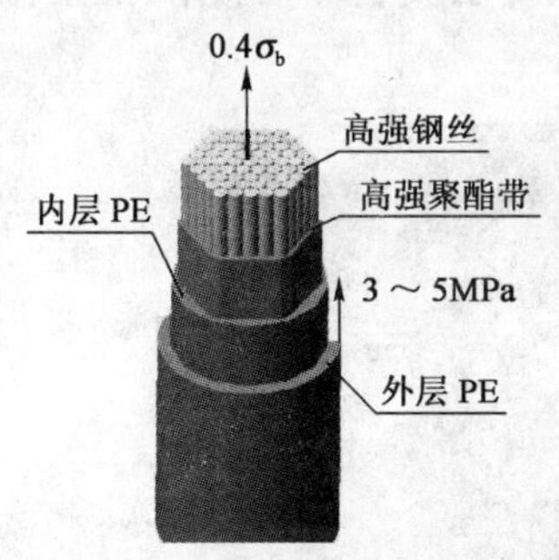

图 5-2　热挤高密度聚乙烯(HDPE)拉索断面

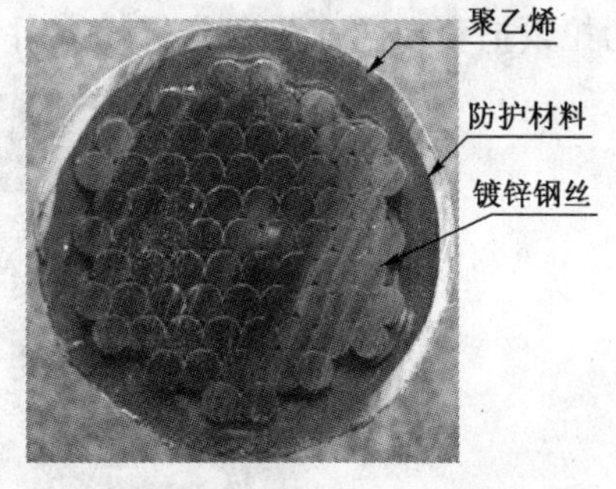

图 5-3　热挤高密度聚乙烯(HDPE)拉索断面照片

(2)高密度聚乙烯(HDPE)护套

目前大量采用的 PE 护层，按照试验数据来推断，在大气中的防腐寿命一般为 25 年左右，但对 PE 护层来说这个推断寿命指的是材料本身的防老化寿命，若在使用过程中特别是在施工中不可避免的损伤，甚至留下伤痕导致 PE 护套有裂缝等缺陷，则这个估计寿命对拉索的防腐评价就失去意义了。同时，不同的 PE 具有不同的性能，适用于不同的使用环境，大多数桥梁选用的 PE 性能和实际使用环境不符合，这也是桥梁在使用不久后就发生 PE 护套老化开裂的主要原因。

(3)运输、施工、维修中可能造成对拉索破坏

由于斜拉索在工厂内制作完成还需要经过一系列的运输、吊装，容易造成 HDPE 防护层损伤，如果不及时发现修补，会对拉索使用寿命造成隐患。从国内拉索施工来看，缺少专业的索结构施工队伍，在施工时没有对索采取必要的保护措施，有的甚至在地面上对索进行强硬拖拉，势必造成拉索护套损伤，严重是护套裂开甚至钢丝外露；挂上的拉索不能及时检修，在环境和荷载的作用下，造成缺陷和损伤部位的扩大。同时，修复是需要对破损处进行局部加热，修

复出的 PE 层冷却收缩后与相邻的 PE 层存在内应力，也造成了该处 PE 使用寿命的缩短。

(4)水对拉索中钢丝影响

从平行钢丝拉索的结构上看，拉索钢丝是由多根钢丝排列而成，钢丝之间必然存在空隙，所以制作完成的拉索里面存在少量的空气的水蒸气成分，会从内部对钢丝造成一定的腐蚀。同时，拉索在使用过程中，拉索长度会发生弹性变化，使空气在钢丝间隙流通，由于 PE 护套内外存在温度差，会产生“冷凝水”现象，造成拉索钢丝内部积水，这都为内部钢丝的腐蚀创造了条件。

(5)“微动摩擦”对拉索的影响

在斜拉桥运营期间，荷载的变化使得钢丝发生变形、振动，由于钢丝之间及钢丝和 PE 护套之间相互接触，所以会产生不断的摩擦，称“微动摩擦”。如此长期作用下，可能造成拉索钢丝镀锌层的损伤及钢丝的疲劳磨损，从而出现性能降低甚至断丝现象。犍为岷江大桥斜拉索检测报告表明，其拉索钢丝腐蚀，主要是由微动摩擦作用造成镀锌钢丝的镀锌层破坏和钢丝表面的纯化层损伤而引起的。

4. 斜拉桥拉索防护失效及腐蚀特征调查研究

1)拉索护套损伤及防护失效

图 5-4a)为拉索护套施工损伤，损伤处拉索护套老化开裂；图 5-4b)为拉索护套人为划伤开裂，已能看到索体钢丝，防护性能已失效；图 5-4c)为拉索外层玻璃纤维剥落，灌浆孔出露；图 5-4d)为拉索护套在温度及疲劳荷载作用下开裂。

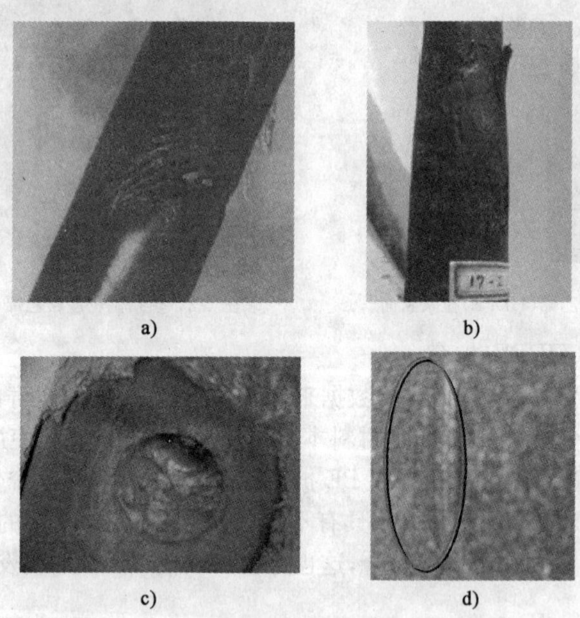

图 5-4 拉索护套失效形式

2)拉索上下锚头防护失效

图 5-5a)为拉索护套与上下锚具交接处存在裂隙，雨水及潮湿空气进入，雨水从上锚头往下渗透；图 5-5b)为拉索锚头处护套玻璃纤维损伤，空气和降水可以直接进入锚头，防护失效；图 5-5c)为密封环和连接筒连接不紧密；图 5-5d)拉索护套与拉索下锚头护套连接处长期处于干湿状态，导致此处拉索护套老化，在疲劳及应力多种外因作用下容易损伤开裂。

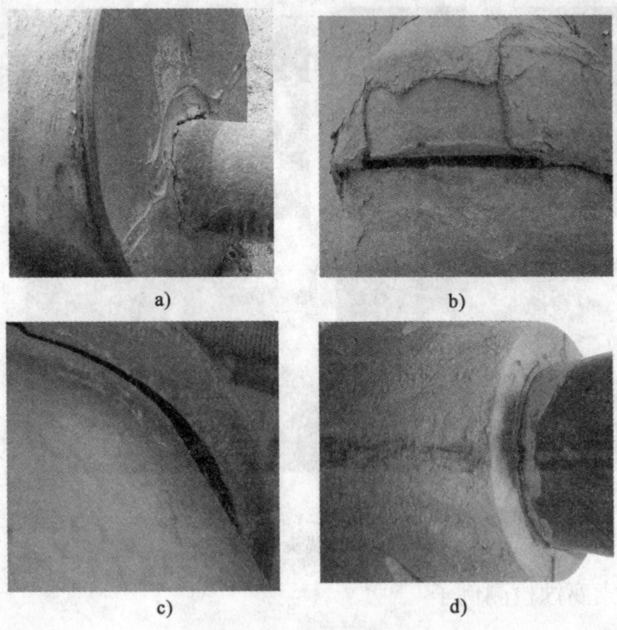
图 5-5　锚头防护失效形式

3)拉索钢丝腐蚀的形貌

图 5-6a)为剥开的腐蚀拉索形貌,浮锈为红褐色;图 5-6b)为拉索钢丝初期腐蚀形貌,蚀坑为红褐色,月牙状及接近圆状;图 5-6c)为拉索钢丝后期腐蚀形貌,蚀坑为浅碟状及片状,蚀坑接近黑褐色;图 5-6d)拉索钢丝腐蚀呈碳化状,钢丝截面损失严重。

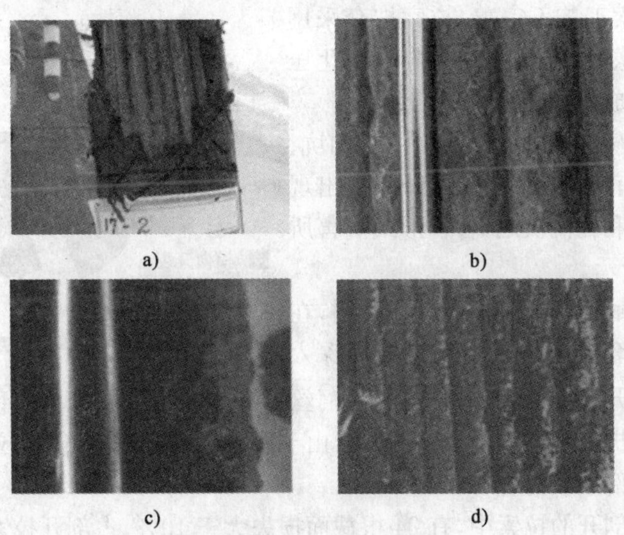
图 5-6　拉索钢丝腐蚀形貌

值得注意的是,调查中发现,凡拉索护套破损的拉索钢丝均已发生腐蚀。

4)拉索锚头的腐蚀形貌

图 5-7a)为钢丝墩头处腐蚀;图 5-7b)为墩头及锚板腐蚀;图 5-7c)为锚板腐蚀,图中所表示最大蚀坑深度达到 0.8mm,引起局部应力集中;图 5-7d)为锚头处拉索在腐蚀和疲劳联合作用下断丝。

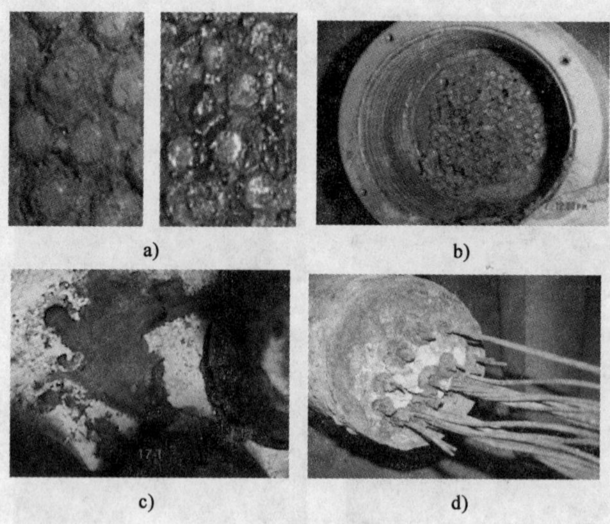

图 5-7 拉索锚头腐蚀形貌

5)两座斜拉桥拉索腐蚀检测例子

(1)重庆石门大桥

同济大学桥梁工程系于 2004 年 9 月～11 月对嘉陵江石门大桥斜拉索及锚头进行了病害检测与分析评估研究。

石门大桥是国内最早采用镀锌高强钢丝和冷铸镦头工艺的斜拉桥。该桥拉索为工地制索,因此没有采用绞扭工艺,为防钢丝松散导致受力不均,在索体上每隔 0.5m 捆扎了一道细铁丝。由于当时制索工艺不完善,拉索护套采用的是氯磺化聚乙烯橡胶,施工工艺为分段硫化压模成型,而不是现在成熟的热挤成型工艺。

检测表明,护套病害表现为开裂、孔洞、凹坑、龟裂等形式。在所有破损形式中,纵向开裂出现最为频繁,横向开裂和孔洞次之,各种形式病害所占的比例如图 5-8 所示。

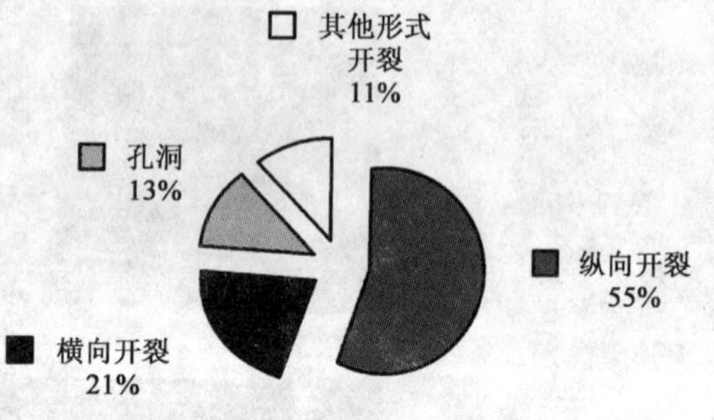

图 5-8 拉索护套失效形式比例

对石门大桥拉索病害进行深入检测表明,在拉索完好部分,其护套与钢丝密贴相连,橡胶深入钢丝缝隙,用刀具割开护套后,不易将橡胶与钢丝分离。在拉索腐蚀严重部位,由于钢丝腐蚀生成物膨胀,将拉索护套推离钢丝表面,同时,由于腐蚀物较为松散,使得拉索护套橡胶和拉索钢丝之间存在空隙,剖索较为容易。

所有 80 根拉索剖开的拉索中,有 24 根截面损失大于 10%,占剖开拉索的 30%;其中两根断丝大于 2%,占剖开拉索的 2.5%。

(2)云南保山三达地怒江大桥

东南大学力学研究所于 2003 年 9 月～11 月承担了保山三达地怒江大桥锚具及高强钢丝腐蚀程度检测与安全评估项目。

斜拉索 PE 护套及高强钢丝检测利用目测和长焦距摄影,发现存在物理损伤划痕与裂痕

等病害,并分布于不同的拉索中。

拉索 PE 护套典型病害有:PE 护套与锚固端部密封连接处积渗水,护筒中拉索 PE 护套环向胀裂,拉索 PE 护套纵向龟裂;观察到多处 PE 护套老化严重,部分 PE 表面有深度裂纹,局部破损,破损部位可见锈迹,抽样剥离 PE 护套,直径 5mm 高强钢丝腐蚀深度不小于 0.4mm,最深处的凹坑接近 0.9mm。

对卸下的旧索进行检查,发现存在 PE 材料老化、裂纹深度达钢丝表面、PE 密度低、厚度不足、施工时的机械损伤和使用期间的人为损伤等多种情况。通过对旧索逐根进行检测,根据 PE 护套表面存在的病害情况,把 PE 护套的防护性能划分为 3 个等级:①较好:PE 护套表面无病害;②一般:PE 护套表面有微裂缝,但尚未看到索体钢丝;③较差:PE 护套表面老化、有裂缝,已能看到索体钢丝,防护性能已失效。其检查结果见表 5-11。

PE 护套检测结果 表 5-11

等 级	数量(根)	占总数比例(%)	等 级	数量(根)	占总数比例(%)
较好	54	47.37	较差	30	26.32
一般	30	26.32			

把高强钢丝腐蚀程度划分为 6 个等级:①一级:没有腐蚀,与新索一样;②二级:仅表面有轻微腐蚀;③三级:轻微麻坑;④四级:中度麻坑;⑤五级:严重麻坑;⑥六级:断丝。以上等级的划分均以每根拉索最不利截面为代表进行评定。通过对 114 根旧索进行检测后,各个等级所占的根数及比例见表 5-12。

拉索钢丝检测结果 表 5-12

等 级	数量(根)	占总数比例(%)	等 级	数量(根)	占总数比例(%)
一级	54	47.37	四级	8	7.02
二级	33	28.95	五级	3	2.63
三级	15	13.16	六级	1	0.88

上述调查工作的开展,为拉索腐蚀行为研究提供了丰富的数据。

5. 斜拉桥拉索腐蚀分布规律

(1)拉索截面腐蚀分布规律

对斜拉索进行外观调查时,开窗检查可以发现钢丝表面的腐蚀痕迹,但是,最严重的拉索钢丝腐蚀不一定发生在外层钢丝,最严重的腐蚀或断丝完全可能发生在内层钢丝。

上海恒丰路立交桥防护体系采用外包 PE 护套,内部灌注水泥浆。对换下的拉索进行检查时发现,最严重的腐蚀或断丝发生在内部,且腐蚀严重的钢丝分布极不规律,见图 5-9。

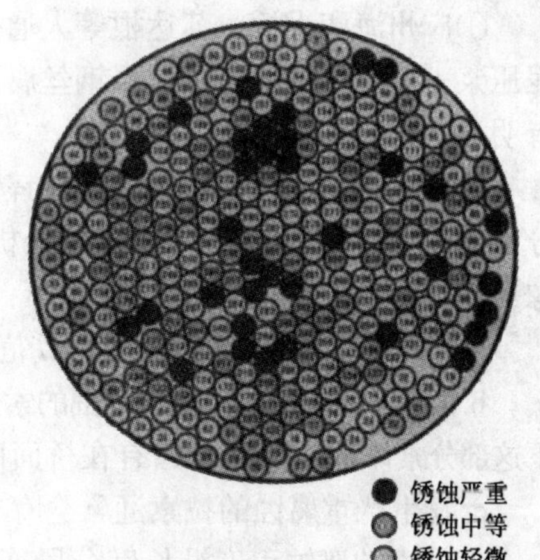

图 5-9 拉索截面腐蚀分布

石门大桥拉索防护采用氧硫化聚乙烯硫化胶套,检测索体的典型截面腐蚀分布云图如图 5-10 所示,图中颜色深浅代表钢丝腐蚀的程度,颜色越深表示钢丝腐蚀程度越高。

由图 5-10 可知，拉索外层钢丝腐蚀最为严重，腐蚀程度沿径向由外向内逐渐减轻，说明拉索腐蚀介质来自于索体外部，并逐步向内渗透。

为进一步研究截面腐蚀规律，令径向腐蚀比率 R 为：

$$R=\frac{C_n}{C_1}$$

式中：C_n——在径向上第 n 层钢丝的腐蚀程度；

C_1——在径向上表层钢丝的腐蚀程度。

研究人员统计截面腐蚀数据，并将各层钢丝径向腐蚀比率 R 的均值和标准差绘于图 5-11 中，得拟合公式为：

$$E(R_i)=i^{-0.165\,68}$$

$$\sigma(R_i)=0.278\,7i^{0.260\,9}$$

式中：i——钢丝所在第 i 层的编号。

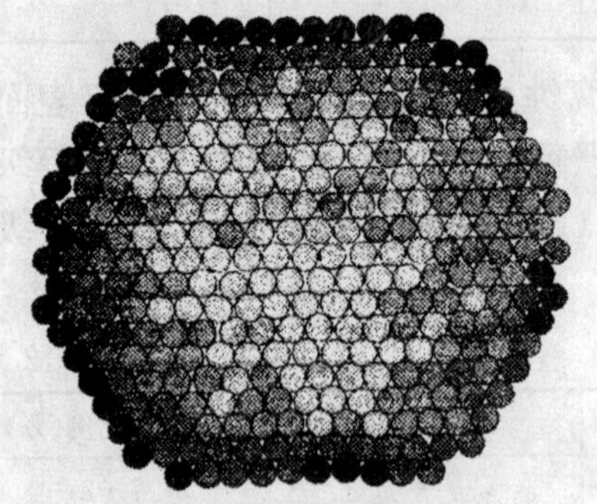

图 5-10　石门大桥拉索截面腐蚀分布规律

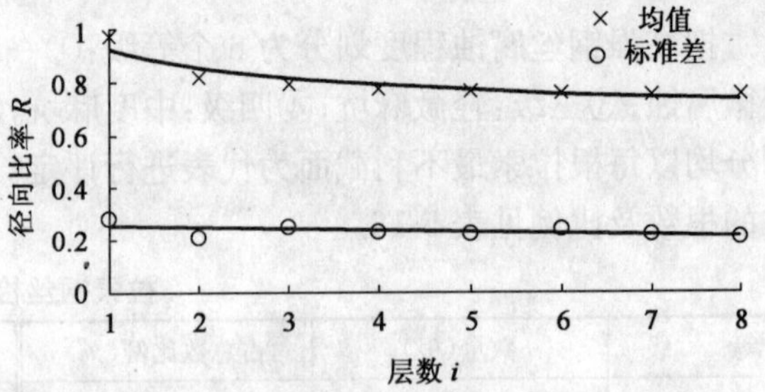

图 5-11　拉索截面径向腐蚀比率的均值和标准差

(2)拉索腐蚀沿长度分布规律

不同的拉索防护体系，拉索腐蚀沿长度分布相差较大。

①广州海印大桥。苏达根等人通过对海印大桥换下来的腐蚀拉索进行研究，发现 PE＋水泥压浆＋镀锌钢丝的防护体系钢丝腐蚀程度由下向上逐步增加，且与所压浆的水泥浆体状况有明显的对应关系。

②重庆石门大桥。石门大桥镀锌钢丝拉索护套采用的是氯磺化聚乙烯橡胶，施工工艺为分段硫化压模成型，徐俊等人通过分析石门大桥换索现场剖索时拍摄的拉索全长钢丝腐蚀录像可知，拉索沿长腐蚀分布规律如下：

a. 自拉索上锚头从上往下 10m 范围内的索体(大部分位于塔内)均没有发现腐蚀。

b. 自拉索下锚头往上 7m 范围的索体(大部分位于梁体内)，钢丝腐蚀情况也不严重。多数情况下这部分索体不出现腐蚀，只有在桥面以上 10m 范围内存在护套破损时，拉索才会出现腐蚀。

c. 发生严重腐蚀的拉索通常会存在一系列的严重腐蚀截面，甚至发生通长的腐蚀。

d. 拉索的腐蚀程度沿长度分段变化。在同一节段内，钢丝的腐蚀程度变化幅度不大，在两段之间，钢丝腐蚀程度快速变化。这一现象目前还无法解释。

e. 高强钢丝在扎丝位置腐蚀的程度比索体其他部位严重，这是由于扎丝阻挡了渗入护套内部的雨水流淌，使雨水聚积在扎丝附近，加速扎丝附近钢丝的腐蚀速率。

(3)拉索不同位置的腐蚀分布规律

石门大桥在检测中对拉索护套破损的数量进行了统计。图 5-12 所示为护套破损数量与拉索长度的对比关系图。显然，护套出现破损的概率是随着索长的增加而增加的。计算得出，索长与护套破损数量的相关系数为 $r=0.634$。查相关系数检验表，$|r|>T0.02$（$n-2$）$=0.345$，说明护套破损数量与拉索长度高度线性相关。

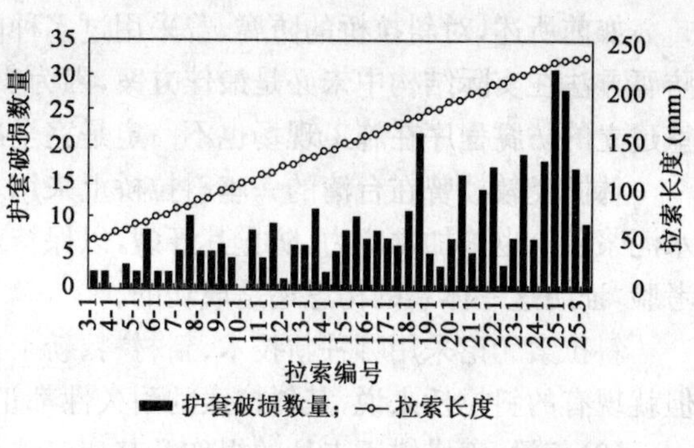

图 5-12　护套破损数量与拉索长度对应关系

长索较短索的病害多，主要原因如下：

①长索发生病害的概率比短索大，考虑单位长度拉索发生病害的概率相同，显然拉索越长，出现病害的数量也就越多；

②长索自重较大，运输和施工不便，受到意外损伤的机会较多；

③长索的频率低，振幅大，对振动较为敏感，尤其是风雨激振使拉索护套容易破损开裂。

二、斜拉桥换索及调索原因分析

斜拉桥是由主梁、塔柱和斜拉索组成的高次超静定体系，出于其跨越能力大、材料用量省、施工简便以及造型美观等优点，近 50 年其在世界范围内取得了飞跃发展。但是，斜拉桥本身存在的一些技术问题亟待改进和解决，主要有：斜拉桥抗风性能、抗震性能以及斜拉索的防腐性能的改善与提高。尤其斜拉索的防腐问题多年来一直困扰着工程界，拉索防护技术已成为制约斜拉桥发展的关键技术之一，这就使得斜拉桥换索成为必然。另外，对于运营多年的斜拉桥，受多种因素的影响，其线形和内力会偏离原来的设计线形与内力。斜拉桥的特点之一便是可以通过调整索力对桥跨结构的线形、内力进行人为的调整。因此，如果斜拉索因为腐蚀而必须进行更换时，理应考虑如何利用换索对主梁的线形和内力进行调整，使其偏离原设计状态得到纠正。

1. 换索原因分析

(1)斜拉索的病害

对于斜拉桥，斜拉索可视为其“生命”索，在很大程度上它的使用寿命也就是斜拉桥的使用寿命。当斜拉索腐蚀严重时，其静力强度以及疲劳抗力便大大下降，已不能按照规范取值或原来试验的疲劳极限对斜拉索进行疲劳抗力评估。尽管斜拉桥是按照超静定结构体系设计的，它能经受某单根拉索的突然破坏。然而，如果破坏是由于腐蚀引起的，则力的进一步重分配可能引起更多拉索的破坏，剩余拉索结构的整体性也会被损害，在此情况下结构有可能逐渐崩溃。为保障结构安全及预防运营事故的发生，不得不进行拉索更换。斜拉索的防腐是保证斜拉桥正常工作的关键之一。

如前所述，对斜拉桥的防腐，曾采用过多种防护方法，但都不是很成功。实验室中建立的防腐方法在实际结构中未必是最佳方案，因为实际结构是暴露在自然有害的工业环境中，实验室建立的防腐程序在施工现场也不一定是完全准确而无差别的。

林同炎教授曾在台湾的一座斜拉桥上采用了一种特别的双重预应力拉索体系，即在外围水泥浆层上也施加预应力，防止其开裂，以保持对其中心部钢丝索的防腐性能，经过 20 多年的考验，证明这一体系的构思还是成功的。

斜拉索无论采用哪种新技术、新材料、新工艺进行防腐蚀、防老化，提高其耐疲劳的性能，但就现有的斜拉桥来说，其斜拉索的耐久性都正经受着严峻的考验。

(2)索梁、索塔锚固点处的损伤及其疲劳抗力的降低

在桥面活载作用下，斜拉索与索塔、主梁锚固点处存在疲劳问题，其表现为：斜拉索因为受到横向挤压和反复“弯折”产生疲劳，锚具因承受拉索传递过来的活载而产生疲劳。导致索塔、主梁锚固点处疲劳抗力衰减的因素较多，包括锚固的构造细节、力学作用及外界腐蚀等。目前，斜拉索最常用的拉索是平行钢丝索和钢绞线索。平行钢丝索一般选用墩头锚或冷铸墩头锚，平行钢绞线索则采用夹片群锚。对于墩头锚，锚头在钢丝进入钢杯的入口处的构造细节对锚固的疲劳强度往往产生重要的影响，该处的任何钢制的分丝板或约束圈构造，均会使外圈钢丝造成损伤。而对于夹片群锚，试验表明：夹片锚固对钢绞线带来咬合损伤。单靠夹片锚固的钢绞线索，若不再采用其他锚固措施，抗振与抗疲劳性能能否持久，尚无定论。总之，无论采用哪种锚固体系，锚固点处总存在钢丝(钢绞线)损伤、接触应力及局部应力峰值，这些都会导致锚固点处疲劳抗力的衰减。

此外，由于斜拉桥刚度较小，在车辆、风雨等荷载作用下，极易发生振动，经常剧烈的振动会使拉索锚固区套筒产生裂纹，发生积水，使锚头锈蚀，进而导致其疲劳抗力的降低。锚固点处的疲劳问题同样对拉索的使用寿命具有重要影响，对于营运多年的斜拉桥，为防止锚固系统的疲劳破坏，有必要更换斜拉索的锚固系统。

(3)施工质量不好及养护不当

美国路易斯安那州东特(DOTE)桥发生过聚乙烯管破裂质量事故，在 5 根拉索上存在 12 条裂缝，有些裂缝长达 4～5m。主要原因是灌浆时的气温太高，当出现短暂的低温时，管子易破裂。只有拉索背面的裂缝可归咎于灌浆时拉索应力过大。

总共只有 72 根拉索的美国鲁林(Luling)桥，施工期间就对其中的 42 根拉索进行了修整，主要是由于施工安装过程中造成切口、刻痕、套筒搭接不良和钢丝对接失败所致。

阿根廷布宜诺斯艾利斯附近的科林特斯桥和巴拉那桥分别建于 1976 年和 1977 年，主跨均为 330m。两年后，拉索聚乙烯套管出现巨大裂缝。经分析，裂缝为养护不善及在高温下灌浆压力过大所致。修复时，工人们在套管外缠绕了两层聚乙烯条带后，再在外面缠绕一层 Tedlar 条带，但这只是短期的解决办法。

我国广东省南海九江大桥是国内第一座使用在现场机械化制作的热挤 PE 护套扭绞型钢丝索的大型斜拉桥，但在运营 10 余年后，拉索腐蚀非常严重，不得不过早地进行换索。检查发现，导致该桥拉索钢丝锈蚀的主要原因是施工时对拉索的保护措施不当，以致拉索匹护层划伤、开裂和剥落，而没有得到及时的修补，钢丝直接暴露在空气中产生腐蚀。

(4)其他原因造成的拉索损伤

①拉索松弛影响。由于钢丝的松弛，拉索无法维持原有的长度和应力。日本某桥在竣工后不到5年，拉索的松弛伸长量骤增，用手就可轻而易举地使斜拉索作横向摆动。任何拉索防护体系都无法适应拉索如此巨大的延伸量，防护体系的各个部分（条带、聚乙烯、水泥砂浆和钢管）由于变形无法一致，从而在套管内周和混凝土外表面之间产生一系列的缝隙，在徐变和收缩的影响下，会发展成常规裂缝，盐分和其他化学物质就能乘虚而入，侵蚀钢丝。

②振动影响。斜拉桥刚度相对较小，在车辆、风荷载作用下容易产生振动。经常、激烈的振动会加速拉索防护的破坏。

如上所述，由于斜拉索腐蚀疲劳断裂、锚固点处损伤及其疲劳抗力的降低、施工或养护不当以及其他原因造成的斜拉索损伤总是存在的，斜拉桥的拉索更换只是时间上的问题。

2. 调索原因分析

营运多年的斜拉桥，其实际工作状态与理想的设计状态存在很大的偏差。原因主要有两方面：

(1)施工时使结构产生偏离设计目标的原因

①结构分析计算图示的误差。斜拉桥的恒载内力与施工方法和浇筑或架设程序密切相关，架设过程中结构体系不断地发生变化，正确的计算图示必须准确的反映结构的实际体系状态。

②结构设计参数的误差。诸如材料实际的弹性模量与计算采用的折减弹性模量的差别，截面特性的差别，截面面积的误差等都直接影响结构的自重内力。

③施工因素的影响。诸如索力测试和斜拉索张拉时的误差，混凝土实际密度与设计采用密度的差异。

④施工环境引起的误差。在悬浇或拼装主梁节段时，设计规定的温度和现场实际温度差异等因素导致的影响。

⑤施工控制因素的变化。由于某些原因施工时放弃索力调整，以高程控制进行合龙，导致索力误差的积累，结构内力改变；由于施工工期的限制，原定调索程序无法进行，在非理想状态下进行桥面铺装等后期工程。

⑥收缩、徐变计算的误差。混凝土的收缩、徐变不仅与时间、应力、结构刚度有直接关系，而且尚有目前计算中无法精确反映的复杂因素影响收缩、徐变数值的正确性，例如，高强度混凝土的材性，掺早强剂、缓凝剂混凝土的材性等。

(2)营运多年后的斜拉桥偏离设计目标的原因

①桥梁因某种需要后期恒载增加而导致索力和主梁线形的变化。

②钢拉索松弛的影响。

③混凝土徐变的影响。徐变是时间效应的函数，在一个相当长的时期内，徐变变形一直在增长。据国内某座斜拉桥施工期内的一些记录表明，在施工时存在着15d节段安装的时间差，后期索力比前期增长了3%左右。对于营运多年的斜拉桥徐变的影响将更为重要。

④年温差和局部温差的影响。可以理解年温差的判断失误对塔、梁、墩固结的斜拉桥的影响将是非常显著的，梁顶面和底面的温差、箱梁体内外的温差、索与梁的温差、索塔单侧日照等局部温差，其影响将是很复杂的。

如上所述，影响斜拉桥实现理想设计状态的因素很多，有一些还不能精确地进行定量控制,因此实际结构偏离理想状态的现象总是客观存在的。因此,充分利用换索时机,调整拉索索力分布,对斜拉桥营运状态进行改善,势在必行。

第三节　斜拉桥换索传统计算方法

斜拉桥是一种高次超静定结构,其特点之一就是其自重引起的内力和变形可以通过调整斜拉索的张拉力而人为地进行调整。因此,设计者进行斜拉桥设计时,可以选定自己满意的恒载内力状态和线形,即设计成桥阶段理想状态,这与其他桥型的设计是不同的,也是斜拉桥设计的特点所在。但是,由于实现这一理想状态的施工过程漫长而复杂,影响达到理想状态的因素很多,斜拉桥竣工后的线形与内力不可避免的与设计目标有偏差。

如前所述,实际结构偏离理想状态的现象总是客观存在的。前面已提及,由于斜拉索的腐蚀,斜拉桥拉索的更换只是时间上的问题,而斜拉桥的特点之一便是可通过调索人为地调整全桥的线形与内力,因此斜拉桥换索工程的目的与任务便在于:在更换业已“老化”的斜拉索,提高结构承载能力的同时,利用换索时机,对全桥的线形和内力通过调整索力使其偏离理想状态得到纠正,改善全桥的线形和内力。

换索设计如果只是简单的以新索代替原来已被严重腐蚀的索,不会对全桥的线形、内力有所改善,使得桥梁仍然存在受力不合理的安全隐患,这也是常规换索设计的主要不足之处。对于已建成并运营多年的斜拉桥,在换索过程中能够对桥梁线形和内力进行调整的仅有索力一项。要改善结构的线形和内力,使其达到或逼近设计理想状态,就必须在更换斜拉索的同时,对各斜拉索的索力进行调整,对全桥索力进行优化。这在本质上属于斜拉桥的索力优化问题。

国内外许多学者对斜拉桥的索力优化问题进行了研究,提出了许多方法,可以归结为三类:指定受力状态的索力优化、无约束的索力优化、有约束的索力优化。

指定受力状态优化法的代表是刚性支承连续梁法。这种方法将斜拉桥主梁在恒载作用下弯矩是刚性支承连续梁状态作为优化目标。将主梁、索梁交点处设以刚性支承进行分析,计算出各支点反力。利用斜拉索力的竖向分力与刚性支点反力相等的条件确定最优索力。这种方法的优点是力学概念明确,计算简单,且成桥索力接近“稳定张拉力”,有利于减小徐变对成桥内力的影响。但是,通过施工来实施这种内力是困难的。因为跨中合龙段的弯矩与一次张拉力无关(不计徐变时)。成桥后必须设法消除由中间合龙段及二期恒载引起的正弯矩效应,这就要通过反复调索来实现,对密索体系较难控制。此外,刚性支承连续梁法只顾及了梁的受力情况,而忽略了塔的受力情况,布置不当,就会在塔内引起较大的恒载弯矩。

索力无约束优化法的典型例子是弯曲能量最小法。弯曲能量最小法是用结构的弯曲应变能作为目标函数。

典型的索力有约束优化法为用索量最小法。这种方法用斜拉桥索的用量(张拉力乘以索长)作为目标函数,用截面内力、位移期望值范围作为约束条件。运用这种方法,必须确定合理的约束方程,否则容易引出错误结果。

上述几种优化方法主要针对新建桥梁的索力优化,用以确定斜拉桥施工阶段各索的合理初张力及最终成桥的恒载索力。但其优化思想可以从换索设计中借鉴。

从理论上讲,任何一根斜拉索索力的变化都会导致全桥线形和索力的变化。将各索索力

的变化量视为各索的索力调整量。若能找到一组索力增量,结构在这组索力调整增量的作用下,线形和内力(索力及梁、塔内力)达到或逼近设计理想状态,这样便能达到我们在换索的同时对结构的线形和内力进行改善的目的。当然,各索的索力调整增量必须在各索的承载力容许范围内。

同时需要指出的是,通过换索对全桥进行索力调整、优化,进而改善全桥的线形与内力,应根据运营后桥梁的实际技术状况(线形与内力)来进行。这就必须确切掌握桥梁运营后,换索前的内力状态,以便确定索力调整方案。在全桥线形、索力测量精度得到保证的前提下,换索设计应以换索前实测的线形与索力为依据准确的模拟结构换索前的内力状态,对结构进行索力优化分析,确定各拉索索力调整值,以达到通过换索对全桥线形与内力进行改善的目的。

第四节　人工神经网络在斜拉桥换索中的应用

一、人工神经网络概述

人工神经网络(Artificial Neural Network,简称 ANN)是生理学上的真实人脑神经网络的结构和功能,以及若干基本特征的某些理论抽象简化和模拟而构成的一种信息处理系统。

人工神经网络是由大量神经元通过极其丰富和完善的联结而构成的自适应非线形、能够进行复杂的逻辑操作的动态系统。它具有以下主要特征:

(1)大规模并行处理与容错能力。在大规模的神经网络系统中,信息的处理是在大量的计算单元上并行而有层次地展开的,系统不是执行一连串的指令,而是所有计算单元一起谐调运行、共同解决某一问题,因而,神经网络的这种并行分布式处理方法,使得快速进行大量运算成为可能。另一方面,由于系统的处理是基于整个计算群体的,各计算单元都承担着相似的任务,并相互谐调与合作,局部的计算单元损坏不会影响到整个系统的性能,因而系统具有很强的冗余和容错能力。

(2)信息的分布式存储与处理。与传统的计算机信息处理方式不同,在神经网络中,知识与信息的存储表现为神经元之间分布式的物理联系,它分散地表示和存储于整个网络内的各神经元及其连线上。每个神经元及其连接只表示一部分信息,而不是一个完整的具体概念,只有通过各神经元的分布式综合效果才能表达出特定的概念和知识。神经网络的信息处理也是分布式进行的,不是将任务进行划分之后再分配到各个子计算单元,而是由大量的计算单元共同来完成的。神经网络对信息的存储与处理反映到整个神经网络之中,即信息的存储体现在神经元之间的连接上,而信息的处理分布于所有计算单元,信息的存储与处理是合二为一的,二者不是截然分开的。

(3)学习和自适应能力。神经网络可以通过调节内部结构来学习新的数据模式,表现出神经网络对环境的一种自适应能力,这种自适应特性体现在神经网络中各个神经元之间的连接关系上。比如,神经元的连接加强,则反映它们之间的信息处理通路增强;反之,则表明神经元之间的信息处理通路阻断,实际上就是网络结构上发生了改变。可见,神经网络在学习过程中不断修改和调整神经元之间的连接,进行大量的定量和定性的相关操作,以实现对外部数据信息模式的自适应。一个经过适当训练的神经网络具有较强的归纳全部数据的能力，可解决输入信息间的互补和冗余问题，实现信息集成与融合，能处理那些由数学模型或描述规则难以处理的许多复杂的问题。

(4)具有联想与记忆能力。神经网络经过学习与训练后，神经元之间的连接记录了训练样本的信息模式，即所谓的长期记忆，而在对新的模式样本的计算过程中，神经元的状态则反映了一种短期的记忆能力。由于神经网络中神经元个数众多，以及整个网络存储信息容量的巨大，使得它具有很强的记忆存储与信息处理的能力，即使输入的信息不完全、不准确或模糊不清，神经网络仍然能够将记忆中相同或相近的模式联想出来，形成外部数据的完整表述。如图形图像的存储与记忆等，就可以用神经网络来实现这种信息模式的记忆与联想。

另外，神经网络不仅可以平行实现，而且一些制造厂家已经用专用的 VLSI 硬件来制作神经网络，这是神经网络的一大优点。

以下介绍几个人工神经网络的基本概念。

1.人工神经元模型

人工神经元是神经网络的基本处理单元，它是对生物神经元的简化和模拟。

人的大脑中大约含有 10^{11} 个生物神经元，它们通过 10^{15} 个联结被联成一个系统。每个神经元具有独立的接受、处理和传递电化学(Electrochemical)信号的能力。这种传递经由构成大脑通信系统的神经通路所完成。图 5-13 为典型的生物神经元，它具有 6 个基本特征：

①神经元及其联结；

②神经元之间的联结强度决定信号传递的强弱；

③神经元之间的联结强度是可以随训练而改变的；

④信号可以是起刺激作用的，也可以是起抑制作用的；

⑤一个神经元接受的信号的累积效果决定该神经元的状态；

⑥每个神经元可以有一个“阈值”。

人工神经元是对生物神经元的简化和模拟，人工神经元一般是一个多输入单输出的非线形元件，如图 5-14 所示。神经元输出除受输入信号的影响外，同时也受到神经元内部其他因素的影响，所以在人工神经元的建模中，常常还加一个额外输入信号，称为偏差(Bais)，有时也称为阈值或门限值。

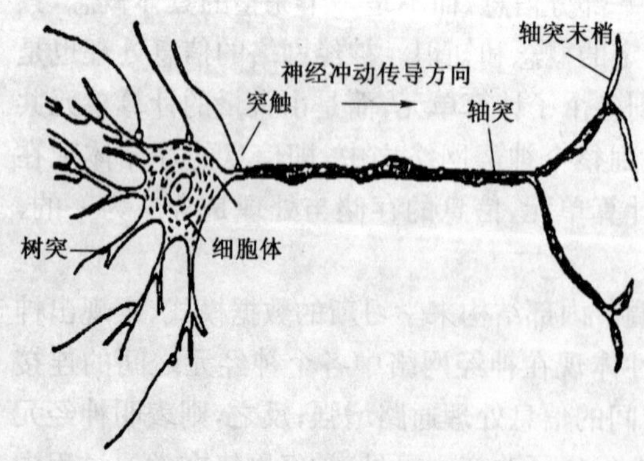

图 5-13 生物神经元

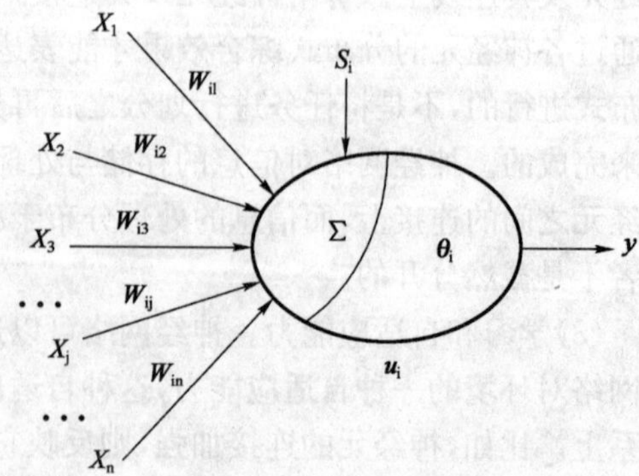

图 5-14 人工神经元

一个具有 r 个输入分量的神经元，其中，输入分量 $x_j(1,2,\cdots,n)$ 通过与它相乘的权值分量 $W_j(1,2,\cdots,n)$ 相连，以 $\sum_{j=1}^{r}W_jx_j$ 的形式求和后，形成激活函数 $f(x)$ 的输入。激活函数的另一个输入是神经元偏差 b。

权值 W_j 和输入 x_j 的矩阵形式可以由 W 的行向量以及 X 的列向量来表示

$$W=[W_1 \quad W_2 \quad \cdots \quad W_n]$$

$$X=[x_1 \quad x_2 \quad \cdots \quad x_n]^T$$

神经元模型的输出矢量可表示为

$$A=f(W\cdot X+b)=f(\sum_{j=1}^{n}W_jx_j+b) \tag{5-1}$$

可以看出，偏差 b 被简单地加在 $(W\cdot X)$ 上，作为激活函数的另一个输入分量。实际上，偏差也是一个权值，只是它具有固定常数为 1 的输入。在网络的设计中，偏差起着重要的作用，它使得激活函数的图形可以左右移动，从而增加了解决问题的可能性。

2. 激活转移函数

激活函数(Action Transfer Function)是一个神经元及网络的核心。网络解决问题的能力与功效除了与结构有关，在很大程度上取决于网络所采用的激活函数。

激活函数的基本作用是：

①控制输入对输出的激活作用；

②对输入、输出进行函数转换；

③将可能无限域的输入变换成指定的有限范围内的输出。

下面是几种常用的激活函数。

(1)阈值型(硬限制型)函数

图 5-15a)和图 5-15b)为阈值型函数，这种激活函数将任意输入转化为 0 或 1 的输出，函数 $f(x)$ 为单位阶跃函数，具有此函数的神经元的输入/输出关系为

$$f(x)=\begin{cases}1 & x\geq 0\\ 0 & x<0\end{cases} \tag{5-2}$$

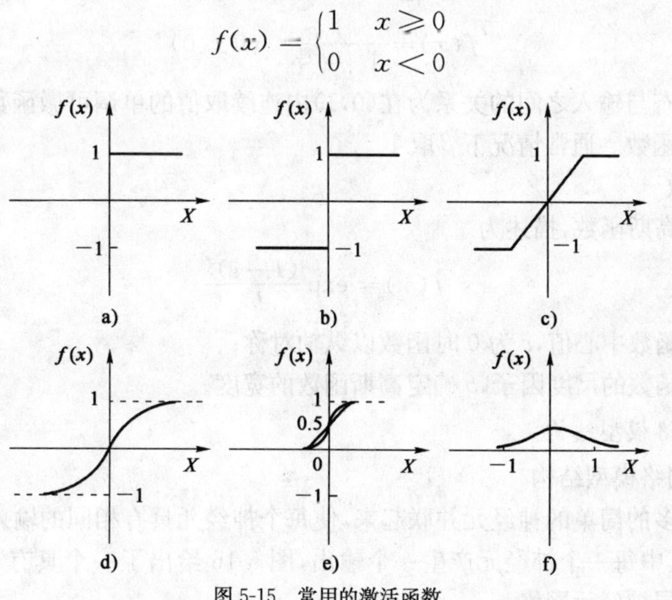

图 5-15 常用的激活函数

当 y_i 取 -1 或 1 时，$f(x)$ 为图 5-15b)所示的 sgn(符号函数)

$$\operatorname{sgn}(x)=f(x)=\begin{cases}1 & x\geqslant 0\\ -1 & x<0\end{cases} \tag{5-3}$$

(2)饱和函数

图 5-15c)为饱和型函数，描述为

$$f(x)=\begin{cases}1 & x\geqslant \dfrac{1}{k}\\ kx & -\dfrac{1}{k}\leqslant x\leqslant \dfrac{1}{k}\\ -1 & x<\dfrac{1}{k}\end{cases} \tag{5-4}$$

当 y_i 取 -1 或 1 时，$f(x)$ 为图 5-15b)所示的 sgn(符号函数)

$$\operatorname{sgn}(x)=f(x)=\begin{cases}1 & x\geqslant 0\\ -1 & x<0\end{cases} \tag{5-5}$$

(3)双曲型函数

图 5-15d)是双曲型函数或称为对称的 Sigmoid 函数，描述为

$$f(x)=\tanh(x)=\frac{1-e^{-I}}{1+e^{-I}} \tag{5-6}$$

图 5-15d)、图 5-15e)和图 5-15f)均为连续型激发函数。其中 I 和 x 之间的关系式为

$$I=\sum_{j=0}^{n}W_i x_j \tag{5-7}$$

(4)S 型函数

图 5-15e)为 S 型函数，又称之为 Sigmoid 函数，描述为

$$f(x)=\frac{1}{1+e^{-\beta I}}\quad(\beta>0) \tag{5-8}$$

神经元的状态与输入之间的关系为在(0,1)内连续取值的单调可微函数。当 $\beta\rightarrow\infty$ 时，S 型函数趋于阶跃函数。通常情况下 β 取 1。

(5)高斯函数

图 5-15f)是高斯函数，描述为

$$f(x)=\exp\frac{(I-c)^2}{b^2} \tag{5-9}$$

式中：c——高斯函数中心值，c 为 0 时函数以纵轴对称；

b——高斯函数的尺度因子，b 确定高斯函数的宽度。

3. 神经元网络模型结构

(1)单层元网络模型结构

将两个或更多的简单的神经元并联起来，使每个神经元具有相同的输入矢量 P，即可组成一个神经元层，其中每一个神经元产生一个输出，图 5-16 给出了一个具有 r 个输入分量，s 个神经元组成的单层神经元网络。

从结构图 5-17 中可以看出，输入矢量 P 的每个元素 $P_j(j=1,2,\cdots,r)$，通过权矩阵 W 与每一个神经元相连；每个神经元通过一个求和符号在与输入矢量进行加权求和运算后，形成激活函数的输入矢量，并经过激活函数 $f(x)$ 作用后得到输出矢量 A，它可以表示为

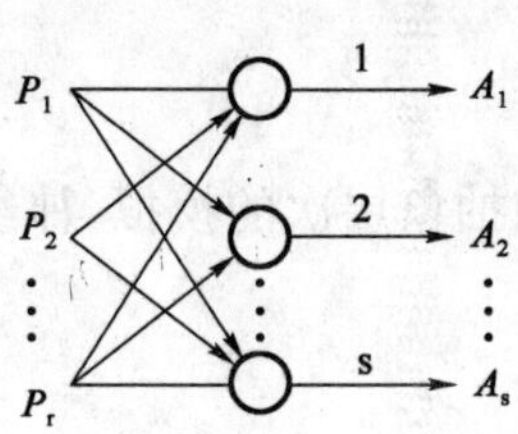

图 5-16 单层神经元网络

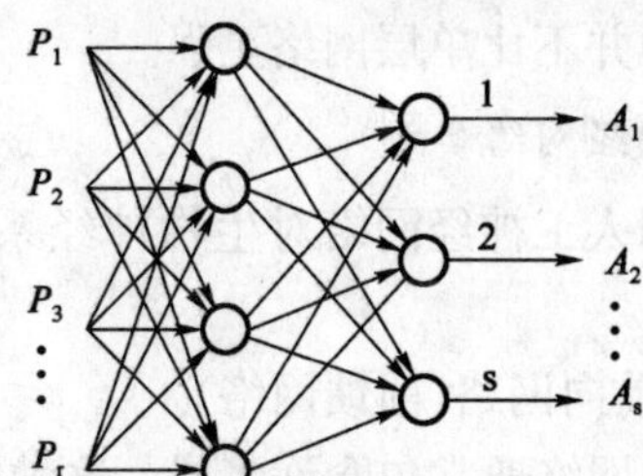

图 5-17 两层神经元网络

$$A_{s\times 1}=F(W_{s\times r}\cdot P_{r\times 1}+B_{s\times 1}) \tag{5-10}$$

式中：s——神经元的个数；

$F(\ )$——激活函数。

一般情况下，输入分量数目 r 与层神经元数目 s 不相等。

网络权值矩阵为

$$W_{s\times r}=\begin{bmatrix} w_{11} & w_{12} & \cdots & w_{1r} \\ w_{21} & w_{22} & \cdots & w_{2r} \\ \vdots & \vdots & & \vdots \\ w_{s1} & w_{s2} & \cdots & w_{sr} \end{bmatrix} \tag{5-11}$$

当有 q 组 r 个输入元素作为网络的输入时，输入矢量 P 则成为一个维数为 $r\times q$ 的矩阵

$$P_{r\times q}=\begin{bmatrix} P_{11} & P_{12} & \cdots & P_{1q} \\ P_{21} & P_{22} & \cdots & P_{2q} \\ \vdots & \vdots & & \vdots \\ P_{r1} & P_{r2} & \cdots & P_{rq} \end{bmatrix} \tag{5-12}$$

此时的输出向量为一个维数为 $s\times q$ 的矩阵 $A_{s\times q}$

$$A_{s\times q}=\begin{bmatrix} a_{11} & a_{12} & \cdots & a_{1q} \\ a_{21} & a_{22} & \cdots & a_{2q} \\ \vdots & \vdots & & \vdots \\ a_{s1} & a_{s2} & \cdots & a_{sq} \end{bmatrix} \tag{5-13}$$

(2)多层神经网络

将两个以上的单层神经网络级联起来则组成多层神经网络。一个神经网络可以有许多层，每层都有一个权矩阵 W、一个偏差矢量 B 和一个输出矢量 A。两层的神经网络结构如图 5-17 所示。

在多层网络中，每一隐含层的输出都是下一层的输入，所以可以将第二层看成是具有 $s1\times q$ 维输入矢量 A_1，$s2\times s1$ 维权矩阵 W_2，以及 $s2\times q$ 维输出矢量 A_2 的神经网络。

以此方式，神经网络的输出可以用下列数学式表达为

$$A_1=F_1(W_1\cdot P+B_1) \tag{5-14}$$

$$A_2 = F_2(W_2 \cdot A_1 + B_2) = F_2[W_2 \cdot F_1(W_1 \cdot A_1 + B_1) + B_2] \quad (5\text{-}15)$$

$$A_3 = F_3(W_3 \cdot A_2 + B_3) = F_3\{W_3 \cdot F_2[W_2 \cdot F_1(W_1 \cdot A_1 + B_1) + B_2] + B_3\} \quad (5\text{-}16)$$

特别强调的是，在设计多层网络时，隐含层的激活网络应采用非线形的，否则多层网络的计算能力并不比单层网络更强。

4. 神经网络类型

根据人工神经网络对生物神经系统的不同组织层次和抽象层次的模拟，神经网络可以分为：

(1)前向网络(前馈网络)

前向网络通常包含许多层。这种网络特点是只有前后相邻两层之间神经元相互联系，各神经元之间没有反馈。每个神经元可以从前一层接受多个输入，并只有一个输出送给下一层的各神经元。前向网络在神经网络中应用十分广泛，感知器、线性网络、BP 网络、径向基函数网络都属于这种类型。

(2)反馈网络

反馈网络从输出层到输入层有反馈，即每一个节点同时接收外来输入和来自其他节点的反馈输入，其中也包括神经元输出信号引回到本身输入构成的自循环反馈，这种反馈网络每个节点都是一个计算单元。信息的反馈可以发生在不同的网络层神经元之间，也可以只限于某一层神经元上。由于反馈网络是动态网络，因此只有满足了稳定性条件，网络才能在工作一段时间后达到稳定状态。比较典型的如 Hopfield 网络。

(3)相互结合型网络

相互结合型网络属于网状结构。构成网络中的各个神经元都可能相互双向联结，所有的神经元既作输入，同时又用于输出。这种网络对信息处理与前向网络不一样。在前馈网络中，信息处理是从输入层依次通过中间层(隐层)到输出层，处理结束。而在这种网络中，如果在某一时刻从神经网络外部施加一个输入，各个神经元一边相互作用，一边进行信息处理，直到使网络所有神经元的活性度或输出值，收敛于某个平均值为止作为信息处理结束。

(4)混合型网络

上述的前向网络和相互结合型网络分别是典型的层状结构网络和网状结构网络。混合型网络是介于这两种网络中间的一种联结方式，在前向网络的同一层间神经元有互联的结构，就构成了混合型网络。这种在同一层内的互联，目的是为了限制同层内神经元同时兴奋或抑制的神经元数目，以完成特定的功能。

5. 神经网络工作方式

神经网络(NN)的工作过程主要分为两个阶段。

第一阶段是学习阶段，此时各计算单元状态不变，各连线上的权值可通过学习来修改。通过向环境学习获取知识并改进自身性能是 NN 的一个重要特点，在一般情况下，性能的改善是按某种预定的度量通过调节自身参数(如权值)随时间逐步达到的，学习方式(按环境所提供信息的多少)有 3 种：

①监督学习(有教师学习)。这种学习方式需要外界存在一个“教师”，他可对一组给定输

入提供应有的输出结果(正确答案)。这组已知的输入—输出数据称为训练样本集。学习系统(NN)可根据已知输出与实际输出之间的差值(误差信号)来调节系统参数。

②非监督学习(无教师学习)。非监督学习时不存在外部教师,学习系统完全按照环境所提供数据的某些统计规律来调节自身参数或结构(这是一种自组织过程),以表示外部输入的某种固有特征。

③再励学习(强化学习)。这种学习介于上述两种情况之间,外部环境对系统结果只给出评价(奖或惩),而不是给出正确答案,学习系统通过强化那些受奖励的动作来改善自身性能。

上述学习的算法有误差纠正学习、Hebby学习、竞争(Competitive)学习等。

第二阶段是工作期,此时各连接权固定(实际上连接权变化微小),计算单元变化,以达到某种稳定状态。

二、神经网络BP算法

1986年,Rumelhart,Hinton和Williams完整而简明地提出了一种ANN的误差反向传播训练算法,即Back-Propagation法(简称BP算法),系统地解决了多层网络中隐含单元连接权的学习问题,还对其能力和潜力进行了探讨。BP网络主要应用于:

①函数逼近用输入矢量和相应的输出矢量训练一个网络逼近一个函数。

②模式识别用一个特定的输出矢量将它与输入矢量联系起来。

③分类把输入矢量以所定义的合适方式进行分类。

④数据压缩减少输出矢量维数以便传输或存储。

1. BP网络结构

BP网络(Back-Propagation NN)是一种单向传播的多层前向网络,其结构如图5-18所示。网络除输入输出节点外,还有一层或多层的隐层节点,同层节点中没有任何耦合。输入信号从输入层节点依次传过各隐层节点,然后传到输出节点,每一层节点的输出只影响下一层节点的输出。其节点单元特性(传递函数)通常为Sigmoid型,但在输出层中,节点的单元特性有时为线性。

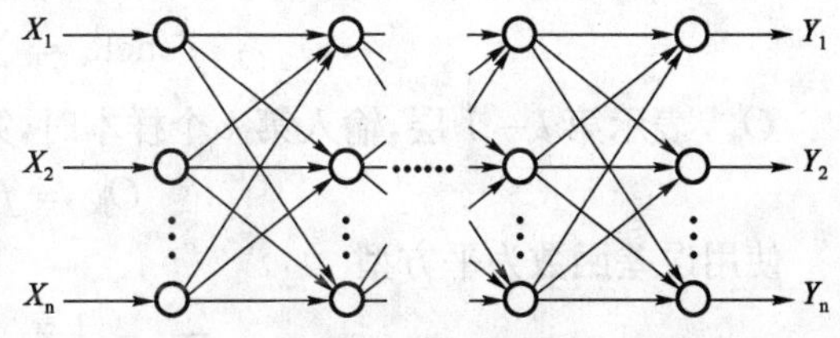

图5-18 BP神经网络

BP网络可看作是一个从输入到输出的高度非线性映射,即:$F: R^n \to R^m, f(x) = Y$。对于样本集合:输入$x_i(\in R^n)$和输出$y_i(\in R^m)$可认为存在某一映射g,使$g(x_i) = y_i(i = 1,2,\cdots,n)$。

2. BP算法的数学描述

基于BP算法的多层前馈型网络的结构如图5-19所示。

这种网络不仅有输入节点、输出节点,而且还有一层或多层隐含节点。对于输入信息,要先向前传播到隐含层的节点上,经过各单元的特性为Sigmoid型的激活函数(又称作用函数、转换函数或映射函数等)运算后,把隐含节点的输出信息传播到输出节点,最后给出输出结果。网络的学习过程由正向和反向传播两部分组成。在正向传播过程中,每一层神经元的状态只影响到下一层神经元网络。如果输出层不能得到期望输出,就是实际输出值与期望输出值之间有误差,那么转入反向传播过程,将误差信号沿原来的连接通路返回,通过修改各层神经元

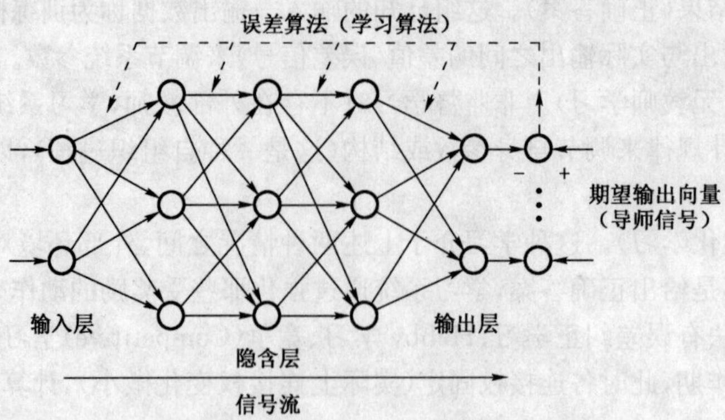

图 5-19 基于 BP 算法的神经网络结构

的权值，逐次地向输入层传播去进行计算，再经过正向传播过程，这两个过程的反复运用，使得误差信号最小。实际上，误差达到人们所希望的要求时，网络的学习过程就结束。

BP 算法是在导师指导下，适合于多层神经元网络的一种学习，它建立在梯度下降法的基础上。

设含有共 L 层和 n 个节点的一个任意网络，每层单元只接受前一层的输出信息并输出给下一层各单元，各节点的特性为 Sigmoid 型（它是连续可微的，不同于感知器中的线性阈值函数，因为它是不连续的）。为简单起见，认为网络只有一个输出 y。设给定 N 个样本（x_k, y_k）（$k=1,2,\cdots,N$），任一个节点 i 的输出为 O_i，对某一个输入为 x_k，网络的输出为 y_k，节点 i 的输出为 O_{ik}，现在研究第 l 层的第 j 个单元，当输入第 k 个样本时，节点 j 的输入为

$$\mathrm{net}_{jk}^{l} = \sum_{j} w_{ij}^{l} O_{jk}^{l-1} \tag{5-17}$$

O_{jk}^{l-1} 表示第 $l-1$ 层，输入第 k 个样本时，第 j 个单元节点的输出

$$O_{jk}^{l} = f(\mathrm{net}_{jk}^{l}) \tag{5-18}$$

使用误差函数为平方型

$$E_k = \frac{1}{2}\sum_{i}(y_{jk} - \overline{y}_{jk})^2 \tag{5-19}$$

$\overline{y}_{jk}$ 是单元 j 的实际输出，则总误差为

$$E = \frac{1}{2N}\sum_{k=1}^{N} E_k \tag{5-20}$$

定义

$$\delta_{jk}^{l} = \frac{\partial E_k}{\partial \mathrm{net}_{jk}^{l}} \tag{5-21}$$

于是

$$\frac{\partial E_k}{\partial w_{ij}^{l}} = \frac{\partial E_k}{\partial \mathrm{net}_{jk}^{l}} \frac{\partial \mathrm{net}_{jk}^{l}}{\partial w_{ij}^{l}} = \frac{\partial E_k}{\partial \mathrm{net}_{jk}^{l}} O_{jk}^{l-1} \tag{5-22}$$

下面分两种情况来讨论：

若节点 j 为输出单元，则 $O_{jk}^{l} = \overline{y}_{jk}$，于是

$$\delta_{jk}^{l} = \frac{\partial E_k}{\partial \mathrm{net}_{jk}^{l}} = \frac{\partial E_k}{\partial \overline{y}_{jk}} \frac{\partial \overline{y}_{jk}}{\partial \mathrm{net}_{jk}^{l}} = -(y_k - \overline{y}_k) f'(\mathrm{net}_{jk}^{l}) \tag{5-23}$$

若节点 j 不为输出单元，则

$$\delta_{jk}^{l}=\frac{\partial E_{k}}{\partial \mathrm{net}_{jk}^{l}}=\frac{\partial E_{k}}{\partial O_{jk}^{l}}\frac{\partial O_{jk}^{l}}{\partial \mathrm{net}_{jk}^{l}}=\frac{\partial E_{k}}{\partial O_{jk}^{l}}f'(\mathrm{net}_{jk}^{l}) \tag{5-24}$$

式中，O_{jk}^{l} 是送到下一层（$l+1$）的输入，计算 $\frac{\partial E_{k}}{\partial O_{jk}^{l}}$ 要从（$l+1$）层算回来。在（$l+1$）层第 m 个单元时

$$\frac{\partial E_{k}}{\partial O_{jk}^{l}}=\sum_{m}\frac{\partial E_{k}}{\partial \mathrm{net}_{jk}^{l}}\frac{\partial \mathrm{net}_{jk}^{l}}{\partial O_{jk}^{l}}=\sum_{m}\frac{\partial E_{k}}{\partial \mathrm{net}_{jk}^{l+1}}w_{mj}^{l+1}=\sum_{m}\delta_{mk}^{l+1}w_{mj}^{l+1} \tag{5-25}$$

由以上两式可以看到

$$\delta_{jk}^{l}=\sum_{m}\delta_{mk}^{l+1}w_{mj}^{l+1}f'(\mathrm{net}_{jk}^{l}) \tag{5-26}$$

现在，反向传播算法的步骤可概括如下：

①选定权系数初值；

②重复下述过程直到收敛：

a. 对 $k=1$ 到 N

正向过程计算：计算每层各单元的 O_{jk}^{l}，net_{jk}^{l} 和 $\bar{y}_{k}$，（$k=2,\cdots,N$）。

反向过程计算：对各层（$l=L-1$ 到 2），对每层各单元，计算 δ_{jk}^{l}。

b. 修正权值

$$w_{ij}=w_{ij}-\mu\frac{\partial E}{\partial w_{ij}}\quad(\mu>0) \tag{5-27}$$

式中，μ 为步长，$\frac{\partial E}{\partial w_{ij}}=\sum_{k=1}^{N}\frac{\partial E_{k}}{\partial w_{ij}}$。

3. *BP 算法实现的基本步骤*

依据 BP 网络的学习过程，其学习算法的基本步骤为：

①向网络提供训练例子，包括输入模式和期望输出模式；

②确定网络的实际输出与期望输出之间的允许误差；

③改变网络中所有连接权值，使网络产生的输出更接近于期望输出，直到满足确定的允许误差。

相应地，BP 算法的计算机实现按以下步骤进行：

①初始化，即对所有权值赋以随机任意小值，并对阈值设定初值；

②给定训练数据集，即提供输入向量 x 和期望输出 y'；

③计算实际输出 y 和网络误差 e；

④调整权值，按误差反向传播方向，从输出层开始返回到隐层，直至输入层，修正所有权值；

⑤返回第②步重复，直至误差满足要求为止。

其流程如图 5-20 所示。

4. *BP 算法的不足和改进*

尽管 BP 算法在理论上具备完整性，且已成功地应用于广泛的问题，具有重要的意义，但是它也存在着不足，但这些不足可通过一些措施加以改进。

BP 网络的不足主要有：

①收敛速度慢；

②目标函数存在局部极小点；

基于 BP 算法的网络误差曲面有 3 个特点：

a. 有很多全局最小解；

b. 存在一些平坦区，在此区误差改变很小，这些平坦区多数发生在神经元的输出接近于 0 或 1 的区域，对于不同的映射，其平坦区的位置、范围各不相同，有的情况下，误差曲面会出现一些阶梯形状；

c. 存在不少局部极小点，在某些条件下，算法的结果会陷入局部极小。由于第 2 和第 3 个特点，造成网络完全不能得到训练。除此之外，还有初始权值的大小，对局部最小的影响很大。

③网络的隐含节点个数的选择尚缺少统一而完整的理论指导(即没有很好的解析式表示)；1990 年 R. C. Eberhart 和 R. W. Dobbins 在他们的书《Neural Network PC tools》中阐述“隐含单元数的选择是一种艺术”。

改进 BP 网络的主要措施：

①加入动量项。应用中，步长 μ 的选择很重要，μ 大则收敛快，但过大则可能引起不稳定；μ 小可避免振荡，但收敛速度变慢，解决这一矛盾的最简单方式是加入“动量项”。

②共轭梯度法。这种方法是按“共轭梯度方向”修正 w。

③其他一些主要措施：

a. 每一周期的训练样本的输入顺序都要重新随机排列。

b. 应使目标值在输出单元的作用函数的值域内。

c. 各权值及阈值的起始值应选为均匀分布的小数，一个参考的经验是在 $\left(-\frac{3}{\sqrt{F}},\frac{3}{\sqrt{F}}\right)$ 之间，F 为所连接的输入端个数。

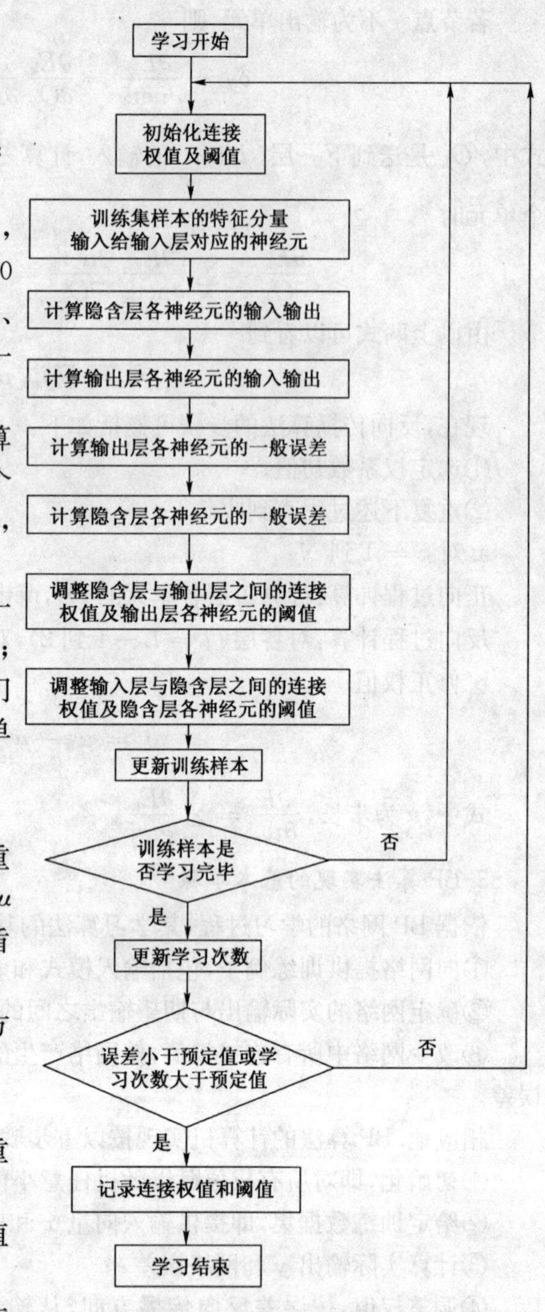

图 5-20 BP 网络训练流程图

d. 新激活函数。周期函数已经定量地被证明了收敛速度比 S 型激活函数快，新激活函数主要有：$f(x)=\frac{2}{\pi}\tan^{-1}[\sinh(x)]$，$f(x)=\tanh(x)$，$f(x)=\frac{2}{3\pi}\left\{5\frac{\tan(x)}{\cosh(x)}+3\tan^{-1}[\sin(x)]\right.$

$-2\frac{\tanh^3(x)}{\cosh(x)}\}$，双极性S型压缩函数和SLSL(Saturating Linear Softer Limiter)以及组合激活函数等。

三、BP人工神经网络在斜拉桥换索中的应用

1. BP神经网络的计算机实现

MATLAB是MathWorks公司推出的一套高性能的数值计算和可视化软件，它的推出得到了各个领域专家学者的广泛关注，其强大的扩展功能为用户提供了强有力的支持。它集数学计算、图形绘制、语言设计和神经网络等30多个工具箱于一体，具有极高的编程效率。

MATLAB现已成为国际上公认的最优秀的数值计算和仿真分析软件，其软件包的主要特点有：

(1)它是一种解释性语言，采用了工程技术的计算语言，几乎与数学表达式相同，语言中的基本元素是矩阵，它提供了各种矩阵的运算和操作，并且具有符号计算、数学和文字统一处理，离线和在线计算等功能。

(2)具有较强的绘图功能，计算结果和编程可视化。

(3)具有很强的开放性。

MATLAB的这些特点使它获得了极强的适应能力，它推出不久，很快就成为应用学科计算辅助分析、设计、仿真和教学不可缺少的软件，并已应用在生物医学工程、信息分析、语言处理、图像识别、航天航海工程、统计分析、计算机技术、控制和数学等领域中。

神经网络工具箱是MATLAB环境下所开发出来的许多工具箱之一，它是以人工神经网络理论为基础，用MATLAB语言构造出典型神经网络的激活函数，如S型、线性、竞争层、饱和线性等激活函数，使设计者对所选定网络输出的计算，变成对激活函数的调用。另外，根据各种典型的修正网络权值的规则，加上网络的训练过程，用MATLAB编写出各种网络设计与训练的子程序，网络的设计者则可以根据自己的需要去调用工具箱中的有关神经网络的设计训练程序，使自己能够从繁琐的编程中解脱出来，集中精力去思考问题和解决问题，从而提高效率和解题质量。

神经网络工具箱为我们训练神经网络提供了帮助，本章利用它提供的函数编制程序。该程序由网络初始化、训练和仿真两部分组成，并给出网络的动态训练过程，可以直观地了解网络的训练质量，并能及时发现问题并做出处理。

2. BP神经网络设计

(1)土木工程问题的神经网络求解方法

对问题的求解，狭义的理解指解决某种特定问题，广义地理解则为达到所期望的目标而进行的知识处理和运用。用神经网络方法实现土木工程问题的求解，就是对土木工程问题的智能化求解，也就是对土木工程问题的智能化设计和决策，其方法如图5-21所示。

神经网络求解方法分为两个阶段：第一阶段是学习阶段，利用已建立的神经网络模型，建立各种输出变量与输入变量之间复杂的非线性关系，获得求解的领域知识；第二阶段即求解阶

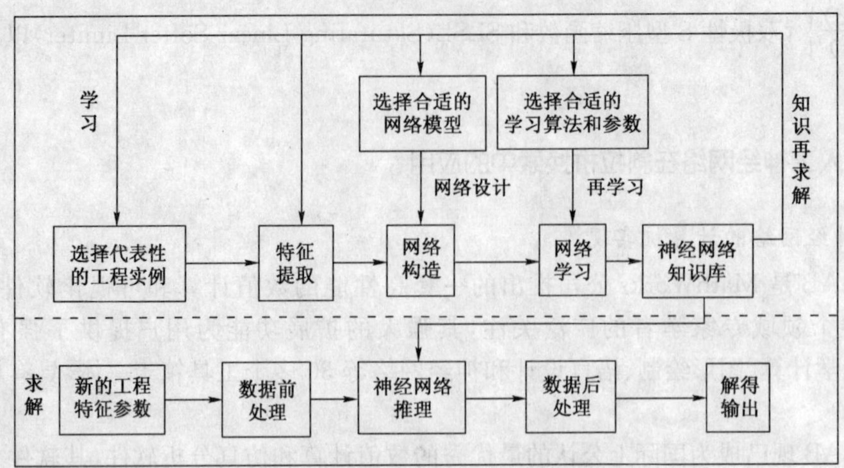

图 5-21 土木工程问题的神经网络求解方法

段，将待求解问题的输入变量送入学习后的神经网络，网络自动将其与学得的知识进行匹配，推出合理的结果。

(2)BP 神经网络设计的内容及步骤

BP 网络的设计主要包括输入层、隐层、输出层及各层之间的传输函数几个方面。

①网络层数。大多数通用的神经网络都预先设定了网络的层数，而 BP 网络可以包含不同的隐层。但理论上已经证明，在不限制隐含节点数的情况下，3 层(只有一个隐层)的 BP 网络可以实现任意非线性映射。在模式样本相对较少的情况下，较少的隐层节点，可以实现模式样本空间的超平面划分，此时，选择三层 BP 网络就可以了；当模式样本数很多时，减小网络规模，增加一个隐层是有必要的，但是 BP 网络隐含层数一般不超过两层。

②输入层的节点数。输入层起缓冲存储器的作用，它接收外部的输入数据，因此其节点数取决于输入矢量的维数。一般来说，网络的输入个数应等于应用问题的输入数，MATLAB 的 BP 网络的建立是通过函数 Newff 实现的。

③网络数据的预处理。为使网络训练更加有效，对神经网络的输入、输出数据进行一定的预处理可以加快网络的训练速度。MATLAB 提供的预处理方法有归一化处理、标准化处理和主成分分析。常采用的是归一化处理，即将输入、输出数据映射到[-1,1]范围内，训练结束后再反映射到原数据范围。

④输出层的节点数。输出层节点数取决于两个方面，即输出数据类型和表示该类型所需要的数据大小。当 BP 网络用于模式分类时，以二进制形式来表示不同模式输出结果，输出层的节点数可根据待分类模式数确定。

⑤隐层的节点数。一个具有无限隐层节点的 3 层 BP 网络可以实现任意从输入到输出的非线性映射。但对于有限个输入模式到输出模式的映射，并不需要无限个隐层节点，这就涉及到如何选择隐层节点数的问题，而这一问题的复杂性，使得至今为止，尚未找到一个很好的解析式，隐层节点数与求解问题的要求、输入输出单元数多少都有直接的关系。另外，隐层节点数太多会导致学习时间过长；而隐层节点数太少，容错性差，识别未经学习的样本能力低，所以必须综合多方面的因素进行设计。

1987 年 Hecht-Nielsen 在讨论了具有单隐层的 ANN 的功能之后，指出它可实现输入的任意函数，并提出隐含层节点数目为 $2N+1$，其中 N 为输入的节点数。

⑥传输函数。BP 网络中传输函数常采用 S(sigmoid)型函数

$$f(x)=\frac{1}{1+e^{-x}} \tag{5-28}$$

在某些特定情况下，还可能采用纯线性(Purelin)函数。如果 BP 函数最后一层是 Sigmoid 函数，那么整个网络的输出就限制在一个较小的范围内，即 0～1 之间的连续量；如果 BP 网络最后一层是 Purelin 函数，那么整个网络的输入可以取任意值。

⑦训练方法及其参数选择。针对不同的应用，BP 网络提供了多种训练、学习方法。针对不同的问题，训练通常采用不同的函数来完成，在训练之前有必要对网络的训练参数进行适当的设置。BP 神经网络采用 Train 函数，训练参数包括训练步长、显示训练结果的间隔步长、训练目标误差、训练允许时间和训练中最小允许梯度值等。

通常对于包含数百个权值的函数逼近网络，训练函数 Trainlm 收敛速度最快。将 RPROP 算法的训练函数 Trainrp 应用于模式识别时，其速度是最快的。用变梯度算法的训练函数 Traincgf，在网络规模比较大的场合，其性能很好。

训练过程中，训练函数会根据设定的训练参数自动显示当前训练结果信息，并给出网络误差实时变化曲线。当训练步数、训练时间大于相应的训练参数设置时，或训练误差、误差梯度值小于相应的目标参数时，训练将被终止，并返回训练后的神经网络对象。

⑧初始权值的设定。网络权值的初始化决定了网络的训练从误差曲面的哪一点开始，因此初始化方法对网络的训练时间至关重要。通常使用如下两种方法：

a. 取足够小的初始权值；

b. 使初始值为 +1 和 −1 的权值数相等。

3. 数据的前后处理

(1)输入数据的有效性

如果采用含有奇异样本的测量数据，不但不能使网络具有较好的适应能力，而且会使网络的映射性能恶化。原因是由于这些奇异点的实测数据具有较大的偶然误差，因此必须处理这类样本。

本章采用的方法为：选取一组样本，通过网络训练后，再用原样本进行检验，若发现某个样本的误差较大，则剔除该样本，并重新选择样本，通过试算选择一组样本，使得用该样本检验的误差较小。

(2)数据处理的方法与步骤

神经网络所用的样本对网络的性能及实际应用具有至关重要的影响作用，它可以影响神经网络的学习速度、网络结构的复杂性和网络泛化的精度。对神经网络所用样本进行数据前处理的步骤一般分为 4 步：变量(数据)的收集、数据变换处理、特征参数的提取和样本集的构造，数据前处理及神经网络实现示意图见图 5-22。

(3)数据变换处理

足够的数据或变量收集完成后，首先要检查这些变量的分布情况，必要时还要对这些数据进行变换处理，以利于网络的学习。当变量成正态分布时，数据对网络的学习最有效，因此可以先对各个变量进行检查，看他们是否符合正态分布。常用的方法是计算数据分布的歪斜系

数 S_c 和突出系数 K_c，计算方法如下：

$$S_c = \frac{\sum\left(\frac{x_i - \overline{x_i}}{SD}\right)}{n} \quad (5\text{-}29)$$

$$K_c = \frac{\sum\left(\frac{x_i - \overline{x_i}}{SD}\right)^4}{n} - 3 \quad (5\text{-}30)$$

式中：$\overline{x_i}$ ——平均值；

SD ——标准偏差；

n——数据的个数。

$\overline{x_i}$ 和 SD 的计算方法如下

$$\overline{x_i} = \frac{1}{n}\sum_{i=1}^{n} X_i \quad (5\text{-}31)$$

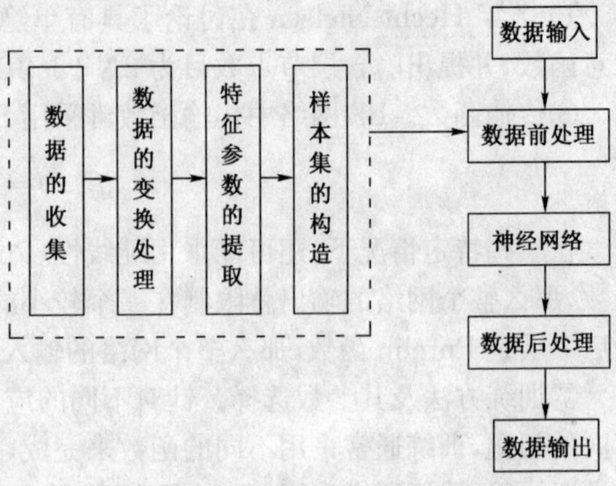

$$SD = \sqrt{\frac{\sum_{i=1}^{n}(x_i - \overline{x_i})^2}{n-1}} \quad (5\text{-}32)$$

图 5-22 数据前处理及神经网络实现示意图

如果 S_c 在 $-0.5\sim0.5$ 之间，k_c 在 $-1\sim1$ 之间，可认为分布接近正态分布。如果确定数据不是正态分布，可对数据进行非线性变换，此外还应看一下数据的频率分布。常用的非线性变换函数 $f(x)$ 有 x^n、$\sqrt[n]{x}$、e^x、$\ln x$ 等。

当然也可以直接将数据转化成均值为 0、标准偏差为 1 的正态分布数据。由于 BP 网络中的非线性传递函数的值域一般都在[0,1]或[−1,1]之间，这就要求输入变量及输出变量都要位于这个区间之内，并对数据进行变换处理。下面对数值(连续值)变量进行讨论。

对于连续值型的变量，比较常用的归一化处理方法有以下两种。

①比例归一法：

$$x^* = \frac{x - x_{\min}}{x_{\max} - x_{\min}} \quad (x^* \in [0,1]) \quad (5\text{-}33)$$

$$x^* = 2 \times \frac{x - x_{\min}}{x_{\max} - x_{\min}} - 1 \quad (x^* \in [-1,1]) \quad (5\text{-}34)$$

式中：x——原始数据；

$x_{\min}$，$x_{\max}$ ——分别为原始数据中的最小值与最大值；

x^*——归一化后的数据。

考虑到 BP 算法中的 Sigmoid 函数值在接近 0 或 1 的时候，曲线比较平缓，变化速度非常缓慢，为了减少网络学习时间，将输入及输出数据变换在[0.1～0.9]或[0.2～0.8]之间，这样 Sigmoid 函数在该区间内变化梯度比较大，网络收敛时间大大缩短，改善了网络的性能。其变换方法为

$$x^* = 0.1 + \frac{0.8(x - x_{\min})}{x_{\max} - x_{\min}} \quad (x^* \in [0.1,0.9]) \quad (5\text{-}35)$$

$$x^* = 0.2 + \frac{0.6(x - x_{\min})}{x_{\max} - x_{\min}} \quad (x^* \in [0.2,0.8]) \quad (5\text{-}36)$$

②标准归一法：

$$x^{*}=\frac{x-\overline{x}}{SD} \tag{5-37}$$

式中：x^{*} ——均值为 0、标准偏差为 1 的标准归一化后的数据；

$\overline{x}$ ——原始数据的平均值；

SD ——原始数据的标准偏差。

值得注意的是，若训练神经网络所用的学习样本集是经过归一化处理的数据，那么运用新的检验样本来检验学习后的神经网络仍然要采用归一化后的样本集，当然所用的最大值、最小值、均值、标准偏差等都要采用学习样本集中的有关数据。

4.神经网络在换索施工控制中的应用

换索工程实施是整个换索工作的重要环节，其最基本的要求是确保施工中结构的安全，其次必须保证结构的几何线形和内力在规定的符合设计要求的容许误差范围之内。为了达到上述目的，必须在整个施工过程中对内力、挠度和索力实行三控。而实时且准确地掌握换索过程中桥梁内力的变化和主梁挠度的变化，是有效实行三控的基础。

工程中最常用的索力测定方法是采用环境激励的随机振动法，该方法较为方便，且精度满足工程要求。对主梁挠度的测定，精密水准仪可满足控制精度的要求。但其受到日常温差的影响，要通过对昼夜气温挠度关系的统计分析得到温度影响系数，以选定测量时间，从而消除这种影响。梁的应力的测定通常采用常规的应力—应变仪或先进的应力计，其精度能满足工程要求，且可以实时掌握主梁应力的变化。

根据结构理论，斜拉桥是一个高次超静定体系。当某一根斜拉索的受力情况发生变化时，其余斜拉索的受力状况必定发生相应变化。由于斜拉桥结构的复杂性，以及斜拉索分布的互异性等诸多原因，很难使用传统方法建立模型来反映这种相对变化规律。人工神经网络是以人脑的微观网状结构为基础，通过大量神经元的复杂连接，采用自底向上的方法，通过自学习、自组织和非线性动力学所形成的并行分布方式来处理难于形式化的模式语言。另外，人工神经网络的设计构造以实际数据为基础，不仅将环境因素直接融入到模型当中，而且对其感兴趣的数据具有信息处理的功能。基于以上特点，人工神经网络对于该问题的处理更为有效。

本节着重探求一种方法，通过构造相关神经网络模型，在单根拉索索力变化量与桥梁内力和主梁挠度变化量之间建立映射关系。这样做的目的，是当某根拉索的索力发生变化时，可以通过映射关系，得到桥梁内力和主梁挠度的变化，以使施工人员准确掌握桥梁各部分的变化，达到对施工进行有效地控制的目的。

该网络模型设计以犍为岷江大桥为工程依托，设计步骤如下：

①网络层数设计。该 BP 模型是一种多层前馈式神经网络，其结构分为 3 层，即一个输入层、一个输出层和一个隐层。理论上已经证明，在不限制隐含节点数的情况下，3 层(只含一个隐层)的 BP 网络可以实现任意非线性映射。

②输入层的节点数。该模型的设计功能是实现单根拉索索力变化量与桥梁内力和主梁挠度变化量之间的非线性映射关系，因此输入节点为单根拉索索力变化量，因此输入层有 1 个节点。

③网络数据的预处理。为使网络训练更加有效，对神经网络的输入、输出数据进行归一化处理，即将输入、输出数据映射到[0.1,0.9]范围内，训练结束后再反映射到原数据范围。

④输出层的节点数设计。该模型的设计功能是实现单根拉索索力变化量与桥梁内力和主梁挠度变化量之间的非线性映射关系，因此输出节点为桥梁内力和主梁挠度变化量。本章取所更换拉索的前后各两根索的索力变化、所更换拉索底部主梁挠度的变化、主梁跨中挠度的变化和主梁跨中弯矩的变化作为输出，因此输出层共 7 个节点。

⑤隐层的节点数设计。理论上已经证明隐含层具有 $2N+1$ 个节点时（N 为输入层结点数），3 层前馈网络可以任意精度逼近任意一个可微函数。因此，本章选取的隐含层的节点数为 $2\times1+1=3$。

⑥传输函数。BP 网络中传输函数采用 S(Sigmoid)型函数，输出层采用 Purelin 函数，整个网络的输出可以取任意值。

⑦训练方法及其参数选择。BP 神经网络采用 Train 函数，训练步数为 2 000 步、显示训练结果的间隔步数为 10 步、训练目标误差 5e−1100。

⑧初始权值的设计。根据缺省的参数对网络进行连接权值和阈值初始化。

5. 神经网络在索力测量中的应用

运营多年的斜拉桥，由于自身材料的老化、外部环境的变化和外荷载的增加，其真实索力一般与其设计索力存在较大差异，准确地确定每束斜拉索的索力是了解斜拉桥工作状态和换索工作的基本依据。其次，斜拉桥是一种内部高次超静定结构，通过调整拉索的索力可以使斜拉桥的线形和内力达到理想状态，通过对斜拉索索力的检测，可以为换索调索工作提供依据。另外，对索力的准确测量能在一定程度上发现拉索的锚固系统、防护系统是否完好，拉索钢索是否发生锈蚀等。因此，准确确定每束斜拉索的索力成为换索工作的重要环节。

目前工程中常用的斜拉桥拉索索力的测量方法有油压表读数法、传感器读数法和频率法。振动频率法推理简单，设备可重复使用，测量效果较好，是目前在成桥的实际工程中应用最多的检测方法。

频率法测量索力的理论基础是弦振动原理。将斜拉索近似看作两端固定，而且自身重量又忽略不计的理想拉弦形式，其无阻尼自由振动方程为

$$\rho\frac{\partial^2 u}{\partial t^2}-T\frac{\partial^2 u}{\partial x^2}=0 \tag{5-38}$$

式中：$u(x,t)$——索上各点在时刻 t 的横向位移；

ρ——索的线密度；

T——索内拉力。

解方程可得拉索张力

$$T=4\rho l^2\left(\frac{f_n^2}{n^2}\right)=4\rho l^2F^2 \tag{5-39}$$

式中：l——斜拉索的计算长度；

f_n——为第 n 阶固有频率；

n——振动阶次；

F——基频。

使用频率法测索力，要求要在恒温和恒载条件下进行，为了将测量过程中的外部影响减到最小，对全部桥索受力的测量，理论上必须在同一时间内完成。在实际情况下，这一点是很难

做到的。而且在测量过程中，由于测量人员在技术上的差异性，以及在繁重工作下引发的疲劳性，必然会在检测结果中引入较大的人为误差。另外，一般密索体系的斜拉桥斜拉索都在百根以上，因此斜拉桥索力测量是一项较为繁重的工作。

本节着重探求一种方法，根据桥梁测量的历史数据，通过构造相关模型，在桥索受力值(或其变化)之间建立映射关系。这样做的目的，是对部分斜拉索的索力进行测量，然后通过映射关系，得到其余桥索的受力情况。这样不仅可以减少索力测量的工作量，而且还可以提高索力测量的准确程度。

该网络模型设计以犍为岷江大桥为工程依托，设计步骤如下：

①网络层数设计。此处建立的 BP 模型是一种多层前馈式神经网络，其结构分为 3 层：一个输入层、一个输出层和一个隐层。理论上已经证明，在不限制隐含节点数的情况下，3 层(只含一个隐层)的 BP 网络可以实现任意非线性映射。

②输入层的节点数。该模型的设计功能是实现由实测索力到未测索力的非线性映射，因此输入节点的数目取实测桥索数目。在本章中，为有效控制网络规模，取犍为岷江大桥五通侧下游 28 根拉索索力作为研究对象。以双号拉索索力作为输入，单号拉索索力为输出，因此该模型输入层有 14 个节点。

③网络数据的预处理。为使网络训练更加有效，对神经网络的输入、输出数据进行归一化处理，即将输入、输出数据映射到[0.1,0.8]范围内，训练结束后再反映射到原数据范围。

④输出层的节点数设计。该模型的设计功能是实现由实测索力到未测索力的非线性映射，因此输出节点数目取未测桥索数目。在本章中取犍为岷江大桥五通侧下游 28 根拉索索力作为研究对象，双号拉索索力作为输入，单号拉索索力作为输出，因此该模型输出层有 14 个节点。

⑤隐层的节点数设计。理论上已经证明隐含层具有 $2N+1$ 个节点时(N 为输入层结点数)3 层前馈网络可以任意精度逼近任意一个可微函数，因此本章选取的隐含层的节点数为 $2\times14+1=29$。

⑥传输函数。BP 网络中传输函数采用 S(sigmoid)型函数，输出层采用 Purelin 函数，整个网络的输出可以取任意值。

⑦训练方法及其参数选择。BP 神经网络采用 Train 函数，训练参数包括训练步数 2 000、显示训练结果的间隔步数 20、训练目标误差 0.001。

⑧初始权值的设计。根据缺省的参数对网络进行连接权值和阈值初始化。

6.合理换索工序及施工张拉力的确定

斜拉桥换索合理工序和换索施工张拉力的确定，是换索设计的重要内容。换索施工工序不合理，不仅会造成人力物力的浪费，甚至影响结构的安全性，给施工带来不安全因素。合理确定斜拉桥换索的施工张拉力，做到索力调整一步到位，避免重复调索，也可以节约人力物力。

由于实际换索(调索)时施工顺序不尽相同，所以在各个调索阶段中，各斜拉索的实际索力将随施工顺序的不同而有所变化，但全部调索阶段结束后，斜拉索实际索力不会因张拉次序不同而有所变化。

(1)换索(调索)施工顺序的确定

合理的换索、调索施工顺序应根据各桥的实际情况确定，但也存在一些通用原则。换索施工顺序既要顾及换索过程中结构的安全，也要考虑方便施工组织。从力学角度上看，腐蚀最严重的拉索其承载能力将大大降低，换索过程中，卸下一根索，全桥索力将按一定规律重新分布，其邻近索的索力一般会增大，对于腐蚀严重的拉索可能难以承受。因此确定换索顺序时要考虑首先更换严重腐蚀的拉索。

确定换索施工顺序的同时要考虑方便施工组织，换索设计应先对斜拉桥的索组进行有规律的编号。换索顺序最好按索号的顺序依次进行，这样可使换索工作平台的移动循序渐进。若前后换索索号的位置相差很远，毫无规律，那么换索工作平台及运输系统的移动和安装就会忽上忽下，对施工组织很不利，从而影响换索施工效率，延长施工周期。

换索一般以桥塔为中心，两侧对称进行。为方便施工组织，目前换索顺序主要有两种方式，一种是先由外索(长索)开始逐索更换直至内索(短索)；另一种则为由内索开始逐根更换直至外索。这两种方式都要结合原有拉索的损害严重程度和临时的抢修特例以及换索优化方案酌情调整。但无论采用哪种顺序，都必须校核张拉过程中各阶段主梁的弯矩，保证主梁弯矩在材料抗弯包络图以内，否则应调整换索顺序或调整换索目标。

为保证换索过程中主梁及主塔受力均衡。换索施工应对称、依次进行。对于双塔双索面的斜拉桥，如果受施工设备、人力资源的限制，全桥完全对称的进行换索有困难，可采取反对称换索方案，反对称换索的方案与工序一般为：

①单塔对称、全桥反对称的进行。

②同一索号，上、下游交替更换。

③同一索号内的各索束按一定顺序进行更换。

④每一索号横向索全部更换后再进行下一索号的更换。

对于单塔斜拉桥，换索施工可在全桥结构内完全对称地进行，即塔两侧、上下游的同号索组同时进行换索。

(2)施工张拉力的确定

由于斜拉桥采用多根斜拉索作为主梁的支承体系，从而既可以提高斜拉桥的跨越能力，又可以大大减小主梁的弯矩，降低梁高，达到节省材料的效果。同时还可以通过对斜拉索索力的调整，人为地调整主梁乃至全桥的受力状态，使之最大限度地达到设计者所希望的状态。索力值的确定有许多方案可供选择，也有许多确定索力的方法。

通常确定斜拉桥的恒载初始索力可以分解为两个步骤，其一是确定初始目标状态，其二是运用合适的方法去实现这样的初始目标状态。在实践中，工程师们已经提出了许多较合理的初始目标状态，而为了实现这些特定的目标状态，国内外许多学者也提出了诸多实现的方法。这些方法在本书的第二章第三节中已经进行了比较详细的介绍。这些方法通常能够解决一些特定的要求，并且在实践中也都进行了一定的应用。下面简要介绍如何实现这样的初始目标状态，即斜拉索施工张拉力的确定。

由于斜拉桥结构为高次超静定结构，理论上说，主梁的每一根拉索索力发生变化，都将会引起全桥内力重分布。所以要考虑施工顺序对目标值的影响，即按照施工顺序施工，千斤顶对拉索进行张拉时各千斤顶张拉力为多少，全桥调索完毕后桥面高程达到或接近目标值。

设 $X_i(i=1,2,\cdots,n)$ 为能使主梁指定点高程符合预定值且结构内力又能逼近设计值的需调索的各斜拉索的张拉力增量值，调索前第 i 根索索力为 P_i^0，ΔP_i 为其调索后索力变化值，δ_{ij} 为 $1\sim(j-1)$ 节点处单位力存在的基础上在 j 节点上施加单位力对第 i 根索的影响。那

么，按照调索顺序，各索索力影响将满足以下方程组

$$\left.\begin{array}{l}P_1^0+\Delta P_1=P_1^0+X_1+X_1\delta_{11}+X_2\delta_{12}+X_3\delta_{13}+\cdots+X_i\delta_{1i}+\cdots+X_n\delta_{1n}\\P_2^0+\Delta P_2=P_2^0+X_1\delta_{21}+X_2+X_2\delta_{22}+X_3\delta_{23}+\cdots+X_i\delta_{2i}+\cdots+X_n\delta_{2n}\\\cdots\cdots\\P_i^0+\Delta P_i=P_i^0+X_1\delta_{i1}+X_2\delta_{i2}+X_3\delta_{i3}+\cdots+X_i+X_i\delta_{ii}+\cdots+X_n\delta_{in}\\\cdots\cdots\\P_n^0+\Delta P_n=P_n^0+X_1\delta_{n1}+X_2\delta_{n2}+X_3\delta_{n3}+\cdots+X_i\delta_{ni}+\cdots+X_n+X_n\delta_{nn}\end{array}\right\}\tag{5-40}$$

将式(5-40)消去两端的 P_i^0，并写成如下的矩阵形式

$$\{\Delta P\}=[\delta]\{X\}\tag{5-41}$$

式(5-41)中

$$\{X\}=(X_1\quad X_2\quad X_3\quad\cdots\quad X_i\quad\cdots\quad X_n)^T$$

$$\{\Delta P\}=(\Delta P_1\quad \Delta P_2\quad \Delta P_3\quad\cdots\quad \Delta P_i\quad\cdots\quad \Delta P_n)^T$$

$$[\delta]=\begin{bmatrix}1+\delta_{11} & \delta_{12} & \cdots & \delta_{1i} & \cdots & \delta_{1n}\\ \delta_{21} & 1+\delta_{22} & \cdots & \delta_{2i} & \cdots & \delta_{2n}\\ \vdots & \vdots & \cdots & & & \vdots\\ \delta_{i1} & \delta_{i2} & & 1+\delta_{ii} & & \delta_{in}\\ \vdots & \vdots & \cdots & \vdots & \cdots & \vdots\\ \delta_{n1} & \delta_{n2} & \cdots & \delta_{ni} & \cdots & 1+\delta_{nn}\end{bmatrix}$$

对于一般情形，第 i 根拉索张拉前，$1\sim(i-1)$ 号拉索已经张拉完毕，它们对第 i 根拉索都有影响，而第 $(i+1)\sim n$ 号拉索尚未张拉，对第 i 根拉索没有影响，此时第 i 根索的索力

$$P_i^0+X_1\delta_{i1}+X_2\delta_{i2}+\cdots+X_{i-1}\delta_{i(i-1)}\tag{5-42}$$

也就是说，当第 i 根拉索张拉时，螺母刚松动时千斤顶的力就是式(5-41)的代数和。

现在在第 i 节点处施加力 X_i 后，对第 i 根索本身有影响 $X_i\delta_{ii}$，再加上 X_i 本身就是第 i 根拉索张拉时所需张拉的最终索力

$$P_i^0+X_1\delta_{i1}+X_2\delta_{i2}+\cdots+X_i\delta_{ii}+X_i\tag{5-43}$$

当继续张拉以后的拉索时，每张拉一根拉索都会对第 i 根拉索有影响，全部拉索张拉完后，第 i 根拉索的最后内力

$$P_i^0+X_1\delta_{i1}+X_2\delta_{i2}+\cdots+X_i\delta_{ii}+X_i+\cdots+X_n\delta_{in}\tag{5-44}$$

ΔP_i 就是调索前后第 i 根拉索的索力最终增量，也就是施工张拉力。由以上分析计算可以看出，上述方法的重点和难点在于求解影响矩阵 $[\delta]$。

下面尝试用 BP 神经网络方法来求解此问题。

(3)BP 神经网络在斜拉桥换索施工张拉力确定中的应用

由于斜拉桥结构为高次超静定结构，理论上说，主梁的每一根拉索索力发生变化，都会引起其他索索力的变化和全桥的内力重分布，而且这种变化关系一般都是非线性的。而神经网络方法在解决诸如此类的非线性问题时，有着独特的优势。本节着重探求一种方法，通过构造 BP 神

经网络模型,在桥索索力变化值之间建立非线性映射关系。这样根据某根拉索索力的变化,经过神经网络映射,得到相邻拉索索力的变化,再进行简单叠加,就可以得到拉索的施工张拉力。

根据工程经验,当某根拉索索力在一定范围内变化时,只会对其邻近的拉索造成明显的影响,而对于距离较远拉索的影响可以忽略不计。本章中只计算其对前后各3根拉索的影响。

该模型的建立以犍为岷江大桥为工程依托。由于桥梁结构的对称性,只需对犍为岷江大桥侧下游28根拉索建立模型。模型的建立过程如下:

①网络层数设计。此处建立的BP模型是一种多层前馈式神经网络,其结构分为3层:一个输入层、一个输出层和一个隐层。理论上已经证明,在不限制隐含节点数的情况下,3层(只含一个隐层)的BP网络可以实现任意非线性映射。

②输入层的节点数。本章研究的是索力之间的相互影响关系,因此该模型输入为某根斜拉索索力的变化值,输入层有1个节点。

③网络数据的预处理。为使网络训练更加有效,对神经网络的输入、输出数据进行归一化处理,即将输入、输出数据映射到[0.1,0.8]范围内,训练结束后再反映射到原数据范围。

④输出层的节点数设计。本章研究的是索力之间的相互影响关系,并且由于某根拉索索力的变化只会对该索的前后各三根拉索产生明显的影响,因此模型的输出为该索和其前后各三根拉索索力的变化值。该模型输出层有7个节点。

⑤隐层的节点数设计。理论上已经证明隐含层具有$2N+1$个节点时(N为输入层节点数)三层前馈网络可以任意精度逼近任意一个可微函数,因此本工程选取的隐含层的节点数为$2\times1+1=3$。

⑥传输函数。BP网络中传输函数采用S(Sigmoid)型函数,输出层采用Purelin函数,整个网络的输出可以取任意值。

⑦训练方法及其参数选择。BP神经网络的训练采用train函数。

⑧初始权值的设计。根据缺省的参数对网络进行连接权值和阈值初始化。

设$X_i(i=1,2,\cdots,n)$为能使主梁指定点高程符合预定值且结构内力又能逼近设计值的需调索的各斜拉索的张拉力增量值,ΔP_i为施工时需要在索端施加的张拉力。

确定ΔP_i过程如下:分别将第i根拉索的前后各三根拉索索力值及X_i输入相应网络,得其对第i根拉索的影响分别为$\Delta X_l(l=i-3,\cdots,i,\cdots,i+3)$,则

$$\Delta P_i = X_i + \Delta X_l \quad (l=i-3,\cdots,i,\cdots,i+3) \tag{5-45}$$

ΔP_i即为施工时需要在索端施加的张拉力。

四、应用实例

1.实桥计算模型的建立

1)工程背景

犍为岷江大桥位于国道213线犍为县城边上,跨越岷江,主桥为双塔双索面预应力混凝土斜拉桥,主桥全长480m,跨径组合为52m+68m+240m+68m+52m;主梁为单箱三室箱型梁,结构体系:塔墩固结,梁墩分离的飘浮体系。桥墩为钢筋混凝土双层门式框架,如图5-23所示。桥面净宽度组成:9m车行道+2×1.5m人行道;设计荷载为汽车—20级,挂车—100,人群荷载

为 3.5kN/m²。

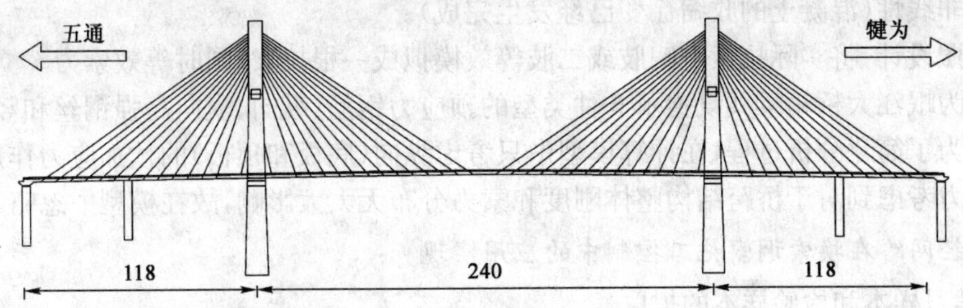

图 5-23　犍为岷江大桥立面图(尺寸单位:m)

2)计算模型的建立

3)单元截面的选取

主梁与主塔截面直接取用实际设计截面。

(1)参数选取

①主梁均采用 C40 混凝土,索塔混凝土采用 C40 混凝土,辅助墩采用 C30 混凝土。主梁的重度考虑钢筋的等效重度,主梁的弹性模量采用折减后的弹模。

②斜拉索采用 ϕ0.5mm 低松弛镀锌高强平行钢丝,计算时弹模的选取为 $E=2.00\times10^5$MPa;斜拉索重度选取时根据《桥梁设计常用数据手册》取用。

③单元截面的选取:主梁与主塔截面直接取用实际设计截面。

(2)施工仿真模拟概述

施工仿真模拟采用的软件为:大型有限元软件 MIDAS。岷江大桥有限元模型如图 5-24 所示。

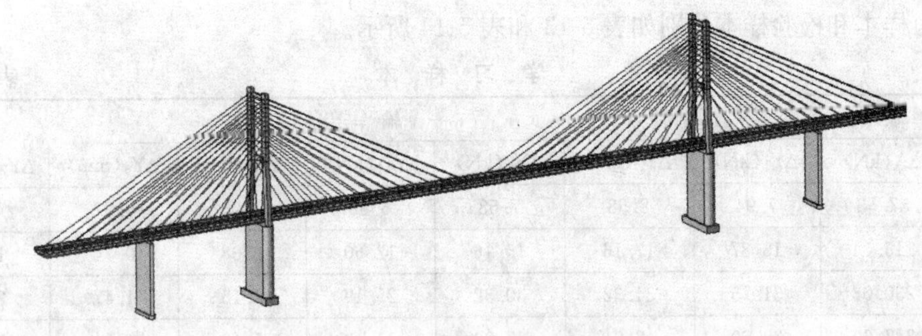

图 5-24　犍为岷江大桥有限元模型

①结构模型离散时,按照施工顺序,在主塔和主梁的每一施工节段的端点、拉索锚固点均设置节点。全桥共划分为 427 个节点,316 个单元。

②考虑到本桥为塔墩固结,塔梁分离的飘浮体系,建模时塔和主梁是分离的,同时采用空间 3D 模型模拟,索和主梁以及索和主塔采用弹性连接的刚性类型。

③在两个主塔塔底采用完全固结;在 10 号交接墩顶、15 号交接墩位置处与主梁的连接,在顺桥向、横桥向自由,仅在竖桥向进行位移的限制,对转角均不约束。在两个辅助墩 11 号和 14 号主梁和墩的连接采用一般支座模拟。

④主梁横隔梁自重、锚块的重量以及压重均采用集中力模拟。

⑤计算时，非线性只考虑了索的非线性，梁柱效应和大位移等没有考虑，同时不考虑混凝土的时效非线性（混凝土的收缩徐变已经发生完成）。

⑥按照设计，将实际拉索由四肢或二肢等效模拟成一根拉索，同时等效索力。

⑦犍为岷江大桥箱梁共设置了3种类型的预应力钢筋：纵向、横向高强钢丝和竖向精轧螺纹钢筋。为了简化分析过程，在计算模型中只考虑纵向（底板和顶板）的预加应力作用，而其他两项预应力考虑到对于桥跨结构整体刚度和索力分布无太大影响，故在模型中忽略不计。

2.神经网络在换索调索施工控制中的应用实现

(1)学习样本和检验样本的提取

由于该桥已经营运多年，斜拉索锈蚀比较严重，局部拉索已经出现断丝现象，需要全部更换。另外，结构外形和内力都产生了很大变化，需要利用换索时机对拉索索力重新调整，使大桥恢复到最佳受力状态。

斜拉索更换顺序为两塔斜拉索换索同时对称进行，更换流程（工序）为：13、16号斜拉索→14、15号斜拉索→12、17号斜拉索→1、28号斜拉索→2、27号斜拉索→3、26号斜拉索→4、25号斜拉索→5、24号斜拉索→6、23号斜拉索→7、22号斜拉索→8、21号斜拉索→9、20号斜拉索→10、19号斜拉索→11、18号斜拉索。

①样本提取。样本提取过程如下：假设需要更换的拉索为22号，卸索时分级进行，第一级拉索索力改变量为ΔX，以此作为模型输入；提取与22号拉索相邻的前后各两根拉索索力的改变量$\Delta Y_1 \sim \Delta Y_4$、22号索底端主梁挠度与跨中主梁挠度的改变量$\Delta Y_5$和$\Delta Y_6$、主梁跨中弯矩改变量$\Delta Y_7$，将$\Delta Y_1 \sim \Delta Y_7$作为模型输出。这样就得到一个由1个输入层神经元和7个输出层神经元所组成的样本。

重复以上过程，共得到41组样本。以其中的36组作为学习样本，另外5组作为检验样本。学习样本和检验样本分别如表5-13和表5-14所示。

学 习 样 本 表5-13

序号	输入	输出						
	ΔX(kN)	ΔY_1(kN)	ΔY_2(kN)	ΔY_3(kN)	ΔY_4(kN)	ΔY_5(mm)	ΔY_6(mm)	ΔY_7(kN·m)
1	57.52	7.94	8.58	7.58	6.30	1.04	0.37	66.97
2	115.04	15.87	17.16	15.16	12.60	2.08	0.74	133.94
3	230.08	31.75	34.32	30.32	25.19	4.15	1.47	267.88
4	287.60	39.69	42.91	37.90	31.49	5.19	1.84	334.86
5	345.12	47.62	51.49	45.49	37.79	6.23	2.21	401.83
6	402.64	55.56	60.07	53.07	44.09	7.27	2.58	468.80
7	460.16	63.50	68.65	60.65	50.39	8.31	2.95	535.77
8	575.20	79.37	85.81	75.81	62.99	10.39	3.69	669.72
9	632.72	87.31	94.39	83.39	69.29	11.43	4.05	736.69
10	690.24	95.25	102.97	90.97	75.58	12.46	4.42	803.67
11	747.76	103.19	111.56	98.55	81.88	13.50	4.79	870.64
12	805.28	111.12	120.14	106.13	88.18	14.54	5.16	937.61
13	862.80	119.06	128.72	113.72	94.48	15.58	5.53	1 004.59

续上表

序号	输入	输　出						
	ΔX(kN)	ΔY_1(kN)	ΔY_2(kN)	ΔY_3(kN)	ΔY_4(kN)	ΔY_5(mm)	ΔY_6(mm)	ΔY_7(kN·m)
14	920.32	127.00	137.30	121.30	100.78	16.62	5.90	1 071.56
15	977.84	134.93	145.88	128.88	107.08	17.66	6.26	1 138.54
16	1 035.36	142.87	154.46	136.46	113.38	18.70	6.63	1 205.51
17	1 092.88	150.81	163.04	144.04	119.67	19.73	7.00	1 272.49
18	1 207.92	166.68	180.21	159.20	132.27	21.81	7.74	1 406.44
19	1 265.44	174.62	188.79	166.78	138.57	22.85	8.11	1 473.41
20	1 322.96	182.56	197.37	174.36	144.87	23.89	8.48	1 540.39
21	1 380.48	190.50	205.95	181.94	151.17	24.93	8.84	1 607.36
22	1 495.52	206.37	223.11	197.11	163.76	27.01	9.58	1 741.31
23	1 553.04	214.31	231.69	204.69	170.06	28.04	9.95	1 808.29
24	1 610.56	222.25	240.28	212.27	176.36	29.08	10.32	1 875.27
25	1 668.08	230.18	248.86	219.85	182.66	30.12	10.69	1 942.24
26	1 725.60	238.12	257.44	227.43	188.96	31.16	11.06	2 009.22
27	1 783.12	246.06	266.02	235.01	195.26	32.20	11.42	2 076.20
28	1 840.64	254.00	274.60	242.59	201.56	33.24	11.79	2 143.17
29	1 898.16	261.93	283.18	250.17	207.86	34.28	12.16	2 210.15
30	1 955.68	269.87	291.76	257.75	214.15	35.32	12.53	2 277.13
31	2 070.72	285.75	308.93	272.92	226.75	37.39	13.27	2 411.08
32	2 128.24	293.68	317.51	280.50	233.05	38.43	13.63	2 478.06
33	2 185.76	301.62	326.09	288.08	239.35	39.47	14.00	2 545.04
34	2 243.28	309.56	334.67	295.66	245.65	40.51	14.37	2 612.01
35	2 300.80	317.50	343.25	303.24	251.95	41.55	14.74	2 678.99
36	2 359.99	330.61	357.46	315.85	262.47	42.83	15.08	2 794.71

检　验　样　本　　表 5-14

序号	输入	输　出						
	ΔX(kN)	ΔY_1(kN)	ΔY_2(kN)	ΔY_3(kN)	ΔY_4(kN)	ΔY_5(mm)	ΔY_6(mm)	ΔY_7(kN·m)
1	172.56	23.81	25.74	22.74	18.90	3.12	1.11	200.91
2	517.68	71.44	77.23	68.23	56.69	9.35	3.32	602.75
3	1 150.40	158.75	171.63	151.62	125.97	20.77	7.37	1 339.46
4	1 438.00	198.43	214.53	189.53	157.47	25.97	9.21	1 674.34
5	2 013.20	277.81	300.35	265.34	220.45	36.35	12.90	2 344.10

②样本数据归一化。利用比例归一法对数据进行变换处理，将输入及输出数据变换在[0.1--0.9]之间，变换公式为式(5-35)。

归一化以后的学习样本和检验样本如表 5-15 和表 5-16 所示。

归一化后的学习样本 表 5-15

序号	输入	输出						
	ΔX	ΔY_1	ΔY_2	ΔY_3	ΔY_4	ΔY_5	ΔY_6	ΔY_7
1	0.100 0	0.900 0	0.900 0	0.900 0	0.900 0	0.100 0	0.100 0	0.100 0
2	0.120 0	0.880 3	0.880 3	0.880 3	0.880 3	0.119 9	0.120 0	0.119 6
3	0.160 0	0.841 0	0.841 0	0.841 0	0.841 0	0.159 6	0.160 1	0.158 9
4	0.179 9	0.821 3	0.821 3	0.821 3	0.821 3	0.179 5	0.180 2	0.178 6
5	0.199 9	0.801 6	0.801 6	0.801 6	0.801 7	0.199 4	0.200 2	0.198 2
6	0.219 9	0.781 9	0.781 9	0.782 0	0.782 0	0.219 3	0.220 3	0.217 8
7	0.239 9	0.762 3	0.762 3	0.762 3	0.762 3	0.239 1	0.240 3	0.237 5
8	0.279 9	0.722 9	0.722 9	0.722 9	0.723 0	0.278 9	0.280 4	0.276 8
9	0.299 9	0.703 2	0.703 2	0.703 3	0.703 3	0.298 8	0.300 4	0.296 4
10	0.319 8	0.683 5	0.683 5	0.683 6	0.683 6	0.318 7	0.320 5	0.316 1
11	0.339 8	0.663 9	0.663 9	0.663 9	0.664 0	0.338 6	0.340 5	0.335 7
12	0.359 8	0.644 2	0.644 2	0.644 2	0.644 3	0.358 4	0.360 6	0.355 3
13	0.379 8	0.624 5	0.624 5	0.624 6	0.624 6	0.378 3	0.380 6	0.375 0
14	0.399 8	0.604 8	0.604 8	0.604 9	0.605 0	0.398 2	0.400 7	0.394 6
15	0.419 8	0.585 1	0.585 2	0.585 2	0.585 3	0.418 1	0.420 7	0.414 3
16	0.439 8	0.565 5	0.565 5	0.565 5	0.565 6	0.438 0	0.440 8	0.433 9
17	0.459 7	0.545 8	0.545 8	0.545 9	0.545 9	0.457 8	0.460 8	0.453 6
18	0.499 7	0.506 4	0.506 5	0.506 5	0.506 6	0.497 6	0.500 9	0.492 8
19	0.519 7	0.486 7	0.486 8	0.486 8	0.486 9	0.517 5	0.520 9	0.512 5
20	0.539 7	0.467 1	0.467 1	0.467 2	0.467 3	0.537 4	0.541 0	0.532 1
21	0.559 7	0.447 4	0.447 4	0.447 5	0.447 6	0.557 3	0.561 0	0.551 8
22	0.599 6	0.408 0	0.408 1	0.408 2	0.408 2	0.597 0	0.601 1	0.591 1
23	0.619 6	0.388 3	0.388 4	0.388 5	0.388 6	0.616 9	0.621 2	0.610 7
24	0.639 6	0.368 7	0.368 7	0.368 8	0.368 9	0.636 8	0.641 2	0.630 3
25	0.659 6	0.349 0	0.349 0	0.349 1	0.349 2	0.656 7	0.661 2	0.650 0
26	0.679 6	0.329 3	0.329 4	0.329 5	0.329 6	0.676 6	0.681 3	0.669 6
27	0.699 6	0.309 6	0.309 7	0.309 8	0.309 9	0.696 4	0.701 3	0.689 3
28	0.719 6	0.289 9	0.290 0	0.290 1	0.290 2	0.716 3	0.721 4	0.708 9
29	0.739 5	0.270 3	0.270 3	0.270 4	0.270 6	0.736 2	0.741 4	0.728 6
30	0.759 5	0.250 6	0.250 6	0.250 8	0.250 9	0.756 1	0.761 5	0.748 2
31	0.799 5	0.211 2	0.211 3	0.211 4	0.211 5	0.795 8	0.801 6	0.787 5
32	0.819 5	0.191 6	0.191 6	0.191 7	0.191 9	0.815 7	0.821 6	0.807 1
33	0.839 5	0.171 9	0.171 9	0.172 1	0.172 2	0.835 6	0.841 7	0.826 8
34	0.859 4	0.152 2	0.152 3	0.152 4	0.152 5	0.855 5	0.861 7	0.846 4
35	0.879 4	0.132 5	0.132 6	0.132 7	0.132 9	0.875 4	0.881 7	0.866 1
36	0.900 0	0.100 0	0.100 0	0.100 0	0.100 0	0.900 0	0.900 0	0.900 0

归一化后的检验样本 表 5-16

序号	输入	输出						
	ΔX	ΔY_1	ΔY_2	ΔY_3	ΔY_4	ΔY_5	ΔY_6	ΔY_7
1	0.140 0	0.860 6	0.860 6	0.860 7	0.860 7	0.139 7	0.140 1	0.139 3
2	0.259 9	0.742 6	0.742 6	0.742 6	0.742 6	0.259 0	0.260 4	0.257 1
3	0.479 7	0.526 1	0.526 1	0.526 2	0.526 3	0.477 7	0.480 8	0.473 2
4	0.579 7	0.427 7	0.427 7	0.427 8	0.427 9	0.577 1	0.581 1	0.571 4
5	0.779 5	0.230 9	0.231 0	0.231 1	0.231 2	0.776 0	0.781 5	0.767 8

(2)网络应用实现

①网络训练及误差分析

利用学习样本训练网络。BP 神经网络经过 2 000 次的训练，最后误差达到 $1.287\ 67\times10^{-9}$，训练误差曲线如图 5-25 所示。

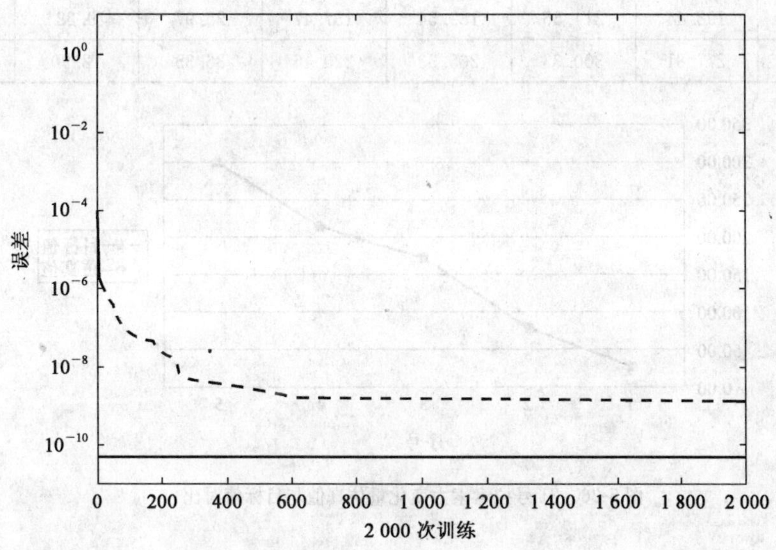

图 5-25 样本学习曲线

注：1. 训练样本曲线——虚线；目标曲线——实线。2. 样本误差：1.28767×10^{-9}；目标误差：5×10^{-11}。

本文随后对该样本集进行了 3 次训练，每次训练步数均为 2 000 步，3 次训练的误差变化趋势基本一致，说明该网络比较稳定。

②训练效果检验。把训练样本集的输入数据输入网络，得到网络的仿真输出(即预测值)，与训练样本集的输出数据(即目标值)进行比较，检验网络训练的效果。网络的仿真输出如表 5-17 所示。表 5-18为还原后的仿真输出值。图 5-26 为 21 号拉索索力变化量仿真值与目标值的对比图，图 5-27 为主梁跨中挠度变化量仿真值与目标值的对比图，图 5-28 为主梁跨中弯矩变化量仿真值与目标值的对比图。

网络仿真输出 表 5-17

序号	输入	输出						
	ΔX	ΔY_1	ΔY_2	ΔY_3	ΔY_4	ΔY_5	ΔY_6	ΔY_7
1	0.140 0	0.860 6	0.860 6	0.860 6	0.860 6	0.139 8	0.140 1	0.139 3
2	0.259 9	0.742 6	0.742 6	0.742 6	0.742 6	0.259	0.260 4	0.257 1
3	0.479 7	0.526 1	0.526 2	0.526 2	0.526 3	0.477 7	0.480 8	0.473 2
4	0.579 7	0.427 6	0.427 7	0.427 8	0.427 9	0.577 2	0.581 1	0.571 5
5	0.779 5	0.230 9	0.230 9	0.231	0.231 2	0.776	0.781 6	0.767 9

还原后的网络仿真输出 表 5-18

序号	输入	输出						
	ΔX(kN)	ΔY_1(kN)	ΔY_2(kN)	ΔY_3(kN)	ΔY_4(kN)	ΔY_5(mm)	ΔY_6(mm)	ΔY_7(kN·m)
1	172.56	23.83	25.76	22.76	18.88	3.12	1.11	200.97
2	517.68	71.43	77.22	68.23	56.70	9.35	3.32	602.63
3	1 150.40	158.75	171.59	151.62	125.96	20.77	7.37	1 339.46
4	1 438.00	198.44	214.55	189.54	157.47	25.97	9.22	1 674.29
5	2 013.20	277.81	300.33	265.33	220.46	36.35	12.90	2 344.29

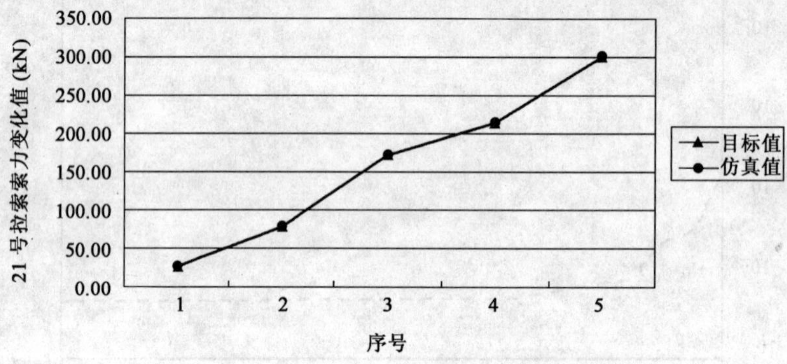

图 5-26 21 号拉索索力变化量仿真值与目标值对比

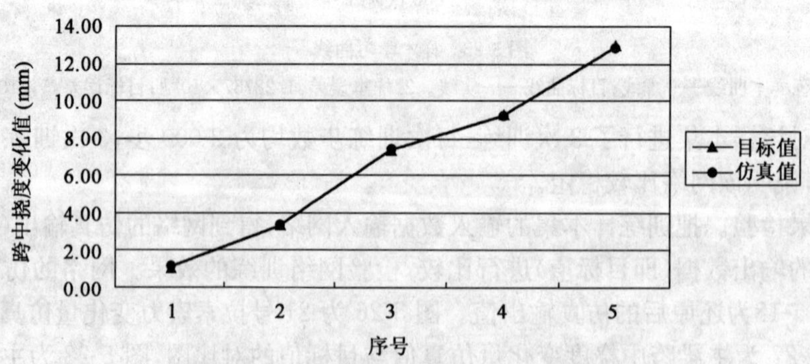

图 5-27 跨中挠度变化量仿真值与目标值对比

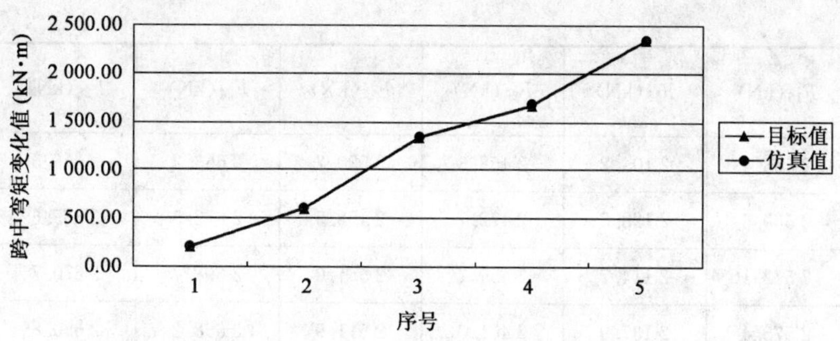

图 5-28　跨中弯矩变化量仿真值与目标值对比

将表 5-17 中的网络仿真输出值与表 5-14 中的目标值进行对比，并参照图 5-26～图 5-28，我们可以看出，神经网络给出的仿真结果同目标值几乎完全一致，可见，该神经网络训练效果较好。这说明神经网络用于斜拉桥换索施工控制是可行的。

当施工人员更换拉索或调整拉索索力时，可以通过读取所调拉索索力的变化，利用该网络的非线性映射功能，掌握到全桥内力的变化，达到对整个施工过程准确监控的目的。

3. 神经网络在索力测量中应用的实现

(1)学习样本和检验样本的提取

①样本提取。为有效控制网络规模，取五通方向下游 28 根拉索作为研究对象。在某一特定时段内，将该 28 根斜拉索受力情况测量的结果作为 1 组，共 15 组数据。以其中 12 组作为学习样本，另外 3 组作为检验样本。以双号索的索力作为网络输入，单号索索力作为网络输出。学习和检验样本分别如表 5-19～表 5-22 所示。

学习样本(输入)　　表 5-19

序号＼索力	F_2(kN)	F_4(kN)	F_6(kN)	F_8(kN)	F_{10}(kN)	F_{12}(kN)	F_{14}(kN)
1	2 574.2	2 430.6	2 414.2	2 326.4	2 278.8	1 504.6	1 990.5
2	2 591.9	2 413.5	2 415.5	2 371.7	2 228.1	1 498.7	1 990.9
3	2 579.9	2 437.5	2 379.0	2 318.9	2 231.2	1 501.2	1 979.3
4	2 571.3	2 432.8	2 447.9	2 371.2	2 271.9	1 508.2	2 028.2
5	2 572.4	2 407.9	2 420.7	2 323.2	2 266.6	1 513.0	1 986.1
6	2 580.0	2 416.9	2 428.5	2 312.3	2 270.6	1 538.2	1 962.2
7	2 597.5	2 425.0	2 446.2	2 337.7	2 250.5	1 544.5	1 984.4
8	2 590.3	2 443.7	2 372.9	2 325.4	2 283.3	1 518.5	1 979.1
9	2 547.1	2 405.6	2 399.3	2 349.7	2 283.0	1 477.3	1 988.1
10	2 576.6	2 418.6	2 417.7	2 339.6	2 261.4	1 511.9	1 982.7
11	2 569.8	2 421.0	2 424.8	2 295.4	2 294.0	1 493.3	1 973.6
12	2 585.6	2 450.3	2 403.1	2 265.8	2 245.9	1 483.7	1 955.7

续上表

序号＼索力	F_{16}(kN)	F_{18}(kN)	F_{20}(kN)	F_{22}(kN)	F_{24}(kN)	F_{26}(kN)	F_{28}(kN)
1	2 565.4	2 105.2	2 458.3	2 520.7	2 663.2	2 666.5	2 577.5
2	2 569.6	2 128.5	2 472.7	2 458.5	2 672.5	2 679.6	2 544.4
3	2 572.1	2 114.7	2 459.2	2 551.0	2 698.7	2 670.7	2 570.6
4	2 575.4	2 137.9	2 461.0	2 511.9	2 668.2	2 690.8	2 561.1
5	2 552.7	2 095.9	2 489.9	2 548.6	2 693.2	2 668.5	2 590.8
6	2 591.9	2 125.2	2 442.5	2 492.9	2 669.3	2 669.6	2 576.2
7	2 584.5	2 146.0	2 489.0	2 538.1	2 679.1	2 653.9	2 583.5
8	2 517.4	2 117.0	2 479.1	2 530.8	2 674.6	2 645.3	2 587.1
9	2 543.2	2 105.4	2 454.7	2 510.7	2 698.6	2 660.1	2 556.4
10	2 558.5	2 072.8	2 464.3	2 568.6	2 644.2	2 695.1	2 579.0
11	2 524.8	2 129.8	2 486.4	2 560.4	2 644.7	2 702.1	2 574.7
12	2 596.4	2 118.7	2 464.5	2 535.9	2 670.5	2 639.3	2 590.8

学习样本(输出) 表 5-20

序号＼索力	F_1(kN)	F_3(kN)	F_5(kN)	F_7(kN)	F_9(kN)	F_{11}(kN)	F_{13}(kN)
1	3 027.8	2 650.7	2 480.6	2 330.7	2 309.7	1 958.1	2 237.5
2	3 038.9	2 641.6	2 493.1	2 356.6	2 304.5	1 975.4	2 227.0
3	3 019.5	2 678.7	2 464.6	2 323.1	2 282.3	1 945.3	2 251.9
4	3 029.0	2 641.5	2 474.3	2 330.8	2 284.3	1 971.3	2 259.3
5	3 036.9	2 651.4	2 468.6	2 348.4	2 291.8	1 984.0	2 247.5
6	3 031.8	2 666.7	2 505.8	2 342.3	2 321.5	1 964.4	2 292.9
7	3 033.0	2 668.6	2 497.8	2 298.4	2 346.6	1 975.3	2 234.3
8	3 069.4	2 653.5	2 438.5	2 300.6	2 336.7	1 960.7	2 246.1
9	2 982.3	2 618.3	2 473.4	2 342.2	2 299.9	1 958.4	2 198.2
10	3 034.6	2 617.8	2 491.7	2 312.5	2 266.1	1 956.6	2 226.6
11	3 033.6	2 659.3	2 449.5	2 298.1	2 314.4	1 938.2	2 199.7
12	3 041.0	2 636.0	2 476.5	2 323.5	2 295.0	1 943.2	2 235.3

续上表

序号＼索力	F_{15}(kN)	F_{17}(kN)	F_{19}(kN)	F_{21}(kN)	F_{23}(kN)	F_{25}(kN)	F_{27}(kN)
1	2 022.5	1 647.1	2 427.3	2 498.1	2 615.2	2 550.3	2 422.2
2	1 985.8	1 637.0	2 478.6	2 455.9	2 607.1	2 525.0	2 421.4
3	2 059.0	1 651.2	2 400.9	2 484.7	2 627.2	2 574.8	2 414.4
4	2 035.6	1 662.1	2 447.5	2 527.0	2 627.9	2 580.6	2 410.9
5	1 991.6	1 628.0	2 442.6	2 491.4	2 635.4	2 585.5	2 440.6
6	2 015.0	1 659.3	2 410.3	2 552.0	2 633.7	2 562.6	2 395.7
7	2 026.7	1 682.2	2 415.3	2 465.3	2 639.6	2 551.7	2 416.0
8	2 007.2	1 648.8	2 428.3	2 487.3	2 610.0	2 592.8	2 370.0
9	2 020.4	1 698.9	2 426.8	2 508.9	2 600.8	2 575.3	2 437.6
10	2 029.3	1 633.5	2 425.5	2 527.9	2 603.1	2 515.0	2 434.1
11	2 043.2	1 702.7	2 395.8	2 488.9	2 609.8	2 549.7	2 440.9
12	1 994.4	1 646.7	2 461.1	2 488.1	2 639.9	2 599.4	2 401.5

检验样本(输入)　　表 5-21

序号＼索力	F_2(kN)	F_4(kN)	F_6(kN)	F_8(kN)	F_{10}(kN)	F_{12}(kN)	F_{14}(kN)
1	2 568.2	2 465.8	2 420.2	2 337.2	2 257.7	1 518.5	1 981.5
2	2 596.9	2 459.1	2 389.7	2 306.2	2 273.8	1 514.3	1 959.5
3	2 570.6	2 448.8	2 410.4	2 344.6	2 252.8	1 500.7	1 988.6
序号＼索力	F_{16}(kN)	F_{18}(kN)	F_{20}(kN)	F_{22}(kN)	F_{24}(kN)	F_{26}(kN)	F_{28}(kN)
1	2 569.7	2 089.4	2 467.5	2 520.6	2 681.2	2 673.7	2 614.7
2	2 577.9	2 115.6	2 466.0	2 530.8	2 666.1	2 665.5	2 583.5
3	2 542.4	2 147.7	2 456.5	2 533.7	2 659.0	2 668.2	2 575.1

检验样本(输出)　　表 5-22

序号＼索力	F_1(kN)	F_3(kN)	F_5(kN)	F_7(kN)	F_9(kN)	F_{11}(kN)	F_{13}(kN)
1	3 016.2	2 662.0	2 472.1	2 322.7	2 274.1	1 957.5	2 211.2
2	3 045.6	2 623.0	2 490.5	2 307.5	2 318.7	1 977.9	2 224.0
3	3 031.2	2 659.9	2 463.2	2 308.5	2 321.3	1 946.1	2 219.5
序号＼索力	F_{15}(kN)	F_{17}(kN)	F_{19}(kN)	F_{21}(kN)	F_{23}(kN)	F_{25}(kN)	F_{26}(kN)
1	2 001.9	1 652.4	2 417.6	2 522.7	2 584.0	2 536.6	2 420.6
2	2 009.6	1 628.7	2 428.9	2 498.8	2 607.3	2 555.2	2 423.6
3	2 025.9	1 608.0	2 432.7	2 513.0	2 620.5	2 542.6	2 386.7

②样本数据归一化

利用比例归一法对数据进行变换处理，将输入及输出数据变换在[0.1～0.9]之间，变换公式为式(5-34)。

归一化以后的学习样本和检验样本如表 5-23～表 5-25 所示。

归一化后的学习样本(输入) 表 5-23

序号 \ 索力	F_2	F_4	F_6	F_8	F_{10}	F_{12}	F_{14}
1	0.651 2	0.579 0	0.570 8	0.526 7	0.502 7	0.113 7	0.357 9
2	0.660 1	0.570 4	0.571 4	0.549 4	0.477 3	0.110 8	0.358 1
3	0.654 0	0.582 5	0.553 1	0.522 9	0.478 8	0.112 0	0.352 2
4	0.649 7	0.580 1	0.587 7	0.549 2	0.499 3	0.115 5	0.376 8
5	0.650 3	0.567 6	0.574 0	0.525 0	0.496 6	0.117 9	0.355 7
6	0.654 1	0.572 1	0.578 0	0.519 6	0.498 6	0.130 6	0.343 7
7	0.662 9	0.576 2	0.586 9	0.532 3	0.488 5	0.133 8	0.354 8
8	0.659 3	0.585 6	0.550 0	0.526 2	0.505 0	0.120 7	0.352 1
9	0.637 6	0.566 5	0.563 3	0.538 4	0.504 8	0.100 0	0.356 7
10	0.652 4	0.573 0	0.572 5	0.533 3	0.495 5	0.117 4	0.354 0
11	0.649 0	0.574 2	0.576 1	0.511 1	0.510 4	0.108 0	0.349 4
12	0.656 9	0.588 9	0.565 2	0.496 2	0.486 2	0.103 2	0.340 4

序号 \ 索力	F_{16}	F_{18}	F_{20}	F_{22}	F_{24}	F_{26}	F_{28}
1	0.646 8	0.415 5	0.592 9	0.624 3	0.695 9	0.697 6	0.652 9
2	0.648 9	0.427 2	0.600 2	0.593 0	0.700 6	0.704 1	0.636 2
3	0.650 1	0.420 3	0.593 4	0.639 5	0.713 7	0.699 7	0.649 4
4	0.651 8	0.431 9	0.594 3	0.619 9	0.698 4	0.709 8	0.644 6
5	0.640 4	0.410 8	0.608 8	0.638 3	0.711 0	0.698 6	0.659 5
6	0.660 1	0.425 6	0.585 0	0.610 3	0.699 0	0.699 1	0.652 2
7	0.656 3	0.436 0	0.608 4	0.633 0	0.703 9	0.691 2	0.655 8
8	0.622 6	0.421 4	0.603 4	0.629 4	0.701 6	0.686 9	0.657 7
9	0.635 6	0.415 6	0.591 1	0.619 3	0.713 7	0.694 3	0.642 2
10	0.643 3	0.399 2	0.595 9	0.648 4	0.686 3	0.711 9	0.653 6
11	0.626 3	0.427 9	0.607 1	0.644 2	0.686 6	0.715 4	0.651 4
12	0.662 3	0.422 3	0.596 0	0.631 9	0.699 6	0.683 9	0.659 5

归一化后的学习样本(输出)　　表 5-24

序号＼索力	F_1	F_3	F_5	F_7	F_9	F_{11}	F_{13}
1	0.8791	0.6896	0.6041	0.5288	0.5183	0.3416	0.4820
2	0.8847	0.6850	0.6104	0.5418	0.5157	0.3503	0.4767
3	0.8749	0.7037	0.5961	0.5250	0.5045	0.3352	0.4892
4	0.8797	0.6850	0.6010	0.5289	0.5055	0.3482	0.4929
5	0.8837	0.6900	0.5981	0.5377	0.5093	0.3546	0.4870
6	0.8811	0.6977	0.6168	0.5346	0.5242	0.3448	0.5098
7	0.8817	0.6986	0.6128	0.5126	0.5368	0.3502	0.4804
8	0.9000	0.6910	0.5830	0.5137	0.5318	0.3429	0.4863
9	0.8562	0.6733	0.6005	0.5346	0.5133	0.3417	0.4622
10	0.8825	0.6731	0.6097	0.5197	0.4964	0.3408	0.4765
11	0.8820	0.6939	0.5885	0.5124	0.5206	0.3316	0.4630
12	0.8857	0.6822	0.6021	0.5252	0.5109	0.3341	0.4809
序号＼索力	F_{15}	F_{17}	F_{19}	F_{21}	F_{23}	F_{25}	F_{27}
1	0.3740	0.1853	0.5773	0.6130	0.6718	0.6392	0.5748
2	0.3555	0.1802	0.6031	0.5917	0.6677	0.6264	0.5744
3	0.3923	0.1874	0.5641	0.6062	0.6778	0.6515	0.5709
4	0.3805	0.1929	0.5875	0.6275	0.6782	0.6544	0.5691
5	0.3584	0.1757	0.5850	0.6096	0.6819	0.6568	0.5840
6	0.3702	0.1915	0.5688	0.6400	0.6811	0.6453	0.5615
7	0.3761	0.2030	0.5713	0.5965	0.6840	0.6399	0.5717
8	0.3663	0.1862	0.5779	0.6075	0.6692	0.6605	0.5486
9	0.3729	0.2113	0.5771	0.6184	0.6645	0.6517	0.5825
10	0.3774	0.1785	0.5765	0.6279	0.6657	0.6214	0.5808
11	0.3844	0.2133	0.5615	0.6083	0.6691	0.6389	0.5842
12	0.3598	0.1851	0.5943	0.6079	0.6842	0.6638	0.5644

归一化后的检验样本(输入)　　表 5-25

序号＼索力	F_2	F_4	F_6	F_8	F_{10}	F_{12}	F_{14}
1	0.6482	0.5967	0.5738	0.5321	0.4921	0.1207	0.3534
2	0.6626	0.5933	0.5585	0.5165	0.5002	0.1186	0.3423
3	0.6494	0.5882	0.5689	0.5358	0.4897	0.1118	0.3569
序号＼索力	F_{16}	F_{18}	F_{20}	F_{22}	F_{24}	F_{26}	F_{28}
1	0.6489	0.4076	0.5976	0.6242	0.7049	0.7012	0.6715
2	0.6530	0.4207	0.5968	0.6294	0.6973	0.6970	0.6558
3	0.6352	0.4369	0.5920	0.6308	0.6938	0.6984	0.6516

（2）网络应用实现

①网络训练及误差分析

利用学习样本训练网络。BP 神经网络经过 2 000 次的训练，最后误差达到 0.002 052 22，训练误差曲线如图 5-29 所示。

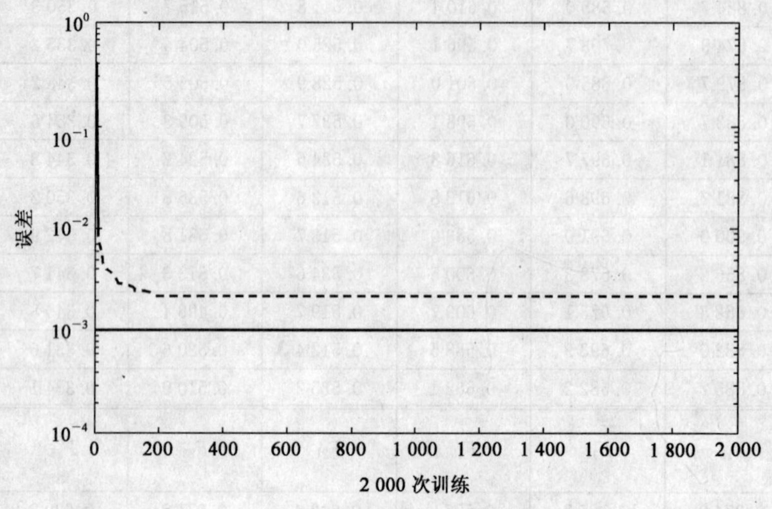

图 5-29　样本学习曲线

注：1. 图中训练样本曲线——虚线，目标曲线——实线。2. 样本误差为 0.002 052 22，目标误差为 0.001。

本书随后对该样本集进行了 3 次训练，每次训练步数均为 2 000 步，3 次训练的误差变化趋势基本一致，说明该网络比较稳定。

②训练效果检验

把训练样本集的输入数据输入网络，得到网络的仿真输出（即预测值），与训练样本集的输出数据（即目标值）进行比较，检验网络训练的效果。网络的仿真输出如表 5-26 所示。表 5-27 为还原后的仿真输出值。图 5-30～图 5-32 分别为三个检验样本网络仿真值与实测值的对比图。

网 络 仿 真 输 出　　表 5-26

序号 \ 索力	F_1	F_3	F_5	F_7	F_9	F_{11}	F_{13}
1	0.880 3	0.693 6	0.597 9	0.531 6	0.520 1	0.346 2	0.482 8
2	0.886 5	0.685 2	0.597 0	0.518 5	0.510 8	0.341 4	0.482 5
3	0.884 7	0.687 3	0.602 3	0.520 5	0.515 7	0.341 4	0.473 2

序号 \ 索力	F_{15}	F_{17}	F_{19}	F_{21}	F_{23}	F_{25}	F_{27}
1	0.368 7	0.191 8	0.576 5	0.611 2	0.676 5	0.648 2	0.578 5
2	0.378 0	0.184 1	0.575 8	0.615 9	0.667 6	0.635 1	0.564 7
3	0.382 5	0.200 3	0.570 5	0.617 9	0.669 7	0.635 2	0.581 5

还原后的网络仿真输出　　表 5-27

序号＼索力	F_{16}(kN)	F_{18}(kN)	F_{20}(kN)	F_{22}(kN)	F_{24}(kN)	F_{26}(kN)	F_{28}(kN)
1	3 030.2	2 658.6	2 468.2	2 336.2	2 313.4	1 967.3	2 239.1
2	3 042.5	2 641.9	2 466.4	2 310.2	2 294.8	1 957.7	2 238.5
3	3 039.0	2 646.1	2 476.9	2 314.1	2 304.6	1 957.7	2 220.0
4	2 012.0	1 660.0	2 425.6	2 494.7	2 624.6	2 568.3	2 429.6
5	2 030.6	1 644.7	2 424.2	2 504.0	2 606.9	2 542.2	2 402.1
6	2 039.5	1 676.9	2 413.7	2 508.0	2 611.1	2 542.4	2 435.5

将表 5-27 中的网络仿真输出值与表 5-22 中的目标值进行对比，并参照图 5-30～表 5-32，我们可以看出，神经网络给出的仿真结果同目标值基本吻合，可见，该神经网络训练效果较好。这说明神经网络用于斜拉桥索力测试是可行的。当施工人员进行换索前测试时，可以只检测部分斜拉索的索力，然后通过索力测试的历史资料，利用该网络的非线性映射功能，得到全桥索力，以节省人力物力。

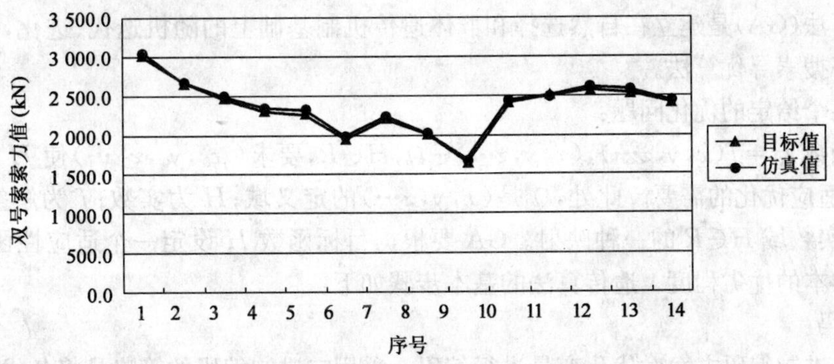

图 5-30　检验样本一仿真值与目标值对比

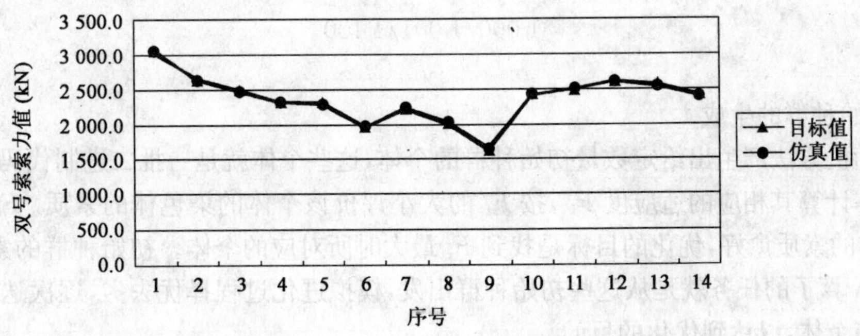

图 5-31　检验样本二仿真值与实测值对比

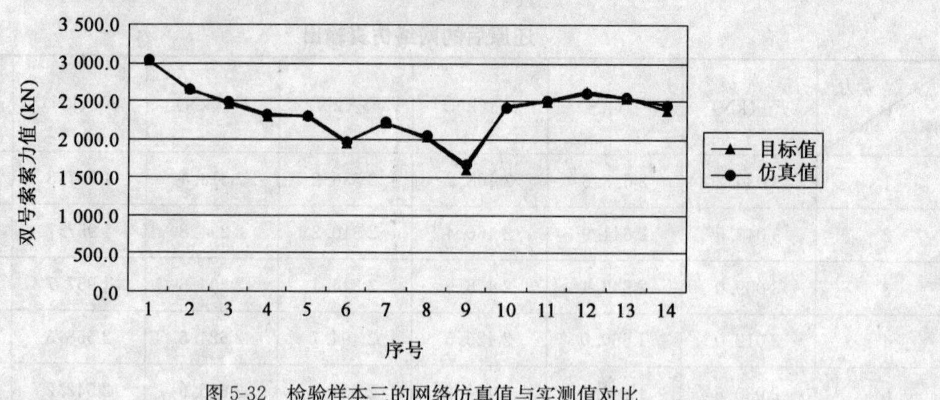

图 5-32 检验样本三的网络仿真值与实测值对比

第五节 遗传算法在斜拉桥换索中的应用

一、遗传算法的基本理论

1. 遗传算法的主要步骤

遗传算法(GA)是建立在自然选择和群体遗传机制基础上的随机迭代、进化,具有广泛适应性的概率搜索寻优算法。

对于某个给定的优化问题:

目标函数 $H=f(x,y,z\cdots)$,$(x,y,z\cdots)\in\Omega$,$H\in R$,要求($x_0,y_0,z_0\cdots$)使 H 为极大值和极小值,以适应优化的需要。此处,Ω 是$(x,y,z\cdots)$的定义域;H 为实数;f 为解空间$(x,y,z\cdots)\in\Omega$ 到实数域 $H\in R$ 的一种映射。GA 要根据目标函数 H 设定一个适应性函数 F,用以判别某个样本的优劣程度。遗传算法的基本步骤如下:

(1)编码

采用二进制编码方案对优化变量进行编码。采用二进制编码的策略是将各优化分量分别进行编码然后合并成 1 个二进制位串,就代表了优化问题的 1 个可能解。如自变量 x,y,z 的 1 组取值用 12 个比特的二进制代码串表示为:

$$\underset{x}{1\,000}/\underset{y}{1\,001}/\underset{z}{1\,100}$$

(2)初始种群的生成

通过随机方法产生出给定数量初始种群的个体,这些个体就是一批二进制代码串。首先,对每个个体计算其相应的适应度 F_i,按 F_i 的大小评价该个体的染色体的素质。F_i 愈大表示第 i 个个体的素质愈好,优化的目标是找到 F_i 最大时所对应的个体。初始种群的素质一般还比较差,GA 算子的任务就是从这些初始种群出发,模拟进化过程择优去劣,逐次迭代,选出优秀的种群与个体,以达到优化的目的。

(3)选择

根据各个个体的适应度,按照一定的规则和方法,从第 t 代群体 $P(t)$ 中选择出一些优良的个体遗传到下一代群体 $P(t+1)$ 中。一般选择的规则是适应度 F_i 越大的个体，赋予越大的选择概率 P_j，通常 $P_j \in F_i$，即适应度值高的个体有更多的繁殖后代的机会，以使优良特性得以遗传和保留。

(4)交叉

将群体 $P(t)$ 内的各个个体随机搭配成对，对每一对个体，以交叉概率 P_c 交换它们之间的部分染色体。交叉的方法是随机选取一个(或两个)截断点，将双亲的二进制代码串在截断点处切开，然后交换其尾部(或中间部分)以产生新的一代，如：

$$\begin{array}{lll} & \text{双亲} & & \text{后代} \\ A & 1\,001 \mid 0\,110 & \xrightarrow{\text{交叉}} & A' \quad 1\,001 \mid 1\,001 \\ B & 1\,100 \mid 1\,001 & & B' \quad 1\,100 \mid 0\,110 \end{array}$$

(5)变异

对种群内的每个个体，以变异概率 P_m 改变某一个或某一些基因串上的基因值为其他的等位基因。对于二进制基因串就是将 1 改为 0，或将 0 改为 1，如：

$$A \quad 110\,\underline{0}01101 \xrightarrow{\text{变异}} A' \quad 110\,\underline{1}01101$$

重复上述过程，各代种群的优良基因逐渐积累，种群的平均适应度和个体适应度不断上升，直到迭代收敛，找到最优解为止。

虽然在目前的技术条件下，关于整个进化的机制还没有完全弄清楚，但通过许多试验和在微观世界里面进行的科学研究，人们逐渐认识了它们的许多特征。生物体的生成是染色体译码的结果，所以生物体结构编码的染色体变化是进化发生的根本原因。染色体的编码和译码过程的细节人们并不是完全了解，但下面几个关于进化理论的一般特性已广为人们所接受，(这些特性往往又作为遗传算法的基本法则)。

①进行过程发生是在染色体上，而不是发生在它们所编码的生物体上。

②自然选择把染色体以及由它们所译成的结构的表现联系在一起，那些适应性好的个体的染色体经常比差的个体的染色体有更多的繁殖机会。

③变异可以使生物体子代的染色体不同于它们父代的染色体。通过结合两个父代染色体中的物质，重组过程可以产生有很大差异的染色体。

④生物进化没有记忆。有关产生个体的信息包含在个体所携带的染色体的集合以及染色体编码的结构之中，这些个体会很好地适应它们的环境。

2.遗传算法的主要准备工作

①确定表示方案；

②确定适应度；

③确定控制算法的参数和变量；

④确定指定结果的方法和停止运行的准则。

在遗传算法中，表示方案一般是把问题的搜索空间中每个可能的点表示为确定长度的特征串。二进制代码串是遗传算法常用的一种表示方法。适应度为群体中每一个可能的确定长度的特征串指定一个适应值，它经常是问题本身所具有的，一般可以通过原问题的目标函数经过转化而得到。适应度必须有能力计算搜索空间中每个确定长度的特征串的适应值。标准遗位算法流程如图 5-33 所示。

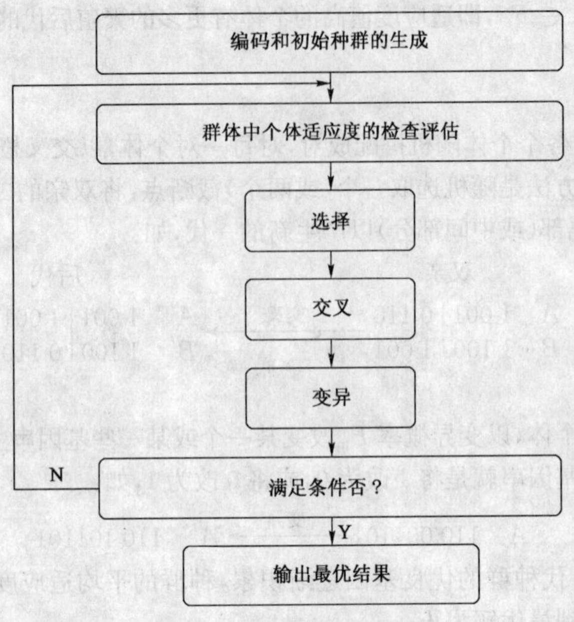

图 5-33 标准遗传算法框图

停止准则有多种表示形式，有的情况下可以表示成算法执行的最大代数目的形式，有的可以通过满足某种收敛准则作为停止计算的标准。

二、遗传算法在斜拉桥换索工程中的应用

遗传算法在斜拉桥换索工程中的应用主要是通过遗传算法来求解斜拉桥既有成桥状态合理索力。在标准遗传算法中，取 N 对母体进行杂交后产生变异来产生新一代种群，而杰出者遗传算法是取$(N-1)$对母体进行杂交后变异产生下一代种群的$(N-1)$个个体，而最后一个个体取原种群中适应度最大的个体，这种修正保证了种群序列满足适应度的单调性。

假设种群序列用$\{X(N_{gen}), N_{gen} \geqslant 0\}$来表示，$f$ 为适应度函数，则杰出者选择遗传算法的通用执行过程为：

(1)对于 $n=0$ 给出初始种群 $X(0)$，通常都采用随机取值的方法，来获得遗传算法的第一组初始种群。当然，如果知道一些较好的解，或者说是一些较接近最优解的解，也可以直接将这些解作为初始种群。

(2)在 $X(N_{gen})$当中独立地选择$(N-1)$对母体(Y_1^k, Y_1^{k+1})，其中 $k=1,\cdots,(N-1)$。选择母体的时候通常采用的策略是先随机地抽取两个母体，接着对比被选中的两个母体的适应度，把适应度较优越的母体保留下来，作为杂交母体中的一个。然后按照同样的方法再寻找另外一个母体，这样就可以得到两个母体。在进行适应度比较的时候，所谓的适应度较优越，对于求极小值而言是函数值越小，适应度越好，对于求极大值而言是函数值越大，适应度越好。

(3)对于选中的$(N-1)$对母体$(Y_1^k, Y_1^{k+1}, k \leqslant N-1)$进行杂交得到了新的$(N-1)$个个体。杂交有很多种方法，交换操作的目的是产生新个体。为了使新个体具有优良的品质，要求新个体的模式兼容原有被交换个体的优良模式。在实践中，学者们采用的杂交方法主要有单点交

换、两点交换、多点交换以及均匀交换。本工程采用均匀交换。

(4)将上一代中最优良的个体保留下来，这样就完全形成了新的种群。所谓的最优良个体，对于最小值问题就是适应度最小的个体，对于最大值问题就是适应度最大的个体。为了能够将最优良的个体保留下来，一般是在形成的下一代中随机地抽取一个个体，然后用上一代的优良个体来取代之。这一操作过程属于遗传算法优胜劣汰的优胜部分。实践证明，优胜的策略对算法的收敛有非常重要的意义，它不仅确保算法能够以概率 1 收敛，而且使收敛的速度大大加快。另外，劣汰的策略则没有优胜那样突出，在现有的算法中一般不将劣汰作为一种必然的算法策略，只是作为一种供选择的手段。

(5)若满足停机准则时，停止，否则转向(2)。所谓的停机准则，也就是遗传算法的收敛准则。遗传算法的收敛可以根据不同的问题、不同的要求来决定，一般可以采取 3 种策略同时控制的方法。第一就是假定一个遗传算法循环执行的最高次数，当循环执行的次数超过这个允许的最高次数的时候，停机；第二就是给定一个精度的要求，当满足了这个精度的要求以后，停机；第三就是假设最优良个体连续不变的代数的数目，但是这个指标通常不容易实现，因为没有哪个准则可以说明究竟应该取定多大的值才能够保证是找到最优解了。有一点是可以肯定的，那就是，遗传算法在开始的时候往往上下两代的优良个体的变化非常剧烈，表现在适应度上往往会有非常大的改变，但是在遗传算法执行的后期，上下两代优良个体的变化将会变得缓和。

采用以上确定斜拉桥恒载初始索力的方法进行编程，在程序中以最小能量状态作为目标函数来确定成桥合理索力：

假定一组斜拉索的拉力为 F_i，可以用一对大小相等，方向相反，沿着索力方向的内力来代替斜拉索索力，此时结构的能量表达式为

$$U(F_1, F_2, \cdots F_i, \cdots, F_n) = \int_s \frac{M^2(s)}{2EI} ds + \int_s \frac{Q^2(s)}{2EI} ds + \int_s \frac{N^2(s)}{2EI} ds \tag{5-46}$$

式中，ds 为主梁和塔的轴向微分长度。当 U 取极小值时，有 $\frac{\partial U}{\partial F_i} = 0, i = 1, 2, \cdots, n$。

又根据卡氏第二定理，对于线弹性结构，若将其应变能 U 表达为荷载的函数，则应变能对任一荷载 P_i 的偏导数，等于 P_i 作用点沿 P_i 方向的相应位移 δ_i。将卡氏第二定理应用于式(5-46)，可以知道当沿索力对 F_i 方向的相应位移为 0 时，结构的能量有极小值；由此可以得出使得结构能量最小时的一个等价描述，那就是当所有的斜拉索均用索力代替的时候，如果某一组索力能够使得所有沿斜拉索方向的长度不在结构分析中改变的时候，结构的总能量有极小值。用数学方式可以表达为求这样的一组解，这组解能够使得函数表达式 $F = \sum|\delta_i|$ 取其最小值。因此，遗传算法中的适应度函数可以取为 $f = \sum|\delta_i|$。

通过迭代，得到恒载作用下成桥状态合理索力理论值。

三、应用实例

1. 工程概况

犍为岷江大桥位于国道 213 线离犍为县城 1.5km 处，如图 5-34 所示，其主桥为双塔双索面预应力混凝土斜拉桥，跨径为(52+66+240+66+52)m，主梁断面为单箱三室的封闭箱梁，箱梁顶宽 14.10m，梁高 2.40m，主梁混凝土设计标号为 40 号。斜拉索呈扇形分布，全桥共

112 束 384 根斜拉索，每束索组由 2 或 4 根斜拉索组成。索塔型式为"H"形，索塔上的拉索锚固系统为交叉外锚形式。

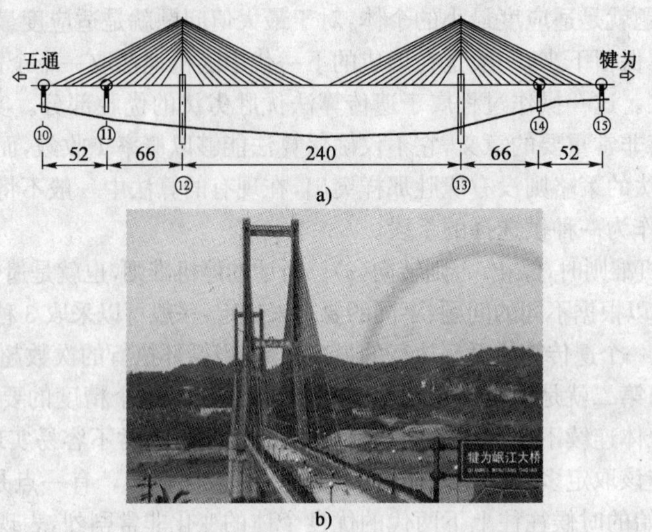

图 5-34 犍为岷江大桥示意图(尺寸单位:m)

该桥始建于 20 世纪 80 年代末期，于 1991 年交付使用，经过 10 余年的运营之后，斜拉索 PE 保护层有较为严重的开裂、断裂和不同程度的损伤，部分斜拉索平行钢丝束有严重的断丝。西南交通大学结构工程试验中心对该桥进行了检测。结果如下：

(1)斜拉索 PE 保护层有较为严重的开裂、断裂和损伤，已不能长久维持。12 号塔斜拉索平行钢丝断丝严重，有 33 束斜拉索索内钢丝断丝，占总数的 17.2%，其中最严重的下游 12 号塔－13 号丁号索的 61 根 ϕ_5 钢丝中有 33 根已断丝，有 37 束索内钢丝有锈坑，占总数的 19.3%；有 108 束索内钢丝有锈斑和锈坑，占数的 56.2%；有 14 束索内钢丝完好，占总数的 7.3%。13 号塔斜拉索有 14 束索内钢丝为普通钢丝；有 178 束索内钢丝为镀锌钢丝，有 11 束索钢丝为镀锌钢丝已有锈蚀或镀锌层脱落；有 3 束索下锚头及锚下垫板锈蚀特别严重。全桥单根斜拉索最小破断安全系数为 2.04。

(2)桥梁混凝土强度大于设计强度等级为 C40，桥梁主体结构完好。

(3)在静载各工况荷载作用下，结构内力(除索力增量外)受力较均匀，恢复情况良好，结构仍有良好的刚度和强度。

根据检测结果及方案设计评审结果，有关单位决定对犍为岷江大桥进行加固并更换全部斜拉索。

2. 遗传算法求解犍为桥恒载作用下合理成桥索力

本工程运用的遗传算法是一种改进的遗传算法，又称为杰出者遗传算法。

遗传算法在斜拉桥换索工程中的应用主要是通过遗传算法来求解斜拉桥既有成桥状态合理索力。在标准遗传算法中取 56 对母体进行杂交后产生变异来产生新一代种群，而杰出者遗传算法是取(56－1)对母体进行杂交后变异产生下一代种群的(56－1)个体，而最后一个个体取原种群中适应度最大的个体，这种修正保证了种群序列满足适应度的单调性。

假设种群序列用$\{X(N_{gen}), N_{gen} \geqslant 0\}$来表示，$f$ 为适应度函数，则杰出者选择遗传算法的通用执行过程为：

(1)对于 $n=0$ 给出初始种群 $X(0)$，通常都采用随机取值的方法，来获得遗传算法的第一组初始种群。当然，如果知道一些较好的解，或者说是一些较接近最优解的解，也可以直接将这些解作为初始种群。

(2)在 $X(N_{gen})$ 当中独立地选择(56－1)对母体(Y_1^k, Y_1^{k+1})，其中 $k=1,\cdots,(56-1)$。选择母体的时候通常采用的策略是先随机地抽取两个母体，接着对比被选中的两个母体的适应度，把适应度较优越的母体保留下来，作为杂交母体中的一个。然后按照同样的方法再寻找另外一个母体，这样就可以得到两个母体。在进行适应度比较的时候，所谓的适应度较优越，对于求极小值而言是函数值越小，适应度越好，对于求极大值而言是函数值越大，适应度越好。

(3)对于选中的(56－1)对母体($Y_1^k, Y_1^{k+1}, k \leqslant 56-1$)进行杂交得到了新的(56－1)个个体。杂交有很多种方法，交换操作的目的是产生新个体。为了使新个体具有优良的品质，要求新个体的模式兼容原有被交换个体的优良模式。在实践中，学者们采用的杂交方法主要有单点交换、两点交换、多点交换以及均匀交换。本工程采用均匀交换。

(4)将上一代中最优良的个体保留下来，这样就完全形成了新的种群。所谓的最优良个体，对于最小值问题就是适应度最小的个体，对于最大值问题就是适应度最大的个体。为了能够将最优良的个体保留下来，一般是在形成的下一代种群中随机地抽取一个个体，然后用上一代的优良个体来取代之。这一操作过程属于遗传算法优胜劣汰的优胜部分。实践证明，优胜的策略对算法的收敛有非常重要的意义，它不仅能确保算法能够以概率 1 收敛，而且使收敛的速度大大加快。另外，劣汰的策略则没有优胜那样突出，在现有的算法中一般不将劣汰作为一种必然的算法策略，只是作为一种供选择的手段。

(5)若满足停机准则时，停止，否则转向(2)。所谓的停机准则，也就是遗传算法的收敛准则。遗传算法的收敛可以根据不同的问题、不同的要求来决定，一般可以采取三种策略同时控制的方法。第一就是假定一个遗传算法循环执行的最高次数，当循环执行的次数超过这个允许的最高次数的时候，停机；第二就是给定一个精度的要求，当满足了这个精度的要求以后，停机；第三就是假设最优良个体连续不变的代数的数目，但是这个指标通常不容易实现，因为没有哪个准则可以说明究竟应该取多大的值才能够保证找到最优解。有一点是可以肯定的，那就是，遗传算法在开始的时候往往上下两代的优良个体的变化非常剧烈，表现在适应度上往往会有非常大的改变，但是在遗传算法执行的后期，上下两代优良个体的变化将会变得缓和。

采用以上确定斜拉桥恒载初始索力的方法进行编程，在程序中以最小能量状态作为目标函数来确定成桥合理索力：

假定第一组斜拉索的拉力为 F_1，可以用一对大小相等，方向相反，沿着索力方向的内力来代替斜拉索索力，此时结构的能量表达式为

$$U(F_1, F_2, \cdots F_i, \cdots, F_n) = \int_s \frac{M^2(s)}{2EI} ds + \int_s \frac{Q^2(s)}{2EI} ds + \int_s \frac{N^2(s)}{2EI} ds \tag{5-47}$$

式中：ds 为主梁和塔的轴向微分长度。

当 U 取极小值时，有 $\frac{\partial U}{\partial F_i} = 0, i = 1, 2, \cdots, 56$。

又根据卡氏第二定理，对于线弹性结构，若将其应变能 U 表达为荷载的函数，则应变能对

任一荷载 P_i 的偏导数，等于 P_i 作用点沿 P_i 方向的相应位移 δ_i 。将卡氏第二定理应用于式(5-47)，可以知道当沿索力对 F_i 方向的相应位移为 0 时，结构的能量有极小值；由此可以得出使得结构能量最小时的一个等价描述，那就是当所有的斜拉索均用索力代替的时候，如果某一组索力能够使得所有沿斜拉索方向的长度不在结构分析中改变的时候，结构的总能量有极小值。用数学方式可以表达为求这样的一组解，这组解能够使得函数表达式 $F=\sum|\delta_i|$ 取其最小值。因此，遗传算法中的适应度函数可以取为 $f=\sum|\delta_i|$。

通过迭代计算，得到恒载作用下成桥状态合理索力理论值如表 5-28 所示。

经迭代计算所得合理成桥索力(kN) 表 5-28

位置	索号	上游索力	下游索力	位置	索号	上游索力	下游索力
12号塔	1	1 930	1 933	13号塔	1	1 939	1 968
	2	1 935	2 021		2	1 977	2 014
	3	1 628	1 623		3	1 621	1 614
	4	1 610	1 622		4	1 633	1 691
	5	1 777	1 797		5	1 776	1 798
	6	1 983	1 980		6	2 018	2 027
	7	2 045	2 089		7	2 076	2 061
	8	2 115	2 131		8	2 078	1 927
	9	2 159	2 196		9	2 214	2 174
	10	2 166	2 147		10	2 187	2 182
	11	2 251	2 257		11	2 256	2 254
	12	2 281	2 285		12	2 319	2 309
	13	2 288	2 281		13	2 281	2 297
	14	2 324	2 336		14	2 367	2 357
	15	2 303	2 264		15	2 293	2 217
	16	2 398	2 471		16	2 414	2 464
	17	2 610	2 581		17	2 577	2 588
	18	2 511	2 560		18	2 536	2 549
	19	2 557	2 623		19	2 545	2 612
	20	2 360	2 610		20	2 631	2 634
	21	2 938	2 946		21	2 974	2 981
	22	2 919	2 926		22	2 957	2 939
	23	3 165	3 195		23	3 199	3 189
	24	3 077	3 035		24	3 069	3 073
	25	3 338	3 502		25	3 396	3 332
	26	3 241	3 278		26	3 211	3 263
	27	2 030	1 831		27	1 895	2 006
	28	2 039	1 733		28	1 838	1 960

3.犍为岷江大桥换索的理论计算及其施工监控

(1)理论计算

应用分析软件 MIDAS 进行换索过程中的内力、变形分析，为该桥换索提供理论依据，指导施工监控的顺利进行。

计算模型主要参数原则上直接采用《犍为岷江大桥工程竣工图》第一册和《犍为岷江大桥工程竣工图》第三册，以及《犍为岷江大桥斜拉索施工设计文件》、《犍为岷江大桥维修加固工程施工图设计文件》中给出的设计值。

主梁均采用 C40 混凝土，索塔混凝土采用 C40 混凝土，辅助墩采用 C30 混凝土。主梁的重度考虑钢筋的等效重度。主梁的弹性模量采用折减后的弹性模量；斜拉索采用 ϕ5.0mm 低松弛镀锌高强平行钢丝，计算时弹性模量的选取为 $E=2.00\times10^5$MPa；斜拉索重度选取时根据《桥梁设计常用数据手册》取用；主梁与主塔截面直接取用实际设计截面。

结构模型离散时，按照施工顺序，在主塔和主梁的每一施工节段的端点、拉索锚固点均设置节点。全桥共划分为 427 个节点，316 个单元；考虑到本桥为塔墩固结、塔梁分离的飘浮体系，建模时塔和主梁是分离的，同时采用空间 3D 模型模拟，索和主梁以及索和主塔采用弹性连接的刚性类型；在两个主塔塔底采用完全固结；在 10 号交接墩顶、15 号交接墩位置处与主梁连接，在顺桥向和横桥向自由，仅在竖桥向进行位移的限制，对转角均不约束。在两个辅助墩 11 号和 14 号主梁和墩的连接采用一般支座模拟；主梁横隔梁自重、锚块的重量以及压重均采用集中力模拟。计算时，非线性只考虑了索的非线性，梁柱效应和大位移等没有考虑，同时不考虑混凝土的时效非线性(混凝土的收缩徐变已经发生完成)。按照设计，将实际拉索由四肢或二肢等效模拟成一根拉索，同时等效索力。犍为岷江大桥箱梁共设置了三种类型的预应力钢筋：纵向、横向高强钢丝和竖向精轧螺纹钢筋。为了简化分析过程，在计算模型中只考虑纵向(底板和顶板)的预加应力作用，而其他两项预应力考虑到对于桥跨结构整体刚度和索力分布无太大影响，故在模型中忽略不计。

主桥计算模型图如图 5-35～图 5-37 所示。

图 5-35 犍为岷江大桥计算模型图

图 5-36 主梁箱梁模拟

图 5-37 索塔模拟

计算项目包括加固维修前以及各施工状态和最终加固维修后成桥状态变量的理论数据，包括：①索力以及控制截面应力和内力；②主梁高程增量、主塔偏位增量。

成桥状态的全桥应力图如图 5-38 所示。

图 5-38 成桥状态全桥的应力图

在换索施工过程中，索力的理论值如表 5-28 所示；12 号和 13 号塔的塔顶偏位最大值均为 2.4cm(向江侧)。其他数据不再赘述。

(2)换索施工顺序

换索工作按全桥两塔反对称、单塔对称进行，斜拉索更换的流程为：1、2 号斜拉索→27、28 号斜拉索→3、4 号斜拉索→25、26 号斜拉索→23、24 号斜拉索→21、22 号斜拉索→19、20 号斜拉索→17、18 号斜拉索→15、16 号斜拉索→13、14 号斜拉索→11、12 号斜拉索→9、10 号斜拉索→7、8 号斜拉索→5、6 号斜拉索。

每塔一次更换同一索号的一根索，即每次更换 4 根索，监控单位在换索前、松索后及挂索张拉后，分别对被换索和前一号、后一号索的索力进行监测，索力监测时只对被换索一侧索力进行监测(即更换上游侧时只测上游侧索力)。

每个换索工序的具体实施如下：

①在施工开始前，对当前索的前后一对索索力进行测量，松索，在松索后测量单侧该索及前一对、后一对索的索力，在无异常情况下后期的施工松旧索后只测量被换索组的索力，并与控制值进行比较和分析。

②挂索张拉，测量挂好的新索的索力。

③新索锚固后测量被换索的一对索的索力，经计算与控制设计值进行比较和分析，并及时调整至设计要求。

④以上为更换一根索的工序，完成后进入下一个换索工序。

⑤在所有拉索未安装完之前均不安装任何减振器，减振器全部安装完毕后再测一次全桥索力。

换索过程中应坚持安全第一的原则，周密考虑可能出现的问题及应采取的相应有效措施，加强监测、严格控制施工及管理程序，精心组织，保证换索工作的顺利进行。施工监控过程见图 5-39。

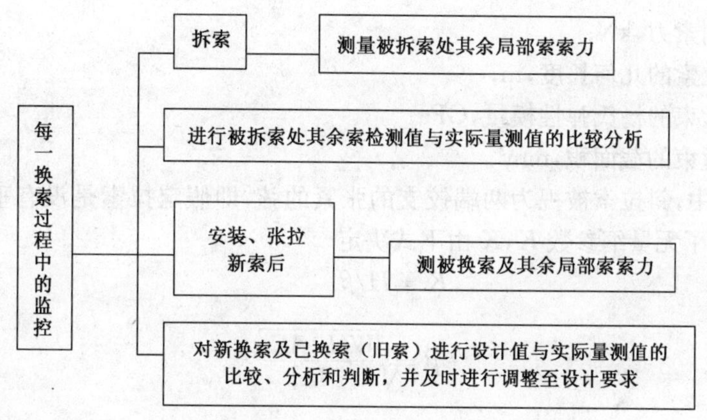

图 5-39　换索施工监控过程

(3)索力测量

①施工张拉力。张拉力是斜拉索不参加工作阶段千斤顶的张力。在施工前对千斤顶、油压表进行标定，按照最小二乘法所拟合的线性回归方程确定每个千斤顶张拉力与配套油压表读数之间的一一对应关系，施工索力读数以此为依据。

张拉采用张拉力与斜拉索伸长量双控，张拉实际伸长量的理论计算公式为

$$\Delta L = \Delta L_1 + \Delta L_2 \tag{5-48}$$

式中：ΔL_1——从初应力到最大张拉力之间的实际伸长量；

ΔL_2——初应力时推算的伸长量，采用相邻级的伸长量。

在千斤顶张拉时虽然会出现桥塔偏位和主梁高程的变化，但其变形量根据计算可知，相对于斜拉索的伸长量来讲，由此而引起的附加变形可以忽略不计。在实际张拉时，制订了“斜拉索伸长量及每周螺纹拉力计算表”，以此作为调整索力时的转动螺母的参考依据。

②频率法测试索力。监测索力采用环境激振的频率测试方法。此时，张拉完成，斜拉索已经参加工作，索力测试时，利用附着在斜拉索上的加速度传感器拾取索的振动信号，经信号、电压放大后，被数据采集箱处理，在 PC 机通过专业软件进行频谱分析，最后读出其振动的各阶频率，并根据式(5-49)计算出索力大小为

$$T = \frac{4WL^2}{n^2 g} f_n^2 \tag{5-49}$$

式中：T——单根斜拉索索力，kN；

W——斜拉索单位长度重量，kN/m；

n——频率阶数；

f_n——对应 n 的频率，Hz；

L——斜拉索计算长度，m；

g——重力加速度。

新索计算索长根据厂家提供的技术资料，并作了张拉控制力下的钢索弹性伸长修正，公式如下

$$\Delta L_e = NL/EA \tag{5-50}$$

式中：N——控制索力，kN；

L——斜拉索的几何长度，m；

E——钢丝束的杨氏弹性模量，GPa；

A——钢丝束的截面积，mm^2。

在式(5-50)中，斜拉索被视为两端铰支的张紧的弦，即假定拉索是没有垂度的。Halg 在拉索分析中引入了无量纲参数 K，K 由下式决定

$$K = H/\beta$$
$$\beta = \sqrt[3]{\frac{W^2 L^5 A E_s}{24 L_s^3}} \tag{5-51}$$

式中：H——索力的水平分量；

L_s——索的水平投影长度；

W——单位长度拉索的重力；

A——索的截面积；

E_s——索的弹性模量；

L——索的弦长。

静力研究结果表明，当 K 值大于 1.5 时，索可以不考虑垂度的影响。但这仅是对索的静力特性而言。犍为岷江大桥斜拉索中以最长的 25 号、26 号拉索，其 K=1.87，文献提出，拉索垂度对基频的影响较大，对高频的影响较小。通常情况下，4 阶以内的振动频率可以认为不受拉索垂度的影响。在监控索力测量中振动频率的度数都在 1～3 阶，故未考虑垂度的影响。

频率法测量索力时，桥面上不得出现大型施工荷载和有机动车辆通过。

(4)换索过程中的索力监测

①卸旧索时的索力测量。卸旧索时先根据千斤顶拉动锚头时油压表读数确定旧索索力，称之为启动索力。同时与频率法测量索力结果进行比较，当两者相差超过 20%时，放松千斤顶重新测定实测索力，并再次读取启动索力，直至两者相差不大时，方可确定启动索力。

由于换索的斜拉桥多属于运营多年的桥梁，其结构内力状态会因为多年混凝土的收缩、徐变、恒载变化、温度、斜拉索松弛等原因偏离竣工时的状态，竣工索力在松索时只能作为松索启

动索力监测的辅助依据。再者，对于非单索面复索斜拉桥，卸索一般不会同时卸掉同组号的所有斜拉索，松索后索力监测并没有精确的空间分析计算结果可以参考，犍为桥换索施工中在松索时以(除了第一次松索时以换索前实测索力为依据之外)上一个施工工序的实测索力作为监测的参考。

在卸掉一根拉索后，同时对该索组和邻近(前一对、后一对)索组的每一根索的索力进行了测量。松旧索后，先前新换上的斜拉索的索力与设计张拉控制力进行比较，旧索组中的单根索在松索后的索力变化幅度多在1%～25%之间，其中最大索力增幅为41%(双根索组)，邻近旧索组的单根索的索力变化幅度多在1%～10%之间，其中最大索力增幅为23%。

②新索张拉索力监测与调整。新索张拉阶段索力主要以设计索力为张拉依据，原则上新索张拉应实时根据上个工序启动索力等参数进行调整。

新索索力控制以频率法实测索力为主，以油压表读数确定的索力作为校合，使得两者差值控制在1%之内，但是随换索进展某些千斤顶及油表经维修后，其精度有所下降，后期新索张拉过程中均以频率法测值为主。

新索张拉以油压表读数分级控制，以2MPa为一个张拉级，其目的在于张拉力分级增长、保证安全。12号、13号两塔(反对称)同步进行张拉，避免索塔单向受力过大产生偏位。张拉索力调整是根据索力变化与拉索变形的关系，在张拉千斤顶的配合下，通过拧紧或放松螺母实现。

张拉索力监测遵循以下原则：锚固索力以索力仪测量为准，油压表读数和伸长量作为校合，新索单根张拉锚固时与设计值的差别控制在1%以内，同号索组的合力控制在3%以内。

同号新索索组在更换过程中，后换索的张拉会对已经换好的索的索力产生一定的影响。每一索组内所有索更换完毕后，对该索组及邻近索组索力进行测量，必要时对新换索组进行同时张拉调整。

新索锚固后同索组新索索力变化情况(以单根新索的控制索力为标准，用百分比表示，负数表示降幅)见表5-29；新索锚固时临近索号新索索力变化情况，见表5-30。

新索锚固后同索组新索索力变化情况　　表5-29

工况	12号塔				13号塔			
	上游		下游		上游		下游	
锚固1号、2号乙索	1-甲	2.2%	1-甲	−1.3%	1-甲	−3.4%	1-甲	−5.4%
	2-甲	0.7%	2-甲	−4%	2-甲	3%	2-甲	−1.4%
锚固27号、28号乙索	27-甲	−5.4%	27-甲	−6.4%	27-甲	−5.4%	27-甲	−9.5%
	28-甲	−7%	28-甲	−6.0%	28-甲	−7%	28-甲	−5.9%
锚固3号、4号乙索	3-甲	−1.2%	3-甲	−0.6%	3-甲	1.2%	3-甲	−1.9%
	4-甲	−1.9%	4-甲	−1.9%	4-甲	0.4%	4甲	3.6%
锚固25号、26号乙索	25-甲	−0.5%	25甲	−0.5%	25甲	−0.6%	25-甲	−2.7%
	26-甲	−0.7%	26-甲	−0.7%	26-甲	0%	26-甲	0.3%

续上表

工况	12号塔				13号塔			
	上游		下游		上游		下游	
锚固25号、26号丙索	26-甲	−0.7%			26-甲	−1.5%	26-甲	−2.6%
	26-乙	−1.2%	26-乙	−1.2%	26-乙	−5.2%	26-乙	−3%
	25-甲	−2.6%	25-甲	−1.6%	25-甲	−2.1%	25-甲	−1.2%
	25-乙	−1.6%	25-乙	−1.9%	25-乙	−0.7%	25-乙	−0.7%
锚固25号、26号丁索	25-甲	−2.6%	25-甲	−2.6%	25-甲	−2.1%	25-甲	−2.1%
	25-乙	−2.6%	25-乙	−2.6%	25-乙	−2.8%	25-乙	−0.7%
	25-丙	−1.7%	25-丙	0.7%	25-丙	−1.8%	25-丙	0.3%
	26-甲	−2.2%	26-甲	−2.2%	26-甲	−0.8%	26-甲	0.5%
	26-乙	−2.9%	26-乙	−2.9%	26-乙	0%	26-乙	0.7%
	26-丙	0.8%	26-丙	0.8%	26-丙	0.7%	26-丙	0.7%

新索锚固时临近索号新索索力变化情况 表5-30

工况	12号塔				13号塔			
	上游		下游		上游		下游	
锚固27号、28号甲(乙)	—		—		1-甲	−7.8%	1-甲	−11.4%
					1-乙	−2.8%	1-乙	−6.3%
					2-甲	−6.7%	2-甲	−4.0%
					2-乙	−2.8%	2-乙	−5.4%
锚固3号4号甲(乙)	1-甲	−10.8%	1-甲	−14.2%	1-甲	−14.8%		
	1-乙	−14.3%	1-乙	−10.8%	1-乙	−9.5%		
	2-甲	−8%	2-甲	−11.9%	2-甲	−12%		
	2-乙	−9.3%	2-乙	−9.3%	2-乙	−9.4%		
锚固25号、26号甲(乙)丙(丁)	4-甲	−1.9%	4-甲	−2.7%				
	4-乙	−1.9%	4-乙	−1.9%	4-甲	0.3%	4-甲	−6.6%
	2-甲	−9.8%	2-甲	−11.9%	4-乙	−2%	4-乙	−1.2%
	2-乙	−10.6%	2-乙	−11.2%	2-甲	−13.2%	2-甲	−10%
	28-甲	−7%	28-甲	−9%	2-乙	−10%	2-乙	−10%
	28-乙	−6%	28-乙	−1.7%	28-甲	−5%	28-甲	−6%
	27-甲	−5.4%	27-甲	−3.3%	28-乙	−3.3%	28-乙	−6%
	27-乙	−6.4%	27-乙	−7.4%	27-甲	−5.5%	27-甲	−6.5%
	1-甲	−10.8%	1-甲	−13.4%	27-乙	−3.9%	27-乙	−7.5%
	1-乙	−15.3%	1-乙	−11.4%	1-甲	−15.4%	1-甲	−18.6%
	3-甲	−2%	3-甲	−1.2%	1-乙	−12.8%	1-乙	−14.1%
	3-乙	−1.2%	3-乙	−1.2%	3-甲	0.3%	3-甲	−2.9%
					3-乙	−0.2%	3-乙	−4.5%

(5)高程测量及数据分析

在每一个索组卸索前和全部拉索更新后，分别进行全桥高程精密水准测量，作为检查主梁有无明显变化的直观手段。水准测量控制点设于桥塔墩顶，全桥共在索位人行道边缘设置测点112个。斜拉索全部更换后，全桥边跨桥面无显著变化，中跨测量高程较换索前上升了174mm。分析其原因为：

①温度影响。通过多次观测，温度每降低10℃，跨中高程上升约0.5cm，两次测量温度相差11℃，扣除温度影响后的桥面中跨跨中上升了119mm。再者，换索工作时的环境温度并不一定与设计换索温度一致，未加以修正的张拉控制索力也将对线形产生一定的影响。

②边跨由于辅助墩的作用，高程变化不明显。

③换索结构设计参数的误差。诸如混凝土材料实际弹性模量与计算采用的折减弹性模量的差别、截面误差等都直接影响到结构换索后的线形。

(6)主梁横隔板裂缝的观察

犍为桥由于在换索前的多年运营中已经出现了箱梁横梁在中箱处裂纹的现象，施工中在裂纹混凝土处设置了观测标，借此观测主梁施工中的横梁工作情况。全桥每换完一索组后，均对主梁横隔板裂缝进行观测。在换索过程中，横隔板裂缝无发展，表明实际换索施工对主梁影响较小。

(7)换索工程竣工

犍为岷江大桥换索工程包括换索和调索工作，竣工的实测索力全桥高程情况如下：

①实测索力和理论索力的误差除了13号塔的下游8号和19号拉索分别为5.2%和−5.1%外，其余均控制在5%的范围内。详细情况见表5-31。

竣工实测索力与理论索力　　表5-31

位置	索号	上游索力实测值(kN)	上游索力理论值(kN)	误差(%)	容许张力(kN)	安全系数	下游索力实测值(kN)	下游索力理论值(kN)	误差(%)	容许张力(kN)	安全系数
12号塔边跨五通侧	27	1 996	2 030	−1.7	5 968	3	1 835	1 831	0.2	5 968	3
	1	1 925	1 930	−0.2	8 329	4	1 908	1 933	−1.3	8 329	4
	3	1 600	1 628	−1.7	5 968	4	1 601	1 623	−1.4	5 968	4
	5	1 746	1 777	−1.8	7 935	5	1 734	1 797	−3.5	7 935	5
	7	2 067	2 045	1.1	9 181	4	2 045	2 089	−2.1	9 181	4
	9	2 102	2 159	−2.6	9 181	4	2 130	2 196	−3.0	9 181	4
	11	2 186	2 251	−2.9	9 181	4	2 201	2 257	−2.5	9 181	4
	13	2 226	2 288	−2.7	9 181	4	2 210	2 281	−3.1	9 181	4
	15	2 223	2 303	−3.5	9 575	4	2 255	2 264	−0.4	9 575	4
	17	2 538	2 610	−2.8	9 968	4	2 526	2 581	−2.1	9 968	4
	19	2 496	2 557	−2.4	9 968	4	2 492	2 623	−5.0	9 968	4
	21	2 846	2 938	−3.1	11 149	4	2 876	2 946	−2.4	11 149	4
	23	3 074	3 165	−2.9	11 149	4	3 113	3 195	−2.6	11 149	4
	25	3 264	3 338	−2.2	13 510	4	3 468	3 502	−1.0	13 510	4

续上表

位置	索号	上游索力实测值（kN）	上游索力理论值（kN）	误差（%）	容许张力（kN）	安全系数	下游索力实测值（kN）	下游索力理论值（kN）	误差（%）	容许张力（kN）	安全系数
12号塔中跨犍为侧	28	2 016	2 039	−1.1	5 968	3	1 819	1 733	5.0	5 968	3
	2	1 891	1 935	−2.3	8 329	4	1 967	2 021	−2.7	8 329	4
	4	1 564	1 610	−2.9	5 968	4	1 581	1 622	−2.5	5 968	4
	6	1 938	1 983	−2.3	7 935	4	1 922	1 980	−3.0	7 935	4
	8	2 031	2 115	−4.0	9 181	5	2 032	2 131	−4.7	9 181	5
	10	2 109	2 166	−2.6	9 181	4	2 063	2 147	−3.9	9 181	4
	12	2 225	2 281	−2.4	9 181	4	2 215	2 285	−3.1	9 181	4
	14	2 270	2 324	−2.3	9 181	4	2 275	2 336	−2.6	9 181	4
	16	2 403	2 398	0.2	9 575	4	2 405	2 471	−2.7	9 575	4
	18	2 439	2 511	−2.8	9 968	4	2 482	2 560	−3.0	9 968	4
	20	2 287	2 360	−3.1	9 968	4	2 539	2 610	−2.7	9 968	4
	22	2 834	2 919	−2.9	11 149	4	2 847	2 926	−2.7	11 149	4
	24	2 985	3 077	−3.0	11 149	4	2 950	3 035	−2.8	11 149	4
	26	3 195	3 241	−1.4	13 510	4	3 169	3 278	−3.3	13 510	4
13号塔中跨五通侧	28	1 831	1 838	−0.4	5 968	3	2 030	1 960	3.6	5 968	3
	2	1 986	1 977	0.4	8 329	4	1 987	2 014	−1.3	8 329	4
	4	1 607	1 633	−1.6	5 968	4	1 661	1 691	−1.8	5 968	4
	6	1 984	2 018	−1.7	7 935	4	1 992	2 027	−1.7	7 935	4
	8	2 071	2 078	−0.3	9 181	4	2 027	1 927	5.2	9 181	5
	10	2 156	2 187	−1.4	9 181	4	2 131	2 182	−2.4	9 181	4
	12	2 287	2 319	−1.4	9 181	4	2 256	2 309	−2.3	9 181	4
	14	2 340	2 367	−1.2	9 181	4	2 307	2 357	−2.1	9 181	4
	16	2 427	2 414	0.6	9 575	4	2 450	2 464	−0.6	9 575	4
	18	2 476	2 536	−2.4	9 968	4	2 499	2 549	−2.0	9 968	4
	20	2 585	2 631	−1.7	9 968	4	2 576	2 634	−2.2	9 968	4
	22	2 854	2 957	−3.5	11 149	4	2 868	2 939	−2.4	11 149	4
	24	3 005	3 069	−2.1	11 149	4	2 985	3 073	−2.9	11 149	4
	26	3 174	3 211	−1.2	13 510	4	3 202	3 263	−1.9	13 510	4

续上表

位置	索号	上游索力实测值(kN)	上游索力理论值(kN)	误差(%)	容许张力(kN)	安全系数	下游索力实测值(kN)	下游索力理论值(kN)	误差(%)	容许张力(kN)	安全系数
13号塔边跨犍为侧	27	1 889	1 895	−0.3	5 968	3	2 029	2 006	1.1	5 968	3
	1	1 937	1 939	−0.1	8 329	4	1 980	1 968	0.6	8 329	4
	3	1 639	1 621	1.1	5 968	4	1 622	1 614	0.5	5 968	4
	5	1 749	1 776	−1.5	7 935	5	1 758	1 798	−2.2	7 935	5
	7	2 100	2 076	1.1	9 181	4	2 053	2 061	−0.4	9 181	4
	9	2 171	2 214	−1.9	9 181	4	2 113	2 174	−2.8	9 181	4
	11	2 228	2 256	−1.2	9 181	4	2 177	2 254	−3.4	9 181	4
	13	2 221	2 281	−2.6	9 181	4	2 219	2 297	−3.4	9 181	4
	15	2 262	2 293	−1.3	9 575	4	2 234	2 217	0.8	9 575	4
	17	2 536	2 577	−1.6	9 968	4	2 530	2 588	−2.2	9 968	4
	19	2 482	2 545	−2.5	9 968	4	2 479	2 612	−5.1	9 968	4
	21	2 874	2 974	−3.4	11 149	4	2 882	2 981	−3.3	11 149	4
	23	3 101	3 199	−3.1	11 149	4	3 075	3 189	−3.6	11 149	4
	25	3 297	3 396	−2.9	13 510	4	3 424	3 332	2.7	13 510	4

②换索前后边跨主梁高程基本变化不大，中跨线性变化显著，跨中位置高程比换索前上升了 291mm，换索后的主梁线性如图 5-40 所示。

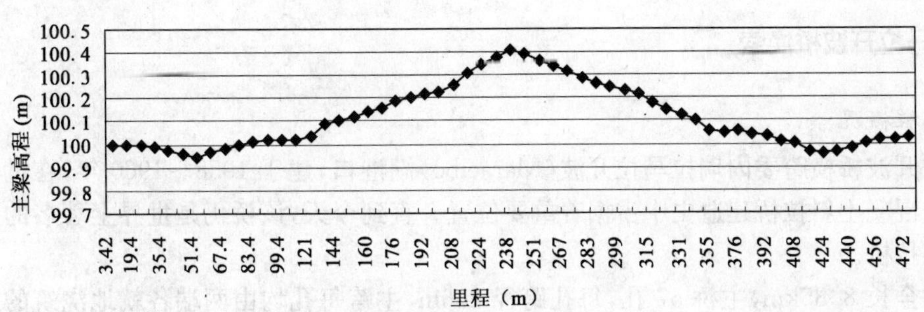

图 5-40 换索后主梁线形

4. 应用效果评估

由于遗传算法所固有的特点，使得其在斜拉桥换索工程中的应用比起传统的计算方法具有显著的优点。

以犍为岷江大桥加固、换索工程为例，在技术指标方面，采用遗传算法比传统算法可以缩短施工工期 15%左右，可提高桥梁自身承载力 10%以上；在经济指标方面，由于缩短了换索施工的工期，所以大大节省了工程的加固施工费用，与拆除重建相比，一共节省费用 1 525 万元。

由此可见,遗传算法在斜拉桥加固、换索工程中的应用前景较为光明,同时,在其他工程方面也有着很大的应用潜力,因此还有待进一步地挖掘和拓展。

第六节 斜拉桥换索技术的合理施工工艺研究

世界上绝大部分斜拉桥的问题都是集中在拉索上,从某种意思上可以这么说,斜拉桥拉索的寿命决定了斜拉桥的寿命。但从目前斜拉桥的使用情况来看,大多数斜拉索没有达到设计的使用年限就需要更换,而斜拉索的更换的好坏程度将直接关系到斜拉桥接下来的使用性能。本节将重点介绍几种常用的斜拉桥的换索方法和相关的工艺要求。

斜拉桥的换索方法很多,每座斜拉桥的换索方法也不相同,工艺也不尽相同,但在换索前对换索程序的考虑是每一种方法必不可少的,下面几点适用于大多数的换索方法:

(1)在整个施工期间,要保持原桥跨结构的应力状态,尽可能地减小施工引起的内力和线形偏差;

(2)要充分利用索塔上原有鞍形支座的固定杆件;

(3)在整个施工期间,大桥要保证车辆通过;

(4)必须要保证在任何时候都可在不降低桥跨结构安全系数的条件下更换任何一根拉索;

(5)由于现用的旧钢索锈蚀和使用情况不明,施工要求在尽可能短的时间内完成换索工程;

(6)需要采用计算机详细地验算现在的恒载弯矩,轴向力等结构受力状态,并对出现的变形进行连续监测。

对于换索的施工工艺也因换索方法的不同而不同,下面以几座桥换索的实例来说明换索的常用方法与工艺。

一、马拉开波桥换索

1. 工程概况

马拉开波桥横跨委内瑞拉马拉开波(Maracibo)湖港口,建于 1958～1960 年,在世界大跨径预应力混凝土斜拉桥建造史中占据着重要位置。直到今天,该桥仍是世界上著名的预应力混凝土斜拉桥。

该桥全长 8.85km,主桥 57 孔,每孔跨径 236m,主跨每孔均由两端各就地浇筑的悬臂梁(长 95m)和中间预制吊梁(长 46.6m)组成。每一段长 95m 的悬臂梁都是在一个特制的钢支架桁梁上就地灌筑的,悬臂跨被由塔顶垂下来的斜拉索所悬吊。具有 4 个腿的桥塔塔高 92.5m。由两个倾斜的纵向成 A 形的框架组成,框架顶部联以横梁(如图 5-41 所示)。

下部构造由基桩、承台、斜腿支柱、系梁和墩顶桥面梁组成。在承台顶上每侧另有一呈双 X 形就地灌筑的 4 根斜腿支柱,斜腿支柱间则由钢筋混凝土梁联结。墩顶部联以 39.0m 长的就地浇筑后张式的桥面梁。

主梁设计为有 6 个约束的连续梁,其中 4 个支点为交叉成双 X 形的斜腿支柱支承,2 个为斜拉索联结支撑。连续梁内部用钢丝索施加预应力,外部则利用斜拉索的水平分力来施加预应力。

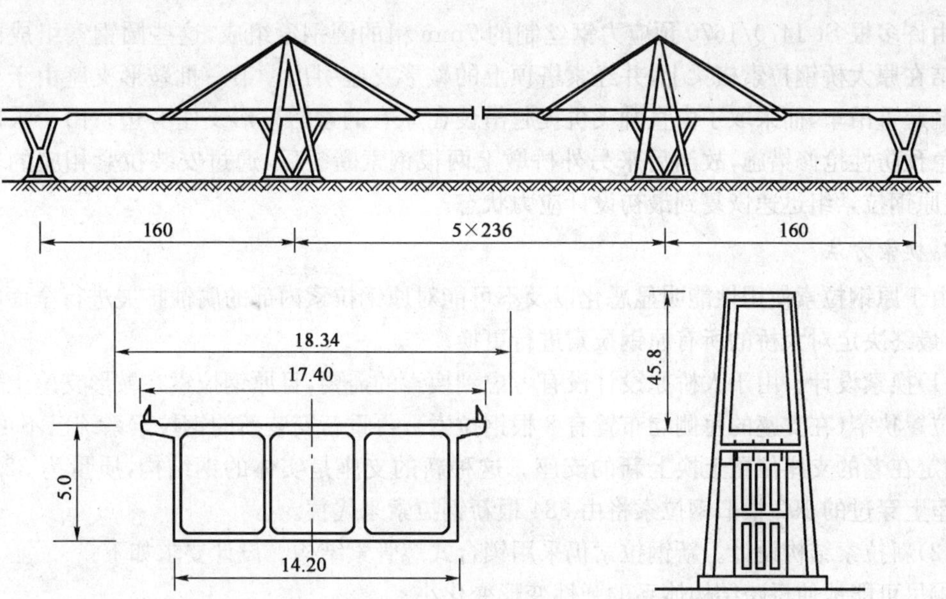

图 5-41 主桥总体布置图(尺寸单位:m)

连续梁为 5.00m 高的封闭式箱形截面,具有较高抗扭刚度。每座塔每一索面内的 16 根斜拉索是由直径 74.0mm 的钢丝所制成。

桥面为四车道,宽 17.4m,中央分隔带宽 1.22m,两侧人行道各宽 0.91m。之所以选用这一传统式的混凝土结构而不用钢结构,是因为桥址附近的腐蚀性烟雾将使造价较低的钢桥的维修费过高,从建设和营运综合费用考虑,钢桥并不经济。

2. 原桥斜拉索技术使用及腐蚀状况

(1)根据当时的技术水平,拉索未镀锌,索用亚麻子油作黏合剂的钢丝构成,钢丝上涂以铅底漆、铁云母甲板漆。斜拉索的索力考虑了钢索延伸、蠕变和在恒载下主梁上部结构徐变之后的设计拉力为 1.7MN。一根钢索的断裂强度在实验室测得值为 6MN,因此,对于未受损伤的拉索来说,具有 3.27 倍的防断裂安全度。每组 16 根钢索约在其自由长度的 1/3 处装置一组由铝制成的阻尼结构,使其互相结合在一起,以防止由风荷载引起的振动。

(2)腐蚀情况。钢索的涂漆层经不住风雨袭击,钢索在上横梁上锚头处的罩盖先损坏,并部分脱落丢失,硬木楔掉出来,当时又没有及时将新的备件装进去,致使钢索在与上锚箱的接口处发生锈蚀,在总共 192 根钢索中有 24 根有严重锈蚀损坏。锈蚀的钢索分布在 5 个索塔柱上,有一个塔柱上最多有 8 根钢索存在损伤缺陷。在其他塔柱上也有许多根钢索锈蚀损坏。有的塔柱上的部分钢丝已断裂,有的整根钢索都有锈损,其主要损坏的地方集中在钢索穿过上横梁锚头入口处。其原因主要是由于雨水聚集,又受到盐分及空气的化学污染,从而形成电介腐蚀。

(3)锈蚀断索与紧急换索。1979 年 2 月 21 日,一个桥墩上有一根钢拉索由于腐蚀而突然断裂。被委任进行维修任务的原桥承建施工的 Precom Primido C. A. 公司在建设时即已考虑到可能发生的严重后果及必要的紧急抢修措施,故决定采取最快的、必要的最终修复办法,很快在 19 天之内把断索处桥面下沉的 12mm 通过在悬吊支撑点采用辅助索使其重新抬起。辅助索由许多根 St 1470/1670 预应力钢丝制的 7mm 粗的圆钢索组成，这些圆钢索组成的辅助索捆结在原大桥钢拉索横梁上，并经索塔顶上的鞍形支座引出。第一批鞍形支座由于当时缺少运输起重吊车，而采取了由直升飞机提起吊装在原有的索塔鞍形支座旁边。由于采取了这种紧急预防性抢修措施，故当后来另外桥墩上两根钢索断裂后，通过安装拉紧相应的辅助钢索，使原钢拉索组迅速恢复到最初设计应力状态。

3. 换索方法

由于原钢拉索使用性能明显恶化以及不可能对原钢拉索内部的腐蚀扩展进行全面检查等原因，最终决定对大桥的所有原钢拉索进行更换。

(1)换索设计。由于大桥原设计没有考虑到换索的需要，且原钢拉索在鞍形支座上安装固紧的位置狭窄(在支座的每侧均布置有 8 根钢拉索)，再重新安装新的钢拉索系统已不可能，为此，确定在老的支座位置上换上新的支座。这种新的支座是实体的钢结构，质量为 32.5t，从原支座上穿过的 192 根旧钢拉索将由 384 根新钢拉索来代替。

(2)新拉索结构设计。新钢拉索仍采用锁合式螺管索结构。设计要求如下：

①尽可能地使桥跨结构体系的弹性变形变化小；

②新钢拉索截面积增加了 7%，设计考虑了在保持梁索塔安全系数的条件下，每次可拆卸一根钢索进行更换；

③尽量继续使用原有桥跨结构上的钢拉索横梁；

④吸取了原钢拉索被锈蚀的经验教训，新索采用了更可靠的防护措施和新材料、新防腐工艺。

(3)新索的防腐措施。新钢拉索由单根的镀锌钢丝组成，作为黏合剂及外部防腐蚀的材料选用了金属涂层。金属涂层是一种在酚醛树脂中含有铅质的悬浮混合液糊膏，这种糊状物不会完全硬化，但是对空气是密封隔绝的、防水的，并且在必要时能很快修补，其金属成分可有效防止阳极化腐蚀。在钢索的锚头入口位置处，安装上能接受风和车辆荷载产生振动的氯丁橡胶减振器。为了防止泥水及冷凝水的影响，穿过钢索的套管加上氯丁橡胶盖，盖在钢索锚固梁及钢索上密封圈口处以防水。

4. 换索工艺

(1)换索工艺设计要求

①在整个施工期间，要保持原桥跨结构的应力状态，尽可能地减小施工引起的内力和线形偏差；

②要充分利用索塔上原有鞍形支座的固定杆件；

③在整个施工期间，大桥要保证车辆通过；

④必须要保证在任何时候都可在不降低桥跨结构安全系数的条件下更换任何一根拉索；

⑤由于现用的旧钢索锈蚀和使用情况不明，施工要求在尽可能短的时间内完成换索工程；

⑥需要采用计算机详细地验算现在的恒载弯矩、轴向力等结构受力状态，并对出现的变形进行连续监测。

(2)换索工艺

①安装新塔顶索座。将 32.5t 的新索座部件用一部 300t 的汽车吊起吊到索塔顶上，安装

到已浇筑好的钢筋混凝土塔柱顶基座上。

②吊运安装新索。将钢拉索装入总共4根各78.40m长的钢梁托架上，此托架由两部110t的汽车吊吊起。托架为轻便三角空桁架，将钢拉索装进桁架时必须要将大桥的一侧封闭，规定行车道及吊车的行车位置，采用吊车与下端沿纵向的移动滑车将桁架连同悬挂在上面的钢拉索一起吊到架塔顶上，将桁架上端挂在上横梁上，再通过移动滑车及桁架，即可将钢拉索安置就位。然后安装桁架内的导轨及绞盘，并通过钢拉索滑轮组将新拉索在需要的范围内收紧，以保证钢拉索端部锚头能进入锚箱。

(3)索力量测监控

①钢拉索的安装及张拉均按一定的程序进行，此程序需保证新旧拉索交替及辅助钢拉索的合力尽可能连续同步，以达到新的设计索力最终值。

②在全部钢拉索更换后，按设计要求每一索塔上要保持足够相等的钢拉索拉力。在换索开始时，要量测的启动索力只是近似值。换索过程中，除了其他影响因素以外，必须注意换索后结构内力的重新分配，同时还要考虑到拉索的合力值。

③通过采用两种相互独立的测量方法，对新拉索在塔顶支座悬挂点的高度变化进行连续监视，并需考虑到施工温度影响，将其对计算值进行修正。

该换索工程在施工设计及工地现场布置完毕之后，于1980年11月开始对大桥钢拉索进行更换，于1981年8月完成换索工程，在此期间没有发生旧索断裂。拆下的旧钢拉索表明其使用状况是大不相同的，其中一部分锈蚀的相当严重。可以肯定地说，如果不能及时发现其内部损伤，在短时间内必然还会产生旧钢拉索断裂，可能会导致整个桥梁结构的毁坏。

新拉索系统有较高的抗疲劳强度和耐久性，并能较方便地提供拆卸换索和进行检查的条件。

二、英国伍埃桥

1.工程概况

伍埃(Wye)桥是一座建于1966年的斜拉桥，位于英格兰和威尔士分界的Wye河。该桥是M4 Severn Crossing桥的一部分。整个Severn Crossing桥的换索加固工作是在1985～1990年间进行的。

Wye桥原设计为三跨双塔单索面斜拉桥，跨度为87m+235m+87m，塔高29m，约为主跨的1/6。钢箱梁高3.2m，约为主跨的1/73.4。

该桥上部结构的主梁是带有大悬臂板的梯形钢箱梁，箱梁内设有横隔板(如图5-42所示)。原桥斜拉索是由一组20根ϕ3穿过塔顶鞍座的单三角形锁合式螺管索组成，拉索锚固于桥面下箱梁中的拉索锚定装置中。这些锚定装置在1976～1977年间已用加劲杆和喷涂工艺进行过加固。

在20世纪70年代和80年代期间，快速增长的货运交通使该桥的车辆荷载明显增加。对交通量的统计分析表明，该桥在20世纪80年代初的实际荷载通过量已超过原设计荷载通行量的60%。为此，英国交通部授权FNP公司用新的荷载标准对该桥跨结构进行评估。FNP于1983年5月推荐了一个综合加固计划。在签订了一个5年的合同之后，加固工作在对交通

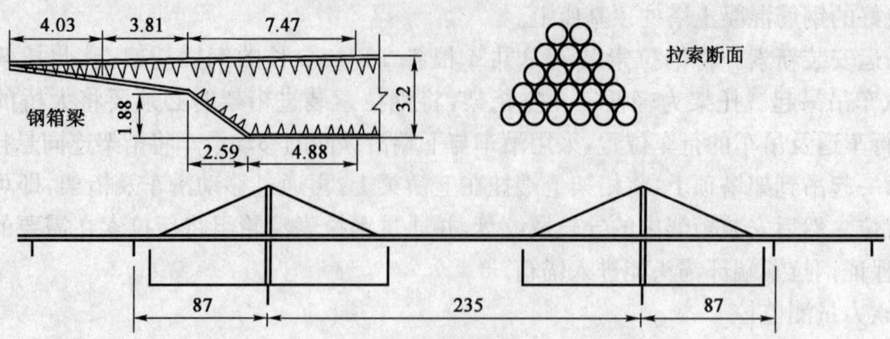

图 5-42 桥梁总体布置图(尺寸单位:m)

的影响尽量减小的前提下开始进行。加固工作除塔柱改建,加强主梁外,还包括彻底换掉Wye桥的主拉索,用一种新的双拉索系统替换原桥的单拉索系统。这是英国第一次在使用中的斜拉桥上进行换索。

2. 换索方法

(1)原结构的评估

由于该桥明显暴露出原设计荷载标准较低的弱点,同时一些检查和调查工作表明,该桥的部分结构也需要进行补救性加固,以提高设计标准。此外,检查和调查中还发现了一些锁合式螺管索中有断丝现象,但因为只有管索的外层断裂钢丝是可见的,考虑到桥面的销管夹板处对钢拉索的疲劳、腐蚀以及摩擦,使之更易于被破坏,所以怀疑钢索在此处也会断裂。检查中将应变仪安装在拉索上,发现拉索和桥面间的相对旋转引起的弯曲应变很大。基于这些调查,预示着拉索的疲劳寿命也是不容乐观的。

此外,在原桥一些关键的焊接构件中多处发现了裂缝和错位,这与该结构在先前加固期间新配置的钢件焊接质量有关,因此又进行了在冲击荷载作用下,焊接的新钢件对已受力梁板影响的研究。显然,要在旧钢箱板上焊接新的加劲杆或附属构件,必须要在原钢箱板受力均匀和受力波动都最小时才能进行。这点在加固施工中对焊接操作工艺和质量控制上是十分重要的。

检查中同时发现一些原桥焊接钢件的尺寸不足,有一些结构节点部分同桥的原设计图不符,这些必须在进行主要结构加固工作前采取补救性加固措施。

根据结构加固的标准,并考虑到原桥面系和大梁截面惯矩比例不合理的实际状况,推荐了加强加劲翼缘、腹板和横隔板的加固方案。

(2)换索方案的选择

经调查研究和分析,可供选择的加固方案有:在钢箱梁纵、横梁间增加内加劲杆;在纵、横梁腹板增加栓接补强杆件,以约束超限应力范围以及改善活载的横向分布。但两者在箱梁节段区域均需要增加很多的加固材料,最后采用了两者相结合的方案,以减少结构材料用量。

经过荷载试验,证明原桥的主索可以满足设计要求。但考虑到已发现了主索的断丝现象以及对拉索锚定装置疲劳程度的调查表明,估计钢丝继续发生破坏的可能还会增加,所以主索也必须进行替换。由于单股索的布置会使换索工程施工难度加大,工期也比较长。同时原拉

索锚定结构的超载承受能力有限，很难满足设计要求，故建议将原有的拉索全部换成新的双索体系。新索布置在原拉索的上面和下面。主跨桥面上增加了两倍的锚定点。这样既避免了加固旧拉索锚定装置这个困难，还减小了桥面大梁的弯矩和剪力，减少了一些昂贵的箱壁钢结构焊接工作。

在确定采用双索竖琴式体系加固方案的同时也考虑过一些其他的换索方案，例如可大范围的快速施工，增加新桥墩或在替换旧索时用临时拉索支撑桥面，或者采用双索体系在内的多索方案，包括采用竖琴式还是扇型索面等。

新的双索结构体系节省了许多对桥面的加固工作量，而且新增加的桥面锚固装置最少，能更有效地发挥箱梁加劲桥面系和新索的作用。同时提供了将来可一次二束地对称更换新索的方便，这不失为一个最佳的加固方案。新加固索如图 5-43 所示。

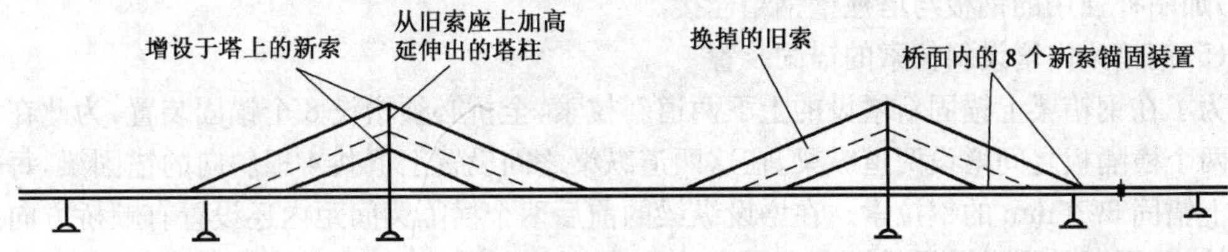

图 5-43　新拉索系统设计图

(3)换索设计

①换索工程的基本要求：

a. 新增的构件必须适应于旧桥的尺寸和便于与原结构的联结；

b. 施工时对交通的影响最小；

c. 加固和换索工程应使换索工程实施简便和总造价最低；

d. 锚具在塔内及箱梁内应锚固简便；

e. 拉索要求由单束钢索组成，这样才能在一次更换任何一束拉索时，不影响其他拉索。

②拉索设计。按受要求新拉索至少应由 9 根可单独更换的束组成，这样将来可随意更换其中的一根。设计中对一些可能的排列形式，如用 9 根、10 根或 12 根束作了比较。一组拉索的整体宽度是由塔柱的可利用宽度和索座及锚箱设计的安全间距(或宽度)决定的，长度则由桥面横隔板之间允许的桥面开孔长度来决定。考虑了锚具的尺寸与原结构的配合，最后采用的每道新斜拉索是由 12ϕ76 的锁合式螺管钢拉索组成的。它们的排列形式是横三(行)竖四(列)。横向分成三行的间距是配合塔柱的横向宽度而定的，竖向分成 4 列的间距是根据钢箱梁室内的可以操作的净空高度来定的。

在沿斜拉索方向 12 根钢索间，每隔 12m 配置一道彼此相互连接的定位阻尼装置。

3. 换索施工工艺

(1)钢塔柱加高

加高的塔柱节段直接安装在原有塔顶的索座上。

(2)内外拉索在新塔顶上的安置和连接

新增的两道新斜索，每道由 12 根 ϕ76mm 的拉索(锁合式螺管索)(LCR)组成，分成左、右、中 3 行，每行上下 4 根。新斜拉索左右两行的 8 根钢拉索安置在箱索座左右侧的索座中，中间的 4 根钢拉索用铰支座与新索座连接。

(3)新增斜拉索与塔柱的连接

左右两行 8 根钢拉索安放在左右两侧的索座槽中，这些索座槽被焊接在钢塔柱钢箱左右两侧的联结板上，联结钢板则用高强螺栓与塔柱钢箱连接。中间行的 4 根钢拉索用铰支座与焊在塔柱钢箱顺桥向前后钢板的连接件相互连接，这前后两块钢板用 10 根预应力拉杆贯穿塔柱的箱室锚固在塔柱前后壁的钢箱上。

(4)增加塔柱底部截面

改建后的塔柱比原塔增高，原桥单索面又改为双索面，设计活载也有所增加，故塔柱底部弯矩增大，因而必须扩大原有的塔柱箱底截面。在塔柱底部的左右两侧(横桥向)增加了三角形托架，托架焊接于竖直的联结板上，联结板栓接于塔柱的侧壁钢箱板上，塔底的前后两侧(顺桥向)加贴补强用的钢板与塔柱壁钢箱栓接。

(5)钢箱梁内增设斜拉索的锚固装置

为了在钢箱梁上锚固新增设的上下两道斜拉索，全桥必须增设 8 个锚固装置，为此在钢箱梁的两个横隔板之间增设两道纵梁，在这两道纵梁之间设置上下共 4 根斜向的锚固梁，每根锚固梁上锚固 3ϕ76mm 的钢拉索。在增设纵梁的前后两个横隔梁间距内还设置有顺桥方向的加劲连接杆，用以补强纵梁承受纵向水平力的能力。该纵向水平力是由斜拉索的水平分力通过 4 根锚固梁传递的。4 根锚固梁配合拉索的斜度方向设置，为便于张拉和锚固作业的进行，它们与纵梁的连接位置分为两组。即从上到下第一与第二两根锚固梁为一组，其位置向下偏后，另一组的两根锚固梁则向上偏前适当错开。

上述这些在钢箱梁内增设的锚固构件装置，其尺寸要根据各锚固点的具体情况加以适当的调整。

(6)新拉索的安装

新索束是用索盘运到施工现场在桥面上展索的。钢索的一端沿塔柱吊到塔顶，其中中行钢索束就固定在中间的铰支座上，内、外行索束则从索座上的横向轨道上通过，移到塔柱箱梁的上下游侧索座上。

施工中将拉索的张拉端(在主梁内)实施预张拉，直到可以使钢索同锚箱连接。张拉时注意塔柱两侧相对应的拉索张力差值必须控制在一个很小的范围内，在每一个受力过程中，桥面和塔柱的挠度都在挠度监视系统(DMS)的监视之下，以确保桥的纵断面线形变化和塔柱位移始终保持在一个允许的范围之内。

当每道新拉索的第一组钢索束被张紧后，就要放松原来的旧拉索，这时启用设置于桥面箱梁内的松张制动钳，以便让每根被松张的钢索束顺利卸载拆除。

每个施工阶段结束后，在交通量较少的夜间且只有微风面桥面系比较稳定时，记录该阶段位移读数及相应的温度和钢索束的张力，所有数据均送到 FNP 公司进行分析，以决定是否可以开始进行下一阶段的换索工作。

(7)拆除旧拉索

当所有的桥面荷载都转移到了新的拉索上后，旧拉索就可以卸除。对从桥面锚箱和塔柱索座区域截下有代表性的旧索进行的测试和检查，发现多数外层钢丝在箱梁松张制动钳处有严重的腐蚀，但是从内层钢丝中取下的样品来看，拉索内层钢束的外观还是良好的。

(8)索力的调整

从施工现场移走所有的临时设备后,使用挠度监视系统(DMS)对桥的纵向线形进行详细测量,并作了微小的调整以达到设计要求。原计划在作最后调整时要完全封闭交通,但由于成功地使用了挠度监视系统,也由于夜间监测数据的可靠性,所以在作最后的调整索力时并没有封闭交通。

索力调整后,就锁定了塔架上的连接器,并撤除了临时脚手架。

施工是在半封闭交通的情况下进行的,作业的空间被限制在顺桥向以塔为中心的 4.11m 的范围内。新增的构件全部是现场拼装的,构件与材料的运输依靠人力或绞车来解决。在钢箱梁内安装 8 个斜拉索锚固构件最为费工,共有 22 000 个部件,小的仅几公斤重,大的达 1t 以上。但塔柱的接高较顺利,每个构件重 16t,采用自升式吊机安装,施工时封锁交通两次,每次 8h。施工高峰时出动的工作人员达 100 余人。

三、广州海印桥

1. 原桥概况

海印桥位于广州市中心珠江大沙头、二沙头处。桥位处河宽约 450m。两岸沿河有立交道路,包括引桥总长 1 114m,其中主桥部分为 35m+85.5m+175m+85.5m+35m 的五跨柔性墩连续刚构式"半悬浮"斜拉桥,即墩、塔、梁固结,而靠柔性墩的柔度来适应温度、收缩、徐变、活载、预应力及地震力等引起的变形而起到悬浮作用。斜拉桥部分全长 416m,由上海市政工程设计院设计,广东省基础工程公司施工,施工期 3 年半,于 1988 年建成,同年 12 月 27 日正式通车。其主跨 175m,索距 5m,采用双塔单索面扇形布索;桥面宽 35m(中间有 4m 宽的分隔带),见图 5-44。

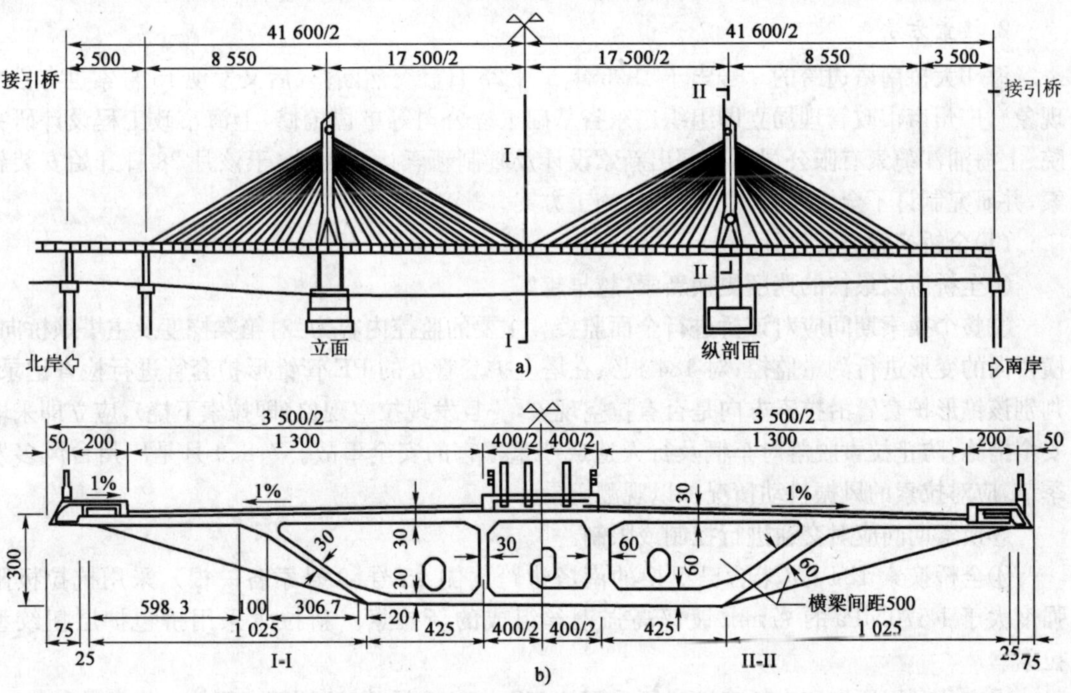

图 5-44 主桥桥位布置图(尺寸单位:cm)

该桥构造特点：

(1)预应力混凝土主梁采用流线型的扁平 3 室箱形截面。梁高 3m 设大挑臂，高跨比为 1/56，宽跨比为 1/5，高宽比为 1/11.7，箱底宽 12.5m。箱梁每隔 5m 设一横梁，此横梁除作为隔板贯通三个箱室之外，还向箱外延伸作为桥面板伸臂部分的加劲承托和传递索力之用。梁体采用 C40 混凝土，并施加三向预应力，纵、横向和竖向力筋分别采用 24 根 ϕ5mm 高强平行钢丝索 F 式锚具及 IV 级粗钢筋轧丝锚具。主梁采用挂篮悬浇施工法。中挂篮浇筑质量 150t/5m 节段，边挂篮浇筑质量 2×90t/5m 节段，施工采用了前(中)、后(边)挂篮品字形双向前进平衡悬臂浇筑工艺。

(2)桥塔顺桥方向为倒 Y 形，全高 62m，其下部在顺桥方向分叉为两个斜腿柱，外观呈倒 Y 形。桥塔双壁的墩身截面为 12.5m×1.5m(横向×纵向)，墩身总高 23m，设置于直径为 22m 的沉井基础上。塔柱混凝土亦为 40 号，柱内配置劲性钢骨架以利施工。在柱内某些按受力需要的局部位置处还设置有预应力粗钢筋。塔柱上斜拉索的锚固采取交叉式布置。

(3)全桥的斜拉索布置成两个扇形的单索面密索体系，每个扇形索面有 15 对(30 组)斜拉索。主跨及边跨的每组斜拉索分别由 4 根及 3 根钢索组成，各钢索在横向平行布置，间距均为 90cm。每根钢索由 258 根平行的由 5mm 镀锌高强钢丝组成，采用 HiAM 型冷铸墩头锚具，斜拉索锚固在中箱横梁上，使用 YC-300t 千斤顶在箱梁内部张拉。

斜索的防护体系，除钢丝镀锌之外，钢丝索外有含炭黑防老 PE 套管，套管与丝索之间的空隙内压注具有高延伸率的水泥浆，套管外再缠包环氧树脂彩色玻璃钢外壳层。斜拉索设有阻尼器以利抗振。设计考虑了在通车条件下可以更换任何一根钢拉索。

2. *换索方法*

海印大桥南塔边跨的 9 号索于 1995 年 5 月 25 日晨突然断落(后又发现 15 号索也有松断现象)，广州市市政管理局立即组织广东省基础工程公司等单位抢修，上海市政工程设计研究院、上海浦江缆索有限公司迅速提出新索设计及赶制新索运至工地，于该月 28 日开始安装新索，并研究制订了全桥换新索的设计与施工方案。

(1)全桥换索方案设计

①全桥应以最快的速度更换新索，越早越好。

②整个换索期间应对该桥进行全面监控。主要的监控内容为：对箱梁挠度及主塔顺桥向、横桥向的变形进行测量监控；对 184 根索在塔上护套管处的 PE 管锥形护套管进行检查记录，判别该锥形护套管沿拉索方向是否有拉空现象，一旦发现拉空现象(即拉索下挠)，应立即采取安全措施，防止拉索脱落对车辆及行人造成严重损害的安全事故。7、8、9 月是广州台风多发季节，应对拉索的风振抖动情况加以观测记录。

③换索期间应对交通进行控制或限制。

④全桥换索 184 根(未含已更换的南塔边跨两侧 15 号、9 号索各一根)，采用抗拉极限强度大于 1 570MPa 的 ϕ7mm 镀锌高强钢丝组成的新拉索。新拉索采用挤包护层扭绞型拉索。

⑤充分利用原海印大桥建造时所采用的 YC-300t 千斤顶、油泵等专用施工机具设备。

⑥换索采取四个工作面，对称于南、北两塔，即河跨、岸跨对称均匀进行。每个工作面每次

用一台 YC-300t 千斤顶进行放索、挂索和张拉施工。每个塔换索时,不平衡的换索不超过 1 根拉索,待全桥拉索更换后,再进行一次全桥拉索索力总调整。此时需要 14 台 YC-300t 千斤顶横桥向(3 根或 4 根)同时张拉,与建桥时采用的千斤顶张拉施工工艺相同。

⑦在全桥换索的过程中,应尽早准备 30 根全桥不同编号的拉索各一根,并提前加工运至现场,以供一旦发生险情时抢修急用。

⑧换索顺序,以先外索(长索),后内索(短索)为原则,并结合原有拉索的损害严重程度和临时的抢修特例酌情调整,以取得安全、快速、方便的换索效果。

(2)全桥换新拉索设计

①采用上海申佳金属制品公司提供的 ϕ7 镀锌高强钢丝,抗拉极限强度 $\sigma_b>1\,570$MPa。

②拉索钢套管利用原有套管。

③选用基本锚具类型。考虑到钢套管实际的大、小两种规格,为有利于锚具施工,简化加工规格,方便拉索施工,只用两种连接器,且不采用对中圈,参考 163ϕ7 型锚具和 139ϕ7 型锚具与大小钢套管匹配,每索相应钢丝按原设计要求,并兼顾模数化。

④换新拉索根数的确定。选用与原桥拉索根数一致,即一一对应调换的方案,确保稳妥、可靠。设备及施工方案可参照原桥及 15 号、9 号已更换的新索工艺进行。

(3)施工要求

①考虑到大桥结构的总体受力情况,在换索时,仍维持原限制交通通行的决定,即双向各双车道可通过载质量不超过 10t 的机动车辆,严格禁止大型平板和集装箱车辆通行。若发生特殊情况时,对交通的限制条件应专门研究确定。

②控制超载。换索时,一般在桥面上只允许存放立即施工的新索,即全桥 4 个工作面只允许桥面上放置 4 盘,以避免过大的施工超载。

③挂索、拉张时要采取妥善措施,防止 PE 护套管在施工过程中受损。一旦损坏应尽早修补。

3. 换索工艺

(1)换索仍应参照广州市海印大桥原主桥工程施工图总说明,即在施工过程中按有关技术文件和设计图纸等技术要求执行。

(2)换索工艺可参照 1995 年 5 月更换南塔边跨 15 号索、9 号索的施工工艺要求。

(3)松索及换索前应仔细检查和恢复塔上、梁内原施工时所需要的预埋件、预留孔洞(如梁底板、顶板、隔板内),以便于千斤顶操作。

(4)对原有拉索两端锚具的防护设施应予以清除。固定端和张拉端尾部连接内螺纹内若有压浆时的浆体,应一并清除。清除时,应确保内、外螺纹不受损伤,并有足够的内螺纹长度以便千斤顶张拉杆的拧紧及螺母的施拧,以确保放索及换索工艺顺利实施。放索前应记录该索螺母松动时的初始索力吨位。

(5)换新索用的张拉千斤顶仍以原桥施工时的 YC-300t 及相应的配套设备为主。YC-300t 千斤顶仍按原施工图说明进行标定,与相应的标定压力表配套使用。千斤顶标定的最大推力可超过原标定的 3 000kN,但不应超过 3 300kN。

(6)安装新索时,塔端拉索锚杯的外露量自螺母外端面起算,可查每索计算的有关规定值,必要时可酌情调整。

(7)张拉时应均匀缓慢分级张拉,每级控制在500kN。张拉应以张拉力为主、张拉力与拉索拉伸量双控的原则。张拉力的误差为±1%,引伸量误差为±10%(量测张拉端螺母外的螺纹外露量)。做好张拉记录,张拉力及伸长量按规定计算值实施量测。

(8)每根拉索更换后,应立即在拉索钢套管处采取有效密封措施,防止雨水及污物进入套管内。

(9) 拉索锚具在梁内及塔上的外露部分,仍应按原桥使用的材料予以保护。

(10)塔上拉索锚具箱,仍采用聚氯乙烯材料加工制成。

(11)索力总调整前,应对全桥拉索索力进行测定,并对全桥塔的水平变形及梁的挠度进行测量。

(12)拉索索力总调整的拉索张拉顺序、吨位等技术条件按设计文件规定确定。

(13)拉索减振装置及拉索锚固保护箱安装,应按设计图纸及技术要求规定来确定。

(14)拉索避雷针,仍应予以调整恢复。

四、斜拉桥换索的施工控制

1.斜拉桥换索工程施工监控目的与意义

斜拉桥换索施工中受到的影响因素多,为了确保主桥在换索前后过程中结构受力和变形始终处于安全的范围内,以及换索前后的索力符合设计要求,且换索后主梁的线形符合设计要求,结构恒载受力状态接近设计期望,在换索过程中进行严格的施工控制是必不可少的。

大跨度斜拉桥换索设计与施工高度耦合,所采用的施工方法、材料性能、加卸载程序等都直接影响成桥的线形与受力,而施工实际情况与设计的假定总会存在差异,为此,必须在施工中通过采用先进的监测手段掌握结构的实际情况、采集所需要的参数,通过控制分析、计算,误差分析,对主梁高程和斜拉桥的索力给予及时调整与控制,以满足设计的要求。通过施工过程的数据采集和优化控制,在施工中逐步做到把握现在,预估未来,避免施工差错,缩短工期,节省投资。

2.换索施工监控的原则与方法

(1)控制原则

换索施工控制的目的是通过对施工过程的监控,适时调整、修正所有影响其目标实现的因素,保证桥梁换索施工过程安全的实现,确保换索后结构受力和线形满足设计要求。

①受力要求。反映斜拉桥受力的因素应包括主梁、塔(墩)和索等三大部分的截面内力(或应力)。通常起控制作用的是主梁的上下缘正应力,在恒载已定的情况下,成桥索力是影响主梁正应力的主要因素,成桥索力大小的变化都会对其产生较大影响。而主梁的应力与主梁截面轴力及弯矩有关,因为轴力的影响较小且变化不大,所以弯矩是主梁中起控制作用的因素。塔的情况与梁类似,只是索力对塔的影响没有像对梁那样敏感,塔中应力通常容易得到满足。索力要满足最大最小索力要求,最大索力要求是指钢丝强度要求,最小索力要求则是指拉索垂度要求。

②线形要求。线形主要是主梁的高程。换索后主梁的高程要满足设计高程的要求。

③控制、调整手段。对于主梁和塔(墩)内力(或应力)的调整,最直接的手段是调整索力。由于索力较小的变化就会在主梁中引起较大的内力(或应力)的变化,而索力本身又有一定的变化宽容度(即最大最小索力确定允许变化范围),因此,将索力作为换索目标中受力的调控手段。

(2)控制方法

斜拉桥的施工控制是"预告→量测→识别→修正→预告"的循环过程。施工控制的要求首先是确保施工中结构的安全,其次是保证结构的内力合理和线形平顺。为了达到上述目的,施工过程中必须对结构内力(如主梁应力、斜拉索拉力)和主梁高程进行双控。具体流程见图 5-45。

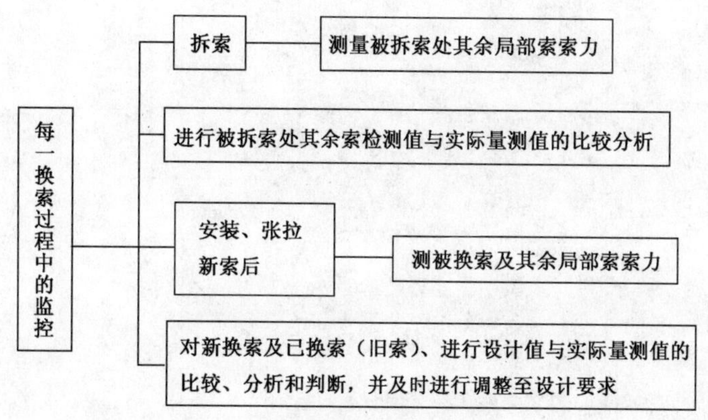

图 5-45　施工控制流程框图

3. 换索施工控制主要工作内容

(1)理论计算

对换索后成桥状态和换索前和施工过程状态进行复核性计算。按照设计和施工方所确定的施工工序,以及设计所提供的基本参数,对施工过程进行一次正装计算,得到施工状态以及换索完成后的成桥状态下的结构受力和变形等控制数据,与设计和设计监理相互校对确认无误后作为斜拉桥换索施工控制的理论轨迹。计算项目包括:

①换索前、换索中的施工状态下以及换索完成后成桥状态下状态变量的理论数据:主梁高程、索力以及控制截面应力。

②施工中控制数据理论值:索力和主梁高程。

(2)换索施工过程结构变位、应力、索力观测。

①索力测定:

a. 全桥加固前对所有斜拉桥进行一次索力测试,以了解加固前索力值。

b. 在索力测试中,根据实测索力判定换索或重新张拉修复该拉索。

c. 在每一次换索过程中,卸索和加索后分别对该索的前后各一号索进行索力测量。

d. 全桥换索后要进行全桥索力测定,以检验换索的实际效果。

e. 当结构实际状态与理论设计状态相差较大时,需进行全桥索力测定。

②应力测量:

a. 测试方法:采用应变片或传感器测量。

b. 应力测试的断面选择应该能够反映出结构的整体受力情况，选取具有代表性的和受力较大的截面。

c. 每换完一对索，要求对应力进行一次应力测量。

(3)主梁挠度观测

①测试方法：用精密水准仪测量测点高程。

②换索前应测量全桥的主梁高程，以了解全桥线形。

③换索完成后进行一次全桥线形测量。

④线形受温度影响较大，故线形测量应在气温平稳时进行。

第六章　坦拱桥加固技术

第一节　概　　述

一、坦拱桥加固技术的研究目的和重要意义

在我国现有桥梁中，拱桥以其优美的外形，良好的承载力，以及成熟的施工技术成为桥梁工程中使用广泛且历史悠久的一种桥梁结构类型。尤其在西南地区，地质条件好，石料丰富，桥位合适，是建造石拱桥最理想的地区之一，拱桥造型宏伟壮丽，经久耐用。因此，拱桥在我国交通运输中有着无可替代的作用。然而，随着使用年限的增加及不断出现的超载现象，大量的拱桥，尤其是20世纪60～70年代修建的一些拱桥，出现了或多或少的病害，成为旧危桥，难以满足未来交通大发展的需要。在对这些旧危桥梁的处理上，如果全部拆除重建，不仅资金耗费巨大，而且时间上也不允许。所以，根据桥梁的病害程度和交通运输情况，可对一些危桥实行维修、加固与改造，提高其承载能力，以满足交通发展的需要。

拱桥的形式很多，坦拱桥是在山前平原、宽浅河床中修建桥梁的合理结构形式之一。这种桥型的矢跨比一般为1/5～1/30，与一般拱桥相比，具有建筑高度低、上部构造轻、主拱圈轻巧、整体性强、受力性能好等优点。为了适应公路交通运输事业飞跃发展的需要，及适应宽浅河床、低矮桥位的特点，1966年西安公路研究所吸取"少筋梁桥"和"拱桥"的优点，试建了一座单孔5m新型拱桥结构——微弯板坦肋拱桥。微弯板坦肋拱桥试建后，首先在甘肃省张掖地区应用。该地区大部分河流位于山前平原区，河床宽浅，桥位低矮。如果修建板、梁式桥梁，不仅耗用钢材而且投入资金多，若修建矢跨比较大的拱桥，则与地形不相适应，并有碍景观。张掖地区公路总段为了加快公路桥梁建设的步伐，积极采用新的桥型结构，在西安公路研究所、甘肃省交通科学研究所的大力支持和密切协助下，从1968年开始在宽浅河床上修建了多处不同跨径、不同孔数的坦拱桥。经过反复试验，不断实践，不断总结，使这种新型拱桥结构的构造、设计计算方法、施工工艺不断地得到了完善。

实践表明，这种桥型结构合理、轻巧美观、节省三材、施工简易，是在宽浅河床中修建桥梁的合理结构形式之一，因此得到了迅速发展。甘肃省其他地区和陕西省商洛地区修建了大量坦拱桥，使这种桥型由跨径6m的小桥发展到跨径32m的中桥，由单孔小桥发展到12孔25m跨径的多孔大桥。据不完全统计，甘肃省张掖地区已修建32座坦拱桥，总长1 007m；甘肃省干线公路已修建72座坦拱桥，总长2 527m。我国东北、华北、西北和南方一些省的有关单位对这种桥型修建也很重视，相继进行参观，探讨设计、施工方法，使该桥型得到了大力的推广。

可见,已建拱式桥梁中,坦拱桥占有相当大的比重,随着修建坦拱桥施工工艺的日益提高,未来会新增大量的坦拱桥。

桥梁和其他建筑物一样,其"生命周期"亦不外乎要经历建造、使用和老化3个阶段。20世纪50～70年代建设的拱式桥梁,已运营40～60年,其承载能力已不能满足当今交通快速发展的需要,且病害和缺陷累累。因此,拱桥的加固、维修成为一个十分突出的亟待解决的问题。特别是对于矢跨比较小的坦拱桥,它的力学形态与陡拱桥有所不同,由于矢跨比小,在拱脚产生的水平推力较之陡拱要大得多。所以,坦拱桥加固技术比陡拱桥要难,而陡拱桥的加固方法并不完全适合坦拱桥,所以对坦拱桥研发新的加固技术较难。因此,针对坦拱桥的上述特点,本章着重介绍了多点支撑加固坦拱桥的技术方法。

二、取得的主要成果

鉴于坦拱桥加固具有广阔的应用市场,而目前尚未开发出有效的加固技术,本书针对坦拱桥较为系统地提出多点支撑加固坦拱桥技术,其主要研究内容及成果如下。

(1)坦拱桥力学性能

通过对不同跨径、不同矢跨比的标准坦拱桥进行大量有限元建模,分析研究坦拱桥力学特性,为加固技术奠定理论基础。

(2)多点支撑加固技术的加固机理

从新增支承改变原拱圈最不利截面弯矩影响线和减小原拱圈弯矩和偏心距两方面,揭示了多点支撑加固坦拱桥加固机理。

(3)多点支撑加固设计方法

多点支撑加固坦拱桥设计的首要任务是确定支撑点的位置及Y形支撑与水平面的最佳角度。从原拱圈最不利控制截面影响线函数交叉区域初步确定支撑点区域,在初步确定的支撑区域内运用对分法确定最佳支撑位置。通过对不同跨径不同矢跨比坦拱桥在同一相对位置建模,根据内力变化情况,确定最佳角度。

根据带载加固和结构二次受力的特点,提出了容许应力法和承载能力极限状态法计算模式。

(4)预应力弹性支撑结构设计方法及控制原则

作为一种组合结构,能否共同参与受力的关键就是新、老结构的有效连接问题。为了使新老结构有效连接,提出了预应力弹性支撑结构,使其与原拱圈在各种工况下都能紧密连接并分担原拱圈外力荷载。

根据弹性支撑结构的受力情况提出无限寿命设计理论。设计弹性支撑结构的构造、分析变形储备的影响因素(温度、干缩等)和弹性支撑结构预应力控制理论。

(5)多点支撑加固破坏模型试验

通过模型拱的加固试验,对比加固前、后结构在相同荷载等级下的应力水平、裂缝发展情况,对比最终破坏时的承载力水平,并研究了结构达到承载力极限状态时新增Y形支撑的受力状态和破坏形态。

(6)多点支撑加固技术施工工艺

通过比较不同施工工艺于加固后结构承载力水平的影响,提出了多点支撑加固技术合理

的施工工艺。阐述了预应力弹性支撑结构的安装工艺。

(7)多点支撑加固技术工程示范

该技术以重庆市璧山县三元桥为工程依托,根据建模分析,针对三元桥的病害,详细阐述了多点支撑加固坦拱桥技术的加固过程及施工工艺。

第二节　研究现状

一、国内外拱式桥加固技术研究现状

公路旧桥加固、改造和维修是一项复杂的系统工程,不同桥型、不同桥位、不同的使用环境和不同病害使得加固维修技术也不尽相同。桥梁病害和隐患在世界各国都存在,发达国家也不例外。对桥梁的耐久性问题以及加固改造,各国学者都进行了大量的研究。经过广大桥梁科技工作者多年的共同努力,针对拱式桥加固提出了一系列的加固技术和方法,在实践中发挥了很大的作用,产生了极大的社会和经济效益。

尽管目前拱式桥加固方法和技术"百花齐放",方法很多,但从加固原理的角度归纳起来不外乎属于从外因和内因两个角度对桥梁进行加固补强。

1)从外因角度提高主拱圈的承载力加固技术现状

从外因角度是通过结构的性能改变,提高主拱圈的承载力加固技术。当主拱圈因承重构件的断面不足、施工质量不佳、墩台地基沉降或桥梁长期超载运营等原因引起开裂、变形时,一般可采用以下针对结构病害的加固技术。

(1)增大主拱圈截面法

当承载构件的强度、刚度和耐久性等不满足要求时,通常可采用增大构件截面的加固方法使之满足正常运营要求。其目的在于当荷载等级不变或荷载等级增加时,保持在主拱圈材料性能承受范围内,即$\sigma<[\sigma]_{拱圈}$,从而达到加固目的。实践中可以选择多种方法来实现截面增大的目的,如喷射混凝土、现浇混凝土、外包混凝土等加固方法都属此类加固技术,其中以锚喷法较为成熟、加固效果最为显著。

"锚喷"系借锚入原结构内的锚杆挂设钢筋网,再施喷加入适量速凝剂的混凝土至结构面层,形成与原结构共同承受外荷载作用的组合结构。

锚喷加固拱桥技术具有以下特点:

①喷射混凝土凝结速度快、黏结性好、早期强度高;

②喷射混凝土基本不用模板,施工快速简单;

③施工设备和工序简单,占地面积小,节省劳动力,经济可靠,适应性强;

④不中断交通。

(2)增加拱圈的强度

粘贴技术一般采用环氧树脂(砂浆)或建筑结构胶将钢板、钢筋、玻璃钢、碳纤维布、芳纶纤维布等抗拉强度高的材料粘贴在主拱圈表面,使之与结构物形成整体,使荷载对主拱圈产生的拉应力小于补强材料的强度,即$\sigma<[\sigma]_{补强材料}$,从而达到提高主拱圈的抗弯和抗剪强度、抑制裂

缝扩展的目的。根据粘贴材料的种类，粘贴技术分为粘贴钢板技术、粘贴钢筋技术、粘贴碳纤维技术和粘贴玻璃钢技术。

粘贴技术具有与结构物黏附性能较好、加工成型容易、用料量少、锚固牢靠方便、加固效果明显等特点。

2)从内因角度提高主拱圈的承载力加固技术现状

从内因角度主要是改变结构体系，提高主拱圈的承载力加固技术。目前主要有以下方法：

(1)改变结构体系，减小主拱圈内力

采用梁拱结合共同受力的方式，或将原桥重力式拱上建筑改变为轻型的桁架或刚架，以减轻主拱圈承受的恒载重量以及减小主拱圈承受恒载内力，从而减小拱圈承受拉应力，达到提高承载力的目的。

(2)减轻拱上建筑恒载重力，减小主拱圈内力

拱式体系的承载能力主要决定于主拱圈的轴线线形、材料强度和墩台稳定性3个因素，因此加固拱桥可以从这3个方面入手。当拱桥由于自重或地基承载力不足，致使拱脚发生水平位移或转动，拱轴线发生严重变形时，在条件许可的情况下，可采取调整拱上建筑的布置，改变结构体系的方法，来改善拱圈受力状况，以达到加固的目的。

目前减小主拱圈内力的方法主要有以下几种：

①假载法。通过改变拱轴系数 m 来变更拱轴线，使拱顶、拱脚两截面的控制应力得到改善。当无铰拱在最不利组合工况下出现拱脚负弯矩过大时，可以适当提高 m 值；反之，拱顶正弯矩过大时，可适当调整降低 m 值。这种方法通常需要整体减去或增加一层荷载，需要中断交通。

②临时铰法。这是一种施工措施，拱圈施工时，在拱顶、拱脚用铅垫板做成临时铰，拆除拱架后，由于临时铰的存在，拱圈成为静定的三铰拱，待拱上建筑完成后，再用高等级水泥砂浆封固，成为无铰拱。由于拱在恒载作用下是静定的三铰拱，拱的恒载弹性压缩以及封铰前已发生的墩台变位均不产生附加内力，从而减小拱圈跨中弯矩。

③用千斤顶调整内力法。这是将千斤顶平放在拱顶预留的孔洞内，利用千斤顶对两个半拱缓缓施加推力，使两个半拱既分开又抬升。当千斤顶的压力值达到计算所需推力时，保持油压一个时期，以部分消除混凝土徐变的影响，然后进行封顶。由于千斤顶施力时拱被抬升使拱架易于卸除，同时拱桥基础立即产生的变形影响亦可消除，而调整千斤顶施力点的位置和施力的大小，也可达到改善主拱应力的目的。

④调整拱轴线与压力线改变加固法。在空腹式拱中，由于悬链线与压力线之间的偏离，可以不同程度的减小拱顶、拱脚的过大弯矩。根据这个道理，可在恒载压力线的基础上，根据桥的实际需要叠加一个正弦波的调整曲线作为拱轴线，采用逐次渐进法调整，使恒载、弹性压缩和混凝土收缩等固定因素作用下，拱顶、拱脚两截面的总弯矩趋近于零。

如果遇到实际桥梁在拱顶、拱脚两控制截面有一个弯矩很大，另一个控制截面弯矩较小时，根据上述原理，可以通过拱轴线与压力线的调整改善主拱圈的受力状况。具体做法是：当拱脚负弯矩较大，造成拱脚上缘开裂，产生裂缝，而拱顶截面尚有一定富余时，采取减薄拱上填料或桥面厚度的措施，以减轻桥面系重量，亦可用轻质填料更换重质填料，使恒载压力线上升，在全拱圈范围内产生一定幅度的正弯矩，则在最不利内力组合时，使拱脚负弯矩减小，达到提

高承载力、加固补强的目的。当拱顶正弯矩较大，造成拱顶下缘开裂，而拱脚截面尚有一定富余时，采取加厚桥面厚度，增加拱上恒载重量的办法。若原桥面基本完好，增加桥面厚度可采用钢筋混凝土或钢筋混凝土罩面施工措施，尽可能缩短施工时间和减少中断或堵塞交通时间，亦可采取用重质填料更换原桥轻质材料，使恒载压力线降低，在全拱圈范围内产生一定幅度的负弯矩，则在最不利组合时，使拱顶的正弯矩减小，达到提高承载力，加固补强的目的。

⑤顶推加固法。对于发生桥台水平位移的混凝土拱桥，可以采取顶推法消除因桥台位移而引起的病害。基本做法是对于稳定、顶进量小的桥台，在一端桥台的拱脚安装顶推装置；顶进量大的则需要在两侧拱脚安设顶推装置，将主拱圈自拱脚沿拱轴线方向向跨中顶推，从而使主拱圈两拱脚间的相对位移减小，减轻或消除因桥台水平位移对拱桥产生的危害。

拱圈内力与拱轴线有很大关系，对于拱圈变形过大的拱桥，实际拱轴线往往与压力线偏差较大。此时如单独采用截面增大技术等方法进行加固，已不能有效改善拱圈的受力状况，于是需要对拱轴线或(和)压力线进行调整，使其尽量吻合，从而改善拱圈的受力，才能真正达到改造加固的目的。在调整拱上填料或主拱圈轴线线形或(和)压力线之前，必须对拱圈的内力进行准确的计算分析，确定合理的方案，千万不能盲目地增减拱上的恒载。

调整拱轴线与压力线技术有以下优点：使拱圈受力趋于合理，从根本上解决问题；施工快速，节省材料。

与此同时该法存在以下缺点：施工难度大，稍有不慎则后果难以预料。

⑥体外预应力加固技术。目前，体外预应力加固桥梁上部构造多用于梁桥，对于拱圈开裂以及桥台产生位移、拱顶下挠的拱桥，也有采用此法的成功范例。其作法是：对主拱圈纵向开裂的拱桥，设置横桥向的钢拉杆施加预应力加固；对主拱圈横向开裂或桥台位移、拱顶下挠的拱桥，则采用顺桥向设置钢筋或钢拉杆施加预应力进行加固。

当桥台尚未稳定、桥台与拱上侧墙等结构物已经变形或可能变形时，一般可以采用预应力筋及设置拉杆的方法进行加固。

⑦减轻拱上建筑质量加固技术。现有的拱式桥梁多数是采用拱式拱上建筑，特别是石拱桥更是采用腹拱式拱上建筑为主，由于拱式建筑自重较大，恒载重量通常占着很大的比例，加之中小跨径的石拱桥及相当数量的实腹式拱桥，拱式填料厚度大，拱上建筑的自重更大，主拱圈大部分须用于承担恒载自重。如果能采取有效措施，在一定程度上减轻拱上自重，可以明显地改善拱圈的受力情况。特别是当桥梁承受活载的能力，以及桥梁基础承载力受到限制，不能满足加固拱圈和提高活载所增加的承压力要求时，采取减轻桥梁恒载自重的办法来提高原桥承受活载的能力，是一种经济有效的措施。

⑧其他加固技术。以上是从加固原理的角度来划分目前采用较为广泛的拱桥加固技术，除此之外工程实践中也涌现出了一些用于局部加固、裂缝处理的实用加固方法。

a. 钢板箍加固技术。在拱桥的跨中和 $L/4$ 处加设三道钢板箍或钢拉杆，用螺栓在拱腹及拱侧钻孔锚固，并注意将锚固点设在拱圈厚度的 1/3 处。

b. 临时加固技术。通过主拱圈下架设枕木、人字架或桥面架设临时钢梁的方式，临时加固拱桥。

c. 高压灌浆封闭裂缝技术。高压灌浆方法的要点在于将裂缝封闭构成一个密闭的空腔，从而达到防止水汽和有害气体等侵入、提高结构耐久性的目的。

⑨拱式桥下部结构的加固技术现状：

a.基础扩大加固技术。该技术是在刚性实体式基础周围加石砌圬工或混凝土，以扩大基础的承载面积。它适用于基底承载力不足或埋置太浅，而墩台又是砖石或混凝土刚性实体式基础的情况。扩大的基础底面积应由地基强度验算确定。当地基强度满足要求而缺陷仅仅表现为均匀沉降变形过大时，采用扩大基础底面积的加固方法，主要由地基变形计算控制设计。

b.增补桩基加固技术。在桩式基础的周围补加钻孔桩或打入钢筋混凝土预制桩并扩大承台，以此提高基础承载力、增强基础稳定性。这种加固方法称为增补桩基加固法。

增补桩基法加固墩台基础的优点是不需要抽水筑坝等水下施工作业，且加固效果显著。其缺点是需搭设打桩架和开凿桥面，对桥头原有架空线路及陆上、水上交通均有一定影响。

c.人工地基加固技术。当基础下面的天然土基松软、承载能力不足，或上层土虽好，但深层土质不良引起基础沉陷时，可采用人工地基加固方法提高基础的承载能力。

人工地基加固方法很多，一般常用的有砂桩法和注浆法等。

a.砂桩法。当软弱地基层较厚时，可用砂桩法增强地基的承载能力。加固施工时，将钢管或木桩打入基础周围的软弱土层中，然后将桩拔出，灌入干燥的粗砂，振捣密实，做成砂桩，提高土的密实度，最终达到提高地基承载力的目的。

在含水饱和的砂土或黏砂土中，由于容易塌孔，灌砂困难，亦可采用砂袋套管法与振冲法加固地基。

b.注浆法。注浆法是在墩台基础之下、在墩台中心直向或斜向钻孔或打入管桩，通过孔眼及管孔，用一定压力把各种浆液(加固剂)注入土层中，通过浆液凝固，把原来松散的土固结为有一定强度和防渗性能的整体，或把岩石裂缝堵塞起来，从而加固地基、提高地基承载力的一种加固法。

以上几种方法虽然也可以改善拱圈内力，但都要对原拱圈切断，或拆除桥面系，因而需要中断交通。

国内对于拱桥的加固已达到国际先进水平，甚至创造了世界纪录，国外对于拱桥的加固亦不外乎以上几种方法。

综上所述，近年来桥梁加固改造技术的研究和应用正日益引起人们的重视，也积累了一定的经验，为桥梁加固改造技术的进一步发展奠定了一定的基础。然而，这项工作仍处于起步阶段，将来研究的关键是如何在现有的各种加固改造技术及理论分析基础上总结、完善，最终制定出用以指导加固设计、施工和监理的规范和标准，使各种桥梁加固技术规范化、系统化。

二、多点支撑加固技术研究现状

目前增设支点加固法主要用于梁、板、桁架、网架等结构的加固。增设支点加固法在桥梁工程加固中多见于应用较广的梁式桥。该方法主要是通过改变桥梁结构体系以减少梁内应力。桥梁增设辅助墩后，体系转换为超静定结构的连续梁体系，新的桥跨结构在恒载作用下的跨中弯矩与加固前恒载作用下的跨中弯矩相比有较大程度的降低，仅连续体系对恒载弯矩的卸载作用已经使主梁能够满足强度要求，体系转变后对活载引起的跨中弯矩也同样有卸载作

用，所以，增设辅助墩的方法能够有效地解决桥梁因跨中弯矩过大而出现的因承载力不足而引起的裂缝、下挠等问题。

由于该加固技术往往皆要在桥下操作，或设置永久设施，从而影响桥下净空。因此，要在不影响通航及桥梁排洪能力的情况下使用。

(1)增设支撑加固法在梁桥中的应用现状

增设支点加固技术在梁桥加固中的形式主要是在简支梁下增设支架或桥墩；或把简支梁与简支梁加以连接，从而由简支梁变为连续梁。由于支点负弯矩对跨中正弯矩的卸载作用，跨中的弯矩会显著减小，从而增大荷载后能够达到截面的强度要求。

山东省潍县潍河大桥，为 26 孔跨径 20m 钢筋混凝土 T 形梁桥。现 T 形梁出现严重裂缝，下部结构完好，但不能满足通过 400t 大型平板车的通行要求，故决定进行加固。经多方案研究比较，该桥采用了增设钢筋混凝土斜腿支撑方法进行了加固。对中部 24 孔的各片 T 形梁梁肋下加设钢筋混凝土斜撑作承托，使原来的简支梁体系转换成撑架桥式体系，边孔则在跨中加设两个钢筋混凝土立柱(将简支体系转换为 3 孔连续梁体系)。经加固后，全桥承载力得到了提高，顺利地通过了 400t 大型平板车。

另某桥为 40m 标准跨径后张法预应力简支 T 形梁桥。随着交通量增长和超重车辆的增多，该桥已产生较大变形，有明显的下挠度，并且各主梁在跨中下缘出现较多裂缝。经计算，外荷载增大使主梁跨中截面正弯矩已经超过了跨中控制截面承载力极限状态下截面强度要求。基于此，为提高全桥承载力，采用在简支梁下分别距两端 11m 处增设辅助桥墩的方法使桥梁受力体系由简支转为连续进行加固。由于增设支点负弯矩对跨中正弯矩的卸载作用，跨中弯矩显著减小，从而该桥加固后跨中截面承载力即可满足要求。

(2)增设支撑加固法在拱式桥梁中的研究现状

拱桥中，对于矢跨比较小的坦拱桥，力学形态带有梁式桥的倾向，同时由于矢跨比小，拱脚产生的水平推力较陡拱大，承载潜力相对要小一些，弯矩较大区域集中在拱顶两侧 3/8～5/8 区段内，造成这类拱桥加固难度的加大，常规的拱桥加固技术不经济或难以达到理想的效果。目前还没有针对这类桥型的合理加固技术。而本书提出的多点支撑体系加固拱桥技术，则是根据矢跨比较小的大跨度坦拱桥而采取的有针对性的加固技术。本加固技术主要是通过增设支撑，优化、调整主拱圈内力来提高原桥承载力。该研究成果对我国小矢跨比的大跨度坦拱桥加固起到积极的指导作用，填补了该领域的空白。

第三节 多点支撑体系加固坦拱桥技术原理

一、多点支撑加固坦拱桥技术

(1)多点支撑加固坦拱桥是针对小矢跨比坦拱桥受力特点提出的一种有效的加固方法。该加固技术是在原主拱圈下增设支撑，通过预应力弹性结构的协调变形、共同作用来分担外荷载，从而达到减小原主拱圈在外荷载作用下各截面内力(主要是弯矩)的目的。加固后结构受力范围大，易于通过调整、优化实现内力重分布，有利于削减内力峰值和平缓变形，因而提高了其极限承载力。

(2)针对不同病害的坦拱桥进行加固,增设支撑的情况亦不同。沿桥纵向支撑点个数可能为一个、两个,也可能为多个,沿桥横向可结合实际拱圈宽度灵活设计。为了说明问题,下面以增设两个支撑点,Y形支撑来说明本项加固技术。

该加固技术的示意图见图6-1～图6-3。

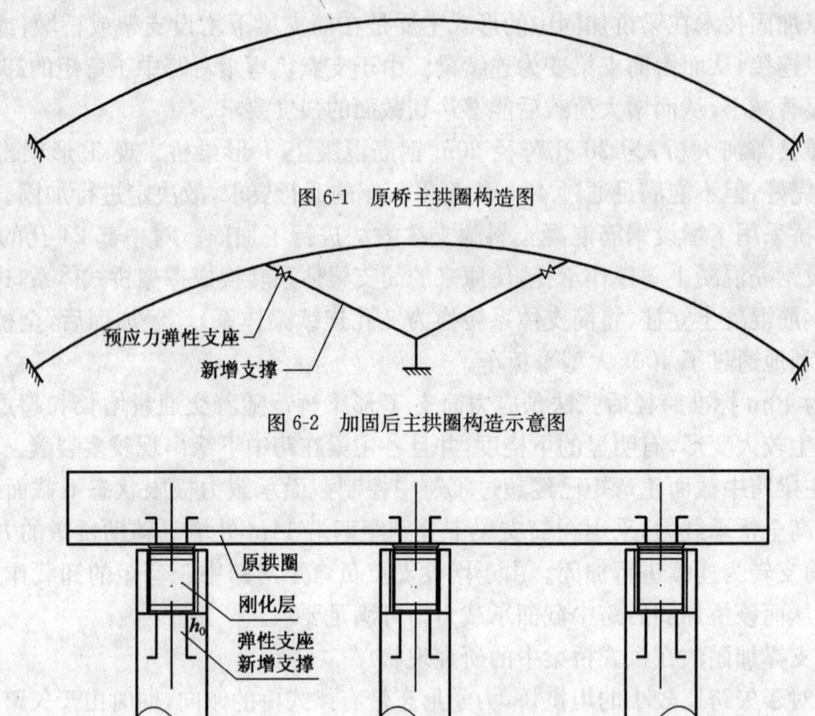

图6-1 原桥主拱圈构造图

图6-2 加固后主拱圈构造示意图

图6-3 新增支撑沿主拱圈横向分布示意图

(3)多点支撑加固坦拱桥的设计方法

采用多点支撑加固时,其结构计算分析应按下列步骤进行:

①计算并绘制原拱圈在各种工况下的弯矩包络图;

②计算原拱圈各截面实际承载力;

③确定原拱圈各承载力不满足的截面;

④绘制出③中各不利截面影响线;

⑤确定支撑点位置。结合①、④确定加支撑点的区域,运用对分法确定最佳支撑点位置;

⑥有限元建模,在最不利工况下,使拱圈各截面内力最大值小于截面实际承载,反算支撑所受的最大的力;

⑦根据支撑所受最大的力,设计支撑结构及基础。

(4)多点支撑加固坦拱桥的关键技术

①新增支撑与被加固拱圈之间的可靠联结是两者共同工作的基础,是多点支撑加固坦拱桥的关键技术。

为了保证加固后结构体系在温度、混凝土收缩、疲劳复合效应下的有效联结,该加固技术提出了一种预应力弹性支撑结构。构造如图6-4所示。

预应力弹性支撑结构是新增支撑和原石砌体结构能够有效、顺畅地传递、分担外荷载的保证。在新增支撑达到养护期后，安装预应力弹性支撑结构。根据原桥在温度荷载作用下向上拱起的变形量、新增支撑的收缩变形（混凝土）、弹性支撑结构的疲劳性能确定支撑变形储备量，从而确定预加力的大小。预压后螺栓固定上、下调平钢板，就位后分级释放螺栓。为了防止钢材锈蚀，对钢板进行防腐处理，并用竹胶板对预应力弹性支撑结构四面封闭，然后浇筑混凝土。

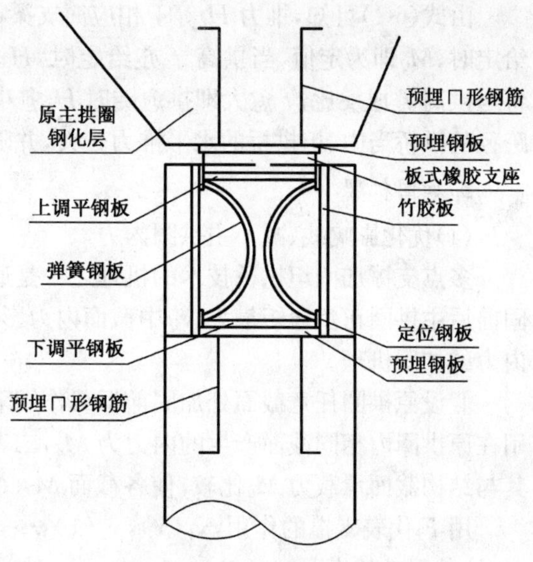

图6-4　弹性支撑结构示意图

②对支点原拱圈进行刚化。多点支撑加固坦拱桥技术，应以支点处被支顶拱圈表面不出现裂缝为度。为了保证原拱圈的安全性，对支点间区域进行刚化。为了使新老结构层更好黏结，刚化段采用收缩率较小的微膨胀混凝土浇筑。

二、多点支撑加固坦拱桥技术加固机理

1.坦拱桥结构受力特征

拱脚的水平反力是体现一座拱桥的重要参数。拱桥在竖向荷载作用下，两端支承处除有竖向反力外，还产生水平推力，使拱内产生轴向压力，并大大减小了跨中弯矩，使它的主拱截面强度得到充分发挥，跨越能力增大。拱的水平推力与垂直反力之比，是随矢跨比的减小而增大。当矢跨比减小时，拱的推力增大，反之则推力减小。众所周知，推力增大，相应在拱圈内产生的轴力也大，对拱圈的自身受力状况是有利的，但对墩台基础不利。所以修建拱桥时要有庞大的墩、台和良好的基础。如图6-5所示。

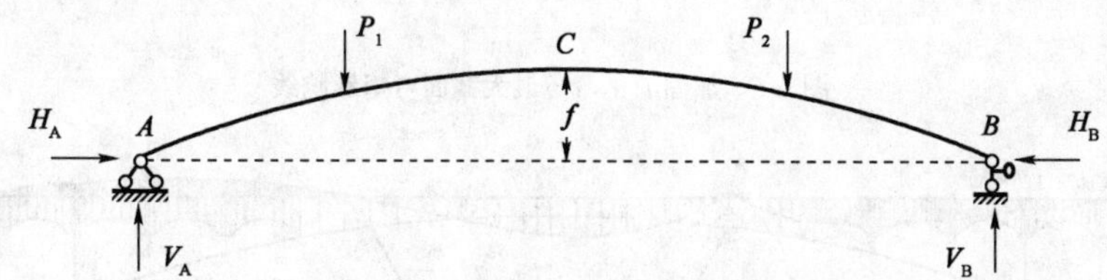

图6-5　竖向荷载下拱反力图

考虑全拱的整体平衡，建立如下方程

$$\left.\begin{aligned} V_A &= V_A^0 \\ V_B &= V_B^0 \\ H &= \frac{M_C^0}{f} \end{aligned}\right\} \tag{6-1}$$

由式(6-1)可知，推力 H 等于相应简支梁截面 C 的弯矩 M_C^0 除以拱高 f。当荷载和跨度 L 给定时，M_C^0 即为定值，当拱高 f 亦给定时，H 值即可确定。当荷载及拱跨 L 不变时，推力 H 将与拱高 f 成反比，f 愈大即拱愈陡时 H 愈小，反之，f 愈小即拱愈平坦时 H 愈大。因而，同跨径的拱桥当中，坦拱桥的水平推力较大，并随着拱脚的升高，推力对基地的力矩增大。

2. 加固机理

(1)优化影响线、减小主拱圈内力

多点支撑加固坦拱桥技术的机理之一是通过新增支撑减小主拱圈内力机理。下面仅以加固前后主拱圈正负弯矩最大、跨中截面内力影响线的变化，从定性角度来说明优化减小主拱圈内力的加固机理。

假设原拱圈任意截面处加固前恒载作用下的内力为 M_1，加固后活荷载作用下新增支撑作用在原拱圈内相同截面产生的内力为 M_2，二者叠加即为加固后拱圈实际承受荷载内力 M，将其与结构截面承载力 M_u 比较，使各截面 $M<M_u$。

用 F_i 代表支撑的作用，$y_1(x)$，$y_2(x)$，…，$y_n(x)$ 为相应于内力影响线中支撑作用 F_1，F_2，…，F_n 位置处的纵距，$y_1(x)$，$y_2(x)$，…，$y_n(x)$ 根据影响线确定为正值或负值。由于支撑作用所产生的支撑反力或内力 M_2 可根据影响线中相应于各支撑位置处的纵距求得，即

$$M_2=F_1y_1(x)+F_2y_2(x)+\cdots+F_ny_n(x)=\sum_1^n F_iy_i(x) \tag{6-2}$$

在此假设 $M_2<0$ 表示对减小原拱圈内力有利。对包含几百个甚至几千个杆单元的大型结构，单元两端截面的影响线很多，需要计算的往往只是若干个控制截面上的内力影响线。对于多点支撑加固技术要保证每个截面都提高，只需保证加固前弯矩正、负绝对值最大的截面内力均得到改善即可。本书仅分析支撑点为两个的情况，提取原桥在所有荷载最不利工况下的组合正、负弯矩绝对值最大的两截面的弯矩影响线。如图 6-6～图 6-9 所示。

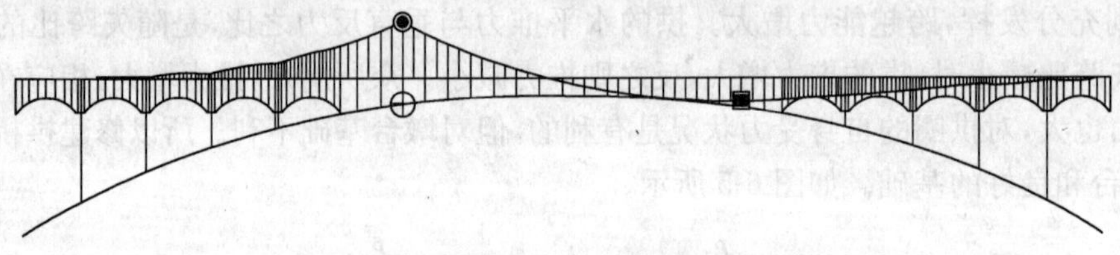

图 6-6 加固前正弯矩最大截面弯矩影响线

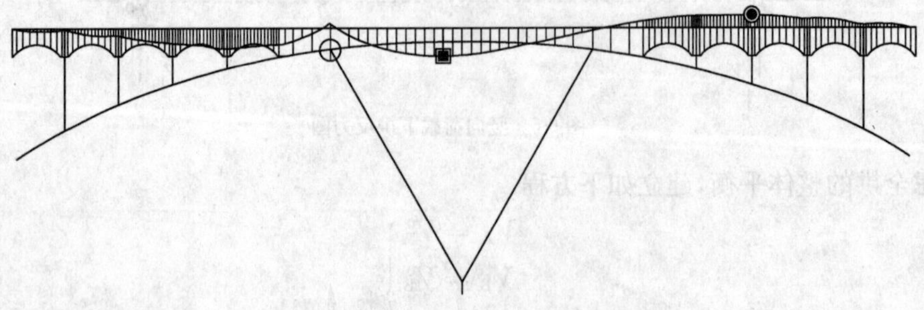

图 6-7 加固后正弯矩最大截面弯矩影响线

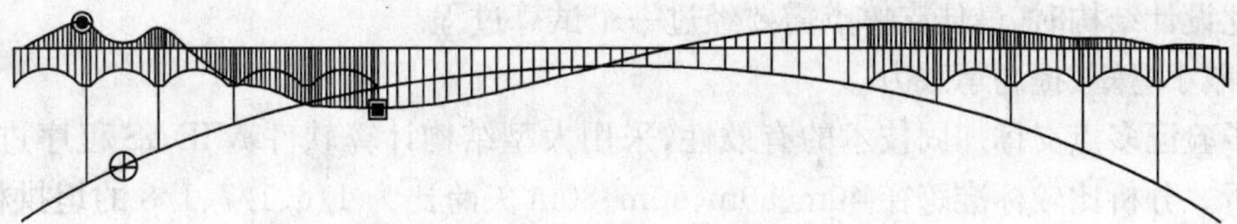

图 6-8　加固前负弯矩最大截面弯矩影响线

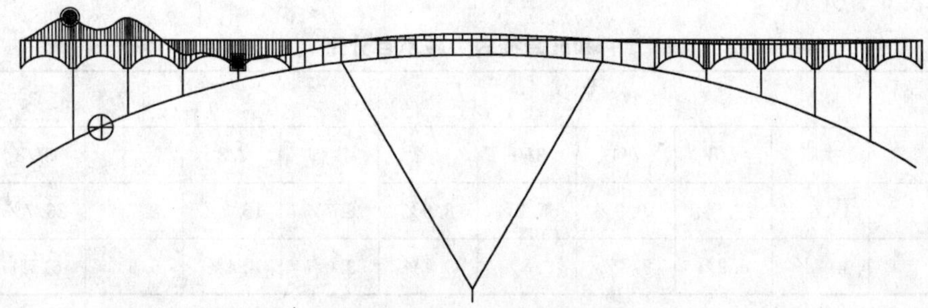

图 6-9　加固后负弯矩最大截面弯矩影响线

通过图 6-6～图 6-9 所示的加固前正负弯矩最大的截面，在加固前后的影响线的对比，可以看出新增支撑有效地减小了主拱圈的内力，新增支撑作用表示如图 6-10 所示。

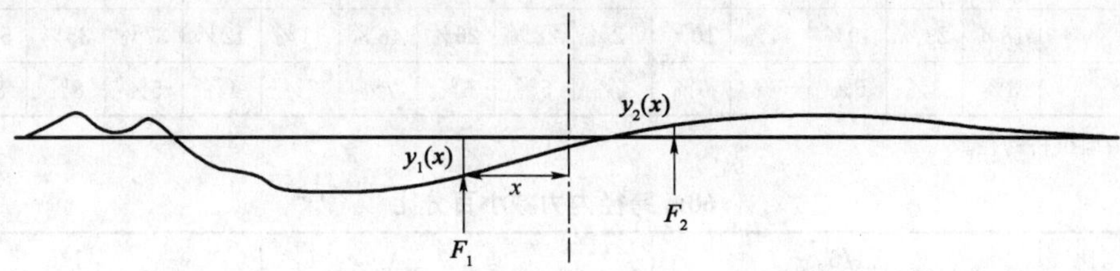

图 6-10　支撑对正弯矩最大截面影响线的作用

要保证改善减小正弯矩最大截面内力，只需保证

$$F_1 y_1(x) + F_2 y_2(x) < 0 \tag{6-3}$$

要保证改善减小负弯矩最大截面出内力，只需保证

$$F_3 y_3(x) + F_4 y_4(x) < 0 \tag{6-4}$$

要保证外荷载作用下，改善所有截面的内力情况，只需要式(6-3)和式(6-4)同时成立，即

$$\left.\begin{aligned} F_1 y_1(x) + F_2 y_2(x) < 0 \\ F_3 y_3(x) + F_4 y_4(x) < 0 \end{aligned}\right\} \tag{6-5}$$

如图 6-11 所示为支撑对负弯矩最大截面影响线的作用。

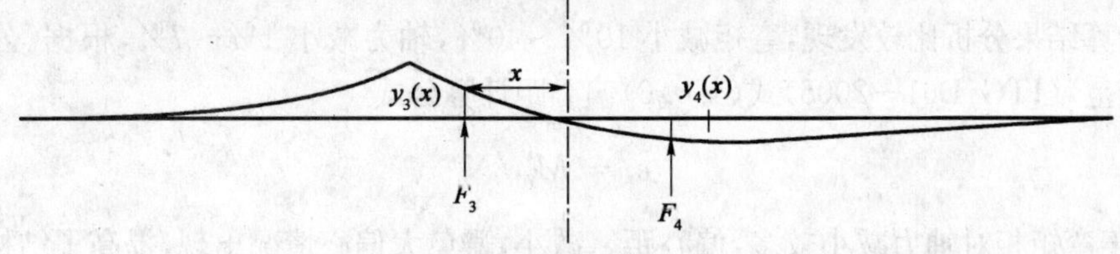

图 6-11　支撑对负弯矩最大截面影响线的作用

因此设计结构时，最佳支撑点需要经过一个试算过程。

(2)减小弯矩、提高承载力

为了验证多点支撑加固技术的有效性，采用大型结构计算软件 MIDAS 程序进行建模及结构分析。分析比较标准跨径 40m、50m、60m、80m 矢跨比为 1/6、1/7、1/8 的坦拱桥，对加固前弯矩绝对值最大的截面进行加固的效果。加固后拱桥各控制截面弯矩、轴力减小百分比如表 6-1～表 6-4 所示。

40m 跨径内力减小百分比 表 6-1

矢跨比	1/6					1/7				
位置	拱脚	$l/8$	$l/4$	$3l/8$	$l/2$	拱脚	$l/8$	$l/4$	$3l/8$	$l/2$
M	18.6%	22.5%	10.9%	55.2%	8.9%	8.7%	16.2%	8.7%	26.7%	10.8%
N	4.7%	6.9%	9.7%	9.8%	9.7%	3.0%	4.4%	6.6%	6.5%	8.7%

注：l 为坦拱桥跨径。

50m 跨径内力减小百分比 表 6-2

矢跨比	1/6					1/7					1/8				
位置	拱脚	$l/8$	$l/4$	$3l/8$	$l/2$	拱脚	$l/8$	$l/4$	$3l/8$	$l/2$	拱脚	$l/8$	$l/4$	$3l/8$	$l/2$
M	18%	23%	19%	44%	10%	12%	28%	26%	46%	11%	12%	37%	35%	51%	10%
N	3%	3%	5%	6%	6%	4%	5%	6%	7%	7%	4%	5%	8%	8%	8%

注：l 为坦拱桥跨径。

60m 跨径内力减小百分比 表 6-3

矢跨比	1/6					1/7					1/8				
位置	拱脚	$l/8$	$l/4$	$3l/8$	$l/2$	拱脚	$l/8$	$l/4$	$3l/8$	$l/2$	拱脚	$l/8$	$l/4$	$3l/8$	$l/2$
M	18%	17%	13%	28%	12%	18%	21%	21%	42%	12%	14%	24%	25%	45%	12%
N	2%	2%	2%	3%	3%	3%	4%	4%	5%	5%	4%	5%	6%	7%	7%

注：l 为坦拱桥跨径。

80m 跨径内力减小百分比 表 6-4

矢跨比	1/6					1/7					1/8				
位置	拱脚	$l/8$	$l/4$	$3l/8$	$l/2$	拱脚	$l/8$	$l/4$	$3l/8$	$l/2$	拱脚	$l/8$	$l/4$	$3l/8$	$l/2$
M	39%	28%	26%	42%	11%	51%	29%	21%	42%	11%	21%	25%	26%	41%	11%
N	2%	3%	4%	4%	4%	3%	3%	5%	5%	5%	3%	4%	5%	5%	5%

注：l 为坦拱桥跨径。

对计算结果分析比较发现，弯矩减小 10%～40%，轴力减小 1%～7%，根据《公路圬工桥涵设计规范》(JTG D61—2005)式(4.0.6)偏心距计算公式

$$e_x = M_{yd}/N_d \tag{6-6}$$

可知，由于弯矩相对轴力减小较多，偏心距 e_x 减小，避免大偏心情况出现，提高了结构承载力。

根据在轴力和弯矩作用下，板拱中的应力公式

$$\sigma=\frac{N}{A}+\frac{Ne}{W}=\frac{N}{A}\left(1+\frac{e}{r}\right) \tag{6-7}$$

可知，偏心距 e 减小，拱圈正截面应力减小。

根据《公路圬工桥涵设计规范》(JTG D61—2005)中的式(4.0.5)承载力计算公式

$$\gamma_0 N_d < \varphi A f_{cd} \tag{6-8}$$

式中：γ_0——结构重要系数，取 $\gamma_0=1.0$；

N_d——轴向力设计值；

A——主拱圈截面面积；

f_{cd}——砌体或混凝土轴心抗压强度设计值，根据规范中对拱圈料的基本要求，结合实际调查情况，选取最低强度等级 M10 砂浆砌 M50 块石，对应的轴心抗压强度设计值为 3.85MPa；

φ——构件轴向力的偏心距 e 和长细比 β 对受压构件承载力的影响系数，

按 JTG D61—2005 中式(4.0.6)计算，φ 增大，结构的承载力提高。主拱圈承载力的提高，应力的减小，很好地验证了多点支撑加固圬拱桥的有效性和优越性。

第四节　多点支撑体系加固圬拱桥技术模型试验

一、试验概述

本次模型试验共设置两片模型拱，两片模型拱的尺寸一样，其中一片拱直接做加载破坏试验，另一片拱则加载到一定荷载水平然后对模型拱进行多点支撑加固，接着继续加载至破坏。前一片拱作为第二片拱加固前的对比对象，两片拱以同样的加载方式进行加载破坏，最终对比两片模型拱的应力应变水平、位移及承载力水平等指标，以此来验证、评判多点支撑技术加固效果，从而对实际桥梁的加固提供科学、可靠的理论依据及指导。

二、试验目的

(1)检测加固前、后原结构的应变水平，以分析加固前、后结构在外载作用下的受力情况变化特征，进一步明确加固后新结构的受力模式。

(2)检测 Y 形支撑受力筋的正应变水平，以分析 Y 形支撑受力筋在加固后的新结构受力体系中受外载时的力学性态。

(3)检测加固支撑点处原结构的应变水平，以分析加固支撑点的力学性态，为加固技术的完善提供指导。

(4)观测加固前、后拱桥各自的裂缝发展情况。研究破坏状态以及整个结构破坏过程中所显示出来的病害特征。

(5)从加固前、后结构的强度、刚度、破坏形态及极限承载力等方面综合评价该加固技术的加固效果。

三、试验模型的设计与制作

通过分析、计算钢筋混凝土拱桥及圬工拱桥，试验模型选定跨径为60m，矢跨比为1/6，主拱圈厚1.2m，主拱圈材料采用M10砂浆砌M50块石的空腹式石拱桥为模型。

模型拱根据相似原理进行设计和制作，计算跨径和主拱圈宽以1∶10的比例缩小，为了后期拱桥加固的便利施工，主拱圈厚则以1∶4.8的比例缩小。为了使模型很好地反映原桥的破坏状态，主拱圈材料选用和原桥材料密度相同的M10砂浆砌C25预制块。制作好的模型拱见图6-12和图6-13。

图6-12 第一片模型拱

图6-13 第二片模型拱

四、模型拱的加固设计

1.加固支撑点位置

通过对该模型内力分析与承载力检算，确定桥梁加固设计有关尺寸、材料，从而达到科学、安全、经济加固设计的目的。通过计算、对比，最终确定该模型的最优支撑点在(3/8)L、(5/8)L两个位置。

2.加固材料及构造尺寸

(1)加固材料及用途

混凝土：C40普通混凝土用于浇筑Y形支撑，C50膨胀混凝土用于浇筑原主拱圈刚化层及支座调平带。

板式橡胶支座：用于连接原拱圈与新设Y形支撑。

(2)加固构造

原主拱圈刚化层：原拱圈拱腹$L/4$～$3L/4$之间，7cm厚；

Y形支撑：分叉截面为200mm×200mm，立柱截面为400mm×200mm；

支座调平带：270mm×300mm×850mm；

板式橡胶支座：150mm×300mm×42mm。

(3)加固设计方案

模型拱加固设计方案见图6-14。

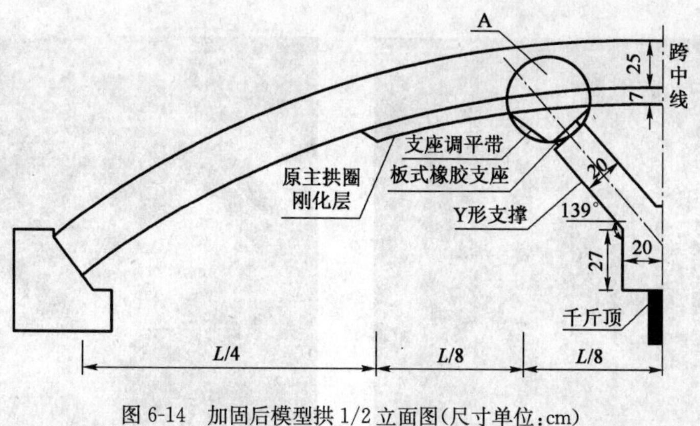

图 6-14　加固后模型拱 1/2 立面图(尺寸单位:cm)

五、试验步骤及测试内容

1. 试验步骤

(1)模型拱配重

为了和第一片拱作对比,加固拱采用和第一片拱相同的原则和方法来进行配重。具体原则根据相似原理,在模型拱上 9 个加载位置采用集中力和均布力的方式进行加载配重。配重方案图见图 6-15。

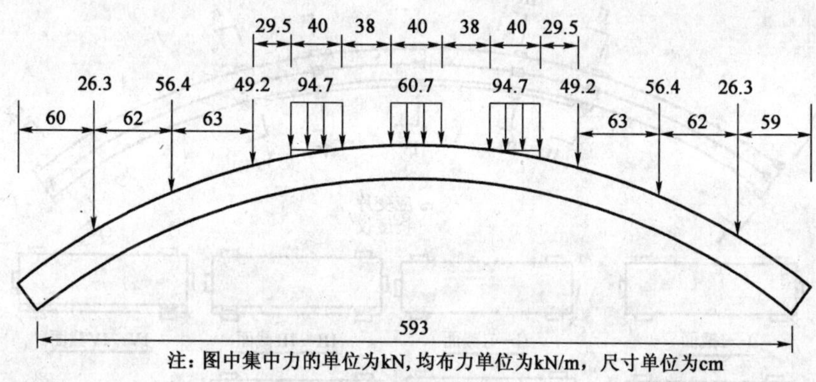

图 6-15　模型配重示意图

(2)模型拱加固施工

模型拱配重后则按照加固设计方案及各施工工序的工艺要求进行主拱圈的加固施工,加固后的模型拱见图 6-16。

(3)加载至结构破坏

加固结构的破坏加载形式通过在拱顶位置以均布力的方式进行分级加载,加载步长根据结构实际受力时的破坏状态确定。

2. 测试内容

(1)采用正弦式位移计和百分表综合测量控制点的水平位移和竖向位移。

(2)采用应变采集系统采集加固前主拱圈控制截面拱背、拱侧面及拱腹的应变,以及加固后拱腹控制截面、支撑点截面、Y 形支撑纵向钢筋控制点的应变。

图 6-16 模型拱加固

(3)裂缝观测、破坏状态观察及结构极限承载力值的测试。

3. 测试方式

在模型拱上布置应变片和挠度仪。布置形式如图 6-17 和图 6-18 所示。

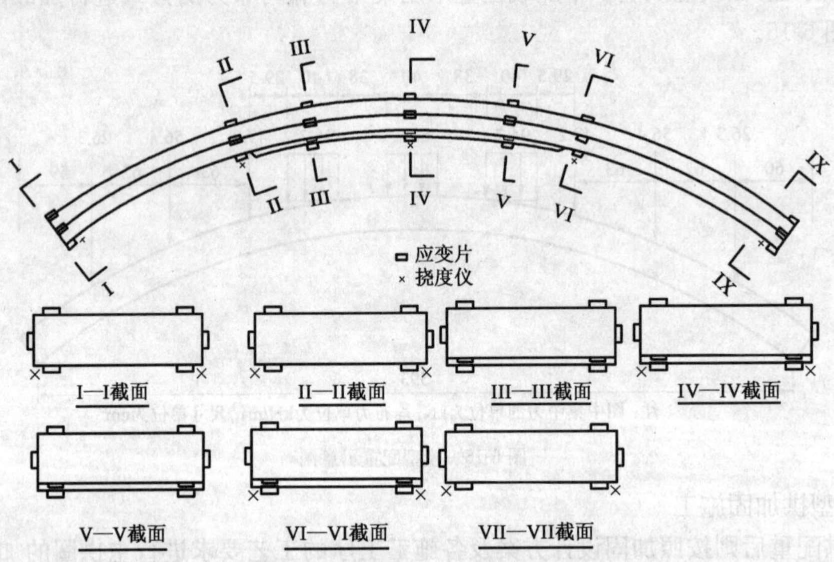

图 6-17 主拱圈应变片及挠度仪布置图

六、数据分析及试验结果

1. 模型拱加固前后原主拱圈结构层荷载—应变曲线对比图

由图 6-19～图 6-21 和表 6-5～表 6-7 可以看出,加固后原主拱圈控制截面的应力水平比加固前低,说明新增支撑分担了原结构层的荷载,改善了结构的受力状态。

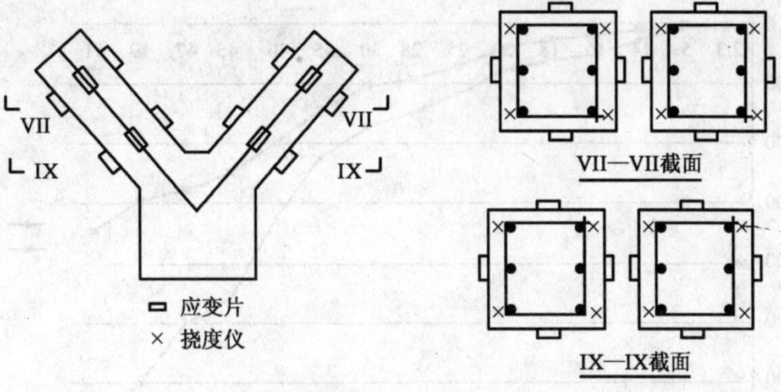

图 6-18 Y 形支撑应变片及挠度仪布置图

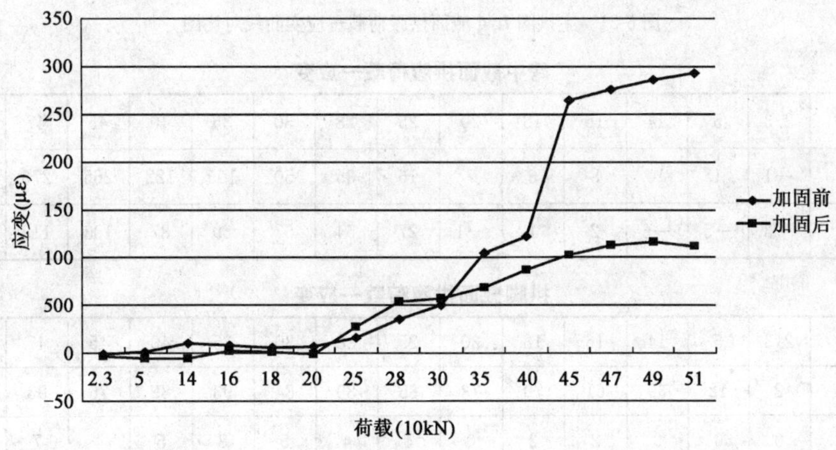

图 6-19 跨中截面拱腹荷载—应变曲线对比图

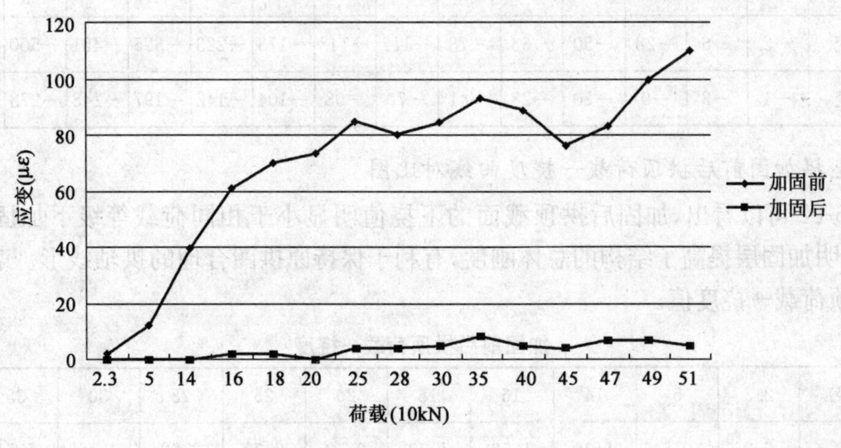

图 6-20 拱脚截面拱腹荷载—应变曲线

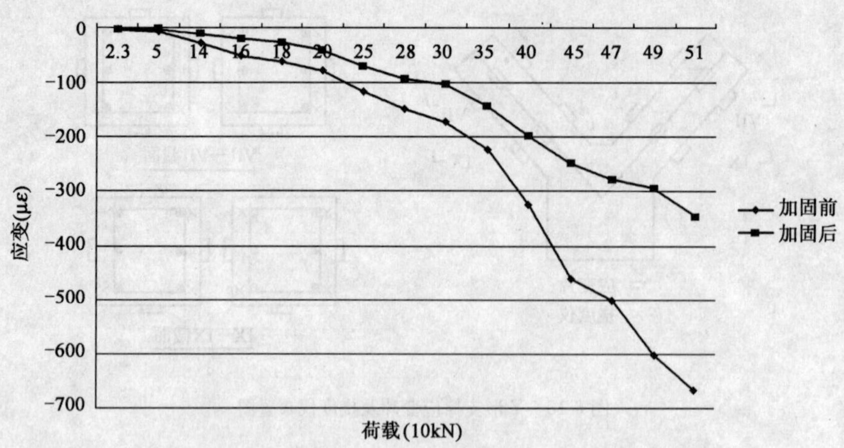

图 6-21 主拱圈 $L/4$ 截面拱腹荷载—应变曲线对比图

跨中截面拱腹荷载—应变 表 6-5

荷载(10kN)	2.3	5	14	16	18	20	25	28	30	35	40	45	47	49	51
加固前应变	−1	1	10	8	6	7	16	35	50	105	122	265	276	286	293
加固后应变	−3	−5	−6	2	1	−1	27	54	57	69	87	103	113	116	112

拱脚截面拱腹荷载—应变 表 6-6

荷载(10kN)	2.3	5	14	16	18	20	25	28	30	35	40	45	47	49	51
加固前应变	2	12	39	61	70	73	85	80	84	93	89	76	83	100	110
加固后应变	0	0	0	2	2	0	4	4	5	8	5	4	7	7	5

主拱圈 $L/4$ 截面拱腹荷载—应变 表 6-7

荷载(10kN)	2.3	5	14	16	18	20	25	28	30	35	40	45	47	49	51
加固前应变	−2	−6	−28	−50	−63	−78	−117	−148	−173	−223	−325	−461	−500	−602	−666
加固后应变	−1	−2	−9	−20	−28	−41	−70	−93	−104	−142	−197	−248	−278	−295	−346

2. 模型拱加固前后拱顶荷载—挠度曲线对比图

从图 6-22 可以看出，加固后拱顶截面的下挠值明显小于相同荷载等级下加固前的下挠值，由此说明加固层提高了结构的总体刚度，有利于保持原拱圈合理的拱轴线形。表 6-8 为加固前后拱顶荷载—挠度值。

加固前后拱顶荷载—挠度 表 6-8

荷载(10kN)	2.3	5	14	16	18	20	25	28	30	35	40
加固前挠度	0.2	0.5	1.26	1.52	1.77	2.02	2.72	3.92	4.46	5.51	6.05
加固后挠度	0.2	0.4	1.12	1.27	1.4	1.55	1.93	2.16	2.32	2.76	3.33

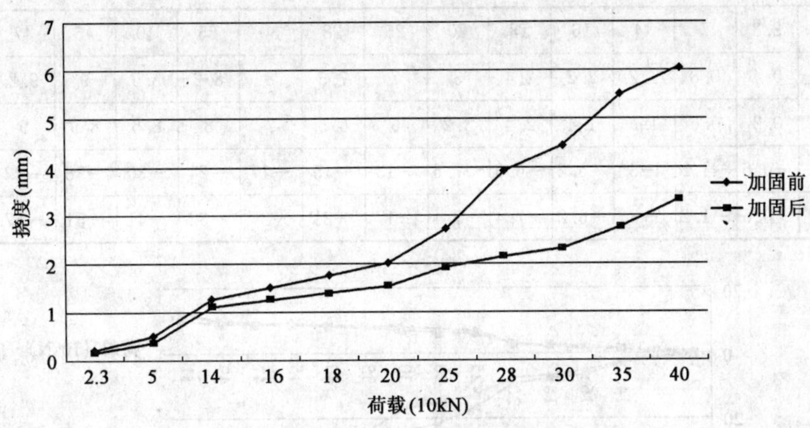

图 6-22　加固前后拱顶荷载—挠度曲线对比图

3. 加固前后拱脚的荷载—位移曲线(图 6-23、表 6-9)

加固前后拱脚荷载—位移　　表 6-9

荷载(10kN)	2.3	5	14	16	18	20	25	28	30	35	40
加固前位移	0	0	0.42	0.49	0.62	0.77	1.2	1.92			
加固后位移	0	0	0.06	0.27	0.32	0.39	0.75	0.87	1.2	1.5	1.7

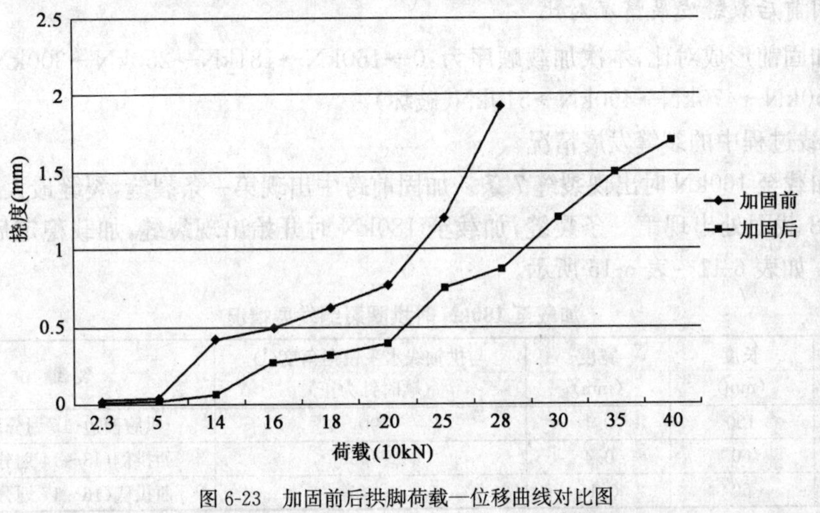

图 6-23　加固前后拱脚荷载—位移曲线对比图

4. Y 形支撑纵向钢筋的荷载—应力曲线

从 Y 撑纵筋的受力图可以看出，当外荷载增加时，加固层中锚杆和纵向钢筋已经开始受力，其应力值随着荷载的增大而增大，由此可以形象地说明 Y 形支撑在整个加固结构中发挥了作用，达到分担原拱圈外荷载的日的。

同时图 6-24 揭示出了 Y 形支撑主要受压的特点。Y 形支撑分叉处所受的弯矩很小。表 6-10 所示为 Y 形支撑纵筋荷载—应力值。

Y 形支撑纵筋荷载—应力　　表 6-10

荷载(10kN)	2.3	5	14	16	18	20	25	28	30	35	40	45	47	49	51
受拉钢筋应力	0.4	0.8	1.2	2.2	2.4	3	7	7.5	8	8.2	8.5	9	9.2	10	12.4
受拉钢筋应力	0.2	0.6	1.2	1.4	2.4	3.2	6	6.5	7	8	8.5	8.9	9	9.2	10
受压钢筋应力	−0.6	−1.2	−3	−5.2	−6.6	−7.6	−13	−15	−17	−24	−30	−38	−42	−47	−62
受压钢筋应力	−0.6	−1.2	−3	−6.2	−7.4	−9.4	−17	−21	−24	−32	−41	−51	−57	−62	−80

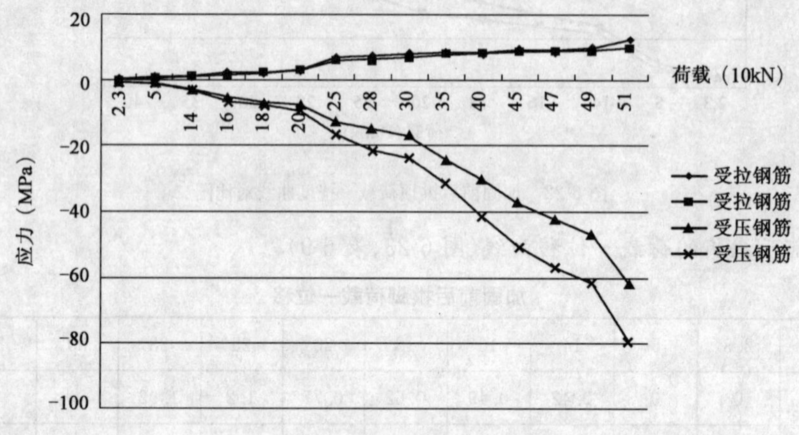

图 6-24　纵筋荷载—应力曲线

5. 加固前后裂缝发展情况对比

为与加固前形成对比，本次加载顺序为：0→160kN→181kN→250kN→300kN→350kN→400kN→450kN→470kN→490kN→510kN(破坏)。

(1)加载过程中的裂缝发展情况

加固加载至 160kN 时出现裂缝 7 条。加固前跨中出现第一条裂缝，裂缝最大达 0.75mm。加固后，1/8 截面处出现第一条裂缝，加载至 180kN 时开始出现裂缝，加载稳定后，最大裂缝达0.4mm。如表 6-11～表 6-15 所示。

加载至 180kN 时拱圈裂缝发展情况　　表 6-11

裂缝编号	长度(mm)	宽度(mm)	与拱轴线水平锐角角度(°)(顺时针为正)	裂缝位置
1	100	0.1	90	拱腹西边(16 划分块灰缝上)
1	60	0.4	−45	西拱侧(13～14 划分块灰缝上)
2	60	0.15	−45	西拱侧(16～17 划分块灰缝上)

注：裂缝按拱腹、拱侧及拱背分别进行编号。

加载至 250kN 时拱圈裂缝发展情况　　表 6-12

裂缝编号	长度(mm)	宽度(mm)	与拱轴线水平锐角角度(°)(顺时针为正)	裂缝位置
3	140	0.1	−45	西拱侧(14～15 划分块灰缝上)
4	135	0.2	90	东拱侧(16～17 划分块灰缝上)
5	150	0.2	90	东拱侧(14～15 划分块灰缝上)

续上表

裂缝编号	长度(mm)	宽度(mm)	与拱轴线水平锐角角度(°)(顺时针为正)	裂缝位置
1	180	0.1	90	拱腹西侧(15～16 划分块灰缝上)
2	180	0.1	90	拱腹西侧(15～16 划分块灰缝上)
1	贯通	0.1	90	拱背(26～27 划分块灰缝上)
2	贯通	0.1	90	拱背(4～5 划分块灰缝上)
3	贯通	0.15	90	拱背(28 划分块灰缝上)
4	贯通	0.1	90	拱背(26～27 划分块灰缝上)
5	贯通	0.05	90	拱背(28 划分块灰缝上)
6	贯通	0.1	90	拱背(28 划分块灰缝上)

注：当荷载加到 250kN 时，西拱侧 1 号、2 号裂缝宽度扩展到 0.4mm。

加载至 350kN 时拱圈裂缝发展情况　　表 6-13

裂缝编号	长度(mm)	宽度(mm)	与拱轴线水平锐角角度(°)(顺时针为正)	裂缝位置
4	150	0.3	90	西拱侧(16～17 划分块灰缝上)
5	160	0.4	90	西拱侧(14～15 划分块灰缝上)
6	95	0.05	90	西拱侧(28 划分块灰缝上)
7	130	0.1	−60	东拱侧(17 划分块灰缝上)
3	160	0.1	90	拱腹西侧(15～16 划分块灰缝上)
4	贯穿	0.1	90	拱腹(14 划分块灰缝上)
5	250	0.05	90	拱腹西侧(16～17 划分块灰缝上)
6	220	0.1	90	拱腹东侧(17～18 划分块灰缝上)
4	贯穿	0.5	90	拱背(26 划分块中灰缝)
9	贯穿	0.3	90	拱背(25 划分块中灰缝)
11	贯穿	0.3	90	拱背(5～6 划分块中灰缝)

注：当荷载加到 350kN 时，西拱侧 2 号裂缝宽度扩展到 0.3mm，4、5 号裂缝宽度扩展到 0.3mm 和 0.4mm，新增 5、6、7 号裂缝；拱顶拱腹 14 号划分块处出现贯穿裂缝，拱腹新增 3、4、5、6 号裂缝；拱背裂缝全部贯穿，26 号划分块处 4 号裂缝宽度已达 0.5mm，拱背新增数条贯穿裂缝。

加载至 400kN 时拱圈裂缝发展情况　　表 6-14

裂缝编号	长度(mm)	宽度(mm)	与拱轴线水平锐角角度(°)(顺时针为正)	裂缝位置
8	140	0.3	90	西拱侧(4～5 划分块灰缝上)
9	120	0.2	90	西拱侧(5～6 划分块灰缝上)
10	180	0.4	90	西拱侧(26～27 划分块灰缝上)
2	贯穿	0.4	90	拱腹(15～16 划分块灰缝上)
12	贯穿	0.2	90	拱背(5 划分块距北划分线 6cm)
13	贯穿	0.1	90	拱背(6 划分块灰缝上)
14	贯穿	0.2	90	拱背(8 划分块距北划分线 22cm)
15	贯穿	0.2	90	拱背(8～9 划分块灰缝上)

注：当荷载加到 400kN 时，西拱侧 1 号裂缝宽度扩展到 3mm，东拱侧 4 号裂缝宽度扩展到 1mm，新增 8、9、10 号裂缝；拱顶拱腹贯穿裂缝增至 4 条，其中 4 号裂缝宽度扩展到 1mm；拱背新增 12、13、14、15 号裂缝，26 号划分块处 4 号裂缝宽度最大，已增至 0.8mm。

加载至 450kN 时拱圈裂缝发展情况 表 6-15

裂缝编号	长度（mm）	宽度（mm）	与拱轴线水平锐角角度(°)（顺时针为正）	裂缝位置
1	150	4.0	90	西拱侧(17～18 划分块灰缝上)
10	100	0.8	90	东拱侧(6～7 划分块灰缝上)
4	贯穿	1.3	90	拱腹(14 划分块上灰缝)
6	贯穿	0.5	90	拱腹(17～18 划分块灰缝上)
5	贯穿	0.1	90	拱背(28 划分块中灰缝上)
11	贯穿	0.7	90	拱背(5～6 划分块中灰缝)
16	贯穿	0.4	90	拱背(7～8 划分块中灰缝)

注:当荷载加到 450kN 时,西拱侧 1 号裂缝宽度扩展到 4mm,东拱侧 10 号裂缝宽度扩展到 0.8mm;拱顶拱腹贯穿裂缝增至 6 条,其中 4 号裂缝宽度扩展到 1.3mm;拱背新增 16 号裂缝,裂缝宽度 0.4mm。

(2)加固前后裂缝出现情况对比图

加固前,如图 6-25 所示。

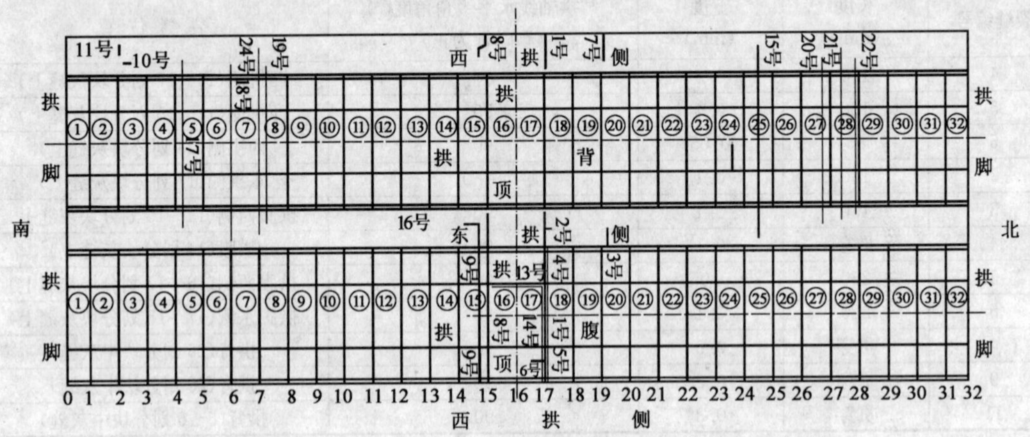

图 6-25 加固前裂缝出现情况示意图

加固后,如图 6-26 所示。

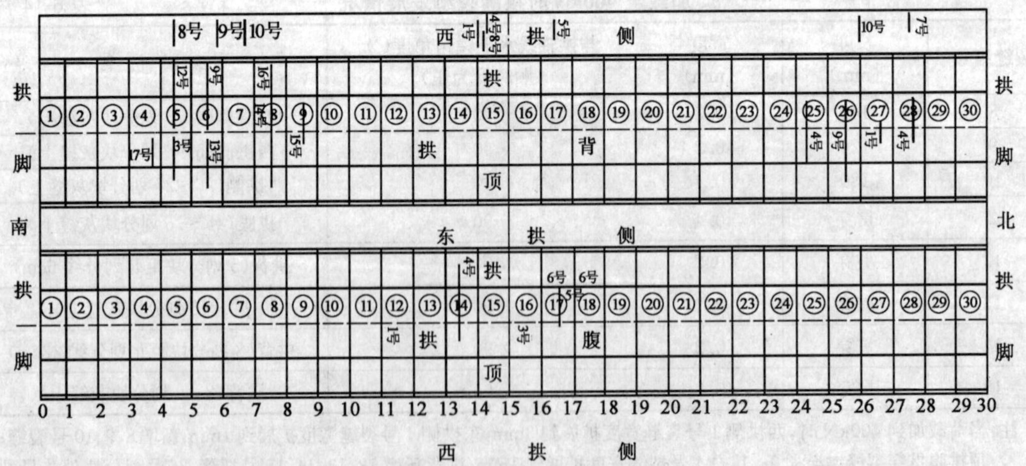

图 6-26 加固后裂缝出现情况示意图

(3)加固前后,加载至 350kN 时拱圈裂缝发展情况对比(见表 6-16、表 6-17)

加载到 350kN 时裂缝发展情况对比 表 6-16

加 固 前		加 固 后	
出现裂缝情况	裂缝长度、宽度情况	出现裂缝情况	裂缝长度、宽度情况
拱侧出现 1～9 号裂缝,新增 8、9 号裂缝;拱顶拱腹新增 12、13、14、15 号裂缝,拱顶 14、15 号裂缝已经贯通整个拱腹;拱顶拱腹 17、18、19、20 号裂缝,1/4 处拱背裂缝全部贯穿	西拱侧 1 号裂缝长度 220mm,宽度扩展到 0.65mm,并且其已贯通拱腹;2 号裂缝长度 250mm,宽度扩展到 1.0mm;8、9 号裂缝分别向上延伸 50mm 和 45mm;其中拱顶 15 号裂缝已经贯通整个拱腹,宽度 0.3mm;拱背裂缝全部贯穿,1/4 处最宽出 13 号裂缝宽度 0.8mm	拱侧出现 1～7 号裂缝新增 5、6、7 号裂缝;拱腹新增 3、4、5、6 号裂缝,拱顶处首次出现 4 号贯穿裂缝;拱背新增数条贯穿裂缝	西拱侧 1 号裂缝长度 150mm,宽度扩展到 0.3mm,4、5 号裂缝长度 150mm,宽度扩展到 0.3mm 和 0.4mm;拱顶拱腹 14 号划分块处首次出现贯穿裂缝,宽度 0.1mm;1/8 处拱背 26 号划分块处 4 号裂缝宽度 0.5mm

加载到 35t 时主要裂缝发展情况对比 表 6-17

主裂缝		加固前		加固后		备注
		裂缝长度	裂缝宽度	裂缝长度	裂缝宽度	
拱顶区域	1	裂缝已经贯通整个拱腹	宽度 0.3mm	首次出现的贯穿裂缝	宽度 0.1mm	
	2	裂缝已经贯通整个拱腹	宽度 0.2mm	拱顶拱腹西侧,长度 220mm	宽度 0.1mm	
南拱侧 1/8～1/4 区域	1	位于 1/4 拱背处,裂缝已贯通	宽度 0.8mm	位于 1/8 拱背处,裂缝已贯通	宽度 0.5mm	加固前拱顶处出现 3 条贯穿裂缝,加固后拱顶处出现第一条贯穿裂缝;加固前拱背出现 6 条贯穿裂缝,加固后拱背裂缝数量为 4 条
	2	位于 1/4 拱背处,裂缝已贯通	宽度 0.6mm	位于 1/8 拱背处,裂缝已经贯通	宽度 0.3mm	
北拱侧 1/8～1/4 区域	1	位于 1/4 拱背处,裂缝已经贯通	宽度 0.5mm	位于 1/8 拱背处,裂缝已经贯通	宽度 0.3mm	
	2	位于 1/4 拱背处,裂缝已经贯通	宽度 0.5mm	位于 1/8 拱背处,裂缝已经贯通	宽度 0.3mm	

6. 加固前后结构承载力对比情况

对比两片模型拱结构破坏时的荷载水平,第一片模型拱直接加载破坏时的荷载值为 470kN,第二片模型拱加固后再加载破坏的荷载为 520kN,加固后结构的承载力水平提高了 11%,明显提高了结构的安全储备。

通过对试验数据的分析和比对,以比例为 1∶10 多点支撑加固坦拱桥破坏模型试验对加固理论进行了模拟与验证。对比了加固前、后原主拱圈应力应变水平的变化，挠度、裂缝发展情况。与加固前相比加固后模型 1/4 跨截面应变可减小 30%，拱顶截面减小 10%，加固后拱脚水平位移可减小 40%；加载至 35t 时加固前拱顶已出现 3 条贯穿裂缝，加固后拱顶处出现第一条贯穿裂缝，加固前拱背贯穿裂缝为 6 条，加固后为 4 条；结构承载力提高 10%。试验表明：加固后原主拱圈的应力水平有所下降，截面的应力分布得到了改善，结构的总体刚度和承载力水平提高。模型试验成功验证了加固技术的显著加固效果。

同时，从极限破坏时支撑钢筋的应力水平可以看出，斜撑根部弯矩很小，Y 形斜撑整体以受压为主。

第五节　多点支撑加固设计方法及施工技术

一、加固支撑位置确定

(1)支撑位置的初步确定以两拱脚连线为 x 轴，以一侧拱脚为坐标原点，影响线竖向坐标方向为 y 轴，拱轴线以上影响线数值为正，以下影响线为负。以此规定拟合主拱圈第 i 个控制截面的影响线数值与跨径方向 x 位置的分段函数 $y_i(x)(i=1,2,3,4,5)$。现以 1/2 跨为例说明问题。

经过大型结构计算软件 MIDAS 程序进行建模及结构分析得出，不同跨径、不同矢跨比标准跨径坦拱桥弯矩包络图规律基本一致，如图 6-27 所示。

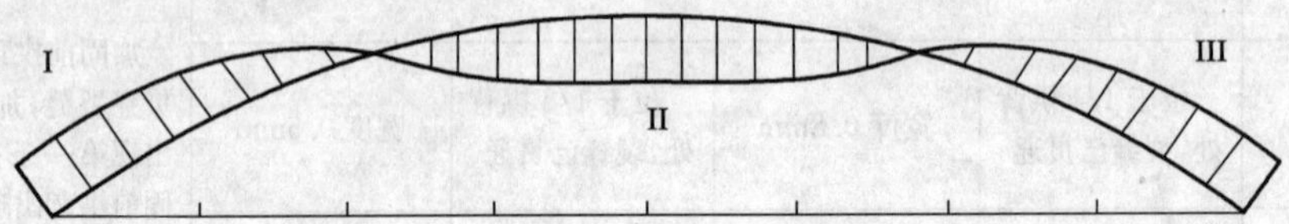

图 6-27　坦拱桥弯矩包络图大样图

为了合理调整主拱圈内力，新增支撑提供的反力应在最不利控制截面的区域内，产生最有利的效果。当最不利截面位于弯矩包络图的 I、III 区域时取 $y_i(x)\leqslant 0$，当最不利截面位于弯矩包络图的 II 区域时取 $y_i(x)\geqslant 0$。为了直观地说明问题，假定对最不利控制截面改善有利的区域为 $y_i(x)\leqslant 0$，式中“$\leqslant$”仅代表有利于改善截面，因此对此改善要满足

$$\begin{cases} y_1(x)\leqslant 0 \\ y_2(x)\leqslant 0 \\ y_3(x)\leqslant 0 \qquad (0\leqslant x\leqslant L) \\ \vdots \\ y_i(x)\leqslant 0 \end{cases} \tag{6-9}$$

式中：$y_1(x),y_2(x),y_3(x),\cdots,y_i(x)$——分别表示最不利截面影响线分段函数。

由式(6-9)不等式求解确定支撑位置有利区域为 $a\leqslant x\leqslant b$　$(0<a<b<L)$。

(2)对分法确定支撑位置。支撑位置的最终确定可利用迭代解法中的对分法思想。对于函数 $f(x)\in C[a,b]$，且 $f(a)f(b)<0$，根据连续函数的介值定理，在区间(a,b)内至少有一实数 s，使 $f(s)=0$。现假定在(a,b)内只有一个实数 s 使 $f(s)=0$，并要把 s 求出来。用对分法求 s 的算法如下：

令 $a_0=a,b_0=b$，对于 $k=0,1,\cdots,M$ 执行以下步骤：

①计算 $x_k=\dfrac{a_k+b_k}{2}$；

②若 $b_k-a_k\leqslant\varepsilon$ 或 $|f(x_k)|\leqslant\eta$，则停止计算，取 $s\approx x_k$；否则转③；

③若 $f(a_k)f(x_k)<0$，则令 $a_{k+1}=a_k,b_{k+1}=x_k$，若 $f(a_k)f(x_k)>0$，则令 $a_{k+1}=x_k,b_{k+1}=b_k$；

④若 $k=M$，则输出 M 次迭代不成功的信息，否则继续。

上述算法中的正数 ε 和 η 是预先给定的精度水平。由于对任一个 k 都有

$$s\in[a_k,b_k],x_k=\frac{a_k+b_k}{2}\tag{6-10}$$

所以

$$|x_k-s|<\frac{b_k-a_k}{2}=\frac{b-a}{2^{k+1}}\tag{6-11}$$

$$\lim_{k\to\infty}x_k=s$$

可见，当函数 $f(x)\in C[a,b]$，对分法所产生的序列$\{x_k\}$必收敛于方程在(a,b)内的根 s，收敛速度与公比为$\dfrac{1}{2}$的等比数列的收敛速度相同。

依据上述原理及结合有限元数值模拟计算确定支撑的最佳位置。具体求支撑点位置步骤如下：

①利用有限元软件，分别计算支撑位置 $x_0=a,x_1=b$ 时，主拱圈截面弯矩减少的百分率。支撑在 x_i位置时，比较控制截面弯矩减少百分率的均值$\overline{\Delta}_i$及方差 $\sigma_i(i=0,1)$。选取均值大、方差小时的支撑位置定为 x。

②再计算支撑位置 $x_2=\dfrac{a+b}{2}$时，主拱圈截面弯矩减少的百分率，并计算此时控制截面弯矩减少百分率的均值$\overline{\Delta}_2$及方差 σ_2，与①中被选支撑位置时的均值、方差比较，重新选取均值大、方差小时的支撑位置定为 x。

③然后计算支撑位置 $x_3=\dfrac{x+\dfrac{a+b}{2}}{2}$时的截面，主拱圈截面弯矩减少的百分率。循环计算上述步骤，选取截面弯矩减少百分率均值大、方差小的支撑位置并定为 x。

④根据对实际桥梁的情况，循环迭代，选取支撑的最佳位置。

二、Y 形支撑最佳角度

Y 形支撑两分叉与水平面的夹角 α 也是设计参数之一。大量的有限元建模过程中发现

同一支撑点角度 α 不同，对原拱圈内力的改善亦不同。利用有限元软件 MIDAS 在 3/8、5/8 位置加相同支撑，对跨径：80m，60m，50m，40m；矢跨比：1/6，1/7，1/8 分别建有限元模型，斜撑与水平线角度分别为 30°、40°、50°、60°、70°时可以得出弯矩减小相对轴力减小大很多，因而把弯矩减小百分比作为主要考察指标。弯矩减小百分比的均值为 E_M、方差为 D_M，建立表 6-18。

$$e'_s = \eta e_0 - \frac{h}{2} + a'_s \tag{6-12}$$

式中：e_s，e'_s——分别为偏心压力 $\gamma_0 N_d$ 作用点至钢筋 A_s 合力作用点和钢筋 A'_s 合力作用点的距离；

e_0 ——轴向力对截面重心轴的偏心距，$e_0 = M_d/N_d$；

η——偏心距增大系数；

M_d ——相应于轴向力的弯矩组合设计值。

截面受拉边或受压较小边纵向钢筋的应力 σ_s 应按下列情况采用：

当 $\xi \leqslant \xi_b$ 时为大偏心受压构件，取 $\sigma_s = f_{sd}$

当 $\xi > \xi_b$ 时为小偏心受压构件，取

$$\sigma_{si} = \varepsilon_{cu} E_s \left(\frac{\beta h_{0i}}{x} - 1 \right) \tag{6-13}$$

式中：σ_{si}——第 i 层普通钢筋的应力，正值表示拉应力；

E_s ——受拉钢筋的弹性模量；

h_{0i} ——第 i 层普通钢筋截面重心至受压较大边边缘的距离。

三、加固设计方法

1. 设计方法

疲劳和断裂是引起工程结构和构件失效的最重要的原因。人们第一次认识到的疲劳破坏，是 19 世纪 40 年代的铁路车辆轮轴在重复交变载荷作用下发生的破坏。美国试验与材料协会(ASTM)在“疲劳试验及数据统计分析之有关术语的标准定义”(ASTM E206－72)中所作的定义：在某点或某些点承受扰动应力，且在足够多的循环扰动作用之后形成裂纹或完全断裂的材料中所发生的局部、永久结构变化的发展过程，称为疲劳。构件在循环载荷作用下工作的，其工作应力往往低于材料屈服强度。构件在这种循环荷载下，经过较长时间运行而出现疲劳现象。它是构件早期失效的主要形式。

疲劳设计方法主要有 4 种：无限寿命设计，安全寿命设计，损伤容限设计，耐久性设计。

对于需要经历无限次循环(大于 10^7)的零件、构件，如发动机气缸阀门、顶杆、弹簧、长期频繁运行的轮轴等，无限寿命设计是一种简单而合理的方法。

期望和方差减小百分比 表 6-18

跨径	矢跨比	位置	Y形支撑与水平线的夹角									
			30°		40°		50°		60°		70°	
			M	N	M	N	M	N	M	N	M	N
80m	1/6	E	24.45%	3.46%	26.15%	3.54%	27.26%	3.54%	27.78%	3.52%	27.65%	3.38%
		D	0.017 399	0.000 169	0.017 652	0.000 123	0.017 284	0.000 101	0.016 716	8.8×10^{-5}	0.015 333	7.78×10^{-5}
	1/7	E	25.22%	3.99%	27.53%	4.07%	28.93%	4.09%	29.60%	4.05%	29.31%	3.88%
		D	0.021 276	0.000 193	0.023 915	0.000 138	0.025 356	0.000 108	0.025 732	9×10^{-5}	0.024 292	7.43×10^{-5}
	1/8	E	23.07%	4.36%	23.49%	4.52%	23.65%	4.56%	23.66%	4.53%	23.53%	4.37%
		D	0.015 454	0.000 167	0.014 819	0.000 111	0.014 189	8.67×10^{-5}	0.013 542	7.29×10^{-5}	0.012 62	6.19×10^{-5}
60m	1/6	E	14.53%	1.05%	16.43%	1.95%	16.89%	2.39%	15.47%	2.46%	15.56%	2.33%
		D	0.006 229	3.97×10^{-5}	0.008 899	3.35×10^{-5}	0.009 198	2.54×10^{-5}	0.007 843	1.84×10^{-5}	0.008 223	9.37×10^{-5}
	1/7	E	16.87%	3.63%	18.61%	4.12%	19.66%	4.33%	20.23%	4.34%	20.24%	4.09%
		D	0.016 017	0.000 164	0.016 479	0.000 138	0.017 144	0.000 119	0.017 416	9.43×10^{-5}	0.016 726	7.44×10^{-5}
	1/8	E	18.46%	4.91%	20.07%	5.38%	21.11%	5.58%	21.45%	5.60%	21.66%	5.35%
		D	0.017 358	0.000 239	0.018 795	0.000 195	0.019 715	0.000 153	0.021 227	0.000 12	0.019 907	9.21×10^{-5}
50m	1/6	E	20.91%	4.15%	21.68%	4.39%	21.78%	4.50%	21.70%	4.47%	21.53%	4.21%
		D	0.018 808	0.000 318	0.019 021	0.000 226	0.017 577	0.000 179	0.016 298	0.000 155	0.015 019	0.000 133
	1/7	E	21.71%	5.35%	23.07%	5.64%	23.25%	5.77%	23.22%	5.76%	23.01%	5.49%
		D	0.021 26	0.000 405	0.022 479	0.000 294	0.021 35	0.000 231	0.020 301	0.000 188	0.019 192	0.000 149
	1/8	E	24.76%	6.40%	26.42%	6.62%	27.44%	6.71%	27.94%	6.72%	28.04%	6.53%
		D	0.030 628	0.000 442	0.029 823	0.000 322	0.029 527	0.000 259	0.029 287	0.000 226	0.028 113	0.000 188
40m	1/6	E	21.29%	8.43%	21.65%	8.01%	21.89%	8.15%	22.03%	8.16%	22.00%	8.00%
		D	0.037 061	0.000 881	0.034 564	0.000 502	0.033 03	0.000 44	0.031 979	0.000 415	0.031 215	0.000 391
	1/7	E	18.33%	5.15%	18.50%	5.12%	18.24%	5.39%	18.23%	5.85%	18.11%	6.04%
		D	0.005 814	0.000 997	0.006 462	0.000 615	0.006 749	0.000 481	0.008 361	0.000 385	0.009 169	0.000 344

德国工程师 August Wohler(1819—1914)进行了一系列的试验报告后指出："对于疲劳，应力幅比构件承受的最大应力更重要。应力幅越大，疲劳寿命越短；应力幅小于某一极限值时，将不发生疲劳破坏。"他最先引入了应力—寿命(S-N)曲线和疲劳极限的概念，并于1867年在巴黎展出了其成果。基于上述研究报告成果可知，对于无裂纹构件，控制其应力水平，使其小于疲劳持久极限(S_f)则不萌生疲劳裂纹。于是，无限寿命设计(Infinite-life Design)条件为

$$S < S_f \tag{6-14}$$

材料的疲劳持久极限 S_f 由 S-N 曲线给出。S-N 曲线应由疲劳试验给出，任何形式的近似估计都只能供初步设计参考。不同荷载作用形式下的疲劳极限和 S-N 曲线是不相同的。

2. 变形储备量控制因素

预应力弹性支撑结构的设计是多点支撑加固坦拱桥的技术关键之一，需要考虑在温度、新增支撑收缩徐变、预应力弹性支撑结构、施工误差等因素影响下，仍能保证支撑与原拱圈紧密结合，并能有效、顺畅传力，分担原主拱圈的外荷载。

(1)温度

原拱圈在温度变化情况下，升温时会出现拱起，而降温时会出现下挠现象。

矢跨比较小，附加内力大是坦拱桥的受力特点。矢跨比减小而由温度变化或拱脚位移引起增加的附加内力较大，因此温度对坦拱的影响比较大。为了解温度对坦拱的影响，有关部门曾对四座桥在空载时，观测了温度变化对桥梁的影响。观测资料表明，温度对坦拱影响是十分明显的。温度变形占设计挠度变形的30%～40%。典型坦拱桥温度±20℃的主拱圈拱轴线的变形情况如图6-28所示。

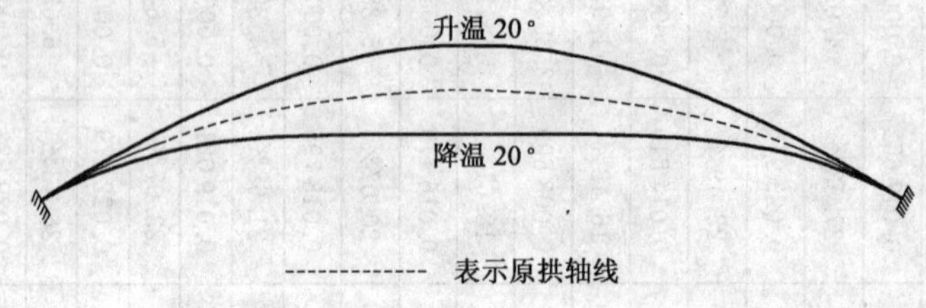

图6-28 温度作用下拱圈变形图

从图6-28可以看出，当温度上升时，拱轴线向上拱起，温度下降时拱轴线下挠。而多点支撑加固技术中的支座连接部位，拱轴线向上拱起较大时会造成脱空。因此，必须考虑温度上升时拱轴线向上变形量，所以，弹性支撑结构需要有温度变形储备量从而保证新旧结构的联结。但当温度下降时，拱圈下挠新旧结构连接更紧密，更有利于整体受力。

(2)新增支撑混凝土收缩变形

对于本加固技术中新增支撑采用钢筋混凝土结构，混凝土的收缩会引起新增支撑轴向长度减小，可能会引起预应力弹性支撑结构与拱圈的接触部位脱空，因而要考虑新增支撑混凝土结构自身的变形。

混凝土的变形可以分成两类：一类是混凝土在短期加载、长期荷载作用，以及重复荷载作用下的变形，这类变形称为受力变形；另一类是由于混凝土在硬化过程中其体积随环境温度和湿度变化而产生的变形，这类变形称为体积变形。前者为混凝土构件的截面应力分

析、承载力和变形计算提供了理论依据,同时也是进行结构非线性分析的基础。后者反映了混凝土材料的固有特性,是混凝土结构或构件受力分析过程中不容忽视的问题。除了应力作用引起变形外,由于收缩和温度变化引起的体积变化也具有重要意义。位于不饱和空气中的硬化混凝土失去水分引起干缩,而且一部分干缩是不可恢复的。

混凝土除了收缩徐变,还有恒荷载持续作用下增加的徐变变形,本加固技术中的新增支撑结构主要是分担原拱圈在活荷载作用下的内力,所以此处仅考虑混凝土的收缩引起的变形。

混凝土的收缩变形,理论上是三维的体积变化。但现实工程结构的裂缝问题大多是某单个方向的变形在起主导作用。为了简化分析,着重讨论混凝土在单一方向的线性收缩变形问题。

目前,有很多关于量化混凝土收缩变形的研究和探讨,新增钢筋混凝土收缩徐变的计算根据为《公路钢筋混凝土及预应力钢筋混凝土桥涵设计规范》(JTG D62—2004)附录 F。ε_{cs0} 取值根据规范 JTG D62—2004 表 F.1.2,用规范 JTG D62—2004 中的公式(F.1.1-1)验算

$$\beta_s(t-t_s)=\left[\frac{(t-t_s)/t_1}{350(h/h_0)^2+(t-t_s)/t_1}\right]^{0.5} \tag{6-15}$$

$$\varepsilon_{cs}(t,t_s)=\varepsilon_{cs0}\cdot\beta_s(t-t_s) \tag{6-16}$$

$$\Delta l_s=l\cdot\varepsilon_{cs}(t,t_s) \tag{6-17}$$

式中: t——计算考虑时刻的混凝土龄期,d;

t_s——收缩开始时的混凝土龄期,d,可假定为 3~7d;

$\varepsilon_{cs}(t,t_s)$——收缩开始时的龄期为 t_s,计算考虑的龄期为 t 时的收缩应变;

ε_{cs0}——名义收缩系数,根据规范取 0.529;

β_s——收缩随时间发展的系数;

h——构件理论厚度,mm,$h=2A/u$,A 为构件截面面积,u 为构件与大气接触的周边长度;

l——构件理论长度,mm。

其中,混凝土龄期可根据实际加固桥梁未来的使用年限确定。

(3)预应力弹性支撑结构疲劳

本加固技术中,弹簧钢板是预应力弹性支撑结构的主要组成构件。常用的弹簧钢(如 65Mn弹簧钢)在热处理后具有较高的强度和良好的弹性,综合力学性能略优于碳钢,主要用于制造小尺寸的各种弹簧和要求耐磨性、高强度、高弹性的机械零件。然而,钢材在荷载、环境影响下会出现疲劳现象,因此需要考虑预应力弹性支撑结构在外荷载作用下的疲劳效应。

3. 预应力控制原则

(1)保证"高温+收缩徐变+弹簧钢疲劳+施工误差"这种最不利组合作用下能与拱圈紧密结合,并有效传力,因此要满足以下条件:弹性支撑的储备力大于支撑在活载作用下引起支撑位置处的内力。

(2)同时在低温作用下,保证整个结构体系温度效应下主拱圈受力的安全性。

4. 预应力计算模式

弹性支座弹性变形后的储量应为

$$\Delta l = \Delta l_f + \Delta l_{ht} + \Delta l_s + \Delta l_e \tag{6-18}$$

式中:Δl_f ——新增支撑在活荷载作用下对拱圈的反力引起拱圈的变形量;

Δl_{ht} ——高温作用下主拱圈的变形量(温度结合当地实际情况确定);

Δl_s ——支撑收缩的变形量;

Δl_e ——弹性支座运动疲劳的储备量。

弹性支座预压力大小为:

$$N = E \cdot \Delta l \tag{6-19}$$

式中:E——弹性支座的弹性模量。

降温变形

$$E \cdot (\Delta l + l_{lh}) < F \tag{6-20}$$

式中:F——使支撑点主拱圈产生正常容许变形的力;

l_{lh} ——降温作用下拱圈的变形量。

具体的控制量,将结合实际工程情况,经过实验室特制支座预压试验和现场的施工情况科学确定,但始终坚持控制原则。

四、施工技术

1. 施工工序

利用多点支撑加固坦拱桥的主要施工工序如下:浇筑主拱圈刚化层及支座调平带→浇筑基础及Y形支撑(也可预制装配)→安装预应力弹性支座。

浇筑主拱圈刚化层及支座调平带工序如下:主拱圈拱腹凿毛及清除松动部分→安设主拱圈砂浆锚杆→主拱圈纵、横向钢筋就位→固定主拱圈模板→从两侧向拱顶对称纵向现浇主拱圈刚化层混凝土→混凝土养生。

支座安装工序如下:弹簧钢支座制作→预应力加载→螺栓锚固→弹簧钢支座安装就位→板式橡胶支座就位→逐级释放螺栓→支座定位→竹胶板隔离及封头混凝土施工→支座安装完毕。

2. 施工工艺

(1)主拱圈拱腹表面凿毛、清洗

主拱圈表面凿毛应使之表面粗糙,清除浮渣,洒水湿润,浇筑微膨胀混凝土。为增强黏结力,浇筑前最好与结合面涂刷一层混凝土界面剂,以达到增强与加固层黏结的目的。

(2)安设砂浆锚杆

①施工工序:放样并作标志→钻孔→高压水流清孔→安设砂浆锚杆→检查密实度。

②砂浆的强度等级和稠度

砂浆应具有足够的强度等级，以满足锚固锚杆的要求；同时还应具有合适的稠度。如砂浆太稠，则锚杆不易和原主拱圈黏合在一起；如砂浆太稀，则锚固孔内砂浆容易溢漏且强度等级不易达到。砂浆稠度可根据实际通过现场试验情况确定。

(3)布设纵、横向钢筋

纵向、横向钢筋的布设对钢筋混凝土加固层整体刚度具有重要的影响，其具体工艺要求如下：

①纵向钢筋、横向钢筋与锚杆交接处一律采用点焊，而其余纵、横向钢筋交接处均作绑扎处理；

②钢筋的接长、绑扎、焊接均应满足《公路钢筋混凝土及预应力混凝土桥涵设计规范》(JTG D62—2004)及有关规范要求。

(4)现浇膨胀混凝土刚化层

有关工艺要求如下：

①混凝土浇筑顺序。加固层混凝土浇筑采用从两侧往拱顶方向对称施工的方式。浇筑分单元段进行，单元段长度的划分考虑施工队伍材料准备情况、工期要求、外加剂掺量、脱模时间等因素，由现场试验结果确定。

②浇筑方法。拱顶区段以外的加固层浇筑方法是利用主拱圈纵向弧度，依靠现浇混凝土的自重从拱脚往拱顶方向逐段施工，利于振捣密实。而对于拱顶段的拱腹现浇层，由于纵向弧度小，则采用从两侧往中间方向浇筑的方式进行。当主拱圈宽度较宽，振捣棒不易振捣纵向中轴线段混凝土时，可采用分条幅方式进行：先浇筑中轴线位置条幅，再浇筑两侧条幅。

③外加剂的应用。为了减小新浇刚化层的收缩，使新浇刚化层与旧桥紧密联结，现浇混凝土应掺入膨胀剂，同时为了提高混凝土的和易性，需要掺入适量减水剂。由于旧桥加固工期要求短，后期施工需前期施工结构尽快达到强度以便参与受力，故现浇混凝土可以根据现场条件及施工需要在满足规范和其他各项要求的前提下掺入适量的早强剂以利于加固工程快速、安全、顺利地进行。对于外加剂的使用参照规范《混凝土外加剂应用技术规范》(GB 50119—2003)。

④Y形支撑。墩台的施工方法与构造型式有关，高桥墩、薄壁直墩和无横隔板的空心墩采用滑动模板连续浇筑有较高的经济效益，而装配式桥墩常在带有横隔板的空心墩、v形墩、Y形墩等形式中采用。因此，选择墩台形式时还应从实际出发，尽量采用标准化、自动化的施工工艺，以提高工程质量，加快施工速度，以取得较好经济效益。

⑤安装预应力弹性支座。预应力加载要根据原桥的情况，进行内力计算后，根据预应力控制原则，确定变形量和预应力大小。螺栓的型号根据预应力的大小参照《钢结构设计规范》(GB 50017—2003)确定。螺栓应逐级释放，分级卸荷应根据实际情况调整。支座安装前应标出位置中心线，以保证支座准确就位。支座安装完成后，必须保证支座与上、下部结构紧密接触，不得出现脱空现象。记录支座安装后出现的各项偏差及异常情况。钢板表面应进行有效防护和定期检查。矩形橡胶支座应定期进行养护和维修检查，一旦发现问题，应及时进行修补或更换。支座的最大承载力应与桥梁支点反力相吻合，其容许偏差范围为±5%。支座的选取应参照《公路桥梁板式橡胶支座》(JTT—2004)或《公路桥梁盆式橡胶支座》(JT 391—1999)。

第六节　工 程 示 范

一、三元桥加固增强工程

1. 桥梁概况

重庆市璧山县三元桥建成于1987年，运行至今已达20年之久，出现了多种病害。该桥没有留下任何设计、竣工资料。该桥为一座单跨净跨径25.097 3m的空腹式悬链线石拱桥，净矢高4.016m，主拱圈厚度0.9m，桥全长38m，桥面净宽为净－7＋2×0.5m。全桥孔跨总体布置见图6-29。

图6-29　原拱桥总体布置图

2. 工程病害分析

(1)主拱圈拱轴线测量

对该桥的主跨用全站仪采用两面角法测出了下游主拱拱背线的实际线形。由于缺乏设计和竣工资料，根据实测线形确定了最接近的设计拱背线，相比较发现拱背线变形严重，见图6-30。

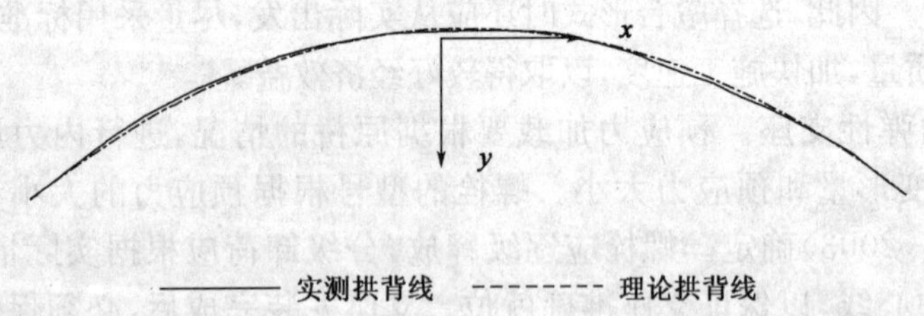

图6-30　理论拱背线和实测拱背线比较图

经过理论拱背线和实测拱背线的比较，发现三元桥拱背拱起最大变形达到13cm，大约在北碚岸侧的$L/8$处。拱背下挠最大变形达到12.6cm，大约在璧山岸侧的$L/4$处。

(2)永久性挠度安全判定

①永久性变形容许下挠值。由已测得的数据整理可知：下挠区区段长度$x=6.216\,6$m；净

跨径长度 $l=25.0973\text{m}$；矢跨比为 0.166；将已知数据代入式(6-21)得

$$[\omega]=\frac{1}{C_1}C_2\frac{x}{l/6}(-220f^2+94f-9)\omega_j=\frac{1}{C_1}C_2\frac{6x}{l}(-220f^2+94f-9)\omega_j \quad (6\text{-}21)$$

$$=\frac{1}{2}\times1.2\times\frac{6\times6.2166}{25.0973}\times(-220\times0.1667^2+94\times0.1667-9)\times12$$

$$=5.96\text{cm}$$

式中：C_1 ——安全系数；

C_2 ——结构形式系数；

l——石拱桥净跨径；

x——实际测得的下挠区直线长度；

f——实际桥梁的矢跨比；

ω_j ——实际拱桥跨径的永久性极限下挠值。

算得永久性变形容许下挠值为 5.96cm 小于最大下挠值为 12.6cm，有垮塌危险。

②其他病害：

a. 在主拱圈及背拱圈拱背有大量的纵向裂缝，如图 6-31 所示。

b. 横墙有不同程度的风化，如图 6-32 所示。

图 6-31　主拱圈纵向裂缝

图 6-32　横墙风化

c. 主拱圈拱背深水严重，如图 6-33 所示。

图 6-33　拱背渗水严重

根据《公路桥涵养护规范》(JTG H11—2004)对三元桥上述病害进行评定。三元桥全桥结构评定为三类桥梁，需进行中修。

综上所述，病害现象分析，经专家鉴定为危桥，如不及时处理有垮塌的危险。

3. 加固设计要点

针对上述病害特征，为了提高原桥的承载力，基于该桥型为坦拱桥的特点，设计单位及专家组决定采用多点支撑加固技术对原桥进行加固。同时采用 10cm 钢筋混凝土护套加固横墙、桥台。

原拱桥拱圈材料为 M7.5 砂浆砌 Mu20 号块石，新增支撑材料为 C40 钢筋混凝土，与原桥连接的部分用 C50 膨胀混凝土。

加固设计荷载等级为公路-II 级。

最佳增设支撑位置确定后，决定采用 Y 形支撑，沿桥横向平行布置 3 个，每个支撑立柱为 0.6m×0.8m，支撑两分叉截面 0.4m×0.4m。

支撑与原主拱圈之间的支座调平带在支撑点沿桥横向通长布置。刚化带采用实验室配合比实验所得 C50 微膨胀混凝土。

参见表 6-18，支撑与水平面夹角取 40°。加固图如图 6-34 所示。

为了确保支撑与原主拱圈之间顺畅传力，支撑与原主拱圈之间的传力体系采用课题组提出的弹性支座结构，构造如图 6-34 所示。

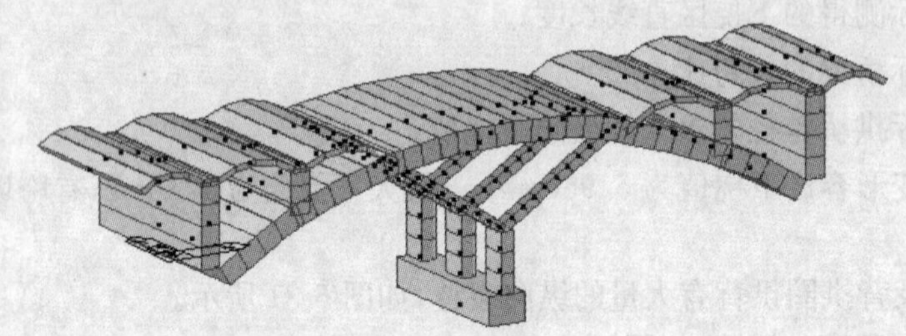

图 6-34　加固模型

根据上文提出的加载力大小控制原则及计算模式，储备变形控制因素，用 MIDAS2006 建模计算，系统温度控制在±20°，$\Delta l_{\mathrm{lt}}=3\mathrm{mm}$，按公路—Ⅱ级计算，活载作用下支撑点拱圈变形 $\Delta l_{\mathrm{f}}=3\mathrm{mm}$。

新增钢筋混凝土收缩根据式(6-15)计算。考虑 10 年的混凝土龄期，$t=3\,600\mathrm{d}$，$t_{\mathrm{s}}=7\mathrm{d}$，根据规范 JTG D62—2004 中的表 F.1.2，取 $\varepsilon_{\mathrm{cs0}}=0.529$，$h=2\times0.4\times0.4/(0.4\times4)=0.2$，$h/h_0=0.2/0.1=2$。

新增支撑收缩随时间发展系数

$$\beta_{\mathrm{s}}(t-t_{\mathrm{s}})=\left[\frac{(t-t_{\mathrm{s}})/t_1}{350(h/h_0)^2+(t-t_{\mathrm{s}})/t_1}\right]^{0.5} \tag{6-22}$$

$$=\left[\frac{\dfrac{3\,600-7}{1}}{350(0.2/0.1)^2+(3\,600-7)/1}\right]^{0.5}$$

弯矩减小百分比均值 E_{M} 越大、方差 D_{M} 越小，说明相应角度 α 越佳。

根据表 6-18，比较发现有以下规律(见表 6-19)。

不同跨径最佳角度 α　　表 6-19

跨径(m)	40	50	60	80
α	40°	50°	70°	60°

表 6-19 是仅对 4 个角度进行比较，并不代表最佳角度，因而只能为设计提供一个确定方法，表 6-19 中的角度仅供设计参考。

二、加固设计方法

在结构设计理论的进程中，最早的钢筋混凝土结构及圬工结构设计理论是采用以弹性理论为基础的容许应力法，当前的结构设计则考虑了钢筋混凝土材料及圬工材料的塑性性能，采用以概率理论为基础的极限状态设计法。加固结构受力性能与一般未经加固的普通结构有较大的差异，属二次受力结构，需加固的原结构处在一个较高的应力水平状态，同时材料的风化等因素使自身强度降低。加固结构受力特征决定了结构计算分析和构造处理不能完全沿用普通结构概念进行设计，鉴于此，该结构加固设计理论也采用桥梁加固设计时所采用的两种设计理论。

1.容许应力法

(1)恒载应力准则

按照容许应力理论，桥梁加固后，由于新增支撑的作用，造成原主拱圈上边缘的拉应力、下边缘的压应力增大。因此，应验算桥梁在本身恒载作用下原主拱圈最大应力是否满足强度要求，即

$$\sigma_{恒} < [\sigma] \tag{6-23}$$

式中：$\sigma_{恒}$——加固后结构恒载作用下原主拱圈边缘最大应力值；

$[\sigma]$——原主拱圈砌体材料容许应力值。

(2)组合应力准则

当支撑发挥作用时，加固后的结构将在老结构的恒载以及活载的共同作用下受力。作为需加固的结构，原结构处在一个较高的应力水平状态，因此，就加固后的结构而言，其控制应力还是原结构。对于加固后的拱桥来说，原主拱圈边缘的最大应力应满足下面的强度要求

$$\sigma_{组} < [\sigma] \tag{6-24}$$

式中：$\sigma_{组}$——组合荷载作用下原主拱圈边缘最大应力值；

$[\sigma]$——原主拱圈砌体材料容许应力值。

(3)极限状态设计法

承载能力极限状态的计算以塑性理论为基础，设计原则是荷载作用效应最不利组合(基本组合)的设计值必须小于或等于结构抗力的设计值。

加固后石拱桥在最不利荷载组合作用下，根据《公路圬工桥涵设计规范》(JTG D61—2005)中的4.0.4,《公路钢筋混凝土及预应力混凝土桥涵设计规范》(JTG D62—2004)中的5.1.5，应采用如下表达式

$$\gamma_0 S \leqslant R(f_d, a_d) \tag{6-25}$$

式中：γ_0——结构重要性系数，对应于一级、二级、三级设计安全等级分别取用1.1、1.0、0.9；

S——作用效应组合设计值，按《公路桥涵设计通用规范》(JTG D60—2004)的规定计算；

$R(\cdot)$——加固后构件承载力设计值函数；

f_d——材料强度设计值；

a_d——几何参数设计值，可采用几何参数标准值a_k，即设计文件规定值。

根据《公路圬工桥涵设计规范》(JTG D61—2005)4.0.2:圬工桥涵结构应按承载能力极限状态设计,并满足正常使用极限状态的要求。

正常使用极限状态的计算是以弹性理论或弹塑性理论为基础的,主要进行以下 3 个方面的验算:

(1)限制应力

$$\sigma_d \leqslant \sigma_L \tag{6-26}$$

式中:σ_d,σ_L——结构应力及应力限值。

(2)短期荷载下的变形

$$f_d \leqslant f_L \tag{6-27}$$

式中:f_d,f_L——结构变形及变形限值。

(3)各种荷载组合下的裂缝宽度

$$\delta_d \leqslant \delta_L \tag{6-28}$$

式中:δ_d,δ_L——结构裂缝宽度及裂缝宽度限值。

《公路圬工桥涵设计规范》(JTG D61—2005)4.0.2 注释:根据圬工桥涵结构的特点,其正常使用极限状态的要求,一般情况可由相应构造措施来保证,所以一般按照承载能力极限状态的设计原则即可。

新增支撑采用钢筋混凝土结构,根据《公路钢筋混凝土及预应力混凝土桥涵设计规范》(JTG D62—2004)6.1.1,对构件应进行裂缝宽度和挠度验算,并使各项计算值不超过本规范规定的各相应限值。

其中裂缝宽度验算如下:

矩形、T 形和 I 形截面钢筋混凝土构件及 B 类预应力混凝土受弯构件,其最大裂缝宽度 W_{fk} 可按下列公式计算:

$$W_{fk}=C_1C_2C_3\frac{\sigma_{ss}}{E_s}\left(\frac{30+d}{0.28+10\rho}\right) \tag{6-29}$$

$$\rho=\frac{A_s+A_p}{bh_0+(b_f-b)h_f} \tag{6-30}$$

式中:C_1——钢筋表面形状系数,对光面钢筋,$C_1=1.4$;对带肋钢筋,$C_1=1.0$;

C_2——作用(或荷载)长期效应影响系数,$C_2=1+0.5\dfrac{N_l}{N_s}$,其中 N_l 和 N_s 分别为按作用(或荷载)长期效应组合和短期效应组合计算的内力值(弯矩或轴向力);

C_3——与构件受力性质有关的系数,当为钢筋混凝土受弯构件时,$C_3=1.15$,其他受弯构件 $C_3=1.0$,轴心受拉构件 $C_3=1.1$,偏心受压构件 $C_3=0.9$;

σ_{ss}——钢筋应力,按规范 JTG D62—2004 中第 6.4.4 条的规定计算;

d——纵向受拉钢筋直径(mm),当用不同直径的钢筋时,d 改用换算直径 d_e,$d_e=\dfrac{\sum n_i d_i^2}{\sum n_i d_i}$,式中,对于钢筋混凝土构件,$n_i$ 为受拉区第 i 种普通钢筋的根数,d_i 为受拉区第 i 种普通钢筋的公称直径;对于钢筋混凝土构件中的焊接钢筋骨架,式中的 d 或 d_e 应乘以系数 1.3;

ρ——纵向受拉钢筋配筋率,对骨架混凝土构件,当 $\rho>0.02$ 时,取 $\rho=0.02$;当

$\rho<0.006$ 时，取 $\rho=0.006$；对于轴心受拉构件，ρ 按全部受拉构件截面积 A_S 的一半计算；

b_f——构件受拉翼缘宽度；

h_f——构件受拉翼缘厚度。

当配置环氧树脂涂层带肋钢筋时，式(6-18)中的 d 或 d_e 应乘以 1.25 系数。

2. 加固结构承载力计算模式

1)加固结构的受力特点

加固结构受力性能与一般未经加固的普通结构有较大的差异。首先，加固结构属二次受力结构，利用多点支撑加固坦拱桥时，由于受结构形式、使用要求等因素的限制，不可能将原结构完全卸载。加固前原结构已经承受荷载(即第一次受力)，尤其是当结构因承载力不足而进行加固时，截面应力、应变水平一般都很高。然而，新加部分在加固后并不立即承担荷载，而是在新增荷载(活载)下，即第二次加载情况下，才开始受力。故其应变从零开始增加，而此时原结构层在原荷载的作用下已具有了一定的应力和应变，这样在整个二次受力过程中，新增支撑的应变始终小于原砌体的应变，存在着应变滞后现象。这样，整个加固结构在其后的第二次受力过程中，新加部分的应力、应变始终滞后于原结构的累计应力、应变，原结构达极限状态时，新加部分的应力应变可能还很低。其次，加固结构属二次组合结构，新旧两部分存在整体工作共同受力问题。整体工作的关键，主要取决于新、旧联结的构造处理及施工方法。加固结构破坏时的极限状态受加固时原结构的应力、应变值，原结构材料的极限应变值的影响。

2)容许应力法计算模式

(1)加固前应力计算模式

加固前，主拱圈最不利截面最大应力计算公式如下：

压应力

$$\sigma_0=\frac{N}{A_0}+\frac{M}{W_0}\leqslant K[\sigma] \tag{6-31}$$

式中：σ_0——原主拱圈截面最大压应力；

N——计算轴力；

M——计算弯矩；

A_0——原主拱圈截面面积；

W_0——原主拱圈弯曲平面内受压边缘的截面抵抗矩；

$[\sigma]$——原主拱圈砌体材料容许压应力；

K——塑性影响系数，$K=1+1.5\frac{e_0}{y}$；

e_0——偏心距，$e_0=\frac{M}{N}$；

y——原主拱圈截面重心至偏心方向的截面边缘距离。

弯曲拉应力

$$\sigma_{wl0}=\frac{M}{W_0'}-\frac{N}{A_0}\leqslant[\sigma_{wl}] \tag{6-32}$$

式中：σ_{wl0}——原主拱圈截面最大弯曲拉应力；

W_0'——原主拱圈弯曲平面内受拉边缘的截面抵抗矩；

$[\sigma_{wl}]$——容许弯曲拉应力，其他符号意义同前。

(2)加固后应力计算模式

①加固后支撑作用下刚化段主拱圈最不利截面的最大应力(原砌体截面应力)计算公式则变为：

压应力

$$\sigma_1 = \sigma_0 + \frac{N_{二期}}{A_1} + \frac{M_{二期} \cdot y_1}{I_1} \leqslant K[\sigma] \tag{6-33}$$

式中：σ_1——加固后主拱圈截面原砌体材料的最大压应力；

$N_{二期}$——加固后主拱圈在二期荷载(新增恒载+活载)作用下的轴力值；

$M_{二期}$——加固后主拱圈在二期荷载(新增恒载+活载)作用下的弯矩值；

A_1——加固后主拱圈组合截面面积；

I_1——加固后主拱圈在弯曲平面内的换算截面惯性矩；

y_1——换算截面重心至偏心方向原主拱圈边缘的距离。

弯曲拉应力

$$\sigma_{wl1} = \sigma_{wl0} + \frac{M_{二期} \cdot y_1'}{I_1} - \frac{N_{二期}}{A_1} \leqslant [\sigma_{wl}] \tag{6-34}$$

式中：σ_{wl1}——加固后拱圈截面原砌体材料的最大拉应力；

y_1'——换算截面重心至受拉侧原主拱圈边缘的距离；

其他符号意义同前。

加固后主拱圈截面应力叠加图如图 6-35 所示。

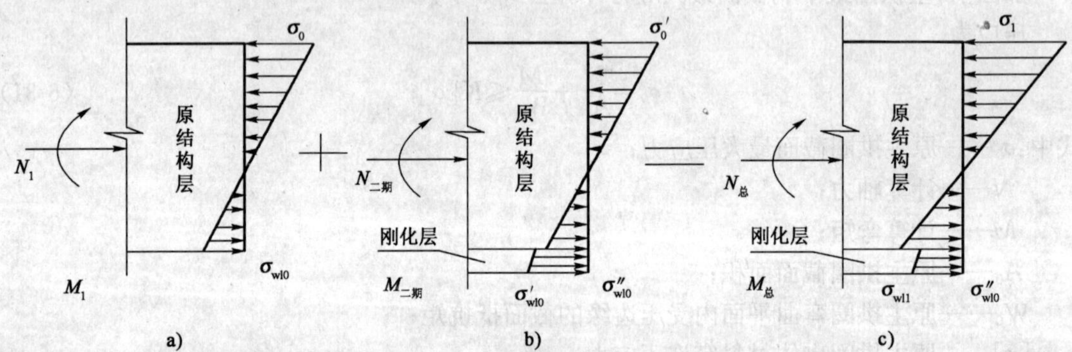

图 6-35 加固后刚化段主拱圈截面应力叠加图

a)原结构层在加固前的应力图；b)刚化段拱圈在二期荷载作用下的应力图；c)刚化段拱圈换算截面的应力叠加图

②加固后非刚化段主拱圈最不利截面的最大应力(原砌体截面应力)计算公式则变为：

压应力

$$\sigma_1 = \sigma_0 + \frac{N_{二期}}{A_0} + \frac{M_{二期} \cdot y}{I} \leqslant K[\sigma] \tag{6-35}$$

式中：σ_1——加固后主拱圈截面原砌体材料的最大压应力；

$N_{二期}$——加固后主拱圈在二期荷载(新增恒载+活载)作用下的轴力值；

$M_{二期}$——加固后主拱圈在二期荷载(新增恒载+活载)作用下的弯矩值；

A_0——主拱圈截面面积；

I——原主拱圈在弯曲平面内的截面惯性矩；

y——原主拱圈截面重心至偏心方向原主拱圈边缘的距离。

弯曲拉应力

$$\sigma_{wl1}=\sigma_{wl0}+\frac{M_{二期}\cdot y'}{I}-\frac{N_{二期}}{A_0}\leqslant[\sigma_{wl}] \tag{6-36}$$

式中：σ_{wl1}——加固后拱圈截面原砌体材料的最大拉应力；

y'——换算截面重心至受拉侧原主拱圈边缘的距离；

其他符号意义同前。

加固后主拱圈截面应力叠加图如图 6-36 所示。

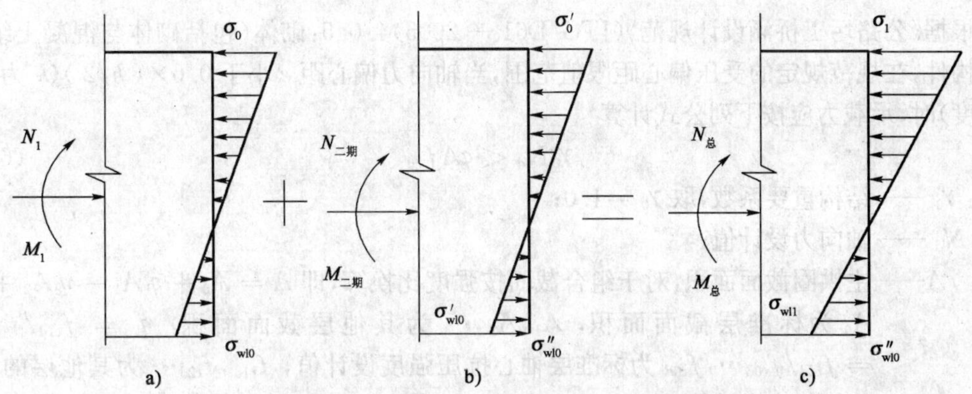

图 6-36 加固后非刚化主拱圈截面应力叠加图

a)原结构在加固前的应力图；b)加固后原拱圈在二期荷载作用下的应力图；c)原拱圈加固后的应力叠加图

三、承载能力极限状态计算模式

1. 基本假定

本书的理论分析和公式推导都基于以下基本假定。

1)新设支撑和原结构层连接可靠，可保证二次受力时加固结构共同工作，协调变形。

2)截面变形保持平面。

3)材料应力应变物理关系如下：

(1)砌体受压时的应力应变关系采用下述公式：

当 $\varepsilon\leqslant\varepsilon_0$ 时， $\sigma=\sigma_{max}\left[2\frac{\varepsilon}{\varepsilon_0}-\left(\frac{\varepsilon}{\varepsilon_0}\right)^2\right]$

当 $\varepsilon_0\leqslant\varepsilon\leqslant\varepsilon_u$ 时， $\sigma=\sigma_{max}$

其中 $$\varepsilon_u=\frac{1}{\xi\sqrt{f_m}} \tag{6-37}$$

式中：ε_0——砌体轴心受压峰值应变；

ε_u——砌体轴心受压极限应变；

σ_{max}——砌体轴心抗压强度设计值；

ξ——与砌体种类相关的系数；

f_m——砌体轴心抗压强度平均值。

(2)混凝土受压时的应力应变关系采用下述公式

$$\left.\begin{aligned}&\text{当 }\varepsilon\leqslant\varepsilon_0\text{ 时，} && \sigma=\sigma_0\left[2\frac{\varepsilon}{\varepsilon_0}-\left(\frac{\varepsilon}{\varepsilon_0}\right)^2\right]\\&\text{当 }\varepsilon_0\leqslant\varepsilon\leqslant\varepsilon_{cu}\text{ 时，} && \sigma=\sigma_0\end{aligned}\right\}\tag{6-38}$$

式中：ε_0——混凝土的峰值压应变，

ε_{cu}——混凝土的极限压应变。

(3)钢筋的应力取值等于应变与弹性模量的乘积，但不超过抗拉强度设计值 R_g。

2.加固后主拱圈正截面承载力计算模式

根据《公路圬工桥涵设计规范》(JTG D61－2005)4.0.5：砌体(包括砌体与混凝土组合)受压构件，在规范规定的受压偏心距限值范围，当轴向力偏心距 e 小于 $0.6\times(h/2)$(h 为主拱圈厚度)时，承载力应按下列公式计算

$$\gamma_0 N_d < \varphi A f_{cd} \tag{6-39}$$

式中：γ_0——结构重要系数，取 $\gamma_0=1.0$；

N_d——轴向力设计值；

A——主拱圈截面面积，对于组合截面按强度比换算，即 $A=A_0+\eta_1 A_1+\eta_2 A_2+\cdots$，$A_0$ 为标准层截面面积，$A_1,A_2,\cdots$ 为其他层截面面积，$\eta_1=f_{c1d}/f_{c0d}$，$\eta_2=f_{c2d}/f_{c0d}\cdots$，$f_{c0d}$ 为标准层轴心抗压强度设计值，$f_{c1d},f_{c2d}\cdots$ 为其他层的轴心抗压强度设计值；

f_{cd}——砌体或混凝土轴心抗压强度设计值；

φ——构件轴向力的偏心距 e 和长细比 β 对受压构件承载力的影响系数；

x——主拱圈截面高度方向截面中心至截面边缘的距离，这里 $x=h/2$。

当轴向力偏心距 e 大于 $0.6\times(h/2)$时，构件承载力应按下列公式计算

$$\gamma_0 N_d \leqslant \varphi \frac{A f_{tmd}}{\dfrac{Ae}{W}-1} \tag{6-40}$$

式中：W——构件受拉边缘的弹性抵抗矩，对于矩形截面 $W=bh^2/6$；

f_{tmd}——构件受拉边层的弯曲抗拉强度设计值；

其余符号意义同上。

3.新增支撑正截面承载力计算模式

偏心受压构件的正截面承载力计算采用下列基本假定：

①截面应变分布符合平截面假定；

②不考虑混凝土的抗拉强度；

③受压混凝土的极限压应变 $\varepsilon_{cu}=0.0033\sim0.003$；

④混凝土的压应力图形为矩形，应力集度为 f_{cd}，矩形应力图的高度 x 取等于按平截面确定的受压区高度 x_c 乘以系数 β，即 $x=\beta x_c$。

矩形截面偏心受压构件正截面承载力计算图示如图 6-37 所示。

对于矩形截面偏心受压构件，用 ηe_0 表示纵向弯曲的影响。只要是材料破坏类型，无论是

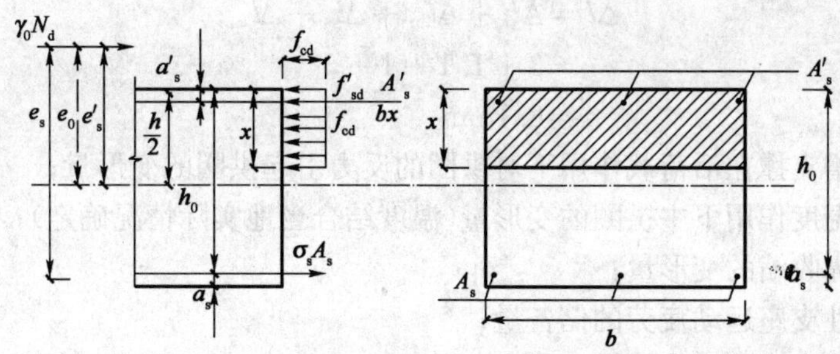

图 6-37　新增支撑正截面强度计算图示

大偏心受压破坏，还是小偏心受压破坏，受压区边缘混凝土都达到极限压应变，同一侧的受压钢筋 A'_s 的应力，一般都能达到抗压强度设计值 f'_{sd}，而对面一侧的钢筋 A_s 的应力，可能受拉（达到或未达到抗拉强度设计值 f_{sd}），也可能受压，故在图 6-37 中以 σ_s 表示钢筋中的应力，从而可以建立一种包括大、小偏心受压情况的统一正截面承载力计算图示。

取沿构件纵轴方向的内外力之和为零，可得到

$$\gamma_0 N_d \leqslant N_u = f_{cd}bx + f'_{sd}A'_s - \sigma_s A_s \tag{6-41}$$

由截面上所有对钢筋 A_s 合力点的力矩之和等于零，可得到

$$\gamma_0 N_d e_s \leqslant M_u = f_{cd}bx\left(h_0 - \frac{x}{2}\right) + f'_{sd}A'_s(h_0 - a'_s) \tag{6-42}$$

式中：x——混凝土受压区高度；

e_s——分别为偏心压力 $\gamma_0 N_d$ 作用点至钢筋 A_s 合力作用点的距离。

$$\begin{aligned} e_s &= \eta e_0 + h/2 - a_s \\ &= 5.18 \times 10^{-4} \end{aligned} \tag{6-43}$$

考虑龄期 t=3 600d 时的收缩应变

$$\begin{aligned} \varepsilon_{cs}(t,t_s) &= \varepsilon_{cs0} \cdot \beta_s(t-t_s) \\ &= 0.529 \times 5.18 \times 10^{-4} \\ &= 2.74 \times 10^{-4} \end{aligned} \tag{6-44}$$

新增支撑的收缩变形量

$$\Delta l_s = l \cdot \varepsilon_{cs}(t,t_s) = 4\,100 \times 2.74 \times 10^{-4} = 1.1 \tag{6-45}$$

上述式中：t——计算考虑时刻的混凝土龄期，d；

t_s——收缩开始时的混凝土龄期，d，可假定为 3～7d；

$\varepsilon_{cs}(t,t_s)$——收缩开始时的龄期为 t_s，计算考虑的龄期为 t 时的收缩应变；

ε_{cs0}——名义收缩系数，根据规范取 0.529；

β_s——收缩随时间发展的系数；

h——构件理论厚度（mm），$h=2A/u$，A 为构件截面面积，u 为构件与大气接触的周边长度。

其中，h=100mm；t_1=1d。

由以上计算可知，弹性支座弹性变形后的后储量应 Δl_{lt} =3mm，Δl_s =1.1mm，Δl_e = 1mm，Δl_t =3mm。

弹性支座弹性变形后的后储量应为

$$\begin{aligned}\Delta l &= \Delta l_f + \Delta l_{ht} + \Delta l_s + \Delta l_e \\ &= 3 + 1.1 + 1 + 3 \\ &= 8.1\text{mm}\end{aligned} \tag{6-46}$$

式中：Δl_f ——新增支撑在活荷载作用下对拱圈的反力引起拱圈的变形量；

Δl_{ht} ——高温度作用下主拱圈的变形量(温度结合当地实际情况确定)；

Δl_s ——支撑收缩的变形量；

Δl_e ——弹性支座运动疲劳的储备量；

l——新增支撑的计算长度。

对于三元桥，利用 MIDAS2006 建模计算，弹簧支座弧形钢板采用 65Mn 弹簧钢板，变形量控制在 8.1mm，理论上需要每个弹性支座加载 1kN 的预压力，具体的控制量，将经过实验室特制支座预压试验和现场的施工情况科学确定，但始终坚持控制原则。

弹性支座结构在焊接制作后根据该桥荷载预加力 1kN 后在预留螺栓孔位置用螺栓固定。

支座安装工艺：65Mn 弹簧钢支座制作→1kN 预应力加载→螺栓锚固→弹簧钢支座安装就位→板式橡胶支座就位→逐级释放螺栓→支座定位→支座除锈及防腐→竹胶板隔离及封头混凝土施工→支座安装完毕。

弹簧钢支座安装就位时的模型如图 6-38 所示。

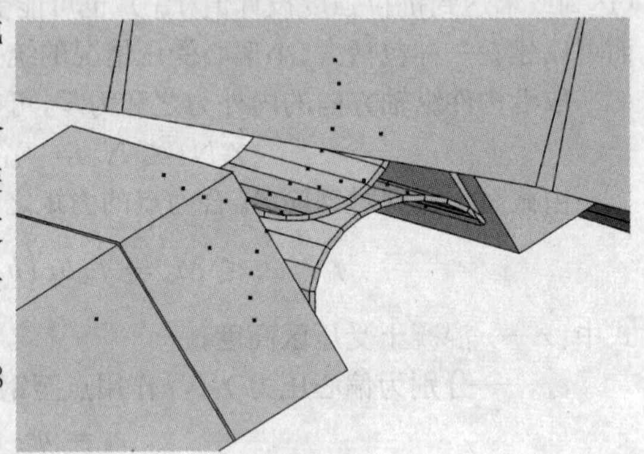

图 6-38 支座就位模型

4. 桥梁加固施工工艺

由于三原桥的部分截面承载力不足，原拱圈拱腹已出现多条裂纹及渗水现象。为了保证原拱圈施工过程中的安全性，施工流程中首先对主拱圈进行增强加固。

三元桥加固工序为：主拱圈增强加固及浇筑支座调平带→对以上新浇混凝土养生的同时浇筑基础及 Y 形支撑→腹拱、横墙加固→固定弹性支撑结构并逐级释放预加力→路缘石、栏杆施工。

目前，加固后的三元桥已安全营运一年多，并经受了特大洪水的考验，证明该桥加固是成功的，所采用的加固技术是科学的。图 6-39 为三元桥加固增强工程的竣工图。

图 6-39 三元桥加固增强工程竣工图

第七章 双曲拱桥加固技术

第一节 概 述

一、双曲拱桥发展历史

在漫长的世界石拱桥发展史上,中国一直占据重要的地位。我国古代无数的能工巧匠和当今众多不懈奋斗的桥梁工作者,共同把中国的石拱桥建设水平推向了一个又一个高峰,使得我国在这一领域一次又一次走在世界最前沿。世界著名的石拱桥——赵州桥,修建于公元605年左右,到现在已经1 500多年了,是建成后一直使用到现在的时间最长的石桥。1972年,我国在四川省丰都县(现属重庆市)九溪沟,建成当时世界上最大跨径的石拱桥——丰都九溪沟桥。该桥跨径为116m,保持记录18年之久后其世界第一的位置被1990年建成通车的湖南省凤凰县乌巢河桥所取代(主跨120m)。当今世界最大跨径石拱桥——丹河大桥,位于山西省晋城市太行山西麓,该桥为主孔净跨径146m全空腹式变截面石板拱桥。

抚今追昔,我国在拱桥建造上谱写了一系列精彩的篇章,取得了巨大的成绩。20世纪60年代,我国在总结古老拱桥成果的基础上,创造了一种新型拱桥——双曲拱桥。

1964年,江苏省无锡的建桥工人在无锡县东亭小河上建起了我国第一座双曲拱桥,这座拱桥是一座可通行手扶拖拉机的农用桥,为三肋二波组成,采用了钢筋混凝土预制构件现场安装而成,全长仅9m。

此后,这种新型拱桥迅速发展起来。1967年,跨长150m的河南省嵩县前河桥建成,其后,跨度116m的湖南省罗依溪大桥、跨度110m的泸定河大桥、全长1 250m的长沙湘江公路大桥、长1 041m的浙江溪县兰江大桥等双曲拱桥相继建成。举世闻名的南京长江大桥江南北两端共有22孔(南端18孔,北边4孔),总长700多米的引桥,全部是双曲拱桥。

到20世纪80年代初,在我国这样的拱桥已经建造了几十万米。仅江苏一个省就建立了近万座双曲拱农用桥梁。我国目前最长的双曲拱公路桥是江苏省沭阳的新沂河大桥,全长1 267m、有39孔,于1969年建成通车。河南省嵩县的前河桥是我国单孔跨径最大的双曲拱桥,孔距跨度达150m,矢跨比为1/10,于1969年建成。在铁路工程中,也广泛采用了双曲拱型桥梁。我国第一座用于铁路的双曲拱桥是位于湖南省长沙与韶山之间的东方红双曲拱桥,于1967年底建成通车。

二、双曲拱桥加固技术研究的重要意义和迫切性

双曲拱桥在纵、横两个方向都为拱式。纵向拱指的是桥梁的主拱圈,在外形上与一般拱桥

完全一样，为各种拱轴线形式的拱圈。横向小拱是双曲拱的主要特征点，它们是指在纵向的拱肋上并排砌筑几组拱波，就像是一排排向上鼓起的瓦垄，由于切面像波浪一样，所以称为拱波。这个波形的展开方向与纵向纵圈相互垂直，使桥梁整体表现为纵横两个方向的曲线形，因此叫双曲拱。

双曲拱桥按其行车道所处的位置属于上承式拱桥，由拱肋、拱波、拱板和横向联系等几部分组成。双曲拱桥主拱的形式，有单波、多波、多波高低肋等；拱肋截面，有矩形、倒 T 形、I 形、L 形、薄壁箱形等。

双曲拱桥这种桥型充分发挥了预制装配的优点，可以不要拱架施工，节省木料，加快施工进度，而所耗用的工料又不多；同样的材料，可以获得比一般拱桥大得多的跨度。如跨度相同，则可以节约一半左右的钢材等建筑材料。在造型上，双曲拱桥由于二向曲形，更富于变化。

它的最主要特点是：将主拱圈以“化整为零”的方法按先后顺序进行施工，再以“集零为整”的方式组合成承重的整体结构。因主拱圈分期形成，呈现组合结构的受力特征，整体性较弱，在地震等动荷载作用下容易损（破）坏。

从 20 世纪 70 年代起，特别是“六五”期间，全国各地公路部门就开始对原有桥梁进行了调查。截至 1990 年，广东省通过调查发现，属于荷载标准低、桥面宽度窄、存在不同程度损伤而无法适应公路交通运输发展的桥梁约占全省桥梁总长的 40%；江苏省桥梁总长度约 21 万延米，其中 90%为中小桥，钢筋混凝土梁桥占 48%，双曲拱桥占 50%，其他桥型占 2%。在这些桥梁中，大多数已达不到三级公路的荷载标准（汽车—20 级、挂车—100）和桥面净宽标准（车行道净宽 7m）。江苏省还对沪（上海）宜（宜兴）干线公路进行了调查，全线长 161.81km，桥梁 150 座，计 3 400 延米，平均每公里有桥梁 0.9 座；桥面净宽达 9m、荷载标准达汽车—20 级、挂车—100 的仅 18 座，共 400 延米，占桥梁总长的 12%；其余桥梁建造年代久远，技术标准低，有的虽已经进行过局部技术改造，但桥面宽度仍不足，荷载标准大多为汽车—13 级，有相当一部分桥梁的荷载标准仅为汽车—10 级，甚至低于汽车—10 级。此外，据双曲拱桥最多的江苏省统计，在全部双曲拱桥当中，设计荷载在汽—13 级以下的占 97.2%，98.5%的桥宽在净—7.0m以下；据湖北省公路局统计，全省已建成的 357 座双曲拱桥中 85%存在病害，其中病害严重已危及行车安全的有 27 座，占 7.6%。截至 2002 年底，全国公路危桥数量为 3 402 座，共计14.557 5万延米。

2006 年 11 月，陕西省境内的一座双曲拱桥突然垮塌，交通中断。事故发生后，经专家现场踏勘调查分析，该桥经使用多年后主跨上部结构箱型双肋单波双曲拱结构松散，拱肋出现面外失稳，拱桥上部结构突然垮塌。专家分析后认为，双曲拱桥本身特点的缺陷等因素是大桥垮塌的主要原因。经过摸底调查，陕西省干线公路中的 101 座双曲拱桥中，有 49 座需立即加固、改建，需要逐年加固、改建的有 41 座，这些桥梁加固、改建需要的投资近 1.2 亿元。有观点认为，人都有个病退的政策，带病运行的桥梁也要适时“病退”，公路交通管理部门要加强桥梁管理，不能让桥长期带病运行；那些设计标准太低的大桥，特别是国道上的大桥，该淘汰就要淘汰。对于这些建议，有关交通部门认为很有道理，但关键是财力有限，淘汰那些先天不足、使用年限太长的双曲拱桥是个很好的建议，但没资金谁也没办法。因此，面对严峻的形势，在现有条件下，将设计标准偏低或存在病害的双曲拱桥进行加固改造是行之有效的方法。

由此可见，我国双曲拱桥的不仅数量很大，范围很广，而且大都修建于 20 世纪 60～70 年代，由于历史原因部分已经成为危桥，威胁着人民的生命、财产安全，制约着当今交通运输的发展。

因此，旧危双曲拱桥加固、维修任务十分繁重且紧迫。面对当前旧危双曲拱桥，全部拆除重建既不现实也不科学；实践证明，采用适当的加固技术和拓宽措施，恢复和提高旧桥的承载能力及通行能力、延长桥梁的使用寿命以满足现代化交通运输的需要是可行的。

对旧危双曲拱桥走加固与改造之路，这样做首先能节省大量投资，获得良好的社会经济效益，特别是对贫困省份来说尤其如此；其次，通过维修和改造旧桥，可以消除交通隐患；再次，它也是提高公路通行能力和服务水平的有效途径，亦是检验公路部门管理养护水平的重要标准。因此，旧危双曲拱桥的加固、维修工作应当说是一项技术上可行、经济上合理的措施。

另一方面，双曲拱桥的加固与维修也存在许多实际困难，如旧桥原始资料难以查找，缺乏资金和成熟的技术支持，使得旧桥加固工作难以开展。究其原因，一是对旧桥加固持有不同认识，一些人认为"加固老的，不如建座新的"，费力不讨好，体现不出政绩；二是加固旧危桥比建新桥繁杂，技术难度大，而设计费和施工造价都偏低；由于旧桥加固就像给危重病人动手术，风险很大且利润不高，而每座桥的情况又是千差万别、通用性差，使得有能力的勘察、设计、施工单位不愿介入，于是造成加固、改造旧桥有行无市的局面。

从国民经济发展总体考虑，旧危双曲拱桥加固、改造与利用是维护公路交通正常营运的积极措施，任务虽然艰巨但其意义和影响是深远的，应当引起各级公路主管部门的领导充分重视，积极引进和开发旧桥加固、改造方案，使旧危桥能更好地发挥作用，让有限的资金发挥更大的效益，使我国桥梁建设真正走上"建养并重"的可持续发展道路。

三、拱桥加固原理简介

拱桥加固一般是通过对构件的补强和结构性能的改善来恢复或提高现有桥梁的承载能力，以延长其使用年限，适应现代交通运输发展的要求。

目前桥梁加固方法和技术方法很多，归纳起来不外乎属于从外因和内因两个角度对桥梁结构进行加固补强。国内外对拱桥进行加固改造的技术途径主要有下列几种：

1.加强薄弱构件

对于桥梁上有严重缺陷或因通行重型车辆而不能满足安全承载要求的薄弱构件，通常是采取以新材料（喷射混凝土、混凝土、钢板、玻璃钢或钢筋）增大主梁或主拱圈截面，用高强度等级水泥砂浆或环氧树脂水泥砂浆封填裂缝，增设外部后张预应力筋，施加外部预应力，或用化学黏结剂黏贴附加构件的办法进行加固。

2.增加辅助构件

当桥梁承载能力不足或因种种原因使桥梁遭到破损时，可以在原有结构上增加新的受力构件，如增设纵梁、横梁或拱肋等，也可以用新的预制构件替换原有结构上有严重缺陷而又不易修复的构件。替换构件时，必须设置足够的临时支撑，采取可靠的技术措施，以保证整个结构在施工中的安全。

3.改变结构体系

改变结构体系主要是改变结构的受力体系，改善结构的受力状况，以提高桥梁承受活载的能力。如将简支梁变为连续梁，将铰接改为刚接，利用辅助墩、八字撑等将单跨梁变成多跨结构，以及在拱桥桥面上现浇一层钢筋混凝土板，将拱式体系转换为梁式体系等。

4. 减轻恒载

减轻原桥上部构造的恒载，可以改善原桥受力状况，提高承受活载的能力。特别是在桥梁基础承载力受到限制，不能满足加固上部构造和提高活载所增加的承载力要求时，以减轻桥梁恒载的办法来提高承受活载的能力是一种经济有效的措施。如将实腹式拱桥改建为空腹式拱桥，更换拱上填料等。

四、本章主要内容

在上述背景下，本章针对双曲拱桥的病害特点，寻求行之有效并兼顾良好的施工技术和社会经济效益的双曲拱桥加固方法。介绍了采用局部增大主拱圈截面，增加横向联系和改变拱上建筑结构体系等多种加固改造危旧双曲拱桥的方法与技术，同时每种技术都包含成功运用于实桥的维修加固工程示例及其取得的社会经济效益分析。

本章主要包括以下双曲拱桥加固维修方法及技术：

(1)锚喷混凝土加固双曲拱桥；

(2)增大拱肋截面加固法；

(3)调整拱轴线与压力线加固法；

(4)预应力钢拱加固技术；

(5)箱拱加固技术；

(6)体外预应力加固技术；

(7)“肋梁楼盖”整治双曲拱桥拱上建筑。

第二节 双曲拱桥典型病害及成因分析

分析全国各地对双曲拱桥进行调查的数据，从结构总体特征与受力特点来看，双曲拱桥存在的病害主要表现在以下几个方面。

1. 主拱圈结构整体性差

我国早期修建的双曲拱桥，在构造处理上和施工过程中对拱肋和拱波之间的联系不够重视，横向联系比较薄弱，主拱圈抗扭刚度不足，致使拱肋、拱波接触处容易开裂甚至脱开，沿主拱圈出现环形裂缝，因而主拱圈组合截面不能整体受力。

2. 主拱圈截面不足

由于设计上过分强调省料，主拱圈截面设计偏小，特别是拱肋截面尺寸偏小。在计算上通常采用内力叠加法，按组合截面验算，实际上在施工过程中拱肋要承受拱波、拱板及其自身重量，处于应力叠加状态，拱肋截面往往由于应力过大而过早开裂。由于主拱圈截面不足，又导致主拱圈刚度不足、变形较大，严重者导致主拱圈坍塌。

3. 拱上建筑处理不当

在双曲拱桥设计过程中，虽未计及拱上建筑的共同作用，但拱上建筑承担着传递荷载的任务，且不同程度地参与主拱圈受力。同时，拱上建筑在一定程度上能约束主拱圈由于温度变化及混凝土收缩引起的变形，而主拱圈变形又使拱上建筑产生内力。因此，拱上建筑受力与构造

对整个结构影响较大。有些双曲拱桥拱上建筑构造设计不尽合理，导致结构局部内力过大造成拱上建筑开裂，影响了行车舒适性。反过来，恶劣的行车条件又进一步使结构受力恶化，从而形成恶性循环。有些实腹式拱桥的侧墙采用砖砌形式，由于砖砌侧墙过薄，砌筑质量又较粗糙，长期运营后侧墙发生外凸甚至剥落，使拱上填料松散，致使横向各主拱圈受力不匀，变形不一致，从而导致结构的开裂。

4. 基础变位

修建在软土地基上的双曲拱桥，可能由于对基础的处理不当，容易造成墩台发生不均匀沉降和水平位移等，导致主拱圈产生较大变形或开裂。

上述病害具体的表现形式及成因分析如下：

裂缝是病桥、危桥的主要病害形式，双曲拱桥较常见、易出现的各种裂缝类型如图 7-1 所示。按照病害发生位置的不同，可以将这些裂缝分为：主拱圈裂缝、腹拱裂缝、桥面系裂缝及墩台基础的裂缝。

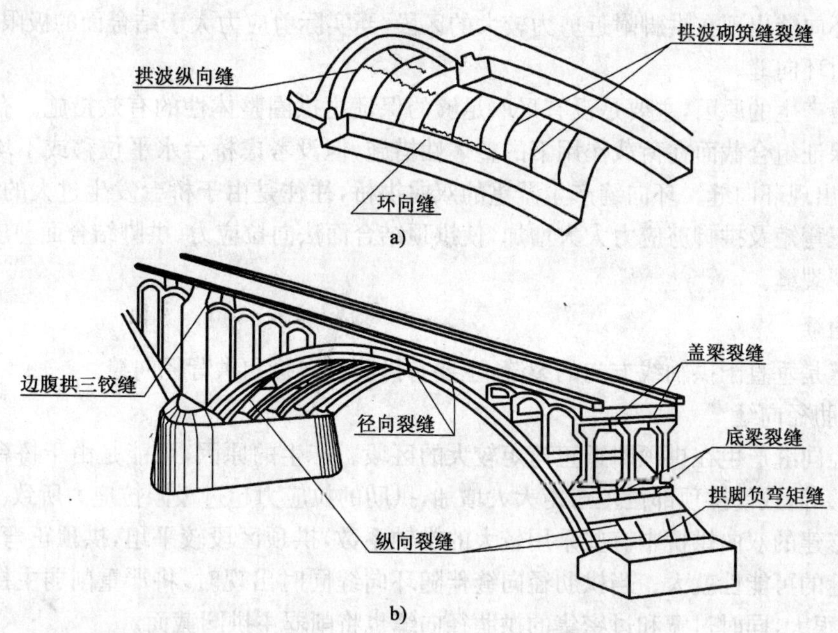

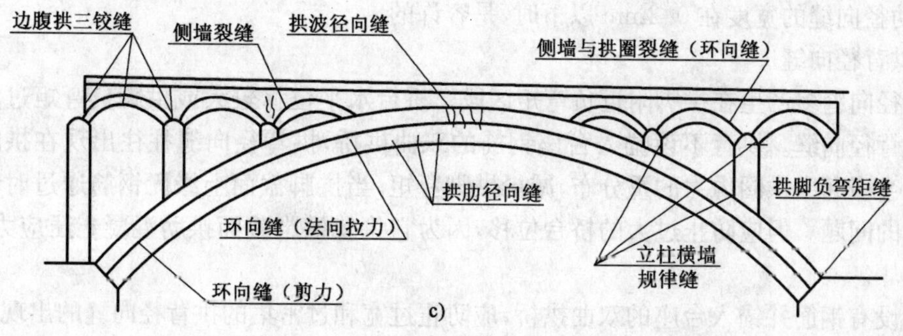

图 7-1　双曲拱桥上部结构典型裂缝

一、双曲拱桥主拱圈常见裂缝及其成因分析

双曲拱桥主拱圈的主要裂缝病害，可以分为环向缝、径向缝和波顶纵缝 3 大类（见图7-1）。

1. 环向缝

环向缝是产生在拱肋、拱波结合面上，平行于拱肋轴线的裂缝。环向缝又可分为法向拉力环向缝和剪力环向缝两种。

(1)法向拉力环向缝

法向拉力环向缝出现在拱顶附近正弯矩较大的区段，主拱圈截面下缘出现拉应力，由于肋波的结合面位于受拉区，因此当作用有拉应力且结合面的实际拉应力大于结合面的极限拉应力时，即会出现法向拉力环向缝。

(2)剪力环向缝

剪力环向缝出现在拱脚附近剪力较大的区段，当实际剪应力大于结合面的极限剪应力时，即出现剪力环向缝。

环向缝产生的原因，主要是没有采取足够的保证主拱圈整体性的有效措施。有时设计中虽采取了保证组合截面在荷载作用下的整体性措施，但没考虑桥台水平位移或不均匀沉陷的影响，仍会出现环向缝。环向缝产生严重的双曲拱桥，往往是由于桥台发生过大的水平位移，导致拱顶正弯矩及拱脚剪应力大大增加，使拱顶结合面法向拉应力、拱脚结合面剪应力超过极限值而出现裂缝。

2. 径向缝

径向缝是垂直于拱轴线方向的裂缝，主要有拱肋径向缝和拱背径向缝。

(1)拱肋径向缝

拱肋径向缝产生在拱顶附近正弯矩较大的区段。产生的原因，可能是由于桥台发生过大的水平位移等，致使拱顶部位正弯矩大大增加，拱肋的拉应力超过极限拉应力所致。

初期修建的双曲拱桥中有些采用较大的拱轴系数，拱顶区段较平坦，拱顶正弯矩大，出现拱肋径向缝的可能性就大。当拱肋径向缝伴随环向缝同时出现时，将严重削弱主拱圈的截面强度，危害很大，同时过宽和过密集的拱肋径向缝也将削弱主拱圈截面。

一般拱肋系钢筋混凝土结构，即使在强度满足要求时，也可能出现一些裂缝。当不存在环向缝，拱肋径向缝的宽度在 0.2mm 以下时，是容许的。

(2)拱背径向缝

拱背径向缝多产生在拱脚附近负弯矩区段。桥台水平位移较大或拱脚负弯矩过大时，常会出现拱背径向缝。拱背不设锚入台座钢筋的双曲拱桥，拱背径向缝往往出现在拱脚截面。这种裂缝会引起主拱圈内力的重分布，减少拱脚弯矩；当拱脚截面上缘无钢筋通过时，不存在钢筋锈蚀的问题。但应防止过大的桥台位移，因为它将使拱脚截面拱肋混凝土压应力超过极限值而压坏。

拱背设有钢筋并锚入台座的双曲拱桥，应防止过宽和过密集的拱背径向缝的出现，一般裂缝宽度在 0.2mm 以下时是容许的。

3.波顶纵缝

波顶纵缝是出现在拱波顶部沿拱轴线方向的裂缝，较多地出现在拱顶附近，有时也出现在拱脚附近。

对于早期的填平式拱板，由于波顶为最弱截面，现浇混凝土厚度大，收缩多，容易因收缩而在波顶拉裂。当采用波形或折线形拱板时，可防止这种裂缝的出现。

横向联系不够，是产生波顶纵缝的又一个重要原因。当采用拉杆作为横向联系构件时，由于构件的刚度小，又易松动，往往因拱肋扭转及横向挠度过大而引起波顶纵缝。如采用足够数量的横隔板或横系梁，横向刚度较大，即可有效防止这种裂缝的产生。此外，采用过大的拱轴系数，拱顶区段非常平坦，也容易出现拱顶区段的波顶纵缝。

4.横向联系病害

双曲拱桥的横系梁(横隔板)，一般尺寸都较小，强度和刚度也相应较弱，与横肋联结处的抗剪能力也偏小，当承受较大的外荷载作用时，产生较大的内力和变形，导致横系梁开裂、脱落，无法有效地横向分配荷载，并引起拱肋的受力与变形不均匀，加剧了横系梁的病害产生。

二、双曲拱桥拱上建筑典型病害及成因分析

在对危旧双曲拱桥的调查中，发现几乎所有空腹式双曲拱桥的腹拱都有不同程度的损坏，主要有腹拱圈裂缝、立柱或横墙的规律性裂缝，以及盖梁和底梁的裂缝等。

1.腹拱圈裂缝

腹拱圈裂缝病害主要有腹拱横向裂缝和环向裂缝，且横向裂缝较为严重，对结构的影响也较大。

(1)横向裂缝

腹拱横向裂缝产生的原因:通常，腹拱多为预制混凝土构件，多孔构成连拱，没有按主拱变形的需要设铰或只设了简易铰但却起不到铰的作用。在使用过程中，由于荷载、温度变化、主拱变形及龟收缩等作用，使腹拱内产生了较大的内力而引起开裂。对于未设铰的边腹拱开裂尤其严重，有些形成断裂后，出现错动造成破坏。图7-2所示为双曲拱桥腹拱圈纵、横向裂缝图。

图7-2　双曲拱桥腹拱圈纵、横向裂缝

(2)环向裂缝

腹拱的环向裂缝一般是因混凝土收缩、温度变化、分块砌筑砂浆强度低等引起的，主要是主拱圈横向不均匀变形，或腹拱墩台发生不均匀下沉和位移变形而引起腹拱的环向开裂，相当于圬工拱桥的纵向开裂病害;腹拱圈环向裂缝的另一个原因是腹拱圈预制分块太多以及勾缝水泥砂浆标号过低，致使其整体性差，在载荷反复作用下产生的。

2.立柱或横墙的规律性裂缝

有些双曲拱桥的横墙或立柱，其上下端出现有规律的裂缝。一般短横墙和立柱开裂较大，高横墙和立柱开裂较小，甚至不开裂。

这种裂缝产生的原因，是由于在活载、温度变化、混凝土收缩和徐变作用下，主拱圈下挠，使横墙或立柱两端拉裂。短横墙或立柱的抗推刚度大，加之主拱圈下挠又多，因而两端裂缝就较大。当各排横墙和立柱的抗推刚度不协调、相差较大时，就会加重这种裂缝的发展。

3. 盖梁和底梁裂缝

为了减轻结构的自重，双曲拱桥的腹拱墩常采用立柱的形式，这样立柱就可以进行预制，达到加快工程建设速度的目的。但是，在对双曲拱桥的调查中发现，很多立柱的盖梁和底梁都出现裂缝。究其原因，主要是结构的横向联系不够，当主拱圈横向发生不均匀变形时，就会引起各立柱的不均匀位移，进而导致盖梁裂缝的产生。而立柱下底梁的受力状态实为在竖向集中力作用下的弹性地基连续梁，当底梁上缘未配筋或配筋太少时，就会产生裂缝。

三、桥面系典型病害及成因分析

桥面及附属设施，包括桥面铺装层、桥面防水层、桥面排水设施、桥面伸缩缝装置、栏杆以及桥头引道，是桥梁结构不可缺少的组成部分。它们的好坏将直接影响到桥梁结构的使用性能和耐久性。常见的桥面系病害有：桥面不平、不洁，栏杆断裂、残缺和跳车等。当发现桥面及附属设施有缺陷时，应当及时修补完善。

四、墩台、基础病害及成因分析

墩台和基础是桥梁的重要组成部分，是直接承受桥梁上部结构的荷载，同时将荷载传递给地基的受力结构。

桥台将桥梁与路堤相连接，因此，它除了承受上部结构的荷载外，还要承受来自台后路堤填土的土压力。桥墩除了承受上部结构的荷载外，还要承受风力、流水压力、冰压力、浮力以及在特殊情况下可能发生的船只或漂流物的撞击力等的作用。此外，由于过桥车辆的日益重型化，实际上部分活载强度已超过设计规范规定的负荷要求，墩台的负荷强度在不断地增加，经常受到过重活载的作用。这样，桥梁墩台基础在经过多年使用后，出现不同程度的损坏，产生各种缺陷，可以分为墩台身病害和桥梁基础病害。

1. 墩台身的病害

墩台位于桥梁上部结构和基础之间，它关系到桥跨结构在平面和高程上的位置。因此，桥梁上部结构的变化以及基础以下结构的变化，都将会对它产生损坏和影响。同时，墩台承载能力不足，或出现沉降、倾斜、位移及转动，也将引起桥梁上部结构的损坏，严重时会导致整座桥梁的坍塌。多数桥梁的墩台是由砖石砌体、混凝土和钢筋混凝土构件组成，它的缺陷和病害主要有承载能力不足、沉降、倾斜、转动及开裂等，而裂缝正是这些病害的外部表征。

(1)裂缝

从外观来看，裂缝是墩台的主要病害，常见的裂缝有网状裂缝、水平裂缝、竖向裂缝及桥台侧墙、前墙和翼墙开裂等(见图 7-3)。

网状裂缝多出现在桥墩的向阳面，水位线以上，产生的主要原因是由于混凝土内部水化热和外界的温度影响或日照影响而产生的温度拉应力，混凝土的干燥收缩也是产生网状裂缝的原因之一。

墩台的竖直裂缝,多呈下宽上窄状,是由基础的不均匀沉降导致的。墩台水平裂缝,呈水平层状,多为混凝土接缝不良引起的。

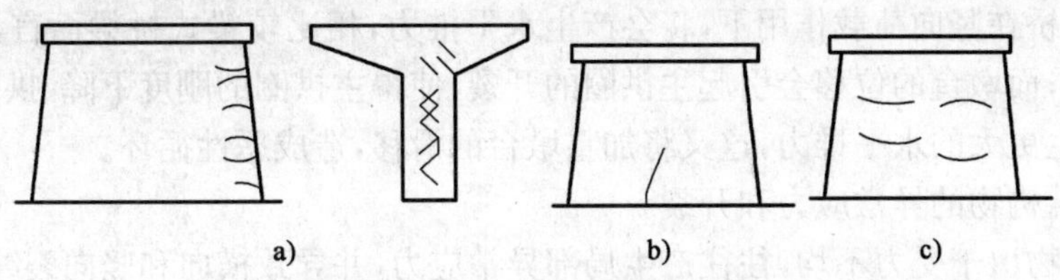

图 7-3 墩台主要裂缝形式
a)网状裂缝;b)竖直裂缝;c)水平裂缝

桥台侧墙、前墙、翼墙开裂的原因是填土不良、冻胀或地基承载力不足,引起的桥台下沉或外倾,进而导致开裂。

(2)撞击破坏

墩台在船只、漂流物的碰撞下,或跨线桥桥墩受到车辆的撞击,将会产生局部破坏,造成混凝土的剥离与脱落。

(3)砖石墩台结构损坏

砖石墩台的表面损坏,主要表现为抹灰层、勾缝脱落,砌体表面麻面、起皮、起鼓、粉化、剥落等,逐渐向深处发展,也可造成内部材料质量变质、酥化,使强度降低;砖石砌体由于构件受力不均、基础沉降不均、受热不均而产生开裂;外界因素的影响,是造成砌缝脱落的主要原因。

砖石砌体或钢筋混凝土墩台,常年受到干燥、潮湿、寒暑、冻结冰融等气候条件的影响,还受到水、海水、工业废水、废气、酸、碱、火热等作用,这是产生裂缝、砌体剥落、钢筋锈蚀等病害的主要因素,从而使材料随时间逐渐老化。

总之,桥梁墩台的主要病害有:裂缝、剥落、空洞、钢筋外露和锈蚀、材料老化、结构变形或位移等,如这些病害得不到及时的维修和加固,久而久之,小病害将酿成大病害,使桥梁逐步失去使用功能。

2.桥梁基础的病害

双曲拱桥的基础以浅基础为主,也有一定数量的桩基础。常见的病害有基础的不均匀沉降、冲刷、滑移倾斜、基础结构物的异常应力和开裂等。

(1)基础的沉降和不均匀沉降

由于地基的压密下沉引起基础沉降,这对于任何一座桥梁来说都是难以避免的,在一定范围内这是正常现象,而超出一定的范围则将对桥梁产生有害的影响。特别是对于修建在软土地基上的双曲拱桥,由于经常受到土基压实下沉和地下水位升降等的影响,往往还将产生不均匀沉降。

(2)基础的冲刷和滑移倾斜

造成基础滑移和倾斜的主要原因有:

①由于受到洪水的冲刷,墩台基础时常发生滑移病害,其病害程度,与洪水的冲刷深度密切相关。

②河床受到洪水冲刷后,首先桥墩前临水面地基土层被冲走,导致墩台基础侧向压力减小,使其产生侧向滑移。

③位于软弱地基上的桥梁，遇到台背高填方路堤时，如果台背填土处理不当，往往会造成过大的主动土压力，导致桥头前倾，或土体下层向前滑移，使台顶后仰、倾斜。

④双曲拱桥在竖向荷载作用下，将会产生水平推力，相比较梁式桥梁而言，更容易发生墩台的滑移现象；而墩台的位移会引起主拱圈的开裂，使得主拱圈的刚度下降、拱顶下沉、拱变得更坦，从而产生更大的水平推力，这又将加重墩台的滑移，造成恶性循环。

(3)基础结构物的异常应力和开裂

基础结构物由于受力不均，往往产生局部异常应力，并导致横向和竖向裂缝。在特殊荷载作用下，还会使基础结构物因出现异常应力而产生局部损坏。

五、双曲拱桥典型病害成因综合评析

在对双曲拱桥的病害原因进行分析时，可以从双曲拱桥的构造、设计、施工和使用等几个方面着手。

1.双曲拱桥结构的先天不足

首先，双曲拱桥的主拱圈是个组合截面，且大多双曲拱桥的横向联系薄弱，整体性较差，容易开裂。其次，双曲拱桥各部件的混凝土龄期相差较大，容易引起由于收缩、徐变及温度等原因形成的裂缝。此外，双曲拱桥结构的用钢量少，在结构产生裂缝后，有效截面面积将减小，使得裂缝进一步发展，结构工作状况持续恶化。

2.设计缺陷

(1)拱肋截面偏小，强度偏低

拱肋是双曲拱桥主拱圈的重要组成部分，它和拱圈共同承受全部恒载和活载，是主要受力构件。因此，当其抗弯强度与刚度不足时，往往使桥梁的承载能力降低，同时也会引起其他构件的损坏。

由于历史的原因，以往双曲拱桥的设计过分强调节省材料，主拱圈截面采用了过小的截面尺寸、配筋与较低的混凝土标号。由拱肋、拱波、拱板共同构成的组合截面尺寸并不小，但由于双曲拱桥多采用无支架施工，真正尺寸偏小的是拱肋。这是因为拱肋要承受自身重力外，还要承受架设拱波、拱板时所产生的应力，只有拱板浇筑完成并达到一定强度后，方能共同承担拱上恒载及活载。由于拱肋先期应力累积太大，故较小截面尺寸的拱肋及很小的配筋使得拱圈正截面强度不足，这通常表现在：①拱圈(拱肋)挠度过大，轴线偏离设计轴线过大；②拱肋压应力过大，拱肋中纵向钢筋直径偏小，箍筋间距偏大，造成纵向钢筋失稳外鼓，特别是在锈蚀后更为严重。

(2)横向联系较弱

双曲拱桥拱肋中设置横向联系是很重要的。当拱肋间无横向联系时，在集中荷载(车辆荷载)作用下，各片拱肋的变形在横桥方向是很不均匀的。有横向联系的拱圈，各肋间的变形就比较均匀。而且，随着横向联系的加强，各肋间的变形就更趋于一致。由于横向联系的设立，使单片的拱肋在横向联成整体，形成一个拱形框架，从而大大加强了拱肋的横向刚度，保证了拱肋的横向稳定性。

早期修建的双曲拱桥，横向联系较多的采用横向拉杆，它由钢筋拉条穿过拱肋上预留的孔眼和混凝土套管组合而成。由于套管和拱肋不成整体，极易松动，对加强主拱圈的横向刚度作用不大。后来虽改用横系梁或横隔板，但也存在结构处理不当或刚度过小的问题，主要有：横系梁或横隔板在构造上不完整，即全桥横向不贯通；施工不当使横梁（隔板）横向多呈折线；钢筋的不连续，横向连贯处混凝土不密实等；横系梁（隔板）尺寸太小，即纵向刚度小，整体上起不到横向传递荷载的作用；拱板中的横向钢筋或分布钢筋太小等。

横向联系还包括另一个重要部分，就是拱肋与拱波的联系，当拱肋中伸出的连贯钢筋数量不足时，拱波就将完全简支于拱肋上，致使结构的整体性较弱。

当横向联系布置不够或强度不足而产生破坏时，将会使拱桥横向稳定性降低，使得主拱圈的整体性和刚度降低，车轮荷载横向传递受阻，各拱肋不能共同受力，这将导致：①拱波顶的纵向开裂；②拱波与拱肋的脱离；③横系梁（横隔板）在接头处断裂；④各拱肋下挠不均等。

(3)拱上建筑构造不当

一般的拱桥设计是不考虑拱上建筑对拱圈影响的，即结构上应保证边腹孔具有较小的抗推刚度和适量的自由变形。但多数双曲拱桥在修建过程中并未设伸缩缝、变形缝或边腹孔的铰，或因设置不当而失去功能，这些都将引起腹拱圈和侧墙等的损坏。

(4)基础处理不当

当双曲拱桥的墩台置于软土地基上时，由于基础结构形式或对基础处理不当，墩台将发生过量的不均匀沉降和水平位移，从而导致主拱圈过大的变形与开裂。

3.施工原因

施工是设计的实现过程，设计正确与否、完善是否，在施工中都会得到检验。同时，施工质量的优劣，也将影响桥梁的整体性能。在桥梁建设中，尽管设计正确，但施工方法不当，施工质量控制不严，施工过程中遇到一些非预见性灾害，也常常导致桥梁承载能力降低，不能达到设计的预期目的。由于施工原因导致的桥梁承载能力降低，可以概括为以下几个方面。

(1)材料质量问题

在施工中所使用的混凝土、钢筋、砂砾等材料，质量达不到规范要求，是导致桥梁结构产生各种质量缺陷的内在因素。

混凝土的质量缺陷主要有蜂窝、麻面、露筋、剥落等表层缺陷和混凝土强度等级、抗渗强度等级、抗冻强度等级不足等内部缺陷。

双曲拱桥的拱上填料大多采用砂砾，砂砾的强度足够，但当级配不当时，难以压实，造成对桥面铺装的刚度不一，引起桥面铺装的破坏。在调查中还发现，有些双曲拱桥的填料含有淤泥，所以造成桥面的损坏也就不足为怪了。

(2)施工质量问题

在公路桥梁修建过程中，由于工种多、工序多，加之在现场施工，每位施工人员往往要担负多方面的工作，如钢筋工、起重工、混凝土工等，稍有疏忽，便会出错，就有可能使结构出现缺陷。

在双曲拱桥中，拱肋大多是预制吊装的，如安装不好，尺寸出现偏差，就会改变结构的受力体系，从而使结构强度存在问题。另外，拱肋是个细长杆件，在运输及起吊过程中容易损伤，也会造成桥梁承载能力的降低。

混凝土的浇筑和养生是施工中存在问题较多的一个方面。混凝土浇筑不慎会导致结构出现空洞、蜂窝和麻面等缺陷；养生不足又会使结构出现裂缝。

(3)施工中的质量事故

由于施工方法不当、施工质量控制不严，在施工过程中遇到非预见性的灾害，常常影响到工程质量，导致桥梁的承载能力下降，达不到设计的预期目标。

4.使用因素

使用因素最重要的是交通量的不断增长，重车荷载不断增多，造成双曲拱桥日益不堪重负。加之交通碰撞事故，地震、洪水的破坏，环境恶劣、化学腐蚀，周边出现不均匀沉降等，这些都将使桥梁产生损坏。

长期以来"重建轻修，养路不养桥"的思想，使得桥梁在发生病害和损坏后得不到及时的加固维修，导致病害不断发展，也是桥梁承载力下降的一大原因。

5.其他原因

在对双曲拱桥进行病害分析时，应当结合修建双曲拱桥的时代背景，双曲拱桥之所以能够得到推广除了自身的优点外，也因为双曲拱桥是我国具有民族特色的桥梁形式，含有历史和政治的因素。这就使得在当时的桥梁建设中，双曲拱桥成为首选的桥梁结构形式，致使在软土地基上也建造了大量的双曲拱桥，今天我们已经发现双曲拱桥的墩台病害是其承载力不足的最主要原因，而片面地强调大跨径和节省材料也违背了事物的发展规律。

在过去的几十年里，随着交通量的不断增长和重车荷载的不断增大，桥梁的设计荷载等级也在逐渐增大，双曲拱桥大都采用汽—10 荷载，显然不能适应交通运输日益发展的需要，从而难免会发生这样那样的病害。

此外，双曲拱桥对施工企业的技术装备要求不高，这类桥梁大多由民工建造完成，且边设计边施工，缺乏系统的设计和施工质量保证体系，因而设计、施工质量普遍低下，为日后双曲拱桥的各种病害埋下隐患。

第三节　锚喷混凝土加固双曲拱桥

由于主拱圈承重构件的截面不足、施工质量不佳、墩台地基沉降或桥梁长期超载运营等原因引起的开裂、变形等，可采用锚喷混凝土加固法。

锚喷混凝土加固法所形成的组合结构，既根治了原结构由于裂缝等原因造成的局部应力集中病害，又恢复了原结构变形的协调性，使其能够承受更大的外荷载。此外，锚喷混凝土还具有以下优点：不用或只用单面模板，混凝土混合料的运输、浇灌和捣实结合为一道工序；可通过输料软管在高空、深坑或狭小的工作空间内任意方位施作薄壁的或复杂造型的结构；设备与工序简单、占地少、机动灵活、节省劳动力，具有广泛的适应性，具有施工快速简便、经济可靠、不中断交通等优点。

一、加固原理

"锚喷混凝土"实际上由两部分组成，首先是将锚杆锚入拟补强部位结构内，挂设补强钢筋网，然后再借助高速喷射机械，将新混凝土混合料连续地喷射到已锚固好的钢筋网受喷面上，凝结硬化而形成钢筋混凝土，从而增大桥梁的受力断面和补强钢筋，加强结构的整体性，使其能承受更大的外荷载作用。其中增设的补强钢筋主要是帮助原结构承受拉应力，同时成为新增混凝土部分的骨架；锚喷混凝土的作用则是将补强钢筋与原结构联结组成整体受力结构，并与锚杆一同在结合面上传递拉应力和剪应力。

二、加固设计要点

根据加固原理，锚喷混凝土加固法实际上仍是加大构件截面加固法，所以加固设计仍按加大构件截面的方法进行内力计算。其设计原则为：

(1)恒载内力(包括新锚喷的混凝土)按原构件的截面模量进行计算，即新喷上的混凝土恒载仍作用于原构件上。

(2)活载内力用加大后的组合截面模量计算内力，即新旧混凝土作为一个整体计算，对不同的混凝土强度等级和新增的补强钢筋按其弹性模量进行截面换算。

(3)仍按弹性理论进行计算。

(4)强度验算按照锚喷截面占原截面的比率，考虑是否按组合截面进行有关验算。

(5)进行加固设计前，应弄清旧桥的原始情况以及病害原因，对旧桥的基本承载力作出评价。

(6)采用的喷射混凝土与钢筋的强度等级，不应低于原结构的强度等级。对于结合界面处两种不同强度等级的混凝土共同作用时，应以较低强度等级作为计算标准来进行换算。

三、施工工序

(1)先去除剥落、松散的表层，并用水冲洗干净。若有裂缝存在，需先对裂缝进行修补和处治。

(2)钻锚杆孔、安装锚杆、布设钢筋网。按照提高承载能力的需要，在主拱下缘布设钢筋网。通常是按一定间距设置锚栓，将钢筋沿桥的纵横方向焊接到锚栓上，构成钢筋骨架，钢筋网的作用在于承受拉应力，提高喷护层强度，传递温度应力，减少收缩裂纹，加强喷射混凝土的整体性等。

(3)喷射混凝土。喷射混凝土层的厚度根据设计需要确定，每次喷护厚度不宜超过 8cm。若需加厚，应反复多喷几次，但前后层喷射的间隔时间一般不得少于 2h，视水泥品种，施工时间的气温和速凝剂掺量等因素而定。

四、加固实例

1. 桥梁概况

某座钢筋混凝土双曲拱桥，建成于 20 世纪 70 年代，全长为 80m，桥面宽为：净 7.00m(行车道)＋2×0.40m(栏杆基座)。上部结构为 1×50m 钢筋混凝土双曲拱(实测净矢高 8.3m，净跨径 49.95m)，主拱圈为 5 肋 4 波及两侧各 1 个悬半波；下部结构为重力式桥台。桥尾岸第一腹拱拱圈和横墙曾经加固过，原设计荷载为汽车—13、拖车—60。

2. 桥梁病害

经检测发现主拱肋 1/4 跨至拱顶段拱肋下边缘存在较多横向裂缝，拱脚部位拱肋下边缘存在混凝土剥落、露筋，拱波部位发现纵向裂缝，腹拱圈部位发现横向裂缝及网状裂缝等病害，桥台及基础良好。根据业主要求，该桥需要加固提载，加固后荷载等级提高到公路－II 级（相当于汽车—20，挂车—100）。由于本桥建设年代比较久远，故原设计图纸没有保留。

3. 桥梁加固设计要点

(1)在主拱圈及拱波下缘锚喷 10cm 厚 C30 混凝土板，增强主拱圈整体性，提高其抗弯能力；在拱圈上缘第一腹拱范围内浇筑 15cm 厚 C30 混凝土，增大拱圈截面。

(2)在腹拱圈下缘现浇 20cm 厚、30cm 宽、间距 1.15m 的 C30 钢筋混凝土肋，增大、增高腹拱圈截面，提高腹拱圈承载能力。

(3)拆除原桥面铺装，重新铺桥面，更换栏杆，排除安全隐患，加设伸缩缝。

4. 桥梁加固施工工艺

对主拱圈及拱波的加固采用锚喷混凝土的施工工艺，其步骤为：

(1)打毛并清洗被加固构件的表面。

(2)按设计要求在构件表面安设锚固钢筋。

(3)安设补强钢筋网。钢筋周围应有足够的间隙，以便喷射混凝土能完全包裹钢筋。注意将钢筋网牢固地绑扎或点焊在锚固筋上，以免喷射施工时钢筋位置产生移动。

(4)喷射混凝土。

①首先检查喷射机是否正常，同时用高压水冲洗掉打毛时剩余的碎渣，并充分湿润受喷面。

②干式法：将水泥、砂、骨料按试验配合比在干燥时充分拌和，内掺一定比例的速凝剂（一般按水泥质量的 2%～5%），然后送进干喷机。

湿喷法：按试验配合比将材料加入，拌和成混凝土混合料，然后送进湿喷机内。

③喷射混凝土施工。

(5)混凝土的养护。混凝土锚喷施工完毕后应注意洒水养生，应使混凝土表面经常处于湿润状态，洒水养护时间不小于 7d。

图 7-4 和图 7-5 所示为桥梁加固前与加固后的示意图。

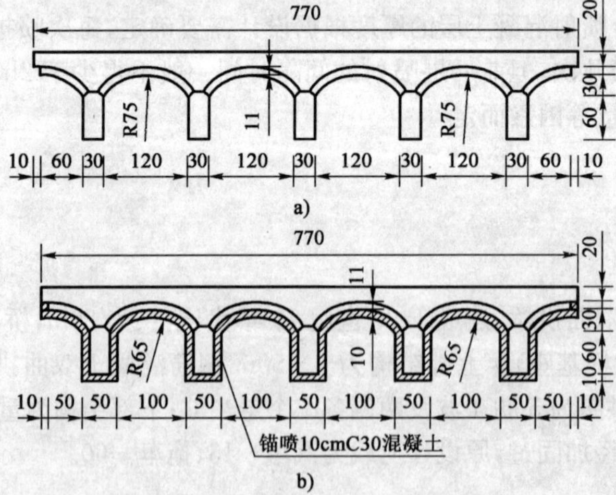

图 7-4 加固前与加固后截面（尺寸单位：cm）

a)加固前；b)加固后

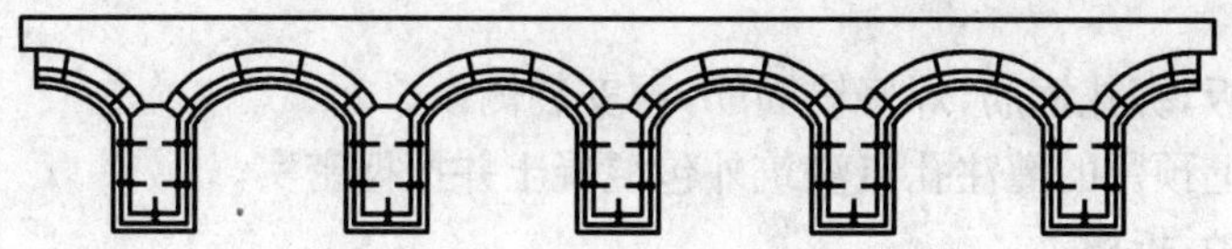

图 7-5　加固前(上图)与加固后截面

第四节　增大拱肋截面加固法

增大拱肋截面加固法是通过采用外包钢筋和混凝土加大原拱肋的截面尺寸，增加拱肋截面的含筋率或变无筋拱肋为有筋拱肋，提高拱肋抗弯刚度的一种加固方法。常见的有两种情况：

①拱肋与拱波结合良好，只是由于拱肋强度不足而出现径向裂缝，此时可仅在拱肋下部加大截面，使拱肋下缘形成马蹄形，如图 7-6a)所示。

②不仅拱肋本身出现径向裂缝，而且在拱肋与拱波连接处由于结合不良而出现环向裂缝。此时，外包混凝土的高度需高出拱肋接缝 5～6cm，以增强肋波间的整体性，如图 7-6b)所示。

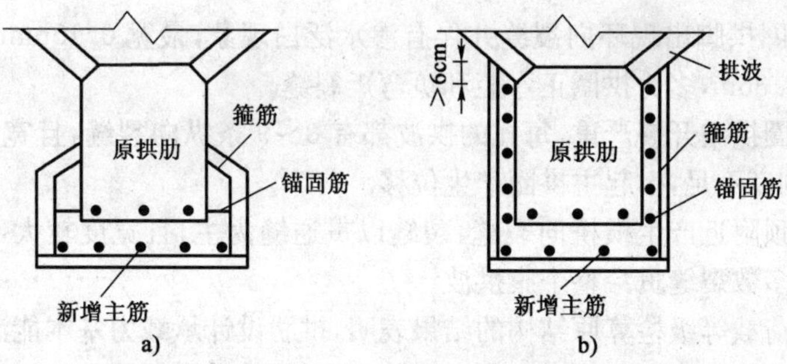

图 7-6　增大拱肋截面加固技术

一、加固设计要点

(1)确定加固前构件的实际应力应变水平，并考虑新旧混凝土协同作用的程度，对于正弯矩截面受弯构件取 0.9，对于斜截面受剪构件取 0.7～0.9。

(2)计算采用以下假设：平截面假定，不考虑混凝土的抗拉强度。

(3)混凝土加固结构新增的受拉钢筋与受压区混凝土同时达到强度设计值时的高度界限系数，应根据截面的不同加固方法及加固时原结构的应力值进行计算。

(4)当新增钢筋与原钢筋相距较远时，受拉区混凝土可能会出现较大裂缝，应采取适当措施，以满足使用要求。

二、施工工序

(1)桥下搭设脚手架。

(2)在拱肋表面凿毛清洗，以保证新旧混凝土有良好的结合，在锚固筋处将原拱肋中的主筋凿露。

(3)安装底模板,绑扎钢筋,焊好锚固筋,再安装侧模。

(4)通过侧模上预留的灌注孔口浇筑外包混凝土并振捣密实。

(5)混凝土养护、拆模。

三、加固实例

1.桥梁概况

国道G325线阳江段鱿鱼头大桥于1976年10月建成通车,设计荷载为汽车—13级、拖车—60,全长360.599m,桥面净宽9m,行车道净宽8.0m。上部结构为4×40m+5×30m无铰双曲拱,横向由5条C25混凝土拱肋组成,拱肋间用C25混凝土预制拱波砌筑并在拱波上现浇C25拱板,形成横向连接。40m跨主拱每端设置4个腹拱,30m跨每端设置3个腹拱,边腹拱为三铰拱,其余为两铰拱。拱轴线为悬链线,第2孔的净矢跨比为1/6.5,拱轴系数为2.814;第1、3、4孔的净矢跨比为1/7,拱轴系数为2.814;第5~9孔的净矢跨比为1/6,拱轴系数为2.24。下部构造采用钻孔桩和沉井基础。

2.主要病害

(1)部分主拱圈拱脚出现环向裂缝并伴有渗水泛白现象,最宽0.15mm,全桥主拱圈拱肋共134条,总长98.36m,多为拱圈正弯矩和负弯矩裂缝。

(2)全桥主拱圈拱波开裂严重,每孔的拱波都有3~9条纵向裂缝,且宽度较大,主要原因是由于横向联系刚度不足,引起主拱圈产生位移。

(3)腹拱圈拱顶附近产生横桥向裂缝,裂缝以贯通缝为主,且宽度较大,最宽达15mm;边腹拱也产生裂缝,多数裂缝贯穿整个腹拱波。

(4)按原设计荷载等级检算原结构的结果表明,拱肋设计承载力基本能满足设计荷载等级的要求;但基于检测结果的承载能力评定表明,拱脚不能满足设计荷载等级承载能力极限状态的要求。

(5)第一孔广州端第一号腹拱拱脚发生水平位移,造成该腹拱圈沿横墙下沉,将变形缝拉宽约3cm,同时造成腹拱圈拱顶开裂。

(6)将设计荷载等级提高到汽车—20和挂车—100进行验算,结果表明,拱肋(拱脚和拱顶)强度不能满足提高设计荷载等级后的承载能力要求。

3.加固设计

加固基本思路:①最大限度利用现有构造物进行加固;②提高荷载等级,使该桥能满足汽车—20、挂车—100的极限承载能力要求。主要通过提高整体刚度以改善荷载的横向分布,加大控制截面尺寸以提高拱肋抵抗跨中正弯矩和拱脚负弯矩能力。

从施工工艺、造价、对交通通行的影响、后期养护费用等方面对粘贴热轧扁钢带,加大拱肋截面及粘贴碳纤维片材3个加固方案进行对比后,决定采用加大拱肋截面的方法进行加固。

(1)主拱圈的加固

加大拱肋截面高度,增强抵抗弯矩能力;加大实腹拱拱肋截面;增加横系梁,并张拉横向预应力,加强整体性(见图7-7)。

①对拱肋和拱波中宽度<0.1mm 的裂缝进行封闭处治，宽度>0.1mm 的裂缝进行灌浆处治。

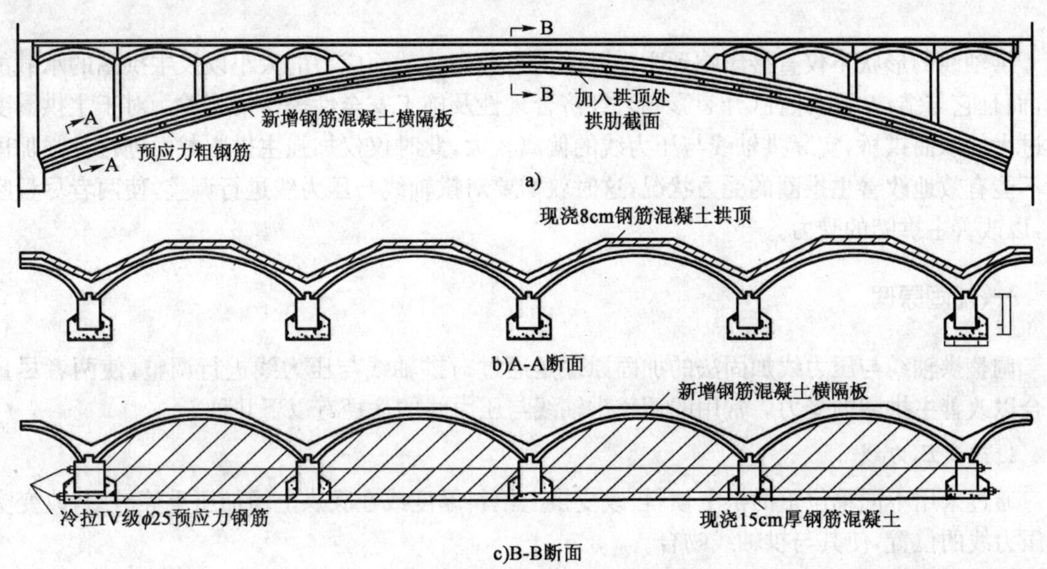

图 7-7　鱿鱼头大桥主拱圈加固

②加大第一号腹拱间现浇拱波截面。将拱脚至第二腹拱的拱板顶面凿毛，并在表面植筋。按横向 15cm 的间距布置直径 12mm 的Ⅱ级纵向钢筋，并保证与墩顶横墙和腹孔横墙植筋焊接；按纵向 20cm 的间距布置直径 10mm 的Ⅱ级横向钢筋，并保证与原拱波植筋焊接。立模，浇筑 8cm 厚 C30 混凝土。

③为了不改变原拱轴系数，对 40m 桥跨和 30m 桥跨全拱肋加大截面。将原拱肋表面凿毛，在混凝土表面植筋，挂直径为 8mm 的钢筋网，立模，浇筑 15cmC30 混凝土。

④对 40m 桥跨，在拱顶实腹段附近的 9 片横系梁之间各加 1 片横隔板；对 30m 桥跨，在拱顶实腹段附近的 7 片横系梁之间各加 1 片横隔板。上与拱波相接、下与加固后拱肋底面同高，宽 25cm，并在新增横隔板中全桥宽施加横向预应力，以增强横向整体性。将增加横隔板处的拱肋表面凿毛，植筋，绑扎钢筋网，浇筑 C30 混凝土。在预应力钢筋需通过横隔板的位置预留孔道，在拱肋相应位置上开孔，布置预应力筋，待横隔板混凝土达到强度后，即张拉预应力筋。应力筋采用直径 25mm 的冷拉Ⅳ级钢筋，极限强度 750MPa，每条横隔梁设两根，单端张拉，要求交替布置张拉端，张拉应力为 425MPa。

(2)腹拱圈的加固

①对变形和开裂严重的 40m 跨第一孔广州端第一号腹拱圈进行更换处理，重新浆砌片石侧墙和恢复细砂填平层。

②一般开裂腹拱圈(全桥共 25 个腹拱圈)的加固：a. 对宽度小于 0.15mm 的裂缝进行封闭处理，对宽度大于 0.15mm 的进行灌浆处理；b. 在腹拱圈内植筋，锚杆直径 12m，植入长度 10mm，植筋间距 30×30m，呈梅花形布置；c. 挂钢丝网 1 层，钢筋直径 12mm，钢筋间距为 30×30cm，喷射 6cm 的 C30 混凝土。

第五节　调整拱轴线与压力线加固法

拱轴线的形状不仅直接影响到主拱圈的内力分布及截面应力的大小以及主拱圈的承载能力，而且它与结构的耐久性(开裂影响)、经济合理性及施工安全性等密切相关。对于主拱圈变形过大的双曲拱桥，实际拱轴线与压力线的偏离较大，此时仅仅加强主拱圈截面进行补强加固并不能有效地改善主拱圈的受力状况，这时就需要对拱轴线与压力线进行调整，使两者尽量吻合，以改善主拱圈的受力。

一、加固原理

调整拱轴线与压力线加固法的加固原理是通过对拱轴线与压力线进行调整，使两者尽量吻合以改善主拱圈的受力。常用的调整拱轴线与压力线的途径有以下几种。

1. 改变压力线

通过采用不同单位重的拱上填料、改变拱上填料厚度或在腹拱上增加压重等措施，改变实际压力线的位置，使其与拱轴线吻合。

需要特别指出的是，对于拱顶塌陷的双曲拱桥，不能随意采取加厚拱上填料或桥面厚度来进行加固。因为拱圈的受力与拱上恒载的分布和拱轴线的形状关系密切，仅仅增加桥面厚度，特别是在拱顶区段增加厚度，不但达不到加固的目的，反而会使拱圈的受力状况进一步恶化，加剧拱顶下沉。因此，应对拱圈的受力进行详细地计算分析，确定合理的加固方案，千万不可盲目地增加拱上自重。

2. 调整拱轴线

可以通过加大主拱圈截面，并在沿跨长不同区段采用不同的截面尺寸，调整实际拱轴线的位置。

3. 减轻拱上建筑自重

减轻拱上建筑自重也是一种调整拱上恒载分布、改变实际压力线的加固方法，主要是针对基础承载能力较低的双曲拱桥。减轻拱上建筑自重的方法可以有以下几种：

(1)降低桥面高程，减少甚至完全取消拱上填料，或使用轻质拱上填料；

(2)将腹拱的重力式横墙挖空，或改建为钢筋混凝土立柱；

(3)用预制的钢筋混凝土 T 形梁、微弯板或空心板等轻型桥面系取代笨重的腹拱体系；

(4)采用钢筋混凝土钢架或桁架拱上建筑。

需要指出的是，拱圈的受力性能与拱上荷载的分布(即压力线形状)及拱上建筑的联合作用有密切的联系，因而采取减轻拱上自重的措施时，必须对拱的受力状况进行详细地计算，包括改造后的运营受力状况，必要时可以考虑拱上联合作用和施工中裸拱的受力状况。以使拱圈获得最佳的受力状况来确定减轻拱上自重的布局方案、结构形式和施工程序。必须使压力线尽量保持与原桥一致，并且要严格按照设计的施工程序进行拱上建筑的拆除和重建，以确保拱圈的安全和均衡受力。如果旧桥的裸拱受力满足不了要求，则应首先加固拱圈，然后再拆除和新建拱上建筑。

二、加固设计要点

(1)绘制拱脚、拱顶、$L/4$ 等控制截面的压力影响线。

(2)根据影响线和拱圈的变形情况，调整拱上恒载分布，通过采用不同密度的拱上填料，改变拱上调料厚度和用轻型栏杆更换石栏杆等措施，改变实际压力线的位置。

(3)局部加大拱圈截面，调整实际拱轴线的位置，使其与压力线趋于吻合。

三、施工工序

(1)为了增强原拱圈的整体性和承载能力，保证改造拱上建筑时的安全，首先应对主拱圈的裂缝进行修补。

(2)对称拆除拱上侧墙，并挖除拱上填料。若旧拱圈病害较严重，则应先在桥孔下架设拱架支撑拱圈后，再对拱上建筑进行施工。

(3)对卸除恒载过程中重新出现的裂缝进行修补。

(4)对拱圈进行加固补强或加大拱圈截面。

(5)重新砌筑空腹式或其他较为轻型的拱上建筑。

(6)铺设桥面铺装。

四、加固实例

1.桥梁概况

小渭河娄子水桥始建于建国初期，1978 年改建为永久性桥梁，上部采用 3 孔×30m、矢跨比为 1/5 的双曲拱，主拱圈为 6 肋 5 波的拱波组成；下部结构为直径 120cm 的钻孔灌注桩；桥面净宽 10m+2×110m 人行道，桥梁全长 109.38m，原桥设计荷载为汽—15、挂—80。桥面铺装为 15cm 的 C30 水泥混凝土，桥面基层及拱上填料均为 12%石灰土，拱背上石灰土最小厚度为 15cm(相当于路面基层)。

2.桥梁病害及成因分析

此桥由于拱上填料及路面基层为同种材料、厚度不等，而且未设防水层，造成全桥渗水，导致石灰土基层不均匀沉降；在重车荷载的作用下，原桥面铺装的水泥混凝土路面呈现断裂。同时，由于不均匀沉降，致使拱波局部开裂。

经现场观察，外观上看主拱圈未出现任何异常，尚能利用，但如挖开拱上填料重换石灰土进行夯实或碾压，已裂缝的拱波将经不住夯实或压路机的作用而彻底损坏。另外，从外观上观察，全桥渗水已对该桥的正常使用危害很大，已可见混凝土上附着有碱迹，且有一定厚度，此桥的混凝土构件也已有裂缝。

3.加固整治设计

经过慎重考虑、充分论证，考虑到应尽量利用老桥，故决定对老桥进行加固改造，对双曲拱拱肋采用加马蹄形的方法加固；拆除原拱上结构，替换为一种轻体高强的材料作为拱上填料；加设土工布制作防水层，桥面铺装采取 ϕ12mm、ϕ18mm 螺纹钢筋组成 10cm×10cm 钢筋网，制作10cm的C40钢筋混凝土面层。通常上述拱肋截面增大与换填,可达到调整压力线和拱轴线的方案加固改造后的桥梁荷载标准,提高为汽—20、挂—100。

工程改造方案确定后,组织施工人员对数种材料进行鉴别试验,最终选定采购某公司经销的陶粒和沸石作为混凝土的粒料,这两种材料制成的混凝土,具有轻质高强的特点。故采用陶粒混凝土换填原拱上填料。

4.施工方案的组织和实施

(1)拆除旧桥

考虑到旧桥较长,拱上建筑废料较多且不能抛于河道中,并遵循均衡对称的卸载原则。经过卸载计算和卸载过程中地不断观察,确定了下列卸载施工方案:

①全桥沿纵向分成3条,每条宽2.0~2.5m,中间一条保留作为施工便道,便于出料、人员进出、吊车作业等;

②先拆除两侧的各2.5m范围内的桥面结构,再拆拱上填料到与跨中拱顶齐平的位置;

③拆空腹段填料;

④拆便道,从中孔对称地拆;

⑤拆除墙式立栓和底座,拆除结束。

拆除过程中一律由跨中对称地向拱脚方向进行,两侧的拆除进度基本一致,进度误差最好不要超过2m。

拆桥完毕,由于恒载卸去,发现波形拱板和拱波发生明显回弹分离、上翘,形成起壳现象,经高程测量,拱跨顶部拱背回弹达2cm,但在纵向没有发现桥墩位移。

(2)换填拱上填料

陶粒混凝土施工配合比为3:1:5:4(32.5号水泥:水:陶粒:沸石),水灰比为0.33,采用混凝土搅拌机进行拌和,拌和时间2min,用小型振捣器和棒式振捣器配合振捣,浇筑后效果较好。

(3)桥面铺装

桥面铺装由原15cm的C30减少为10cm的C40钢筋混凝土,降低了拱顶材料高度,从而加强了拱上建筑与桥面板的联系,进而加强拱上建筑刚度,使整个体系向柔拱刚梁转化,促使主拱圈在活载的作用下主要承担轴力,而弯矩转让给加固后的拱上建筑。

浇筑拱上填料及面层混凝土时,也必须对称进行,由拱脚向跨中进行,进度误差最好不超过2m;严禁在桥上堆放施工材料。

此次施工共挖除原拱上填料石灰土436m^3,改换轻质高强的陶粒混凝土,原拱上填料自重73.248kN,而新换筑的拱上填料自重仅为34.88kN,单此项就减轻桥体自重38.368kN。

第六节 预应力钢拱加固技术

预应力钢拱承托加固方法是通过预应力钢拱对主拱肋形成承托,以降低主拱的应力水平,并使加固结构与原结构共同承担恒载和活荷载,从而达到有效提高双曲拱桥承载能力的目的。此法具有不中断交通,不改变桥梁结构,基本不增加拱桥结构高度,不影响桥下通航能力等优点。

一、加固原理

通过对钢拱施加轴向预应力，形成对主拱圈的径向力，因径向力与外荷载的方向相反，从而达到对主拱圈卸载和提高桥梁承载力的目的。在实际运用时，可以根据混凝土双曲拱桥主拱和基础的实际承载力，合理选择加固钢拱的预应力大小和基础形式（是否与原拱共用同一基础），达到加固、提载的设计要求。

二、加固设计要点

(1)通过现场测试和分析计算对双曲拱桥的损伤状况和承载能力进行评定。

(2)根据评定结果，结合对加固、提载等级的要求，分析、计算确定加固钢拱内的预应力水平和加固后双曲拱桥各构件的应力水平。

(3)进行加固钢拱的截面设计、构造设计。

(4)原桥混凝土构件的加固补强设计，加固施工设计。

(5)最后进行承载力验算。

三、施工工序

(1)对原拱肋混凝土表面进行处理，凿除表面破损混凝土，清理钢筋及混凝土的表面，采用高标号环氧砂浆补平原损伤部位。

(2)钢拱的放样、加工制作。钢拱可以由槽钢和钢板围焊组成。

(3)钢板与主拱侧面角钢焊接以及槽钢的吊装焊接。

(4)主拱根部植筋，焊接固定加固支座，浇灌支座混凝土。

(5)施加钢拱预应力。

(6)在承托钢拱内压浆填充。

(7)喷射混凝土包裹外露型钢，以起到保护层的作用。

四、加固实例

1.桥梁概况

扬州石塔老桥建于1976年，是一座钢筋混凝土双曲拱桥，跨径20.4m，矢高3.9m，桥面宽10.65m，有5条纵向拱肋。桥上是扬州市区的一条主要交通干道，桥下要求能通行游船。因城市发展的需要，该桥两侧于1992年和2002年分别进行了两次拓宽。

该桥原设计图纸及相关资料已丢失，根据有关当事人推测设计荷载当为“汽—15”，结合现场实测描绘原桥的结构构造图，主要结构参数见图7-8。近年来，因城市建设的需要及远期规划，业主要求将该桥梁的通行荷载等级提升为“汽—20”。

2.桥梁病害

根据现场对桥梁损伤情况勘察及实测，该桥的破损及裂缝主要出现在以下几个部位。

主拱肋：该桥共有5道主拱肋，裂缝主要出现在两侧的主拱肋上，主要为拱肋下部的顺筋裂缝，裂缝宽度在 0.5～2.0mm，长度在 0.5～3.5m，局部伴随有混凝土剥落，剥落区域钢筋锈蚀严重。主拱肋未见横向裂缝，说明拱脚未发生明显的水平滑移。主拱肋自身的外观状态较好，对后期的加固处理比较有利。

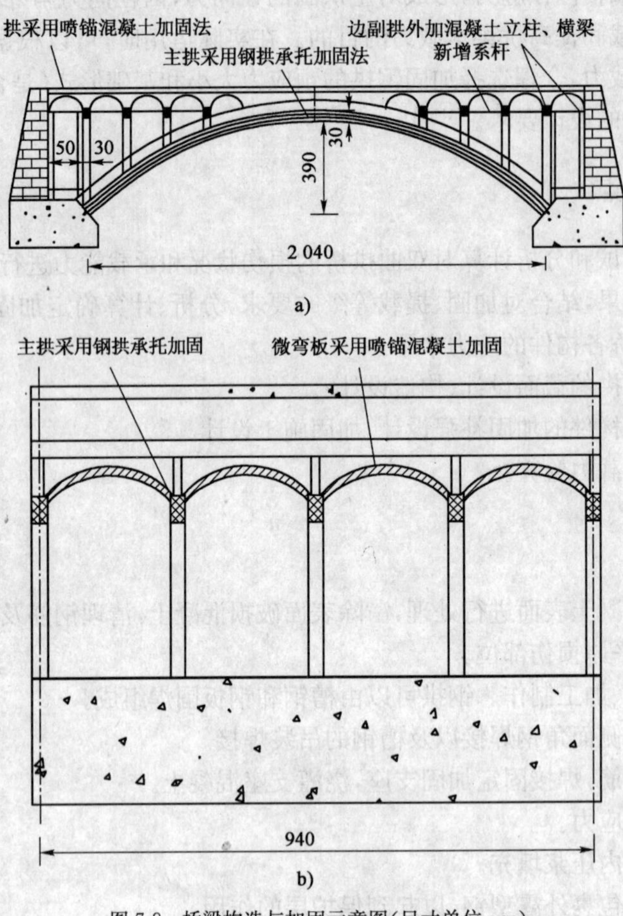

图 7-8 桥梁构造与加固示意图（尺寸单位：cm）

a）桥梁正立面；b）桥梁横断面

副拱：该桥每端各有 5 个副拱，大部分开裂严重，裂缝形态为副拱跨中部位横向开裂，裂缝宽度较大，最大近 10mm，一般均贯穿整个副拱。副拱裂缝对桥梁工作形态影响极大，危及桥梁正常、安全工作。

微弯板：现场勘察发现微弯板两处跨中横向裂缝，长度为 2～3m，宽度为 1～2mm。微弯板主要作用是提供对主拱肋的稳定支撑，本身一般不直接承担荷载。此外，在连接主拱的横向系梁根部也出现了不同程度的露筋，部位集中在与两边主拱连接的根部。系梁性能劣化进一步导致主拱侧移、微弯板开裂。

通过现场试验及模型分析表明，桥梁主拱的强度储备已非常小，必须尽快进行补强加固处理；裂缝已对桥梁运营构成威胁，结构损伤以及耐久性问题严重，均要进行必要的加固补强处理。

3. 加固方案设计

主拱肋：采用 12mm 厚钢板与 250b 槽钢焊成骨架承托原主拱肋（见图 7-9），配合预加推

力进行加固。

为了解决钢骨架的稳定和与主拱的连接，在主拱两侧每隔一定距离设置不等边角钢连接件与下部钢板焊接，侧面用膨胀螺栓与主拱锚紧。

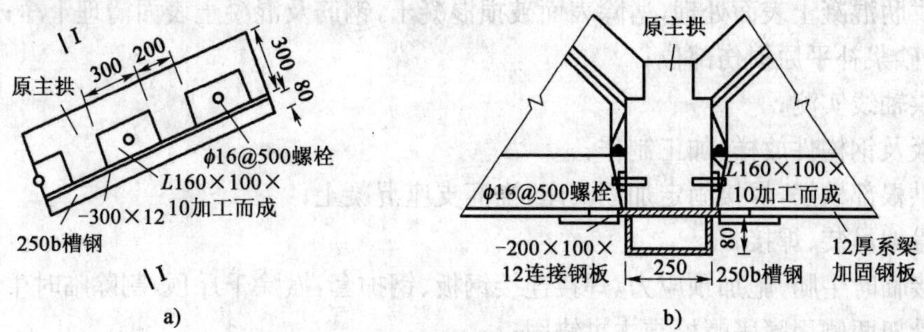

图 7-9　主拱加固构造示意图(尺寸单位:mm)

a)主拱拱段;b)I-I

钢骨架焊接完成安装就位后，侧面暂时不与主拱锚紧，在钢骨架与拱脚连接处，于钢板上焊接临时牛腿，利用千斤顶施加轴向推力(两端同时顶推)，达到设计要求后，将钢骨架与基础预埋钢构件焊接。

钢骨架预应力水平选择，结合计算分析结果，最终选定的预顶推力为150kN，经初步分析能基本平衡设计活载及后加结构的自重，加固后的桥梁当设计活载加上以后，原主拱的应力水平比加固前原桥空载时的应力水平略低。

微弯板：采用喷锚法加固，微弯板本身受力较小，加固目的除提高其承载力外，更希望对主拱肋提供更好的侧向支撑，增加全桥的整体性，并增强耐久性。为改善加固效果，微弯板的喷射混凝土在两侧支撑于主拱的加固骨架上，同时微弯板上应按一定间距(400mm)设置一锚孔埋设吊筋(植筋)悬挂钢筋网，喷射细石混凝土，见图 7-10。

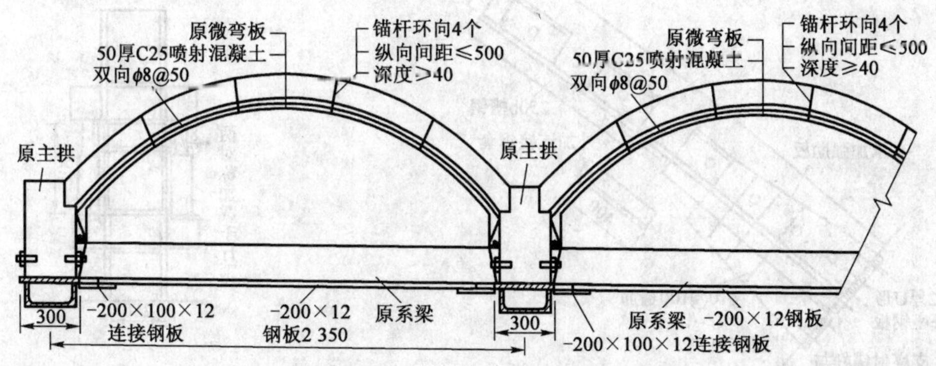

图 7-10　桥梁微弯板及系梁加固(尺寸单位:mm)

横向系杆：采用－200×12m 钢板将后加固的主拱钢骨架在原系杆的下部拉接，然后绑扎外套钢筋笼、喷射混凝土包裹以改善其耐久性能。

副拱：采用喷锚加固方法，喷锚施工前，在原副拱支座梁上每隔 50cm 设置＜16 的穿墙螺栓，于支座梁两侧锚固两根 160a 的槽钢，对副拱的喷锚支撑于该槽钢上。边副拱墙边重新现浇混凝土立柱、横梁，支撑后喷混凝土重力。

4. 主拱加固施工步骤及注意事项

本桥梁加固施工的主要步骤为，首先施工主拱，其次为微弯板、系梁，最后加固副拱。

主拱施工步骤：

(1)原拱肋混凝土表面处理，凿除表面破损混凝土，钢筋及混凝土表面清理干净；采用高强度等级环氧砂浆补平原损伤部位；

(2)主拱轴线实测；

(3)钢板及钢构件放样、加工制作；

(4)主拱根部植筋，焊接固定加固支座，浇灌支座混凝土；

(5)钢骨架吊装、焊接；

(6)焊接临时牛腿，施加预应力，焊接连接钢板、钢护套，撤除千斤顶，割除临时牛腿；

(7)钢骨架两侧用膨胀螺栓与主拱锚固；

(8)系梁、微弯板加固；

(9)喷射混凝土包裹外露型钢。

主拱施工中，应注意以下事项：

①主拱施工前，原拱肋混凝土表面必须处理，剔除破损混凝土，钢筋及混凝土表面清理干净；采用高强度等级环氧砂浆补平，钻孔植筋时，严禁截断原结构钢筋；

②拱脚必须做好可靠的连接处理，通过设置放大的支撑肋板，分别与钢骨架及拱脚底部锚固钢板焊接，局部可以结合模注混凝土施工，以改善支座性能；

③型钢骨架于拱脚锚固前，施加轴向预应力时，所有主拱拱脚必须同时顶推，并做好各项监测，每个拱肋必须使用4只千斤顶，每端拱肋两侧对称布置两只千斤顶，以保持预加推力的合力与钢骨架的重心接近，不宜在钢骨架下部直接顶推。如图7-11所示。

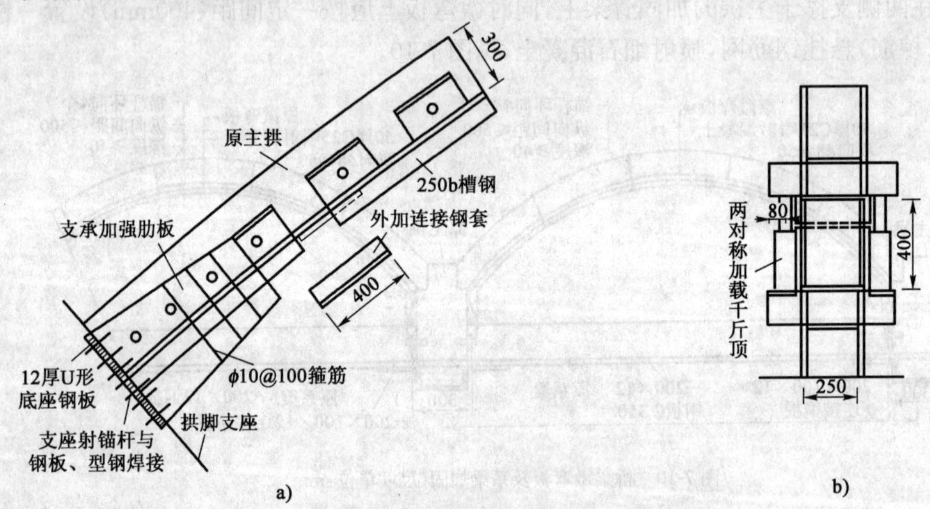

图7-11 加固桥梁主拱支座及预加应力方法(尺寸单位：mm)

a)主拱支座构造；b)主拱顶推千斤顶安放示意

按照上述方法，对扬州石塔老桥进行了加固，实际施工工期为一个半月，施工期间仅在主拱施加预应力的数小时之内，对桥面交通进行了限制，由于选择在交通不繁忙时段顶推，未对桥面的交通造成影响。

第七节　箱拱加固技术

箱拱加固法，即是以钢筋混凝土薄板将拱肋两两相连，使双曲拱桥变成封闭箱拱。显然，这一方法能显著增大桥梁的横向联系，使横向刚度增大，同时使拱肋承压面积增大许多，也能从根本上解决双曲拱桥主拱圈正截面面积和横向联系不足的问题。同时，由于截面呈箱形，截面抵抗矩大增，使得主拱圈的变形显著减小。图 7-12 所示为箱拱加固技术示意图。

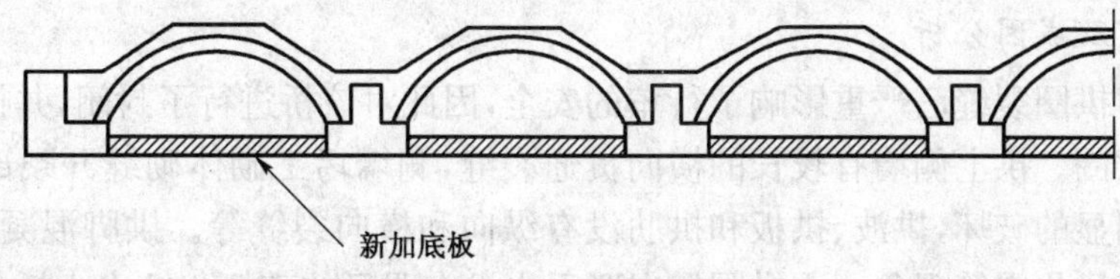

图 7-12　箱拱加固技术示意图

一、加固原理

箱拱加固法，一方面加强了主拱圈的整体性和横向刚度，从根本上解决双曲拱桥横向联系薄弱的缺陷。另一方面，新增底板使拱圈截面重心下移一个常量，故拱轴线不变，但由于横截面增大，使得截面承受负弯矩能力大增，同时底板内的纵向钢筋可按承受正弯矩进行布置，从而达到提高截面承受正弯矩的能力。

二、加固设计要点

(1)恒载内力按原构件的截面模量进行计算，作用于原构件上。

(2)活载内力用加大后的截面模量来计算，钢筋按其弹性模量进行截面换算。

(3)强度验算时，应按组合截面验算有关应力滞后问题，即同时考虑新浇筑的底板混凝土恒载对不同的混凝土强度等级和新补强到底板混凝土的应力滞后问题。

三、施工工序

(1)搭设工作平台。可以通过制作挂篮或在桥下搭设满堂支架的方式搭设工作平台。

(2)拱肋植筋。首先，对拱肋进行表面处理以混凝土粗骨料出露为准，可用人工敲打、凿毛、钢丝刷刷擦等方法；其次，在钻孔时，为防止对拱肋造成破损，采用空心取样钻孔机成孔；最后清除孔内灰尘，注入专用胶，以旋转方式插入钢筋并做“植筋”抗拉拔试验。

(3)浇筑底板砼前，应先对主拱圈的裂缝进行修补。

(4)钢筋绑扎、安装模板。由于在原拱肋底部施工，难度较大，因此施工时采用分幅分段施工，即横向分幅从两拱脚处分段对称向拱顶合龙，每段模板根据施工难易程度控制在 1～2m，钢筋可适当加长，钢模板的纵横接头应控制平顺，钢筋接头位置按规范办理。

(5)浇筑混凝土、养生，每段混凝土的接缝应进行处理，即凿除接头混凝土，对其涂刷水泥浆液，以确保新老混凝土保持良好的黏结力。

四、加固实例

1. 桥梁概况

吐力土桥位于辽宁省彰武县彰哈线处，竣工于20世纪80年代。全长63.4m。该桥原设计荷载等级汽—13、拖—60，桥面宽为净7.0+2×1m栏杆，上部构造为两孔20m双曲拱，矢跨比为1/5，拱轴系数2.814，横向6肋5波；下部构造为重力式实体桥墩和重力式U形桥台，桥墩台基础为薄壁沉井基础。

2. 桥梁病害及成因分析

该桥因为腹拱圈裂缝已严重影响了行车的安全，因此对该桥进行了封闭，并拆除了拱上填料和破坏的腹拱圈。拱上侧墙有较长的横向贯通裂缝，侧墙圬工砌体砌缝开裂部位较多。桥梁主拱圈没有明显的破坏，拱波、拱板和拱肋没有纵向和横向裂缝等。拱脚混凝土无压碎，整体混凝土表面无风化露筋现象。主拱圈横向联系也没有明显的破坏。吐力土桥的下部结构为重力式混凝土墩台，沉井基础。大部分为河床填埋，没有造成冲刷损毁。

主拱圈下沉有施工的原因，也有后来几十年来混凝土受压徐变的因素，主要的是近年来重型车越来越多的作用，但主拱圈中的拱肋无明显破坏，说明拱肋有一定的承载能力储备。

拱波的纵向开裂可能有如下几个原因：拱波混凝土标号与拱肋相差较大，增加了收缩差和温差内力；肋与波、板的结合面小，联合构造弱，由于拱脚附近的剪力和拱顶区段的径向拉力作用导致了拱波纵向裂缝；再有就是拱圈的不均匀下沉，给拱波跨中产生拉应力。

拱圈横系梁与拱肋接触位置的混凝土破碎，表明该桥在较大的荷载作用下抗扭刚度和横向刚度不够。也进一步证实了低设计荷载标准下的结构在承受较高的荷载作用时显示出来的破坏迹象。

3. 加固方案

通过对该桥的检查和分析的情况来看，尚未发现墩台基础出现病害，不管墩台是否在基岩上，都没有发现有位移的现象。虽然有迹象表明桥梁的墩台基础有不均匀下降的现象。但该桥在使用多年以来，墩台基础的沉降已完成并趋于稳定。桥墩台身除了表面冲刷和风化外，也没有发现鼓肚、各种方向裂纹等结构性的破坏。所以，对该桥的加固主要针对上部结构。

(1)主拱圈加固

主拱圈是双曲拱桥的主要受力构件，直接决定了桥梁的承载能力。吐力土桥主拱圈加固提载的方法是采用锚喷混凝土施工工艺，在原拱肋马蹄处增设14cm厚(与拱肋马蹄原设计高度相同)混凝土底板，将拱形截面的主拱圈改变为箱形截面。改建后的主拱圈截面如图7-13所示。

根据现场观测到的种种损坏迹象来看，增大主拱圈截面的方法是一条比较保守而根本的方法。采用C25混凝土增设底板的方法，来增大主拱圈横截面积，提高主拱圈的轴向力和弯矩抗力，同时增强了全桥的横向刚性和纵向稳定性。拱波上较大裂缝的处理，将缝凿成深2cm的“∧”形，再填塞12号砂浆。然后用钢扒钉卡紧，钢扒钉的间距为30cm左右。拱波裂纹的处理如图7-14所示。

(2)腹拱和实腹段的处理

将破坏的腹拱圈拆除后，按照原腹拱圈规格采用C20混凝土现浇腹拱圈。拆除后的腹拱立墙及实腹段侧墙按原结构尺寸分别以 M10 和 M5 号砂浆砌块石重新浆砌。采用 C10 混凝土作为拱上填料，浇筑厚度以达到原路面高程以下 13cm 为准。

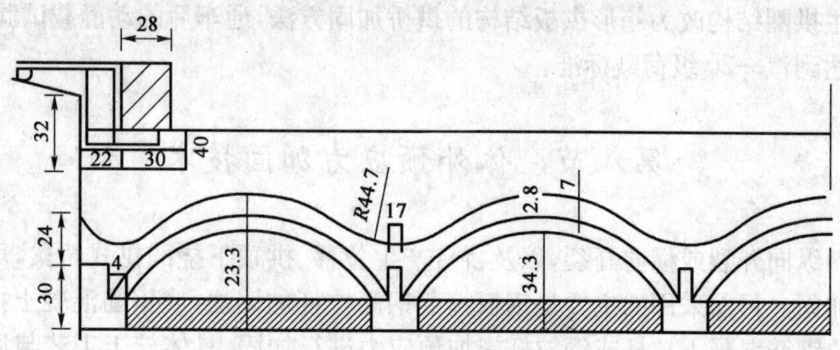

图 7-13　加固后的主拱圈截面(尺寸单位：cm)

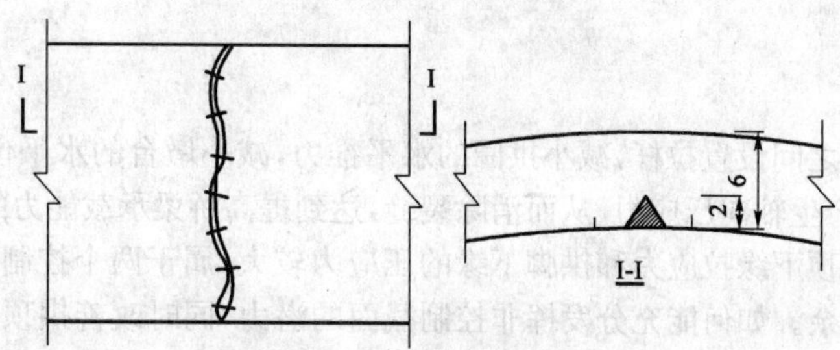

图 7-14　拱腹裂缝整治(尺寸单位：cm)

(3)桥面

桥面铺装采用 C30 钢筋混凝土，路缘处厚 10cm，桥中线上厚 17cm，预留 2%的双向横坡。然后在混凝土上做 3cm 厚沥青混凝土耐磨层。

为了使车辆偏载对桥梁作用时更均匀地将荷载传递到全拱圈，充分发挥主拱圈的能力，桥面铺装 C30 钢筋混凝土沿桥纵向不设纵向伸缩缝，仅以各墩中心处做一横缝、缝宽 2cm，并用沥青麻丝填满填实。由于桥梁整体横向刚度的增大，对桥梁横向稳定起到积极作用，首先表现在对桥梁拱波的纵向开裂的扼制上。

钢筋混凝土桥面根据文克来地基板理论，采用间距为 15cm 的构造配筋，混凝土材料选用 C30、钢筋为 ϕ12mm(II 级)。混凝土施工完毕后，用沥青麻丝填实伸缩缝。

4. 施工要点

(1)首先拆除原桥面铺装、拱上填料，以及部分损坏的腹拱，以达到为原桥部分卸载的目的。

(2)在原双曲拱波上钉制木模板，要严格控制模板位置，确保模板距拱肋下端达到 14cm，以保证锚喷混凝土底板的厚度。

(3)在拱肋上每间隔 100cm 钻孔，加 ϕ22mm 钢筋，沿桥横向将拱肋锚固，要预加应力，以增强拱肋的连接，增强桥梁的横向刚度。

(4)在锚喷混凝土中加入一定量的膨胀剂，使混凝土产生一定的自应力，以达到新拱板与原桥结构更好结合、共同受力的目的。

(5)因底厚度较大且布有钢筋网,锚喷作业应分两次完成,间隔时间以第一次锚喷混凝土终凝后即可进行第二次锚喷,单孔的锚喷施工最好连续进行。

将该桥主拱圈结构改为箱形拱板结构的拱桥加固方法,通车后的动静载试验表明,该桥的承载力完全达到汽—20 级荷载标准。

第八节 体外预应力加固技术

对于拱圈纵向开裂或横向开裂,以及桥台产生位移、拱顶下挠的拱式桥梁,可采用预应力拉杆法进行加固。目前采用的主要是钢板箍套钢筋拉杆加固法,或钢筋混凝土拉杆法。通过顺桥向设置的钢筋混凝土拉杆或钢拉杆施加预应力进行加固,具体施工工艺与后张法预应力梁桥的施工方法相同。

一、加固原理

通过在桥墩台之间设置拉杆,减小拱圈的水平推力,减小墩台的水平位移;并对拉杆施加预应力,使主拱圈产生轴向压应力,从而消除裂缝,达到提高桥梁承载能力的目的。

双曲拱桥的拱顶下缘拉应力和拱脚下缘的压应力较大,属于两个控制截面,一般来说,截面的承载力较有富余。如何能充分发挥非控制截面的潜力,同时改善拱顶截面和拱脚截面的应力状况,这是改变结构受力的加固方案构思考虑。由于该桥是拱顶下缘开裂,施加预应力位置,必须在弹性中心以下,才能对拱顶截面产生负弯矩。对于拱脚截面上缘的裂缝,因为预应力锚固有一定困难,则采用增加拱脚背钢筋,增厚拱脚截面混凝土,使其中性轴上移的措施。

二、设计要点

(1)锚固支座的设计。选择合适的锚固方式并做好锚固端的应力分析,以防止产生过大的局部应力对结构产生新的破坏。

(2)预应力的设计。预应力一方面要消除墩台位移对结构产生的影响,另一方面,预应力太大,将使主拱圈产生受压破坏。

三、施工工艺

(1)锚固支座的制作,可以在拱圈根部凿开混凝土,外露钢筋后焊接拉杆铆座,也可在桥梁墩台上设置锚固支座。

(2)预应力拉杆的制作。

(3)施加拉杆预应力。

四、加固实例

1. 桥梁概况

湖南省衡阳县东山大桥位于衡阳县至祁东县的县道上,上部结构为 2 孔 34m 双曲拱,下部为钻孔灌注桩基础，衡阳岸桥台为扩大基础，混凝土桥墩，浆砌块片石组合式桥台，建于1969年(图7-15)。

2. 桥梁病害

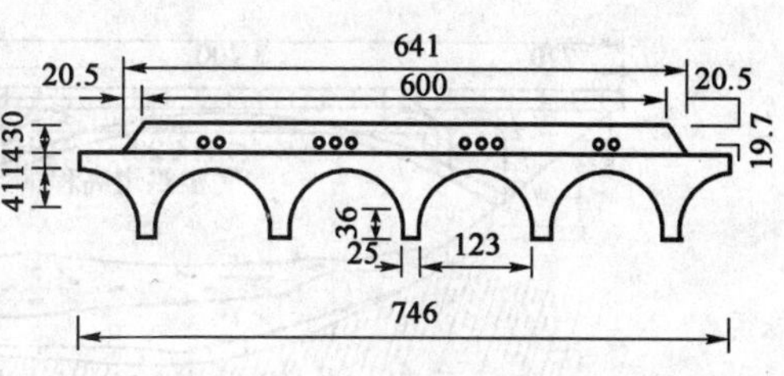

图7-15　东山大桥截面图(尺寸单位:cm)

由于在现浇主拱拱肋时，大水冲斜了拱架，加上钻孔灌注桩在灌注混凝土之前，孔内泥浆冲洗不彻底，因而修建不久，即发现拱顶下沉，尤其祁东岸一孔拱顶沉较大，年检测时下沉量为12cm，且在拱顶下缘从左四分点至右四分点拱肋下部开裂，五条拱肋分别有20～26道裂缝，其中中间3条拱肋每条肋裂缝宽度共为8～9mm，祁东岸一孔5条肋裂缝总宽约40mm，其中最宽的一条裂缝达1.09mm。此外，主拱脚背面有一道宽3mm的裂缝。

经过对该桥实测拱轴形状，以汽—15、挂—80进行了内力验算，按原设计容许应力法计算，拱顶下缘拉应力达2.55MPa，拱脚下缘压应力达14.4MPa，均超出了容许值。通过对该桥的静载检测和观察了解，检测数据说明墩、台基础沉降已趋稳定，因此对该桥的加固处理，可以集中于其上部构造。

3. 加固设计

为得到理想的加固效果，采用杆系有限元法程序反复上下移动施工预应力的水平位置和大小(计算原则是拱顶截面上缘不出现拉应力)。计算结果显示，水平力作用于拱顶下缘以下57.6cm，所加预应力为1 600kN为宜。

在结构措施上为使新老混凝土能联结良好、共同受力，除在老混凝土表面凿毛外还用电锤在原主拱圈背后(拱脚至四分点，拱肋上方)打ϕ26mm、深20cm的锚固眼，插入ϕ12mm的钢筋，以利抗剪、抗拉。此外，在墩、台拱脚背以上，采用风枪、顺拱轴方向打入深约60cm、ϕ32mm的眼，以锚固拱脚背增加的主筋。

设计预应力拉索为7ϕ5钢绞线，为了保证其耐久性，采用了PE热挤注塑防腐钢绞线，单索布置，单索张拉，在有限的空间范围内，使用了小巧灵活的YC-20千斤顶，索力以油泵压力为主控制，见加固设计图7-16。

4. 加固施工

体外预应力采用高强钢丝和Ⅳ级螺纹钢，预应力加力方法可以采用多种形式，视加固桥梁实际情况予以确定。为了防止钢筋生锈，水平高强钢丝可参照斜拉索的形式，用注塑机注塑外裹；拱脚Ⅳ级钢筋则可用混凝土保护层保护，与原主拱圈拱板连成整体。对加强主拱圈强度十分有利。

在施工加固过程中，必须注意腹孔预应力筋转向接头部位台下的压力，防止主拱圈失稳；同时必须验算此截面处主拱圈的抗剪强度。

5. 加固效果

通过加固前后的静载检测和裂缝观测。其测试数据显示，效果十分明显。

加固后实测拱顶挠度比加固前平均减少52.7%，四分点减少65.3%；从计算挠度值对比看，加固后的实测挠度仅为计算值的 1/3 左右。加固检测中还发现，卸载后拱顶产生较大回弹即拱顶上升，这是因为预应力索的作用，使拱顶下缘承受由预应力产生之压力，迫使拱顶回升，产生慢速衰减振幅，达到了预期效果。

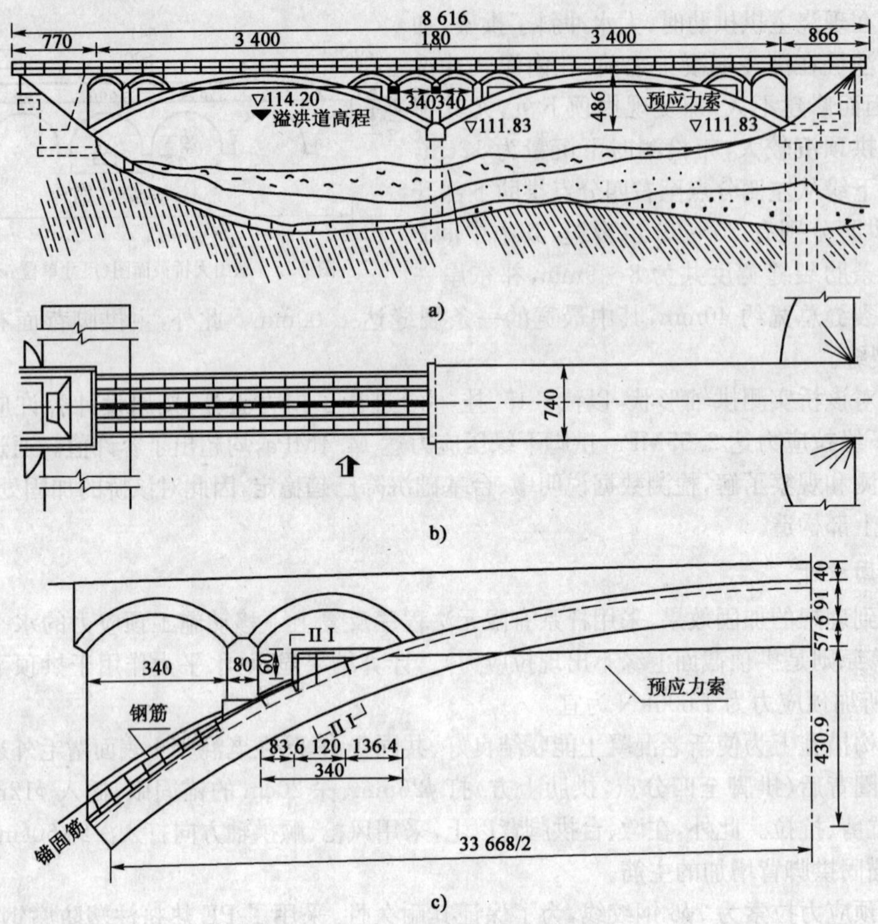

图 7-16　体外预应力加固总体布置（尺寸单位：cm）
a）立面；b）平面；c）平拱立面

拱顶应变，加固前后应变片均贴于拱顶下缘（拱肋下缘侧边上）、拱脚上缘、四分点截面发生变化未对比，由于拱脚截面已加厚，也无法对比，故只对拱顶下缘应力情况进行了对比，从实测数据看出，加固后拱顶下缘拉应力很小且出现压应力，而且卸载后，拱顶下缘压应力继续增大，与挠度变化相对应，证明预应力已完全起作用。

通过预应力张拉，原有裂缝宽度有所收缩，回缩量为 30.3%。在加固张拉前，专门对一条肋的全部裂缝和其他肋任选裂缝进行标记和观测，张拉后对标记之同一位置再次进行观测，发现所有裂缝均出现程度不等的回缩。

预应力加固张拉前后，从水准基点引出高程，对拱顶有标记部位进行了水平测量。经比较，张拉加固后拱顶平均上升 2.35mm。估计运营初期内，拱顶还有少量上升，由于拱桥内力复杂，为避免上挠太大，不能施加过大的预应力，这方面有待今后进一步摸索提高。

本方法通过理论计算，在具有充分的理论根据的基础上，构思巧妙，形式新颖，所加预应力钢筋和普通钢筋位置，正是结构受拉的主要位置，增强了主拱圈的薄弱截面，适应了不同材料的性能要求，恰到好处，只用了较少的材料，获得了较大的受力效应，因而大大节省了用钢量。

第九节 “肋梁楼盖”整治双曲拱桥拱上建筑

一、加固原理

双曲拱桥的主拱圈由拱肋、拱波、拱板及横向联系等四种构件组成，拱圈上的全部拱上建筑包括立柱或立墙、腹拱圈、侧墙以及拱上填料、桥面结构全部由主拱圈承担。改造中上述拱上建筑全部拆除，在每根拱肋对应的拱板位置处把混凝土凿毛并植筋，现浇“拱伏”(纵向置于拱圈的拱板上且与主拱肋相对的曲线梁)；在拱板横向的若干位置现浇底梁，在底梁与拱伏相贯处预埋立柱钢筋；在桥跨的中间部位，在拱伏内预埋主梁的钢筋；接下来与房屋建筑一样，在底梁上现浇高度各不相同的立柱，最后搭设支架现浇主梁、横向肋梁和桥面板。同时，在原桥台上增设钢筋混凝土台帽梁，让主梁两端搁置在台帽梁上。这时，主梁、立柱、底梁及拱伏形成框架结构，主梁与拱伏相互贯穿，与主拱圈又形成拱梁组合体系；现浇的桥面系，包括钢筋混凝土桥面板及钢筋混凝土横向肋梁，与主梁相互贯穿，形成一个类似于肋梁楼盖的桥面体系，共同来承受汽车荷载的冲击与振动。原有主拱圈增加了拱伏、底梁以后也形成了一个类似肋梁楼盖的体系，只是其肋梁不是水平的，而是弧形的拱。而且，上下两层楼盖(上层是水平的，下层是弧形的)在桥跨的跨中互为渗透，结合成一个整体结构。这样的改造，使整座桥梁的上部结构形成了一个牢固的整体，共同完成了跨越与承载的功能，以期克服双曲拱桥“结构组成划分过细，整体性能差，容易出现裂缝”的弊病。

二、“肋梁楼盖”简介

在房屋建造中，楼盖是房屋建筑的主要承重结构之一，对于保证建筑结构的承载力和整体刚度有重要作用。现浇肋梁楼盖一般由主梁、次梁和板组成，其具有整体性好、刚度大、防水性能好和抗震性强等优点。

将建筑结构中的肋梁楼盖结构移植到双曲拱桥的加固改造中，完全突破了原有双曲拱桥利用、加固或简单改造的框框，是双曲拱桥加固改造的一种创新性尝试。

肋梁楼盖用于双曲拱桥拱上建筑的加固主要做法为：在双曲拱桥加固改造方案设计中，仅保留由拱肋、拱波、拱板及横向联系等四种构件组成的主拱圈，拱圈上的全部拱上建筑包括立柱或立墙、腹拱圈、侧墙以及拱上填料、桥面结构等全部拆除，原有的桥墩、桥台以及拱座、基础均不作改变，一般也只需在原桥台上增设钢筋混凝土台帽梁。

原主拱圈增加了拱伏、底梁以后也形成了一个类似“肋梁楼盖”的体系，只是其“肋梁”不是水平的，而是弧形的拱。而且，上下两层楼盖(上层是水平的，下层是弧形的)在桥跨的跨中相互渗透，结合成一个整体结构。这样的改造，使整座桥梁的上部结构形成了一个牢固的整体，共同完成了跨越与承载的功能。

这一结构，也可以从另一方面来理解。立柱、主梁与主拱圈(含拱伏)形成了一个刚架结构，全桥就可理解为拱梁组合体系。主拱圈成为类似刚架拱桥的主拱腿，大大减小了原主拱圈的负担，新体系的承载能力大大超过了原有主拱圈的承载能力；改造后的拱上建筑恒载重量与原有双曲拱桥上的恒载相比明显减少了，一般约在 30%左右，这无疑又挖掘了双曲拱桥的一部分承载潜力，可在并未加固双曲拱桥下部结构的情况下，提高了桥梁的承载能力。

三、加固改造施工要点

1. 原拱上建筑的拆除设计

双曲拱桥的拆除一定要遵守：分层、对称、由中央向两端逐渐均衡减载的原则。分层则是自上而下分层进行拆除：第一层拆除护栏、安全带及桥面铺装，第二层清除拱上填料，第三层拆除侧墙及腹拱，第四层拆除拱上立柱或横墙。每拆一层都要遵守对称、由中央向两端逐渐均衡卸载的原则，避免拱结构因荷载不均衡发生过大的变形而失去稳定。拱桥的失稳破坏来势非常突然、无预兆，来不及防范且破坏非常彻底，对人身与机械设备的安全威胁极大，故必须遵守原则拆桥，以防患于未然。近几年，在拆桥过程中未重视安全问题，是有过惨痛教训的。

2. 肋梁楼盖的改造

改造时应遵循以下步骤：

(1)按照上述拆桥原则，拆除全部拱上建筑，仅保留由拱肋、拱波、拱板及横向联系等 4 种构件组成的主拱圈。

(2)在保留的主拱圈的拱板顶部，对应的拱肋位置上，立模绑扎钢筋现浇拱伏，如图 7-17 所示。为了保证新老混凝土之间的连接，需要把拱板顶部的混凝土凿毛并植筋，在桥梁的跨中部位浇筑拱伏混凝土前应将主梁部分主筋穿入拱伏。在拱脚位置处，在老桥拱座上可以新增一块混凝土底板或增设一根底梁，使拱伏与拱座连为一体。现浇的拱伏结构使得拱肋的截面和主拱圈的刚度明显地加强。

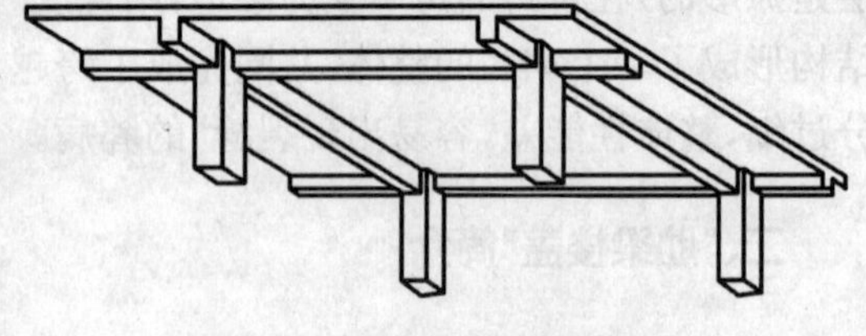

图 7-17 双向板肋梁楼盖构造

(3)为了保证全桥拱肋的整体工作性能，在桥梁横向需设立柱的相应位置处增设底梁，底梁与拱伏相互贯穿，在浇筑拱伏混凝土时底梁主筋与立柱主筋均已经埋入。

(4)接下来，与房屋建筑施工一样，搭设支架、绑扎钢筋、立模，现浇立柱、主梁、次梁(在此改造方案中称横向肋梁)，在桥梁跨中部位主梁与拱伏贯穿，最后浇筑桥面板。

这样，现浇的桥面系就形成类似肋梁楼盖的结构。

四、加固实例

1. 桥梁概况

老新禹桥位于南京市六合区横梁镇内六扬公路复线上，跨越新禹河；1974 年建成通车，至今已使用近 30 年。该桥为设计拱轴系数 $m=2.24$ 的悬链线等截面双曲拱桥，净跨径为 40m，全桥长 64.2m，矢跨比为 1/8，桥宽为净(−8.9＋2×0.62)m。桥面纵坡为平坡，主拱圈为 6 肋 5 波，拱肋宽 25cm，间距为净 1.68m。

上部构造两端空腹部分各由5个圆弧拱组成，桥台部分各有两个空腹拱支承于桥台基础上；下部结构为浆砌片石基础，置于密实卵石土层上。原桥设计荷载为汽—13，拖—60。该桥造型美观，与桥位地形配合较好。

2. 桥梁病害

1）主拱圈裂缝

（1）主拱圈中波纵向裂缝。桥梁横向中心线正处于第三拱波波顶处，检查时发现中波波顶存在纵向裂缝，自拱顶开始至$L/4$附近为止。裂缝宽度最大约0.3mm。

（2）拱肋裂缝。仅在横向第二、第三条拱肋，发现微细裂缝，位置在拱顶前后6m左右范围，裂缝宽度最大约为0.2mm，其他各拱肋情况基本完好，未发现裂缝。

（3）肋、波连接处裂缝。在拱波与拱肋连接处，拱脚附近有较细的裂缝，也有水泥砂浆脱落和渗水现象。

2）拱轴线下沉

主拱圈轴线普遍下沉，拱顶下沉有14～16cm，而且上下游下沉量不一致。在对该桥进行加固改造方案设计之前，对桥梁的上下游拱圈下缘部分特征点用全站仪进行了坐标和高程测量。

3）桥面变形及碎裂

桥面平整性差，沥青混凝土碎裂，已呈波浪形，汽车通过有明显的振动感，部分栏杆被车辆撞断。

4）腹拱、立墙病害

腹拱及立墙为浆砌片石材料，由于防水层质量差，腹孔及立墙上均有渗水痕迹，也发现有裂缝。

3. 加固设计要点

从对全桥检查及分析的情况来看，未发现桥台基础出现病害的反映，所以桥梁的加固应主要针对上部结构和桥台后座。

1）主拱圈加固

拱上建筑须严格按照分层、对称、由中央向两端逐渐均衡减载的拆桥原则进行拆除，对保留的主拱圈裂缝进行修复，裂缝采用日本SHO-BOND公司开发的“壁可”注入法（BICS工法），所用材料为BL-GROUT（灌注胶）和101号（密封胶）。

为了提高主拱圈的刚度和承载力，需在原主拱圈每根拱肋对应的拱板顶部增设一道30cm×30cm的拱伏。在桥梁横向需设立柱的相应位置处增设底梁，底梁与拱伏相互贯穿。

2）立柱、主梁及横向肋梁

主梁与拱伏在跨中相互贯穿形成实腹段。拱伏施工时，立柱的钢筋和与拱伏贯穿的主梁钢筋可以直接预埋在拱伏内。横向肋梁与主梁贯穿，在边主梁位置挑出形成悬臂梁，悬臂长度与桥面宽度相应。

3）桥面

桥面板的设计厚度为20～25cm，为了提高桥面板的刚度而改善活载横向分布性能，在面板内设计了双层钢筋网。

4)桥台后座

桥台后座路面改为钢筋混凝土板,减小了活载对侧墙的土压力,并增加了侧墙的抗剪能力和基底摩阻力。

经过全面的加固前、后计算分析可以看出,采用肋梁楼盖加固后主拱肋应力状态的改善十分明显,且各截面的应力指标均满足规范要求,完全能够达到对本桥维修加固的目的。

第十节 双曲拱桥的通用病害处治技术

一、裂缝处治技术

裂缝,是桥梁结构中最常见的病害。裂缝一般分为两大类:一种是由于结构本身的强度或刚度不足、荷载作用或位移引起的应力超过材料自身的强度而导致开裂;另一种是由于施工、后期养护等原因而造成构件开裂。这两类裂缝的出现都将削减桥梁的承载力,对结构的安全性和耐久性等构成威胁,严重时将导致桥梁成为病桥甚至危桥。所以,对桥梁结构上出现的各种裂缝应尽快采取适当的措施进行处理。

采用灌浆加固技术修补桥梁结构上出现的各种裂缝,能恢复其整体性和使用功能,已是国内外桥梁维修、加固中广泛应用的技术。应指出的是,对病桥或危桥等结构(或其中的构件)因承载能力不足引起的裂缝除采用灌浆加固技术处理外,尚应采取其他的加固补强措施,从根本上提高或恢复桥梁的承载力,最终确保桥梁结构的安全、可靠。因此,一般而言,灌浆加固技术是一种专门针对裂缝处理的技术,它能够有效的封闭裂缝、增强结构的整体性和耐久性,与其他加固技术等结合在一起使用才能达到加固或增强桥梁、恢复或提高结构承载能力的目的。

1.灌浆加固技术的机理

(压力)灌浆加固技术系指施加一定的压力,将某种浆液灌入结构或构件内部裂缝中,以达到封闭裂缝,提高主拱圈的整体性,恢复并提高结构耐久性和抗渗性能的一种修补方法。

压力灌浆按灌浆材料不同,可分为3类:

(1)水泥、石灰、黏土灌浆

灌注材料可为纯水泥、水泥砂浆、水泥黏土、石灰、石灰黏土、石灰水泥浆液。

(2)化学灌浆

灌注材料可为水玻璃、木质素类、丙烯酰胺类、丙烯酸盐类、聚氨酯类、环氧树脂、甲基丙烯酸酯类及其他化学材料。

(3)沥青灌浆

实践中,应用最广的是水泥灌浆。

2.灌浆加固技术的适用范围

此项技术一般用于块石砌筑砂浆不饱满、砂浆强度低、需提高整体性的主拱圈。

3.灌浆加固技术的技术特点

采用灌浆加固技术具有以下优点:

(1)通过调整压力大小可起到灌满主拱圈块石间的空洞、空隙的作用,灌注效果有保证。

(2)施工设备简单、速度快。

(3)可以在狭窄的地方施工,施工效率高。

(4)有不同类型的灌缝注液,可根据工程的不同情况选用。

但该技术也存在如下缺点:

(1)提高桥梁承载力幅度极为有限。灌浆技术起到的主要作用是封闭裂缝、增强结构或构件的整体性,起到一定的补强作用,但其提高桥梁承载力的幅度有限,需和其他技术共同作用才能起到较好的加固增强作用。

(2)对于病害严重拱轴变形大、裂缝开展严重超标的拱桥,采用压力灌浆技术加固拱桥具有局限性。

(3)压力灌浆技术尽管设备简单,但需一定的工艺和技术要求,在推广应用时需一定的专业技术人员。

4.灌浆加固技术的使用效果、耐久性评价及经济性分析

关于灌浆加固技术的使用效果,文献资料通过石拱桥的加固实践表明:使用该项技术封填主拱圈空隙后,经实地观察,使用情况良好,能达到预期的加固效果。

灌浆加固技术的耐久性,与采用的灌浆材料密切相关。

因该项技术通过与其他技术联合使用,故其自身的经济性分析尚有待进一步研究,但就技术本身而言,经济性好,费用可控制在仅占新建桥梁的8%以内。

5.灌浆加固技术的施工工序与工艺

灌浆加固技术施工工序如下:裂缝处理→钻孔埋嘴→嵌缝止浆→压水(气)试验→配制浆液→灌浆→封口结束→检查。

(1)裂缝处理检查裂缝情况后,在裂缝两侧画线之内,用小锤、手铲、钢丝刷把构件表面整平,凿除突出部分,然后用丙酮擦洗、清除裂缝周围的油污。

(2)钻眼埋嘴嘴子是灌浆材料的喷入口,也是裂缝的排气口。嘴子大小要适当,自重要尽可能地轻,以防因不易贴牢而坠落。嘴子布置的原则是:宽缝稀,窄缝密,断缝交错处单独设嘴。贯通缝的嘴子宜在构件的两面交错处布置。埋贴前,先把嘴子底盘用丙酮擦洗干净,然后用灰刀将环氧胶泥抹在底盘周围,骑缝埋贴到构件裂缝处。操作中,切勿堵死嘴子和裂缝灌浆的通道。

(3)嵌缝止浆的目的是防止浆液流失、确保浆液在灌浆压力下将裂缝填充密实。如嵌缝质量不好,则灌浆压力不能升高,即使是低压,浆液也会大量外漏,以致缝内不能得到有效的灌注,影响灌浆质量。因此,当嘴子埋贴后,必须把其余裂缝全部封闭,进行嵌缝或堵漏处理。封闭密实程度是压浆补强成败的关键,必须认真对待。

封闭的办法是:对于裂缝较大的混凝土构件,可沿缝人工或用风镐凿成“V”形槽,宽度约5～10cm,深3～5cm,并清除槽内松动的混凝土碎屑及粉尘,然后向槽内嵌塞水泥砂浆;对于裂缝较小的混凝土构件,可沿裂缝走向均匀刷上一层环氧浆液,宽约7～8cm,然后在上面分段紧密贴上一层玻璃丝布,宽约5～7cm。各个嘴子底盘周围5～10mm范围内不贴玻璃丝布,而用灰刀沿嘴子周围抹上环氧胶泥,先抹成鱼脊形状,再刷上一层环氧浆液。

(4)压水或压气试验。上述封闭工作完成后相隔一天,即可进行压水和压气试验,以便检查裂缝的封闭及嘴子的通畅情况。

(5)灌浆经压水(气)试验检查,认为嵌缝质量良好,无渗漏现象后,即可配制浆液、准备灌浆。

往裂缝里灌注浆液,根据裂缝病态状况及施工条件的不同,分别可采用手压泵灌注或灌浆注射器灌注两种方法。当裂缝较大时可用手压泵,当裂缝细微,灌浆量不大时,可采用灌浆注射器的方法。

二、粘贴加固技术

1.粘贴加固技术机理

粘贴技术一般采用环氧树脂或建筑结构胶将钢板、钢筋、玻璃钢、碳纤维等抗拉强度高的材料粘贴在主拱圈表面,使之与结构物形成整体,从而达到提高主拱圈的抗弯、抗剪能力,以及减少裂缝扩展的目的。根据粘贴材料的不同,粘贴技术分为粘贴钢板技术、粘贴钢筋技术、粘贴碳纤维技术和粘贴玻璃技术。

结合石拱桥的特点,在实际加固(增强)工程中粘贴材料用得最多的是钢板。粘贴纤维布(如碳纤维片材)技术,由于石拱桥表面粗糙、打磨工作量大、工期长、成本高等原因在石拱桥加固增强工程中难以大规模投入使用。本部分以粘贴钢板为主要内容对国内采用粘贴法加固石拱桥的成果进行介绍。

粘贴钢板法采用环氧系列黏结剂将钢板粘贴在石拱桥构件的受拉区或薄弱部位表面(对于受压区表面也可以粘贴钢板,但是考虑到混凝土良好的抗压性能与相对低廉的价格,对于受压区常采用现浇或喷射钢筋混凝土加固增强),使钢板与原结构物形成整体共同受力,以提高整个桥梁的刚度、强度,改善原结构的应力状态,限制裂缝的进一步发展,从而达到加固增强、提高桥梁承载能力的目的。

2.粘贴钢板加固技术的特点

该法具有以下优点:

(1)粘贴钢板所占空间小,基本不减小桥梁的净空;

(2)粘贴加固部位、范围和强度可根据设计构造需要灵活设置;

(3)施工简便,加固施工工期短;

(4)取材料方便,加固施工用料少;

(5)对桥梁正常交通不影响或影响较小。

同时,该法具有以下缺点:

(1)钢材的防腐、防锈问题较难处理,其耐久性尚待提高;

(2)施工过程中,将钢板弯制成形难度较大;

(3)由于钢板与石材的线膨胀系数、弹性模量相差太远,两者的共同协调作用、耐久性问题有待考察。

3.粘贴钢板加固技术的适用范围

粘贴钢板加固技术,适用于石拱桥的主拱圈、空腹式石拱桥的腹拱圈和横墙(或立柱)的承载能力恢复或提高使用荷载等级；但在采用该法处理石拱桥时，宜采取足够的措施对钢板进行必要的防锈、防腐处理。

由于该法施工工期较短，适合于通行大件荷载而进行临时加固增强、提高通行能力的场合。

4.粘贴钢板加固技术的使用效果、耐久性评价及经济性分析

粘贴钢板加固技术的使用效果，对于小跨径、主拱圈表面较圆滑、基本情况良好的石拱桥，可起到有效的临时加固增强的效果。

粘贴钢板加固技术的耐久性，限于钢材自身的材料易锈蚀的缺点，该技术的耐久性是一个需要继续深入研究、解决的问题。另外，对于钢板的防锈，防锈油漆是目前广泛采用的处理办法，但其效果与有效期尚待观察。

粘贴钢板加固技术的经济性，该项技术的加固费用较低。有资料表明，粘贴钢板加固石拱桥约占新建投资的15%～20%。

5.粘贴加固技术的加固设计要点、施工工艺

1)粘贴钢板加固技术的加固设计要点

在对桥梁病害、缺陷及其成因进行详尽地分析的基础上，根据病害所在的位置确定钢板的规格、尺寸和粘贴形式。一般将钢板粘贴在被加固构件的受力外边缘，以便充分发挥钢板的强度与作用，同时封闭粘贴部位的裂缝和缺陷，抑制裂缝的进一步扩展，从而提高结构的刚度和抗裂性。设计时，可根据需要与可能在不同的部位粘贴，有效地发挥粘钢构件的抗弯、抗剪和抗压能力。

(1)为提高桥梁结构的抗弯能力，一般在构件的受拉缘表面粘贴，使钢板与原结构形成整体受力，此时以钢板与基底层的局部抗剪强度控制设计。合理与安全的设计应控制在钢板发生屈服变形前，黏结处不应出现剪切破坏。

(2)加固(增强)设计时，钢板应作为石拱桥的石料砌体的断面来考虑，将钢板面积换算在砌体，原有构件承恒载(含钢板等加固层的自重)与部分加固后的活载，增加的钢板仅参与活载受力。

(3)在构造设计时，加固用的钢板可按实际需要采用不同的形状。在石拱桥加固增强工程中，钢板功能一般为提高构件的抗弯承载能力，因此钢板尺寸应尽可能薄而宽、厚度一般为4～6mm，较薄的钢板有足够的弹性来适应构件表面的形状和变形。

(4)锚固钢板，应将钢板的两端延伸到低应力区，以减少锚固端的黏结应力集中，防止黏结部位构件出现裂缝，避免粘贴钢板被拉脱现象。

(5)为确保钢板与构件的形成受力整体，在设计时除应考虑钢板具有足够的锚固长度、黏结剂具有足够的黏结强度和耐久性外，为避免钢板在自由端脱胶拉开，端部可用夹紧螺栓固定，或设置U形箍板、水平锚固板等，并在钢板上按一定的距离用螺栓固定，确保钢板与基层之间的黏结力，以满足抗拉强度要求。

2)粘贴钢板加固技术的材料与构造要求

(1)加固用的黏结剂，必须黏结强度高、耐久性好、具有一定弹性；

(2)钢板一般以A3钢或16锰钢为宜。钢板、连接螺栓及焊缝的强度设计值，应按现行国

家标准《钢结构设计规范》(GB J17—88)规定；

(3)结合面的黏结强度，除黏结剂本身强度应确保外，主要取决于被加固构件的强度，因此粘贴钢板基层的强度不应低于相当于C15混凝土的强度；

(4)为防止钢板锈蚀，延缓黏结剂的老化，钢板表面应作密封防水、防腐处理；

(5)黏结钢板在加固点外的锚固长度，除满足计算值外，尚应保证一定的构造要求：对于受拉区，不得小于 $200t$(t 为钢板厚度)，亦不得小于600mm；对于受压区，不得小于 $160t$，亦不得小于480mm；同时，锚固区尚宜增设U形箍板或螺栓等附加锚固措施；

3)粘贴加固技术的加固艺施工工艺

(1)粘贴钢板技术

粘贴钢板的施工要求如下：

①待黏结部位的基层表面应清凿平顺、坚硬干净；

②钢板除锈要彻底，且表面应有一定的粗糙度；

③慎重选择胶粘材料，配胶要精确，施工时开始固化的胶不得再用；

④粘贴时注意环氧砂浆饱满，一般在石料砌体表面及钢板表面分别涂刷一层均匀的环氧砂浆薄层，合计层厚约2mm，然后加压使之密贴并使之固定(黏结剂固化前应采取措施使钢板固定并夹紧)；

⑤粘贴前在基层上钻孔并安装锚固螺栓(兼作固定件和压紧件)，要求埋设牢固，具有可靠的抗拔力，以保持粘贴钢板时有效地加压，同时还可帮助钢板克服剪切，有利于粘贴的耐久作用；

⑥对钢板外表面进行防锈处理和被加固部位构件的外观处理。

(2)粘贴钢筋技术

对于拱式桥梁，特别是双曲石拱桥，也可用粘贴钢筋技术予以加固，以提高拱桥抗弯部位的抗拉能力。

粘贴钢筋技术的加固工艺要点如下：

①搭设支架，在支架上设有支承梁和成型模板。

②对原结构被加固部位的混凝土表面进行处理，确保粘贴效果更好。待粘贴表面要清除破碎部位、凿平拉毛，使骨料露出，通过钢丝刷或压缩空气把浮尘清除掉。

③安装锚杆和布设钢筋。钢筋布设前，应先把钢筋按被加固部位的外形截好，除锈后再用丙酮擦洗干净，放在模板上扎成排栅，或在桥下点焊成排栅再就位，就位前，先在钢筋排栅表面涂一层环氧树脂胶浆，然后再用锚杆固定在构件的底面上。

④黏结。为便于脱模，粘贴钢筋前先在模板上铺一层塑料薄膜，再将环氧树脂砂浆均匀地摊铺在模板上，厚度稍大于设计值。粘贴时，在模板与支承梁之间打入木楔，将模板顶起压在构件底面的补强钢筋上，使环氧砂浆压入钢筋的间隙，与原结构的混凝土粘为一体。

⑤待环氧砂浆固化后拆除模板，并立即对粘贴质量进行检查，若发生空洞等缺陷，应及时用环氧砂浆进行修补。

⑥对加固部位表面进行防护处理，一般先清除补强钢筋表面的锈斑和尘污，然后涂一层环氧树脂薄浆罩面，再涂两层防锈漆在上面进行保护。也可在加固部位表面喷射一层混凝土保护层，防止补强钢筋锈蚀。

6.粘贴加固技术的实例

(1)桥梁概况

江苏省省道251邳睢公路土山桥，原为1978年修建的3孔净跨30m双曲拱桥，桥梁全长13 518m，桥面宽度为11m[1m(人行道)+9m(行车道)+1m(人行道)]，桥面为双向横坡，不设纵坡；该桥净跨30m，净矢高为6m，矢跨比为1/5，设计拱轴系数为1.758，设计荷载为汽—20级，挂—100。

土山桥上部主拱圈为等截面悬链线无铰拱，每孔主拱圈由5根拱肋、4个拱波及横向联系组成。中拱肋肋高35cm，肋底宽32cm，呈倒T形截面；边拱肋肋高35cm、底宽32cm，呈L形截面，肋间净距2.08m。主拱肋间通过预制拱波、现浇拱板及预制横系梁连接构成主拱圈。拱上建筑为空腹式微弯板式腹孔，靠近拱顶的腹孔墩由现浇混凝土横墙构成，其余腹拱墩采用钢筋混凝土框架式结构，立柱为矩形截面。立柱顶横向设盖梁，拱顶为长10.2m的混凝土实腹段；桥墩构造为桩柱式墩，桥台为桩柱式桥台。桥梁结构立面布置如图7-18所示。

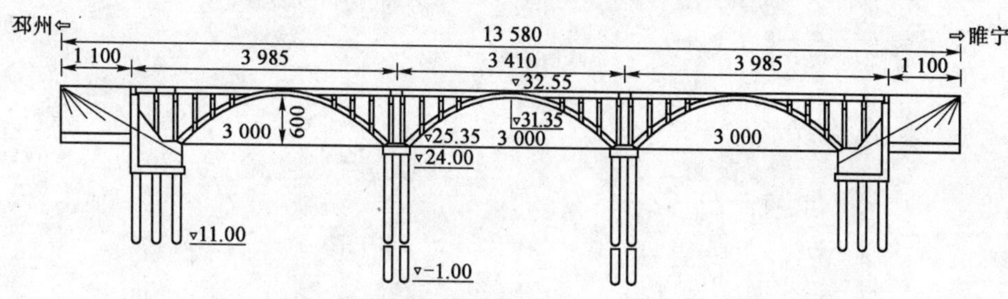

图7-18　箱拱加固技术示意图(尺寸单位:cm)

(2)桥梁病害

该桥主要病害为:①第一孔桥台拱脚处，西侧边拱肋侧面有开裂现象，裂缝从外侧边拱肋上缘向拱肋底部发展，缝宽呈上宽下窄的形状，并与该截面主拱肋垂直，最大裂缝宽度为0.24mm，裂缝长度22cm，超过截面高度一半。②主拱圈拱肋存在多处混凝土剥落、露筋等现象，露筋处钢筋表面锈蚀。③由于主拱肋为预制拼装构件，在邳州岸第一孔部分主拱肋分段接头处砂浆剥落，拱肋接头焊接钢板锈蚀。④拱上立柱及横梁多处存在混凝土开裂、剥落等现象，特别是由于钢筋锈蚀膨胀导致混凝土疏松开裂的现象普遍存在。⑤主拱肋间横系梁钢板接头局部砂浆保护层剥落，钢板锈蚀严重。⑥腹孔纵向微弯板跨中大部分存在横向裂缝。

桥梁荷载试验检测结果表明，该桥虽处于弹性工作状态，但整体刚度偏弱，且强度储备不足，故评定为Ⅳ类双曲拱桥。

(3)桥梁的加固对策

土山双曲拱桥的加固采用的是粘钢法进行加固，即用环氧树脂黏结剂将钢板(或槽钢)粘贴锚固在混凝土结构的受拉缘或薄弱部位，使其与结构形成整体，以钢板代替钢筋提高混凝土桥梁的承载能力。

①主拱圈整体性加固和截面加固。对主拱圈沿主拱肋底缘纵向及横隔板底面沿桥宽方向通长粘贴5mm钢板，并对原有横隔板焊接接头进行除锈和封闭处理，板材指标应满足Q235钢板的要求。增强原结构横向联系薄弱，提高主拱圈的整体性和截面承载能力。对边拱肋裂

缝进行封闭处理，考虑结构耐久性，在拱肋两侧裂缝处各粘贴一块长 50cm、厚 10cm、宽 30cm 的钢板。

②拱上建筑改造。考虑拱上建筑微弯板、横梁裂缝的病害，将原桥拱上空腹式微弯板和立柱上横梁进行了拆除，设计中改变了拱上建筑的结构体系。通过计算桥面板改为连续板式结构，同时对桥面进行施工处理。

③主要病害维修处理。对原桥构件如主拱圈、立柱的裂缝灌缝及封闭处理；露筋及混凝土剥落、疏松处对原保护层凿除、清理，对已锈蚀的钢筋除锈或补强，采用环氧砂浆抹面处理。

④桥梁喷涂翻新。

(4)加固效果

加固后土山桥使用状况良好，通过动静载试验进行了测评。加固后该桥梁结构在设计活载作用下，结构基本处于弹性工作状态。相对于加固前，桥梁的刚度和结构强度有了显著提高。加固后该桥梁结构在设计活载作用下，结构基本处于弹性工作状态。

参考文献

[1] 林元培.斜拉桥[M].1版.北京:人民交通出版社,2004.

[2] 王文涛.斜拉桥换索工程[M].2版.北京:人民交通出版社,2006.

[3] H. R. Hamilton III, J. E. Breen, K. H. Frank. Investigation of Corrosion Protection Systems for Bridge Stay Cables[R]. Research Report No. 1264-3F. Center for Transportation Research, Bureau of Engineering Research. Texas: University of Texas at Austin, 1995.

[4] B. Windrow. Neural Networks Application in Industry Business and Science[J]. Communcation of the ACM, 1994.

[5] M. Zurada Jacek. Introduction to Artificial Neutral Systems[M]. New York: West Publishing Company, 1992.

[6] 程相君.神经网络原理及其应用[M].北京:国防工业出版社,1995.

[7] 姚国正,汪云九.神经网络的集合运算[J].信息与控制,1989,18(2):31-40.

[8] 斯华龄.电脑人脑化:神经网络——第六代计算机(普及本).北京:北京大学出版社,1992.

[9] Simpson Partrick K. Artificial Neural Systems Foundation: Paradigms, Applications and Implementations[M]. Inc. APPENDIX. Pergamon Press, 1990.

[10] 胡广良,李思明.神经网络在结构优化设计中的应用[J].工程建设与设计,2003,(6):16-17.

[11] 王庆利,康清梁,曹平周.人工神经网络与劲性混凝土柱截面设计[J].河海大学学报,1999,27(6):48-51.

[12] Cao X, Sugiyama Y, Mitsui Y. Application of artificial neural network to load identification[J]. Computers and Structures, 1998(69):63-781.

[13] 吴大宏,赵人达.基于神经网络的混凝土桥梁荷载识别方法研究[J].中国铁道科学,2002,23(1):25-28.

[14] Yen G G. Identification and control large structures using neural networks[J]. Computers and Structures, 1995, 52(5):859-870.

[15] Ghaboussi J. Active control of structures using neural networks[J]. Journal of Engineering Mechanics, 1999, 121(4):555-566.

[16] 祁永利.BP神经网络在斜拉桥换索中的应用[R].重庆:重庆交通大学,2009.

[17] 大、中型桥梁加固、修复、处治系列新技术开发与工程示范报告[R].重庆:重庆交通大学,2008.

[18] 郑凯锋、陈宁,等.桥梁结构仿真分析技术研究[J].桥梁建设,1998,(2).

[19] 姚玲森.桥梁工程[M].北京:人民交通出版社,2008.

[20] 张修文,梁怡.遗传算法的数学基础[M].西安:西安交通大学出版社,2002.

[21] 马坤全.大跨斜拉桥建设与展望[J].国外桥梁,2000,(4).

[22] 蒋伟平.斜拉桥换索理论及其技术问题的研究[D].成都:西南交通大学,2000.

[23] 杨行峻,郑君里.人工神经网络[M].北京:高等教育出版社,1992.

[24] 曹焕光.人工神经网络基本原理[M].北京:气象出版社,1992.
[25] 陈明.神经网络模型[M].大连:大连理工大学出版社,1995.
[26] Yao. Xin. Evolving Artificial Neutral Networks[J]. Proc. IEEE,1999,(9):1423-1447.
[27] Sham S. Neural network optimization for multi-target multi-sensor passive tracking[J]. Proceedings IEEE,1996,10,(10):1442-1457.
[28] Sperduti Alessandro,etal. Speed up learning and network optimization with extended back propagation[J]. Neural Networks,1993,(6):365-383.
[29] 阎平凡,张长承.人工神经网络与模拟进化计算[M].北京:清华大学出版社,2000.
[30] 靳藩,范俊波,谭永东.神经网络与神经计算机原理与应用[M].成都:西南交通大学出版社,1991.
[31] 施顺宝.神经网络及应用[M].西安:西安交通大学出版社,1993.
[32] 刘曙光,等.前馈神经网络中的反向传播算法及其改进进展与展望[J].计算机科学,1996,(1):21-24.
[33] 张立明.人工神经网络的模型及其应用[M].上海:复旦大学出版社,1991.
[34] 张德喜,纪玉卿,高建生.人工神经网络BP算法在Microsoft Visual C++6.0中的实现[J].许昌师专学报,2000(5).
[35] Chen CL Nutter. Improving The Training Speed of Three layer Feed forward NeutralNets by Optimal Estimation of the Initial Weights Proc. Int. Joint Conf[J]. Neural Networks Singapore,1991,(11):121-136.
[36] Leonard J,Kramer M. A. Improvement of the Back-propagation Algorithm for Training Neural Networks[J]. Computers Chem. Engineering,1990,14,(3):33-57.
[37] Fletcher R,etal. Function Minimization by Conjugate Gradients[J]. Computer Journal,1964,(7)53-536.
[38] 从爽,赵何.反向传播网络的不足与改进[J].自动化博览,1999,(1):25-26.
[39] 闻新,周露,王丹力,等.MATLAB神经网络应用设计[M].北京:科学出版社,2001.
[40] 郑阿奇,曹戈,赵阳.MATLAB实用教程[M].北京:电子科技出版社,2004.
[41] 罗成汉.基于MATLAB神经网络工具箱的BP网络实现[J].计算机仿真,2004,21(5):109-111.
[42] 孙帆,施学勤.基于MATLAB的BP神经网络设计[J].计算机与数字工程,2006,35(8):124-126.
[43] 陈伟,马如雄,郝艳红.基于MATLAB的人工神经网络设计[J].电脑学习,2005:30-31.
[44] 李丽霞,王彤,范逢曦.BP神经网络设计探讨[J].现代预防医学,2005,32(2):128-130.
[45] 桂现才.BP神经网络在MATLAB上的实现与应用[J].湛江师范学院学报,2004,25(3):79-83.
[46] 袁曾任.人工神经网络及其应用[M].北京:清华大学出版社,1999.
[47] 严国敏.现代斜拉桥[M].成都:西南交通大学出版社,1996.
[48] 雷俊卿.桥梁悬臂施工与设计[M].北京:人民交通出版社,2000.
[49] 朱以文.有限元专用CAD系统ViziCAD及应用[M].北京:科学技术文献出版社,1993.

[50] 李国豪.桥梁结构稳定与振动[M].北京:中国铁道出版社,1989.
[51] 范立础.桥梁工程[M].北京:人民交通出版社,1987.
[52] 王承礼,徐名枢.铁路桥梁[M].北京:中国铁道出版社,1997.
[53] 周念先,杨共树,等.预应力混凝土斜张桥[M].北京:人民交通出版社,1989.
[54] 张小俏,陈宁,王应良,等.斜拉桥的数学建模[J].国外桥梁,1988.
[55] 梁奎基,郝贤成,等.济南黄河大桥换索工程施工工艺简介[J].华东公路,1996,(6).
[56] 梁奎基,王文涛.斜拉桥换索工程拉索选型制作工艺及质量检测[J].华东公路,1996,(6).
[57] 吴成三.大跨度缆索斜拉桥的换索经验[J].铁道标准设计,1992.
[58] 黄勇,蔡键,蔡敏.斜拉桥斜索频率检测的温度修正[J].华东公路,1999,(6).
[59] 陈文革,蔡键.斜拉桥索力的测试方法[J].华东公路,1998,(1).
[60] 陈务军,关富岭.我国斜拉桥的发展[J].华东公路,1996,(4).
[61] 许俊,史家钧.济南黄河公路大桥换索过程的索力监测[J].同济大学学报,1988,26(4).
[62] 周明,施耀忠.大跨径悬索桥、斜拉桥的发展趋势[J].中南公路工程,2000.
[63] 阮火军,沙震.分块分形插值拟合与遗传算法[J].高校应用数学学报A辑,2001,16(3):263-268.
[64] 吴新余,马敏肖.遗传算法在多目标规划中的应用[J].南京邮电学院学报,1996,16(2).
[65] 李守巨,刘迎曦,王登刚.基于遗传算法的结构振动参数识别方法[J].中国矿业大学学报:自然科学版,2001,30(3).
[66] 张小吐.分析化学中非线性拟合的最小二乘法及其与遗传算法的比较[J].分析化学研究简报,1996,24(8).
[67] 赵胜利,李书全,刘燕,等.用遗传算法确定鲍罗米公式中的系数A、B值[J].河北农业大学学报,2002,25(3).
[68] 刘东波,高春鸣.采用二叉树编码的遗传算法实现数据拟合[J].数学理论与应用,2002,22(1).
[69] 蔡东,陈德辉.运用遗传算法拟合Logistic曲线的研究[J].生物数学学报,1995,1.
[70] 孟祥泽,刘新勇,车海平.基于遗传算法的模糊神经网络股市建模与预测[J].信息与控制,1997,26(5).
[71] 张建仁,刘扬.遗传算法和神经网络在斜拉桥可靠度分析中的应用[J].土木工程学报,2001,34(1).
[72] 顾基发,胡运权,等.运筹学[M].北京:清华大学出版社,1990.
[73] Parker, J. K. , Goldberg. D. E.. Inverse Kinematics of Redundant Robots Using Genetic Algorithms . IEEE Int Conf on Robotics and Automation, 1989:271-275.
[74] 刘勇,康立山,陈额屏.非数值并行计算—遗传算法[M].北京:科学出版社,1985.
[75] 陈建锋,石振明,陈竹昌.遗传算法在参数反演中的应用[J].土工基础,2001,1.
[76] P. K. A. Yiu, D. M. Brotton. Computation of Fabrication, Dimension for Cable stayed Bridges[J]. The structural Engineer, 1985, 66(15).
[77] Man-Chung Tang. Design of Cable-Stayed Girder Bridges[J]. Journal of Structural Di-

vision, ASCE May, 1971, 97(5): 1789-1802.

[78] A Kasuga. , H Arai, J. E Breen, etal. Optimum Cable-Force Adjustment in Concrete Cable-Stayed Bridges[J]. Journal of Structural Engineering, 1995, 121(4), : 685-694.

[79] David P. , Billington, Aly Nazmy. History and Aesthetics of Cable-Stayed Bridges[J]. Journal of Structural Engineering, 1990, 117(19), : 3013-3134.

[80] Walter Podolny , John B Scalzi. Construction and Design of Cable-Stayed Bridges[J]. John Wiley and Sons, 1986.

[81] H Adeli, Zhang Fully. Nonlinear Analysis of Composite Girder Cable-Stayed Bridges [J]. Computer and Structures, 1995, 54(2): 267-277.

[82] Pao-Hail Wang, Chiung-Guei Yang. Parametric Studies on Cable-Stayed Bridges[J]. Computers and Structures, 1996, 60(3): 243-263.

[83] 中华人民共和国交通部. 第二次全国公路普查主要数据公报,2002.

[84] 周履. 美国各类公路桥梁的结构缺陷率及使用寿命期望值的统计数据(1950～1994)[J]. 国外公路,1999.

[85] 张开鹏,蒋玉龙,等. 桥梁加固的发展与展望[J]. 公路,2005.

[86] 杨文渊,等. 桥梁维修与加固[M]. 北京:人民交通出版社,1994.

[87] 李国雄. 浅析混凝土结构加固技术现状与展望[J]. 国外建筑材料科技,2006,27(3).

[88] 卜良桃. 高性能复合砂浆钢筋网(HPF)加固混凝土结构新技术[M]. 北京:中国建筑工业出版社,2007.

[89] 黄良. 公路桥梁加固技术探讨[J]. 广西大学学报:自然科学版,2006,31.

[90] 祝明桥. 混凝土薄壁箱梁受力性能的试验研究与分析[D]. 长沙:湖南大学,2004.

[91] 陶忠,于清. FRP 约束混凝土柱发展现状简述[J]. 工业建筑,2005,35(9).

[92] 濮存亭,孙刚柱. 超声平测法检测混凝土裂缝深度测试方法试验研究[C]//第九届全国建设工程无损检测技术学术交流会论文集,2006.

[93] 蒙云,卢波. 桥梁加固与改造[M]. 北京:人民交通出版社,2004.

[94] 潘志强,丁乃庆. 桥梁承载力评定方法的探讨[J]. 水道港口,2004,25(1):51-55.

[95] 艾军,等. 现有公路桥梁承载力的分析与评定[J]. 苏州城建环保学院学报,2000,13(3):63-68.

[96] 中华人民共和国行业规范. JTG H11—2004 公路桥涵养护规范[S]. 北京:人民交通出版社,2004.

[97] W. J. Harvey. Application of the mechanism analysis to masonry arches[J]. The Structural engineer, 1998, 66(5): 77-84.

[98] 钱令希. 赵州桥的承载力分析[J]. 土木工程学报,1978,20(4):51-55.

[99] D. K. MCNeely, G. C. Archer, K. N. Smith. Structural analysis of old stone arch bridges [J]. Second International Conference on Short and Medium Span Bridge, 1986, 1: 177-192.

[100] Smith, F. W, Harvey, etal. Three-hinge analysis of masonry arches[J]. The struct. Engr, 1990, 68: 203-207.

[101] Thomas E, Boothby, M. ASCE, etal. Loading rating of masonry arch bridge: refinements[J]. Journal of Bridge Engineering, 2004, 5.

[102] 周建庭. 桥梁承载力评定与加固增强研究[D]. 重庆:重庆交通学院,1996.

[103] 杨则英. 既有钢筋混凝土桥梁安全性耐久性综合评估方法研究[D]. 辽宁:大连理工大学,2004.

[104] 张树仁. 桥梁病害诊断与改造加固设计[M]. 北京:人民交通出版社,2006.

[105] 刘钱. 浅谈旧桥加固的原则和方法[J]. . 黑龙江信息科技,2007.

[106] 刘来君. 桥梁加固设计与施工技术[M]. 北京:人民交通出版社,2004.

[107] 微弯板坦肋拱桥编写组. 微弯板坦肋拱桥[M]. 北京:人民交通出版社,1980.

[108] 刘真岩. 旧桥维修加固施工方法与实例[M]. 北京:人民交通出版社,2005.

[109] 杨文渊,徐犇. 桥梁维修与加固[M]. 北京:人民交通出版社,1994.

[110] 谌润水,等. 公路旧桥加固技术与实例[M]. 北京:人民交通出版社,2002.

[111] 王国鼎,等. 桥梁检测与加固[M]. 北京:人民交通出版社,2003.

[112] 张俊平,周建宾. 桥梁检测与维修加固[M]. 北京:人民交通出版社,2006.

[113] Rubble Masonry Concrete Arch Bridge Construction. First edition of CIDB document, 2004.

[114] Hughes, Ghee SC, Somes E. Mechanism analysis of single span masonry arch bridge using a spreadsheet[J]. Proc Inst Civ-Eng Structure Build, 2002: 41-50.

[115] 陈燊. 广义结构力学及其应用[M]. 北京:中国铁道出版社,2003.

[116] 李廉锟. 结构力学[M]. 3 版. 北京. 高等教育出版社,2004.

[117] 夏旻,刘浩. 拱桥极限跨径研究[J]. 交通科技,2005.

[118] 顾安邦,范立础. 桥梁工程(下)[M]. 北京:人民交通出版社,2002.

[119] 吴晖. 一种计算指定截面内力影响线的简便方法[J]. 工程力学,2003.

[120] 胡人礼. 桥梁力学[M]. 北京:中国铁道出版社,1998.

[121] 叶见曙. 结构设计原理[M]. 2 版. 北京:人民交通出版社,2005.

[122] 中华人民共和国行业规范. JTG D61—2005 公路圬工桥涵设计规范. 北京:人民交通出版社,2005.

[123] 刘庆阳. 石拱桥安全性鉴定模式研究[D]. 重庆:重庆交通大学,2005.

[124] 李德寅,王邦楣,等. 结构模型实验[M]. 北京:科学出版社,1996.

[125] 章关永. 桥梁结构试验[M]. 北京:人民交通出版社,2003.

[126] 中华人民共和国交通部. JT/T 663—2006 公路桥梁板式橡胶支座规格系列[S]. 北京:人民交通出版社,2006.

[127] 颜庆津. 数值分析[M]. 3 版. 北京:北京航空航天大学出版社,2006.

[128] 梁坦,王永维. 混凝土结构加固设计规范[S]. 中国建筑工业出版社,2006.

[129] 庞国栋. 复合主拱圈加固石拱桥的承载力计算模式研究[J]. 重庆交通学院学报,2006, 25(6): 16-18,27.

[130] 涂世伦. 增大截面法在加固双曲拱桥中的应用[J]. 西部交通科技,2008.

[131] 田安国,等. 预应力钢拱承托法在双曲拱桥加固中的应用[J]. 桥梁建设,2004(2):

62-65.

[132] 梁辉如. 鱿鱼头双曲拱桥的加固[J]. 公路与汽运,2005(4):137-138.

[133] 朱胜东,魏化宇,等. 用体外预应力法加固双曲拱桥上部构造[J]. 中南公路工程,1994(2).

[134] 吴静. 锚喷混凝土变双曲拱型结构为箱型结构加固双曲拱桥[J]. 北方交通,2008(5):141-142.

[135] 马昌龙. "肋梁楼盖"在双曲拱桥加固改造中的应用研究[D]. 南京:南京林业大学,2005.

[136] 夏伟. 双曲拱桥病害类型及加固方法研究[D]. 合肥:合肥工业大学,2006.

[137] 宋健. 粘钢法在双曲拱桥加固中的应用[J]. 内蒙古公路与运输,2006(4):48-51.